CompTIA Server+

Neuerscheinungen, Praxistipps, Gratiskapitel,
Einblicke in den Verlagsalltag –
gibt es alles bei uns auf Instagram und Facebook

instagram.com/mitp_verlag

facebook.com/mitp.verlag

Roland Cattini, Markus Kammermann, Michael Zaugg

# CompTIA Server+

## Serversysteme einrichten und betreiben

Vorbereitung auf die Prüfung
SK0-005

mitp

**Bibliografische Information der Deutschen Nationalbibliothek**
Die Deutsche Nationalbibliothek verzeichnet diese Publikation in der Deutschen Nationalbibliografie; detaillierte bibliografische Daten sind im Internet über <http://dnb.d-nb.de> abrufbar.

Bei der Herstellung des Werkes haben wir uns zukunftsbewusst für umweltverträgliche und wiederverwertbare Materialien entschieden.
Der Inhalt ist auf elementar chlorfreiem Papier gedruckt.

ISBN 978-3-7475-0550-2
4. Auflage 2023

www.mitp.de
E-Mail: mitp-verlag@sigloch.de
Telefon: +49 7953 / 7189 - 079
Telefax: +49 7953 / 7189 - 082

© 2023 mitp-Verlags GmbH & Co. KG, Frechen

Dieses Werk, einschließlich aller seiner Teile, ist urheberrechtlich geschützt. Jede Verwertung außerhalb der engen Grenzen des Urheberrechtsgesetzes ist ohne Zustimmung des Verlages unzulässig und strafbar. Dies gilt insbesondere für Vervielfältigungen, Übersetzungen, Mikroverfilmungen und die Einspeicherung und Verarbeitung in elektronischen Systemen.

Die Wiedergabe von Gebrauchsnamen, Handelsnamen, Warenbezeichnungen usw. in diesem Werk berechtigt auch ohne besondere Kennzeichnung nicht zu der Annahme, dass solche Namen im Sinne der Warenzeichen- und Markenschutz-Gesetzgebung als frei zu betrachten wären und daher von jedermann benutzt werden dürften.

The CompTIA Marks are the proprietary trademarks and/or service marks of CompTIA and its affiliates used under license from CompTIA.

Das Bildmaterial in diesem Buch, soweit es nicht von uns selber erstellt worden ist, verwenden wir unter Einhaltung der Copyrights und mit freundlicher Unterstützung folgender Unternehmen:

- Daetwyler Cables, Daetwyler Schweiz AG, CH-Altdorf
- Data Trust AG, Schweiz
- Fujitsu Schweiz GmbH, CH-Regensdorf
- Hewlett-Packard (HP) Schweiz AG, CH-Zürich
- Intel Corporationn
- NETGEAR® Switzerland GmbH, CH-Zürich

Vielen herzlichen Dank!

Alle anderen Aufnahmen stammen von den Autoren selber oder sind mit deren Quelle bezeichnet.

Lektorat: Katja Völpel
Sprachkorrektorat: Christine Hoffmeister
Covergestaltung: Sandrina Dralle, Christian Kalkert
Coverfoto: monsitj / stock.adobe.com
Satz: III-satz, Kiel, www.drei-satz.de
Druck: Plump Druck und Medien GmbH, Rheinbreitbach

# Inhaltsverzeichnis

| 1 | Einführung | 19 |
|---|---|---|
| 1.1 | Das Ziel dieses Buchs | 19 |
| 1.2 | Die CompTIA-Server+-Zertifizierung | 20 |
| 1.3 | Voraussetzungen für CompTIA Server+ | 21 |
| 1.4 | Die Autoren | 21 |
| 1.5 | Sind Sie bereit für CompTIA Server+? | 22 |
| | | |
| 2 | Was ist ein Server? | 29 |
| 2.1 | Server als Definitionssache | 29 |
| 2.2 | Von Hosts und Servern | 32 |
| 2.3 | Warum ein PC kein Server ist | 34 |
| 2.4 | Bauformen von Servern | 36 |
| 2.5 | Alles eine Frage der Höheneinheit | 39 |
| 2.6 | KVMs | 41 |
| 2.7 | Out-of-Band-Management | 42 |
| 2.8 | Fragen zu diesem Kapitel | 43 |
| | | |
| 3 | Serverhardware | 47 |
| 3.1 | Die Architektur von Servern | 47 |
| | 3.1.1 Etwas Historie zu Beginn: PCI | 48 |
| | 3.1.2 PCI-X | 50 |
| | 3.1.3 PCI Express | 50 |
| | 3.1.4 Die Weiterentwicklungen bei Intel | 53 |
| | 3.1.5 Die Bussysteme im Vergleich | 54 |
| | 3.1.6 Chipsets im Vergleich | 55 |
| 3.2 | Prozessoren für Server | 57 |
| | 3.2.1 Technische Funktion der CPU | 59 |
| | 3.2.2 Hardware-Virtualisierung via Prozessor | 60 |
| | 3.2.3 Mehrkernprozessoren | 61 |
| | 3.2.4 Cache-Speicher (Pufferspeicher) | 62 |
| 3.3 | Der Arbeitsspeicher | 62 |
| | 3.3.1 Unterschiedliche Funktionsweisen | 63 |
| | 3.3.2 Aufbau von RAM-Bausteinen | 63 |

|   |   | 3.3.3 | Fehlerbehandlung | 64 |
|---|---|---|---|---|
|   |   | 3.3.4 | Aktuelle RAM-Typen | 66 |
|   |   | 3.3.5 | Single Channel, Dual Channel, Quad Channel | 70 |
|   |   | 3.3.6 | Bauformen | 71 |
|   | 3.4 | | Kühlung von Servern | 72 |
|   |   | 3.4.1 | Wärmeleitpaste | 73 |
|   |   | 3.4.2 | Lüfter | 73 |
|   |   | 3.4.3 | Kühlkörper | 73 |
|   |   | 3.4.4 | Wasserkühlung | 74 |
|   | 3.5 | | Hot-Plug-Architekturen | 75 |
|   | 3.6 | | Die wichtigsten Übertragungsmedien | 77 |
|   |   | 3.6.1 | Twisted-Pair-Kabel | 78 |
|   |   | 3.6.2 | Unshielded Twisted Pair | 79 |
|   |   | 3.6.3 | Shielded Twisted Pair | 84 |
|   |   | 3.6.4 | Koaxialkabel | 86 |
|   |   | 3.6.5 | Lichtwellenleiter | 87 |
|   | 3.7 | | Netzwerkkarten | 92 |
|   |   | 3.7.1 | Wake on LAN | 93 |
|   |   | 3.7.2 | Adapter Teaming | 95 |
|   |   | 3.7.3 | Medienkonverter | 96 |
|   | 3.8 | | Virtuelle Netzwerkkomponenten | 98 |
|   | 3.9 | | BIOS in ROM? | 101 |
|   |   | 3.9.1 | Wofür ist das BIOS zuständig? | 101 |
|   |   | 3.9.2 | Der POST im Detail | 102 |
|   |   | 3.9.3 | EFI und UEFI | 104 |
|   |   | 3.9.4 | Fehlermeldungen | 106 |
|   | 3.10 | | Fragen zu diesem Kapitel | 106 |
| **4** | | | **Storage-Lösungen** | **109** |
|   | 4.1 | | Festplatten gibt es noch lange | 109 |
|   | 4.2 | | Solid State Drives (SSD) | 113 |
|   |   | 4.2.1 | MLC oder SLC | 114 |
|   |   | 4.2.2 | SSD und Server | 115 |
|   |   | 4.2.3 | Hybrid-Festplatten (Hybrid Hard Drives) | 116 |
|   |   | 4.2.4 | Anschlussmöglichkeiten | 117 |
|   |   | 4.2.5 | Einsatz in Servern | 117 |
|   | 4.3 | | Von SCSI zu iSCSI | 117 |

| 4.4 | Es werde seriell – S-ATA und SAS | 121 |
|---|---|---|
| | 4.4.1 Der S-ATA-Standard | 121 |
| | 4.4.2 Warum SAS für Server? | 124 |
| | 4.4.3 Single- und Dual-Port | 125 |
| | 4.4.4 SAS-Stecker und -Kabel | 126 |
| 4.5 | Fibre Channel | 128 |
| | 4.5.1 Architekturen | 128 |
| | 4.5.2 Fibre Channel over Ethernet | 131 |
| 4.6 | Von DAS über NAS bis SAN | 131 |
| | 4.6.1 DAS oder NAS | 131 |
| | 4.6.2 Storage Area Network | 133 |
| 4.7 | Datei-, Block- und Objekt-Speicher | 134 |
| 4.8 | Software Defined Storage | 136 |
| 4.9 | Fragen zu diesem Kapitel | 137 |
| **5** | **Stabilität durch Fehlertoleranz** | **141** |
| 5.1 | RAID | 141 |
| | 5.1.1 RAID-Level | 142 |
| | 5.1.2 Duplexing | 148 |
| | 5.1.3 Übersicht RAID | 148 |
| | 5.1.4 RAID im Zeitalter von SSDs | 149 |
| 5.2 | Energieversorgung | 150 |
| | 5.2.1 Grundlegende Betrachtungen | 150 |
| | 5.2.2 USV | 152 |
| | 5.2.3 Notstromgruppen | 154 |
| | 5.2.4 Einsatzszenarien | 154 |
| | 5.2.5 Rotationsenergiestromversorgungen | 156 |
| 5.3 | Clustering | 156 |
| | 5.3.1 Network Loadbalancing | 156 |
| | 5.3.2 Multiprocessing | 157 |
| | 5.3.3 Cluster | 158 |
| | 5.3.4 HCI | 159 |
| 5.4 | Hardware-Redundanz | 159 |
| | 5.4.1 Steckkarten | 159 |
| | 5.4.2 Netzteile (Power Supply) | 160 |
| | 5.4.3 Kühlsystem/Lüfter | 160 |
| | 5.4.4 Arbeitsspeicher | 161 |
| 5.5 | Fragen zu diesem Kapitel | 162 |

| 6 | | Server installieren und aktualisieren | 165 |
|---|---|---|---|
| 6.1 | | Sicherheitsmaßnahmen | 165 |
| | 6.1.1 | Statische Entladung (ESD) | 165 |
| | 6.1.2 | MSDS | 167 |
| | 6.1.3 | Heben und Tragen | 167 |
| 6.2 | | Installation eines Servers | 168 |
| | 6.2.1 | Der Installationsplan | 168 |
| | 6.2.2 | Dokumentation | 169 |
| 6.3 | | Server umbauen | 171 |
| 6.4 | | Was bei einem Umbau zu beachten ist | 172 |
| | 6.4.1 | Ersatz des Motherboards | 174 |
| | 6.4.2 | Prozessor | 174 |
| | 6.4.3 | BIOS | 176 |
| | 6.4.4 | Speicheraufrüstung | 178 |
| | 6.4.5 | Festplatten | 179 |
| | 6.4.6 | SATA-/SAS-Controller | 180 |
| | 6.4.7 | Erweiterungskarten | 180 |
| 6.5 | | Fragen zu diesem Kapitel | 181 |
| | | | |
| 7 | | Der TCP/IP-Stack | 185 |
| 7.1 | | Das Modell und die Praxis | 185 |
| | 7.1.1 | Vergleich OSI-Modell mit dem DOD-4-Modell | 186 |
| | 7.1.2 | Der Aufbau der Adressierung | 186 |
| 7.2 | | Die Grundlagen der IP-Adressierung | 188 |
| | 7.2.1 | CIDR statt Adressklassen | 192 |
| | 7.2.2 | Private Netzwerke unter IPv4 | 194 |
| | 7.2.3 | Ausnahmen und besondere Adressen | 194 |
| | 7.2.4 | Der IPv4-Header | 194 |
| 7.3 | | IPv6 | 196 |
| | 7.3.1 | Der Header von IPv6 | 197 |
| | 7.3.2 | Spezielle Adressen unter IPv6 | 198 |
| 7.4 | | Subnettierung von Netzen | 202 |
| 7.5 | | Weitere Protokolle auf dem IP-Layer | 203 |
| | 7.5.1 | ICMP und IGMP | 203 |
| | 7.5.2 | ARP | 204 |
| 7.6 | | TCP und UDP | 205 |
| 7.7 | | Die Geschichte mit den Ports | 208 |
| 7.8 | | Fragen zu diesem Kapitel | 210 |

| | | | |
|---|---|---|---|
| **8** | **Serverrollen** | | 213 |
| 8.1 | Dienste und Rollen | | 214 |
| 8.2 | Datei- und Druckdienste | | 217 |
| | 8.2.1 | Dateidienste verwaltet der Fileserver | 217 |
| | 8.2.2 | Printserver verwalten Drucker und ihre Aufträge | 219 |
| 8.3 | Internetdienste | | 220 |
| | 8.3.1 | Webserver | 220 |
| | 8.3.2 | FTP-Server | 224 |
| 8.4 | Netzwerkdienste | | 225 |
| | 8.4.1 | DNS-Server | 225 |
| | 8.4.2 | DHCP-Server | 229 |
| | 8.4.3 | Zeitsynchronisationsserver | 232 |
| | 8.4.4 | Überwachungsserver | 234 |
| | 8.4.5 | Server mit Fernzugriff (RAS-Server) | 234 |
| | 8.4.6 | VPN unter Linux | 235 |
| 8.5 | Messaging-Server (Mailserver) | | 237 |
| | 8.5.1 | Posteingangsdienste (Postfachzugriff) | 238 |
| | 8.5.2 | Postausgangsdienst und Mailtransfer | 238 |
| | 8.5.3 | Unix- und Linux-Mailserver | 239 |
| | 8.5.4 | Die kommerziellen Server | 241 |
| | 8.5.5 | Webmail | 241 |
| | 8.5.6 | Cloud-Systeme | 242 |
| 8.6 | Sicherheits- und Authentifizierungsdienste | | 243 |
| | 8.6.1 | Domänen-Controller | 243 |
| | 8.6.2 | Certificate Authorities (CA) | 244 |
| | 8.6.3 | Rights-Management-Server | 247 |
| 8.7 | Anwendungsserver | | 247 |
| | 8.7.1 | Datenbankserver | 247 |
| | 8.7.2 | Anwendungsserver | 247 |
| | 8.7.3 | Anwendungsarchitekturen | 249 |
| 8.8 | Internet, Intranet und Extranet | | 250 |
| | 8.8.1 | Internet | 250 |
| | 8.8.2 | Intranet | 251 |
| | 8.8.3 | Extranet | 251 |
| 8.9 | Fragen zu diesem Kapitel | | 252 |
| **9** | **Installation von Netzwerkbetriebssystemen** | | 255 |
| 9.1 | Übersicht zu Netzwerkbetriebssystemen | | 255 |
| | 9.1.1 | Windows-Server von Urzeiten bis Version 2022 | 256 |

|  |  |  |  |
|---|---|---|---|
|  | 9.1.2 | Unterschiedliche Editionen und Lizenzierungen . . . . . . . . . | 258 |
|  | 9.1.3 | Windows-Server 2022 . . . . . . . . . . . . . . . . . . . . . . . . . . . . . . | 260 |
|  | 9.1.4 | *nix-Systeme . . . . . . . . . . . . . . . . . . . . . . . . . . . . . . . . . . . . . | 263 |
| 9.2 | Vorbereitungen für die Installation . . . . . . . . . . . . . . . . . . . . . . . . . . | 268 |
|  | 9.2.1 | Anforderungen . . . . . . . . . . . . . . . . . . . . . . . . . . . . . . . . . . . | 270 |
|  | 9.2.2 | Dimensionierung . . . . . . . . . . . . . . . . . . . . . . . . . . . . . . . . . | 270 |
|  | 9.2.3 | Serverplanung . . . . . . . . . . . . . . . . . . . . . . . . . . . . . . . . . . . . | 271 |
| 9.3 | Installation eines Windows-Servers anhand Version 2022 . . . . . . . . | 272 |
|  | 9.3.1 | Schlusskonfiguration . . . . . . . . . . . . . . . . . . . . . . . . . . . . . . | 273 |
|  | 9.3.2 | Rollen und Features . . . . . . . . . . . . . . . . . . . . . . . . . . . . . . . | 274 |
|  | 9.3.3 | Server Core . . . . . . . . . . . . . . . . . . . . . . . . . . . . . . . . . . . . . . | 275 |
| 9.4 | Automatisierungsstrategien . . . . . . . . . . . . . . . . . . . . . . . . . . . . . . . . | 275 |
|  | 9.4.1 | Die Bereitstellungsumgebung . . . . . . . . . . . . . . . . . . . . . . . | 275 |
|  | 9.4.2 | PowerShell Installation . . . . . . . . . . . . . . . . . . . . . . . . . . . . | 279 |
|  | 9.4.3 | Klonen virtueller Domänen-Controller . . . . . . . . . . . . . . . . | 279 |
|  | 9.4.4 | Beispiele . . . . . . . . . . . . . . . . . . . . . . . . . . . . . . . . . . . . . . . . | 280 |
| 9.5 | Unix-/linuxartige Betriebssysteme . . . . . . . . . . . . . . . . . . . . . . . . . . . | 281 |
|  | 9.5.1 | Systemvoraussetzungen . . . . . . . . . . . . . . . . . . . . . . . . . . . . | 281 |
|  | 9.5.2 | Planung (Partitionierung) . . . . . . . . . . . . . . . . . . . . . . . . . . | 283 |
|  | 9.5.3 | Installation . . . . . . . . . . . . . . . . . . . . . . . . . . . . . . . . . . . . . . | 286 |
|  | 9.5.4 | Erste Schritte nach der Installation . . . . . . . . . . . . . . . . . . . | 301 |
|  | 9.5.5 | Automatisierte Installationen . . . . . . . . . . . . . . . . . . . . . . . | 309 |
| 9.6 | Grundlagen zu Scripting . . . . . . . . . . . . . . . . . . . . . . . . . . . . . . . . . . . | 312 |
| 9.7 | Fragen zu diesem Kapitel . . . . . . . . . . . . . . . . . . . . . . . . . . . . . . . . . . | 315 |
| **10** | **Konfigurationsbetrachtungen** . . . . . . . . . . . . . . . . . . . . . . . . . . . . . | **319** |
| 10.1 | Der Einfluss des Dateisystems . . . . . . . . . . . . . . . . . . . . . . . . . . . . . . | 319 |
|  | 10.1.1 | FAT . . . . . . . . . . . . . . . . . . . . . . . . . . . . . . . . . . . . . . . . . . . . | 320 |
|  | 10.1.2 | NTFS . . . . . . . . . . . . . . . . . . . . . . . . . . . . . . . . . . . . . . . . . . . | 321 |
|  | 10.1.3 | ReFS . . . . . . . . . . . . . . . . . . . . . . . . . . . . . . . . . . . . . . . . . . . | 326 |
|  | 10.1.4 | Ext2, Ext3 und Ext4 . . . . . . . . . . . . . . . . . . . . . . . . . . . . . . . | 328 |
|  | 10.1.5 | Ext4 . . . . . . . . . . . . . . . . . . . . . . . . . . . . . . . . . . . . . . . . . . . . | 335 |
|  | 10.1.6 | ReiserFS . . . . . . . . . . . . . . . . . . . . . . . . . . . . . . . . . . . . . . . . | 336 |
|  | 10.1.7 | XFS . . . . . . . . . . . . . . . . . . . . . . . . . . . . . . . . . . . . . . . . . . . . | 336 |
|  | 10.1.8 | ZFS . . . . . . . . . . . . . . . . . . . . . . . . . . . . . . . . . . . . . . . . . . . . | 337 |
|  | 10.1.9 | VMFS . . . . . . . . . . . . . . . . . . . . . . . . . . . . . . . . . . . . . . . . . . | 337 |
| 10.2 | Speicherplatzberechnung . . . . . . . . . . . . . . . . . . . . . . . . . . . . . . . . . . | 338 |
|  | 10.2.1 | Speicherplatz berechnen . . . . . . . . . . . . . . . . . . . . . . . . . . . | 338 |
|  | 10.2.2 | Quotas unter Windows . . . . . . . . . . . . . . . . . . . . . . . . . . . . . | 339 |

|        | 10.2.3 | Quotas unter Linux. . . . . . . . . . . . . . . . . . . . . . . . . . . . . . . . | 340 |
|---|---|---|---|
| 10.3 | Verzeichnisdienste . . . . . . . . . . . . . . . . . . . . . . . . . . . . . . . . . . . | | 341 |
|        | 10.3.1 | LDAP. . . . . . . . . . . . . . . . . . . . . . . . . . . . . . . . . . . . . . . . . . . . . . . | 341 |
|        | 10.3.2 | NDS. . . . . . . . . . . . . . . . . . . . . . . . . . . . . . . . . . . . . . . . . . . . . . . . | 342 |
|        | 10.3.3 | AD DS – Active Directory Services . . . . . . . . . . . . . . . . . . . . | 345 |
| 10.4 | Gruppenrichtlinien (Group Policy Object, GPO) . . . . . . . . . . . . . . . | | 350 |
| 10.5 | Dateiübertragungsprotokolle . . . . . . . . . . . . . . . . . . . . . . . . . . . . . . . | | 352 |
|        | 10.5.1 | Das SMB-Protokoll. . . . . . . . . . . . . . . . . . . . . . . . . . . . . . . . . | 352 |
|        | 10.5.2 | Samba . . . . . . . . . . . . . . . . . . . . . . . . . . . . . . . . . . . . . . . . . . . | 353 |
| 10.6 | Remoteverbindungen . . . . . . . . . . . . . . . . . . . . . . . . . . . . . . . . . . . . | | 356 |
|        | 10.6.1 | Telnet. . . . . . . . . . . . . . . . . . . . . . . . . . . . . . . . . . . . . . . . . . . . | 356 |
|        | 10.6.2 | SSH . . . . . . . . . . . . . . . . . . . . . . . . . . . . . . . . . . . . . . . . . . . . . | 358 |
|        | 10.6.3 | VNC. . . . . . . . . . . . . . . . . . . . . . . . . . . . . . . . . . . . . . . . . . . . . | 363 |
|        | 10.6.4 | RDS/RDP (Remote Desktop Service/Remote Desktop Protocol) . . . . . . . . . . . . . . . . . . . . . . . . . . . . . . . . . . . . . . . . . | 364 |
|        | 10.6.5 | MSTSC (Remote Desktop Client) . . . . . . . . . . . . . . . . . . . . . | 366 |
|        | 10.6.6 | rdesktop (Linux) . . . . . . . . . . . . . . . . . . . . . . . . . . . . . . . . . . | 368 |
| 10.7 | Fragen zu diesem Kapitel . . . . . . . . . . . . . . . . . . . . . . . . . . . . . . . . . | | 369 |
| **11** | **Servermanagement** . . . . . . . . . . . . . . . . . . . . . . . . . . . . . . . . . . . . . | | **373** |
| 11.1 | Windows-Serververwaltung . . . . . . . . . . . . . . . . . . . . . . . . . . . . . . . | | 373 |
| 11.2 | Ereignisanzeige und Ereignisprotokoll . . . . . . . . . . . . . . . . . . . . . . . | | 376 |
|        | 11.2.1 | Das Ereignisprotokoll. . . . . . . . . . . . . . . . . . . . . . . . . . . . . . . | 376 |
|        | 11.2.2 | Die Windows-Ereignisanzeige . . . . . . . . . . . . . . . . . . . . . . . | 376 |
| 11.3 | Hardware-Monitoring . . . . . . . . . . . . . . . . . . . . . . . . . . . . . . . . . . . . | | 379 |
| 11.4 | Baseline-Management. . . . . . . . . . . . . . . . . . . . . . . . . . . . . . . . . . . . | | 380 |
| 11.5 | Leistungsüberwachung. . . . . . . . . . . . . . . . . . . . . . . . . . . . . . . . . . . | | 381 |
|        | 11.5.1 | Schlüsselwerte . . . . . . . . . . . . . . . . . . . . . . . . . . . . . . . . . . . . | 382 |
|        | 11.5.2 | Microsoft Performance-Monitor . . . . . . . . . . . . . . . . . . . . . . | 383 |
|        | 11.5.3 | Data Collector Sets/Performance-Logs . . . . . . . . . . . . . . . . . | 385 |
|        | 11.5.4 | Der Ressourcenmonitor . . . . . . . . . . . . . . . . . . . . . . . . . . . . | 387 |
|        | 11.5.5 | MRTG und RRDtool . . . . . . . . . . . . . . . . . . . . . . . . . . . . . . | 388 |
| 11.6 | SNMP. . . . . . . . . . . . . . . . . . . . . . . . . . . . . . . . . . . . . . . . . . . . . . . . . | | 390 |
| 11.7 | Web-Based Enterprise Management (WBEM) . . . . . . . . . . . . . . . . . | | 392 |
| 11.8 | Windows-Verwaltungsmechanismen . . . . . . . . . . . . . . . . . . . . . . . | | 393 |
|        | 11.8.1 | Windows Management Instrumentarium (WMI) . . . . . . . . . | 393 |
|        | 11.8.2 | PowerShell . . . . . . . . . . . . . . . . . . . . . . . . . . . . . . . . . . . . . . . | 393 |

| 11.9 | Hilfen | | 394 |
|---|---|---|---|
| | 11.9.1 | Offlinehilfen | 395 |
| | 11.9.2 | Onlinehilfen der Hersteller | 395 |
| | 11.9.3 | Herstellerfremde Onlinehilfen | 395 |
| | 11.9.4 | Manpages | 395 |
| | 11.9.5 | GNU info und How-tos | 396 |
| | 11.9.6 | Windows-Hilfe | 397 |
| | 11.9.7 | Microsoft Knowledge Base | 397 |
| 11.10 | Fragen zu diesem Kapitel | | 398 |
| | | | |
| **12** | **Ein Server, viele Server, Wolke** | | **401** |
| 12.1 | Deployment-Szenarien | | 401 |
| | 12.1.1 | Datenorganisation | 401 |
| | 12.1.2 | Namenskonzepte | 402 |
| | 12.1.3 | Berechtigungskonzepte | 402 |
| | 12.1.4 | Lizenzierung | 402 |
| | 12.1.5 | Serverrollen | 403 |
| | 12.1.6 | Anwendungen | 403 |
| | 12.1.7 | Netzwerklayout | 404 |
| 12.2 | Virtualisierung | | 404 |
| | 12.2.1 | Hardware-Virtualisierung | 404 |
| | 12.2.2 | Produkte | 406 |
| | 12.2.3 | Virtuelle Lizenzierung | 408 |
| | 12.2.4 | Einsatzszenarien | 409 |
| | 12.2.5 | Desktop-Virtualisierung | 410 |
| | 12.2.6 | Anwendungsvirtualisierung | 411 |
| | 12.2.7 | Storage-Virtualisierung | 412 |
| 12.3 | Cloud Computing | | 414 |
| | 12.3.1 | Cloud-Computing-Servicemodelle | 414 |
| | 12.3.2 | Cloud-Computing-Betriebsmodelle | 416 |
| | 12.3.3 | Beispiele von Clouds | 417 |
| | 12.3.4 | SaaS ohne Ende | 420 |
| | 12.3.5 | Es ist Ihre Wahl | 420 |
| 12.4 | Fragen zu diesem Kapitel | | 420 |
| | | | |
| **13** | **Sicherheit für Ihre Server** | | **423** |
| 13.1 | Der sichere Serverraum | | 424 |
| | 13.1.1 | Wo kommt der Server hin? | 424 |
| | 13.1.2 | Rack oder Tower? | 425 |
| 13.2 | Klima, Strom und Umwelteinflüsse | | 426 |

|        |         | 13.2.1 Die Stromzufuhr ................................. | 427 |
|        |         |

| | 13.2.1 | Die Stromzufuhr | 427 |
| | 13.2.2 | Klimafaktoren | 428 |
| | 13.2.3 | Umwelteinflüsse | 430 |
| 13.3 | Zutrittskonzepte | | 431 |
| | 13.3.1 | Schlüsselsysteme | 432 |
| | 13.3.2 | Badges und Keycards | 433 |
| | 13.3.3 | Biometrische Erkennungssysteme | 433 |
| | 13.3.4 | Zutrittsschleusen | 434 |
| | 13.3.5 | Videoüberwachung | 436 |
| | 13.3.6 | Multiple Systeme | 436 |
| 13.4 | Wer darf an den Server? | | 437 |
| | 13.4.1 | Authentifizierungsmethoden | 437 |
| | 13.4.2 | Kerberos | 437 |
| | 13.4.3 | RADIUS | 438 |
| | 13.4.4 | TACACS, XTACACS und TACACS+ | 439 |
| 13.5 | Zugriffsrechte auf Server und Systemen | | 440 |
| | 13.5.1 | Mandatory Access Control (MAC) | 441 |
| | 13.5.2 | Discretionary Access Control (DAC) | 442 |
| | 13.5.3 | Role Based Access Control (RBAC) | 443 |
| | 13.5.4 | ABAC – Attributbasiertes Zugriffssystem | 444 |
| | 13.5.5 | Principle of Least Privileges | 445 |
| 13.6 | Server gegen Angriffe schützen | | 445 |
| | 13.6.1 | Das System gegen Malware schützen | 445 |
| | 13.6.2 | Netzwerksicherheitsmaßnahmen | 446 |
| | 13.6.3 | Was leistet eine Firewall? | 449 |
| | 13.6.4 | Regelwerke auf Firewalls | 451 |
| | 13.6.5 | Das Konzept der DMZ | 452 |
| | 13.6.6 | Intrusion Detection | 453 |
| 13.7 | Fragen zu diesem Kapitel | | 456 |
| **14** | **Unterhalt** | | **459** |
| 14.1 | Proaktiver Unterhalt | | 459 |
| 14.2 | Monitoring | | 461 |
| 14.3 | Hardening | | 461 |
| | 14.3.1 | Schutz von Gehäuse und BIOS | 463 |
| | 14.3.2 | Sicherheit durch TPM | 463 |
| | 14.3.3 | Full Disk Encryption | 464 |
| | 14.3.4 | Softwarebasierte Laufwerksverschlüsselung | 465 |
| | 14.3.5 | Hardware-Sicherheitsmodul | 465 |

| | | | |
|---|---|---|---|
| 14.4 | | Sichere Software: Vom Hotfix zum Upgrade | 465 |
| | 14.4.1 | Problemkategorien | 466 |
| | 14.4.2 | Maintenance-Produkte | 466 |
| 14.5 | | Software nachinstallieren unter *nix | 468 |
| | 14.5.1 | Kompilieren ab Sourcecode | 468 |
| | 14.5.2 | Vorgefertigte Pakete | 470 |
| | 14.5.3 | RPMs managen | 471 |
| | 14.5.4 | DEB-Pakete managen | 472 |
| | 14.5.5 | Yum und Apt | 474 |
| 14.6 | | Software-Maintenance für Windows-Server | 475 |
| | 14.6.1 | Update- und Patch-Philosophie von Microsoft | 475 |
| | 14.6.2 | Windows-Updates über »Einstellungen« | 478 |
| | 14.6.3 | Windows Update Service (WSUS) | 479 |
| | 14.6.4 | Microsoft System Center | 480 |
| 14.7 | | Dekomissionierung | 481 |
| 14.8 | | Fragen zu diesem Kapitel | 482 |
| **15** | | **Datensicherung ist nichts für Feiglinge** | **485** |
| 15.1 | | Grundlagen der Datensicherungstechnologien | 485 |
| | 15.1.1 | DAT-/DDS-Laufwerke | 489 |
| | 15.1.2 | AIT und S-AIT | 491 |
| | 15.1.3 | VXA | 492 |
| | 15.1.4 | DLT und SDLT | 493 |
| | 15.1.5 | LTO/Ultrium | 496 |
| | 15.1.6 | RDX – Fast wie Band, aber Disk | 498 |
| | 15.1.7 | Datensicherung auf Disks | 500 |
| | 15.1.8 | DVD und Blu-ray im Server? | 501 |
| 15.2 | | Sicherung im Netzwerk | 502 |
| | 15.2.1 | Das LAN-Backup | 502 |
| | 15.2.2 | Das hierarchische Speichermanagement | 503 |
| | 15.2.3 | Sicherung in die Cloud | 504 |
| 15.3 | | Das Datensicherungskonzept | 506 |
| | 15.3.1 | Mehrstufige Sicherungskonzepte | 510 |
| | 15.3.2 | Anmerkung zum Einfluss der Sicherung | 510 |
| | 15.3.3 | Datensicherung und Archivierung | 511 |
| 15.4 | | Methoden der Datensicherung | 511 |
| | 15.4.1 | Klassische technische Verfahren | 511 |
| | 15.4.2 | Blockbasierter Ansatz mit SnapShots | 513 |
| | 15.4.3 | Deduplizierung | 514 |

|  |  | 15.4.4 Imaging und Sicherung virtueller Umgebungen ......... | 516 |
|---|---|---|---|
|  |  | 15.4.5 Organisatorische Methoden ........................... | 517 |
| 15.5 | Datensicherung in der Praxis ............................... | | 518 |
|  |  | 15.5.1 Windowsinterne Datensicherung ...................... | 519 |
|  |  | 15.5.2 Standard-Unix-Tools ................................. | 520 |
|  |  | 15.5.3 Open-Source-Programme ............................ | 525 |
|  |  | 15.5.4 Kommerzielle Sicherungsprogramme .................. | 526 |
| 15.6 | Fragen zu diesem Kapitel ................................... | | 528 |

| 16 | **Disaster Recovery** ........................................... | | 531 |
|---|---|---|---|
| 16.1 | Übersicht zur Disaster-Recovery-Planung..................... | | 531 |
| 16.2 | Analyse..................................................... | | 533 |
|  |  | 16.2.1 Ausfallszenarien..................................... | 533 |
|  |  | 16.2.2 Impact-Analyse...................................... | 534 |
|  |  | 16.2.3 Die Rolle des Risiko-Managements ................... | 534 |
|  |  | 16.2.4 Von MTTF bis MTO – Hauptsache, es läuft wieder ....... | 537 |
| 16.3 | Umsetzung eines DRP ...................................... | | 538 |
|  |  | 16.3.1 Strategie und Planung ............................... | 538 |
|  |  | 16.3.2 Verschiedene Implementationsansätze ................. | 539 |
|  |  | 16.3.3 Incident-Response-Prozesse und Incident-Response-Plan ... | 541 |
| 16.4 | Disaster-Recovery-Plan testen und warten ..................... | | 543 |
|  |  | 16.4.1 Wartung des Disaster Recovery ...................... | 543 |
|  |  | 16.4.2 Punktuelle Anpassungen............................. | 543 |
|  |  | 16.4.3 Regelmäßige Überprüfung ........................... | 544 |
| 16.5 | Merkpunkte zum Disaster Recovery .......................... | | 544 |
| 16.6 | Fragen zu diesem Kapitel ................................... | | 545 |

| 17 | **Unterhalt und Support** ....................................... | | 549 |
|---|---|---|---|
| 17.1 | IT Asset Management....................................... | | 549 |
| 17.2 | Lizenzformen verstehen .................................... | | 551 |
|  |  | 17.2.1 Von Open Source bis kommerziell.................... | 551 |
|  |  | 17.2.2 Lizenz ist nicht einfach Lizenz ....................... | 553 |
|  |  | 17.2.3 Einzel- und Volumenlizenzen......................... | 553 |
|  |  | 17.2.4 Subscription statt Kauf............................... | 554 |
| 17.3 | Dokument-Management..................................... | | 555 |
|  |  | 17.3.1 Inventar- und Konfigurationsdokumentation .......... | 555 |
|  |  | 17.3.2 Erfassungsschemata für die Planung.................. | 556 |
|  |  | 17.3.3 Infrastruktur- und Prozessdiagramme................. | 558 |
|  |  | 17.3.4 Messdiagramme und Protokolle ..................... | 558 |

| | 17.3.5 | Änderungsdokumentation und Updates | 558 |
|---|---|---|---|
| | 17.3.6 | Dienstleistungsverträge | 559 |
| 17.4 | | Wie treten Sie auf? | 560 |
| 17.5 | | Wie gehen Sie vor? | 562 |
| 17.6 | | Fragen zu diesem Kapitel | 564 |
| **18** | | **Troubleshooting in der Praxis** | **567** |
| 18.1 | | Netzwerkfehlersuche | 567 |
| 18.2 | | Programme zur Fehlersuche im Netzwerk | 568 |
| | 18.2.1 | ipconfig | 568 |
| | 18.2.2 | ifconfig/ip | 569 |
| | 18.2.3 | Ping | 571 |
| | 18.2.4 | Routenverfolgungsprogramme | 572 |
| | 18.2.5 | Nmap | 574 |
| | 18.2.6 | Nslookup und Kollegen | 575 |
| | 18.2.7 | nbtstat | 577 |
| | 18.2.8 | net use | 578 |
| | 18.2.9 | smbclient | 579 |
| 18.3 | | Lokale Fehlersuche am Server | 579 |
| | 18.3.1 | Vorbereitung | 580 |
| | 18.3.2 | Startprobleme der Hardware | 581 |
| | 18.3.3 | Start-Skripts als Problemquelle | 581 |
| 18.4 | | Startprozess und Startprobleme | 581 |
| | 18.4.1 | Die Übersicht über den Startprozess | 581 |
| | 18.4.2 | Startprozess mit NTLDR | 582 |
| | 18.4.3 | Startprozess mit BOOTMGR | 583 |
| 18.5 | | Performance-Probleme | 585 |
| 18.6 | | Dateisysteme | 586 |
| 18.7 | | Datenträger – sicher halten, sicher löschen | 588 |
| | 18.7.1 | Datenträger verschlüsseln | 588 |
| | 18.7.2 | Sicheres Löschen | 589 |
| 18.8 | | Fragen zu diesem Kapitel | 590 |
| **19** | | **Die CompTIA-Server+-Prüfung** | **595** |
| 19.1 | | Was von Ihnen verlangt wird | 596 |
| 19.2 | | Wie Sie sich vorbereiten können | 596 |
| 19.3 | | Wie eine Prüfung aussieht | 597 |
| 19.4 | | Beispielprüfung zu CompTIA Server+ | 601 |

| A | **Anhänge** | 625 |
|---|---|---|
| A.1 | Antworten auf den Vorbereitungstest | 625 |
| A.2 | Antworten zu den Kapitelfragen | 625 |
| A.3 | Antworten zur Beispielprüfung | 629 |
| B | **Abkürzungsverzeichnis** | 631 |
| | **Stichwortverzeichnis** | 641 |

**Kapitel 1**

# Einführung

Die Informatik hat in fast allen Unternehmen Einzug gehalten. Ihr Zweck ist es, Daten und Dienste für den geschäftlichen Alltag bereitzustellen und immer auch Informationen zu produzieren, welche ihrerseits auf das Unternehmen Einfluss nehmen. Die Infrastruktur dazu bilden Client-Computer, Netzwerke und Server. Und von dem Aufbau, der Installation und dem Unterhalt von Servern handelt dieses Buch.

Nachdem sich die Zertifizierungen CompTIA A+ um PCs und Peripheriegeräte und CompTIA Network+ um Netzwerke kümmern, drehen sich die Themen der CompTIA-Server+-Zertifizierung um die Technik, die Konfiguration und den laufenden Betrieb von Serversystemen. Dabei ist in der vorliegenden Auflage der Fokus auf neue Aspekte wie die zunehmende Bedeutung der Sicherheit im Serverumfeld, die neuen Möglichkeiten von Speichertechnologien, die Virtualisierung und die Cloud gerichtet.

## 1.1 Das Ziel dieses Buchs

Server sind mehr als aufgerüstete PCs, ihre Konfiguration und ihr Einsatz unterscheiden sich in vielerlei Hinsicht vom Einsatz anderer Systeme. Sie erfahren in diesem Buch das wichtige Know-how über die Eigenschaften und Einsatzmöglichkeiten von Servern, von der Hardware über die Netzwerkeigenschaften bis hin zu Fragen der Sicherheit, der Wartung und des Troubleshootings. Und natürlich soll die seit Jahren zunehmende Verbreitung von Cloud-Diensten hier ein wichtiger Aspekt sein.

Sie betrachten auch das Thema Serverbetriebssysteme, wichtige Entwicklungen ebenso wie aktuelle Betriebssysteme. Sie erhalten damit einen Überblick über Einsatzgebiete und Unterschiede dieser Systeme – ohne deswegen die Handbücher der Hersteller ersetzen zu wollen.

Sie befassen sich in diesem Buch zudem mit dem Umfeld von Servern, von der Planung über die physischen Umgebungsbedingungen bis hin zu aktuellen Themen wie der Virtualisierung, den Ansätzen, Chancen und Risiken der Cloud, der Datensicherung, Fragen der Sicherheit und dem Disaster Recovery für den Katastrophenfall.

Abgerundet wird das Buch durch verschiedene Zusammenfassungen und Fragestellungen, die Ihnen wichtige Hinweise auf die praktische Arbeit in der Serverbetreuung mitgeben, die es Ihnen aber auch ermöglichen, sich gezielt auf die Prüfung CompTIA Server+ vorzubereiten. Diese wird grundsätzlich in englischer Sprache angeboten, behalten Sie das bei Ihrer Vorbereitung im Augenmerk – daher ist auch unsere Musterprüfung am Ende dieses Buchs in englischer Sprache abgefasst.

## 1.2 Die CompTIA-Server+-Zertifizierung

Die CompTIA-Server+-Zertifizierung wendet sich an Techniker mit praktischer Berufserfahrung im Informatikbereich und bescheinigt dem Träger eine breite Kenntnis auf dem Gebiet der Servertechnologie. Das bestandene Examen bedeutet, dass der Geprüfte über ausreichend Wissen verfügt, um Serversysteme zu konfigurieren bzw. in Betrieb zu nehmen. Im Rahmen der Zertifizierung werden zahlreiche herstellerunabhängige Servertechnologien behandelt. Die CompTIA-Server+-Prüfung eignet sich zudem sehr gut als Vorbereitung auf die IT-Zertifikate diverser, im Serversektor aktiver Hersteller.

Die CompTIA-Server+-Zertifizierung teilt sich in mehrere Fachgebiete auf, im CompTIA-Sprachgebrauch Domains genannt. Diese Fachgebiete können sich mit jeder neuen Prüfungsversion verändern. Für die aktuelle Version CompTIA Server+ lauten die Fachgebiete wie folgt:

| Domain 1 | Server-Hardware Installation und Management |
| --- | --- |
| Domain 2 | Serveradministration |
| Domain 3 | Sicherheit und Disaster Recovery |
| Domain 4 | Fehlersuche |

Entsprechend behandelt dieses Fachbuch die oben genannten Themenbereiche ausführlich und vermittelt Ihnen mit diesem Buch das für die Zertifizierung notwendige Wissen. Im Zentrum steht dabei weniger die Auflistung aller möglichen und unmöglichen Abkürzungen aus diesem Bereich, sondern die Schaffung des Verständnisses für die Thematik Server bzw. Serverbetreuung. Zudem finden Sie ein ausführliches Abkürzungsverzeichnis im Anhang dieses Buchs.

Was dieses Buch nicht kann, ist, Ihnen die praktische Erfahrung zu vermitteln, die man im Bereich Server unbedingt benötigt, um erfolgreich zu sein. Wenn Sie sich also auf die Zertifizierung vorbereiten möchten, lesen Sie dieses Buch, aber installieren und konfigurieren Sie auch selber Server, gehen Sie in ein Training oder bauen Sie mit Kollegen eine Serverumgebung auf, üben Sie sich praktisch in der Fehlerbehebung und Konfiguration und sammeln Sie eigene Erfahrungen.

Für weitere Informationen begeben Sie sich bitte auf die Webseite von CompTIA unter www.comptia.org.

> **Hinweis**
>
> Wenn Sie den an dieser Stelle von CompTIA zur Verfügung gestellten Code »Kabera10« nutzen, so erhalten Sie auf den Kauf eines CompTIA-Prüfungs-Vouchers 10 % Rabatt.

## 1.3 Voraussetzungen für CompTIA Server+

Die Zertifizierung CompTIA Server+ richtet sich an Personen mit mindestens zwei Jahren IT-Erfahrung im Serverumfeld. Absolventen wird empfohlen, zuvor die Zertifizierung CompTIA A+ zu absolvieren. Zugangsvoraussetzungen gibt es für CompTIA Server+ gemäß der Webseite von CompTIA (www.comptia.org) jedoch keine.

Diesen Empfehlungen können wir als Autoren nur zustimmen. Dieses Buch kann Ihnen wohl das Wissen, nicht aber die praktischen Erfahrungen vermitteln, die im Bereich Servertechnik und -unterhalt nötig sind, um erfolgreich zu sein. Wenn Sie sich also auf die Zertifizierung vorbereiten möchten, lesen Sie dieses Buch, aber installieren Sie auch selber Serversysteme, gehen Sie allenfalls in ein spezialisiertes Training und üben Sie sich praktisch in der Planung, Fehlerbehebung und Konfiguration.

Weitere Einzelheiten zu dem Examen finden Sie in Kapitel 19, »Die CompTIA-Server+-Prüfung«. Besuchen Sie zudem die Webseite der CompTIA (www.comptia.org), um sich regelmäßig auf den neuesten Stand zu bringen. Die Prüfung SK0-005 unterscheidet sich doch merklich von ihrer Vorgängerin, was die Einbeziehung neuer Themen anbelangt.

## 1.4 Die Autoren

Dieses Buch ist in Zusammenarbeit mehrerer Autoren entstanden, und daher stellen wir uns Ihnen auch kurz vor, damit Sie einen Eindruck bekommen, wer dieses Buch geschrieben hat.

Roland Cattini ist von Beruf Betriebs- und Elektroingenieur HTL und befasst sich als Microsoft-Experte seit vielen Jahren mit Windows-Servern. Er ist seit Windows NT-Zeiten aktiv in der Installation, Weiterbildung und Zertifizierung, nicht nur selber als MCSE, MCT, MCDBA, MCTS und MCITP, sondern auch als Kursleiter für Expertenschulungen in der Schweiz. Daneben steht er als Partner und Mitinhaber eines Informatikunternehmens im täglichen Einsatz, wenn es um die Installation und Betreuung von Serverumgebungen geht.

Markus Kammermann, Autor der Bücher *CompTIA Network+* und *CompTIA A+* (mitp) und Mitautor von *CompTIA Security+*, ist seit vielen Jahren als System- und Netzwerktechniker und Ausbilder tätig. Seine ersten beruflichen Aufgaben waren die Bewältigung des Umstiegs der damaligen Firma von reinen DOS-Systemen auf Windows 3.0 und der Aufbau eines Novell-NetWare-3.11-Netzwerks. Mit den Entwicklungen der letzten über fünfundzwanzig Jahre laufend mitgehend, unterhält er bis heute zahlreiche Kundensysteme. Neben beruflichen Ausbildungen zum Projektleiter und Ausbilder ist er zertifiziert für die CompTIA-Kompetenzfelder PDI+, Network+, Server+, Security+ und CTT+ sowie für SCRUM Master SMC und engagiert sich seit über 30 Jahren als Trainer und Unternehmensberater für Ausbildungsprogramme sowie als Dozent für die höhere berufliche Bildung.

Michael Zaugg ist der Unix- und Linux-Spezialist unter den drei Autoren. Er arbeitet als Network- und Security-Manager. Seine ersten Gehversuche in der IT unternahm er mit den frühen VC20- und C64-Computern, mittlerweile ist er nach 15 Jahren bei der Betreuung einer komplexen Unix/Linux-Systemumgebung angelangt. Mit Zertifizierungen wie CompTIA Linux+, LPIC1&2 und CCNA ist er nicht nur als Techniker, sondern auch als Kursleiter tätig.

Ein besonderer Dank gilt auch dieses Mal all den Unternehmen und Herstellern, die uns Bildmaterial zur Verfügung gestellt haben.

Bedanken möchten wir uns auch herzlich bei Katja Völpel und dem mitp-Verlag unter der Leitung von Steffen Dralle. Mittlerweile kommt dieses Buch bereits in der vierten vollständig überarbeiteten Fassung heraus. Das ist nicht selbstverständlich, die zahlreichen Leserinnen und Leser und die Rückmeldungen zeigen uns allen aber, dass wir damit auf einem guten Weg sind.

Und nun wünschen wir Ihnen viele interessante Stunden beim Lesen – und wenn Sie Anregungen oder Wünsche haben, schreiben Sie uns einfach! Wir nehmen Ihre Anregungen sicher auf, denn wenn eines in diesem weiten Gebiet der Serverbetreuung sicher ist, dann: Man lernt niemals aus – und alleine kann man nicht alles wissen!

## 1.5 Sind Sie bereit für CompTIA Server+?

Bevor Sie in die Thematik Server einsteigen, helfen Ihnen die folgenden Fragen zu klären, ob Sie das empfohlene Wissen für den Beginn des neuen Stoffs mitbringen. Die Fragen entstammen dem Umfeld Systemtechnik der Zertifizierung CompTIA A+ und zeigen Ihnen konkret auf, was an Voraussetzungen für das Verständnis von CompTIA Server+ besteht.

Viel Erfolg beim Beantworten!

# 1.5 Sind Sie bereit für CompTIA Server+?

1. Die Akkuleistung eines neuen Laptops lässt schneller nach, als erwartet. Der Kunde kommt zu Ihnen und fragt, was zu tun ist.
   A) Ersetzen Sie den Akku durch einen neuen des Herstellers.
   B) Tauschen Sie den Laptop aus, denn das zeigt ein gefährliches Problem des Systems an.
   C) Verwenden Sie das Netzteil und betreiben Sie den Laptop am Stromnetz.
   D) Verwenden Sie einen stärkeren als den angegebenen Akku, um mehr Leistung zu erhalten.

2. Wie lautet der Name der Auslagerungsdatei unter Windows 10?
   A) Pagefile.sys
   B) Swapfile.sys
   C) Win386.swp
   D) 386spart.par

3. Sie möchten einen PC mit einem UTP-Kabel mit einem Server verbinden. Welches Gerät müssen Sie dazu in den PC einbauen?
   A) USB
   B) NIC
   C) IEEE 1394b
   D) RJ11

4. Welcher der folgenden Benutzer hat am meisten Rechte auf einem lokalen System, das mit Windows 11 Pro betrieben wird?
   A) BCM (Basis Custom Master)
   B) Standardbenutzer
   C) Owner
   D) Administrator

5. Sie haben in Ihrem Rechner eine neue Netzwerkkarte eingebaut und erhalten danach die IP-Adresse 169.254.2.3 zugeordnet. Was ist geschehen?
   A) Es konnte keine dynamische IP-Adresse zugeordnet werden.
   B) Der PC hat die Adresse vom Internet bezogen.
   C) Keine Verbindung zum Switch.
   D) Es wurde ein falscher Treiber installiert.

6. Mit welchem Kommando überprüfen Sie, ob das angegebene Gateway von Ihrer lokalen Station aus erreichbar ist?
   A) IPCONFIG
   B) PING
   C) ROUTING
   D) PING /ALL

7. Welche Generation von Intel-CPUs wurde im Jahr 2021 in den meisten Desktopsystemen verbaut?

    A) Core i3/5/7-11000er

    B) CentrinoOcto

    C) Xeon Silver

    D) Sandy Bridge Architecture

8. Welches Schnittstellenkonzept stellt in einem Standard-Ultrabook PnP-Funktionalität zur Verfügung?

    A) IEEE 1283

    B) eSAS

    C) S-ATA

    D) USB

9. Woran erkennt man während der POST-Phase ein Problem mit einer Grafikkarte?

    A) Die NUM Lock-Taste blinkt.

    B) Nacheinander sind einer oder mehrere Piepstöne zu hören.

    C) Der PC wird heruntergefahren.

    D) Es erscheint eine Fehleranzeige im Display.

10. Sie möchten die Ausfallsicherheit Ihres Rechners erhöhen und kaufen daher eine zusätzliche Komponente. Welche ist dafür am besten geeignet?

    A) Mehr Arbeitsspeicher

    B) Eine externe Festplatte

    C) Eine USV

    D) Ein besseres Betriebssystem

11. Der Computer wird eingeschaltet und zeigt an, dass die Startdateien fehlen. Was ist die wahrscheinlichste Ursache für diese Fehlermeldung?

    A) Es ist keine Diskette im Laufwerk.

    B) Es sind keine Startdateien auf der eingelegten CD.

    C) Es wurden keine temporären Startdateien auf HDD gefunden.

    D) Es wurde kein Betriebssystem auf der aktiven Partition gefunden.

12. Auf welche Komponente verweist die Boot-Meldung »S.M.A.R.T. Status Bad«?

    A) Audiogerät

    B) CD-ROM-Laufwerk

    C) Netzwerkkarte

    D) Festplatte

13. Wie nennt sich die Software auf dem Mainboard eines Druckers?
    A) BIOS
    B) CMOS
    C) Firmware
    D) UEFI

14. Wo werden die Hardware-Einstellungen eines PC-Systems gespeichert?
    A) CMOS
    B) SRAM-Speicher
    C) ROM
    D) Harddisk

15. Wie nennt sich eine Datei, welche andere Dateien infiziert und sich selbst replizieren kann?
    A) Virus
    B) Trojaner
    C) Wurm
    D) Hoax

16. Ein Kunde ruft Sie an und teilt Ihnen mit, dass er zwar E-Mails versenden, aber keine E-Mails empfangen kann. Was überprüfen Sie zuerst?
    A) SMTP-Einstellungen
    B) POP-Einstellungen
    C) Interneteinstellungen
    D) LDAP-Einstellungen

17. Beim Neustart nach einem Update des Grafikkartentreibers ist der Bildschirm verzerrt, wenn Windows gestartet ist. Der Anwender stellt den Computer ab und betätigt beim Neustart die Taste F8. Das Startmenü wird angezeigt. Welche Option sollte der Anwender auswählen, um das Problem zu lösen?
    A) Abgesicherter Modus
    B) Abgesicherter Modus mit Eingabeaufforderung
    C) Letzte als funktionierend bekannte Konfiguration
    D) Normaler Modus

18. Ein Benutzer versucht, eine Anwendung auf einer Ubuntu-16.04-Arbeitsstation zu installieren. Die Installation schlägt fehl. Der Anwender benötigt aber das Programm. Wo sollte er zuerst nach Informationen suchen?
    A) In der Readme-Datei auf der CD
    B) Auf der Webseite des Programmherstellers
    C) In der Datei program

D) In der Datei error.log im Verzeichnis /var/log/messages

E) Auf der Webseite von Ubuntu

19. Mit welchem Programm formatieren Sie unter Windows 10 eine Festplatte?

    A) Datenträgerverwaltung

    B) Systemkonfiguration

    C) Registry Editor

    D) Gerätemanager

20. Ein Notebook ist mit 2048 MB Hauptspeicher installiert, im Betriebssystem werden aber nur 1792 MB RAM angezeigt. Wie erklärt sich dies am besten?

    A) Das Betriebssystem unterstützt nur 1792 MB Ram.

    B) Der Laptop verwendet eine Grafikkarte mit Shared-Memory-Technik.

    C) Eines der beiden installierten RAM-Module ist defekt.

    D) Das RAM wurde verkehrt herum eingesetzt und zeigt darum nur einen Teil der effektiven Kapazität an.

21. Sie verwenden auf Ihrem Rechner Windows 10 mit 21H1. Welche der folgenden Kommandozeilenoptionen können Sie verwenden, um das Programm zur Defragmentierung zu starten?

    A) DEFRAG mit Parametern

    B) SCANDSK mit Parametern

    C) FDISK mit Parametern

    D) CHKDSK mit Parametern

22. Welche der folgenden Angaben ist eine drahtlose Lösung für den Anschluss von Netzwerkgeräten?

    A) IEEE 1394b

    B) IEEE 1284

    C) IEEE 802.3u

    D) IEEE 802.11ac

23. Nach dem Einsetzen einer neuen PCIe-Soundkarte in den PCIe-Slot funktioniert die Karte nicht.

    Was sollten Sie tun? (zwei Antworten)

    A) Den Gerätemanager überprüfen

    B) Den Media Player des Betriebssystems aktualisieren

    C) Die Soundkarte muss im BIOS aktiviert werden.

    D) Die Treiber installieren

    E) Das BIOS mit einer neueren Version aktualisieren, damit Soundkarten unterstützt werden

24. Eine MAC-Adresse finden Sie in ...

    A) allen Rechnersystemen eines bestimmten Herstellers.

    B) dem Prozessor.

    C) dem SCSI-Host-Adapter.

    D) einer NIC.

25. Wie viele SATA-Geräte können an einem SATA-Kabel installiert werden?

    A) 8

    B) 4

    C) 3

    D) 1

Das Ziel für eine erfolgreiche Vorbereitung sind gut 70 % richtige Antworten (18 von 25 Fragen), dann bringen Sie das geeignete Vorwissen mit, um erfolgreich mit den folgenden Kapiteln arbeiten zu können.

Die entsprechenden Lösungen zu den Fragen finden Sie wie erwähnt in Abschnitt A.1, »Antworten auf den Vorbereitungstest«.

Kapitel 2

# Was ist ein Server?

Zu Beginn der Thematik CompTIA Server+ stellt sich die Frage: »Was ist denn ein Server?«. Was zeichnet Server aus, und was ist daran so wichtig, dass es eigens dafür eine Prüfung gibt, die sich CompTIA Server+ nennt?

> Sie lernen in diesem Kapitel:
> - Eine Definition von *Server* zu erarbeiten und die Abgrenzung zu anderen Systemen herzustellen
> - Verschiedene Arten von Servern kennen
> - Bauformen von Servern unterscheiden
> - Die Maßeinheit »Höheneinheit« kennen
> - Was eine KVM ist und wie sie eingesetzt wird

## 2.1 Server als Definitionssache

Wie Sie gleich sehen werden, kann der Begriff *Server* in sehr verschiedenen Größenordnungen eingesetzt werden, vom kleinen PC-Server bis hin zu millionenteuren Rechenanlagen. Wenn Sie in diesem Buch und im Hinblick auf die Zertifizierung von Servern lesen, wird nicht das ganze mögliche Feld dieser »Server« abgedeckt, sondern vor allem der Bereich sogenannter x86-Server. Diese Kategorie basierte ehemals auf einer Architektur, welche sich aus der Reihe Intel 80286 entwickelte, später durch x für die ändernde Zahl und noch später als Synonym für PC-basierte Server erhalten blieb, selbst wenn sich mittlerweile nebst Intel verschiedene Hersteller wie AMD oder ARM-basierte Systeme auch hier unterbringen lassen.

Nicht thematisiert (im Hardware-Bereich zumindest) werden dagegen größere Anlagen wie Unix-Systeme, IBM Mainframes oder vergleichbare Größenordnungen.

Das ist gewiss eine markante Einschränkung, und wir können und wollen sie an der Stelle auch nicht weiter vertiefen außer mit dem Hinweis, dass Sie sich damit auf die Definition von CompTIA Server+ beschränken können und so ein eindeutiges Definitionsfeld geschaffen wird.

Doch verbleiben wir noch etwas bei der Frage nach der Definition. Was zeichnet denn nun einen Server aus, damit ein System so genannt wird? Dem Begriff liegt das englische Verb *to serve* zugrunde, was so viel wie *dienen, bedienen* heißt. Und damit wäre auch schon die Grundfunktion des Servers beschrieben: Er bedient.

Daraus folgen zwei Definitionen, die im Informatikumfeld eingesetzt werden:

- Server sind Applikationen, die bestimmte Dienste oder Programmteile für andere Netzwerkteilnehmer bereitstellen oder ihnen Informationen zur Verfügung stellen.
- Server sind Hardware, welche für die oben genannten Tätigkeiten optimiert ist.

Es gibt also Serversoftware wie beispielsweise Serverbetriebssysteme, Serverprogramme wie Webserver oder Mailserver, und es gibt Serverhardware, die umgangssprachlich einfach als Server bezeichnet werden.

Betrachten Sie zur Klärung diese beiden Bereiche an dieser Stelle getrennt und beginnen mit der Software.

Was zeichnet eine Serversoftware aus?

Dazu gehören verschiedene Gesichtspunkte, die zu berücksichtigen sind:

- Die Zweckbestimmung des Servers (wozu dient er?)
- Die Fähigkeit, mehrere Clients zu bedienen
- Die Möglichkeit der Skalierung
- Die Sicherheit der Software, auch wenn mehrere Zugriffe erfolgen
- Die Stabilität für den dauerhaften Einsatz

Die Zweckbestimmung steht immer an erster Stelle. Wozu soll dieser Server eingesetzt werden? Man spricht hier von der Rolle, die ein Server einnehmen kann. Das kann die Rolle eines Datenspeichers sein (Fileserver), die Rolle eines Datenbankservers oder eines Mailservers. Möglich sind auch zahlreiche andere Rollen, auf die Sie später noch stoßen werden. Aber jede Rolle bringt ihre eigenen Anforderungen mit, und diese müssen für einen reibungslosen Betrieb möglichst gut erfüllt werden.

Die Fähigkeit, mehrere Clients zu bedienen, bedeutet, dass mehrere andere Systeme oder Benutzerkonten auf den Server zugreifen können. Das können drei einzelne PCs in einem kleinen Netzwerk sein, dabei kann es aber auch um Tausende von Nutzern auf einem international zugänglichen Webserver gehen.

Skalierung ist ein Begriff, den Sie sowohl bei Hard- als auch bei Software antreffen können. Er meint die Vervielfachung der Leistung. Software lässt sich z.B. in ihren Rechten, ihren Möglichkeiten oder anhand der verwaltbaren Benutzer skalieren. Hardware kann man nach verfügbaren Anschlüssen oder nach Anzahl der Prozessoren skalieren. In jedem Fall geht es aber um die Ausweitung der Leistung.

Die Sicherheit der Software, auch wenn mehrere Zugriffe erfolgen, ist ein weiterer wichtiger Punkt. Gibt es eine Benutzerverwaltung, wie sind die Zugriffsrechte geregelt, wie sind die Rechte implementiert? Wie ist der Server gegen Angriffe geschützt?

Die Stabilität für den dauerhaften Einsatz ist wie die Skalierung ein Kriterium, das Sie für Hard- und Software antreffen werden. Hier geht es in allen Belangen darum, dass Systeme, Komponenten, aber auch Software so gebaut sind, dass sie gegen Fehlmanipulationen geschützt sind, dass sie Fehler behandeln können, ohne instabil zu werden, und dass Mechanismen vorliegen, die diese Stabilität erhalten.

Und damit gelangen Sie zur zweiten Frage: Was zeichnet Serverhardware aus?

Für Betrieb und Einsatz von Serverhardware sind folgende Eigenschaften wichtig:

- Kapazität des Systems
- Ausbaubarkeit für künftige Anforderungen
- Physische Sicherheit
- Eignung für den Dauerbetrieb
- Lebenszyklus der Systeme und Verfügbarkeit der Ersatzteile

Die Kapazität des Systems muss den aktuellen Anforderungen genügen, aber auch Möglichkeiten für die nähere Zukunft bieten. Dennoch kann man nicht aufs Geratewohl einen Server kaufen, dessen Leistung dann während der nächsten fünf Jahre nie benötigt wird. Daher wird bei Servern (etwa im Unterschied zum Büro-PC) großen Wert auf die Ausbaubarkeit gelegt.

Dies umfasst nicht nur die Anzahl der Arbeitsspeicherbänke, die wesentlich höher ist als bei PCs, sondern auch zusätzliche Sockel für mehr Prozessoren, Platz für weitere Plattensubsysteme oder für drei oder vier Netzwerkkarten. Es gibt sogar Systeme, bei denen Sie in einem großen Gehäuse selbst neue Server einfach hinzufügen können, Blade-Server genannt (dazu gleich noch mehr).

Zudem lassen sich Server auch zu Clustern zusammenfassen und so fast beliebig skalieren. Und durch die Trennung von Rechen- und Speichersystemen lassen sich Serverfarmen fast beliebig skalieren.

Zum Thema Sicherheit gehören eine diebstahl- und unfallsichere Montage ebenso wie abschließbare Systeme und Räume. Ebenso die Überwachung und die Auswertung von Logdateien über Nutzung, Auslastung und Zugriffe.

Da Server zudem immer in Betrieb sind, müssen ihre Komponenten so robust gebaut sein, dass ein Dauerbetrieb möglich ist, sowohl was die Qualität der Bauteile angeht als auch Fragen der Kühlung oder Themen wie Ausfallsicherheit durch Redundanzen oder die schnelle Verfügbarkeit von Ersatzteilen im Defektfall.

**Abb. 2.1:** Rechenzentrum mit zahlreichen Racks und Servern

Und nicht zuletzt trägt der Lebenszyklus der Serversysteme zu deren Verfügbarkeit bei. Wie lange ist ein Modell erhältlich, wenn man mehrere gleichartige Server einsetzen möchte? Wie lange werden die Ersatzteile vorgehalten und wie lange wird das System vom Hersteller unterstützt und gewartet, z.B. mit BIOS-Upgrades für die Integration neuerer Hardware oder mit Treibern für neuere Betriebssysteme?

Demzufolge finden Sie zu diesen Stichworten im Laufe des Buchs die Kapitel, die sich diesen Anforderungen widmen und diese Themen vertiefen. Für den Anfang werden Sie im nächsten Kapitel mit Einzelheiten zur Hardware versorgt, dann folgt die Netzwerktechnik, die benötigt wird, damit Server ihre Funktion als »Bediener« auch wahrnehmen können und erreichbar sind, und anschließend lesen Sie Kapitel zum Thema Serversoftware, insbesondere zu Netzwerkbetriebssystemen wie Windows und Linux Server.

## 2.2 Von Hosts und Servern

»Den« Server gibt es nicht und je nach Anforderung und Betriebsgröße können diese Maschinen sehr unterschiedlich aussehen.

Zudem weisen wir an dieser Stelle noch einmal auf die Abgrenzung eines großen Bereichs von unserer hier besprochenen Thematik hin: die Großrechner, früher auch Hosts oder Mainframes genannt, und die daraus hervorgegangenen Midrange-Systeme, wie sie heute vielerorts im Einsatz sind.

Die Informatik kennt bedeutend größere Informatikanlagen als die in diesem Buch erwähnten Server. Von daher werden die hier im Zusammenhang besprochenen Maschinen oft auch als PC-Server bezeichnet, um ihren Ursprung und ihre Bauart von größeren Systemen abzugrenzen. Auch wenn angesichts der Möglichkeiten eines aktuellen Zwölfkernsystems mit 256 GB Arbeitsspeicher und Speichern bis hin zu Petabytes (ja, diese Zahlen ändern sich bei jeder Auflage ...) kaum mehr von einem »Personal Computer« gesprochen werden kann ...!

Doch Hersteller wie Sun, IBM, aber auch HP oder Siemens und andere bauen auch sogenannte Großrechner. Die sind zwar auch nicht mehr so groß wie vor 30 Jahren, aber Sie müssten nicht versuchen, auf einem IBM z10 einen Windows-Server zu installieren – das passt einfach nicht zusammen. Denn allein ein einzelner z10 verfügt über die Kapazität von 1500 einzelnen PC-Servern. Entsprechend sind auch die Programme und Serverbetriebssysteme ganz andere als die, von denen hier die Rede ist.

**Abb. 2.2:** Host-Rechner IBM System z15 und Tower-Server der x-Serie

Wir beschränken uns wie eingangs des Kapitels erwähnt gemäß den Prüfungsanforderungen von CompTIA Server+ auf den Bereich der PC-Server – auch wenn Sie diesen Begriff PC-Server von uns nicht eben gerne hören, da Server heute eine Leistung und Qualität aufweisen, die mit dem gemeinen PC wie gesagt nicht mehr viel gemeinsam haben. Dennoch ist diese Abgrenzung zu größeren Systemen wichtig.

## 2.3 Warum ein PC kein Server ist

Sie werden sich im nächsten Kapitel genauer mit den Eigenschaften und Konfigurationsmöglichkeiten von Serverhardware auseinandersetzen. Aber warum ist Serverhardware nicht einfach gleich PC-Hardware?

Das hat nur bedingt mit der reinen Leistung zu tun, denn es gibt ja auch Quad-Core-PCs mit zwei 8-TB-Festplatten und 64 GB RAM. Die Unterschiede liegen in der Liste zu Beginn dieses Kapitels begründet.

Hardware-Server zeichnen sich aus durch:

- Kapazität des Systems
- Ausbaubarkeit für künftige Anforderungen
- Physische Sicherheit
- Eignung für den Dauerbetrieb
- Lebenszyklus der Systeme und Verfügbarkeit der Ersatzteile

**Kapazität:**

Das bedeutet konkret, dass nicht ein, sondern zwei oder vier Prozessorsockel vorhanden sind, und dass anstelle von zwei oder vier bis zu sechzehn oder mehr RAM-Bänke belegt werden können. Server sind dafür ausgelegt, entsprechend ihren Aufgaben wesentlich mehr an Leistung zu vereinen und werden physisch für diese Kapazitäten ausgelegt. Und d.h. nicht nur, dass sie Platz dafür haben, sondern auch, dass beispielsweise Bauart und Zugänglichkeit, aber auch das Lüftungskonzept extra für diese Kapazitäten ausgelegt sind.

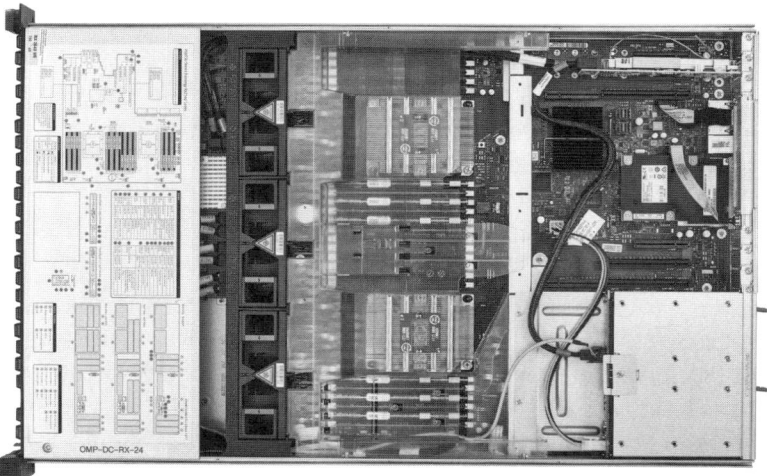

**Abb. 2.3:** Blick in einen Fujitsu Primergy RX2540 M6 (Dual Socket)

## Ausbaubarkeit:

Server werden oft in einer bestimmten Standardkonfiguration eingekauft, beispielsweise mit 32 oder 64 GB RAM. Wenn man später merkt, dass für den Betrieb eines neuen Programms mehr nötig ist, bieten Server die Möglichkeit, diesen Ausbau vorzunehmen. Dies betrifft vor allem die Bereiche Prozessoren, Arbeitsspeicher und Festplattenkapazität. So kann etwa obiges Modell maximal 12 TB DDR4-RAM inkl. Intel Optane aufnehmen.

## Physische Sicherheit:

Server sind abschließbar, Rack-Server werden in ihren Gestellen festgeschraubt, Blades in feste Gehäuse montiert. Zudem verfügen Server über integrierte Kontroll- und Warnsysteme, die anzeigen, wenn beispielsweise ein Lüfter ausfällt oder eine Komponente defekt ist. Es ist sogar möglich, eigene Überwachungskarten einzubauen, die das Management dieser Überwachung dediziert übernehmen.

## Eignung für den Dauerbetrieb:

Serverhardware ist für den Dauerbetrieb ausgelegt. Nehmen Sie nur die Festplatten. Eine normale SATA-Platte ist für drei Jahre Betrieb ausgelegt, und zwar zu Bürozeiten! Serverfestplatten sind dagegen so gebaut, dass sie bei Dauerbetrieb weit über drei Jahre halten oder im Fehlerfall durch Redundanz geschützt sind. Dies gilt vergleichbar auch für die neueren SSDs, die für Server anders konzipiert werden als für Desktopsysteme.

Dies führt zu zwei Themen, die Sie später ausführlicher behandeln werden: Größe und Ausfallsicherheit. Servergehäuse sind größer als PCs, damit sie neben genügend Platz auch genügend Lüftungssysteme aufnehmen können. Zudem werden Server durch redundante Netzteile, RAID-Systeme oder Hotspare-Arbeitsspeicher auf Ausfallsicherheit hin ausgelegt.

## Lebenszeit von Systemen und Verfügbarkeit der Ersatzteile:

Wie lange ist eine Modellreihe erhältlich? Kann ich eine Serverfarm über mehrere Monate aufbauen und dennoch einen einheitlichen Aufbau gewährleisten? Wie lange sind die Ersatzteile verfügbar? Diese Fragen können über den Einsatz eines Serversystems entscheiden, denn was nützt der schnellste Server, wenn bei einem Defekt nach zwanzig Monaten keine Ersatzteile mehr erhältlich sind oder der Server zuerst maßgeblich umgebaut werden muss, damit er überhaupt wieder funktioniert? Dabei kann es durchaus auch um so »belanglose« Dinge gehen wie z. B. dass für einen bestimmten Server ein RAID-Controller eines Drittherstellers eingebaut wurde, der nach zwei Jahren aussteigt – aber für diesen Controller gibt es leider keinen Ersatz mehr ... und wie läuft ein Server ohne den passenden Controller, der die Platten anspricht?

Wichtig ist auch der Unterhalt der im Betrieb befindlichen Systeme durch den Hersteller. Das umfasst nicht nur eventuelle Reparaturen und Ersatzteile, sondern auch den Unterhalt des BIOS durch den Hersteller, damit eventuell neuere Komponenten später vom System auch erkannt werden, z.B. neuere RAID-Controller. Und wie sieht es aus mit Treibern zum System für neuere Betriebssysteme? Solche Fragen sind nicht zu unterschätzen, und Serverhersteller betreiben hierfür eine aufwendige Modellpflege, die weit über die Bemühungen vieler PC-Hersteller hinausgeht.

## 2.4 Bauformen von Servern

Grundlegend unterscheiden Sie drei Bauformen bei »PC«-Servern:

- Tower-Server (inkl. Mini-Servern)
- Rack-Server
- Blade-Server

Als Tower-Server werden allein stehende Server bezeichnet. Sie sind häufig im Einsatz, wenn nur ein einzelner Server benötigt wird. Eine größere Ansammlung dieser Server ist meist aus organisatorischen und platztechnischen Gründen kaum möglich, da sie ja nicht gestapelt werden können.

Tower-Server enthalten alle Hardware für einen vollständigen Betrieb, vom Prozessor über genügend Arbeitsspeicher bis hin zu einer oder mehreren Festplatten.

**Abb. 2.4:** Tower-Server (Fujitsu Primergy TX2550)

Rack-Server werden demgegenüber in ein fest stehendes Regal eingebaut, neudeutsch *Rack* genannt. Ansonsten haben sie in etwa dieselbe Ausstattung und Größe wie Tower-Server, unterscheiden sich also vor allem durch die Möglichkeit des festen Einbaus.

**Abb. 2.5:** Rack-Server (HP ProLiant ML350 G10 Plus)

Die Anordnung von Servern in einem Rack erlaubt eine wesentlich höhere Serverdichte, als wenn man sie als einzelne Tower nebeneinander auf den Boden stellt. Zudem lassen sich solche Racks in der Regel abschließen und mit integriertem Kabel- und Strommanagement sowie aktiver Lüftung sind die Server gut versorgt.

Bei den Rack-Servern kommt hinzu, dass deren Bauweise die Trennung von Rechenleistung und Speichersystemen begünstigt. So werden in einem System mehrere CPUs verbaut, im anderen dagegen möglichst viele Disks, was seit Einführung der 2,5-Zoll-Laufwerke auf bis zu 24 Laufwerke pro Server hinausläuft.

**Abb. 2.6:** 14-Höheneinheiten-Rack mit drei Rack-Servern

**Kapitel 2**
Was ist ein Server?

Blade-Server sind ein Spezialfall des Rack-Servers. Sie sind sehr klein und werden auch nicht direkt in ein Rack montiert, sondern in ein eigenes Gehäuse, Cage (Käfig) oder Enclosure genannt. Und dieses Enclosure wird wiederum ins Rack eingebaut.

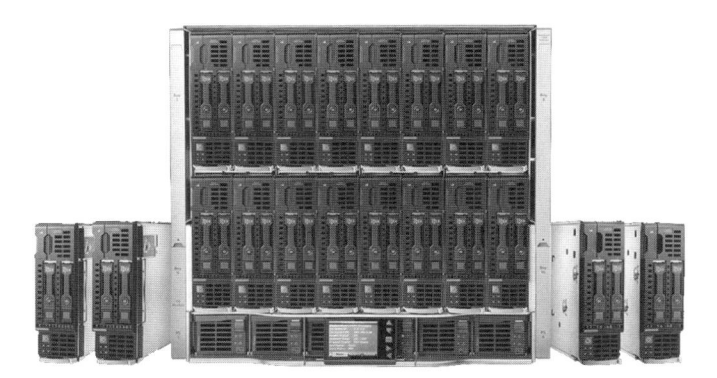

**Abb. 2.7:** HPE Bladesystem C7000 mit Blades und Enclosure

Das Spezielle an Blade-Servern ist zudem, dass der einzelne Blade nicht mehr alle Funktionen übernimmt. So werden beispielsweise Speicherarbeiten an Speichergruppen ausgelagert, während der einzelne Blade vor allem aus Prozessor und Arbeitsspeicher besteht. Zum Einsatz kommen auch sogenannte Connection Blades, die es erlauben, einen Teil der Netzwerkkommunikation direkt an die Server anzubinden.

**Abb. 2.8:** Auch das gab es: fahrbares Blade-System von Fujitsu (BX400)

Ein weiterer Vorteil der hohen Baudichte ist die bessere Energieeffizienz von Blade-Systemen, da sie durch den Aufbau deutlich weniger Energie benötigen als eine vergleichbare Anzahl von Rack-Servern.

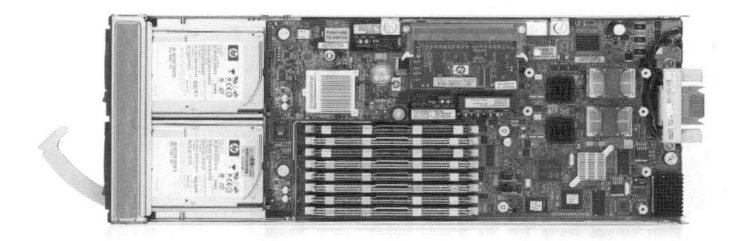

**Abb. 2.9:** Blick auf einen einzelnen Blade (HP ProLiant BL460c)

Den meisten Servergehäusen und Bauformen gemeinsam ist, dass sie abschließbar sind. Rack-Server lassen sich fest in Schränke einbauen, Tower-Server verfügen über die Möglichkeit der Fixmontage auf dem Untergrund. Einige Systeme verfügen zudem über ein System der sogenannten Chassis Intrusion, d.h. einem Fühler zwischen Gehäuse und Abdeckung, der mit dem BIOS verbunden ist und meldet, wenn die Gehäuseabdeckung entfernt worden ist. Damit lassen sich unbefugte Zugriffe am physischen System protokollieren, und unter Umständen lassen sich sogar Maßnahmen wie das Verhindern des Aufstartens nach einem Eindringen definieren. Heute werden Blade-Server zunehmend durch andere Systeme ersetzt, z.B. Brick-Server oder Mini-Server mit «Atom»-CPUs.

## 2.5 Alles eine Frage der Höheneinheit

Server werden nicht einfach mit ihren Maßen angegeben, sondern in sogenannten Höheneinheiten bezeichnet. So gibt es beispielsweise die Bezeichnung 2HE für einen Server, er ist also zwei Höheneinheiten hoch.

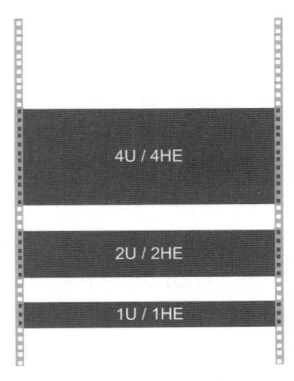

**Abb. 2.10:** Höheneinheiten

**Kapitel 2**
Was ist ein Server?

Eine Höheneinheit = 1 HE = 4,45 cm oder englisch: 1 U = 1,75 Inch (= 4,45 cm). Auf Englisch finden Sie die Abkürzung RU für Rack Unit, meist aber U, kurz für *unit* = Einheit. Die Breite für Server-Racks ist auf 19", also 48,26 cm, normiert, wobei diese Größe die interne Breite zwischen den Befestigungsstangen beschreibt, nicht die Breite des Regals an sich.

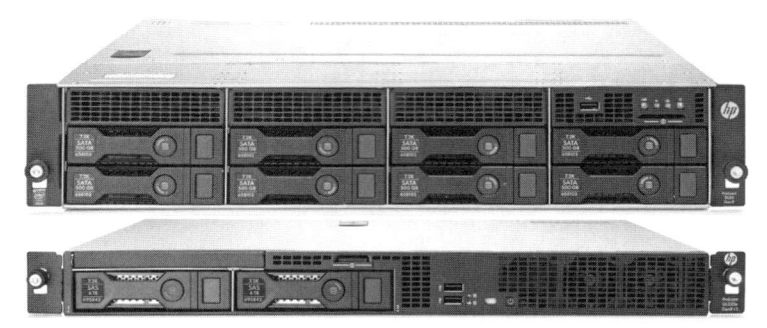

**Abb. 2.11:** Oben ein Server mit 2 HE und unten einer mit 1 HE (beides HP ProLiant)

Die flachsten Server sind 1-HE-Server, auch Pizzaboxen genannt, weil sie so flach sind. Diese Server dienen oft als Web- oder Datenbankserver, da sie für die Verarbeitung von vielen Daten zuständig sind, und andere Server für die Speicherung. Die Blade-Server sind dann die Weiterentwicklung dieser 1-HE-Server, sie sind noch kleiner und lassen eine zentralisierte Verwaltung durch ein gemeinsames Kontrollzentrum zu.

Typische Rack-Server sind 2, 4 oder 5 HE hoch, entsprechen also 8,90, 17,8 oder auch 22,25 cm.

Für die Bemessung von Server-Racks ist die Höhenangabe ebenfalls der Standardmessbegriff. Sie können also z.B. ein 22-HE-Rack kaufen oder ein 42-HE-Rack und entsprechend der Anzahl Server und ihrer Bauhöhe errechnen, welches für Ihren Bedarf die richtige Größe ist. Auf diese Weise können Sie ein Rack zuverlässig planen und dessen Bestückung entwerfen.

Die Bautiefe der Racks ist dagegen nicht auf ein Maß zu reduzieren. Zum einen sind hierbei die sogenannten Telekom-Racks zu nennen, die ebenfalls 19" breit sind und dieselbe Höhe bis zu 42 HE annehmen können, doch ist ihre Bautiefe mit 40–60 cm zu gering für Server. Daher gibt es für Server-Racks Bautiefen von 80, 100 oder gar 120 cm, wobei die meisten aktuellen Rack-Server heute zwischen 55 und 70 cm tief sind.

Lesen Sie daher die Angaben und Anforderungen genau durch, bevor Sie ein Rack kaufen: Was sind die Außenmaße des Servers bzw. des Racks und was sind die erlaubten Einbautiefen für den Rack-Schrank?

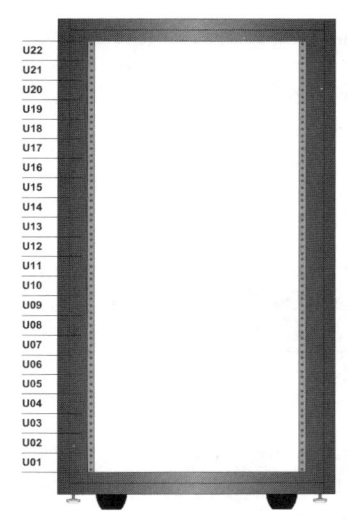

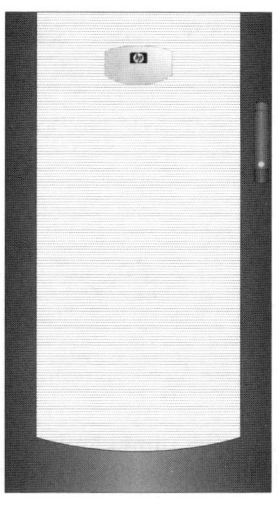

**Abb. 2.12:** Ein 19" breites 22-U-Rack offen, mit Angabe der Einheiten, und geschlossen

Ebenso wichtig bei der Planung eines Racks sind zudem Fragen der Stromführung, d.h. wo welche Kabel entlanglaufen, sowie der Klimatisierung. Die Hersteller bieten Ihnen hierzu eine Vielzahl von Lösungen an, welche festes Kabelmanagement, Energiemengenberechnung und Klimatisierungs- bzw. Kühlungsmaßnahmen beinhalten.

## 2.6 KVMs

Jeder Server benötigt genauso wie ein PC Ein- und Ausgabegeräte. Je mehr Server in einem Unternehmen eingesetzt werden, desto schwieriger wird daher für diese Geräte das Servermanagement: von der Konsolidierung des Servermanagements über die Platzeinsparung im Rack bis zur Reduzierung des Kabelsalats. Hier helfen KVM-Lösungen: Keyboard-Video-Mouse-Switches.

Vom KVM-Switch aus geht zu jedem Server ein Kabelset für Video, Maus und Tastatur (eventuell auch noch USB), aber nur ein Monitor und eine Tastatur/Maus werden an den Switch angeschlossen. Diese Einheit befindet sich in der Regel im Rack, häufig als TFT-Monitor mit Tastatur in einer Rack-Schublade untergebracht. Die Server lassen sich anschließend per Schalter und/oder per Software direkt ansprechen. Es gibt sogar Lösungen, bei denen mehrere Racks an einen KVM-Switch angeschlossen und zentral verwaltet werden können.

Während die klassische KVM dabei von der Zusammenfassung der bestehenden Anschlüsse ausging (also VGA und PS/2), sind moderne KVM-Anlagen IP-basiert, d.h., die Signale werden von der KVM-Steuerung aus konvertiert und über Netzwerkkabel übertragen. Damit lassen sich bedeutend mehr Server verwalten und zudem sind Managementmöglichkeiten über größere Distanzen möglich.

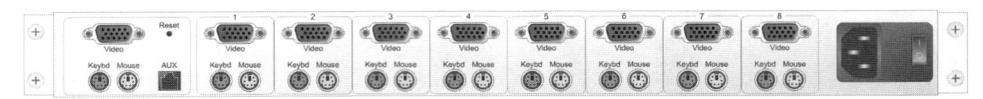

**Abb. 2.13:** Klassische VGA-PS/2-basierte KVM zur Verwaltung von maximal acht Servern

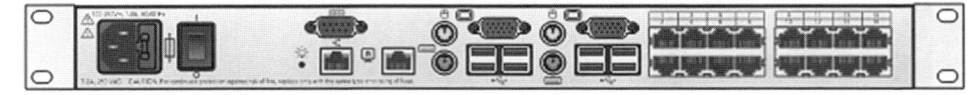

---

**Abb. 2.14:** HP KVM-Anlage, IP-basiert für bis zu sechzehn Server

Durch das sogenannte Daisy Chaining können sogar mehrere KVMs hintereinandergeschaltet werden, sodass von einer zentralen Tastatur- und Monitoreinheit aus ganze Gruppen von Servern zentral verwaltet werden können.

## 2.7 Out-of-Band-Management

Ebenso wichtig ist für die Verwaltung der direkte Zugriff auf das System. Dazu gibt es Lösungen, die es gar nicht mehr verlangen, dass man sich einen Server »hinstellt«.

Oracle-Hardware (ehemals Sun) stellt z.B. seit jeher über den seriellen Port eine Konsole zur Verfügung. Wenn die Maschine nicht mehr reagiert, ist es möglich, über diese serielle Schnittstelle auf die Konsole zu kommen. Bei dieser Hardware ist über die serielle Verbindung alles machbar, was auch direkt auf dem System gemacht werden könnte. Das BIOS bzw. OpenPROM ist voll und ganz administrierbar. Seriell ist zwar noch nicht Netzwerk, aber man konnte damit doch schon mehrere Server über eine multiserielle Karte zusammenfassen und verwalten.

Aktuelle Server stellen seit Längerem ebenfalls eine Remoteverwaltung zur Verfügung, allgemein LOM, Lights Out Management genannt. HP entwickelte dazu etwa das sogenannte iLO-Remote-Interface (integrated Lights-Out), Fujitsu nennt es iRMC für Integrated Remote Management Controller, IBM bzw. Lenovo wiederum Integrated Management Module (IMM) und Dell hingegen nennt es Integrated Dell Remote Access Controller (iDRAC). Sie meinen aber immer dasselbe: Der Server verfügt über einen zusätzlichen dedizierten RJ45-Anschluss, über den eine Managementsoftware auf dem Mainboard (oder einem separaten Controller-Board) angesprochen wird, und über diese Software lässt sich der Server ansprechen und verwalten. Mit entsprechender Software derselben Hersteller lassen sich damit zudem auch ganze Racks zentral verwalten.

Ein LOM-System besteht aus zwei Komponenten: einer Hardware-Einheit im Server, welche das System (Status, Temperatur, Lüfter, RAID etc.) aktiv überwacht, und einer Software, über welche auf diese Kontrolleinheit zugegriffen werden kann. Gemeint ist immer in etwa dasselbe: eine als Chip onboard oder als zusätzliche Steckkarte verbaute Kontrolleinheit, die der Verwaltung des Servers dient und verschiedene Vorteile bietet:

- Ein- und Ausschalten des Servers über das Netzwerk
- Überwachung der Umweltwerte wie Temperatur, Lüfter oder Netzteile
- Management von BIOS- und Controller-Einstellungen
- Tools zur Systemdiagnose

Der Zugriff erfolgt heute meist webbasiert, d.h. über einen Browser, und es können mit entsprechenden Lizenzen auch mehrere – sogar herstellerfremde – Server eingebunden und überwacht werden.

**Abb. 2.15:** Ein Webinterface einer LOM-Schnittstelle, hier iRMC von Fujitsu

## 2.8 Fragen zu diesem Kapitel

1. Sie installieren eine Serverfarm und sind darauf angewiesen, die Kapazität möglichst unkompliziert und mit wenigen Handgriffen erweitern zu können. Welche Servertechnologie werden Sie einsetzen?

    A) Tower-Server

    B) Rack-Server

    C) Blade-Server

    D) Slimline-Server

    E) Cluster-Server

**Kapitel 2**
Was ist ein Server?

2. Was verstehen Sie richtigerweise unter dem Begriff Skalierbarkeit?
   A) Vergrößern von Servern
   B) Mehr Arbeitsspeicher
   C) Ausbau der Leistung
   D) Sicherheit von Servern durch entsprechende Komponenten

3. Was ist kein primäres Kriterium für den Kauf eines Servers?
   A) Anzahl der Prozessoren
   B) Unterstützte Betriebssysteme
   C) Preis
   D) Anzahl unterstützter Festplatten

4. Was ist oft ein Kernproblem, wenn man einen PC als Server verwendet?
   A) Man kann keine Serverbetriebssysteme installieren.
   B) Es lassen sich nicht genügend Sicherheitsmerkmale hinzufügen.
   C) Das Gehäuse lässt Ausbau kaum zu oder verfügt nicht über genügend Stromversorgung dafür.
   D) Keines, PCs können genauso gut Server sein.

5. Wie hoch ist ein 2-HE-Server?
   A) 4,45 cm
   B) 22,25 cm
   C) 12,25 cm
   D) 8,90 cm

6. Sie verfügen über ein 21-HE-Rack und möchten gerne Ihre drei Server komplett einbauen. Der erste Server hat 17,8 cm Höhe, die beiden anderen je 22,25 cm. Die Höhe der KVM-Einheit ist 6 HE. Können Sie diese Einrichtung in das Rack einbauen?
   A) Ja, denn die Höhe aller Komponenten beträgt 16 HE.
   B) Ja, denn die Höhe aller Komponenten beträgt 20 HE.
   C) Nein, denn die Höhe aller Komponenten beträgt 22 HE.
   D) Nein, denn die Höhe aller Komponenten beträgt 24 HE.

7. Wie greifen Sie auf mehrere Server über eine Schnittstellenverwaltung zu?
   A) COM
   B) KVM
   C) VGA
   D) SAS

8. Ein Blade-Chassis kann 16 halbhohe Blades oder 8 Blades mit voller Bauhöhe aufnehmen. Wie viele halbhohe Blades kann dasselbe Chassis noch aufnehmen, wenn bereits 6 Blades mit voller Bauhöhe eingesetzt sind?

    A) 2
    B) 4
    C) 6
    D) 8

9. Einen Schrank, um Server und Komponenten zu verbauen, nennt man …?

    A) Rack
    B) Rail
    C) Unit
    D) Case

10. Was bezeichnet die gesamte Lebensdauer eines Servers?

    A) Garantiedauer
    B) Qualität
    C) Konfigurationsmanagement
    D) Lifecycle

**Kapitel 3**

# Serverhardware

Nach der Sicht von außen auf die Serversysteme und ihre unterschiedliche Bauweise kommen Sie in diesem Kapitel zur Hardware selber. Hier geht es um die Frage »Was ist drin?« und um die Aufbauten und Möglichkeiten von Serverhardware.

> Lernen Sie in diesem Kapitel:
> - Architekturen und Chipsets für Server kennen
> - Unterschiedliche CPUs und ihre Leistung differenzieren
> - Verschiedene Arten von Arbeitsspeichern unterscheiden
> - Medientypen für den Anschluss ans Netzwerk unterscheiden
> - Unterschiedliche Netzwerkanschlüsse richtig einsetzen

## 3.1 Die Architektur von Servern

Die zentrale Schaltstelle eines Servers ist dessen Mainboard. Auf ihm sind die wichtigsten Komponenten vereint, vom sogenannten Chipsatz über den Prozessor bis zum Arbeitsspeicher und zahlreichen Anschlussschnittstellen für externe Controller und Speichersysteme.

Im Prinzip funktionieren diese Mainboards ebenso wie diejenigen der PCs. Dazu können Sie Ausführliches im Rahmen der A+-Zertifizierung lesen, auch im Buch *CompTIA A+* von Markus Kammermann, das aktuell in 6. Auflage vorliegt (Herbst 2022).

Wichtige Unterschiede zu PC-Mainboards bestehen zum einen in der Erhöhung der Betriebsstabilität durch das Konzept der Komponenten, zum anderen in der Menge an Schnittstellen oder Steckplätzen.

Eine erhöhte Betriebsstabilität bedeutet in diesem Zusammenhang, dass ein Servermainboard ausführlich getestet wird, Hardware-Komponenten dafür strengeren Anforderungen unterliegen und das Gehäuse beispielsweise auf die Kühlung der Komponenten hin optimiert wird. Zudem wird ein Serversystem für bestimmte Betriebssysteme freigegeben, damit der Käufer auch sicher sein kann, dass dieses Gerät für den geplanten Einsatz geeignet ist.

Weiterhin bieten Servermainboards z.B. vier oder acht Speicherbänke (oder mehr) und zwei oder vier Prozessorensockel, damit mehr Leistung erzielt werden kann.

Grundlage der Serverentwicklung sind natürlich die allgemeinen technischen Entwicklungen, welche hier einfließen. So auch beim sogenannten Chipset oder halbdeutsch Chipsatz, den Sie als Erstes hier genauer kennenlernen.

Das Chipset ist zuständig für die Steuerung der unterschiedlichen Komponenten auf einem Mainboard, angefangen vom Prozessor über den Arbeitsspeicher bis zu den unterschiedlichen internen und externen Schnittstellen, die sich auf einem Mainboard befinden. Das Chipset übernimmt die Steuerungsfunktion für das Zusammenspiel dieser Komponenten.

### 3.1.1 Etwas Historie zu Beginn: PCI

Der PCI-Chipsatz basiert auf einem zweiteiligen Chipset, Northbridge und Southbridge genannt, und den entsprechenden Busverbindungen zwischen den Bestandteilen des Chipsets und den Komponenten wie Arbeitsspeicher und CPU.

Am bekanntesten ist der sogenannte Front Side Bus, kurz FSB. Dieser verbindet die CPU mit der Northbridge und liefert den Grundtakt für die verschiedenen Komponenten, der dann durch Multiplikatoren entsprechend angepasst werden kann.

Von der Northbridge aus verläuft der Speicherbus, entweder mit doppelter oder mit vierfacher Taktung des FSB, zum Arbeitsspeicher. Intel nannte dieses Verfahren »quadpumped«, um eben anzuzeigen, dass der eigentliche Takt vervierfacht werden konnte. Ein 133-MHz-FSB führte so zur Bezeichnung FSB266 (doublepumped) oder FSB533 (quadpumped). Ein FSB1333 läuft demzufolge nicht mit effektiven 1333 MHz, sondern mit einem Grundtakt von 333,3 MHz (x 4).

Die Northbridge verbindet auch die Grafikkarte in einem eigenen Accelerated Graphics Port (AGP) mit dem FSB-System und stellt über einen I/O-Bus die Verbindung zur Southbridge und den eigentlichen PCI-Steckplätzen her. Dieser Bus wird Data Path Unit genannt und er stellt allen externen Komponenten eine gemeinsame Bandbreite zur Verfügung.

Die Southbridge dient zum Anschluss der Onboard-Geräte, der Steckkarten und der Peripheriegeräte; meist enthält sie heute auch die Echtzeituhr (Real Time Clock, RTC) und den batteriegepufferten BIOS-Speicherbereich. Zusätzlich hat die Southbridge auch die Kontrolle über den USB-Bus und die EIDE-Schnittstellen. In den ersten Versionen (PCI 1.x) waren zudem die damals noch vorhandenen ISA-Schnittstellen unter der Kontrolle der Southbridge. Deshalb sitzt in der Southbridge auch der PIC (Programmable Interrupt Controller) oder gar APIC (Advanced PIC), der die ISA- und PCI-Interrupt-Leitungen verwaltet.

Zum Anschluss von Tastatur, Maus, Floppy-Laufwerken oder parallelen und seriellen Schnittstellen benötigt die Southbridge einen weiteren Controller, den

Super-I/O-Chip. Diese Funktionen sind jedoch längst in die Southbridge selber integriert. Die bei PCs hier ebenfalls untergebrachten AC-97-Soundschnittstellen wird man bei Servern aber nicht finden.

Aufgrund der Aufgaben, nämlich dem Verwalten externer Geräte, hat sich bei verschiedenen Herstellern mittlerweile der Begriff I/O-Controller gebildet. So findet sich auf einer Southbridge von Intel der Begriff ICH für I/O Controller Hub und dahinter eine Zahl für die Generation, also z.B. ICH-7 oder ICH-8.

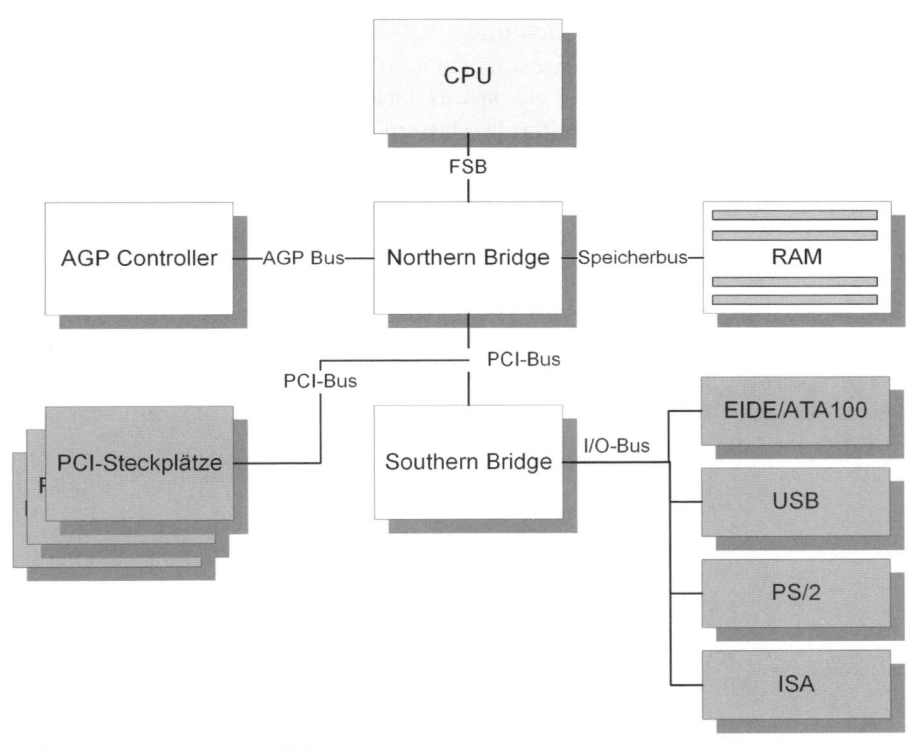

**Abb. 3.1:** Der Aufbau des PCI-Bussystems

Northern Bridge (auch: Northbridge) und Southern Bridge (Southbridge) bezeichnen somit auch die Funktionalitäten, welche im Chipsatz des Mainboard-Herstellers abgebildet werden. Wenn Sie also von Chipsets wie dem Intel E7210 lesen, dann können Sie über diese Bezeichnung im Wesentlichen die Spezifikationen nachlesen, welche dieses Chipset der Northbridge und der Southbridge beibringt.

Bei den meisten Chipsätzen ist die Verbindung zwischen North- und Southbridge als interner PCI-Bus ausgeführt; bei den letzten PCI-Intel-Chipsätzen ist dies jedoch anders. Hier hat sich Intel ein proprietäres Verbindungssystem einfallen lassen, über das die Chipsatzkomponenten Memory Controller Hub (MCH, entspricht der Northbridge), I/O Controller Hub (ICH, früher Southbridge) und Firm-

### 3.1.2 PCI-X

Die Ablösung von PCI 2.x erfolgt einerseits durch die Erweiterung auf den PCI-X-Standard und zum anderen durch die Einführung des mittlerweile überall eingesetzten PCI-Express-Standards (siehe nachfolgender Abschnitt). Diese PCI-X-Bustopologien erreichen Übertragungsgeschwindigkeiten von bis zu 7,95 GB/s (PCI-X 1066) und 9,53 GB/s je Richtung (PCI-Express mit 32 Leitungspaaren). Das PCI-X-Bussystem hatte sein Einsatzgebiet vorwiegend im Serverbereich, das PCI-Express-System dagegen in Desktop- und Notebook-Systemen. Beides sind Entwicklungen auf dem 64 Bit breiten Bussystem. PCI-X blieb abwärtskompatibel zu PCI, dies gilt nicht für PCI Express (auch PCIe abgekürzt), was aber im Jahr 2022 nicht mehr von Relevanz ist.

### 3.1.3 PCI Express

Die flexible PCI-Express-Architektur (PCIe) löste ohne Umweg über PCI-X die PCI-Bussysteme der PCs und Notebooks ab. PCI Express eignet sich als schneller universeller Verbindungsbus zu internen Komponenten wie SATA oder USB, aber auch zu Steckkarten mit hohem Datendurchsatz wie SAS-RAID-Controllern oder 10-GB-Ethernet-Adaptern.

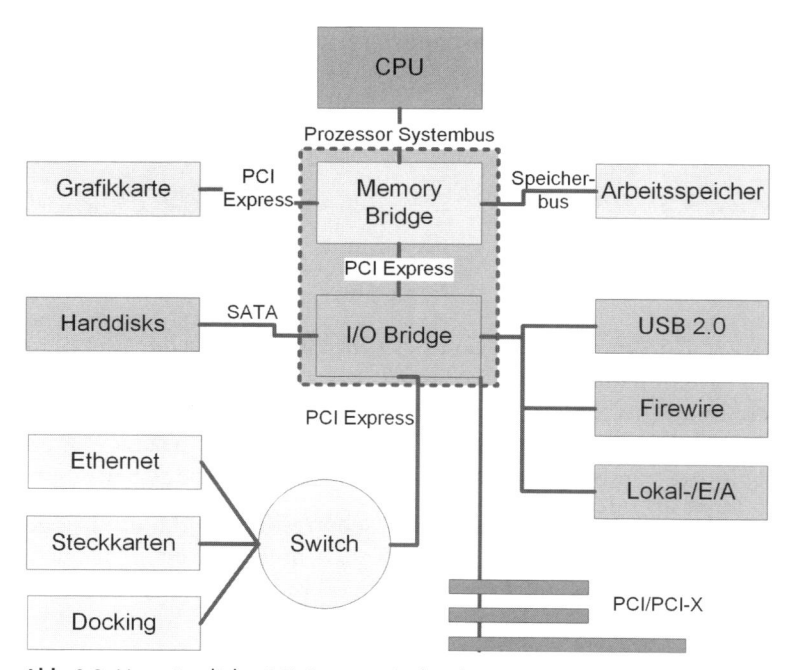

**Abb. 3.2:** Ursprüngliche PCI-Express-Architektur

Das langfristige Ziel von PCI Express war es, die unterschiedlichen I/O-Standards wie PCI, PCI-X oder AGP abzulösen. Allerdings musste in der Übergangszeit gewährleistet sein, dass die neue Technologie aus Kostengründen die herkömmlichen Steckkarten weiterhin unterstützt. Gleichzeitig musste PCI Express mit den damalig neuen Schnittstellenstandards wie USB 2.0, SCSI, IEEE1394b, Ethernet und Infiniband problemlos zusammenarbeiten können. Die Lösung für diesen »Kompatibilitätsspagat« boten und bieten bis heute Bridge-Bausteine.

Im Gegensatz zu PCI basiert PCI Express auf einer seriellen Punkt-zu-Punkt-Verbindung. Die einfachste Verbindung zwischen Empfänger und Sender besteht aus zwei unidirektionalen, differenziell betriebenen Leitungspaaren mit niedriger und gleichspannungsfreier Signalspannung, genannt Lane.

Ein Steckplatz besitzt bei zwei Datenleitungen (entspricht x1-Link mit zwei differenziellen Leitungspaaren) inklusive Daten-, Adress-, Steuer- und Stromversorgungsleitungen mindestens 36 Pins. Bei einem x4-breiten Linkbus sind es 64, bei x8 98 und bei x16 maximal 164 Pins. Der 32-Bit-PCI-Slot benötigt dagegen 84 einzelne Anschlüsse und beim PCI-X-Slot 150 Pins.

Aufgrund der Charakteristik dieser seriellen Verbindung finden Sie auch andere Begriffe wie z.B. »GT/s« (Gigatransfer, $10^9$ Transfers) als Angabe für die Schrittgeschwindigkeit, aus welcher sich unter Berücksichtigung des Codierungsverfahrens und multipliziert mit der Anzahl benutzter Lanes dann auch die Datenübertragungsrate errechnen lässt.

Für die aktuell eingesetzte Version PCIe 5.0 bedeutet dies im Maximalfall:

32 GT/s × 128/130 × 16 Lanes = 504,12 Gbps = 63 GB/s.

Entsprechend wird sich diese Datenrate bei PCIe 6.0 auf rund 120 GB/s verdoppeln (2022 verabschiedet). Dabei wird ein neues Kodierungsverfahren eingesetzt werden, PAM-4 anstelle des von PCIe 3 bis PCIe 5 eingesetzten 128b/130b.

Je nach der Anzahl der benötigten Lanes kann der PCI Express Slot ohne mechanische Einschränkungen vor oder neben den existierenden PCI Slots eingesetzt werden. Auch Systemlösungen für PC-Cards, Cartridges oder Kabelverbindungen zu anderen Rechnern inklusive Hot-Plug-Unterstützung sind mit dem PCI Express Bus möglich. Alle modifizierten Prozesse des PCI-Express-Busses beeinflussen ausschließlich Verbindungsebenen unterhalb des Betriebssystems. Daher waren bei einer Aktualisierung von PCI zu PCI-Express keine neuen Treiber notwendig.

Eine Hot-Plug-Funktion ermöglicht es, Hardware-Komponenten im laufenden Zustand eines Rechners einzustecken oder zu entfernen. Eine Unterbrechung des Betriebs durch Abschaltung ist nicht notwendig.

**Kapitel 3**
Serverhardware

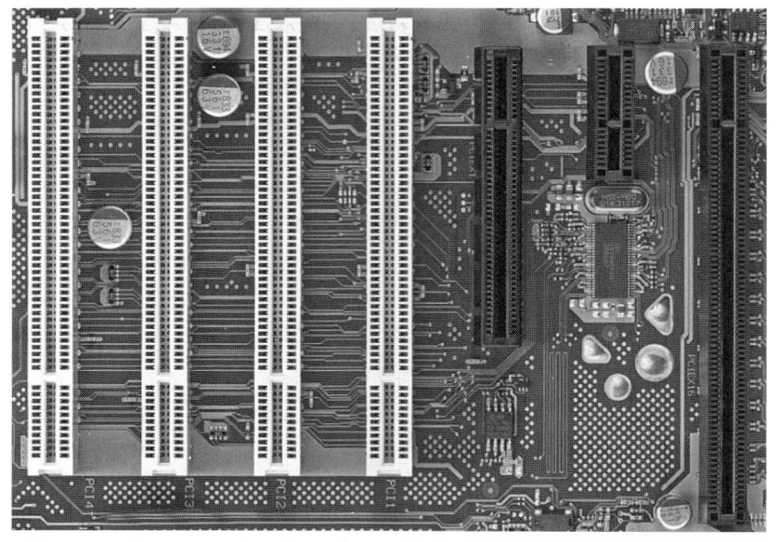

**Abb. 3.3:** Links PCI- und rechts PCI-Express-Steckplätze

Mittlerweile wurde PCIe durch PCIe 4.0x (2017) und aktuell PCIe 5.0 (2020/21) erweitert. Der Standard 5.0 erhöht die Übertragungsrate auf über 60 GB/s bei 16 Lanes. Dies durch den Einsatz der mit PCIe 3.x eingeführten »128b130b«-Codierung, welche die Signalübertragung mittels einer 128-Bit-Präambel einleitet. Dies bedeutet, dass der Overhead von Protokolldaten gegenüber der 8b10b-Codierung von 20 auf 1,6 % sinkt. Die Steckplätze von PCIe 5.0 sind nach wie vor vollständig abwärts kompatibel mit älteren PCIe-Steckkarten.

Ältere Karten können sowohl in neueren Slots mit ihren alten Spezifikationen betreiben werden, und neuere Karten passen in ältere Slots und leisten dann ebenfalls lediglich die »kompatiblen« Durchsatzraten des langsameren Standards.

| Version | PCI 2.3 | PCI-X 2.0 | PCI Ex. 2.1 | PCI-Ex. 5.0 |
|---|---|---|---|---|
| Max. Busbreite (Bit) | 64 | 64 | 64 | 64 |
| Max. Bandbreite (GB/s) | 0,5 | 4,27 | 16 ** | 63 ** |
| Bandbreite pro Lane | – | – | 4 Gbps | 7,8 Gbps |
| Einführung (Jahr) | 2002 | 2002 | 2007 | 2020 |

** Gilt bei Einsatz der maximalen 16 Lanes pro Richtung

**Tabelle 3.1:** PCI im Vergleich zu PCI-X und PCI Express

Eine Hot-Plug-Funktion ermöglicht es bei PCIe zudem, Hardware-Komponenten im laufenden Zustand eines Rechners einzustecken oder zu entfernen. Eine Unterbrechung des Betriebs durch Abschaltung der Rechner ist nicht notwendig, lediglich die entsprechende Deaktivierung der betroffenen Schnittstelle.

Bei PCIe-x16 ist es möglich, mehr als einen Steckplatz auf dem Mainboard zu integrieren. Für grafikintensive Anwendungen kann man durch die von NVIDIA populär gemachte SLI-Technologie (Scalable Link Interface) auch zwei und mehr Grafikkarten miteinander verbinden. SLI ist allerdings kein Standard. Bei AMD/ATI heißt derselbe technische Ansatz dann CrossfireX und ermöglicht ebenfalls den Einsatz mehrerer Grafik-CPUs. Durch die Möglichkeit der seit Windows 2008R2-SP1 eingeführten Hardware-Virtualisierung für grafische Anwendungen wurde das auch für Server ein durchaus interessantes Thema. So verfügen verschiedene Hersteller mittlerweile über Serverreihen, welche auf den Einsatz mehrerer High-End-Grafikkarten von AMD oder Nvidia ausgelegt sind.

### 3.1.4 Die Weiterentwicklungen bei Intel

Durch die Einführung der Core-i-Architektur hat sich das Board Layout und die folgende Chipentwicklung mehrfach verändert. Geblieben ist die neue Verbindung zwischen Prozessor und Platform Controller Hub (PCH, ehemals als Southbridge bekannt) über Direct Media Interface (DMI) für einen Datendurchsatz bis zu 20 Gbit/s bidirektional.

Bei Workstations und den meisten Serverlayouts ist die Grafikeinheit Teil des Chipsatzes, es gibt aber noch Systeme mit separater Grafikeinheit.

Entsprechend sieht die Architektur dann wie folgt aus, hier anhand der Modellreihe Haswell (noch mit DD*, Haswell EP dann mit DDR4):

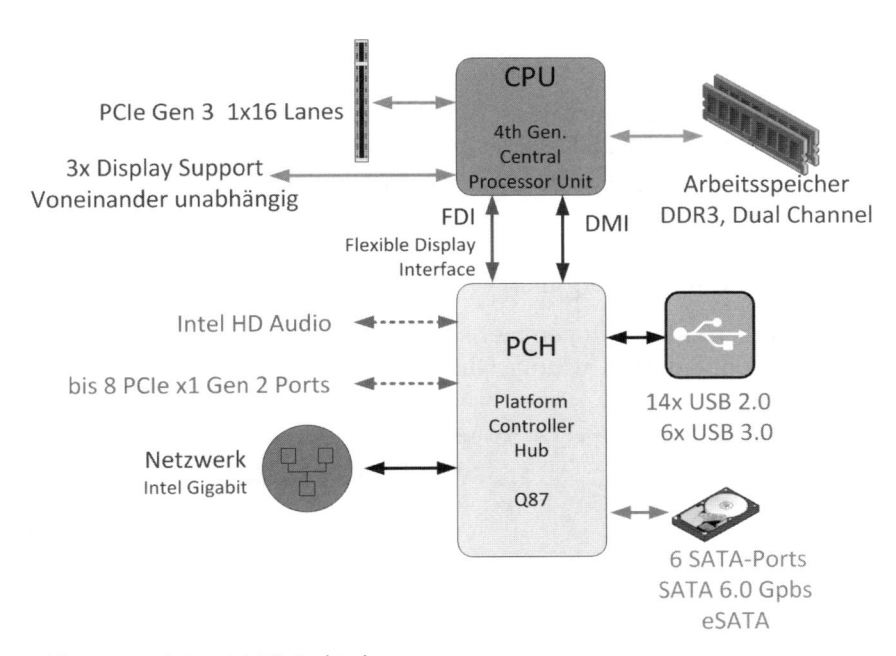

**Abb. 3.4:** Intel Core i-DMI-Architektur

Dieses Modell wurde 2010/2011 durch die Einführung der Core-i-Architektur »Second Generation« weitergeführt, wobei vor allem die Leistung der integrierten Grafik massiv verbessert wurde. Erst mit der dritten Generation, third Scalable Xeon genannt, wurde dies verändert.

Beim aktuell neuesten Wurf der C600er-Chipsets, die auf der Icelake-Architektur basieren, gelten folgende Verbindungen und Möglichkeiten:

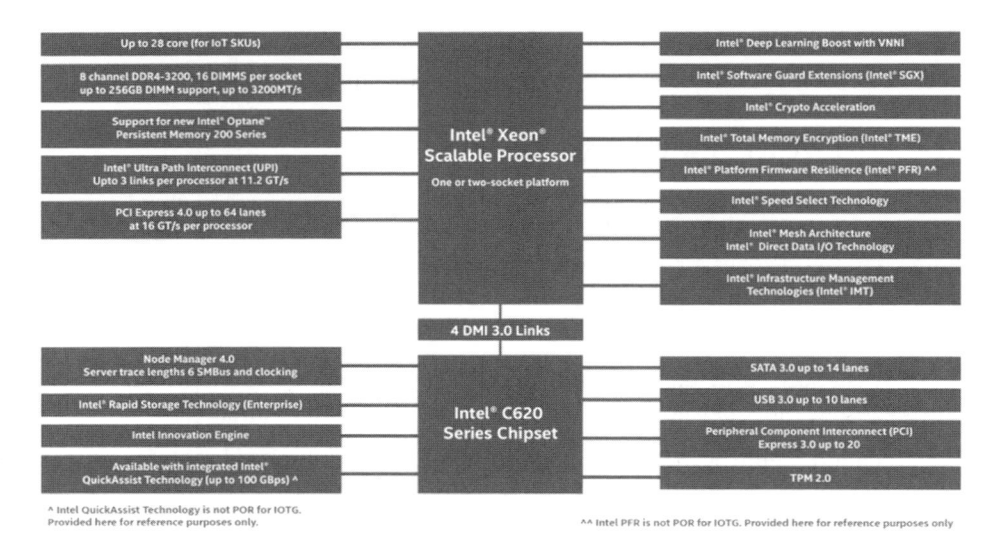

**Abb. 3.5:** Intel-C600-Chipset und Architektur (Quelle und Rechte Intel Corp. 2021)

Sie sehen übrigens, dass trotz aller neuer Standards auch im Jahr 2022 nach wie vor PCIe 4.0 verbaut wird, erst ab Sommer 2022 soll PCIe 5.0 Einzug halten – bis der im selben Jahr verabschiedete Standard 6.0 wirklich in Systemen Einzug halten wird, dürften also erneut ein bis zwei Jahre vergehen.

### 3.1.5 Die Bussysteme im Vergleich

Zum Abschluss dieser Entwicklungen hier eine Zusammenfassung von verschiedenen Bussystemen und deren Leistungsfähigkeit:

| Bus | Übertragungsrate Takt | Breite Datenbus | Status |
|---|---|---|---|
| PCI 1.0 | 132 MB/s  33 MHz | 32 Bit | Veraltet |
| PCI 2.x | 264 MB/s  66 MHz | 32/64 Bit | In PC-Systemen bis ca. Baujahr 2006 vorhanden |

**Tabelle 3.2:** Bussysteme im Vergleich

| Bus | Übertragungsrate Takt | Breite Datenbus | Status |
|---|---|---|---|
| AGP | Bis 528 MB/s 66 MHz | 32 Bit | Nur für Grafikkarten, noch erhältlich, aber nicht für neue Systeme |
| PCI-X | Bis 1066 MB/s 100/133 MHz | 64 Bit | Für Server |
| PCIe 2.x | Bis 8 GB/s 5,0 GHz | 64 Bit | Angabe bei 16 Lanes – 16x |
| PCIe 5.0 | Bis 63 GB/s 32 GHz | 64 Bit | Angabe bei 16 Lanes – 16x |

**Tabelle 3.2:** Bussysteme im Vergleich (Forts.)

## 3.1.6 Chipsets im Vergleich

Die jeweilige Spezifikation der erwähnten Systeme erfolgt durch die Hersteller von Mainboards und deren Chipsets. Namentlich sind hier Intel und AMD stetig gefordert, neue Chipsets zu entwickeln, um die entsprechenden Spezifikationen zu integrieren. Die Hersteller von Serversystemen wiederum kaufen dann diese Chipsets ein und verbauen sie in den entsprechenden Systemen.

Die Chipsets gehören zur Entwicklung neuer Prozessoren-Generationen dazu. Früher fanden Sie an dieser Stelle ellenlange Tabellen, aber diese sind aufgrund des hohen historischen Anteils einfach nicht mehr von Nutzen.

Aktuell sind bei Intel die Chipsets der Serie »C620er« für die aktuellen third generation scalable Xeons (Ice-Lake-Architektur). Die Ankündigungen und Erscheinungsdaten liegen mittlerweile sehr weit auseinander. Auch vom Begriff der »Lake«-Generationen will Intel sich langsam verabschieden.

So steht der Begriff »Sapphire Rapid« als neuer Codename für die Ablösung aller Lake- und Bridge-Architekturen im Raum. Davon wiederum sollen 2022 erste Exemplare auf den Markt kommen – lassen Sie sich von den zahlreichen Abkürzungen und Codenamen aber nicht verwirren. Aufgrund von Lieferproblemen, Nachwehen der Corona-Epidemie und technischen Herausforderungen wie der Wechsel Fertigung auf noch kleinere Strukturen herrscht ein wirklich konstruktives Chaos bei den Herstellern, nicht nur bei Intel.

Wesentlich wird mit der neuen Architektur der Einzug von PCIe 5.0 und der Einsatz von DDR5-RAM sein, neben den obligatorischen Leistungssteigerungen und einer Fokussierung auf den Einsatz in Datacenter-Umgebungen.

Mit Emerald Rapids und Grant Rapids stehen im Übrigen auch hier schon Nachfolge-Codewörter für die Planung bis ins Jahr 2024/2025 bereit.

**Abb. 3.6:** Intels Vorstellung von Sapphire Rapid (Quelle und Rechte Intel Corp. 2021)

Nicht zu vergessen bei den Servern ist zudem der Hersteller AMD. Mit der Serie EPYC hat AMD seit 2017 ebenfalls eine leistungsstarke Architektur, deren Generationen nach italienischen Städten benannt sind. Nach der dritten Generation Milan von 2021 ist hier für 2022 die vierte Generation (Zen 4-Architektur) mit der CPU-Reihe »Genoa« im Anflug, auch hier mit PCI-5.0-Integration und der Unterstützung von DDR5-RAM.

### Hinweis für Ihre Praxis

Nach »Einzelspezifikationen« wird Sie bei SK0-005 an dieser Stelle niemand mehr fragen, zu häufig wechseln zu viele Begriffe. D.h., im Bedarfsfall sind Sie ohnehin auf aktuelle Spezifikationen der Hersteller direkt angewiesen.

Namhafte Hersteller wie Dell, Fujitsu, HP oder Lenovo verwenden zwar ebenfalls Intel-Chipsets. Da sie aber häufig das BIOS auf ihre eigenen Systeme anpassen, werden jeweils nicht die Intel-Bezeichnungen verwendet, sondern eigene Bezeichnungen vergeben und vor allem eine eigene Versionierung, auf die es genau zu achten gilt.

Wenn Sie sich persönlich noch mit Hardware auseinandersetzen (müssen), ist es wichtig, dass Sie sich bei Ihren Herstellern konkret nach der aktuell verbauten Generation von Prozessoren und Chipsets erkundigen, da die Unterschiede in der Leistung mitunter groß sind. Das macht weniger aus, wenn Sie nur einen einzelnen Server benötigen, wohl aber, wenn es um die Ausrüstung eines Racks oder den Ersatz vieler Rechner im Datencenter geht.

Es wird also im konkreten Fall notwendig sein, sich die Informationen zu beschaffen und Fragen zu stellen wie:

- Welche Anforderungen haben wir an die neuen Server?
- Wann findet bei »meinem« Hersteller ein Generationenwechsel statt?
- Welche Möglichkeiten verbinden sich damit konkret?

## 3.2 Prozessoren für Server

Die CPU (Central Processing Unit) beeinflusst maßgebend die Leistungsfähigkeit eines Rechners. Die wichtigsten Funktionen im System werden durch diesen Chip durch Berechnungen ausgeführt. Zahlreiche Zugriffe auf Speicher, Schreib- und Leseoperationen, Ansteuerungen usw. erfolgen durch die CPU oder werden durch sie koordiniert.

Die Entwicklung von CPUs im PC-Serverbereich spiegelt maßgeblich die Geschichte der Firmen Intel und AMD wider. Während früher auch Namen wie HP, IBM oder andere noch eine gewisse Bedeutung hatten, verteilt sich der Markt der PC-Serverprozessoren gegenwärtig mehrheitlich auf diese Branchenriesen, wobei Intel den deutlich größten Teil abbekommt. Im Bereich größerer Serversysteme kommen IBM und Oracle-SUN allerdings wieder hinzu. Wie schon mehrfach erwähnt, sprechen wir hier in unserem Kontext von einem Segment von Servern, nicht vom Server schlechthin – die Welt ist doch etwas größer als »x86«.

Die folgende Tabelle 3.3 gibt Ihnen Aufschluss über die Entwicklung von CPUs der letzten Jahre. Die Übersicht beschränkt sich dabei auf Serverprozessoren neueren Datums und hebt wichtige Entwicklungsstufen heraus.

Wenn Sie sich gerne vollständig informieren möchten, können Sie dies nach wie vor auf den Webseiten von Intel und AMD tun, auch die Artikel von Wikipedia sind hier durchaus erwähnenswert. Aber erschrecken Sie nicht, die Anzahl unterschiedlicher Prozessoren-Familien und Entwicklungsstufen innerhalb dieser Familien ist enorm, und Sie müssen sich lediglich einen Überblick verschaffen, nicht versuchen, sie alle auswendig zu lernen!

| Hersteller INTEL Server | Intel Itanium/Itanium 2 | Intel Xeon-Reihe | Intel Scalable Xeon | Intel Scalable 3$^{rd}$ Gen. |
|---|---|---|---|---|
| Erscheinungsjahr | 2001–2020 | 2015 | 2017 | 2020 |
| Chipset | Intel E8000/E9000 | Intel C230er | Intel C600er | Intel C600er |
| Core | Bis max. 8 Cores 2017: Kittson als letzte Entwicklung | Quad bis Eighteen | 4 bis 24 Cores | 8 bis 48 Cores |
| CPU-Sockel | PAC611 | LGA 1151 | LGA1200 | FCLGA4189 |

**Tabelle 3.3:** Ausgewählte Prozessoren im Vergleich

| Hersteller INTEL Server | Intel Itanium/Itanium 2 | Intel Xeon-Reihe | Intel Scalable Xeon | Intel Scalable 3$^{rd}$ Gen. |
|---|---|---|---|---|
| Hersteller AMD Server | AMD Opteron 4th/5th Generation | AMD EPYC | AMD EPYC 3$^{rd}$ Generation | ARM Server |
| Erscheinungsjahr | 2009-2011 | 2017 | 2021 | 2021 |
| Chipset | AMD | AMD 690er | AMD 790er | Zeus und Perseus |
| Core | 4 bis 12 Cores | Bis 32 Cores | Bis 64 Cores | 1 bis 128 Cores |
| CPU, Sockel | FR6, C32 oder G34 | OLGA-4094 (SP3) | OLGA-4094 (SP3) | – |

**Tabelle 3.3:** Ausgewählte Prozessoren im Vergleich (Forts.)

Früher wurden die Prozessoren nach ihren Geschwindigkeiten benannt. So gab es etwa den Pentium III 800. Das besagte, dass dieser Prozessor 800 MHz Taktfrequenz aufwies. Dieses System behielt Intel bis zum Pentium 4 hin bei.

Als die Leistungsdichte allerdings immer breiter wurde und zudem AMD dazu überging, den Prozessoren Namen zu geben, die nicht mehr an die Geschwindigkeit gebunden waren, änderte auch Intel die Bezeichnungen und vergab frei gewählte Nummern. Die ersten Xeon-Baureihen waren davon ebenso betroffen wie später alle Server. Seit 2017 werden die Intel-Baureihen nach Bronze (bis 2nd Generation), Silver (bis heute) und Gold (bis heute) eingeteilt. Mit der 3. Generation folgen nun als Spitzenmodelle auch noch die CPUs der Reihe »Platinum«. Danach folgen wiederum Nummern, also z.B. Intel Xeon Gold 6550.

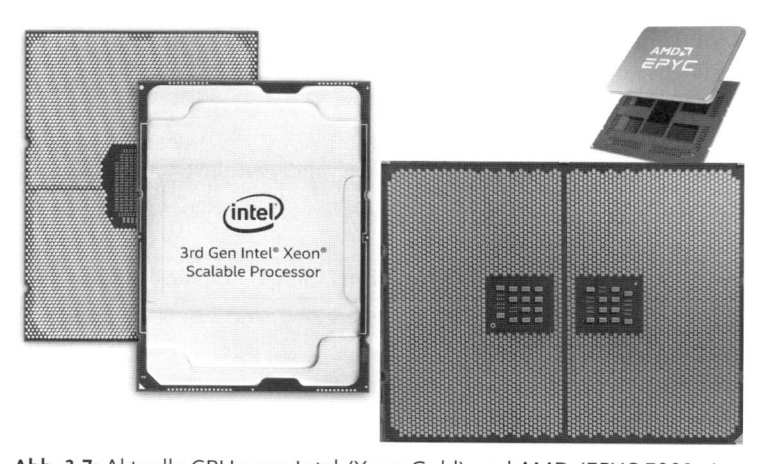

**Abb. 3.7:** Aktuelle CPUs von Intel (Xeon Gold) und AMD (EPYC 7003er)

Bei AMD wiederum sind mit der EPYC-Baureihe die EPYC 7000er aktuell. Die Baureihen sind pro Generation 7001, 7002 und 7003 benannt, die CPUs selber verfügen aber wiederum über eine eigenständige Nummerierung, die sich nicht aus der Baureihe erschließt, also z.B. AMD EPYC 7763 für eine CPU aus der aktuellen Milano-Generation 7003.

Hier hilft im konkreten Fall nur eines: beim Hersteller nachschlagen und lesen ...

Bei den Sockeln gibt es verschiedene Punkte zu berücksichtigen. Zum einen werden sie unterschieden nach PGA (Pin Grid Array) und LGA (Land Grid Array). D.h. so viel wie: Bei den einen Sockeln sind die Pins am Prozessor angebracht, der in den Sockel gesteckt wird (PGA), und bei den anderen sind die Pins auf dem Sockel angebracht, und der Prozessor hat nur noch Kontakte an der Unterseite (LGA). Zudem wird mit Flip Chip der Umstand bezeichnet, dass der IC direkt auf der Oberseite des Chips angebracht ist und nicht mehr über zusätzliche Verbindungselemente.

Aktuelle CPUs werden daher z.B. von Intel auch als FC-LGA bezeichnet.

**Abb. 3.8:** Älterer PGA-Sockel (links), LGA-Sockel 1151 (Mitte) sowie LGA 4189 und 4094 (rechts) für Xeon- oder EPYC-Prozessoren

Zum anderen ändern die Sockel mit der Entwicklung die Spezifikationen wie z.B. die Anzahl der Pins oder die Stromaufnahme. So gibt es den AMD-Sockel 940 und den Socket F mit 1027 Pins oder den Intel PGA 603, aber auch den Intel LGA 1151. Diese Zahlen geben an, wie viele Pins oder Kontakte der jeweilige Sockel zur Verfügung stellt – und Sie können einen Prozessor nur dann einsetzen, wenn diese Zahlen zu 100 % übereinstimmen.

### 3.2.1 Technische Funktion der CPU

Die Taktrate der CPU wird in Megahertz oder Gigahertz gemessen. Sie gibt an, wie viel Millionen (bzw. eben Milliarden) Mal pro Sekunde der Prozessor eine Anweisung abarbeiten kann.

Die Bitbreite (oder Breite des Datenpfads) gibt an, wie viel Bit der Prozessor auf einmal verarbeiten kann. Die interne Bitbreite gibt dabei an, welche Datenbreite der Prozessor selber verarbeiten kann, und die externe Bitbreite beschreibt, mit welcher Datenpfadbreite die externen Geräte angesteuert werden.

Der Cache ist der Arbeitsspeicher, der im Prozessor selber integriert ist. Mehr dazu erfahren Sie im nächsten Unterkapitel.

Der Programmcode definiert, welche Art von Befehlssequenzen der Prozessor verwendet. Es gibt zurzeit zwei unterschiedliche Verfahren: CISC und RISC. Der Unterschied zwischen der RISC- und der CISC-Technologie besteht in der direkt im Prozessorchip enthaltenen Anzahl von Anweisungen (Instruction Set).

RISC-Prozessoren (Reduced Instruction Set Computer) sind auf einen ziemlich einfachen Befehlssatz beschränkt, der in einem einzigen Taktzyklus ausgeführt werden kann. Dadurch sind sie zu einer schnellen Verarbeitung bei unkomplizierten Berechnungen in der Lage.

AMD setzte lange auf die RISC-Technologie. Auch Server von SUN (Sparc) oder die RS6000 von IBM sind klassische Beispiele für RISC-Rechner.

Heutige RISC-Prozessoren überschreiten allerdings die Grenzen der engen Definition und enthalten auch komplexere Befehle. So wurde der Befehlssatz des PowerPC-Prozessors (IBM) durch eine Befehlserweiterung namens AltiVec ergänzt, die in den PowerPC-Prozessoren spezielle Multimediafähigkeiten nachrüstet (vgl. MMX bei x86-Prozessoren).

Intel-Prozessoren verwenden dagegen zumeist den CISC-Befehlssatz (Complex Instruction Set Computer), um Kompatibilität mit älteren Systemen und Software zu wahren. Zudem bieten sie die Möglichkeit, komplexere Befehlsstrukturen zu bilden, was umso eher zum Tragen kommt, je schneller der Prozessor arbeitet.

Moderne Intel-Prozessoren arbeiten allerdings auch nicht mehr nach diesem klassischen Prinzip. Nach dem Dekodieren der Befehle in einer vorgeschalteten Funktionseinheit werden diese in einfachere RISC-Befehle übersetzt, umgruppiert und zwei Rechenwerken, die reine RISC-Maschinen sind, zugeführt. Seit dem Pentium Pro ist dies so. Ein Pentium 4 ist im Prinzip ein guter x86-Emulator, und die Grenzen zwischen RISC und CISC sind kaum mehr festzustellen.

### 3.2.2 Hardware-Virtualisierung via Prozessor

Unter dem Begriff Intel VT respektive AMD-V haben die CPU-Hersteller eine Technologie in ihre Prozessoren implementiert, die es ermöglicht, eine sichere virtuelle Maschine auf der CPU zu implementieren. Dabei handelt es sich um die Möglichkeit, dass virtuelle Maschinen über ein Input-Output-Memory-Management (IOMMU) direkt auf die Peripheriegeräte zugreifen können. Viele Virtualisierungsprogramme setzen heute voraus, dass die CPU eine der beiden Technologien unterstützt.

### 3.2.3 Mehrkernprozessoren

Über viele Jahre waren CPU und Prozessorkern ein- und dasselbe. Jede CPU verfügte über *einen* Prozessorkern. Mit der Hyper-Threading-Technologie (HTT) versuchte Intel ein erstes Mal, diese starre Zuordnung zu ändern. Hierbei werden intern parallel arbeitende Pipeline-Stufen mehreren parallelen Befehls- und Datenströmen zugeteilt. So kann die CPU besser ausgelastet werden. Für die Software verhält sich ein HTT-System wie ein symmetrisches Multiprozessorensystem, d.h., das Betriebssystem sieht zwei (logische) Prozessoren, welche es mittels seiner eigenen Multiprozessorverfahren verwalten kann.

Mit der Intel-Pentium-D-Technologie und der nachfolgenden CoreDuo-Technologie wurden dann auf einer einzigen CPU physikalisch zwei und mehr Kerne implementiert, die sogenannten Multi-Core-Prozessoren. Dieser Ansatz wurde mit der Core-i-Technologie fortgesetzt (Intel) und findet selbst in CPUs für mobile Geräte wie Qualcomm oder ARM seine Fortsetzung. Entsprechend ist die Rede von Dual-Core-Prozessoren mit zwei Kernen, Quad Core mit vier Kernen usw., heute reicht das im Fall von ARM bis zu 128 Kernen pro Socket und die Entwicklung schreitet fort.

**Abb. 3.9:** Intel-Quad-Core-Prozessor mit Blick auf die Kerne

Der Intel-Atom kommt neben mobilen Geräten auch in den Microservern zum Einsatz und wird dort wiederum von den ebenfalls aus den mobilen Sektoren stammenden ARM-Prozessoren konkurrenziert – alles auch Mehrkern-CPUs. Und mit den Zeus- und Perseus-Plattformen will ARM insbesondere im Cloud-Geschäft wirklich Marktanteile erobern.

Nicht zu verwechseln damit ist der Begriff der Multiprozessoren, womit mehrere CPUs in eigenen Sockeln gemeint sind.

### 3.2.4 Cache-Speicher (Pufferspeicher)

Beim Cache-Speicher handelt es sich um einen schnellen Zwischenspeicher, welcher im oder nahe beim Prozessor angebracht ist und der den Datenaustausch zwischen dem schnellen Prozessor und dem langsameren Arbeitsspeicher durch Zwischenspeicherung oft benötigter Daten bewältigt. Cache-Speicher sind relativ klein (zwischen 64 KB und 8 MB).

Der Cache-Speicher wird entweder im Prozessor integriert oder befindet sich auf einem separaten Chip und wird mit dem halben oder dem vollen Prozessortakt betrieben. Daraus ergeben sich unterschiedliche Bezeichnungen für den Speicher.

#### First Level Cache (L1)

Dieser Speicher benötigt bis zu 60 % der Fläche des Prozessors. In diesem Speicher werden durch den Cache-Manager diejenigen Befehle gespeichert, welche der Prozessor am wahrscheinlichsten sofort benutzen wird. Die Trefferquote liegt dabei bei mehr als 90 %.

Der Prozessor verfügt über einen First Level Cache von 8 KB (486er) bis zu 32 + 32 KB (Daten und Instruktionen) pro Kern (Xeon) oder gar 4096 KB im AMD direkt im Prozessor selbst.

#### Second Level Cache (L2)

Dieser Cache-Speicher befand sich ursprünglich auf dem Motherboard. Seit Pentium III/AMD K6 befindet er sich auf dem Prozessor selbst (*on die* = »auf dem Würfel«). Findet der Prozessor im ersten Takt die entsprechende Information nicht im First Level, so wird diese im nächsten Takt im Second Level gesucht. Dieser Speicher besteht aus SRAMs und ist in der Regel zwischen 64 KB und bis 2 MB (Xeon und EPYC bis zu 8 MB) groß. In aktuellen Servern läuft auch dieser Speicher im Prozessortakt. Erst wenn hier die Daten auch nicht gefunden werden, wird im langsameren DRAM-Arbeitsspeicher gesucht.

#### Third Level Cache (L3)

Aktuelle Generationen von Prozessoren verfügen zudem über einen Level-3-Cache. Dieser Cache ist zwar etwas langsamer als die beiden vorherigen Caches, durch seine Größe von bis zu 256 MB (EPYC 7763) allerdings sehr groß und nach wie vor schneller als der Zugriff auf den Arbeitsspeicher.

## 3.3 Der Arbeitsspeicher

Der Arbeitsspeicher ist sozusagen der Expansionsbereich der CPU. Im Arbeitsspeicher werden Informationen abgelegt, welche die CPU errechnet hat oder die auf die CPU warten.

## 3.3.1 Unterschiedliche Funktionsweisen

Für den Arbeitsspeicher werden spezielle Speicherchips verwendet. In der Praxis spricht man von RAM (Random Access Memory). In diesen Speicherelementen können die Daten direkt oder wahlfrei (d.h. mit freier Wahl der Datenadresse) eingegeben bzw. gelesen werden.

**Es ist zu beachten, dass die Speicherkapazität bei Speicherchips nicht in Byte, sondern in Bit angegeben wird!** Ein 1-Mbit-Speicherchip kann also eine Million Bit respektive 128 KB Daten speichern.

## 3.3.2 Aufbau von RAM-Bausteinen

### DRAM

Die Bezeichnung DRAM ergibt sich aus dem Arbeitsprinzip dieses Speicherchips. In diesen Chip werden die gespeicherten Informationen durch Ladungen in einen Kondensator dargestellt. Da sich die Kondensatoren aber ständig entladen, müssen diese regelmäßig (dynamisch) aufgefrischt werden. Auch benötigen sie zwischen zwei Schreib- oder Lesevorgängen eine gewisse Erholungszeit und erreichen somit eine Zugriffszeit von 20–100 ns (Nanosekunden). Die Beschriftung auf dem Gehäuse gibt Auskunft über die Speicherkapazität und die Refresh-Rate.

### SRAM

SRAM- oder Static-RAM-Speicherchips sind sehr schnell, aber auch sehr teuer. Bei einem SRAM werden die Informationen nicht als Ladung in einem Kondensator gespeichert, sondern als Zustand in einer sogenannten Flip-Flop-Schaltung festgehalten. Die Flip-Flop-Schaltung kennt jeweils nur zwei stabile Zustände, welche durch ein externes Signal umgeschaltet werden. Die Zugriffsrate liegt bei 15 bis 35 ns. Beispiele für SRAM sind Cache-Speicher, z.B. in Prozessoren.

### Flash

Bei einem Flash-Speicher, genauer Flash-EEPROM, werden Bits in Form von elektrischen Ladungen auf einem sogenannten Floating Gate eines Feldeffekttransistors gespeichert, das von der Stromzufuhr durch eine Schicht eines Isolators abgeschnitten ist (daher das »Floating« im Namen), sodass dort gespeicherte Ladung nicht einfach abfließen kann. Eine Änderung des Ladungszustands kann nur mithilfe des quantenphysikalischen Effekts geschehen, der es den Elektronen erlaubt, den eigentlichen Nichtleiter zu passieren.

Das bedeutet, dass im Unterschied zu DRAM und SRAM ein erreichter Informationsstand auch dann beibehalten wird, wenn kein Strom durch den Baustein fließt.

Flash-Speicher werden heute für BIOS-Programme eingesetzt, worauf Sie noch einmal stoßen werden. Aber auch ganze Systeme wie z.B. eine Firewall finden

Platz auf einer Flash-Card, sodass sie in kleineren Systemen auch als Ersatz für Festplattenspeicher eingesetzt werden.

Mit der Entwicklung der Solid State Disks (SSD) haben die Flash-Speicher zudem Einzug in die Computersysteme gehalten, auch bei Servern.

**Optane**

Einen weiteren Ansatz verfolgt Intel mit der Optane-Technologie, welche statischen Speicher als Erweiterung zum herkömmlichen Arbeitsspeicher hinzunimmt.

Dieser nichtflüchtige Speicher ermöglicht die Erweiterung des Arbeitsspeichers zu deutlich niedrigeren Kosten bei gleichzeitig hoher Speicherdichte. Die Module sind günstiger als herkömmlicher DDR-Speicher und bieten große Kapazitäten in Kombination mit normalem Speicher. Sie gelangen in Servern zum Einsatz. Sie können in RAM-Slots oder in .m2-Speicherplätze eingesetzt werden – Voraussetzung ist, dass das Mainboard mit Intel Optane arbeiten kann.

**Abb. 3.10:** Intel-Optane-Steckkarte (© Intel)

### 3.3.3 Fehlerbehandlung

Damit der Arbeitsspeicher auch bei Dauerbetrieb jederzeit stabil läuft, gibt es unterschiedliche Methoden, um Fehler beim Lesen und Schreiben der elektronischen Signale zu verhindern oder zu korrigieren.

**ECC**

Beim Error Correction Code (ECC) können Sie festlegen, ob für DRAM-Module eine Paritätsprüfung erfolgen soll. ECC ist – im Unterschied zum nachfolgenden Parity Check – in der Lage, einen 1-Bit-Fehler im RAM direkt zu korrigieren und einen 2-Bit-Fehler zu erkennen. Das ECC-Verfahren benötigt auf 32 Bit 7 Check-Bits und auf 64 Bit 8 Check-Bits.

Falls das BIOS feststellt, dass wenigstens ein DRAM-Modul kein Paritätsbit besitzt, wird die Prüfung ausgeschaltet. Einstellmöglichkeiten: *Disabled, Parity* (wird eine Bitverfälschung erkannt, erfolgt eine Fehlermeldung) und *ECC* (eine Bitverfälschung wird korrigiert, bei mehreren erfolgt eine Fehlermeldung).

ECC wird bei den meisten Servern verwendet, um für mehr Stabilität zu sorgen. Wichtig zu wissen ist, dass ECC- und NON-ECC-RAM nicht gemischt eingesetzt werden können. ECC ist im folgend erwähnten Full Buffered Mode integriert.

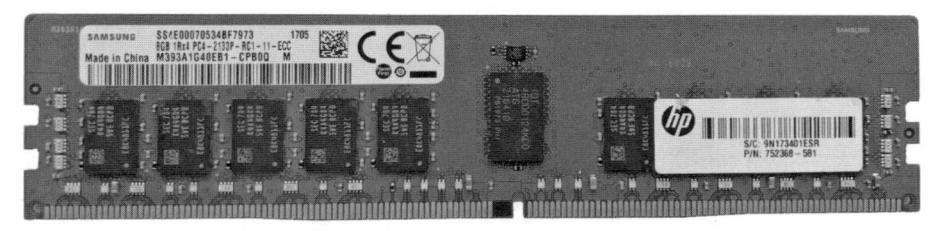

**Abb. 3.11:** Registered DDR4 ECC RAM (in der Mitte sind die Registerchips erkennbar) (© HP)

## Parity Check

Unter dieser Option kann man im BIOS einstellen, ob das Parity-Bit des Speichers ausgewertet werden soll. Damit sollen Speicherfehler erkannt werden, weil eine Überprüfung der gelesenen Daten anhand des Paritätsbits erfolgt. Empfohlene Einstellung ist allerdings »Disabled« aufgrund des Zeitverlusts für die Kontrolle. Zudem ist die Korrektur eingeschränkter als bei ICC.

## Registered

Hierbei wird jeder Lese- und Schreibbefehl in ein Register zwischen RAM und Controller geschrieben. D.h., der Zugriff auf den Speicher erfolgt nicht mehr direkt, sondern über das Register. Auch dies dient der Erhöhung der Stabilität und wird häufig bei Servern eingesetzt.

Wenn man bei normalem RAM die Schreib- und Lesezugriffe auf Fehler überprüfen möchte, müsste man jede Speicheradresse kontrollieren. Bei einem Speichermodul mit 1 GB RAM mit 1-Gbit-Speichern sind dies bereits acht Chips, die der Speicher-Controller ansprechen müsste. Durch den Einsatz des Register-Bausteins muss der Speicher-Controller nur noch diesen Registerchip ansprechen. Diese Buffer-Bausteine leiten die Adress- und Steuersignale separat an die entsprechenden Speicherchips und sorgen damit für eine optimale Signalqualität auf den Leitungen und damit für ein stabileres System.

Erkennungsmerkmal auf Registered DIMMs (Double-Sided) sind daher die zwei Pufferbausteine für die Adressleitungen und ein PLL-Baustein, der zur Aufbereitung des Taktsignals dient. Letzterer entlastet zusätzlich den Taktsignaltreiber des Mainboards und sorgt für synchrone und fehlerfreie Datenübermittlung.

### Full Buffered

Die FB-DIMM (Full Buffered DIMM) waren vorübergehend die Nachfolger der Registered-Bausteine und ermöglichen aufgrund eines seriell ausgelegten Advanced Memory Buffers (AMB) eine höhere Leistungsdichte als Registered RAM. Ihr Nachteil ist der durch den AMB verursachte höhere Stromverbrauch und damit die höhere Wärmeentwicklung. Mit der Ablösung von DDR durch DDR3 und DDR 4 verschwanden die FB-DIMM genau so rasch, wie sie aufkamen.

### RDIMM

Hierbei wird wieder auf das bekannte Registered-Verfahren zurückgegriffen, allerdings in Kombination mit aktuellen DDR3/DDR4-Arbeitsspeichern, was den vormaligen Nachteil der (damals) geringeren Leistung ausgleicht. Auch Registered-Module haben aber aufgrund ihrer Funktionsweise eine höhere Latenz als Unregistered-Module. Im Unterschied zur ECC-Funktionalität lässt sich zudem der Registered-Mode nicht deaktivieren, man setzt entweder RDIMM ein oder eben nicht – und mischen kann man sie aufgrund ihrer unterschiedlichen PIN-Belegung auch nicht.

Aktuell können Sie somit für Server uDIMM, rRDIMM (und dies mit oder ohne ECC) kaufen, was die Sache nicht unbedingt einfacher macht.

#### 3.3.4 Aktuelle RAM-Typen

**Die Entwicklungsstadien von DDR-SDRAM**

DDR-RAM bzw. dessen Nachfolger bis aktuell DDR4-SDRAM sind bis ins Jahr 2021 die aktuelle Technologie für Arbeitsspeicher bei PCs und Servern. 2022 folgen jetzt DDR5.

Die DDR-Technik baut auf der bekannten Single-Data-Rate-Technologie herkömmlicher SDRAM-Speicher auf. Mit dem einen Unterschied: Bei Double-Data-Rate wird pro Taktzyklus die doppelte Datenmenge übertragen. Denn während SD-RAM die Daten nur über die aufsteigende Signalflanke übertragen hat, überträgt DDR-RAM das Signal sowohl auf der auf- wie auch auf der absteigenden Signalflanke. Demzufolge ist die Bandbreite theoretisch auch doppelt so hoch wie bei Single-Data-Rate-Speichern. Man spricht in diesem Zusammenhang auch vom Prefetch. Beim sogenannten Prefetching werden pro Adressierung die Daten von mehreren Adressen ausgelesen und in ein Schieberegister geschrieben. Von diesem Puffer aus werden die Daten dann mit der höheren Datenübertragungsrate ausgegeben. Die interne Taktfrequenz bleibt hingegen vollkommen identisch. Daher auch die Bezeichnung DDR-266/133 MHz, was die externe Datenübertragungsrate (266 MHz) und die interne Taktfrequenz (133 MHz) beschreibt.

## 3.3 Der Arbeitsspeicher

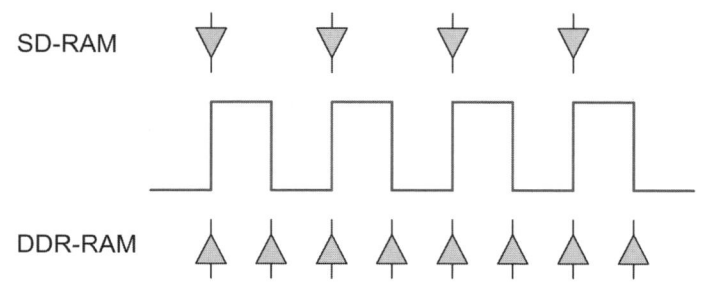

**Abb. 3.12:** Signalübertragung bei SD-RAM und DDR-RAM

Weitere Entwicklungen wie beispielsweise PC400 erhöhen dann aber auch die Taktrate. DDR der 2. Generation läuft mit 1,8 V (Volt) (statt 2,5 V) und höheren Taktraten (z.B. DDR2-667 mit 333 MHz). Die nächste Generation verbrauchte dann sogar nur noch 1,5 V. Der Einbau neuer Generationen von DDR-RAM erfolgt jeweils mit ca. 2 Jahren Verzögerung, weil die jeweiligen Chipsets der Mainboards dafür aktualisiert werden müssen. Das sieht man auch beim aktuellen DDR5-Standard, der erst so langsam im Jahr 2022 real eingebaut wird.

DDR4 verfügt zudem nicht einfach über einen »schnelleren« Speicher, sondern greift auf ein anderes Verfahren zurück, um Daten zu lesen und zu schreiben. Dieses geänderte Verfahren ermöglicht Taktraten ab 2133 MHz aufwärts und reduziert gleichzeitig den Energieanspruch auf 1,2 V. DDR5 senkt den Stromverbrauch weiter auf 1,1 V und ermöglicht zudem mittels On-Die-ECC eine Fehlerkorrektur im Chip.

Die folgende Tabelle ist eine Auswahl alter und neuer DDR-Standards.

| Speichertyp | Speichertakt | I/O-Takt | Data Rate | Bandbreite | Alternativ |
| --- | --- | --- | --- | --- | --- |
| DDR-200 | 100 MHz | 100 MHz | 200 MT/s | 1,6 GB/s | PC-1600 |
| DDR-333 | 166 MHz | 166 MHz | 333 MT/s | 2,6 GB/s | PC-2700 |
| DDR2-400 | 100 MHz | 200 MHz | 400 MT/s | 3,2 GB/s bis 6,4 GB/s* | PC2-3200 |
| DDR2-667 | 166 MHz | 333 MHz | 667 MT/s | 5,3 GB/s bis 10.6 GB/s* | PC2-5300 |
| DDR2-800 | 200 MHz | 400 MHz | 800 MT/s | 6,4 GB/s bis 12,8 GB/s* | PC2-6400 |
| DDR3-1600 | 200 MHz | 800 MHz | 1600 MT/s | 12,8 bis 38,4 GB/s* | PC3-12800 |
| DDR4-2133 | 266 MHz | 1066 MHz | 2133 MT/s | 17 bis 51 GB/s* | PC4-17000 |
| DDR4-2666 | 333 MHz | 1333 MHz | 2666 MT/s | 21,3 bis 63,9 GB/s* | PC4-21300 |
| DDR4-3200 | 400 MHz | 1600 MHz | 3200 MT/s | 25,6 bis 76,8 GB/s* | PC4-25600 |

**Tabelle 3.4:** RAM-Spezifikationen

| Speichertyp | Speichertakt | I/O-Takt | Data Rate | Bandbreite | Alternativ |
|---|---|---|---|---|---|
| DDR5-4800 | 300 MHz | 2400 MHz | 4800 MT/s | 38,4 bis 76,8 GB/s* | PC5-38400 |
| DDR5-5200 | 325 MHz | 2600 MHz | 5200 MT/s | 41,6 bis 83,2 GB/s* | PC5-41600 |
| DDR5-8400 | 525 MHz | 4200 MHz | 8400 MT/s | 67,2 bis 134,4 GB/s* | PC5-67200 |

* Das »bis« bezieht sich auf die Anordnung auf Dual-Channel bzw. Triple-Channel-Mainboards.

**Tabelle 3.4:** RAM-Spezifikationen (Forts.)

Neben den technischen Unterschieden zwischen einfachem SDRAM und DDR-SD-RAM besitzen die beiden Speichertypen ein unterschiedliches Interface. Während alte SDRAM-Speichermodule über 168 Pins verfügen und zwei Aussparungen aufweisen, sind DDR-SDRAM-Module mit 184 Pins bestückt und besitzen nur noch eine Aussparung an der Kontaktseite. DDR2 verfügt über 240 Pins und ebenfalls eine Aussparung an der Kontaktseite. DDR3-SD-RAMs wiederum haben zwar dieselbe Anzahl Pins wie ihre Vorgänger, sind zu diesen aber nicht kompatibel, was durch unterschiedlich positionierte Kerben deutlich gemacht wird.

Einige Änderungen gab es wie erwähnt auch bei den elektrischen Eigenschaften: Während der herkömmliche SD-RAM-Speicher mit 3,3 V arbeitete, benötigen DDR-SD-RAM-Module eine Spannung von 2,5 V und DDR2-SD-RAM-Module nur noch 1,8 V. Diese Funktionen werden sowohl von den Chipsätzen als auch von den auf den Platinen zum Einsatz kommenden Spannungsreglern unterstützt. DDR3 senkt diese Spannung noch einmal, und zwar auf 1,5 V.

Das im Jahr 2014 erschienene DDR4-SDRAM reduzierte die Spannung erneut, und zwar auf 1,2 V bei nochmals verbesserten Leistungswerten. Und DDR5 ist bei 1,1 V angelangt.

Die Übertragungsrate von DDR-RAM lässt sich im Übrigen wie folgt berechnen:

(Prefetch × Speichertakt × Bitbreite)/8 = Bytes pro Sekunde

Sie müssen also erstens die Anzahl an Prefetches kennen, die der Speicher verwendet. Dies sind bei SD-RAM noch Prefetch = 1, bei DDR dann bereits 2, und jede Generation verdoppelt diesen Prefetch-Wert: DDR =2, DDR2 = 4, DDR3/DDR4 = 8.

Dazu müssen Sie den internen (effektiven) Speichertakt kennen, die Bitbreite des RAM. Diese beträgt 64 Bit, sowohl bei SDR DDR als auch DDR2 und DDR3.

Hierzu ein praktisches Beispiel. Die Datenübertragungsrate von DDR2-800 berechnet sich wie folgt:

```
Prefetch × Speichertakt [1/s] × Bitbreite [Bit] / 8 = GB/s
    4    ×      400            ×      64         / 8 = 12,8 GB/s
```

Diese Berechnung ist nützlich, um zu sehen, welche effektive Bandbreite für die Datenübertragung zur Verfügung steht – oder auch, welche Steigerung in diesem Bereich durch Verwendung schneller RAM-Bausteine eventuell möglich ist.

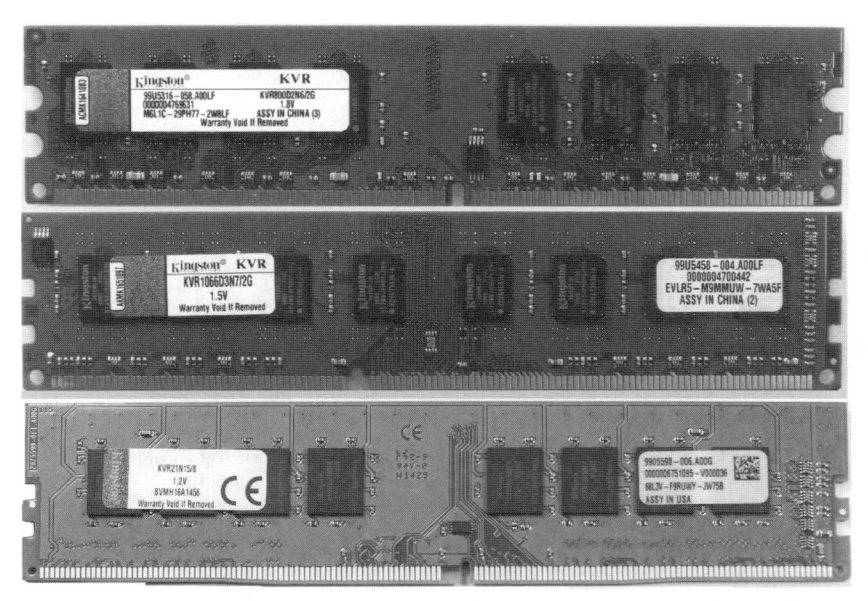

**Abb. 3.13:** DDR2-SD-RAM, DDR3-SD-RAM und DDR4-SD-RAM (von oben nach unten)

### FB-DIMM oder Registered?

Bei Fully-Buffered-Arbeitsspeicher handelt es sich um DDR-RAM, welcher zwischen dem eigentlichen Arbeitsspeicher und dem Speicherbus einen Puffer zur Ansteuerung einsetzt. Dieser RAM gilt als Nachfolger von Registered RAM und dient demselben Zweck, nämlich der Erhöhung der Stabilität durch das Registrieren jeder RAM-Adresse. Zudem kann durch die Registrierung die Geschwindigkeit und die Speicherdichte des RAM (pro Chip) erhöht werden.

Nachteil der FB-DIMMs ist wie schon erwähnt ihr hoher Stromverbrauch und die Tatsache, dass sie immer etwas hinter der eigentlichen Leistungsentwicklung herhinkten. Während es also bereits DDR3-RAM gab, existierten erst FB-DIMM-800-MHz-Serverbausteine.

**Abb. 3.14:** FB-DIMM PC2-5300

FB-DIMM und DDR2-RAM können nicht gemischt im selben System eingesetzt werden, trotz der gleichen Anzahl Pins (240).

FB-DIMM konnte sich nicht wirklich durchsetzen: zum einen wegen höherer Kosten, zum anderen wegen des erhöhten Stromverbrauchs. Aktuelle Server setzen demgegenüber auf DDR-Speicher mit ECC, und dies entweder unregistered oder registered, was nichts direkt mit ECC zu tun hat, wie Sie anfangs dieses Kapitels schon gesehen haben.

Und bei DDR5 wird die Fehlerkorrektur über die On-Die-ECC-Funktion geregelt.

**Abb. 3.15:** DDR4-SDRAM für Server mit ECC-Korrektur und in der Ausführung »Registered«, also rDIMM

### 3.3.5 Single Channel, Dual Channel, Quad Channel

Die bisher beschriebenen Speicherzugriffe beschreiben den Zugriff im Single-Channel-Verfahren. D.h., falls mehrere Speicherriegel verbaut sind, erfolgen die Speicherzugriffe abwechslungsweise zwischen den verschiedenen Speicherriegeln.

Um die Speicherbandbreite zu erhöhen, kann man die Daten auch aus zwei Speichermodulen anfordern. Man bezeichnete das als Dual-Channel-Verfahren. Dual Channel bezieht sich nicht auf das Speichermodul, sondern auf den Speicher-Controller. Damit dieses Verfahren funktioniert, müssen die Speichermodule im vom Mainboard vorgegebenen Muster eingesetzt werden, was meistens farblich gekennzeichnet wird.

Eine Zeit lang war danach Quad Channel in Mode, dann folgte wieder Dual Channel und bei der Ice-Lake-Architektur für Xeon sind es aktuell acht Kanäle für DDR4-3200-Speicher.

AMD verfolgt mit EPYC eine ähnliche Strategie und unterstützt ab vier Kanälen aktuell bis sechs Channel für RAM, die acht Kanäle folgen noch 2021, ebenfalls für DDR4-3200.

**Abb. 3.16:** Korrekter Einbau von Dual Channel-RAM

## 3.3.6 Bauformen

Single-Inline-Memory-Module sind Speichermodule, die nur einseitig mit Speicherchips bestückt werden. Sie besitzen beidseitig Anschlusspins, diese sind jedoch immer mit den gegenüberliegenden Pins verbunden.

Dual-Inline-Memory-Module besitzen ebenfalls beidseitig Anschlusspins. Diese sind jedoch im Gegensatz zu SIMM-Modulen voneinander komplett unabhängig. Somit besitzen DIMM-Module einen doppelt so breiten Daten- und Adressbus. Für Notebook-RAM gelten aufgrund ihrer veränderten Bauart etwas andere Bezeichnungen, und sie nennen sich SO-DIMM anstelle von DIMM, wobei SO für Small Outline steht.

| Bauform | Anzahl Pins | Bemerkungen |
|---|---|---|
| SIMM | 72 Pin (»PS/2-SIMM«) | Alte Systeme wie 486er oder für Drucker |
| DIMM | 168 Pin | SD-RAM |
| DIMM | 184 Pin | DDR-SD-RAM |
| DIMM | 240 Pin | DDR2-SD-RAM, DDR3-SD-RAM |
| DIMM | 288 Pin | DDR4-SD-RAM, DDR5-SD-RAM |

**Tabelle 3.5:** Bauformen für RAM-Module

Man bemerke: Im Unterschied zu DDR1-Modulen sind DDR2 und DDR3 sehr wohl pin-kompatibel. Man muss also auf das BIOS bzw. das Chipset achten, um zu erfahren, welche Sorte RAM das System auch wirklich unterstützt. Dafür weist dann die DDR4-Bauvariante wiederum eine abweichende Anzahl Pins auf und kann beim Einbau nicht verwechselt werden. Und bei DDR5 wurde die Kerbe etwas verschoben, das Modul ist also nicht kompatibel zu DDR4.

## 3.4 Kühlung von Servern

Während des Betriebs eines Servers entsteht Wärme durch die diversen elektrisch betriebenen Komponenten. Die Chips funktionieren am besten in »kühler« Umgebung. Ein Chip kann sich ohne große Kühlung nach wenigen Betriebsminuten auf 80 °C erwärmen. Bei dieser Temperatur wird ein Prozessor in der Verarbeitungsgeschwindigkeit schon deutlich langsamer. Im Weiteren sind für die vielen Lötstellen allzu große Temperaturschwankungen langfristig gesehen nicht optimal, da sie dadurch spröde werden. Daher wird der Server durch einen oder mehrere Ventilatoren und Kühlkörper mit Umgebungsluft gekühlt, um konstante Temperaturen zu erzeugen. Zusätzlich verfügt auch der Prozessor über einen eigenen Ventilator, welcher direkt auf dem Prozessorgehäuse angebracht wird.

Für eine gute Durchlüftung des Geräts sorgt im Allgemeinen der Hersteller eines Serversystems. Wenn Sie selber einen Server bauen oder umbauen, achten Sie darauf, dass bei freien Steckplätzen die rückseitigen Abdeckungen (auch Slot-Blenden genannt) nicht abgeschraubt werden – dies verhindert eine geregelte Kühlung. Ebenso, wenn Sie seitliche Abdeckungen entfernen, denn dadurch wird die Luft nicht an den warmen Chips entlang zirkulieren, und die notwendige Kühlung kann nicht mehr erzielt werden. Um im Dauerbetrieb eine optimale Kühlung zu gewährleisten, sollte also der Luftstrom im Gehäuseinneren nicht unterbrochen werden.

Bei komplett geschlossenen Geräten ohne Belüftungsöffnungen und Lüftern, wie dies bei vielen externen Festplatten anzutreffen ist, wird die im Inneren produzierte Wärme durch das als Kühlkörper dienende Metallgehäuse abgegeben.

Wichtig ist auch, dass die Kühlkörper nicht verschmutzt sind, z.B. durch angesaugten Staub im Inneren des Gehäuses, denn dies schmälert die Kühlleistung beträchtlich.

Zu den am stärksten wärmeproduzierenden Bauteilen zählen ohne Zweifel CPU, Grafikchips, Chipsätze, Festplatten sowie das Netzteil. Um Fehlfunktionen oder sogar Beschädigungen dieser Komponenten durch Überhitzung zu vermeiden, ist eine korrekte Kühlung unerlässlich. Dazu stehen mehrere Verfahren zur Verfügung.

## 3.4.1 Wärmeleitpaste

Obwohl die Oberflächen von CPU und Kühlkörpern mit bloßem Auge glatt erscheinen, sind sie in Wirklichkeit ziemlich uneben. Diese Tatsache hat einen großen Einfluss auf die Wärmeleitfähigkeit der Oberfläche. Je mehr Unebenheiten zwischen Chip und Kühlkörper bestehen, desto schlechter ist die Wärmeableitung. Dies kann zu Hitzestau und letztlich Überhitzung der Chips führen, z.B. bei CPU oder Grafikkarten.

Um diese Wärmeableitung zu verbessern, wird zwischen Chip und Kühlkörper eine leitende Paste aufgetragen. Beim Umgang mit der Paste ist Vorsicht geboten, da diese für Haut und Augen schädlich ist.

## 3.4.2 Lüfter

Im Computer dienen Lüfter zur Erzeugung von Luftströmen und zur Abführung von Wärme bzw. zur Abkühlung.

Ein Lüfter besteht aus einem rotierenden, elektrisch angetriebenen Laufrad, welches einen verdichteten Luftstrom erzeugt. Da bei einem Ventilator zwischen Ansaug- und Druckseite unterschieden wird, ist beim Einbau unbedingt auf die Laufrichtung zu achten.

Die meisten aktuellen Mainboards besitzen einen Onboard-12-Volt-Anschluss mit der Bezeichnung CPU-FAN für die Versorgungsspannung des CPU-Lüfters. Dieser ist in der Regel auf einem Kühlkörper montiert. Zudem verfügen die meisten Mainboards über einen zusätzlichen Anschluss mit der Bezeichnung Chassis-FAN für die Versorgungsspannung eines zusätzlichen Gehäuselüfters, der zur Abführung von Wärme aus dem Gehäuseinneren dient und damit den im Netzteil integrierten Lüfter unterstützt.

CPU-Lüfter und Chassis-Lüfter werden durch das BIOS kontrolliert und deren Drehzahl entsprechend geregelt. Dafür sind die Mainboards entsprechend mit Temperaturfühlern ausgestattet, damit die Lüfterleistung anforderungsgerecht geregelt werden kann.

Womit bereits erwähnt ist, dass auch ein Netzteil in der Regel über einen eigenen Lüfter verfügt, der der Wärmeableitung dient.

## 3.4.3 Kühlkörper

Mit einem Kühlkörper als Wärmeableiter wird die wärmeabgebende Fläche von wärmeproduzierenden Bauteilen wie etwa einem Chipset erheblich vergrößert und eine mögliche Beschädigung durch Überhitzung dadurch minimiert.

Um eine möglichst große ableitende Fläche zu erhalten, sind Kühlkörper meist gerippt oder lamellenförmig aufgebaut. Wärmeableiter sind immer aus Metall. Das können auch Leit- oder Ablenkbleche sein, welche die Wärme gezielt abführen.

Entsprechend der Bauform dieser Kühlkörper nennt man sie auch passive Kühlkörper. Zur Kühlung von CPU und Grafikkarten werden in der Regel kombinierte Kühlsysteme verwendet.

Diese bestehen aus einem Kühlkörper (Leitbleche) und einem darauf montierten Lüfter, der für eine optimale Luftströmung entlang des Kühlkörpers sorgt und so die abgegebene Wärme rascher ableitet.

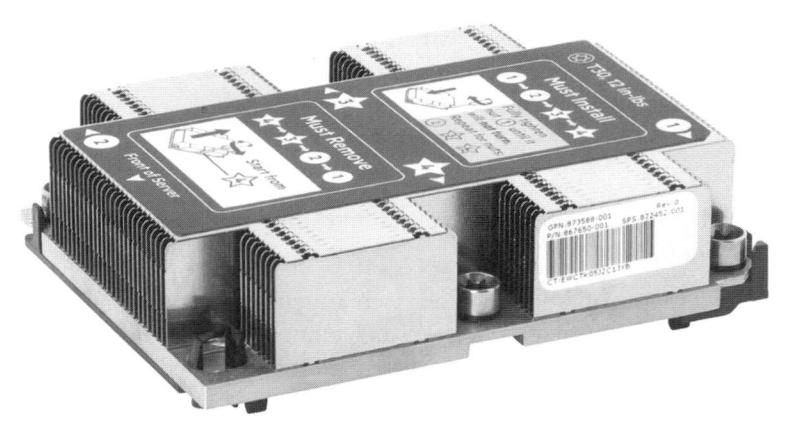

**Abb. 3.17:** Abbildung 3. 17: Kühlkörper für CPU (Hintergrund) und Chipset (Vordergrund)

### 3.4.4 Wasserkühlung

Um den Wirkungsgrad der Kühlung weiter zu erhöhen, werden in speziellen Anwendungsgebieten Wasserkühlungen eingesetzt. Diese ermöglichen meist auch eine Leistungssteigerung durch Übertaktung der CPUs.

Bei der Wasserkühlung handelt es sich um einen geschlossenen Kreislauf. Das ist vom Prinzip her mit einem Kühlschrank zu vergleichen. Eine Wasserpumpe pumpt mittels eines Radiators gekühltes Wasser durch die auf die CPUs aufgebauten Wasserkühlkörper hindurch. Das erwärmte Wasser fließt danach in einen Ausgleichsbehälter zurück und von dort wieder in den Radiator, wo es erneut heruntergekühlt und zu den Wasserkühlkörpern gepumpt wird.

Meist werden in einem Kreislauf mehrere sich stark aufheizende Elemente wie Hauptprozessor, Chipsets, grafische Prozessoren, Festplatten und andere Komponenten hintereinander angeschlossen.

Neben den großen Wasserkühlsystemen, bei denen Teile des Systems aus Platzmangel oft außerhalb der Computer platziert werden müssen (Radiator, Ausgleichsbehälter), gibt es auch integrierte Systeme, die auf dem Prozessor montiert werden. Diese Systeme lösen jedoch das Problem der außerhalb der CPU im PC-Gehäuse verbleibenden Wärme nicht.

## 3.5 Hot-Plug-Architekturen

Bei Wasserkühlsystemen ist zudem große Vorsicht geboten: Jegliches Leck ist zu vermeiden, da es zu Korrosionen und Kurzschlüssen führen kann. Um Korrosionen zu vermeiden, werden Zusatzmittel beigefügt. Auch muss der Wasserstand regelmäßig überprüft werden, da ein Wassermangel zu rascher Überhitzung der zu kühlenden Komponenten führt und letztendlich zu deren Zerstörung. Insbesondere bei den integrierten Systemen kann dies sehr rasch passieren.

Das Prinzip der Wasserkühlung kommt auch bei Großrechnern und Supercomputern zum Einsatz, wobei diese Anlagen erheblich größer und umfangreicher sind und nicht mit den Wasserkühlsystemen für den PC-Bereich vergleichbar sind. In den heutigen Zeiten, in denen Green IT immer mehr an Bedeutung gewinnt, gibt es sogar Projekte, um das auf diese Weise erwärmte Wasser zusätzlich zum Heizen von Gebäuden zu verwenden.

### 3.5 Hot-Plug-Architekturen

Sie haben bereits mehrfach die Begriffe der Stabilität und des Dauerbetriebs gelesen, welche für Server von zentraler Bedeutung sind. Muss für den Austausch einer defekten Komponente ein Server vom Netz genommen werden, kann das in einem größeren Unternehmen schon mal dazu führen, dass sich Hunderte von Mitarbeitern nicht mehr anmelden können oder keinen Zugriff auf die Daten mehr haben und so lange nicht weiterarbeiten können, bis der Server wieder am Netz ist.

Doch auch beim besten Server kann es zum Ausfall einer Komponente kommen oder eine Komponente muss ausgebaut werden. Wenn in diesem Kapitel von Chipsets, RAM und Architekturen die Rede ist, gehört daher ein Begriff hier angesprochen, und das ist der Begriff Hot Plug.

Sie kennen sicher den Begriff Plug-and-play, der etwas älter ist. Er bezeichnet die Fähigkeit eines Systems, dass neue Komponenten hinzugefügt werden können und vom Betriebssystem automatisch erkannt und mit den korrekten Treibern installiert werden. Doch zum Einbau einer Plug-and-play-Komponente werden Sie den Computer herunterfahren müssen, das Gehäuse öffnen, die Komponente einbauen und den Rechner danach wieder starten.

Und genau hier setzt Hot Plug an, denn dieser Standard ermöglicht den Austausch *während* des Betriebs.

Während der Hot-Plug-Gedanke bei Festplatten schon länger bekannt ist und sowohl SAS- als auch SATA-Platten mit Hot-Plug-Funktionalität auf dem Markt sind, haben weitere Komponenten diese erst in den letzten Jahren erworben. Bei Festplatten war zudem der Begriff Hot Plug nicht gebräuchlich, stattdessen sprach man von Hot Swap oder Hot Swapping.

**Kapitel 3**
Serverhardware

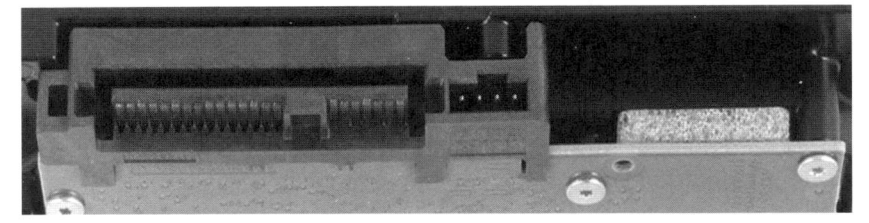

**Abb. 3.18:** Hot-Plug-Anschluss einer SAS-Disk

Die Hot-Plug-Funktionalität hat mit den Architekturen PCI, und vor allem mit PCI-X und PCI-Express, Einzug gehalten. Voraussetzung dafür ist, dass nur die jeweilige Komponente abgeschaltet werden kann, also z.B. ein PCI-X-Steckplatz von der Stromversorgung getrennt werden kann, während das ganze System weiterläuft.

Klassische Hot-Plug-Komponenten sind daher auch die Erweiterungssteckplätze von PCI-X und PCI-Express.

Aber auch Komponenten wie Netzteile oder Lüfter sind heute so gebaut, dass sie Hot Pluggable sind, d.h. während des Betriebs ausgetauscht werden können. Gerade bei Serversystemen werden Lüfter zudem gerne redundant eingebaut.

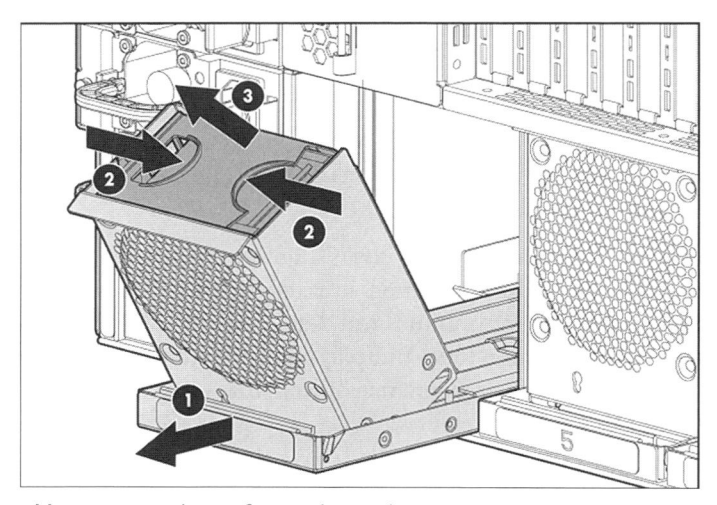

**Abb. 3.19:** Hot-Plug-Lüfter an der Rückseite eines Servers

Eine Entwicklung, welche mit FB-DIMM im Serverbereich Einzug gehalten hat, ist die Ausweitung des Hot-Plug-Konzepts auf Arbeitsspeicher.

Allen Hot-Plug-Komponenten gemeinsam ist die Möglichkeit, die betreffende Komponente während des Systembetriebs zu isolieren und »vom Netz« zu nehmen, um danach gefahrlos den Austausch vornehmen zu können.

## 3.6 Die wichtigsten Übertragungsmedien

Server entfalten ihre Wirksamkeit nicht als Einzelstationen, sondern im Verbund, also vernetzt, sei das mit anderen Servern oder mit Clients. Daher kommt auch der Verbindungstechnologie von Geräten in diesem Kontext eine große Bedeutung zu.

Jeder Computer benötigt eine Übermittlungsschnittstelle, damit die Daten vom Computer herkommend übertragen bzw. empfangen werden können. Diese Schnittstellen wiederum werden mit einem Medium verbunden, das diese Daten überträgt.

Es gibt bis heute eine große Anzahl verschiedener Übertragungsmedien. Diese werden im Wesentlichen durch ihren Einsatzzweck unterschieden, insbesondere ob Sie die Medien für die LAN- oder WAN-Technik einsetzen. Ein LAN benötigt andere Übermittlungseigenschaften als ein Kabel für Weitverkehrsnetze, denn es wäre wenig vernünftig, ein LAN-Kabel auch für die Datenübertragung durch den Atlantik einzusetzen.

Es gibt vier relevante Arten von kabelgebundenen Medien:

- Unshielded Twisted-Pair-Kabel (UTP)    LAN-Medium
- Shielded Twisted-Pair-Kabel (STP)    LAN-Medium
- Koaxialkabel    WAN-Medium
- Lichtwellenleiter    (noch) vorwiegend WAN-Medium

**Abb. 3.20:** Herstellung von Glasfaser für Lichtwellenleiterkabel

Hinzu kommt bei den optischen Kabeln noch die Unterkategorie POF, die für Plastic Optical Fibre (auch Polymer Optical Fibre) steht und eine relativ junge Technologie bezeichnet, die anstelle von Glas mit Acrylan als Kernfasern arbeitet. Die Leistung dieser Kabeltechnologie liegt aktuell im Bereich von maximal 1 Gbps, meist bei 100–300 Mbps und Distanzen bis rund 70 m (Meter), was ihre Verbreitung erst zögerlich voranschreiten ließ. Doch neuere und schnellere Verbindungen lassen hier einiges für die Zukunft hoffen. Drahtlose Übertragungsmedien überschreiten die Grenzen der Verkabelung. Es stehen andere Technologien und Eigenschaften im Zentrum.

Jedes der oben angesprochenen Übertragungsmedien hat unterschiedliche charakteristische Eigenschaften.

Bei der Auswahl eines Mediums spielen daher folgende Faktoren eine Rolle:

- Kapazität bzw. Datendurchsatz
- Physische Eigenschaften (z.B. Dämpfung, Beweglichkeit, maximale Länge)
- Kosten für die Beschaffung
- Installationsaufwand
- Unempfindlichkeit gegenüber elektromagnetischen Interferenzen (EMI)
- Plenum oder Non-Plenum (schwer entflammbar oder nicht)

### 3.6.1 Twisted-Pair-Kabel

Ursprünglich als Telefonkabel in den Vereinigten Staaten im Einsatz, hat das verdrillte Kabel (englisch: Twisted Pair) längst seinen Siegeszug durch die Welt der Netzwerke angetreten. Der Grund ist einfach: Als die ersten Netzwerke geplant wurden, überlegte man sich, welche bestehenden Kabel man nutzen konnte – und kam auf die bereits verlegten Telefonleitungen.

Das Kabel besteht in seiner einfachsten Form aus zwei verdrillten Leitungen, ähnlich wie Sie es hierzulande auch kennen – allerdings waren bei uns die alten Telefonleitungen selten verdrillt und konnten für Datenübertragungen in Netzwerken kaum genutzt werden. Im Laufe der Zeit wurde das TP-Kabel durch viele Anpassungen verbessert und leistungsfähiger und sicherer gemacht.

Die Kabel können verlegt oder zum Anschluss von Geräten an verlegten Dosen und Panels verwendet werden; im zweiten Fall spricht man auch von Patchkabeln.

Heute gibt es zwei Hauptkategorien: das ungeschirmte und das geschirmte TP-Kabel, entsprechend den englischen Begriffen

- UTP, Unshielded Twisted Pair, und
- STP, Shielded Twisted Pair

genannt. Der Begriff »shielded« bezieht sich auf die Frage, ob die einzelnen Adernpaare neben ihrer eigenen Aderplastikhülle zusätzlich geschützt sind oder eben nicht. Da es hierzu mittlerweile unterschiedliche Möglichkeiten gibt, z.B.

Folien oder Drahtgeflechte, existieren auch unterschiedliche Bezeichnungen (mehr dazu im Abschnitt »Shielded Twisted Pair«). Als Beispiel sehen Sie nachstehend ein UTP-Kabel, das allerdings einen Folienschirm um alle Adern herum hat. Daher heißt es dann auch F/UTP, weil es mit einer Folie umwickelt ist.

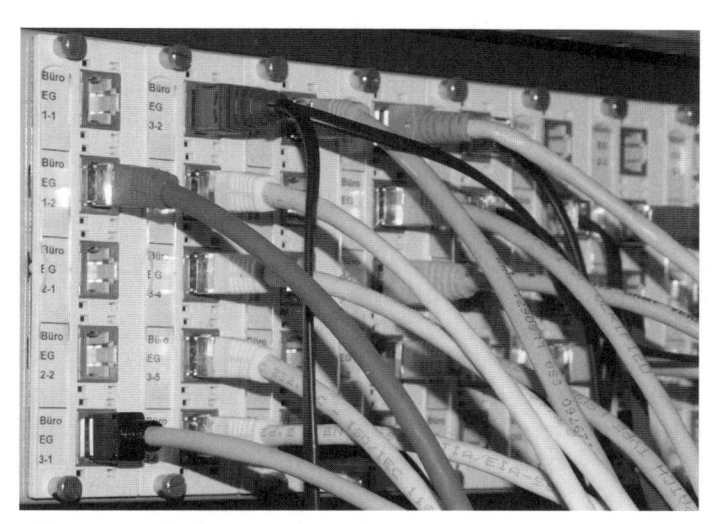

**Abb. 3.21:** Beschriftetes Patch-Panel

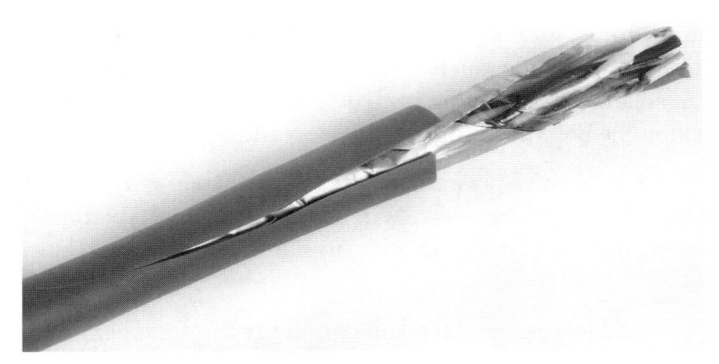

**Abb. 3.22:** F/UTP-Kabel

## 3.6.2 Unshielded Twisted Pair

Kabel werden von verschiedenen Organisationen national und international spezifiziert. Die TIA-Standards (Telecommunications Industry Association) gelten für die USA, während die ISO-Standards für den globalen Markt definiert werden. Zudem verfügen Japan, Kanada und auch Europa über eigene Normierungsgremien, die weitere Standards definieren. Diese »lokalen« Standards werden aber meist in Abstimmung mit der ISO verfasst, sodass hier kaum Konflikte entstehen, sondern lediglich abweichende Bezeichnungen.

In Europa ist diesbezüglich die CENELEC (Comité Européen de Normalisation Électrotechnique), zu Deutsch »Europäisches Komitee für elektrotechnische Normung« relevant. Dieses Gremium normiert im Auftrag der EU und der EFTA Sicherheitsrichtlinien für Verkabelungen. Dies ist der Hauptgrund, warum in den meisten europäischen Ländern die europäische Norm (EN) als der zu berücksichtigende Standard verlangt wird und nicht die TIA- oder ISO-Normen.

Im Netzwerkalltag sind aber häufig die amerikanischen Begriffe geläufig – weniger bei den Elektrikern, sicher aber in der Informatik. Daher beginnen Sie an dieser Stelle mit EIA/TIA und deren Kabelkategorien.

Die EIA/TIA-568-Spezifikationen standardisieren die Installation von Kupferverkabelungen. Sie enthalten bis heute mehrere Aktualisierungen, so z.B. TIA 568B.2.1 für die Kategorie 6 von 2002. Die Normen gelten für TP-Verdrahtungsschemas, die mit POTS, ISDN, xBase oder Tokenring arbeiten. Die Unterscheidung nach TIA-568A und TIA-568B kommt daher, dass die EIA/TIA mit der Standardisierung von TIA-568A länger brauchte als AT&T in den USA mit der Marktdurchdringung ihrer eigenen Verdrahtung (258A genannt) – so wurde anschließend mit EIA/TIA 568B diese Version, die sich auf dem Markt verbreitet hatte, de facto als Standard übernommen. Sie treffen daher in den USA häufig TIA-568B-Verdrahtungen an; in Europa bis Kategorie 5 dagegen, wo AT&T nie diese wichtige Rolle spielte, finden Sie eher TIA-568A.

Der einzige Unterschied zwischen TIA-568A und TIA-568B ist übrigens die Vertauschung der Adernpaare 2 und 3 (orange und grün). Beide Standards verdrahten die Kontakte »straight through« (gerade, auch 1:1 genannt). Daher sind die Kabel problemlos austauschbar, solange beide Enden nach demselben Standard verdrahtet sind. Ansonsten erhalten Sie bei Mischung ein Crossover-Kabel.

Dazu gehört auch, dass die Drähte im Kabel einen unterschiedlichen Querschnitt aufweisen können, genannt AWG für American Wire Gauge. Dabei gilt: Je niedriger die AWG-Nummer, umso dicker ist der Draht. Für TP-Kabel sind dies etwa AWG24 oder AWG26.

Die TIA-Normen definieren die folgenden Kabelkategorien für Kupferkabel:

| Kategorie | Übertragungsrate | Einsatz |
| --- | --- | --- |
| Cat. 1 UTP | <1 Mbps | Für Sprache, Telefonkabel |
| Cat. 2 UTP | Bis 4 Mbps | Löst Kat 1 ab; Sprache, Telefonie, ISDN, Tokenring-Datenübertragung |
| Cat. 3 UTP/STP | Bis 10 Mbps | Datenübertragung, 10Base-T |
| Cat. 4 UTP/STP | Bis 20 Mbps | Datenübertragung, 10Base-T, 16 Mbps für Tokenring |

**Tabelle 3.6:** Genormte Kategorien für Twisted-Pair-Kupferkabel

## 3.6 Die wichtigsten Übertragungsmedien

| Kategorie | Übertragungsrate | Einsatz |
|---|---|---|
| Cat. 5 UTP/STP | Bis 100 MHz und bis 100 Mbit/s | LAN, Ethernet (100Base-T) |
| Cat. 5e UTP/STP | Bis 100 MHz und bis 1 Gbit/s | LAN, Ethernet, Vollduplexbetrieb |
| Cat. 6 UTP/STP | 250 MHz und bis 1 Gbit/s | LAN, Ethernet |
| Cat. 7/7A | 600/1000 MHz | Universale Kommunikationsverkabelung |
| Cat. 8 | 1600/2000 MHz | Für 40-Gbps-Netzwerke |

**Tabelle 3.6:** Genormte Kategorien für Twisted-Pair-Kupferkabel (Forts.)

Wenn Sie nun die ISO-Norm (Basis der CENELEC-Normen) dazunehmen, sieht eine vergleichende Tabelle mit den aktuellen Normen wie folgt aus:

| TIA-Norm | Standard | Frequenzbereich | ISO-Norm | Standard |
|---|---|---|---|---|
| Cat. 5e | EIA-568-B.2 | 1 bis 100 MHz | Class D | ISO/IEC 11801 |
| Cat. 6 | EIA-568-B.2-1 | 1 bis 250 MHz | Class E | ISO/IEC 11801 |
| Cat. 6a | EIA-568-B.2-10 | 1 bis 500 MHz | Class EA | Anhang 1 zu 11801 |
| Cat. 7 | n/a | 1 bis 600 MHz | Class F | ISO/IEC 11801 |
| Cat. 7A | n/a | 1 bis 1000 MHz | Class FA | Anhang 1 zu 11801 |
| Cat. 8 | TIA-568-C.2.1 | 1 bis 1600 MHz | | Nur USA |
| Cat. 8.1 | | 1 bis 1600 MHz | Class I | 11801-99-1 (in Arbeit) |
| Cat. 8.2 | | 1 bis 1600 MHz | Class II | 11801-99-1 (in Arbeit) |

**Tabelle 3.7:** EIA/TIA-Normen und ISO-Normen

Als richtungsweisende Dokumente für die Normierung von Datenkabeln dienen die Systemstandards ISO/IEC 11801 und 50173-1. Hier werden die Grundanforderungen an die Verkabelungssysteme formuliert.

- ISO/IEC 11801: 2017 Informationstechnik und anwendungsneutrale Verkabelungssysteme
- IEC 61156: Mehradrige und symmetrische paar-/viererverseilte Kabel für die digitale Nachrichtenübertragung
- IEC 61156-1: Fachgrundspezifikationen
- IEC 61156-2: Rahmenspezifikation für Etagenkabel
- IEC 61156-3: Rahmenspezifikation für Geräteanschlusskabel
- IEC 61156-4: Rahmenspezifikation für Verteilerkabel
- IEC 61156-5: Rahmenspezifikation für Etagenkabel bis 600 MHz

- IEC 61156-6: Rahmenspezifikation für Geräteanschlusskabel bis 600 MHz
- IEC 61156-7: Rahmenspezifikation für Etagenkabel bis 1200 MHz

Diese internationalen Dokumente spezifizieren die Datenkabel der Kategorie 3, 5, 6 und 7 sowohl für Installationskabel und Backbone-Kabel als auch für Anschluss- und Verbindungskabel.

In Europa gilt stattdessen die Norm EN 50288 »Mehradrige metallische Daten- und Kontrollkabel für analoge und digitale Übertragung«. Wie die IEC-Norm stellt sie sich in mehreren einzelnen Normen nach dem Schema 50288-n auf.

Für die immer noch sehr häufig verwendeten Kategorie-5-Kabel sieht die Verdrahtung nach den Standards TIA-568A respektive TIA-568B dann wie folgt aus:

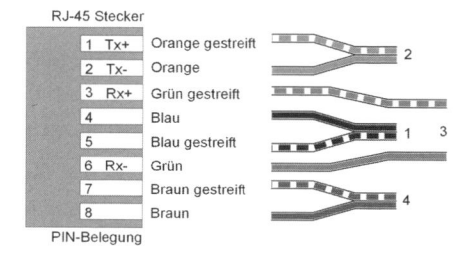

**Abb. 3.23:** Verdrahtungsschema nach EIA/TIA-568

Verwendet werden davon bis und mit 100 Mbit/s (Cat. 5) lediglich zwei Adernpaare, nämlich die Adern 1 und 2 zum Senden und die Adern 3 und 6 zum Empfangen. Erst die höheren Standards verwenden alle vier Adernpaare. Eigentlich müsste man in diesem Zusammenhang bei voll beschalteten vier Adernpaaren zwar dann von RJ-48C-Steckern sprechen, aber umgangssprachlich nennt man sie bis heute RJ-45, obwohl diese eigentlich für ISDN gedacht waren. In der Praxis sind RJ-45-Stecker zu RJ-48C-Steckern kompatibel, aber nicht zwingend umgekehrt, da RJ-48C ähnlich wie GG-45 über eine zusätzliche Kerbe verfügen. Und während RJ-45 bis und mit Cat. 5 und für LAN durchaus als solches Verwendung findet, ist RJ-48C immer als 8P8C definiert und zwingend mit STP-Kabeln verbunden. Sie finden diesen Steckertyp beispielsweise für Verbindungen über längere Distanzen, z.B. für T1-Leitungen.

Interessant ist auch, dass die Rede von »RJ« ist, was Rack Jack, also den Stecker bezeichnet, die Differierung aber hauptsächlich die Verkabelung betrifft, nicht den Stecker.

Ein weiterer Spezialfall sind die Rollover-Kabel, d.h. Kabel, die von RJ-45 auf DB-9 verdrahtet sind oder als RJ-45-Kabel mit angepasstem DB-9/DB-25-Stecker, um sie

## 3.6 Die wichtigsten Übertragungsmedien

für Managementkonsolen einzusetzen. Der Begriff selbst kommt eigentlich nur im Zusammenhang mit Cisco-Geräten vor. Bei Rollover-Kabeln sind alle Pins gekreuzt, sodass sie nur für die Verwaltung am Gerät eingesetzt werden können.

Zurück zum Standardkabel. Die heute üblicherweise eingesetzten Kategorien 5e bis 7 bzw. ISO-Class D bis F verfügen über acht Adern, die in jeweils vier miteinander verdrillten Paaren angeordnet sind und parallel vom Sender zum Empfänger gezogen werden. Daher auch der Begriff »straight through«, in etwa »gerade durchgezogen«.

Bei einem sogenannten Crosskabel werden dabei bis 100 Mbit/s die Adern 1 und 2 sowie 3 und 6 gekreuzt. Bei einem Gigabit-Kabel werden dagegen alle Adernpaare gekreuzt. Und seit der Einführung von »AutoSense«, d.h. der Möglichkeit von Netzwerkschnittstellen, die benötigte Verbindung selbst zu bestimmen, sind Crosskabel eigentlich überflüssig geworden.

**Abb. 3.24:** RJ-45-Stecker für UTP-Kabel

Bis und mit Kategorie 6 bzw. ISO-Class E werden die Kabel mit RJ-45-Steckern eingesetzt (eigentlich häufig RJ-48C), für die Class F bzw. FA gibt es dann einen neuen Steckertyp, der nur noch voll geschirmt verfügbar ist. Der neue Steckertyp nennt sich GG45 und ist in zwei verschiedenen Ausführungen normiert.

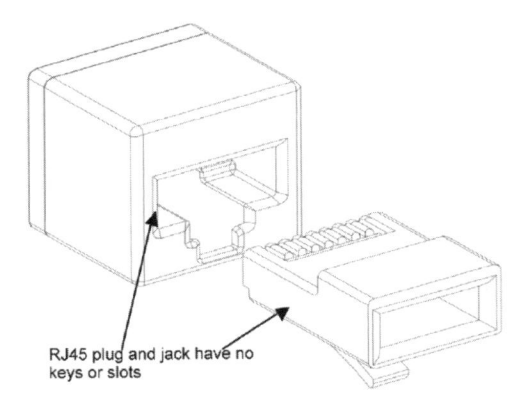

**Abb. 3.25:** Unterschiede von RJ-45 und GG45

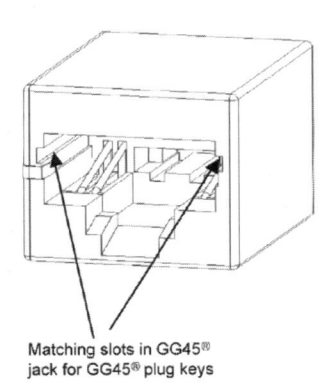

Nexans GG45 ist abwärtskompatibel zu RJ-45 und wird daher gerne für LAN-Vernetzungen eingesetzt. RJ-45-Stecker selbst sind demgegenüber mangels ihrer Eignung offiziell nicht freigegeben für Cat. 7 – auch wenn Sie das problemlos auf dem Markt finden.

Siemens TERA wiederum gibt es in verschiedenen Ausführungen und wird daher dann eingesetzt, wenn unterschiedliche Anforderungen bestehen. Dies liegt daran, dass es die TERA-Class-F-Anschlussstecker in verschiedenen Ausführungen gibt mit unterschiedlicher Anzahl verdrahteter Paare für die Benutzung mit unterschiedlichen Diensten, vom Cat.-7-Netzwerk (4P) bis zum Telefondienst (1P).

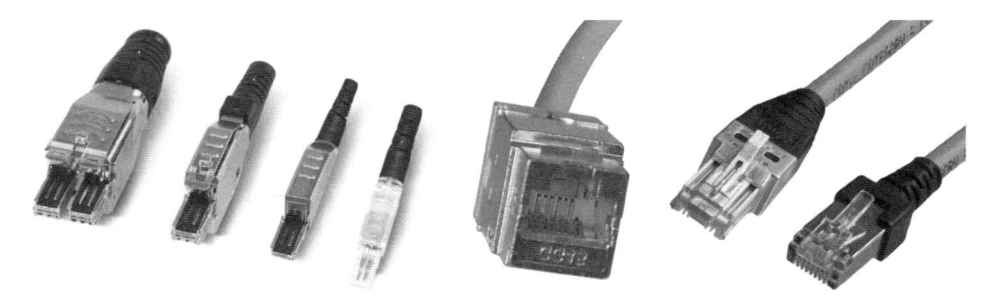

**Abb. 3.26:** Class-F-Anschlussstecker: TERA in den Ausführungen 4P, 2P und 1P und Nexans GG45

Mit der Normierung in IEC-60603-7 sind TERA und GG45 in Europa zur Norm für den informationstechnischen Anschluss von Klasse-F/Kategorie-7-Verkabelungen gemäß ISO/IEC 11801 und EN 50173 avanciert. Zudem ist die Bauart dieser Schnittstelle auch für die Class-FA-Netzwerke geeignet. Noch diskutiert wird, welcher Steckertyp für die anstehende Standardisierung der 40-Gbps-Verkabelung geeignet ist.

### 3.6.3 Shielded Twisted Pair

Um die Empfindlichkeit von Twisted-Pair-Kabeln gegenüber elektromagnetischen Einflüssen (EMI) zu verringern, werden ein Kupfergeflecht und/oder eine Folienschirmung pro Adernpaar und/oder rund um alle Adern als zusätzliche Abschirmungen verwendet.

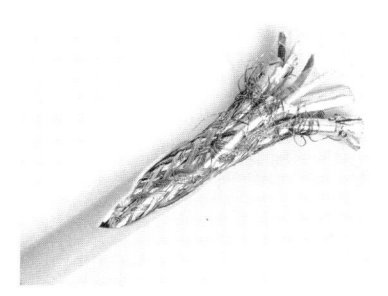

**Abb. 3.27:** S/STP-Kabel mit paarweiser Folienschirmung und zusätzlichem Drahtgeflecht

## 3.6 Die wichtigsten Übertragungsmedien

Entsprechend heißen die Bezeichnungen nach ISO/IEC-11801:2002 Annex E, ausgehend von der Gesamtschirmung über die Adernpaarschirmung bis zur Bezeichnung TP:

| | |
|---|---|
| U/UTP | Bündel ungeschirmt, Adernpaare ungeschirmt |
| F/UTP | Bündel mit Folienschirmung, Adernpaare ungeschirmt |
| S/UTP | Bündel mit Geflechtschirmung, Adernpaare ungeschirmt |
| SF/UTP | Bündel mit Geflecht- und Folienschirmung, Adernpaare ungeschirmt |
| U/FTP | Bündel ungeschirmt, Adernpaare mit Folienschirmung |
| F/FTP | Bündel mit Folienschirmung, Adernpaare mit Folienschirmung |
| S/FTP | Bündel mit Geflechtschirmung, Adernpaare mit Folienschirmung (werden auch PIMF, Pair in Metal Foil, genannt) |
| SF/FTP | Bündel mit Geflecht- und Folienschirmung, Adernpaare mit Folienschirmung (werden auch PIMF, Pair in Metal Foil, genannt) |
| U/STP | Bündel ohne Schirmung, Adernpaare mit Geflechtschirmung |
| F/STP | Bündel mit Folienschirmung, Adernpaare mit Geflechtschirmung |
| S/STP | Bündel mit Geflechtschirmung, Adernpaare mit Geflechtschirmung |
| SF/STP | Bündel mit Geflecht- und Folienschirmung, Adernpaare mit Geflechtschirmung |

Die letztgenannten Kabel sind die am besten geschirmten Kabel, da sie nicht nur über einen Gesamtschirm verfügen, sondern auch jedes Adernpaar einzeln geschirmt ist. Dadurch haben die einzelnen Adern weniger Einfluss aufeinander.

FTP- und STP-Kabel kaufen Sie dann, wenn Sie mehrere Kabel nahe beieinander verlegen, oder auch, wenn Sie längere Distanzen überbrücken möchten.

Die Kategorie und der Kabeltyp sind jeweils auf den Kabeln aufgedruckt, damit Sie sehen, was Sie einsetzen. Bei Distanzen über 10 m wird Ihnen grundsätzlich nur den Einsatz von FTP- und STP-Kabeln empfohlen, damit die Übertragungsqualität nicht leidet.

Und noch etwas: Die Gesamtschirmung von Bündeln (das F oder S *vor* dem /) nützt nur dann etwas, wenn Sie diese auch auf dem Stecker weiterführen! Dazu verfügen diese Kabel in der Regel über einen Erdungsdraht, der in den Stecker geführt wird, damit Sie nicht den Schirm selbst einziehen müssen. Dazu sehen auch die Stecker anders aus als die UTP-RJ-45, da sie den Erdungsdraht aus dem Kabel in einer metallischen Hülle aufnehmen.

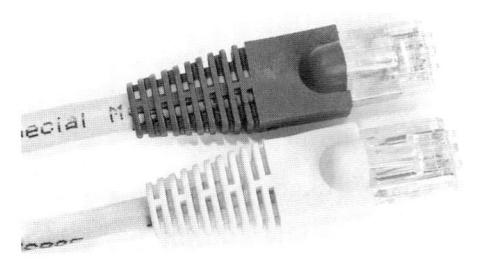

**Abb. 3.28:** STP-Stecker (oben), UTP-Stecker (unten)

Die Kabel können Sie von der Rolle kaufen (und separat dazu die Stecker) oder fertig konfektioniert. Falls Sie die Kabel selbst konfektionieren möchten, benötigen Sie dazu entsprechendes Werkzeug, das je nach verwendetem Stecker unterschiedlich heißen kann; im Allgemeinen spricht man von einer Crimpzange.

### 3.6.4 Koaxialkabel

Koaxialkabel bestehen aus zwei Leitern, die eine gemeinsame Achse aufweisen: einem Innen- und einem Außenleiter.

Bei heutigen lokalen Netzwerken kommen die Koaxialkabel nur noch selten zum Einsatz. Folgende Standards sind noch bekannt:

| Standard | Ohm | Einsatz |
| --- | --- | --- |
| RG-6 | 75 Ohm | Breitbandeinsatz, z.B. für Fernsehkabel |
| RG-8 | 50 Ohm | Thick Ethernet |
| RG-11 | 75 Ohm | Geringere Dämpfung als RG-6, bis 1 km Reichweite ohne Repeater |
| RG-58 | 50 Ohm | Thin Ethernet, (ehemals) typisches LAN-Kabel |
| RG-59 | 75 Ohm | CCTV, CATV (alt, danach RG-6 in verschiedenen Ausführungen und neu abgelöst durch Glasfaser) |

**Tabelle 3.8:** Genormte Kategorien für Koaxialkabel

Passend zu den Kabeltypen wurden bei Thick Ethernet AUI-Stecker für die Transceiver-Kabel verwendet, für Thin Ethernet wurden die BNC-Stecker verwendet.

Koax-F-Stecker (F-Connector) werden für den Anschluss von Kabelmodems (CATV) und Satellitenempfangsanlagen verwendet, d.h. im Hochfrequenzbereich bis 2 GHz (HF). Auf diese Stecker treffen Sie auch heute noch. F-Connectoren sind verschraubt, um eine möglichst hohe HF-Signaldichte zu erreichen.

Am weitesten verbreitet sind die Koaxialkabel noch in der Gebäude- und Gewerbeverkabelung respektive bei CCTV- und CATV-Verkabelungen, wo erst nach und nach Glasfasernetze deren Aufgabe übernehmen.

## 3.6.5 Lichtwellenleiter

Die LWL-Technik beruht auf einer gegenüber Kupferkabeln neuen Technologie, der Photonik. Bei der Photonik werden zum Übertragen von Daten die Eigenschaften des Lichts anstelle der Elektrizität eingesetzt, sodass eine vollständige Unempfindlichkeit gegenüber EMI besteht. Dabei wird jeder Farbe des Lichtspektrums eine bestimmte elektromagnetische Frequenz zugeordnet, sodass die Übertragung auch zwischen beiden Technologien funktioniert.

In den ersten Lichtwellenleiterübertragungssystemen wurden Informationen durch einfache Lichtimpulse auf die Fasern aus Glas übertragen. Durch Ein- und Ausschalten eines Lichts (Laser, später auch LED) wurden die digitalen binären Informationen (0 oder 1) dargestellt. Das eigentliche Licht konnte dabei eine beinahe beliebige Wellenlänge (auch als Farbe oder Frequenz bezeichnet) zwischen etwa 670 und 1550 nm belegen. Mittlerweile gibt es eine Reihe von Standards für unterschiedliche LWL-Medien, und jedes hat seinen Wellenlängenbereich.

**Abb. 3.29:** Aufbau eines Glasfaserkabels (Single Mode)

Für die Übertragung wird das Signal über einen Lichtwellenleiter gesandt, welcher ummantelt wird, damit sich das Licht entweder an der Kernwand bricht und sich durch Reflexion fortsetzt (Multimode-Faser) oder als hochenergetisches Signal gerade durch den Lichtwellenleiter (LWL) gesandt wird (Singlemode-Faser). Der häufigste LWL ist dabei die Glasfaser, weshalb diese Begriffe auch oft synonym eingesetzt werden. Das ist aber nicht ganz richtig, zumal, wie Sie gesehen haben, mit POF auch eine kunststoffbasierte Anwendung vorhanden ist.

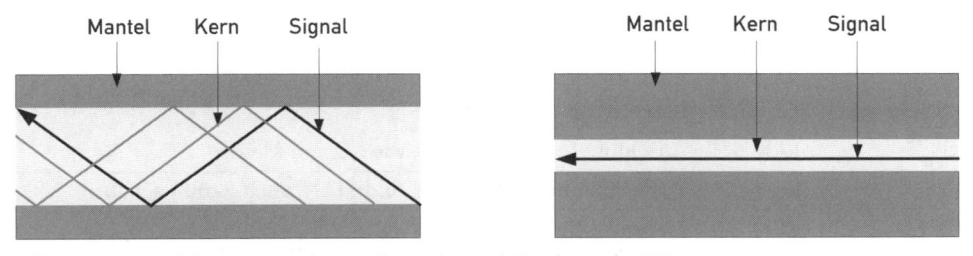

**Abb. 3.30:** Signalübertragung bei Multimode- und Singlemode-LWL

## Kategorien von Lichtwellenleiterkabeln

Es gibt, wie schon oben erwähnt, zwei verschiedene LWL-Typen:

- Singlemode, auch Monomode genannt
- Multimode

Während Singlemode-Fasern mit Laserdioden zur Lichteinspeisung arbeiten, verwenden die Multimode-Fasern LED.

Bei der Singlemode-Ausführung wird eine einzelne Lichtwellenleitung für die Signalführung genutzt. Obwohl dadurch die Bandbreite pro Faser geringer ist als bei gebündelter Übertragung, wird diese Technik eingesetzt, um durch diese Übertragungsart wesentlich größere Strecken zurücklegen zu können, da das Signal nicht durch andere Signale überlagert werden kann.

Singlemode-Fasern haben einen deutlich kleineren Kern als Multimode-Fasern: Die Standard-Singlemode-Faser (SSMF, z.B. Corning SMF-28) hat einen Kerndurchmesser von gerade mal 8 μm, der äußere Durchmesser beträgt jedoch auch hier 125 μm. Die eigentliche Übertragung der Information erfolgt im Kern der Faser.

Bei der Multimode-Ausführung dagegen werden mehrere Fasern gebündelt. Aufgrund mehrerer möglicher Lichtwege kommt es aber eher zu Signalbeeinflussungen, daher sind Multimode-Fasern zur Nachrichtenübertragung über große Distanzen bei hoher Bandbreite nicht geeignet. Wegen ihrer Beschaffenheit sind sie allerdings deutlich günstiger als die Singlemode-Fasern.

Die maximale Übertragungsreichweite bei Multimode beträgt bei einem Kerndurchmesser von 50 μm ca. 500 m und bei 62,5 μm ca. 250 m, dies bei einer Übertragungsrate von 1 Gbps. Im Gegensatz dazu können Singlemode-Übertragungen über mehrere Kilometer weit gehen, bei 1 Gbps bis zu 50 km. Um Daten über große Distanzen zu übertragen, benötigen beide Versionen optische Verstärker, sodass das Signal für die weitere Vermittlung wieder aufbereitet werden kann.

## Die Stecker für Glasfaserverbindungen

Es gibt zahlreiche unterschiedliche Stecker für Glasfaserverbindungen, im Folgenden sind die wichtigsten aktuellen Typen aufgeführt.

| Steckertyp | Einsatz | Beschreibung |
|---|---|---|
| LC | LAN | Anschluss für Mini-GBICs, wie SC, nur kleiner |
| LSH | MAN | Push-Pull-Stecker für WAN und MAN, auch E2000 genannt |
| MPO | RZ | Mehrphasenstecker |

**Tabelle 3.9:** LWL-Steckerverbindungen

## 3.6 Die wichtigsten Übertragungsmedien

| Steckertyp | Einsatz | Beschreibung |
|---|---|---|
| MTRJ | LAN | Duplexstecker, vertauschsicher |
| SC | LAN | Mono- und Multimode, Push-Pull-Schnappverschluss |
| ST | LAN | Mono- und Multimode, einfacher Bajonettanschluss |

**Tabelle 3.9:** LWL-Steckerverbindungen (Forts.)

SC und ST sind dabei die aktuell am weitesten verbreiteten Steckertypen. Da pro Signalrichtung eine Lichtwellenleitung benötigt wird, gibt es diese Stecker als Single- oder als Duplexstecker. Dabei sind die Duplexstecker vertauschungssicher ausgelegt, damit nicht die falsche Leitung angesteckt wird.

**Abb. 3.31:** LWL-Anschlussstecker: ST (Bajonett), SC Simplex und SC Duplex, LSH (E2000), MTRJ

Der kritische Bestandteil in der Verbindung nennt sich Ferrule (zu Deutsch: Führungsröhrchen). Diese Ferrulen sind die kritischsten Teile eines Fiberoptikanschlusses. Sie bilden die Brücke zwischen dem Kabel selbst und der Fiberoptikschnittstelle im Gerät und sorgen für eine geringe Einfügedämpfung, also möglichst wenig Signalverlust. Bei Fiberoptikkabeln ist aufgrund der minimalen Toleranzen für die Lichtwellenübertragung sehr präzises Arbeiten gefordert, weshalb die Standards hierzu sehr genau eingehalten werden müssen. Die Ferrule hält die Faser an Ort und Stelle und richtet sie zu ihrem Gegenstück aus – die Ferrule ist damit auch der teuerste Bestandteil der Fertigung. Die Ferrulen sind aus Keramik oder Metall gefertigt und mit einer fest eingeklebten Faser versehen, die entsprechend poliert ist. Die Fertigung wurde zur weiteren Reduktion der Dämpfung zu den PC-Steckern weiterentwickelt, was an dieser Stelle für Physical Contact steht. Dabei wird nicht mehr der ganze Stecker in Berührung mit der Leitung gebracht, sondern durch eine Abrundung der Endfläche nur noch die Faserkerne. Dadurch reduziert sich die Belastung auf die Faser bzw. die Beeinträchtigung durch Druck auf den Stecker gegenüber älteren Ferrulen. Bei diesen wurden die Kontakte im rechten Winkel auf den ganzen Stecker geführt.

Die Entwicklung kennt aktuell vier solche Steckertypen, die einen immer geringeren Dämpfungseinfluss und einen immer höheren Polierungsgrad haben:

- PPhysical Contact
- SPSuper Physical Contact
- UPUltra Physical Contact

- APAngled Physical Contact, mit zusätzlicher Kippung, um noch weniger Störungen zu erzielen, v.a. für Mono-Mode-Übertragungen auf lange Distanzen eingesetzt

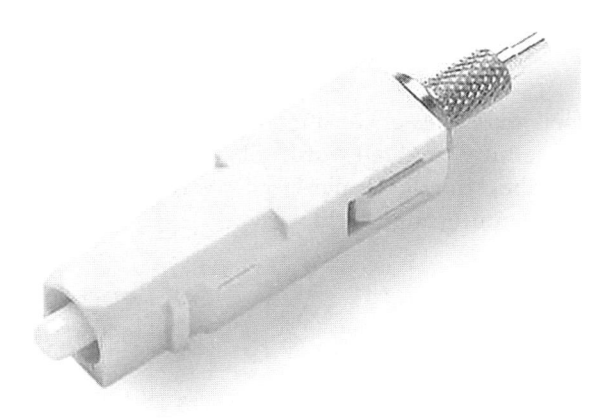

**Abb. 3.32:** LWL-Anschlussstecker mit deutlich sichtbarer Ferrule

Als Alternative zu diesen teuren Verbindungssteckern hat 3M einen Stecker namens VF-45 entwickelt. Dieser Duplexstecker kommt ohne Ferrule aus, da hierfür eine Spritzgusstechnik eingesetzt wird. VF-45 ist vor allem für den LAN-Bereich konzipiert und wird daher von Endbenutzern häufig verwendet. Eingesetzt werden Multimode-Fasern.

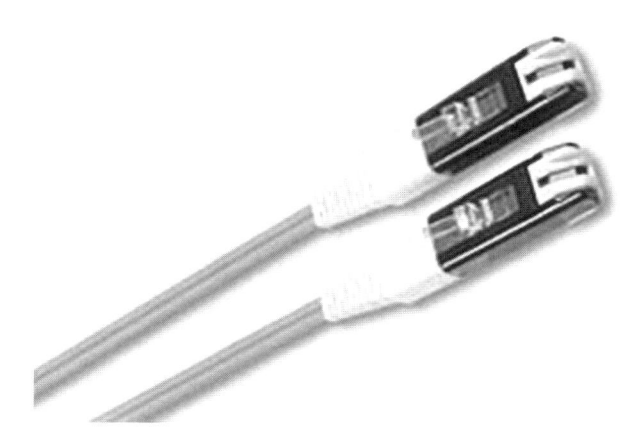

**Abb. 3.33:** VF-45-Anschlussstecker

## Installation

Die Installation von LWL ist heikel, da die Glasfaser auf keinen Fall brechen darf, sonst kann das Signal nicht mehr korrekt weitergeleitet werden. Da auch LWL verlängert oder repariert werden muss, gibt es die Technik des Verspleißens. Damit ist das Kleben von Glas gemeint. Dazu werden die Enden der Kabel genau (die Rede ist hier von μm, nicht mm!) zueinander ausgerichtet und durch Aufschmelzen der Faserenden ohne zusätzlichen Kleber direkt aneinandergeschoben. Anschließend wird die Nahtstelle mit einem Spleißschutz geschützt.

Dieses Verfahren ist aber sehr aufwendig und verlangt neben entsprechender Fachkenntnis eine mehrere Tausend Euro teure Spleißanlage!

Glasfasernetze bilden heute die Grundlage fast aller Weitverkehrsnetze. Auch das Internet basiert zu großen Teilen auf dieser Verkabelung.

## Vor- und Nachteile beim Einsatz von Glasfaserkabeln

Die Vorteile der Glasfasertechnik sind:

- Hohe Übertragungsraten (Gigabit- bis Terabit-Bereich, selbst in alten Installationen), die sich zukünftig weiter steigern lassen
- Große Reichweiten durch geringe Dämpfung (bis mehrere Hundert Kilometer)
- Kein Nebensprechen
- Keine Beeinflussung durch äußere elektrische oder elektromagnetische Störfelder
- Keine Erdung notwendig
- Wesentlich leichter und weniger Platzbedarf als Kupferkabel
- Hohe Abhörsicherheit

Nachteile gibt es aber auch bei dieser Technologie:

- Hoher Konfektionierungsaufwand (Installation durch Spezialfirmen)
- Relativ empfindlich gegenüber mechanischer Belastung
- Schwachstelle ist die Steckertechnik (Verschmutzung, Justage)
- Teure Gerätetechnik
- Aufwendige und komplexe Messtechnik
- Nicht einfach zu verlegen, extrem starke Krümmungen von Faser oder Kabel sind zu vermeiden
- Hohe Reparaturkosten bei Schäden wie z.B. Faserbruch

Trotz aller Unterschiede der bisher beschriebenen Kabeltypen lassen sich Übertragungsnetze unterschiedlicher Bauart übrigens trotzdem miteinander verbinden.

Dies geschieht über sogenannte Medienkonverter. Mehr dazu erfahren Sie in Abschnitt 3.7.3 »Medienkonverter«.

## 3.7 Netzwerkkarten

Eine Netzwerkkarte (häufig abgekürzt als NIC, Network Interface Card) ist eine Erweiterung des Endgeräts mit Netzwerkfunktionalität, entweder durch den Einbau einer Steckkarte oder direkt als Chipsatz auf dem Mainboard. Die Netzadapterkarte bildet die physikalische Schnittstelle zwischen dem Rechner und dem Netzwerk. Sie ist daher mit den entsprechenden Anschlussbuchsen für das physikalische Medium versehen. Je nachdem, ob Sie also ein Koaxial-, ein Twisted-Pair- oder ein LWL-Netzwerk einsetzen, müssen Sie auch die passende Netzwerkkarte einsetzen bzw. bei einer Migration des Netzwerks austauschen!

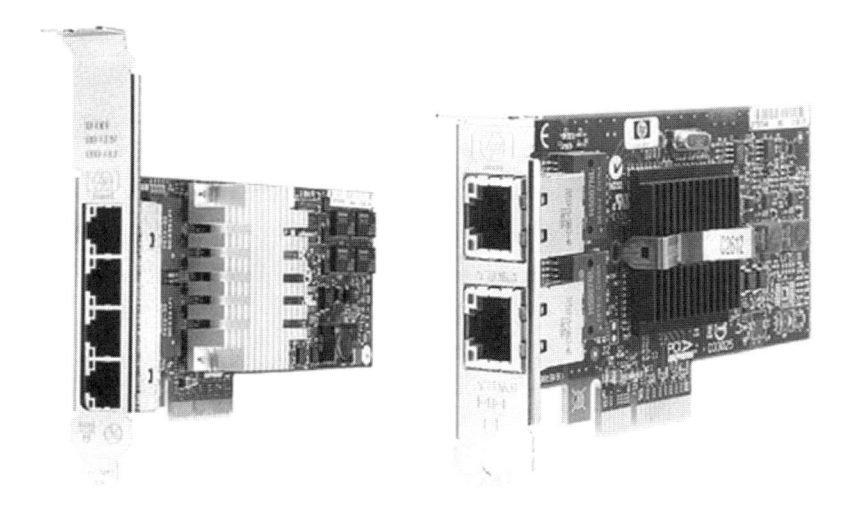

**Abb. 3.34:** Quad-Port- und Dual-Port-Gigabit-Serveradapter

Die Adapterkarte selbst deckt die Funktionalität des Physical und des Data Link Layers ab und verfügt dazu über einen eigenen Kommunikationscontroller und je nach Version auch über einen eigenen Transceiver und eine eigene CPU.

Weil ja jede Kommunikation – auch die elektronische – über Adressen funktioniert, damit man Absender und Adressat kennt, hat jede Netzwerkkarte ab Werk eine fest eingestellte Adresse. Diese Adresse nennt sich bei IP-basierten Netzwerken Media Access Control, kurz MAC-Adresse, da sie den Zugriff auf ein Endgerät definiert. Aufgrund einer Vereinbarung der Hersteller ist diese Adresse garantiert einzigartig bei der Erzeugung und damit geeignet, einen PC mit dieser NIC eindeutig zu identifizieren.

Die MAC-Adresse wird üblicherweise in HEX dargestellt und umfasst 48 Bit, wobei die ersten 24 Bit den Hersteller der Karte identifizieren und die zweiten 24 Bit die Adresse der eigentlichen Karte.

Folgendes Beispiel zeigt eine MAC-Adresse einer Intel-Netzwerkkarte:

`00-07-E9-1A-00-A0` oder `00:07:E9:1A:00:A0`

Dabei ist die vordere Hälfte die Identifizierung des Herstellers, in diesem Fall Intel, der hintere Teil die Kartenadresse. Auf der Webseite der für die Vergabe der öffentlichen Teile der MAC-Adressen zuständigen IEEE (`www.standards.ieee.org`) können Sie den Hersteller anhand dieser ersten drei Bytes ermitteln. Mithilfe verschiedener Tools eines Betriebssystems lassen sich solche Adressen sowohl auslesen als auch verändern. Mit der Einführung von IPv6 wird die MAC-Adresse zudem für die automatische Berechnung einer IP-Adresse miteinbezogen.

Die ersten sechs Hex-Zahlen werden wie erwähnt durch die IEEE verwaltet und den Herstellern von Netzwerkschnittstellen zugeteilt. Dieser Teil der MAC-Adresse wird Organizationally Unique Identifier genannt, kurz OUI. Sie stellt daher eine fest zugeteilte Nummer dar:

00-19-99 = Fujitsu Technology Solutions

Die zweiten sechs Zahlen kann jeder Hersteller danach frei vergeben. Durch die Kombination von OUI und freier Vergabe durch die Hersteller sollte jede MAC-Adresse weltweit eindeutig sein. Das ist aber für die meisten Netzwerke nicht notwendig, die MAC-Adresse muss lediglich innerhalb einer Broadcast-Domäne eindeutig sein.

Daneben gibt es spezielle Adressen, sogenannte funktionelle MAC-Adressen, die nicht an ein einzelnes System vergeben werden, sondern für spezifische Funktionen eingesetzt werden. Bekannt und nützlich davon ist die Broadcast-Adresse, also »Senden an alle«: FF-FF-FF-FF-FF-FF.

Neben der physikalischen Adaption in der Bitübertragungsschicht bearbeiten die meisten Netzwerkadapter zusätzliche Kommunikationsfunktionen, beispielsweise im Rahmen der Übertragungssicherung, der Flusskontrolle, der Datenkompression und der vermittlungstechnischen Verbindungssteuerung. Die Netzwerkkarte übernimmt also die Verpackung und Übermittlung der Signale zum nächsten Gerät und kümmert sich darum, dass diese Übertragung korrekt erfolgt.

### 3.7.1 Wake on LAN

Server werden in der Regel nicht lokal, sondern remote verwaltet, d.h., man greift von fern auf sie zu, um sie zu überwachen und eventuell auch neu zu starten oder zu installieren.

Einen Beitrag dazu leisten auch die Netzwerkkarten. Netzwerkkarten können eine Funktion enthalten, die sich Wake on LAN nennt, d.h., auch wenn der Server ausgeschaltet ist, kann man über das Netzwerk durch ein Signal auf diese Netzwerkkarte den Server starten.

Diese Funktion wurde Mitte der 1990er-Jahre entwickelt und ist heute in fast allen Netzwerkkarten implementiert, sicher auf allen Servernetzkarten. Damit WOL (Wake on LAN) auch wirklich funktioniert, muss die Funktion aber auch vom BIOS unterstützt werden. Es nützt also nichts, eine WOL-fähige Netzwerkkarte in einen Server einzubauen, der diese Funktionalität nicht unterstützt!

Das wichtigste Element an WOL ist der Umstand, dass die Netzwerkkarte auch im Zustand des abgeschalteten Servers weiter mit Strom versorgt wird. Dies ist erkennbar an der leuchtenden Activity-LED der Netzwerkkarte.

Bei gesteckten Netzwerkkarten muss zu diesem Zweck das Wake-on-LAN-Kabel von der Netzwerkkarte mit dem Mainboard verbunden werden, bei Onboard-Karten wird die Verwaltung direkt vom BIOS allein übernommen.

**Abb. 3.35:** WOL-fähige Netzwerkkarte

Die Netzwerkkarte wartet in diesem eingeschalteten Zustand auf ein Datenpaket, Magic Packet genannt, das an den Rechner gesandt wird, um ihn zu starten. Dies kann ein direkt adressiertes Packet oder auch ein Broadcast sein.

In der konkreten Umsetzung der WOL-Technologie gibt es herstellerspezifisch unterschiedliche Ansätze, etwa das signalorientierte Link-Change-Verfahren, welches das Einschalten durch Herstellen einer Verbindung erzeugt, sei es durch Einstecken oder Aktivieren der Netzwerkverbindung oder verschiedene Verfahren, die auf bestimmte Datenpakete reagieren, um aufzuwachen.

### 3.7.2 Adapter Teaming

Für Server gibt es verschiedene Formen der Adapter-Zusammenarbeit, um die Leistung von Netzwerkverbindungen zu optimieren. Die Möglichkeiten werden dabei durch die Software des Netzwerkkartenherstellers bestimmt.

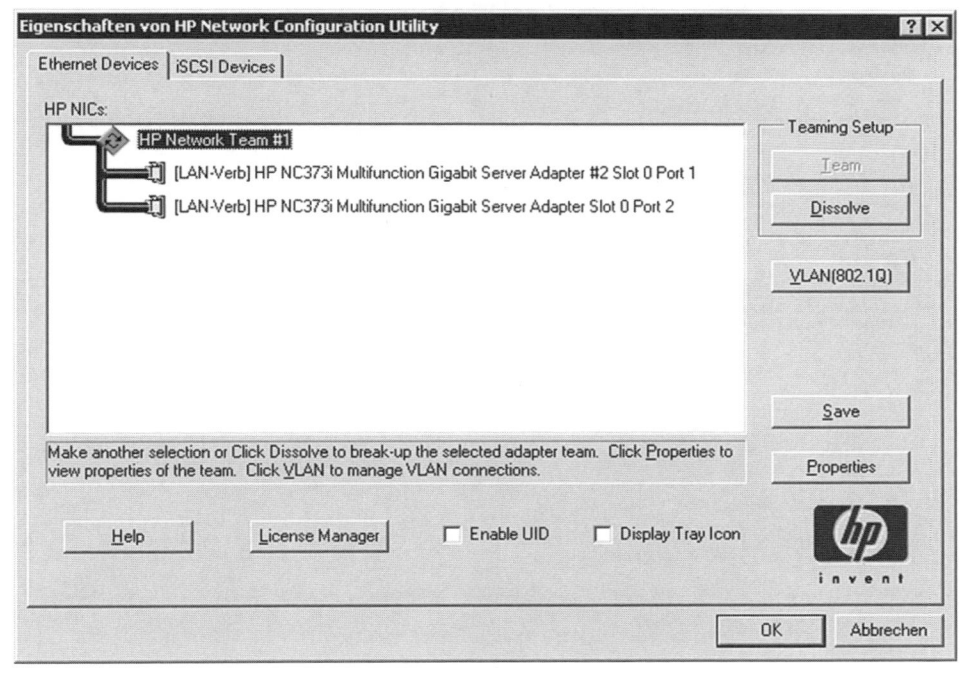

**Abb. 3.36:** HP-Adapterteam mit zwei Netzwerkkarten

Typische Formen der Zusammenarbeit von zwei oder mehr Adaptern sind:

Lastenausgleich (Load Balancing): Dieser kann statisch oder dynamisch definiert werden. Je nachdem kann der Lastenausgleich unterschiedlich definiert werden, beispielsweise auf Basis von IP-Adressen oder TCP-Paketen.

Fehlertoleranz (Fault Tolerance): Auch hier gibt es mehrere Möglichkeiten. Die Fehlertoleranz kann statisch eingerichtet werden. Dann arbeitet ein Adapter als primäre Verbindung und einer als sekundäre, die nur zum Einsatz kommt, wenn die primäre Verbindung ausfällt. Oder die Fehlertoleranz wird dynamisch eingerichtet, dann verwalten sich die Adapter selber und vertreten sich im Fehlerfall.

In der Praxis treffen Sie auch auf eine Kombination dieser beiden grundsätzlichen Verfahren. Dies bedeutet, im Normalfall arbeiten die Adapter im Team alle im Modus Lastenausgleich und können im Bedarfsfall automatisch auf fehlertolerantes Verhalten umschalten, wenn eine Verbindung ausfällt. Die konkreten Möglichkeiten hängen auf jeden Fall von den Konfigurationsmöglichkeiten ab, die Ihnen die Netzwerkkartensoftware bietet.

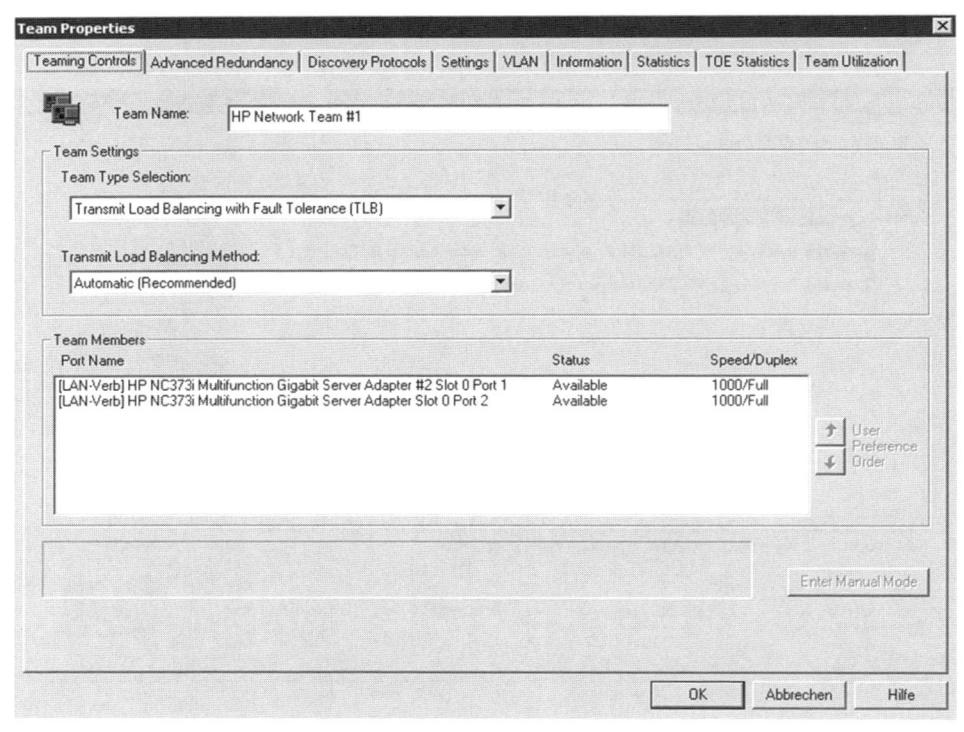

**Abb. 3.37:** HP-Adapter-Team-Konfigurationssoftware

### 3.7.3 Medienkonverter

Als Medienkonverter werden Netzwerkkomponenten bezeichnet, welche unterschiedliche Netzwerksegmente verschiedener Medien miteinander verbinden können. Sie arbeiten entweder auf OSI-Layer 1 oder auf OSI-Layer 2. Dabei verhalten sich Medienkonverter im Netzwerk transparent, d.h., sie beeinflussen den Signallauf nicht durch eigene Einflüsse.

Es gibt Medienkonverter von Single-Mode-Glasfaser zu Fast Ethernet oder von Multi-Mode-Glasfaser zu Fast Ethernet genauso, wie es noch entsprechende Komponenten von Koaxialkupfernetzen zu Glasfasernetzen gibt. Aber auch um von Single-Mode-Leitungen auf Multi Mode umzuschalten, setzen Sie Medienkonverter ein.

**Abb. 3.38:** Medienkonverter von Fast Ethernet auf Multi Mode

Medienkonverter können zudem erweiterte Funktionen wahrnehmen, etwa eine Loopback-Erkennung, Pause (Einstellen des Sendens bei vorübergehender Überlastung) oder auch PoE (Power over Ethernet, Stromversorgung via Ethernet-Kabel).

Mit der Funktion Link Pass Through wird der Status eines LWL-Receivers an den anderen LWL-Transmitter übergeben. Falls eine Verbindung getrennt wird, erkennt der Medienkonverter dies und unterbricht danach die Verbindung.

Die Far-End-Fault-Erkennung erlaubt es bei Glasfaserleitungen, dass ein Problem mit einer der Fasern durch Senden eines Fehlermusters sofort erkannt wird. Schnittstellen bzw. Medienkonverter, die Far End Fault unterstützen, überprüfen damit die Leitungen permanent auf ein gültiges Signal und können im Fehlerfall gemäß Konfiguration automatisch reagieren (z.B. Verbindungen aufgeben oder das Signal auf andere Verbindungen umleiten).

Es gibt auch Switches, die ein Konvertermodul beinhalten können, typischerweise um ein lokales 100Base-TX- oder 1000Base-TX-Netzwerk mit Glasfasermodulen (GBIC) zu erweitern, um so die Verbindung zwischen zwei lokalen Segmenten über Glasfaser zu bewerkstelligen.

**Abb. 3.39:** SFP+-Modul für einen HP-ProCurve-Switch

Durch Erweiterung mit GBICs oder SFP-Modulen (Small Form-factor Pluggable) können Switches mit entsprechenden Medienkonvertermodulen ausgestattet werden.

SFP unterstützt unter anderem 100/1000-Mbit/s-Ethernet, Fibre Channel und SONET, und das bei Geschwindigkeiten von bis zu 4,25 Gbps. Die Spezifikation für SFP basiert auf IEEE 802.3 und dem Standard SFF 8472.

SFP+ ist eine Weiterentwicklung auf Geschwindigkeiten bis 10 Gbps, dabei gilt die Abwärtskompatibilität der Anschlüsse. Ein Switch mit SFP+ kann also ein SFP-Modul aufnehmen (mit reduzierter Geschwindigkeit bis 1 Gbps), aber ein Switch mit SFP wird nicht über ein SFP+-Modul kommunizieren können.

Die weitere Entwicklung läuft unter den Begriffen QSFP und QSFP+, wobei das Q für »Quad« steht. QSFP unterstützt Ethernet-, Fibre-Channel-, InfiniBand- und SONET/SDH-Standards bis 40 Gbps. QSFP-Module sind in verschiedenen Versionen erhältlich: 4x 1 Bit/s QSFP, 4x 10 Gbit/s QSFP+, 4x 28 Gbit/s QSFP28. Als QSFP+ kann QSFP28 4x 25 Gbit/s, 2x 50 Gbit/s oder 1x 100 Gbit/s anbieten.

Aufgrund der Vielzahl an Standards achten Sie beim Kauf eines Geräts mit »SFP«-Ports, z.B. einem Switch, genau auf die angebotenen Spezifikationen, hier z.B. die von einem HP-Switch im Jahr 2022: »24x 100M/1000M/2.5G/5G/10GBase-T, 4x 1G/10G SFP+ | 4x 10G/25G SFP28«.

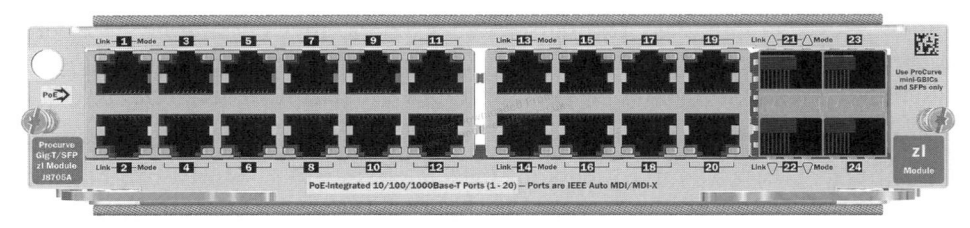

**Abb. 3.40:** HP-Switch mit der Möglichkeit, vier SFP-Module einzusetzen

## 3.8 Virtuelle Netzwerkkomponenten

Was Sie von PCs und Servern schon länger kennen, hält auch in der Netzwerktechnik selbst Einzug: die Virtualisierung von Komponenten und ganzen Netzwerken, genannt Software Defined Networking, kurz SDN. Dabei werden die physischen Elemente (Platinen) von den Kontrollelementen (Firmware, Steuerung, Managing Services) funktional getrennt, sodass es möglich wird, über eine virtuelle Schnittstelle mehrere physische Elemente zu verwalten.

Virtuelle Maschinen und Server können untereinander über virtuelle Switches (vSwitch) verbunden werden, virtuelle Firewalls schützen sie vor Bedrohungen außen – doch was heißt das jetzt im Konkreten?

Fangen wir bei den Maschinen an: Ein bislang aus Hardware bestehender PC oder Server (d.h. sein Arbeitsspeicher, sein Plattenspeicher, sein Prozessor, seine Netzwerkkarte etc.) wird durch die Abbildung der Hardware in Programmcode virtualisiert. Aus einer CPU wird dadurch eine virtuelle CPU, aus einer Netzwerkkarte eine virtuelle Netzwerkkarte. Durch den Einsatz von Software wie VMWare, Hyper-V, Parallels oder Xen wird es möglich, auf einer einzelnen Hardware mehrere unterschiedliche virtualisierte Rechner zu implementieren.

Damit diese Virtualisierung klappt, benötigen Sie spezialisierte Software, welche Ihnen die Virtualisierungsfunktion zur Verfügung stellt. Sie können nicht einfach eine virtuelle CPU einkaufen, sondern die virtualisierte CPU ist eine Funktion, die Ihnen die Virtualisierungssoftware zur Verfügung stellt.

Gleiches gilt auch für die Netzwerkkomponenten. Die zentralen Elemente der Virtualisierung sind hierbei die Netzwerkkarten und die Switches, welche durch die Software zur Verfügung gestellt werden. Dabei handelt es sich in der Regel um die Enterprise- oder Network-Versionen der Software. D.h., weder mit VMWare Player noch mit Virtual PC können Sie diese Komponenten virtuell erstellen, sondern erst mit den entsprechenden Lizenzversionen wie etwa vCenter Server von VMWare oder Hyper-V-Software von Microsoft.

Eine virtuelle Netzwerkkarte übernimmt dabei die gleichen Funktionen wie ihr physisches Gegenstück, sie verbindet den virtuellen Rechner mit der »Netzwelt«. Dazu werden je nach eingesetzter Software unterschiedliche bekannte Netzwerktreiber emuliert, damit das installierte Betriebssystem der virtuellen Maschine die Karte erkennt und installieren kann.

Auch virtuelle Switches funktionieren weitgehend wie deren physische Kollegen. Sie verfügen über Weiterleitungstabellen mit MAC-Adressen, können die Pakete nach unterschiedlichen Richtlinien durch- oder weiterleiten und verfügen über unterschiedlich viele (virtuelle) Ports. Darüber hinaus unterstützen sie aber auch VLAN-Segmentierung und sind besser gegen Angriffe geschützt, da sie zwar mit physischen Switches verbunden werden können, nicht aber direkt untereinander. Virtuelle Switches stellen alle erforderlichen Ports in einem Switch bereit. Bislang handelt es sich bei virtuellen Switches dabei immer um Layer-2-Switches.

Sie müssen virtuelle Switches nicht hintereinanderschalten und somit auch keine fehlerhaften Verbindungen zwischen virtuellen Switches suchen oder beheben. Und da virtuelle Switches physische Ethernet-Adapter nicht gemeinsam nutzen (können), ist ein direkter Datenaustausch zwischen diesen Switches nicht möglich. Aber auch komplexe Hardware-Infrastrukturen können heute im Netzwerkbereich virtualisiert werden. SD-WAN für die virtuelle Anbindung eines software-defined Wide Area Networks wäre ein solcher Ansatz.

SD-WAN-Ansätze sind dafür ausgelegt, die typischen Probleme von WAN-Verbindungen anzugehen. Dazu gehören Überlastungen, schwankende Kapazitäten, hohe Latenz oder die Problematik der Erweiterung bestehender Installationen.

Hierfür werden die Router an den Übertrittspunkten durch virtualisierte Umgebungen ersetzt, die wiederum über das verfügbare öffentliche Netzwerk die Anforderungen steuern und so wie eine dedizierte Leitung funktionieren. Die Logik der Datenpfade sitzt somit nicht mehr in den Switches und Routern, sondern wird zentral organisiert und verwaltet.

Das MEF-Forum hat dazu eine SD-WAN-Architektur definiert. Das Forum selber wurde 2001 gegründet und ist ein internationales Industrie-Konsortium aus Herstellern und Dienstleistern im WAN- und Carrierbereich.

Die SD-WAN-Architektur des MEF besteht aus:

- SD-WAN Edge: Physische oder virtuelle Netzwerkfunktion (Definition in MEF Std 70)
- SD-WAN Controller: Physische oder virtuelle Verwaltung aller verbundenen SD-WAN Edge-Einheiten, er hält alle Verbindung zu diesen aufrecht und arbeitet dem Orchestrator zu
- SD-WAN Orchestrator: Zentralisiertes Richtlinien-Management für die Weiterleitungsentscheidungen von Datenflüssen und Anwendungen, zentrale Konfiguration und Realtime-Überwachung

Typische Vorteile einer SD-WAN-Architektur sind:

- Ausfallsicherheit durch redundante Wege
- Integration von QoS von Layer 2 aufwärts über die Pfadentscheidungen bis zur Anwendung
- Sicherheit durch den Einsatz von IPSec
- Integration dank Bereitstellung in vorkonfigurierten Umgebungen wie AWS (Amazon Web Services), Google oder Microsoft Azure.
- Softwarebasierte zentrale Administration der Komponenten bzw. SD-WAN-Anwendungen
- Online-Verkehrsüberwachung durch die zentrale Verwaltung von verfügbaren und benötigten bzw. benutzten Bandbreiten und bei Bedarf Einschränkung der verwendeten Kapazitäten

So gibt es etwa virtuelle Router, virtuelle Firewalls oder auch virtuelle Telefonanlagen (Virtual PBX). Dabei werden die normalerweise von einer Telefonzentrale (PBX) ausgeführten Telefoniefunktionalitäten durch eine von VoIP-Servern geführte virtuelle Zentrale abgewickelt, die entweder beim Kunden selbst steht oder als Service über das Internet zur Verfügung gestellt wird (Network as a Service).

## 3.9 BIOS in ROM?

Im BIOS (Basic Input Output System) werden die Informationen abgelegt, welche die Systemkomponenten steuern und die teilweise über das BIOS-Programm auch vom Benutzer beeinflussbar sind.

Damit diese Informationen beim Systemstart zur Verfügung stehen und auch bei ausgeschaltetem System nicht verloren gehen, sind sie auf einem ROM-Chip (Read Only Memory) gespeichert und liegen nicht als flüchtige elektrische Ladung vor, sondern als fester Verdrahtungszustand.

In der Praxis werden aber nicht reine ROMs verwendet, sondern PROMs (Programmable Read Only Memory) oder noch genauer EPROMs (Eraseable PROM) und deren Nachfolger EEPROMs (Electrically Eraseable PROM).

Die Daten werden bei den EEPROMs elektrisch geschrieben und bleiben dauerhaft auf dem Chip. Zum Umprogrammieren der EEPROMs wird dem Chip ein wesentlich stärkerer Stromimpuls als im Normalbetrieb zugeführt. EEPROMs sind wieder löschbar und bis zu 1 Mio. Mal beschreibbar.

Aktuelle Systeme sind mit Flash-EEPROM ausgerüstet. Diese Technik hat zwar den Nachteil, dass nur ganze Blöcke gelöscht werden können (und nicht einzelne Bytes wie beim klassischen EEPROM), dafür ist das Beschreiben aber viel schneller. Daher finden sich in heutigen Systemen fast durchgängig Flash-BIOS-Chips. Zudem konnte damit die frühere Teilung von BIOS in einem ROM-Baustein (nicht änderbar) und Daten im batteriegestützten CMOS (änderbar) aufgehoben werden. Somit können Sie heute also nicht nur die Daten durch das BIOS-Programm konfigurieren, sondern auch das BIOS selber aktualisieren.

Nach dem Einschalten des Systems werden die Informationen im BIOS abgearbeitet und der Systemtest durchgeführt. Nach erfolgreicher Abarbeitung des BIOS ertönt ein Signalton und informiert, dass die Hardware korrekt identifiziert werden konnte. Zugleich wird das BIOS in das RAM kopiert (Shadow-RAM), damit schneller auf diese Informationen zugegriffen werden kann. Erst jetzt wird das Betriebssystem aus dem zum Booten bestimmten Laufwerk geladen.

### 3.9.1 Wofür ist das BIOS zuständig?

Die Steuerfunktionen umfassen eine Menge wichtiger Parameter. Dazu gehören:

- Aktivierung oder Stilllegung von Komponenten, die auf der Hauptplatine integriert sind (z.B. Grafikchip, Soundchip, IDE-Controller)
- Timing und Einstellungen für die Bussysteme (PCI-Express, PCI)
- Timing und Einstellungen für den Arbeitsspeicher (RAM)
- Timing und Einstellungen für den Storage-Controller
- Erfassung der Laufwerksdaten von Festplatte(n) und Diskettenlaufwerk(en)

Nach dem Einschalten des Systems erfolgt die Abarbeitung der BIOS-Routine (POST), welche die Hardware detailliert kontrolliert. Erst nach der kompletten Abarbeitung erfolgt die Übergabe an das Betriebssystem, und erst dann können Sie als Administrator mit dem Server arbeiten.

Das BIOS ist an das Chipset auf dem Mainboard gekoppelt und oft auch nach ihm benannt. Zugleich werden BIOS-Daten von den Serverherstellern aktiv unterhalten und aktualisiert, gerade in Hinblick auf neue Komponenten. Es kann sich also lohnen, die Version des BIOS regelmäßig nachzuprüfen.

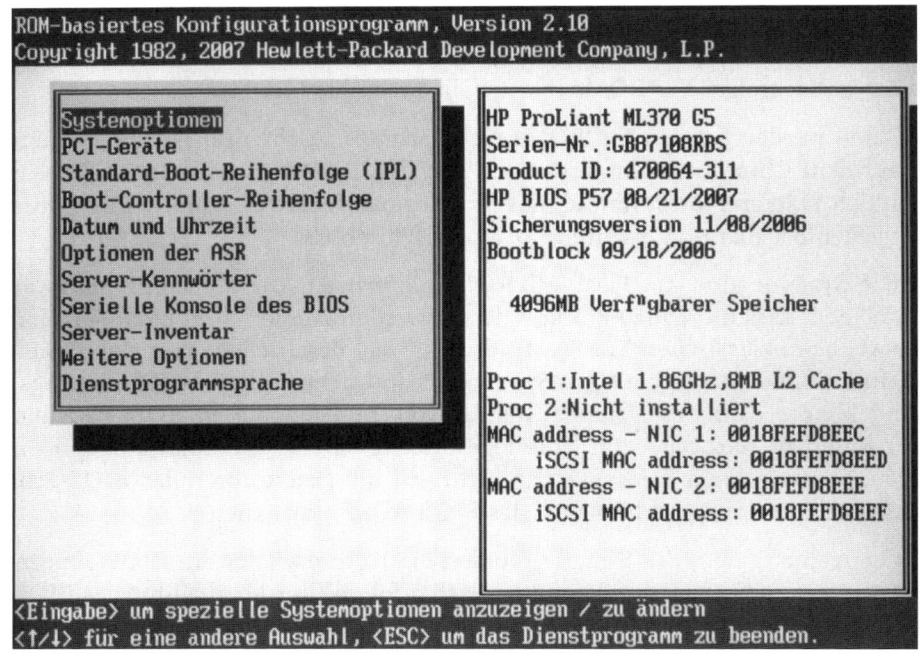

```
ROM-basiertes Konfigurationsprogramm, Version 2.10
Copyright 1982, 2007 Hewlett-Packard Development Company, L.P.

  Systemoptionen              HP ProLiant ML370 G5
  PCI-Geräte                  Serien-Nr.:GB87108RBS
  Standard-Boot-Reihenfolge (IPL)  Product ID: 470064-311
  Boot-Controller-Reihenfolge      HP BIOS P57 08/21/2007
  Datum und Uhrzeit                Sicherungsversion 11/08/2006
  Optionen der ASR                 Bootblock 09/18/2006
  Server-Kennwörter
  Serielle Konsole des BIOS         4096MB Verfügbarer Speicher
  Server-Inventar
  Weitere Optionen                 Proc 1:Intel 1.86GHz,8MB L2 Cache
  Dienstprogrammsprache            Proc 2:Nicht installiert
                                   MAC address - NIC 1: 0018FEFD8EEC
                                         iSCSI MAC address: 0018FEFD8EED
                                   MAC address - NIC 2: 0018FEFD8EEE
                                         iSCSI MAC address: 0018FEFD8EEF

<Eingabe> um spezielle Systemoptionen anzuzeigen / zu ändern
<↑/↓> für eine andere Auswahl, <ESC> um das Dienstprogramm zu beenden.
```

**Abb. 3.41:** HP ProLiant-BIOS

### 3.9.2 Der POST im Detail

Der Ablauf des Systemstarts ist bei jedem System ähnlich. Die unten stehenden Fehlermeldungen sind an IBM orientiert. IBM hatte mit seinen POST-Fehlermeldungen schon vor vielen Jahren eine Vorreiterrolle übernommen. Dieses POST-System wurde immer mehr auch von anderen Herstellern übernommen.

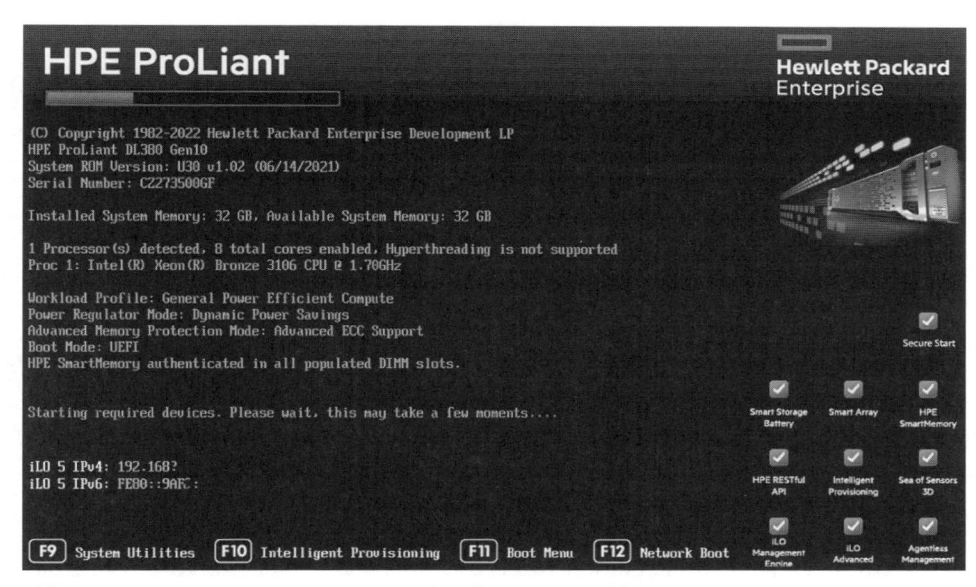

**Abb. 3.42:** Der Server startet mit entsprechenden POST-Meldungen.

Der Ablauf des POST-Prozesses ist bei den meisten BIOS-Herstellern ähnlich gelöst, die möglichen Fehlermeldungen sind jedoch verschieden.

| Vorgang/Ablauf | Mögliche Fehlererkennung |
| --- | --- |
| Hardware-Test durch Master Boot Reset eingeleitet | |
| ROM-BIOS | |
| Prozessorregister | Bricht ab |
| ROM-Speicher prüfen | Bricht ab |
| DMA-Controller | Bricht ab |
| Interrupt Controller | Langer Piepston |
| Timer-Baustein | Langer und kurzer Piepston |
| Basic ROM | Langer und kurzer Piepston |
| Videoadapter | Ein langer und zwei kurze Piepstöne |
| Erweiterungsadapter | Code |
| Bildschirmadapter | Zwei lange und ein kurzer Piepston |
| Cursor erscheint | |
| RAM | Testabbruch, eventuell mit Fehlercode |
| Tastatur | Code 3xx |

**Tabelle 3.10:** Der POST im allgemeinen Verlauf während des Systemstarts

| Vorgang/Ablauf | Mögliche Fehlererkennung |
| --- | --- |
| Diskettenlaufwerk | Code 6xx |
| Schnittstellen laden (RAID) | |
| Boot ROM-BIOS | |
| OS-Loader (z.B. Bootmgr) | |
| OS-Bootvorgang | (Betriebssystem nicht gefunden – Meldung) |

**Tabelle 3.10:** Der POST im allgemeinen Verlauf während des Systemstarts (Forts.)

### 3.9.3 EFI und UEFI

Das BIOS-System stammt aus den Urzeiten der PC-Entwicklung und ist mittlerweile weit über 40 Jahre alt. Das bringt neben viel Erfahrung auch gewisse Restriktionen mit sich, da sich die PC-Entwicklung rund um das BIOS stark verändert hat, das BIOS aber nicht mehr alle Entwicklungen mitmachen kann. So können etwa keine Festplatten über 2 TB (MBR-Problematik) angesprochen werden, und das BIOS umfasste lediglich einen 16 Bit breiten Code – aber wen kümmerte das 1985? Trotz verschiedener Modernisierungen kam dieses System vor Längerem an seine Grenzen, und die Hersteller suchten nach einer neuen Lösung.

Intel entwickelte daraufhin EFI (Extensible Firmware Interface), doch die anderen Hersteller haben nicht mitgezogen, da dieser Ansatz proprietär ausgelegt war und andere bisherige Mainboard- und BIOS-Hersteller ins Abseits gestellt hätte. 2005 wurde daher ein Forum gegründet, dem auch andere Hersteller wie AMD, Apple sowie die namhaften BIOS-Hersteller wie etwa Phoenix oder AMI beitraten. Bereits ein Jahr später wurde dann EFI 2.0 publiziert und freigegeben. Mittlerweile sind die Hersteller bei UEFI 2.9.x angelangt.

UEFI ist ein selbstständiges eingebettetes System (Embedded System) – also eigentlich ein selbstständig agierendes Vor-Betriebssystem auf 64-Bit-Basis mit eigenem EBC-Interpreter (EFI Byte Code). Dieser aktiviert nur noch die für den Start notwendigsten Geräte und überlässt das Starten der übrigen Treiber dem Betriebssystem. Dadurch kann der Startvorgang deutlich verschlankt und beschleunigt werden.

Durch den aktuellen Aufbau sind ganze 8192 EB an Festplattenspeicher ansprechbar, und selbst beim Arbeitsspeicher reichen die Dimensionen in den Exabyte-Bereich – das sind dann doch immerhin über 1.000.000.000 GB (mal sehen, was die Autoren des Jahres 2040 dann zu dieser Größenordnung finden werden).

Allerdings müssen Sie auch die Zusammenhänge dahinter sehen. Damit solche Speichermengen unterstützt werden, verfügen diese Laufwerke mit GPT über eine neue Partitionstabelle. Diese wiederum kann nur von 64-Bit-Systemen gelesen und somit nur von UEFI unterstützt werden (für die Detailverliebten: Unter

Einschränkungen können gewisse GPT auch im 32-Bit-kompatiblen Modus genutzt werden).

UEFI verkürzt durch das parallele Abarbeiten von Prüfsequenzen den Start eines Systems merklich, und es kann auch Gerätetreiber über DXE (Driver Execution Environment) bereits zur Übergabe an das Betriebssystem vorladen. Zudem besitzt UEFI einen eigenen Bootloader, in welchem die Informationen über die installierten Betriebssysteme gespeichert sind. Ein eigentlicher Master Boot Record auf der Disk, der das Laden des OS übernimmt, entfällt damit. Dies gilt sowohl für den Windows Boot Loader als auch den etwa von Linux her bekannten GRUB.

UEFI ist ein grafisch aufgebautes System; es gibt Strukturen und Icons und dem Benutzer soll dadurch die Arbeit erleichtert werden. Dazu gehört auch, dass UEFI die Bedienung von Touchpads oder Maus unterstützt. Sogar einfache Grafik- und Netzwerkkartentreiber sind in UEFI enthalten, sodass das UEFI sich selber über Internet aktualisieren oder ein Browser direkt über UEFI genutzt werden kann, ohne das ganze Betriebssystem zu starten. Zudem macht es durch eine integrierte Startwahl für Betriebssysteme deren eigenen Bootloader wie gesagt überflüssig.

Das UEFI bietet als eigenständige Software verschiedenste Betriebs-, Konfigurations- und Monitoring-Möglichkeiten an, welche natürlich von Hersteller zu Hersteller sehr verschieden sein können.

UEFI hat auch den einen oder anderen Nachteil. So muss auf Systemen mit UEFI wie erwähnt zwingend ein 64-Bit-Betriebssystem installiert sein. Alternativ dazu kann das UEFI auch ein CSM (Compatibility Support Modul) enthalten, was eine 32-Bit-Installation erlaubt, aber nicht auf derselben Festplatte wie die 64-Bit-UEFI-Installation. Und nicht alle Fachleute sind sich einig, ob ein Netzwerkkartentreiber vor dem Laden des Betriebssystems und dessen Sicherheitsfunktionen eine gute Idee ist. Über das Internet könnten ja auch Viren und Trojaner bereits vor dem Betriebssystemstart auf den Computer gelangen, da im UEFI keinerlei Sicherheitssoftware aktiv ist. Aber wo ein Problem ist, gibt es auch Hersteller mit Ideen ... So bietet etwa Kaspersky seit Jahren Anti-Malware-Produkte an, die bereits auf UEFI-Ebene greifen und genau dieses angesprochene Risiko minimieren.

Eine weitere Sicherheitsmaßnahme der aktuellen UEFI-Versionen (seit 2.3.1) ist Secure Boot. Ist diese Funktion aktiviert, kann das System nur noch von digital signierten Betriebssystemen hochgefahren werden. Dies gilt etwa für Windows oder verschiedene Linux-Derivate.

Es dauerte seine Zeit, bis sich die System- und Mainboard-Hersteller auf die Implementation einließen, doch nachdem seit Längerem alle Apple-Systeme damit ausgerüstet sind, haben auch die anderen Hersteller in den letzten Jahren nachgezogen. Hierbei hat auch die Einführung neuerer Betriebssystemversionen (Thema Bootloader, Secure Boot) mitgeholfen.

### 3.9.4 Fehlermeldungen

Auftretende Fehler sollten möglichst schnell behoben werden können. Es ist deshalb wichtig, dass Sie den genauen Ablauf des Systemstarts kennen und somit sofort wissen, wo der Fehler zu suchen ist.

Falls kurz nach dem Einschalten das Gerät mit dem POST abbricht und keine Fehlermeldung anzeigt, keine Piepstöne gibt oder eine lange ca. 8- bis 20-stellige Zahl oben links am Bildschirm erscheint, so liegt ein grundlegender Fehler vor wie z.B.:

- Ventilator defekt
- Keine RAM-Bausteine
- BIOS fehlt
- Systemplatine (Motherboard) schwer beschädigt
- Keine Grafikanzeige möglich

In allen anderen Fällen wird in der Regel ein »offizieller« POST-Code ausgegeben. Mit diesem Code können Sie anschließend das defekte Teil suchen, den Fehler beheben oder das Teil austauschen.

Dieser Post-Code ist allerdings herstellerabhängig, weshalb Sie sich auf den entsprechenden Herstellerseiten oder Supportforen informieren müssen.

## 3.10 Fragen zu diesem Kapitel

1. Welches ist die aktuelle Generation von Intel-Server-Prozessoren?

   A) Alder Lake

   B) Scalable Xeon 3rd Gen

   C) Xeon DP

   D) Threadripper

2. Sie müssen einen Prozessor ersetzen, der defekt ist. Auf was müssen Sie beim Einbau besonders achten?

   A) Dass der Prozessor dieselbe Taktfrequenz aufweist

   B) Der Prozessor muss unter anderem denselben Sockel unterstützen.

   C) Nichts, solange Intel mit Intel und AMD mit AMD ersetzt werden.

   D) Ob das Betriebssystem den neuen Prozessor unterstützt

3. Welche der folgenden Abkürzungen finden Sie *nicht* im Zusammenhang mit Arbeitsspeicher?

   A) rDIMM

   B) RD-RAM

   C) FB-DIMM

   D) DRR-RAM

4. Sie sehen, dass das BIOS auf dem Fileserver von August 2018 datiert. Als Sie ein neues Plattensystem einbauen möchten, sind Sie sich nicht sicher, ob der Server dieses unterstützen wird. Was werden Sie tun?

   A) Ein neueres BIOS installieren

   B) Auf der Webseite des Herstellers nachlesen, ob ein neueres BIOS das Plattensystem unterstützen wird

   C) Das Plattensystem einbauen und sehen, ob es erkannt wird

   D) Das Plattensystem nicht einbauen

5. Sie setzen Arbeitsspeicher mit einer Technologie mit zusätzlichen Registern ein, welche die elektrische Last für den Speichercontroller verringern und damit die Anzahl der anschließbaren Speicherchips sowie die Datenintegrität erhöhen. Was benutzen Sie?

   A) rDIMM

   B) uDIMM

   C) DDR4-ECC Reg

   D) EDDDIMM

6. Welches Gerät übernimmt die Rolle, Datenpakete aus einer Broadcast-Domain dediziert in eine andere weiterzuleiten?

   A) Bridge

   B) Gateway

   C) Switching Hub

   D) Router

7. Welchen Dienst muss ein Techniker aktivieren, um Broadcast Storms zu vermeiden?

   A) Bündelung

   B) DHCP

   C) Spanning Tree

   D) Port-Spiegelung

8. Ein Techniker findet einen Text auf einem UTP-Kabel, der »26 AWG« lautet. Was bedeutet dieser Text?

   A) Die maximale Dämpfung

   B) Der Durchmesser der Drähte im Kabel

   C) Die Kategorie des Kabels

   D) Die Anzahl Adern pro Draht

9. Wenn die MAC-Adresse einer Netzwerkkarte F1-A2-21-DD-0F-E4 lautet, welche drei Byte bezeichnen den Hersteller dieser Netzwerkkarte?

    A) F1-A2-21
    B) DD-0F-E4
    C) 21-DD-0F
    D) A2-21-DD

10. Wenn Sie mehrere Netzwerkkarten in einen Server einbauen, um die Fehlertoleranz im System zu erhöhen, mit welcher Funktionalität installieren Sie diese Netzwerkadapter?

    A) Load Balancing
    B) Adapter Replacing
    C) NIC Balancing
    D) Adapter Teaming

**Kapitel 4**

# Storage-Lösungen

Eine der Hauptaufgaben eines Servers besteht darin, Daten zu speichern. Dies trifft nicht nur für File- oder Datenbankserver zu, sondern für alle Serverfunktionen, da ja auch das Betriebssystem irgendwo gespeichert werden muss. Je nach Serverfunktion haben die Datenspeicherung und die entsprechende Performance aber mehr oder weniger Bedeutung.

> Sie lernen in diesem Kapitel:
> - Verschiedene Anschlusssysteme für Speicher kennen
> - Die Grundlagen zu SATA und SAS kennen und unterscheiden
> - Den Einsatzgrund für SSD sowie deren Möglichkeiten kennen
> - Fibre Channel und seine Einsatzmöglichkeiten erkennen
> - Den Unterschied von DAS und NAS einordnen
> - Software Defined Storage kennen
> - Den Aufbau eines SAN von anderen Storage-Systemen unterscheiden

## 4.1 Festplatten gibt es noch lange

Immer noch bestehen die meisten permanenten Speichersysteme, welche nicht zur Datenarchivierung vorgesehen sind, aus einer rotierenden Metallscheibe, welche magnetisch beschichtet ist. Über dieser Metallscheibe schwebt der Schreib- und Lesekopf auf einem durch die Rotation erzeugten Luftkissen, über welchen kleine Bereiche der Speicherschicht magnetisiert werden und der Magnetisierungsstatus wieder gelesen werden kann. Dieser Magnetisierungsstatus beinhaltet die eigentlichen Informationen (Daten).

**Abb. 4.1:** Offene Festplatte: beschichtete Aluminiumscheibe und beweglicher Schreib-/Lesekopf

Die magnetische Orientierung der Speicherschicht bleibt auch erhalten, wenn die Festplatte nicht mehr in Betrieb ist und nicht mehr mit Strom versorgt wird. Es handelt sich also im Gegensatz zum Arbeitsspeicher um einen permanenten Speicher.

Im Gehäuse dieser Festplatten (Hard Disk Drives, HDD oder HD) befinden sich neben der Speicherscheibe, dem Schreib- und Lesekopf und den Motoren auch noch die Elektronik zur Steuerung der Mechanik und zum Verarbeiten der Schreib- und Leseanforderungen, der Festplatten- oder Disk-Controller.

Einer der für die Performance einer Festplatte wichtigen Faktoren ist die Umdrehungsgeschwindigkeit der Platte. Je schneller die Scheibe rotiert, umso schneller kann der Schreib-/Lesekopf wieder auf bestimmte Sektoren zugreifen. Gebräuchlich sind Festplatten mit 5400, 7200, 10000 oder 15000 Umdrehungen pro Minute (rpm, rounds per minute).

5400- und 7200-rpm-Festplatten werden in der Regel nur für Notebooks und Client-Computer verwendet, sind in diesem Umfeld aber kaum noch in Einsatz durch den Ersatz mittels SSDs. In Servern werden 10000-rpm- und 15000-rpm-Festplatten eingesetzt, und zwar noch lange.

Ein Grund, weshalb drehende Platten eingesetzt werden, ist ihre Kapazität in Verbindung mit dem Preis in Cent pro Megabyte. So gibt es bereits Harddisks mit über 20 TB und nach Aussagen der Hersteller werden diese Kapazitäten bis etwa 2025 auf rund 40 TB ansteigen.

Dies hängt unter anderem mit der Entwicklung der Controller zusammen, welche NAND-basierte Zwischenspeicher einsetzen, um die Lese- und Schreibgeschwindigkeit zu erhöhen und gleichzeitig die Sicherheit der Daten zu verbessern. Lesen Sie dazu z.B. die Angaben des Herstellers Western Digitial über »OptiNAND«, deren technologische Eigenentwicklung.

## 4.1 Festplatten gibt es noch lange

Nun gibt es natürlich auch SSD mit 8 TB – und hier kommt das Preis-/Kapazitäts-Verhältnis ins Spiel. Eine 8-TB-SSD für Server kostet um die 2.000 Euro aufwärts, eine 8-TB-SAS-Disk nur 10 % davon, also rund 200 Euro. Wenn Sie also 80 oder auch 400TB Speicher benötigen, werden Sie rasch davon abkommen, alles in SSDs zu implementieren.

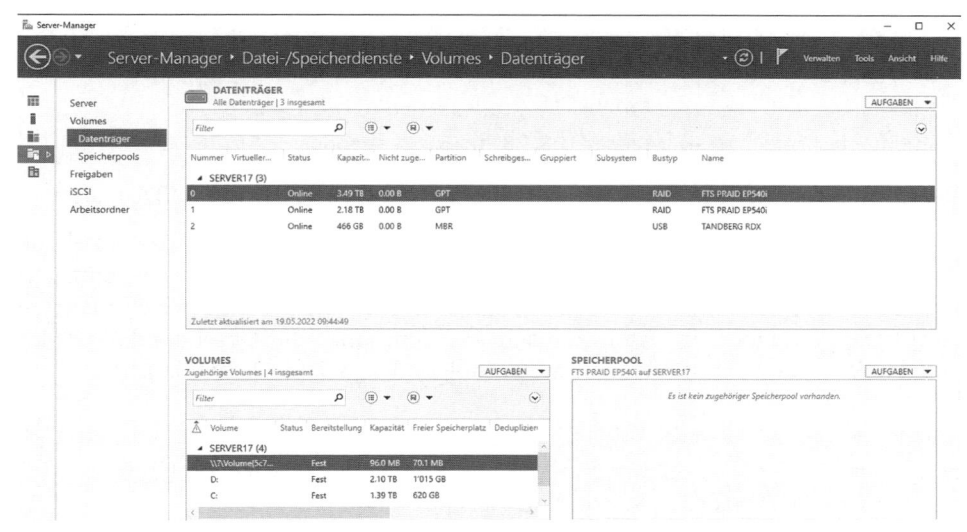

**Abb. 4.2:** Festplattenverwaltungskonsole von Microsoft Windows Server 2019

Ein zweiter wichtiger Faktor ist die Frage, welches Plattensystem man einsetzen will. Die unterschiedlichen Standards, die Sie im Folgenden betrachten werden, bringen ja auch unterschiedliche Leistungen mit sich.

Was Controller und Plattenleistung ausmachen können, zeigen Ihnen im Folgenden ein paar Messungen, die einen Vergleich zulassen. Sie sehen die Messung des Durchsatzes einer Harddisk bzw. eines RAID-Systems mit hdparm. hdparm ist ein Tool, welches mittels Lesevorgängen von Daten die Geschwindigkeit ermittelt. Die Messungen erfolgten zwar nicht in einer Laborumgebung, wo die Server nichts anderes als diese Messung entgegennehmen, aber es lassen sich dennoch schlüssige Hinweise aus den Ergebnissen ziehen.

Zuerst sehen Sie die Messungen, wenn nur ein einfacher Zugriff auf die Platte erfolgt, so wie es typischerweise in einem einzelnen System der Fall ist.

```
# hdparm -tT /dev/sda2
/dev/sda2:
  Timing cached reads:   3368 MB in  1.99 seconds = 1688.31 MB/sec
  Timing buffered disk reads:  156 MB in  3.00 seconds =  51.98 MB/sec
```

Messwerte eines Centrino-Notebooks mit SATA-Platte

```
# hdparm -tT /dev/md3
/dev/md3:
 Timing cached reads:   286 MB in  2.01 seconds = 142.62 MB/sec
 Timing buffered disk reads:  90 MB in  3.02 seconds =  29.77 MB/sec
```

Xeon-Rechner mit 766 MHz mit Software RAID5 und 6 SCSI-Disks

```
# hdparm -tT /dev/sda2
/dev/sda2:
 Timing cached reads:   1710 MB in  2.00 seconds = 854.40 MB/sec
 Timing buffered disk reads:  108 MB in  3.02 seconds =  35.76 MB/sec
```

Pentium-4-Rechner mit 2,4 GHz und einem Hardware-RAID mit SATA-Platten

Ausgehend von obigen Ergebnissen müsste man annehmen, dass das Notebook den höchsten Datendurchsatz hat. Und solange es sich nur um einen einzigen intensiven Zugriff auf der Platte handelt, stimmt das auch. Wenn jedoch mehrere simultane Abfragen für Daten gemacht werden, sinkt die Geschwindigkeit der Notebook-Harddisk drastisch, wie Sie am folgenden Beispiel sehen können.

```
# hdparm -tT /dev/sda2
/dev/sda2:
 Timing cached reads:   2 MB in  4.63 seconds = 442.72 kB/sec
 Timing buffered disk reads:  4 MB in  5.46 seconds = 749.90 kB/sec
```

Dasselbe Centrino-Notebook unter Last (drei konkurrierende Harddisk-Zugriffe)

Der Pentium-4-Server mit Hardware-RAID bringt es demgegenüber auch unter Last auf fast 40 MB/s.

```
# hdparm -tT /dev/sda2
/dev/sda2:
 Timing cached reads:   1700 MB in  2.00 seconds = 850.00 MB/sec
 Timing buffered disk reads:  106 MB in  3.02 seconds =  35.09 MB/sec
```

Pentium-4-Rechner mit 2,4 GHz und einem Hardware-RAID mit SATA-Platten

Ein Server sollte seiner Umgebung möglichst ideal angepasst sein. Daher sind für viele Funktionen schnelle und zuverlässige Plattensysteme wichtig. Grundsätzlich kann gesagt werden: Je mehr Geschwindigkeit und IOPS verlangt werden, desto kostspieliger wird auch das benötigte Plattensystem. Und welche Möglichkeiten sich dazu für den Servereinsatz eignen, sehen Sie sich jetzt genauer an.

## 4.2 Solid State Drives (SSD)

Die Solid-State-Festplatte (SSD für Solid State Drive oder Solid State Disk) wurde bereits 1995 vorgestellt. SSD arbeitet nach dem Flash-Speicherprinzip, wie dies bereits bei USB-Stick oder SD-Card für digitale Fotografie zum Einsatz kommt. Dabei werden die Daten nicht wie bei herkömmlichen Festplatten auf magnetischen Platten gespeichert, sondern auf Halbleiterspeicherbausteinen. Ein Halbleiterspeicher speichert die Daten in Form von binären elektronischen Schaltzuständen. Hier liegen Vor- und Nachteil der SSD. Die elektronischen Schaltungen erfolgen sehr schnell und bleiben beim Ausschalten des Systems erhalten. Aber sie können auch nur durch elektronische Löschimpulse wieder entfernt werden, und dies führt mit der Zeit zur schleichenden Zerstörung der Schaltung.

Wegen ihrer geringeren Kapazität bei gleichzeitig wesentlich höheren Preisen gegenüber herkömmlichen mechanischen Festplatten wurde den SDD lange Zeit kaum Beachtung geschenkt. Erst ein deutlicher Preisverfall und Dimensionen von 512 oder mittlerweile auch 2048 GB bis 8 TB brachten hier die Wende. Heute werden SSDs in Notebooks, PCs und Server verbaut, ganz zu schweigen von den mobilen Geräten wie Tablets.

Durch die komplette Absenz von mechanischen und beweglichen Teilen und den Vorteilen, die sich daraus ergeben (höhere Stoßresistenz, geringere Abwärme, lautloser Betrieb, schnellere Zugriffszeiten und geringerer Stromverbrauch), ist der Einsatz von SSD heute in allen Bereichen von großem Interesse.

**Abb. 4.3:** Vergleich einer Solid State Disk und einer mechanischen HDD

Wie jede Speicherkarte auf Flash-Basis verfügt auch eine SSD über einen eigenen Controller, der die Datenströme verwaltet und die Informationen zwischen Flash-

Baustein und Mainboard verwaltet. Damit der Controller nicht zum Flaschenhals wird, werden viele SSDs bereits mit Cache-Bausteinen von 64 oder 128 MB ausgestattet. Dadurch erreichen sie einen wesentlich höheren Durchsatz für Schreib- und Lesezugriffe (IOPS).

### 4.2.1 MLC oder SLC

Die Bezeichnungen Multi Level Cell (MLC) und Single Level Cell (SLC) beziehen sich auf die Art des verwendeten Flash-Speichers. Und hier müssen Sie jetzt etwas genauer hinschauen, um zu verstehen, wie ein Flash-Speicher und somit auch eine SSD funktioniert.

Eine SSD besteht aus mehreren Speicherchips, diese bestimmen ihre Kapazität. Jeder Speicherchip wird in Blöcke aufgeteilt, entweder zu 512 oder 1024 MB. Jeder Block wiederum wird in Pages (Speicherseiten) aufgeteilt, die 4 oder 8 KB groß sind. Diese Pages sind die kleinsten Einheiten, in denen der Controller Daten schreiben kann. Der Controller beschreibt also nicht direkt die einzelne Speicherzelle, sondern eine Page.

Pages können vier unterschiedliche Zustände annehmen:

- Frei
- Belegt
- Zum Löschen markiert
- Defekt

Solange es genügend freie Pages hat, wird der Controller immer in diese freien Pages schreiben und die Daten verteilen. Erst wenn der Platz nicht mehr ausreicht, werden die zum Löschen markierten Pages auch tatsächlich gelöscht. Dies geschieht aber nicht pro Page, sondern pro Block.

Auch Blöcke können dieselben vier Zustände einnehmen wie Pages. Während die Page die kleinste mögliche Schreibeinheit ist, bildet der Block die kleinste mögliche Löscheinheit.

Und jetzt zur Geschichte mit MLC und SLC, denn genau hierzu benötigen Sie diese Grundlagen. MLCs besitzen die Fähigkeit, mehrere Bits in einer einzelnen Speicherzelle zu speichern. Dies führt zu einer hohen Speicherdichte und geringeren Produktionskosten, aber auch zu erhöhtem Verschleiß und größerer Fehleranfälligkeit, da beim Löschen eines Blocks oder beim Schreiben einer Page mehrfach auf die gleiche Speicherzelle zugegriffen wird. Dadurch nutzt sich die einzelne Zelle schneller ab und wird defekt.

SLCs hingegen können pro Speicherzelle nur 1 Bit speichern (die bekannten Zustände 0 oder 1). Selbstverständlich verfügen SLCs auch über eine Fehlerkorrektur, das Lesen und Schreiben der Daten geht aber schneller vonstatten, da jede

Zelle nur ein eindeutiges Bit beherbergt. Demzufolge ist eine einzelne Zelle auch von deutlich weniger Lösch- und Schreibvorgängen betroffen als bei der Variante MLC.

Beide Verfahren setzen dabei auf NAND-Gitter, was sich als Begriff auf die serielle Anordnung der einzelnen Speicherzellen bezieht. Samsung geht sogar noch einen Schritt weiter und ordnet die Zellen mittlerweile dreidimensional an.

Die Haltbarkeit von SSDs wird anhand der Schreibzyklen gemessen. Somit hält eine SLC gegenüber einer MLC länger, da weniger Schreibzugriffe pro Zelle erfolgen.

Die größte Last liegt hier beim Controller. An ihm liegt es, die Daten möglichst intelligent zu verteilen und die Löschvorgänge so zu optimieren, dass die einzelnen Zellen möglichst lange leben.

Um einem möglichen Datenverlust vorzubeugen, arbeitet die Fehlerkorrektur von SSDs so, dass die Dateien aus fehlerhaften Bereichen (Zellen) in funktionierende Zellen verschoben werden. Die kaputte Zelle wird dann von der Speicherung der Daten ausgeschlossen, und eine neue Zelle nimmt ihren Platz ein. So nimmt mit der Betriebsdauer einer SSD zwar theoretisch der nutzbare Speicherplatz ab, die Datensicherheit bleibt aber auf gleichem Niveau.

### 4.2.2 SSD und Server

Für den Einsatz in Serversystemen müssen Sie die Sachen noch etwas genauer betrachten.

Wie Sie schon gesehen haben, bestimmt vor allem die Anzahl der Schreib- und insbesondere Löschvorgänge die Lebensdauer einer SSD. Dazu können Sie verschiedene Parameter beziehen, um zu verstehen, wie lange eine bestimmte SSD einsatzfähig bleibt. Auch die Hersteller arbeiten mit diesen Parametern.

Der DWPD ist die Abkürzung für Data Write Per Day und gibt an, wie oft eine SSD in ihrer gesamten Kapazität pro Tag überschrieben werden kann. Anders ausgedrückt: Ein DWPD von 1 bedeutet bei einer 1 TB SSD, dass sie einmal pro Tag vollständig neu überschrieben werden kann. Dieser Wert steht in Abhängigkeit zur gewährleisteten Garantie, d.h., bei einer Nutzung im erwähnten Rahmen von DWPD 1 läuft die Nutzung gemäß Gewährleistung z.B. drei Jahre. Sie können die SSD natürlich auch dreimal am Tag überschreiben, dann ist sie einfach bereits nach einem Jahr nicht mehr einsatzfähig!

Zur genaueren Bestimmung der Garantie und Einsatzdauer wird aber weniger die Jahreszahl als viel häufiger der Wert TBW für Total Bytes Written verwendet. Hier wird somit angegeben, wie oft eine SSD insgesamt überschrieben werden kann, bis die maximale Leistung an geschriebenen Bytes erreicht ist. Danach kann die

Leistung absinken (Anzahl defekter Blöcke) oder die Disk kann ausfallen. Die meisten Hersteller geben die Anzahl der Schreibvorgänge, die mit dem Datenträger getätigt werden können, mithilfe oben genannter Werte an.

Um für die unterschiedlichen Einsatzgebiete von Servern die richtigen Datenträger zu evaluieren, unterscheiden die Hersteller mittlerweile unterschiedliche Einsatzgruppen:

**Read Intensive**

Diese Gruppe ist auf das Lesen von Daten spezialisiert, sie verfügen somit über eine eher niedrige DWPD bzw. TBW und sind daher auch am kostengünstigsten. Dabei reagieren sie vor allem auf große und plötzliche Schreibmengen (z.B. Fileserver) schlecht und sind stattdessen für Umgebungen mit wenig Schreib- und hohem Leseverkehr geeignet.

**Mixed Use**

Diese SSD-Gruppe verfügt über einen höheren DWPD (bis ca. 5), sind also robuster auf Schreibvorgänge ausgelegt und daher auch teurer in der Anschaffung. Für Single-Serverumgebungen sind sie das geeignete Standardinstrument.

**Write Intensive**

Hier kommen z.B. Datenbankserver oder andere schreiblastige Umgebungen zum Tragen. Der DWPD kann bis 25 reichen, entsprechend sind diese Disks aber auch wesentlich teurer.

Ein weiterer Aspekt, den Sie überdies berücksichtigen können: Durch Vergrößerung der Kapazität bei gleichbleibender Belastung können Sie die Lebensdauer einer Disk erhöhen, da die Notwendigkeit zum Überschreiben um den Faktor der Vergrößerung sinkt. Eine SSD mit DWPD 2, die drei Jahre lang läuft, kann durch den Ersatz gleichen Typs mit doppelter Kapazität um rund 40 % in ihrer Einsatzdauer verlängert werden, da weniger überschrieben werden muss (wie gesagt, bei gleicher Nutzung!).

### 4.2.3 Hybrid-Festplatten (Hybrid Hard Drives)

Für eine Hybrid-Festplatte wird ein Solid-State-Speicher mit einer herkömmlichen Festplatte kombiniert. Die am häufigsten zugegriffenen Daten werden im Solid-State-Speicher abgelegt. Wenn dieser voll ist, wird auf die normale magnetische Festplatte geschrieben.

Hybrid-Festplatten konnten sich aber nie richtig etablieren und werden vermutlich mit den sinkenden Preisen für die reinen SSD komplett verschwinden.

## 4.2.4 Anschlussmöglichkeiten

Die ersten SSD kommunizierten lediglich über einen SATA-Anschluss und konnten daher von Beginn weg problemlos in bestehende Computersysteme verbaut werden.

Mit der Steigerung der Zuverlässigkeit und der zunehmenden Kapazität von SSDs bis in den Terabytebereich wurden aber in den letzten Jahren auch SAS- und PCI-Expressanschlüsse für SSD entwickelt.

## 4.2.5 Einsatz in Servern

Für den Einsatz von SSD in Servern sprechen folgende Punkte:

- Verringerter Energieverbrauch
- Hohe Lese- und Schreibleistung

Bei Einsatz der SSD-Technologie sollte auf Folgendes geachtet werden:

- Die SSD stellen bezüglich der Verwaltung der Daten spezifische Anforderungen an die Controller.
- SSD können in RAID-Systemen verwendet werden, die RAID-Controller müssen aber für die Verwendung mit SDD optimiert sein. Unter Umständen lässt sich dieses schon mit einer Aktualisierung der Firmware erreichen.
- Eine Defragmentierung ist bei SSD nicht notwendig und sogar kontraproduktiv, da dadurch die Lebensdauer der SSD herabgesetzt werden kann. Es ist darauf zu achten, dass die entsprechenden Mechanismen ausgeschaltet sind, insbesondere wenn ein System von einer klassischen Festplatte ohne Neuinstallation auf eine SSD umgebaut wird.
- Das verwendete Betriebssystem sollte die SSD-TRIM-Funktion unterstützen. Ist dies nicht der Fall, verringert sich die Schreib-Performance der SSD stark.

## 4.3 Von SCSI zu iSCSI

Der SCSI-Standard (Small Computer System Interface) existierte über 25 Jahre und wurde bis zur Ablösung durch SAS (siehe nächster Abschnitt) laufend weiterentwickelt. Entgegen seinem Namen wurde und wird SCSI mehrheitlich im Bereich von Server- und Hochleistungsarbeitsstationen eingesetzt. Dies lässt sich durch die Wandlung der Begriffe im Laufe der Zeit erklären. Small Computer (auch Mini-Computer) waren zum Zeitpunkt der Einführung als PC-Serversysteme im Vergleich zu den raumfüllenden Mainframe-Systemen eben eher klein.

Bei SCSI handelt es sich um einen parallelen Datenbus, welcher Daten zwischen dem Bus auf der Hauptplatine und den SCSI-Controllern bzw. den SCSI-Geräten (Devices) überträgt. Direkt auf der Hauptplatine oder einer Steckkarte, z.B. einer

PCI-Karte, befindet sich der SCSI-Host-Bus-Adapter (SCSI-HBA), welcher auch als SCSI-Controller bezeichnet wird. Bei Verwendung eines SCSI-RAID-Controllers sind die SCSI-Host-Bus-Adapter in den RAID-Controller integriert.

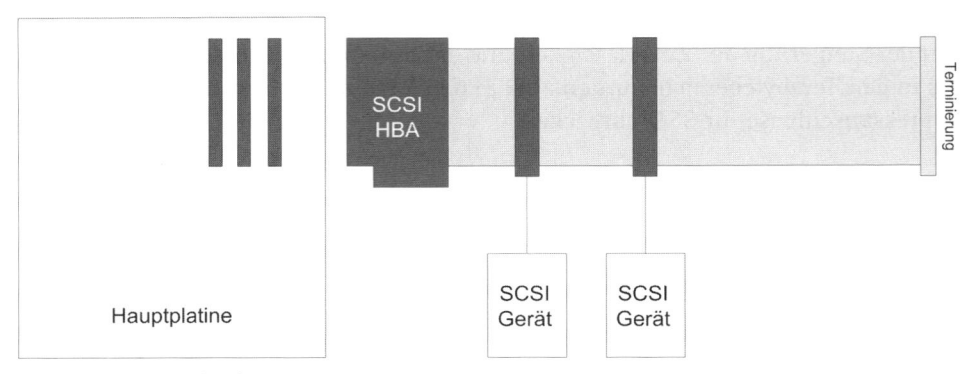

**Abb. 4.4:** SCSI-Architektur

Der eigentliche Controller befindet sich bei den SCSI-Geräten und kontrolliert die Weiterverarbeitung der Daten für die Nutzung im Peripheriegerät.

**SCSI-ID**

Jeder Controller (und damit jedes Gerät) auf dem SCSI-Bus muss eindeutig identifiziert werden können. Dazu werden die SCSI-IDs verwendet. Es können je nach SCSI-Standard 8 bzw. 16 Geräte angesteuert werden, wobei aber auch der Host-Bus-Adapter eine ID belegt. Die Nummerierung beginnt jeweils bei der ID 0, also 0 bis 7 oder von 0 bis 15.

Die Konfiguration der SCSI-ID erfolgt bei internen Geräten über Jumper oder Dip-Switches, wobei binär codiert wird. Bei externen Geräten werden auch Dreh-Switches verwendet.

| | | | |
|---|---|---|---|
| SCSI ID 0 | OFF | OFF | OFF |
| SCSI ID 1 | OFF | OFF | ON |
| SCSI ID 2 | OFF | ON | OFF |
| SCSI ID 3 | OFF | ON | ON |
| SCSI ID 4 | ON | OFF | OFF |
| SCSI ID 5 | ON | OFF | ON |
| SCSI ID 6 | ON | ON | OFF |
| SCSI ID 7 | ON | ON | ON |

**Tabelle 4.1:** SCSI-ID-Belegung

Die SCSI-Standardisierung begann 1986 mit SCSI-1, das über einen 8 Bit breiten Datenbus und eine Kabellänge von bis zu 6 m Daten mit bis zu 5 MB/s übertragen konnte. Zu SCSI-1 gab es auch eine differenzielle Variante mit Kabellängen bis zu 2 m, diese war aber elektrisch nicht kompatibel und wurde nur für in sich geschlossene Anlagen wie große Speichernetze verwendet. Zur Abgrenzung gegenüber den späteren Differential-SCSI, die mit Niedervoltspannung betrieben werden (LVD, Low Voltage Differential), wird diese frühe Variante auch als HVD (High Voltage Differential) bezeichnet.

Bereits 1989 folgte die Verabschiedung von SCSI-2 in den Varianten Fast-SCSI, was bedeutete, dass der Bustakt gegenüber SCSI-1 verdoppelt wurde, und Wide-SCSI, wobei die Busbreite auf 16 Bit verdoppelt wurde, allerdings bei gleichbleibendem Takt.

Als SCSI-3 wird seit 1993 eine ganze Sammlung von Standards bezeichnet, darunter gehören Protokolle für Ultra-SCSI, später Ultra-2 und weitere Ultra-Varianten, aber auch Protokolle für Verfahren wie IEEE-1394 oder FC (Fibre Channel) sind in dieser Normsammlung enthalten, wurden dann allerdings selbstständig weiterentwickelt.

Auch die Versionen der 1990er-Jahre unterscheiden sich von Version zu Version in Datenbusbreite, Impedanz, Übertragungstaktrate, der Anzahl Leitungen im Kabel und natürlich vor allem in der Datenübertragungskapazität. Mit dem SCSI-3-Standard Ultra-2-SCSI wurde die sogenannte LVD-Technologie (Low Voltage Differential) eingeführt. Dadurch konnte das Rauschverhalten des Signals maßgeblich verbessert und somit die maximale Kabellänge auf 12 m angehoben werden. Diese Technik wurde danach auch für die folgenden Ultra-Standards beibehalten.

Mit Ultra-320 wurde dann im Jahr 2002 das vorläufige Ende der parallelen SCSI-Entwicklung eingeläutet, dessen Nachfolger Ultra-640 wurde nämlich nicht mehr weiterverfolgt zugunsten der neuen serialisierten SCSI-Varianten.

Die wichtigsten SCSI-Standards und ihre Eckwerte sind in der nachfolgenden Tabelle zusammengefasst:

|  | Kabellängen [m] | Busbreite [bit] | Pins | Datenübertragungskapazität [MB/s] |
|---|---|---|---|---|
| SCSI-1 | 6 | 8 | 50 | 5 |
| SCSI-2 Fast SCSI | 1,5–3 | 8 | 50 | 10 |
| SCSI-2 Fast Wide | 1,5–3 | 16 | 50/68 | 20 |
| SCSI-3 Ultra-2 (LVD) | 12 | 8 | 50 | 40 |
| SCSI-3 Ultra-2 Wide | 12 | 16 | 68/80 | 80 |

**Tabelle 4.2:** SCSI-Standards

# Kapitel 4
Storage-Lösungen

|  | Kabellängen [m] | Busbreite [bit] | Pins | Datenübertragungs-kapazität [MB/s] |
|---|---|---|---|---|
| SCSI-3 Ultra-160 | 12 | 16 | 68/80 | 160 |
| SCSI-3 Ultra-320 | 12 | 16 | 68/80 | 320 |
| Ultra-640-SCSI | 12 | 16 | 68/80 | 640 |

**Tabelle 4.2:** SCSI-Standards (Forts.)

iSCSI lässt sich aufgrund der Tatsache, dass es ebenfalls Standard-Ethernet- und IP-Technologien nutzt, mit den NAS-Technologien vergleichen. Im Gegensatz zu NAS erfolgt der Zugriff auf iSCSI-Storage-Systeme über die SCSI-Protokolle, welche über IP gekapselt werden.

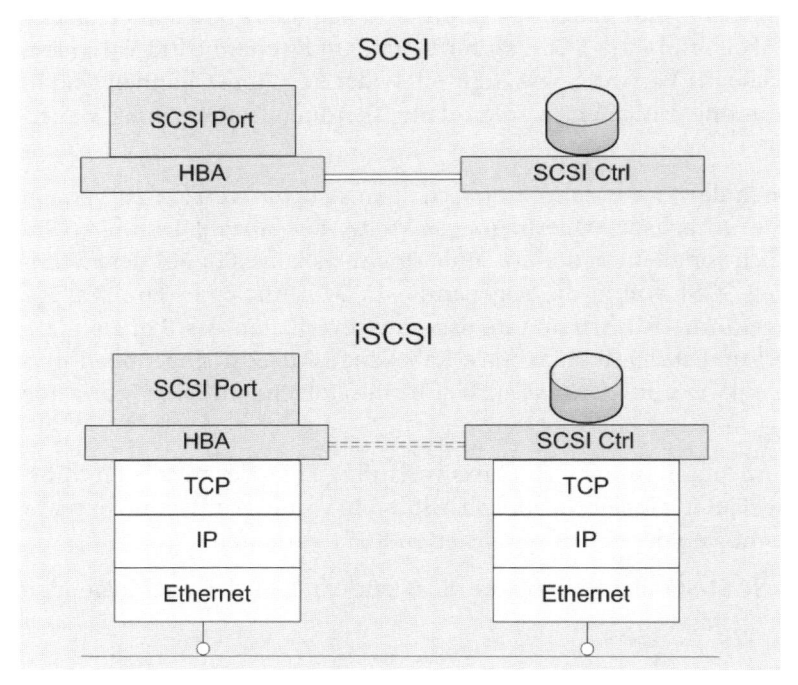

**Abb. 4.5:** SCSI vs. iSCSI

Für den Einsatz von iSCSI müssen somit serverseitig die entsprechenden Netzwerkkomponenten vorhanden sein, diese Software wird auch als iSCSI-Initiator bezeichnet. Bei leistungsfähigeren Systemen wird ein Großteil der Netzwerk- und iSCSI-Funktionalität auf die Adapterkarte (Netzwerkkarte mit erweiterten Funktionen) ausgelagert.

Auch hier wird wieder der Ausdruck von Host-Bus-Adapter (HBA) verwendet, allerdings integriert der iSCSI HBA auch die Ethernet- und TCP/IP-Funktionalitäten.

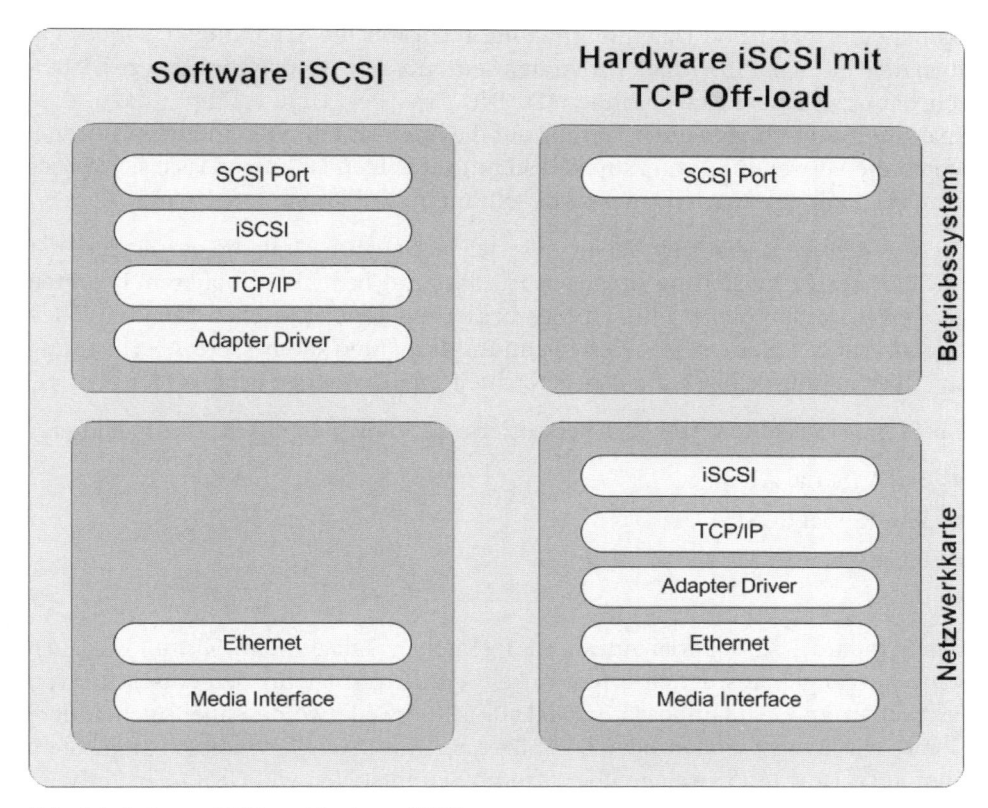

**Abb. 4.6:** Software-iSCSI vs. Hardware-iSCSI

Eine etwas weniger performante Variante wird als TOE (TCP Offload Engine) bezeichnet. Dabei werden die iSCSI-Tunneling-Funktionen weiterhin softwaremäßig implementiert, das Handling von TCP/IP aber auf der Hardware gelöst.

## 4.4 Es werde seriell – S-ATA und SAS

### 4.4.1 Der S-ATA-Standard

Mit der parallelen Datenübertragung werden pro Übertragungstakt nicht einzelne Bits, sondern mehrere übertragen. Daraus ergeben sich verschiedene Probleme:

- Die Treiberschaltungen für die Datenleitungen müssen mehrfach vorhanden sein.
- Hoher Energieverbrauch
- Laufzeitdifferenzen, bei schnellen Datenübertragungen kommen die einzelnen parallelen Bits nicht synchron an.
- Übersprechen der parallelen Datensignale

Da bei einer parallelen Datenübertragung nicht nur die Schaltungen, sondern ja auch die Leitungen mehrfach vorhanden sein müssen, werden für kürzere Distanzen häufig Flachbandkabel eingesetzt. Die parallelen Drähte führen dazu, dass Spannungsänderungen einer Leitung auf die Nachbarleitungen induziert werden. Durch die Verwendung von Rundkabeln mit verdrillten Leitungen lässt sich dieses Problem zwar entschärfen, aber nicht vollumfänglich lösen.

Diese Nachteile lassen sich bei einer seriellen Datenübertragung vermeiden, der Nachteil der Serialisierung hingegen ist, dass mit bedeutend höheren Taktraten gearbeitet werden muss. Durch die Verbesserung der elektrischen Schaltung, beispielsweise das Herabsetzen des Spannungshubs und die bessere Abschirmung der Übertragungskabel, kann dieser Nachteil wieder wettgemacht werden.

Für Storage-Systeme setzen sich serialisierte Technologien durch. Dazu gehören:

- SATA (Serial ATA)
- SAS (Serial SCSI)
- Fibre Channel (FC)
- iSCSI

Der Standard SATA (Serial Advanced Technology Attachment) wurde, wie auch seine Vorgänger, aus denen er entwickelt wurde, primär für den Anschluss von Festplatten an ein Mainboard entwickelt. Mittlerweile werden aber auch andere Geräte wie Bandstationen oder DVD-Brenner mit SATA-Technologie angeboten. Aber auch Laufwerke, welche über externe Schnittstellen wie USB oder FireWire angeschlossen werden, setzen zwischen Platte und Elektronik auf eSATA.

Für die SATA-Datenübertragung wird ein achtpoliges Kabel verwendet, für die eigentliche Datenübertragung werden aber nur vier Adernpaare verwendet, die restlichen Leitungen werden für die Signalerde verwendet. Damit wird sichergestellt, dass auch bei diesen – gegenüber früher – deutlich höheren Übertragungsfrequenzen eine genügende Signalqualität erreicht wird. Zwei der Erdungsleitungen werden für den siebenpoligen SATA-Datenstecker dann auch zusammengefasst.

| Pin | Name | Bezeichnung |
|---|---|---|
| 1 | GND | Signalerde |
| 2 | A+ | Senden + |
| 3 | A- | Senden - |
| 4 | GND | Signalerde |
| 5 | B+ | Empfangen + |
| 6 | B- | Empfangen - |
| 7 | GND | Signalerde |

**Tabelle 4.3:** Steckerbelegung SATA-Datenkabel

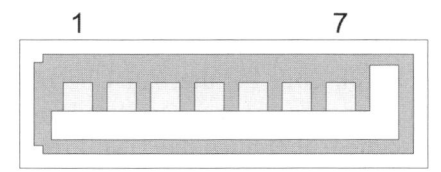

**Abb. 4.7:** Stecker eines SATA-Datenkabels

**Abb. 4.8:** SATA-Datenkabel (Version SATA 1,5 Gbit/s)

Für die Speisungsleitung wird ein 15-adriges Kabel mit einem 15-poligen Stecker verwendet. Hier werden Leitungen ebenfalls mehrfach verwendet, damit über diese relativ dünnen Leiter die Energie ohne maßgebliche Energie- und Qualitätsverluste übertragen werden kann.

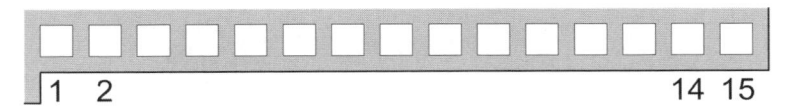

**Abb. 4.9:** Stecker der SATA-Stromversorgung

| Pins | Name | Bezeichnung |
|---|---|---|
| 1–3 | V33 | 3,3 V Energie |
| 4–6, 10, 12 | GND | Erdung |
| 7–9 | V5 | 5,0 V Energie |
| 13–15 | V12 | 12,0 V Energie |
| 11 | - | Reserve |

**Tabelle 4.4:** Steckerbelegung der SATA-Power-Kabel

Mittlerweile sind drei Generationen SATA im Umlauf, wie folgende Tabelle zeigt:

| Generation | Bezeichnung | Geschwindigkeit |
|---|---|---|
| SATA 1,5 Gbit/s | SATA-Revision 1 | 1,5 Gbit/s pro Richtung |
| SATA 3 Gbit/s | SATA-Revision 2 | 3,0 Gbit/s pro Richtung |
| SATA 6 Gbit/s | SATA-Revision 3 | 6,0 Gbit/s pro Richtung |

**Tabelle 4.5:** SATA-Generationen

Aus der Geschwindigkeit lässt sich über die eingesetzte 8b10b-Codierung auch die maximale Datenübertragungsrate berechnen, welche dann 150 bzw. 300 MB/s und in Revision 3 sogar 600 MB/s beträgt. Der 8b10b-Code benutzt zur Übertragung eines Bytes (8 Bit) ein Symbol mit 10 Bit Länge, was einen Overhead von rund 20 % mit sich bringt. Dieselbe Codierung setzte früher auch das USB-Protokoll ein.

### 4.4.2 Warum SAS für Server?

SAS (Serial Attached SCSI) geht von ähnlichen Überlegungen aus wie SATA. Mit der Serialisierung der klassischen parallelen SCSI-Datenübertragung können höhere Datenübertragungskapazitäten erreicht werden.

Allerdings gelten SAS-Platten als höherwertig als SATA-Platten. Von daher werden SATA-Platten eher in Low-End-Systemen oder kleineren Speicher-Arrays eingesetzt, SAS-Platten eher in Mid- und High-End-Servern und größeren Arrays.

Bei SAS werden die SCSI-Protokolle (SCSI Application Layer) über die SSP Transport Layer, Link Layer und Physical Layer übertragen.

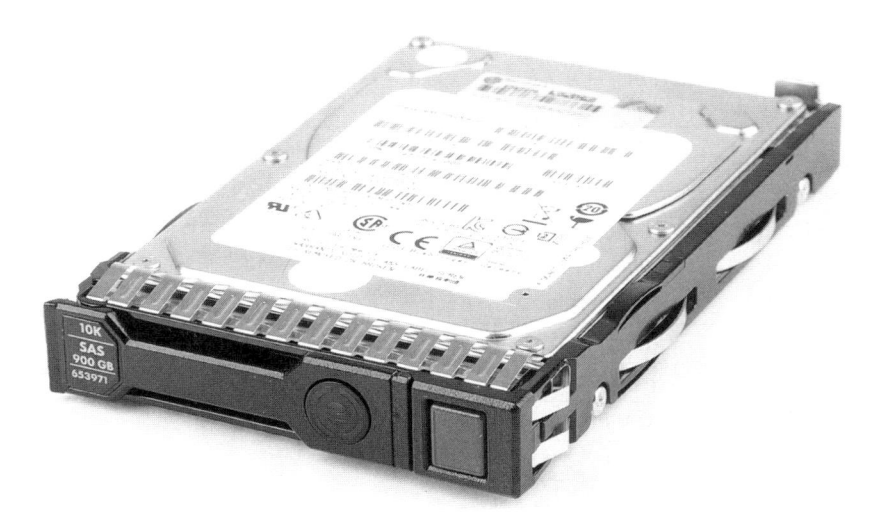

**Abb. 4.10:** 900GB-10000rpm-SAS-Hot-Plug-Festplatte

Da SAS nach SATA entwickelt wurde und die identischen Übertragungsmedien genutzt werden, wurde in die SAS-Protokollarchitektur gleichzeitig auch ein SATA Tunneling Stack implementiert. So bieten viele Server die Möglichkeit, dass entweder SATA- oder SAS-Platten eingesetzt werden können. Allerdings können Sie die Platten beim Einsatz nicht mischen, Sie müssen sich entweder für SAS- oder SATA-Platten entscheiden.

SAS besteht aktuell aus drei Generationen, welche folgende Leistung liefern:

| Generation | Bezeichnung | Geschwindigkeit |
|---|---|---|
| SAS 3 Gbit/s | SAS | 3,0 Gbit/s pro Richtung |
| SAS 6 Gbit/s | SAS | 6,0 Gbit/s pro Richtung |
| SAS 12 Gbit/s | SAS | 12,0 Gbit/s pro Richtung |

**Tabelle 4.6:** SATA-Generationen

### 4.4.3 Single- und Dual-Port

Dual-Port-SAS-Disks besitzen, im Gegensatz zu den Single-Port-Disks, zwei Anschluss-Ports (Kanäle). Diese können zur Leistungssteigerung gebündelt oder aber, bei Verwendung von zwei separaten Controllern, zur Ausfallsicherung verwendet werden.

Die SAS-Protokollarchitektur besteht aus drei Stacks:

**SSP**   Serial SCSI Protocol

**SMP**   SCSI Management Protocol

**STP**   SATA Tunneling Protocol

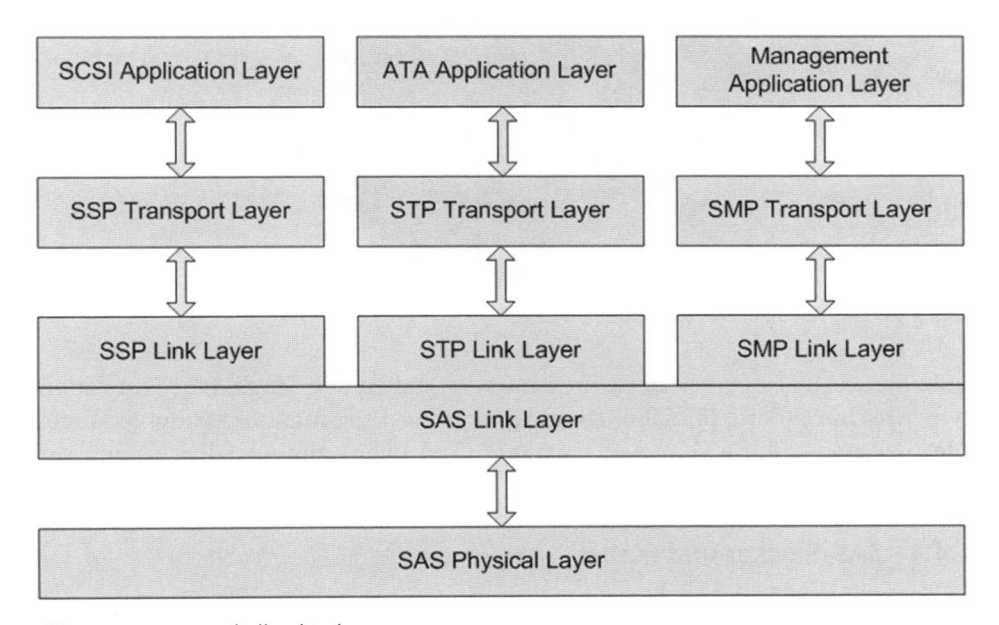

**Abb. 4.11:** SAS-Protokollarchitektur

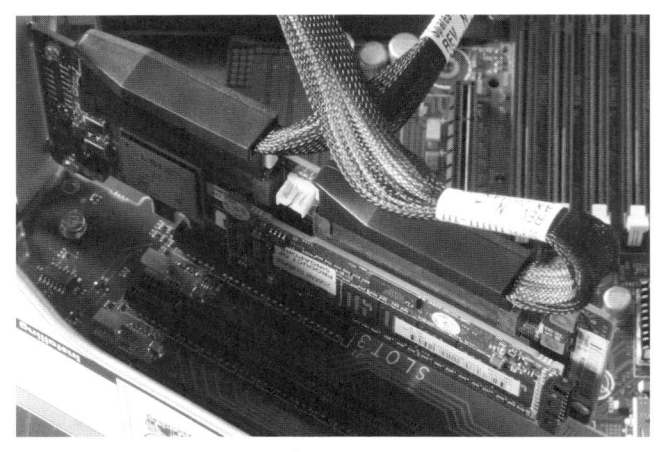

**Abb. 4.12:** SAS-RAID-Controller in HP ProLiant-Server mit Verkabelung zum Drive Cage

**Abb. 4.13:** SAS-Kabelanschlüsse am Drive Cage

Dual-Port-SAS-Festplatten besitzen, im Gegensatz zu den Single-Port-Festplatten, zwei Anschluss-Ports (Kanäle). Diese können zur Leistungssteigerung gebündelt oder bei Verwendung von zwei separaten Controllern zur Ausfallsicherung verwendet werden.

### 4.4.4 SAS-Stecker und -Kabel

SAS verwendet einen leicht modifizierten SATA-Stecker mit der Bezeichnung SFF-8482. Die Modifikation bewirkt, dass SAS-Kabel für SATA verwendet werden können, nicht aber umgekehrt.

Für die Verteilung von SAS-Kanälen innerhalb eines Gehäuses wird neben dem SFF-8482-Stecker auch der SFF-8484-Stecker für den Anschluss von bis zu vier SAS-Geräten verwendet.

**Abb. 4.14:** SAS-Steckertyp SFF-8484

Als Oktopus-Kabel werden Kabel mit vier SFF-8482 und einem SFF8484 oder SFF-8070 bezeichnet. Andere Steckerkombinationen finden ebenfalls Verwendung. Neben diesen Hauptsteckertypen werden weitere Steckertypen verwendet.

| Bezeichnung | Anzahl Pin | Anzahl Geräte (Kanäle) | Beschreibung |
|---|---|---|---|
| SFF-8087 | 36 | 4 | Interne vierkanalige Verbindungen, kleiner als SFF-8484, auch als Mini-SAS bezeichnet |
| SFF-8088 | 26 | 4 | Externe vierkanalige Verbindungen, auch als Mini-SAS bezeichnet |
| SFF-8470 | 32 | 4 | Externe vierkanalige Verbindungen |

**Tabelle 4.7:** SAS-Steckertypen

**Abb. 4.15:** SAS-Steckertyp SFF-8087

## 4.5 Fibre Channel

Fibre Channel (FC) wurde explizit für die Übertragung großer Datenmengen entworfen und eignet sich deshalb auch ideal für Speichernetzwerke (Storage Area Network). Wie der Name schon impliziert, wird zur Datenübertragung keine Kupferleitung, sondern eine Glasfaser (Fibre) verwendet.

**Abb. 4.16:** Glasfaseranschlusskabel mit SC-Stecker

Es sind heute Datenübertragungsraten bis zu 8 GB/s erreichbar. Als Übertragungsprotokoll werden wie bei SAS die SCSI-Protokolle verwendet. Die SCSI-Protokolle werden dabei innerhalb der FC-Pakete gekapselt.

### 4.5.1 Architekturen

Vom Aufbau des F-Netzes her unterscheidet man zwischen der günstigeren FC-AL-(FC Arbitrated Loop) und der leistungsfähigeren, aber auch teureren FC-SW-(FC Switched Fabric-)Architektur. Der FC-AL ist zwar die günstigste FC-Architektur, bietet aber am wenigsten Performance, da es sich um eine Shared-Media-Methode handelt, bei der sich alle Nodes die Gesamtbandbreite teilen müssen.

Der Server benötigt für den Zugriff auf den FC einen FC-Host-Bus-Adapter (FC-HBA).

### FC Point to Point

Im einfachsten Falle kann FC auch für Punkt-zu-Punkt-Verbindungen eingesetzt werden. Dabei gehen aber die Vorteile wie Redundanz und Flexibilität weitestgehend verloren.

## FC-AL

Bei FC Arbitrated Loop werden die Geräte mit einem physikalischen FC-Ring zu einem logischen Bus zusammengeschaltet. Wie bei der Bustechnologie aber üblich, teilen sich die Geräte die zur Verfügung stehende Bandbreite (Shared Media).

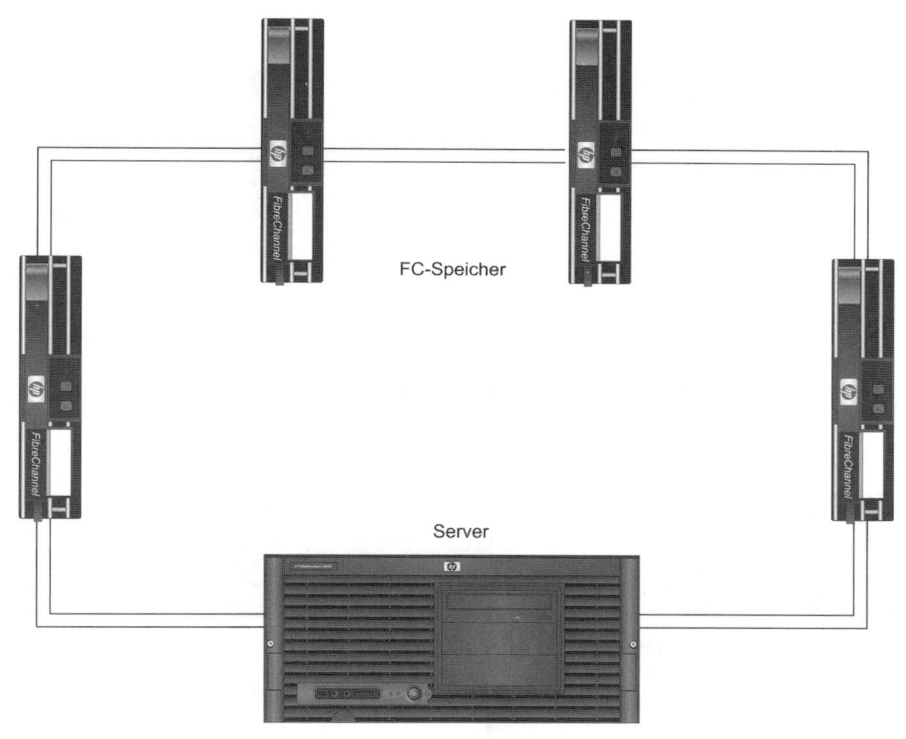

**Abb. 4.17:** FC Arbitrated Loop

## FC-SF

Bei FC Switched Fabric wird eine Sterntopologie (Hub) verwendet. FC-SW benötigt also ein zentrales Steuergerät, das als FC-Switch bezeichnet wird. Der FC-Switch leitet die FC-Pakete anhand der Identifikation der Steuerinformationen (FC Frame Header) an den entsprechenden Knoten (Node) weiter.

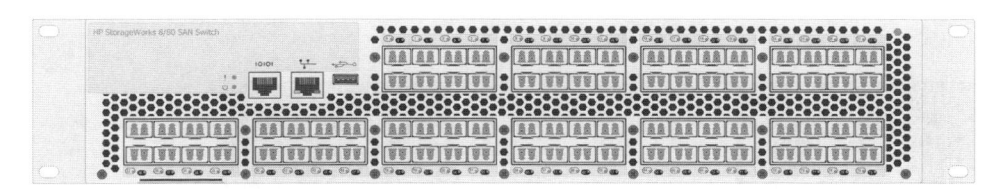

**Abb. 4.18:** Fibre Channel Switch

**Kapitel 4**
Storage-Lösungen

Der Name »Switched Fabric« leitet sich daher ab, dass auch mehrere FC-Switches kombiniert und so redundante Maschenstrukturen (Fabric = Gewebe) aufgebaut werden können. Diese Konstruktionen bieten eine hohe Leistung und Redundanz, sind aber auch entsprechend teuer. Möglich sind dabei eine sternförmige Konstruktion oder – um Ausfallsicherheit zu erreichen – eine vermaschte Konstruktion mit redundanten Anbindungen.

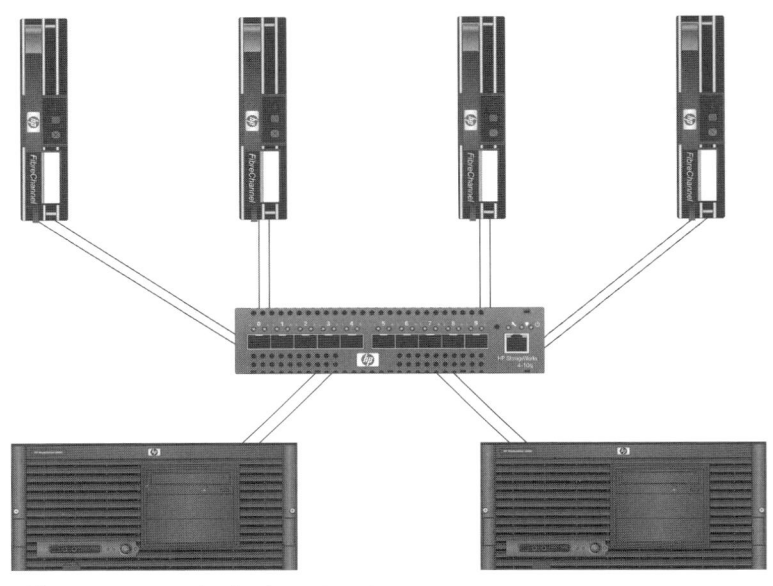

**Abb. 4.19:** FC Switched Fabric (Stern)

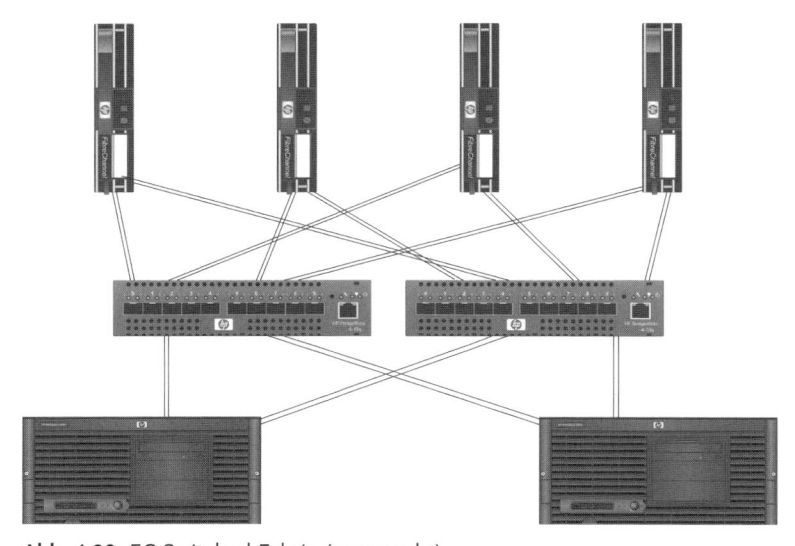

**Abb. 4.20:** FC Switched Fabric (vermascht)

## 4.5.2 Fibre Channel over Ethernet

Die neueste Entwicklung im FC-Bereich ist Fibre Channel over Ethernet. Dabei bleiben die FC-Protokollarchitektur und damit die Managementfunktionen erhalten, die Netzwerkfunktionalitäten werden aber über 10-Gbps-Ethernet-Verbindungen sichergestellt.

Vorteile solcher FCoE-Lösungen:

- Erhalt der FC-Managementfunktionalität
- Integration in die bestehenden IEEE-802.3-Netzwerklösungen
- Standardisierte, günstige und leistungsfähige IEEE-802.3-Netzwerktechnologie

## 4.6 Von DAS über NAS bis SAN

### 4.6.1 DAS oder NAS

Als Direct Attached Storage (DAS) werden Disks bezeichnet, welche direkt an einem Server angeschlossen werden, aber nicht ins Servergehäuse integriert sind. Üblicherweise werden Serial-Attached-SCSI-Disks eingesetzt.

DAS können auch mit RAID-Controllern versehen und intern oder extern in früher Cabinet, heute Cages genannten Gehäusen mit Direktanschluss ein- oder angebaut werden.

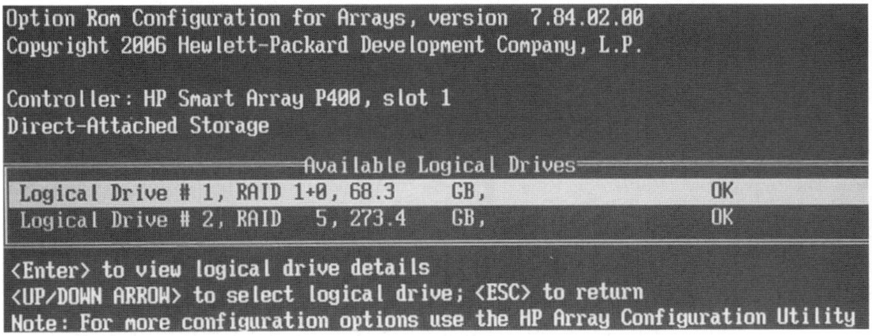

```
Option Rom Configuration for Arrays, version  7.84.02.00
Copyright 2006 Hewlett-Packard Development Company, L.P.

Controller: HP Smart Array P400, slot 1
Direct-Attached Storage
                        ─Available Logical Drives─
  Logical Drive # 1, RAID 1+0, 68.3    GB,                OK
  Logical Drive # 2, RAID   5, 273.4   GB,                OK

<Enter> to view logical drive details
<UP/DOWN ARROW> to select logical drive; <ESC> to return
Note: For more configuration options use the HP Array Configuration Utility
```

**Abb. 4.21:** Direct Attached Storage: Konfigurationsanzeige beim Start des Servers

Beim Network Attached Storage (NAS) dagegen handelt es sich eigentlich um einen spezialisierten Fileserver, deshalb werden NAS manchmal auch als Filer bezeichnet. Entstanden ist die Idee, um die Datenspeicherkapazität, welche früher auf verschiedene Server verteilt war, in einem zentralen, gesicherten und normalerweise redundant ausgelegten System zu vereinen. Heute sind NAS eher als günstige, aber nicht allzu leistungsfähige Speicherlösungen zu betrachten, jedenfalls im Vergleich zu den vorgenannten Storage-Systemen.

# Kapitel 4
Storage-Lösungen

Das Charakteristische an einem NAS ist, dass der Zugriff über Standardnetzwerkprotokolle wie NFS (Network File System) oder SMB/CIFS (Server Message Block/Common Internet File System) erfolgt. Das bedeutet, ein NAS muss die entsprechenden Serverdienste anbieten, und dafür ist ein Betriebssystem notwendig, das in der Regel »embedded« auf dem System fest installiert ist.

NAS-Lösungen werden sowohl auf Linux als auch auf Windows basierend angeboten. Da für NAS-Systeme zumeist handelsübliche Hardware und günstigere Disks eingesetzt werden, sind NAS-Systeme eine günstige Speicherlösung für kleineren Speicherbedarf oder eben als Datensicherung. Gerade im Bereich Backup werden sie in kleineren Umgebungen heute gerne und häufig eingesetzt.

Auch bei einem NAS spricht man von einer D2D-Backup-Lösung, die mit einer zusätzlichen externen Disk sogar zu einer D2D2D-Lösung ausgebaut werden kann.

**Abb. 4.22:** NAS mit eigenem Betriebssystem im Konfigurationsmodus

Der Bereich der NAS beginnt bei kleinen dedizierten Gehäusen, welche einige Disks, eine Netzwerkkarte und ein Motherboard für das Betriebssystem beinhalten. Die Konfigurationsoptionen sind meist recht beschränkt, dafür sind die Lösungen sehr günstig und einfach zu administrieren. NAS können aber auch mehrere Tausend Euro teure Lösungen sein, die bis zu zwölf Laufwerken Platz bieten und dann in direkte Konkurrenz der Storage-Systeme treten. Die Frage ist dann, ob man eine unabhängige Lösung mit eigenem Betriebssystem möchte oder lieber einen direkt angeschlossenen Speicher. Das müssen Sie abhängig von Ihren Anforderungen selber beantworten, hier gibt es nicht einfach ein Richtig oder Falsch als Antwort.

Zu berücksichtigen ist dabei aber, dass ein NAS per se im selben LAN zu Hause ist wie die anderen Server. Dies kann zu einer hohen Belastung des Netzwerks führen, insbesondere wenn nicht nur in Randzeiten oder nachts darauf zugegriffen werden kann.

### 4.6.2 Storage Area Network

Das Storage Area Network (SAN) ist ein Speichernetz, d.h. ein ganzes Netzwerk und nicht nur einzelne Speicher. SAN werden entweder über Fibre Channel oder auch über iSCSI realisiert.

Am besten verständlich wird das Konzept eines Storage Area Networks, wenn man das SAN mit einer LAN-IT-Infrastrukturlösung vergleicht. LANs ermöglichen mehreren PCs den Zugriff auf wichtige IT-Ressourcen, etwa Anwendungen, Server, gemeinsame Dateien und Drucker.

SANs bieten einen ähnlichen Zugriff auf gemeinsame Ressourcen, sind jedoch speziell für Server ausgelegt, die damit Speichergeräte wie beispielsweise Disk-Arrays oder Bandbibliotheken gemeinsam nutzen können.

Ein SAN benötigt eine eigene Infrastruktur, bestehend aus mindestens einem SAN-Server, einer SAN-Infrastruktur (Switches, Verkabelung) sowie SAN-Speicher-Arrays. Jeder Server bzw. jedes Storage-Device in einer SAN-Struktur benötigt einen Host-Bus-Adapter (HBA). Das kann entweder eine separate Steckkarte sein, die in einem Slot im Server steckt, oder ein Chip, der direkt auf der Hauptplatine des Servers oder des Festplattenspeichers integriert ist. Ein HBA nimmt dem Hauptprozessor des Servers Arbeit ab und steigert dessen Leistung. Die Ports am HBA sind per Kabel mit den Ports auf einem Switch verbunden.

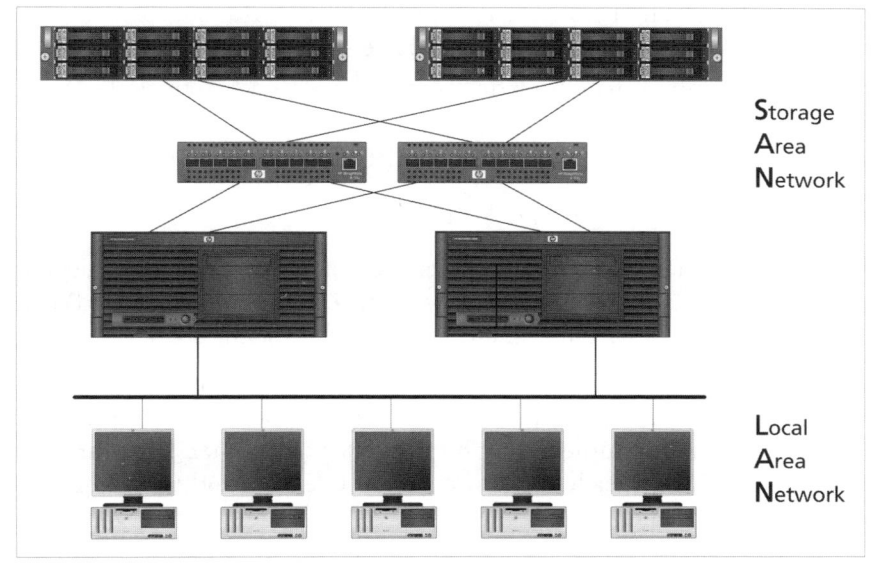

**Abb. 4.23:** SAN-Architektur und vorhandenes LAN

Verwaltet wird das SAN durch eine entsprechende SAN-Managementsoftware. Diese Verwaltung ist sehr wichtig, um ein (teures) SAN auch effektiv ausnutzen zu können. Storage-Resource-Management-Tools (SRM) überwachen und managen die physikalischen und logischen SAN-Ressourcen. Mit einer effizienten Verwaltung lässt sich die gesamte Storage-Infrastruktur zentral von einer einzigen Konsole aus verwalten: Das Management-Tool erkennt Storage-Ressourcen, ermittelt ihre Kapazität und Konfiguration und misst die Leistung. Mit seiner Hilfe kann der Administrator Änderungen an der Konfiguration vornehmen und über alle Komponenten hinweg konsistente Richtlinien durchsetzen. SAN-Management-Tools gibt es unter anderem von EMC, Hewlett-Packard, IBM, Symantec oder Sun.

Charakteristisch für SANs ist die verwendete Verbindungstechnik, dabei handelt es sich um die bereits vorgestellten beiden Technologien Fibre Channel (FC) oder um iSCSI.

SANs sind zudem prädestiniert für eine mehrstufige Speicherumgebung. In einer mehrstufigen Speicherumgebung können Sie Ihre Daten je nach erforderlicher Verfügbarkeit auf verschiedenen Speichersystemen ablegen. Auf diese Weise lassen sich die Gesamtbetriebskosten ohne negative Auswirkungen auf den Geschäftsbetrieb senken.

In einer typischen Disk-to-Disk-to-Tape-Umgebung könnte das Verfahren folgendermaßen aussehen:

- Die Daten mit der höchsten Priorität werden in der ersten Stufe auf SAS/FC-Festplatten gespeichert.
- Die zweite Stufe speichert Daten, auf die nicht sehr häufig zugegriffen wird (z.B. Disk-to-Disk-Backup-Kopien), auf S-ATA-Festplatten.
- Die dritte Stufe umfasst bandbasierte Backup-Kopien oder archivierte Daten auf optischen Speichermedien.

## 4.7 Datei-, Block- und Objekt-Speicher

Klassische Datei-Speicher basieren auf einem Dateisystem, innerhalb dessen Anordnung die Daten hierarchisch abgelegt werden. Zudem beinhaltet das Dateisystem Metadaten wie Beschreibung, Zugriffsrechte oder Dateigrößen.

Ein Dateisystem kann gut mit Tausenden oder Millionen von Dateien umgehen, es ist prädestiniert für den Einsatz im LAN. Wie sieht es aber mit Milliarden von Dateien aus, wie sie im Zusammenhang mit Big Data vorkommen können? Hier stößt das klassische Datei-Speichersystem an seine Grenzen und wird zum Flaschenhals.

Das Verfahren des Block-Storage funktioniert vom Prinzip her ähnlich, aber nicht mehr auf der Speicherung und dem Aufruf von Files, sondern auf einen sogenannten Block bezogen. Ein Block ist ein (immer gleich großer) Datenbereich und das System entscheidet selbstständig, wo ein Block am besten gespeichert wird, auch über verschiedene Speichersysteme hinweg, was die Skalierbarkeit erleichtert. Dadurch ist aber auch kein direkter Zugriff auf Dateien möglich, diese Zugriffe übernimmt das zwischengeschaltete Speichersystem, typischerweise ein SAN (siehe vorhergehenden Abschnitt).

Ein Block besitzt eine Adresse und mittels iSCSI-Aufruf erhält eine Anwendung einen Block zur Speicherung. Anders als beim dateisystembasierten Speichern entscheidet hier die Anwendung, wohin die Daten abgelegt werden und wie diese organisiert sind. Außer der Adresse besitzt ein Block auch keine Metadaten, d.h., er hat weder Zugriffsrechte noch Beschreibung außerhalb der Anwendung, die den Speicherzugriff verwaltet. Der Block selber erhält nur dann eine Bedeutung, wenn er durch die kontrollierende Anwendung mit anderen Blöcken kombiniert und angefragt wird.

Dadurch kann die Performance gesteigert werden, da die Zugriffe schlanker und damit schneller erfolgen. Anwendungsgebiet hierzu sind transaktionsbasierte Systeme und Datenbanken. Je größer die Entfernung von Blockspeicher und Anwendung, desto mehr fallen Verzögerungen ins Gewicht und der Vorteil schmilzt. Von daher sind auch Blockspeicher eher lokal im Einsatz, wie im genannten SAN-Umfeld. Allerdings lassen sich solche Systeme heute auch in Cloud-Umgebungen realisieren und werden dann Block-Level-Speicher genannt. Das physische System der Disks wird bei diesem System nachrangig verwaltet bzw. zur Verfügung gestellt.

Beim Objekt-Speicher (Object Storage) basiert die Speicherung, wie es der Name sagt, auf Objekten. Objekte sind dabei aus Datei und Metadaten gebündelte Daten. Jedes Objekt erhält eine eindeutige ID zugewiesen. Anwendungen identifizieren anhand dieser ID das Objekt.

Anders als bei Dateisystemen erfolgt die Speicherung nicht hierarchisch, sondern flach. Die Objekte bilden einen Pool und werden dort gefunden, egal wo sie physisch gespeichert sind. Weder Typen noch Menge der Metadaten sind dabei begrenzt (etwa im Vergleich zu einem Dateisystem wie NTFS).

So können als Metadaten assoziierte Anwendungen, der Datenschutzgrad, eine Priorität pro Objekt oder Vorgaben für die Dauer der Speicherung oder Löschung etc. hinterlegt werden. Anwender sind sogar in der Lage, eigene Metadaten-Typen zu definieren. Der Fokus liegt somit in der Analyse der Daten und nicht in der Performance, was insbesondere bei sehr großen Datenmengen von Belang ist.

Durch das Konzept der Pools und flachen Speicherung sind Object Storage fast beliebig skalierbar (Scale Out), zumal sie keine komplexe Hardware wie RAID-Systeme benötigen. Den Schutz der Daten realisieren die meisten Konzepte stattdessen durch Replikation der Objekte auf mehrere Server. Damit wird auch ein Engpass beseitigt, mit dem typische Scale-up-Systeme wie RAID-Speicher zunehmend kämpfen. Denn wenn Sie erst mal 20 TB (was heute wenig ist) mit RAID5 betreuen und dann einen Rebuild durchführen müssen, warten Sie nicht Stunden, sondern Tage bis das System wieder redundant verfügbar ist – und das können sich viele Unternehmen schlicht nicht leisten.

## 4.8 Software Defined Storage

Neben Software Defined Networking können Sie auch in Softwae Defined Storage (SDS) investieren. Das Prinzip ist ein ähnliches. Sie trennen die eingesetzte Hardware von Applikationen und Betriebssystemen durch eine Verwaltungsschicht, welche es erlaubt, dynamisch auf die Ressourcen zuzugreifen.

Ein Hauptgrund für die Entwicklung von Software Defined Storage (SDS) ist der Scale-out-Effekt. Diese auch horizontale Erweiterung genannte Skalierung erlaubt es, nicht einfach ein System zu expandieren (z.B. durch mehr Plattenspeicher), sondern vielmehr knotenbasiert mehrere Systeme zu aggregieren, sodass sowohl Leistung als auch verfügbarer Platz skaliert werden.

Dass dies über verschiedene Knoten hinweg möglich ist, ist das Verdienst der Management-Schicht, welche über alle Knoten hinweg eine einheitliche Verwaltung und einen einheitlichen Namensraum (Namespace) zur Verfügung stellt.

Nebst der Möglichkeit, mit wenigen Knoten anzufangen und diese fast beliebig den Anforderungen gerecht auszubauen, gibt es mit unterschiedlichen Ansätzen auch die Möglichkeit, diese sogenannten Speicherpools redundant zu halten oder Sicherungen zu implementieren.

Dadurch, dass nicht nur »Gigabytes«, sondern ganze Knoten (also Rechner) hinzugefügt werden, wird ein Software Defined Storage mit zunehmender Knotenzahl auch nicht langsamer, sondern im Gegenteil leistungsfähiger. Dabei können je nach Anbieter standardisierte Komponenten, Server oder NAS für den Ausbau genutzt werden. Teure SAN-Infrastrukturen sind dagegen für die Realisierung nicht notwendig. SDS kann folgende Vorteile bieten:

- Automatisierte Verwaltung über mehrere Systeme bzw. Knoten hinweg
- Standard-Schnittstelle zur Verwaltung und Wartung unterschiedlicher Geräte (Hardware)
- Virtuelle Datenpfade basierend auf einem einheitlichen Namespace
- Tiefere Capex-Kosten durch flexible Expansion, transparente Opex-Kosten
- Rasche Anpassung an die Bedürfnisse für Performance und Speicherbedarf
- Transparente Darstellung der genutzten Ressourcen über alle Knoten
- Nutzung von Cloud-Speichern für die weitere Ausdehnung bei Bedarf möglich

Zudem beherrschen nicht wenige Anbieter auch das vom hierarchischen Speichersystem her bekannte Storage-Tiering. Werden unterschiedlich schnelle Speichersysteme als Knoten eingesetzt, kann die Verwaltung selbstständig häufig benutzte Daten auf Tier-0-Systeme und weniger häufig benutzte auf Tier-1- oder Tier-2-Knoten verschieben.

SDS begibt sich damit in die Nähe von Cloud-Speichern, gibt Ihnen aber mehr Zugriffsmöglichkeiten, weil die Management-Schicht unter Ihrer Kontrolle ist. SDS ist aber kein Cloudspeicher, sondern eine Abstraktion mehrerer Knoten mit selbst gewähltem Netzwerkzugang und selber ausgewählten Protokollen wie NFS oder SMB und nicht nur webbasiert.

SDS ist aber auch kein »großes NAS«. Vielmehr organisiert und verteilt NAS Dateien, während SDS das Storage Volume selbst steuert. SDS definiert sich daher auch nicht über ein Filesystem, sondern einen Namensraum.

Für die physische Speicherung setzen SDS-Lösungen auf Block- oder Object-Store-Verfahren. Bekannte Anbieter sind etwa EMC mit Isilon, Nutanix, Red Hat oder Qumulo und andere mehr.

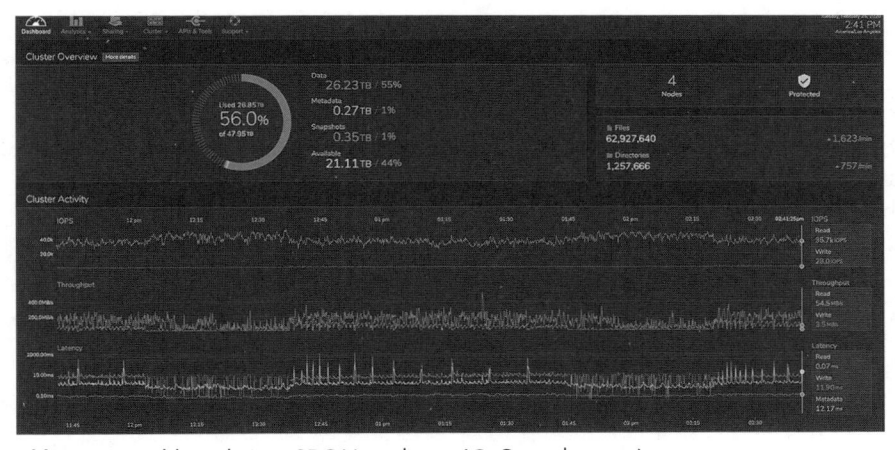

**Abb. 4.24:** Dashboard einer SDS-Verwaltung (© Qumulo corp.)

## 4.9 Fragen zu diesem Kapitel

1. Sie möchten die bisherige SCSI-Plattenlösung, welche auf Ultra2-SCSI beruht, durch eine wesentlich effizientere Lösung ersetzen, die mindestens 600 MB/s Datendurchsatz erlaubt. Welche Lösung werden Sie implementieren?

   A) Die Ultra Disks behalten und einen SATA-Controller einsetzen

   B) Platten und Controller durch SCSI-2-Wide-Komponenten ersetzen

   C) Den Controller behalten und die Platten durch SCSI-6-Platten ersetzen

   D) Platten und Controller durch SAS-Komponenten ersetzen

# Kapitel 4
Storage-Lösungen

2. Was ist eine SCSI-ID?

    A) Die eindeutige Bezeichnung der SCSI-Komponente auf dem SCSI-Bus

    B) Die eindeutige Bezeichnung der SCSI-Festplatten im RAID-Verbund

    C) Die wählbare Bezeichnung für externe SCSI-Komponenten

    D) Die Master-/Slave-Einstellung bei SCSI-Festplatten

3. Bei welcher der folgenden Plattentechnologien ist die Durchsatzrate am höchsten?

    A) SATA-3

    B) U160

    C) PCIe-NVMe

    D) SAS

4. Wie nennt sich ein Speichersystem, das ins Netzwerk eingebunden wird, welches Dienste im Netzwerk anbieten kann und über ein eigenes Betriebssystem verfügt?

    A) SCSI

    B) NAS

    C) NFS

    D) SAS

5. Sie verfügen über mehrere SAS-Platten und SATA-Platten. Wenn ein Speichersystem erlaubt, dass beide Typen verwendet werden können, was müssen Sie dabei beachten?

    A) Dass SATA-Platten immer kleiner sind als SAS-Platten

    B) Dass SAS-Platten und SATA-Platten die gleiche Größe haben für einen gemeinsamen Einsatz

    C) Dass SAS-Platten mehr Hitze entwickeln und daher nicht neben SATA-Platten eingesetzt werden können, außer man lässt jeden zweiten Plattensteckplatz frei

    D) Dass SAS- und SATA-Platten nicht zwingend gleichzeitig nebeneinander verwendet werden können

6. Ein Systemadministrator hat im Monitoring festgestellt, dass das Unternehmen bald mehr Speicher benötigt. Für die Art der Anwendung ist maximale Performance mit bestmöglicher Durchsatzrate gefragt. Welche der folgenden Lösungen wird daher implementiert, um diese Anforderungen *am besten* zu erfüllen?

    A) FC SAN

    B) SCSI

    C) NAS

    D) FCoE

7. Welche Antwort beinhaltet nur Standards für die serielle Übertragung?
   A) IDE, COM, SCSI, FireWire
   B) SCSI, USB, S-ATA, PC-Card
   C) S-ATA, USB, PCI-Express, COM
   D) COM, LPT, USB, AGP

8. Michael wurde mit dem Einkauf von neuen internen Festplatten für einen Dateiserver mit wenig Aktivität (I/O) beauftragt. Unter Berücksichtigung der Tatsache, dass Budget und dennoch große Kapazität die zentralen Kriterien sind, welche Platten wird Michael einkaufen?
   A) SATA
   B) SAS
   C) eSATA
   D) USB

9. Was ist der Unterschied zwischen DAS und NAS?
   A) DAS ist direkt am Server angeschlossen, NAS via Netzwerkverbindung
   B) NAS benötigt mindestens FCoE
   C) DAS hat ein eigenes Betriebssystem, NAS nicht
   D) NAS kann DFS nutzen, DAS nicht

10. Katja erhält einen Server mit einem installierten Betriebssystem und vier leeren SAS-Schächten. Sie wird ihn nehmen, um ein neues Datenlaufwerk zu konfigurieren mit rund 100 GB Daten. Was wird Katja als Speichersystem auswählen, um der Anforderung an eine bestmögliche Performance gerecht zu werden?
    A) SCSI
    B) SSD
    C) SATA
    D) PCI

Kapitel 5

# Stabilität durch Fehlertoleranz

Mechanische und auch elektrische sowie elektronische Systeme unterliegen der Abnutzung und können kaputtgehen. Lager werden warm, Transistoren und Sicherungen brennen durch, Batteriekapazitäten nehmen ab. Dagegen kann man nichts machen.

Man kann sich allerdings gegen weitergehende Schäden und Ausfälle schützen, indem geeignete Vorkehrungen getroffen werden. Eine der einfachsten und wirkungsvollsten Vorkehrungen gegen den Ausfall von Komponenten ist das doppelte (redundante) Auslegen von anfälligen Komponenten. Nicht immer ist das ganz einfach zu implementieren wie im Falle eines redundanten Netzgeräts. Manchmal greift man auch zu raffinierteren Methoden wie beim Festplatten-RAID, immer aber mit dem Ziel, die Server betriebsbereit zu halten, auch wenn einzelne Komponenten defekt sind.

> Sie lernen in diesem Kapitel:
> - Den Nutzen von RAID verstehen
> - Die verschiedenen RAID-Level unterscheiden
> - Die Planungs- und Entscheidungsgrundlagen für einen Entscheid zu einem bestimmten RAID-Level verstehen
> - Fehlertolerante Systeme zur Stromversorgung kennen
> - Netzwerklastenausgleich und seine Möglichkeiten unterscheiden
> - Die verschiedenen Varianten weiterer möglicher redundanten Komponenten beschreiben und unterscheiden

## 5.1 RAID

Aufgrund der Physik von Festplatten ist es keine Frage, *ob* eine Festplatte kaputtgeht, sondern höchstens *wann*. Zwei der Hauptgründe sind sich erhitzende Lager der eigentlichen Platte, die ja mit bis zu 15.000 rpm rotiert, und die sehr kleine Distanz, mit welcher der Schreib-/Lesekopf über der Magnetschicht schwebt. Natürlich können auch andere Komponenten ausfallen, nicht zuletzt die Elektronik im Festplattengehäuse.

Da Daten aber ein zentrales Element in der Unternehmensinformatik sind, hat man sich schon sehr früh Gedanken darüber gemacht, wie man sie mit möglichst wenig Aufwand technisch und finanziell auch dann weiter zur Verfügung stellen kann, wenn eine Festplatte einen Defekt hat. Einer der ersten Ansätze war die Shadow Disk (Schattenplatte). Dabei wurden die Daten parallel auf zwei physikalische Festplatten geschrieben; fiel die Hauptplatte aus, konnte der Administrator relativ einfach den »Schatten« aktiv schalten. Dies konnte natürlich auch für Wartungszwecke geschehen.

Unter dem Namen RAID (Redundant Array of Inexpensive Disks) wurden Technologien entwickelt, welche es erlauben sollten, anstelle immer zuverlässiger, aber dafür teurer Festplatten einen Verbund (Array) von Festplatten zu bauen, welcher auch dann weiter funktioniert, wenn eine einzelne Festplatte ausfällt (Redundanz). Da die Zuverlässigkeit in solchen Systemen eine weniger große Rolle spielte, konnten hier günstigere (inexpensive) Festplatten verwendet werden.

Da den Herstellern nicht gefiel, dass sie günstige oder sogar billige Systeme anbieten sollen, hat sich schleichend auch die Lesart »Redundant Array of INDEPENDENT (unabhängige) Disks« etabliert. Heute werden beide Ausdrücke verwendet.

Die verschiedenen RAID-Stufen oder RAID-Levels unterscheiden sich in der Art der Organisation des Arrays, also wie diese zusammengeschaltet und wie Daten und Fehlerkorrekturinformationen abgelegt werden.

Es existieren diverse RAID-Level und auch Kombinationen verschiedener RAID-Level. Im Folgenden werden die heute gebräuchlichen beschrieben.

### 5.1.1 RAID-Level

#### RAID 0

Bei RAID 0 handelt es sich um keinen eigentlichen RAID-Level, da er keine Fehlertoleranz bietet, sondern die Daten blockweise auf mehrere Disks verteilt. Da RAID 0 aber in Kombination mit anderen RAID-Levels vorkommen kann, hat dieses auch als Stripe Set bezeichnete Verfahren trotzdem eine RAID-Nummer bekommen.

Da beim Stripe Set die Daten auf mehrere physikalische Datenträger verteilt und parallel geschrieben und gelesen werden können, bietet ein Stripe Set eine bedeutend bessere Performance als eine einzelne Disk.

Auf der anderen Seite erhöht sich durch das Verteilen der Daten auf mehrere physikalische Datenträger auch die Wahrscheinlichkeit, dass *einer* davon kaputtgeht, die Ausfallwahrscheinlichkeit steigt also sogar.

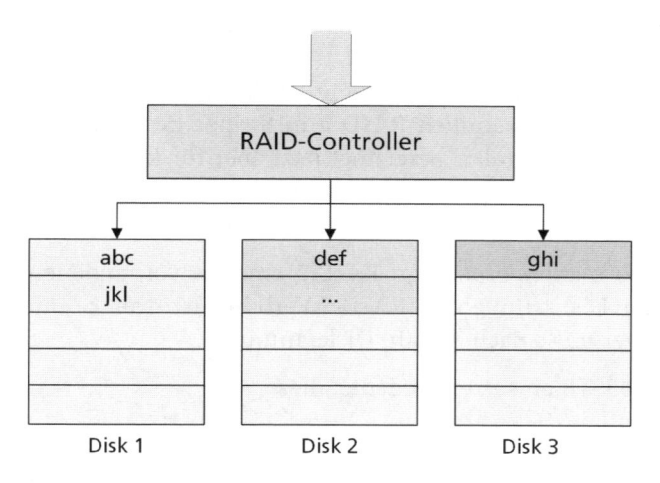

**Abb. 5.1:** Datenverteilung mit RAID 0

## RAID 1

RAID 1 wird auch als Spiegel (Mirror) bezeichnet und ist damit eigentlich der direkte Nachfolger der früheren Shadow Disk. Ein RAID 1 wird auch beim Ausfall einer der Disks weiterhin ohne Performance-Einbuße unterbrechungsfrei zur Verfügung stehen, die Fehlertoleranz ist ab diesem Moment natürlich nicht mehr gewährleistet. Während der Wiederherstellung des redundanten Zustands, also nach Ersatz einer defekten Disk, nimmt die Performance während des Wiederaufbaus dann deutlich ab, da dies eine große Last für den Controller wie für die Disk bedeutet. Daher sollte man sich bei Rebuilds eines RAIDs überlegen, den Array für diese Zeit vom produktiven LAN zu trennen oder den Rebuild in die Nachtstunden zu verlegen.

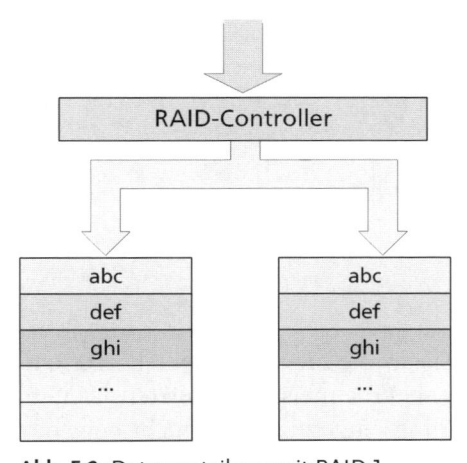

**Abb. 5.2:** Datenverteilung mit RAID 1

## RAID 5

Bei RAID 5 wird als Fehlerkorrekturmechanismus eine Paritätsinformation verwendet. Die Daten werden bei RAID 5 ähnlich RAID 0 in Stripes (Streifen) auf mehrere Disks verteilt. Der RAID-Controller berechnet jetzt aber für jeden Streifen noch die Paritätsinformation, welche genauso groß wie ein Block des Stripes ist. Deshalb wird RAID 5 auch als Stripe Set With Parity bezeichnet.

D.h., für die zusätzlichen Informationen benötigt RAID 5 eine der vorhandenen Disks. Die Mindestanzahl an Disks für einen RAID-5-Verbund ist drei. Somit berechnet sich die Nutzspeichergröße nach Anzahl Disks minus 1.

Wenn Sie also 4 Disks zu je 143 GB einsetzen, bedeutet dies:

Bruttospeicherplatz = 572 GB – 1 Disk à Nutzspeicher = 429 GB.

Die Paritätsberechnung erfolgt dabei nach einem XOR-Verfahren: Ergibt die Summe der Berechnung einen ungeraden Wert, ist das Paritätsbit 1, bei einem geraden Wert ist das Paritätsbit 0.

Im Fehlerfall kann der RAID-Controller auf den verbleibenden Blöcken des Stripes unter Einbeziehen der Paritätsinformation die eigentlichen Daten wiederherstellen. Solange die fehlerhafte Disk nicht ausgetauscht und RAID 5 nicht wiederhergestellt wurde, wird die Zugriffs-Performance zurückgehen, während der Wiederherstellung sogar noch weiter.

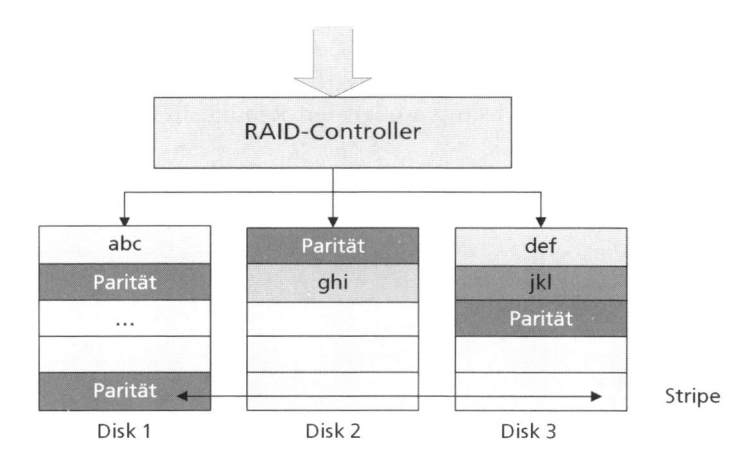

**Abb. 5.3:** Datenverteilung mit RAID 5

Es gibt natürlich noch weit mehr RAID-Levels als die hier vorgestellten. Im Rahmen der Thematik Datensicherung sind dies aber die meist eingesetzten. Weitere Level werden für die primäre Datenspeicherung eingesetzt, aber nicht oder nur selten im Bereich Datensicherung oder Archivierung.

## Hybrid-RAID

Als Hybrid- oder verschachtelte RAID-Level werden Kombinationen von RAID-Systemen bezeichnet. Dabei wird der übergeordnete Level als zweite Zahl verwendet.

Ein gespiegeltes (RAID 1) Stripe Set (RAID 0) wird so als RAID 0+1 bezeichnet. Der Bequemlichkeit halber wird das verbindende Pluszeichen häufig weggelassen und einfach RAID 01 geschrieben.

Leider wird dieses Bezeichnungssystem nicht immer eindeutig verwendet. Es empfiehlt sich, im konkreten Falle immer zu überprüfen, ob mit RAID 10 wirklich RAID 1+0 oder nicht etwa RAID 0+1 gemeint ist.

Dasselbe gilt sinngemäß für fast alle Hybrid-RAID-Systeme.

## RAID 01/10

Bei RAID 10 handelt es sich um eine Kombination von RAID 0 und RAID 1, bei dem zwei oder mehr Spiegel (RAID 0) gestriped werden.

Der RAID-Level 0+1 spiegelt zwei Stripe-Sets.

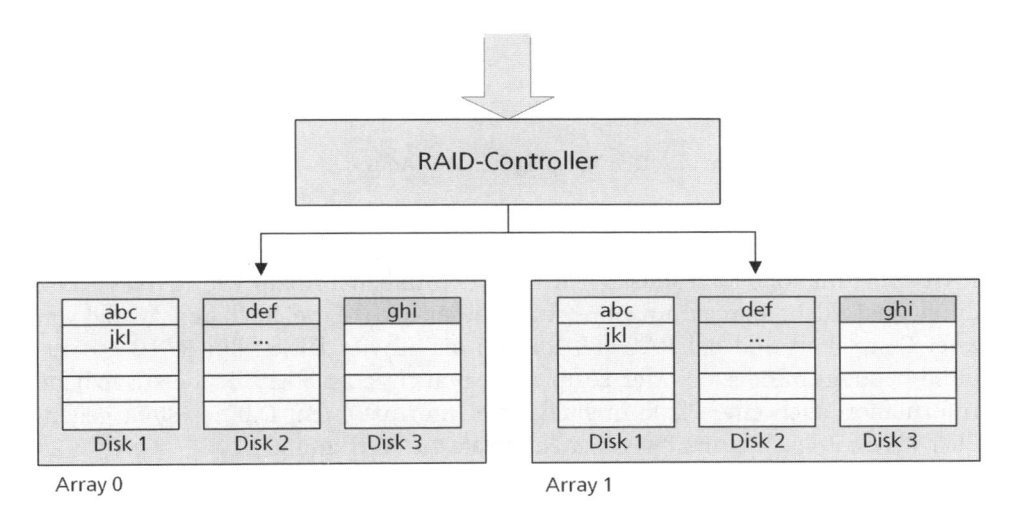

**Abb. 5.4:** Datenverteilung mit RAID 0+1

RAID 0+1 und 10 sind sehr teure Lösungen, da die Hälfte der Festplatten nur für die Redundanz verwendet wird, bieten aber, je mehr Festplatten bzw. Spiegel im Stripe sind, eine sehr gute Performance.

## RAID 50

Beim RAID 50 handelt es sich um ein Set von RAID 5, welches gestriped wird.

Bei RAID 51 werden zwei RAID-5-Arrays gespiegelt. Damit beinhaltet jedes Array den kompletten Datenbestand und zusätzlich noch eine Paritätsfestplatte. RAID 51 findet beispielsweise Verwendung zum Schutz vor Katastrophen wie Bränden oder Explosionen. Dabei werden komplette RAID-5-Arrays an geografisch unterschiedliche Standorte gespiegelt.

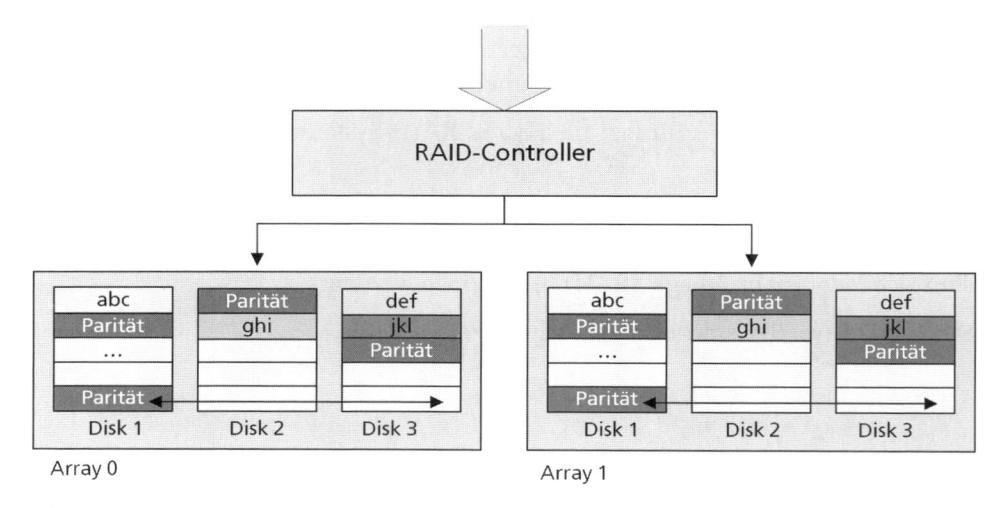

**Abb. 5.5:** Datenverteilung mit RAID 51 (gespiegelte RAID-Arrays)

## RAID 60

RAID 60 funktioniert grundsätzlich nach demselben Prinzip wie RAID 6, d.h., durch zusätzliche Berechnungen verträgt dieser RAID-Level auch den Ausfall von zwei Festplatten und bei RAID 60 folglich bis zu vier Disks. Ein RAID-60-Verbund benötigt mindestens vier Festplatten, braucht aber eben für die zusätzliche Information auch eine Platte mehr für die Informationen. D.h., es steht gegenüber RAID 50 noch einmal weniger Nutzplatz zur Verfügung.

### Ausfall eines Laufwerks

Mit Ausnahme des hier nicht vorgestellten RAID 6 und der Hybrid-Arrays funktionieren die RAID-Systeme nur weiter, sofern nicht mehr als eine Disk ausfällt. Fallen zwei oder mehr Disks aus, sind die Daten dieser Arrays verloren.

Bei den meisten Hybrid-RAID-Konfigurationen können zwar auch zwei oder sogar noch mehr Disks ausfallen, allerdings nicht in beliebigen Kombinationen. Bei einem RAID 10 kann in jedem Spiegel eine Disk ausfallen, nicht aber beide Disks eines Spiegels.

Daraus lassen sich zwei wichtige Schlüsse ziehen:

- Im RAID-System sollten defekte Laufwerke so rasch wie möglich ersetzt werden.
- RAID bei Plattensystemen ersetzt keine Datensicherung.

Aus ersterem Grund kann bei der Einrichtung von RAID-Arrays eine zusätzliche Disk als sogenannter Hotspare eingesetzt werden. Das bedeutet, es steht eine zusätzliche Disk zur Verfügung, die nicht aktiv im Verbund tätig ist, aber als Hotspare bei Ausfall einer Disk im Verbund sofort als Ersatz vom System eingesetzt werden kann. Die Kontrolle über den Hotspare übt die Verwaltungssoftware des RAID-Controllers aus, d.h., sie wird vom System bei Bedarf automatisch eingesetzt.

Nach dem Ersatz der defekten Disk muss die Fehlertoleranz wieder hergestellt werden, dieser Prozess wird auch als Regenerierung bezeichnet. Bei einem RAID 1 werden die Daten der überlebenden Disk auf die ersetzte Disk kopiert (auch: synchronisiert).

Bei allen anderen RAID-Systemen werden aus der Fehlerkorrekturinformation und den verbleibenden Disks die Daten der ersetzten Disk neu berechnet. Da dadurch der RAID-Controller belastet wird, sinkt die Performance während der Regenerierung weiter. Wenn möglich, sollte dies in einer Niederlastzeit des Servers geschehen.

## Managementsoftware

Das Einrichten und Konfigurieren der RAID-Arrays benötigt entsprechende Programme, die Array-Management- oder Speicherverwaltungssoftware.

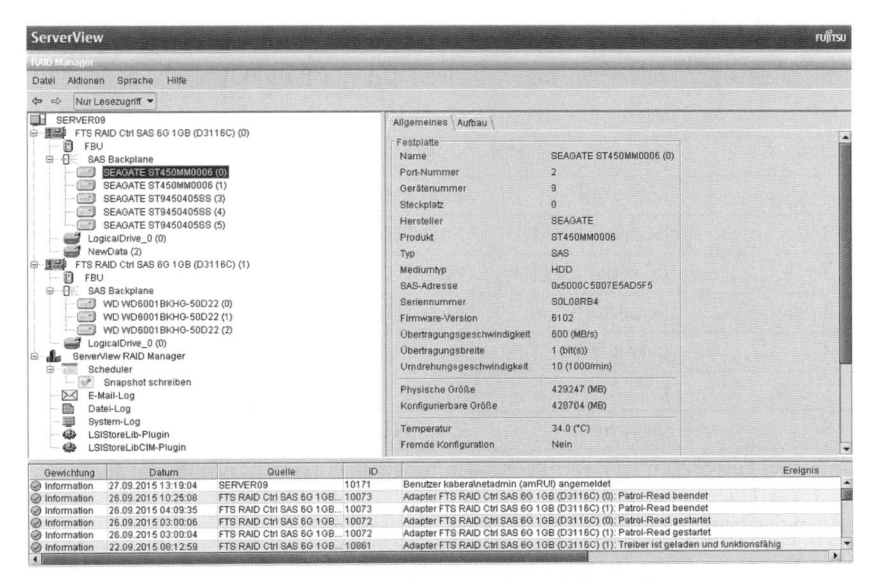

**Abb. 5.6:** RAID-Manager eines Fujitsu-Servers mit zwei Controllern

Für die Initialkonfiguration eines RAID-Arrays wird die Speicherverwaltungssoftware entweder von einem Datenträger geladen oder aber es wird mit einer, meist einfacheren, firmwarebasierten Konfigurationssoftware gearbeitet.

Für größere RAID-Speichersysteme wird mit ausgefeilteren Programmen zur Speicherkonfiguration gearbeitet. Die Verwaltungssoftware wird in der Regel vom Hardware-Hersteller spezifisch für ein bestimmtes Produkt angeboten.

### 5.1.2 Duplexing

Über RAID-Systeme wird der Ausfall der eigentlichen Festplatte und der elektronischen Komponenten abgesichert, welche sich im Festplattengehäuse befinden. Werden die am RAID-Array angeschlossenen Festplatten über einen RAID-Controller angesteuert, so bildet dieser einen »Single Point of Failure«. Wenn der Controller ausfällt, ist der Datenzugriff auf das Array nicht mehr möglich.

Die Zuverlässigkeit der RAID-Controller ist aber sehr gut, insbesondere, da der RAID-Controller ja im Gegensatz zur Festplatte keine beweglichen Teile besitzt.

Sollten die Verfügbarkeitsanforderungen aber so hoch sein, dass dies nicht genügt, kann auch der RAID-Controller doppelt ausgelegt werden. Im einfachsten Falle werden zwei Festplatten mit je einem separaten Festplatten-Controller versehen und dann gespiegelt. Man spricht in diesem Fall zur Unterscheidung von einem normalen »mirroring« von »duplexing«. Der Ausdruck wird in der Regel immer dann verwendet, wenn auch der RAID-Controller redundant ausgelegt wird.

### 5.1.3 Übersicht RAID

| Level | Mind. HDD | Fehlertoleranz | Overhead | FT Technik |
| --- | --- | --- | --- | --- |
| 0 | 2 | Nein | 0 | n/a |
| 1 | 2 | Ja | 50 % | Spiegelung |
| 2 | 3 | Ja, verteilt | Eine HD | ECC |
| 3 | 3 [1] | Ja, separate HD | Eine HD | XOR |
| 4 | 3 | Ja, separate HD | Eine HD | Parität |
| 5 | 3 | Ja, verteilt | Eine HD | Parität |
| 6 | 4 | Ja (2 HD) | [2] | [2] |
| 10 | 4 | Ja | 50 % | Spiegelung |
| 51 | 6 | Ja, verteilt | Zwei HD | Parität und Mirroring |

1) RAID 3 mit zwei Festplatten ist zwar theoretisch möglich, entspricht funktional allerdings einem RAID 1
2) Abhängig von der Implementierung, in der Regel 2 Disks

**Tabelle 5.1:** RAID-Level in der Übersicht

Entsprechend ergeben sich für die Auswahl des richtigen RAID-Levels verschiedene Betrachtungsweisen in Anlehnung an ein Bild von Fujitsu wie folgt:

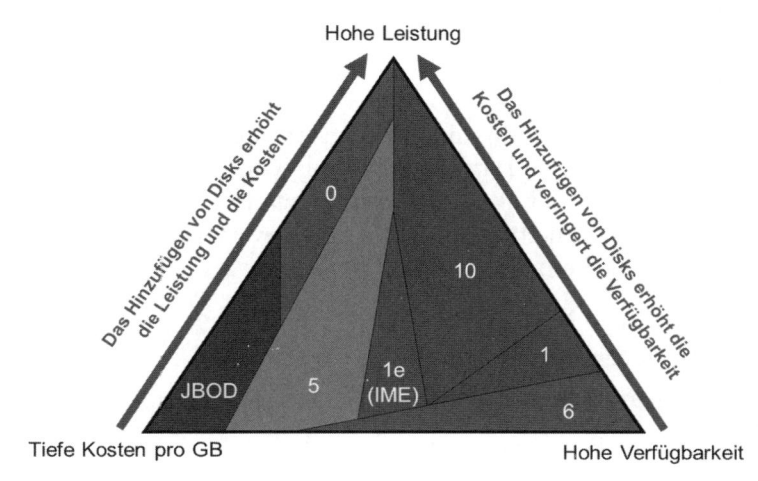

**Abb. 5.7:** Faktoren zur Auswahl des richtigen RAID-Levels (© Fujitsu Technology Solutions)

## 5.1.4 RAID im Zeitalter von SSDs

Das Thema RAID lässt sich nicht 1:1 von drehenden Disks auf SSDs übertragen. Denn so schnell einzelne SSDs im Betrieb sind, so schwer tun sie sich im Zusammenhang mit RAID.

So steht der Befehl TRIM für die SSD im RAID-Verbund nicht zur Verfügung. Zur Klärung: Das Kommando TRIM stellt eine wichtige Option von SSDs, um deren Performance und Langlebigkeit zu steigern. Anhand des TRIM-Kommandos übermittelt ein Betriebssystem z.B. die Datenblöcke, welche nicht mehr benötigt und daher überschrieben werden können. Damit TRIM funktioniert, müssen sowohl Datenträger als auch Betriebs- und Dateisystem das Kommando unterstützen. Dies ist heute bei Einzel-SSDs wie auch aktuellen Betriebssystemen ob unter Windows, Linux oder MacOS gegeben.

RAID als Standard hingegen unterstützt abgesehen von einzelnen herstellerabhängigen Implementationen TRIM nicht – dadurch verlieren SSDs im RAID-Verbund tendenziell an Effektivität und insbesondere an Lebensdauer.

Dem wiederum stellen sich die Hersteller von spezialisierten RAID-Controllern entgegen, indem sie über die Ermittlung der Benutzung (wear leveling) und die Einrichtung von Reserveblöcken (over provisioning) den Controller anweisen, die SSDs entsprechend zu verwalten, dass Leistung und Lebensdauer erhalten bleiben.

Von daher wird ein Einsatz von RAID-Arrays bei SSDs für kleine Server oder gar NAS eher selten empfohlen. Es treten andere Mechanismen wie Replikation oder imagebasierte Backups an deren Stelle. Teurere Systeme enthalten dagegen spezialisierte und auf SSD ausgelegte RAID-Controller, welche den ursprünglichen Zweck von RAID, die Erhöhung der Ausfallsicherheit, gewährleisten sollten.

## 5.2 Energieversorgung

Die Energieversorgung ist eigentlich eine der wichtigsten Komponenten in der EDV: ohne Strom keine elektronische Datenverarbeitung! Oftmals wird das aber stark vernachlässigt, man ist es gewöhnt, dass Strom einfach immer und in guter Qualität verfügbar ist. Im Zusammenhang mit der Energieversorgung sind verschiedene Situationen zu betrachten:

- Spannungsschwankungen im Stromnetz
- Kurzzeitige Stromunterbrechungen
- Längerfristige Stromunterbrechungen

Dadurch können verschiedene Probleme verursacht werden:

- Direkte Verhinderung der Erbringung der IT-Dienstleistungen während der Stromunterbrechung.
- Unkontrolliertes Herunterfahren oder Neustarten der Serversysteme und damit verbundene Probleme wie:
  - Defekte Betriebssysteme
  - Datenverlust auf Festplatten
  - Defekte Hardware-Komponenten

Server können gegen solche Störungen geschützt werden. Die erste Komponente dabei ist immer eine unterbrechungsfreie Stromversorgung, welche unter Umständen durch ein Notstromaggregat ergänzt wird.

### 5.2.1 Grundlegende Betrachtungen

Die Energieversorgung bedarf auch aus Sicht der Gefahrensicherheit einer besonderen Betrachtung. Starkstrominstallationen dürfen nur von ausgebildeten Fachleuten ausgeführt werden. Aber auch beim einfachen Anschließen von Infrastruktur sind einige Punkte zu beachten:

#### Spannungen

In Europa wird das Stromversorgungsnetzwerk für die Feinverteilung mit 230 V bei 50 Hz betrieben. Das amerikanische Stromnetzwerk wird dagegen mit 110 V betrieben. Insbesondere bei im Ausland oder nicht im Fachhandel gekauften Geräten muss daher darauf geachtet werden, dass die Eingangsspannungen der Netzteile mit derjenigen der eingesetzten Stromversorgung übereinstimmen.

Dies trifft ebenfalls für die Unterscheidung von 230 und 400 V zu. Über größere Distanzen wird die elektrische Energie als sogenannter Drehstrom mit drei Phasen transportiert. Nach dem finalen Heruntertransformieren herrscht zwischen den drei Phasen eine Spannung von 400 V, gegenüber dem Nullleiter eine solche von 230 V. Die drei Phasen werden in einer Hausinstallation so verteilt, dass sie möglichst gleichmäßig belastet werden.

## Stecker

Für das Anschließen von 230-Volt-Geräten werden drei Leitungen benötigt: Phase (spannungsführend), Nullleiter (Rückleiter, keine Spannung, wenn stromfrei) und Erdung. Für Geräte mit Metallteilen, welche berührt werden könnten, ist die Erdung vorgeschrieben. Entsprechend werden Stecker mit drei Kontakten benötigt wie der Standard-Schuko-(Schutzkontakt-)Stecker (Stecker Typ F; CEE 7/4; CEE 7/7). In der Schweiz ist der Stecker Typ J (SEV 1011) gebräuchlich. Diese Stecker erlauben Leistungen bis 3,8 kW (Typ F) bzw. 2,4 kW (Typ J).

Das entspricht in den USA dem NEMA-Stecker, den es in verschiedenen Ausführungen gibt, alternativ dazu auch Edison-Stecker genannt (NEMA-5). In Umfeldern, bei denen der Anschluss der Netzleitung sicherheitsrelevant ist, können auch Drehverschlüsse eingesetzt werden (z.B. Medizin). Hier kommen (CompTIA) »Twist Lock«, d.h. NEMA-L-Anschlüsse, zum Einsatz.

Für leistungsstärkere Geräte wie größere USVs werden Drehstromanschlüsse verwendet. Ein entsprechender Stecker verfügt über fünf Kontakte (drei Phasen, Nullleiter und Erdung), wie sie der CEE 32-5 verwendet.

## Strom/Leistung

Die Leistung, welche über eine Leitung bezogen werden kann, wird aus Strom und Spannung bestimmt. Da die Spannung vom Gerät bestimmt wird (Anschlussspannung), ergibt sich, dass je mehr Leistung bezogen wird, umso mehr Strom fließen muss. Da Strom aber in Leitungen und Steckern zu Wärmeentwicklung führt, darf dieser nicht beliebig erhöht werden.

Die Stecker Typ F und die dazugehörigen Kabel sind in der Regel für 16 Ampere (A), der Typ J für 10 A ausgelegt.

Der Stecker CEE 32-5 ist für eine Belastung von bis zu 32 A pro Phase ausgelegt.

## Sicherungen

Die Sicherungen (Überstromschutzeinrichtung) sind für die verwendeten Kabel und Stecker dimensioniert und dürfen in keinem Fall größer gewählt werden als die durch Stecker und Kabelquerschnitt erlaubte Stromstärke. Heute wird dies meistens durch mechanische Vorrichtungen sichergestellt.

### 5.2.2 USV

In der Regel besteht eine unterbrechungsfreie Stromversorgung (USV, Uninterruptible Power Supply, UPS) aus einer leistungsstarken wiederaufladbaren Batterie, vielfach aus einem Bleiakkumulator, wie er ähnlich in Fahrzeugen verwendet wird.

Solange die normale Energieversorgung funktioniert, wird die Batterie geladen, und sobald die Energieversorgung ausfällt oder es zu einer kurzen Unterbrechung in der Versorgung kommt, speist die USV die Server aus der in der Batterie gespeicherten Energie. Die Elektronik der USV hat dabei folgende Aufgaben:

- Ladung und Entladung des Akkumulators zu kontrollieren
- Im angeschlossenen Endgerät die Energieversorgung sicherzustellen
- Signalisation der Energieversorgungssituation

Bedingt durch die beschränkten Energiespeicherkapazitäten der Batterien dient eine klassische USV folgendem Zweck:

- Ausgleichen von Spannungsschwankungen
- Überbrücken von kurzen Versorgungsunterbrechungen
- Sicherstellen der Energieversorgung, während die Server kontrolliert heruntergefahren werde
- Sicherstellen der Stromversorgung, bis ein Notstromaggregat angesprungen ist

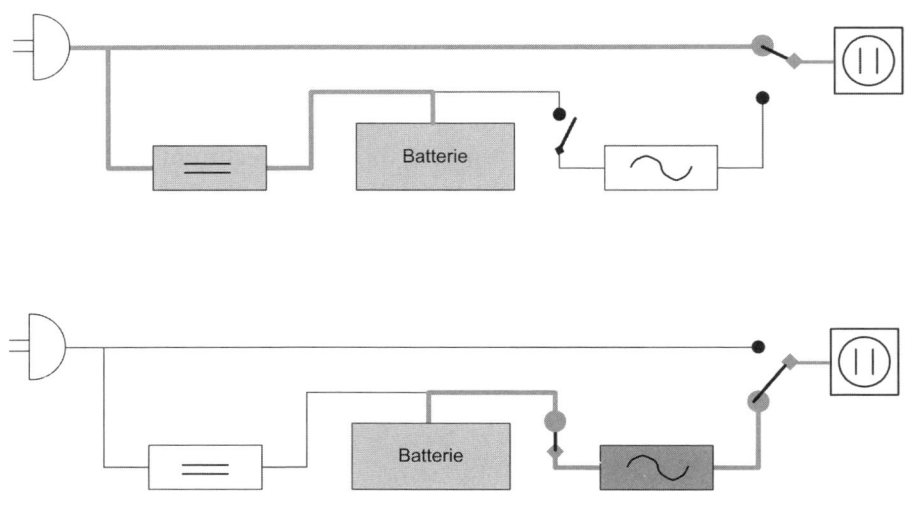

**Abb. 5.8:** Funktionsweise einer USV

Die Zeit, für welche die USV die Stromversorgung sicherstellen kann, ist von verschiedenen Faktoren abhängig:

- Der Speicherkapazität der USV
- Dem Alter der Batterie; wie bei einer Autobatterie nimmt die Kapazität der USV-Batterie mit zunehmendem Alter ab und muss deshalb regelmäßig überprüft werden.

Eine USV muss also mit der angeschlossenen IT-Infrastruktur kommunizieren können. Die USV wird an einen Server angeschlossen, welcher entsprechende Software installiert hat, um die USV zu steuern, Meldungen zu verwalten und Aktionen auszulösen. Die Verbindung zum Server erfolgt traditionellerweise über eine serielle Schnittstelle (RS-232/COM-Schnittstelle). Heute werden aber auch immer häufiger USB- oder sogar TCP/IP-Verbindungen eingesetzt.

## Dimensionierung

Für die Berechnung der benötigten Leistung der USV muss die benötigte Energie für *alle* angeschlossenen Geräte ermittelt werden, auch Monitore, Netzwerkkomponenten und eventuell das Licht in Serverraum.

Dabei ist aber auch der Unterschied zwischen Scheinleistung (S) und Wirkleistung (P) zu berücksichtigen: $S\ [VA] = P\ [Watt]/\cos\varphi$.

Je nach Energieverbraucher kann das Verhältnis zwischen Scheinleistung und Wirkleistung (cos phi) unterschiedlich sein. Für Computersysteme kann normalerweise ein cos phi gleich 0,7 angenommen werden.

Das bedeutet kurz gefasst und etwas vereinfacht: Für die Dimensionierung von kleineren USV-Anlagen kann folgende Regel verwendet werden:

$S\ [VA] = P\ [Watt] \times 1{,}4$

Beispiel:

Bei einem Server wird eine Leistung von 850 W angegeben, das ergibt eine Scheinleistung von 1190 VA. Die USV müsste also sinnvollerweise mindestens rund 1.200 VA stark sein, um einen geordneten Betrieb zu gewährleisten.

## Potenzielle Probleme:

- Die USV wurde knapp dimensioniert und durch die abnehmende Batteriekapazität reicht die Energie im Bedarfsfall nicht mehr, die angeschlossenen Systeme zu versorgen.
- Die ursprüngliche Dimensionierung war korrekt, aber im Laufe der Zeit wurden immer mehr Systeme angeschlossen.
- Die Netzwerkkomponenten sind nicht an die USV angeschlossen, und darum kann der Steuerungsserver die restlichen Systeme nicht kontrolliert herunterfahren.

- Intermittierende große Stromverbraucher (Kopierer, Laserdrucker etc.) können eine USV erheblich stören, da sie kurzzeitig sehr große Energien benötigen. Sie gehören daher *nicht* an die USV angeschlossen – oder wenn, dann an eine eigene, dafür konzipierte USV-Anlage.

⚠ Bei USVs handelt es sich um sehr schwere Geräte, da sie Batterien bzw. Akkumulatoren beinhalten. Je größer die Leistung, desto schwerer die USV. Schon eine 1500-VA-USV, z.B. die HP UPS R1500 mit 2 HE, wiegt über 25 kg.

**Abb. 5.9:** HP Rack-USV R1500

### 5.2.3 Notstromgruppen

Notstromgruppen oder Notstromaggregate erzeugen den Strom nicht aus gespeicherter elektrochemischer oder kinetischer Energie, sondern aus chemischen Energieträgern wie Benzin oder Diesel. Der Treibstoff treibt einen Verbrennungsmotor an, und die Bewegungsenergie des Motors wird mit einem Generator in Strom umgewandelt.

Der Vorteil ist, dass solche Aggregate sehr lange Strom liefern können, solange der Nachschub an Treibstoff sichergestellt ist. Auf der anderen Seite benötigen die Motoren eine gewisse Zeit, bis sie angelaufen sind und die Generatoren eine stabile Spannung liefern können.

Darum wird zum Überbrücken der Zeit, bis die Notstromaggregate eine stabile Stromversorgung sicherstellen, eine USV eingesetzt.

### 5.2.4 Einsatzszenarien

#### Einzelserver

Der Server wird direkt mit der USV verbunden. Bei einem längeren Stromausfall wird der Server durch das Signal der USV kontrolliert heruntergefahren. Der Monitor sollte ebenfalls an die USV angeschlossen sein, damit eventuell in den Prozess eingegriffen werden kann.

Abhängig von der Leitungsaufnahme des Servers reicht hier eine einfache USV mit 750–1000 VA.

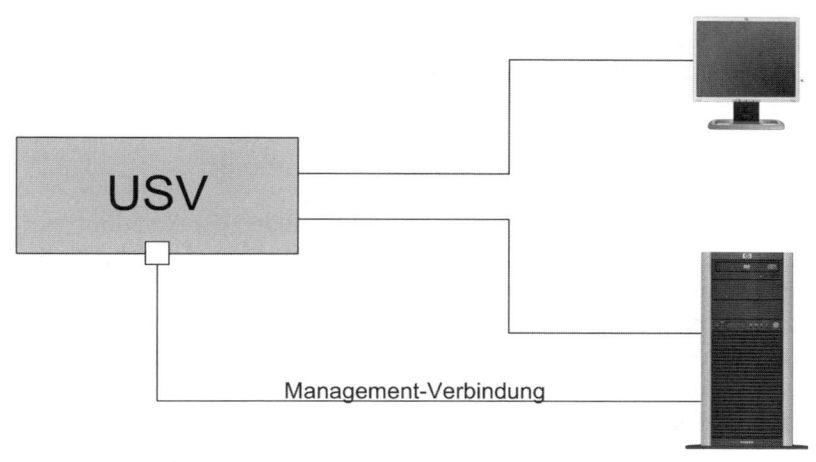

**Abb. 5.10:** Einzelserverszenario

## Serverräume

Eine entsprechend leistungsfähigere USV kann mehrere Systeme mit Energie versorgen; die Signalisierung erfolgt aber immer über einen Server, an den die USV angeschlossen wird. Dieser Server kann nun über das Netzwerk die anderen Systeme (Server, Storage-Systeme, Firewalls etc.) kontrolliert herunterfahren. Da die Kommandos zum Herunterfahren der Systeme normalerweise über das TCP/IP-Netzwerk erfolgen, müssen die notwendigen Netzwerkkomponenten ebenfalls an die USV-Energie angeschlossen werden.

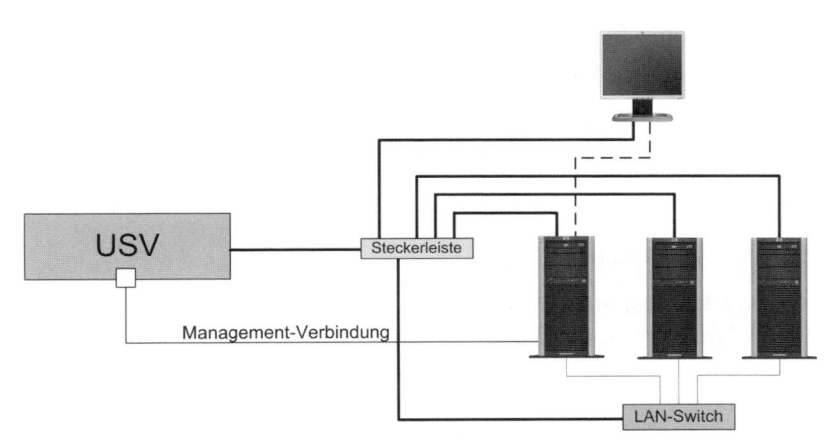

**Abb. 5.11:** Szenario mit einer USV für einen ganzen Serverraum

### Rechenzentren

In Rechenzentren werden normalerweise Notstromaggregate eingesetzt. Die dazu gehörenden USV-Anlagen sind in der Regel zu groß, um in ein Gehäuse hineinzupassen. Es werden verteilte Rack-USVs oder aber Aggregate von Akkumulatoren in speziellen Räumen eingesetzt. Die Kapazität der USVs reicht zumeist nur für die kurze Zeit, bis die Notstromgruppe angesprungen ist.

### 5.2.5 Rotationsenergiestromversorgungen

Eine Alternative zu den herkömmlichen Batterie-USVs bilden die Rotationsenergiestromversorgungen. Dabei wird die Bewegungsenergie eines sich schnell drehenden Schwungrades zur Energiespeicherung eingesetzt. Solange die externe Energieversorgung funktioniert, wird das Schwungrad in Bewegung gesetzt. Fällt die externe Energieversorgung aus, wird die Rotationsenergie über einen Generator zur Stromversorgung der angeschlossenen Geräte genutzt, und fast gleichzeitig wird ein Verbrennungsmotor gestartet, der das Rad weiter in Schwung hält.

Solche Systeme werden vor allem bei mittelgroßen Firmen eingesetzt.

## 5.3 Clustering

Die Grundgedanken beim Clustering lagen sowohl darin, durch das Verbinden mehrerer Systeme die Leistung zu verbessern (Performance-Cluster), als auch die Ausfallsicherheit (Failover-Cluster) zu erhöhen. Es wird deshalb von HP-Cluster (High Performance Cluster) und HA-Cluster (High Availability Cluster) gesprochen.

SMP (Symmetrical Multiprocessing) weist gewisse Ähnlichkeiten auf, allerdings bezieht sich SMP auf Prozessoren, während sich ein Cluster aus mehreren Computersystemen (Gehäusen oder zumindest Motherboards) zusammensetzt. Die einzelnen Systeme werden dann auch als Cluster Nodes (Knoten) bezeichnet.

Beim Einsatz von mehreren Cluster Nodes vermischen sich HP- und HA-Clustering in der Regel, in der Folge liegt das Hauptgewicht aber auf dem HA-Clustering.

### 5.3.1 Network Loadbalancing

Häufig wird Network-Loadbalancing auf die gleiche Stufe gestellt wie Clustering. Obwohl tatsächlich Ähnlichkeiten beim Einsatz bestehen, sollte man sich der Leistungsunterschiede bewusst sein. Beim Network-Loadbalancing handelt es sich ebenfalls um Technologien, welche sowohl zur Steigerung der Performance als auch zur Verfügbarkeitssteigerung eingesetzt werden.

Beim Network–Loadbalancing werden physikalisch komplett eigenständige Systeme über Verteilmechanismen auf Ebene der Netzwerkprotokolle gesteuert. In der Regel werden NLB-Systeme über eine virtuelle IP-Adresse angesteuert, die NLB-Software verteilt die Anfragen dann auf die verschiedenen NLB-Knoten.

Solche Systeme eignen sich sehr gut für nicht sitzungsorientierte Services wie z.B. Webserver. Beim Ausfall eines der Knoten fällt dieser für neue Verbindungsaufbauten weg, die von den ausgefallenen Knoten bedienten Sitzungen müssen neu initialisiert werden.

### 5.3.2 Multiprocessing

Multiprocessing bedeutet, dass ein Betriebssystem nicht nur eine einzelne CPU, sondern mehrere verwalten kann. Im Gegensatz zum Multitasking, bei dem das Betriebssystem dafür sorgt, dass die verschiedenen Prozesse oder Aufgaben (Tasks) einer CPU sequenziell zugewiesen werden können, geht es beim Multiprocessing darum, die Prozesse auf verschiedene CPUs oder eben Prozessoren zu verteilen.

#### Asymmetric Multiprocessing (ASMP oder AMP)

Beim früher verbreiteten asymmetrischen Multiprocessing werden die Prozessoren zwar vom Betriebssystem verwaltet, die einzelnen Prozesse müssen aber den Prozessoren zugewiesen werden (Prozessoraffinität). Da ein Prozess bei diesem System immer auf demselben Prozessor läuft, entfällt die Notwendigkeit einer engen Kopplung der Prozessoren über den Prozessor-Cache.

Bei einem Datenbankserver werden beispielsweise ein Prozessor für die I/O-Operationen und die restlichen für die Datenbank-Engine verwendet.

#### Symmetric Multiprocessing (SMP)

Symmetrisches Multiprocessing erlaubt dem Betriebssystem die dynamische Verteilung der laufenden Prozesse auf eine beliebige CPU. Die Leistung eines Servers kann also recht einfach durch Aufrüsten mit weiteren Prozessoren erweitert werden, da die Prozessoraffinitäten nicht neu konfiguriert werden müssen.

Da aber das Betriebssystem die einzelnen Prozesse je nach Bedarf und Verfügbarkeit jeweils anderen Prozessoren zuordnen kann, müssen die Prozessoren über gemeinsamen, hardwarenahen Arbeitsspeicher verfügen, da die dem Prozess zugewiesenen Speicherregister nach dem Kontext-Switch ja unter Umständen von einem anderen Prozessor gelesen werden müssen.

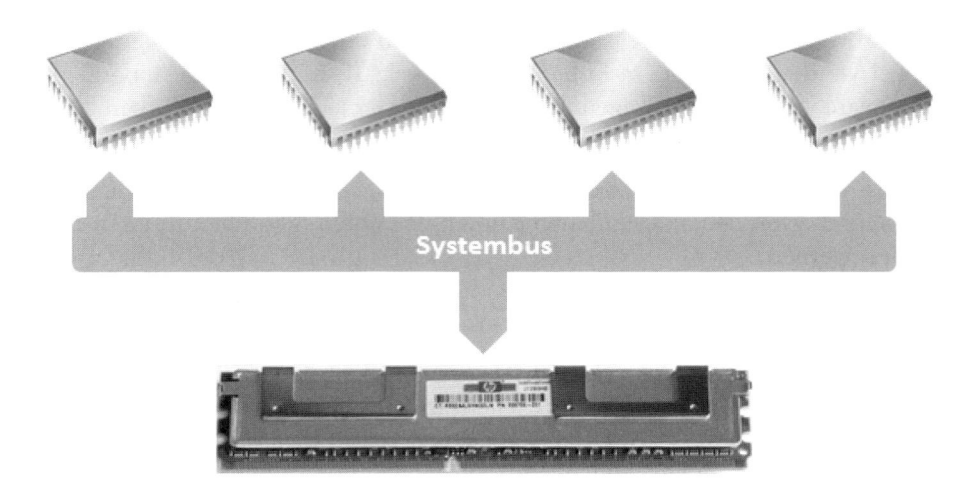

**Abb. 5.12:** Symmetric Multiprocessing (SMP)

### 5.3.3 Cluster

Bei einem Cluster werden physikalische Systeme zu einer logischen Einheit zusammengefasst, und der Cluster bekommt einen Namen und eine IP-Adresse, über welche er angesteuert wird. Die Leistungsbezieher erkennen in der Regel nicht, dass die Leistungen von verschiedenen Hardware-Systemen zur Verfügung gestellt werden.

Eine der wichtigsten Komponenten bei Clustern ist neben der Datenablage (Shared SCSI, iSCSI oder SAN) der sogenannte Heartbeat: Dieses Signal bildet vergleichbar mit einem Herzschlag die Verfügbarkeit des Systems ab. Dieses Signal ermöglicht es der Cluster-Software, die Zusammenarbeit der Cluster mit den einzelnen Knoten zu steuern.

#### Aktiv/Passiv-Clustering

Beim Aktiv-/Passiv-Clustering ist ein sogenannter primärer Knoten aktiv und stellt die Serviceleistungen zur Verfügung. Bei einem Ausfall des primären Knoten übernimmt der sekundäre Knoten (Backup Node oder Failover Node) die Aufgaben des primären Knoten.

#### Aktiv/Aktiv-Clustering

Beim Aktiv-/Aktiv-Clustering laufen alle Knoten parallel und sind voll funktionsfähig. Hier wird HP- und HA-Clustering zwangsläufig vermischt. Aufgrund der HA-Anforderungen muss gewährleistet werden, dass auch bei Ausfall eines Knotens die minimalen Leistungsanforderungen sichergestellt werden können.

## 5.3.4 HCI

Das Hyperconvergent-Infrastructure-Konzept geht weit über die reine Redundanz hinaus. Es bietet sich aber an, es an dieser Stelle einzuführen.

Der Begriff HCI umfasst als solches ein gesamtheitliches, Software defined, also durch Software verwaltetes und organisiertes System. Dieses System enthält Storage, Server und Netzkomponenten, die durch eine Software insgesamt virtualisiert werden. Ein HCI-System virtualisiert somit sowohl Storage als auch Netzwerk und Server in einer Box – und ist dabei nebst Performance immer auch auf Redundanz sprich Betriebssicherheit ausgelegt. HCI-Systeme werden in der Regel durch einen einzigen Hersteller betreut, um die verschiedenen Komponenten und die Software lösungsorientiert integrieren zu können.

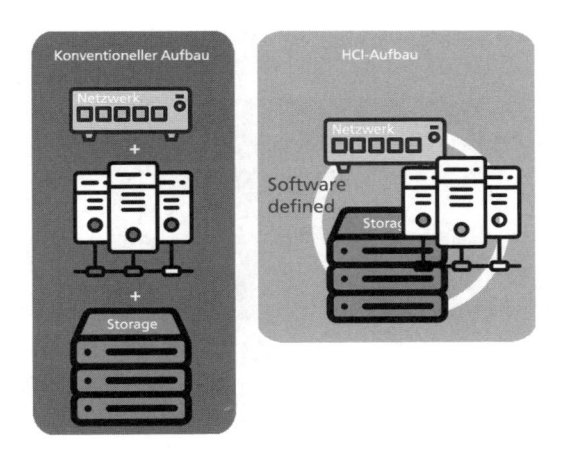

**Abb. 5.13:** Konventionelle Architektur oder HCI

## 5.4 Hardware-Redundanz

In den vorhergehenden Kapiteln wurden jeweils spezielle Aspekte der Fehlertoleranz behandelt, welche über ebenso spezialisierte Mechanismen abgedeckt werden. Es gibt aber auch einfachere Komponenten, für welche ebenfalls durch eine einfache doppelte Auslegung der Hardware die Verfügbarkeit verbessert werden kann. Das Hauptaugenmerk ist hierbei auf die Möglichkeit zu legen, die Komponenten auch im Betrieb des Servers auszuwechseln (Hot Plug).

### 5.4.1 Steckkarten

Verschiedene Funktionalitäten eines Servers werden durch entsprechende Adapter sichergestellt, seien es Netzwerkkarten, externe Speicheranschlüsse oder spezialisierte Funktionen wie eine PBX-Karte für einen Telefonserver bzw. Faxkarten.

Auch hier können Sie die Verfügbarkeit der Systeme erhöhen, wenn Sie die entsprechenden Karten redundant auslegen – idealerweise unterstützt durch die entsprechende Software, welche in der Lage ist, diese Redundanz automatisch zu verwalten.

### 5.4.2 Netzteile (Power Supply)

Aufgrund der Ausfallwahrscheinlichkeit (Energieübertragung mit entsprechender Wärmeproduktion und bewegliche Komponenten in der PS-Lüftung) und der zentralen Bedeutung im Server ist die Stromversorgung eine der am häufigsten redundant ausgelegten Hardware-Komponenten.

Verfügt der Server nur über redundante, *nicht* Hot-Plug-fähige Netzteile, kann das zweite Netzteil zumindest den Weiterbetrieb des Servers bis zum kontrollierten Herunterfahren oder bis zu einem Wartungsfenster sicherstellen.

**Abb. 5.14:** Redundantes Hot-Plug-Netzteil eines HP ProLiant-Servers

### 5.4.3 Kühlsystem/Lüfter

Die Kühlung der Serverhardware erfüllt zwar nur eine indirekte Funktion, aber sobald diese ausfällt, kann das sehr schnell zu direkten (Hardware-Ausfall) oder indirekten (Herabsetzung der Lebensdauer der Hardware) Folgeproblemen führen. In moderneren Servern werden deshalb die Lüfter von der Managementsoftware über die ACPI-Schnittstelle überwacht. Für Redundanz ausgelegte

Serversysteme bieten Hot-Plug-fähige Lüfter an, sodass diese ausgetauscht werden können, ohne dass der Server dazu heruntergefahren werden muss.

**Abb. 5.15:** Lüfterbatterie mit einer zweiten Reihe für Redundanz und Leistungssteigerung

### 5.4.4 Arbeitsspeicher

Um dem Risiko eines Ausfalls bei Servern noch weiter vorzubeugen, statten die Hersteller aktueller Server ihre Systeme mit immer umfangreicheren RAS-Funktionen (Reliability, Availability, Serviceability) aus. Dazu gehört mittlerweile auch der Arbeitsspeicher, der mit besonderen Schutz- und Sicherheitsfunktionen ausgestattet wird. Neben Eigenschaften wie der Fehlerkorrektur kommt dabei auch der Einbau von Ersatzspeichern direkt in den Server zum Tragen, dem sogenannten Hotspare Memory. Dabei gibt es zwei Möglichkeiten. Entweder wird etwa wie bei Festplatten eine zusätzliche Bank als »Spare« deklariert und mit identischem Arbeitsspeicher bestückt. Oder aber der gesamte aktive Arbeitsspeicher wird gespiegelt, sodass jede Speicherbank ausfallen kann.

Die gesamte Speicherstruktur wird somit entweder »single«, »Hotspare« oder »mirrored« ausgelegt. Bei einer »mirrored«-Konfiguration mit acht Speicherbänken werden die zweiten vier Bänke also für den Sicherheitsfall eingerichtet. Dadurch erhöht sich die Sicherheit, aber die Kapazität an verfügbarem RAM halbiert sich dadurch denn auch. Bei einer Hotspare-Funktion verringert sie sich dagegen nur um die eine Speicherbank.

Häufen sich jetzt bei einem Modul Speicherfehler, deaktiviert der Memory Controller automatisch die Bank mit dem defekten Speicher und aktiviert die Ersatzbank. Gleichzeitig alarmiert das System via Software über diesen Speicherausfall. Die Funktion selber wird durch einen Chip des UEFI gesteuert und ist daher betriebssystemunabhängig einsetzbar.

## 5.5 Fragen zu diesem Kapitel

1. Ihre Administratorin beklagt sich darüber, dass zwar eine USV installiert ist, bei Stromausfällen der Server aber dennoch nach 30 s heruntergefahren wird. Was hat man bei der Beschaffung der USV vermutlich vergessen?

   A) Dass es extra USVs gibt, die für Server geeignet sind

   B) Die Kapazität der USV an das Stromnetz anzupassen

   C) Die Leistungsabgabe der USV an die Leistung des Servers anzupassen

   D) Die Leistungswerte des Servers an die Leistung der USV anzupassen

2. Sie betreiben ein RAID und stellen fest, dass ein Laufwerk im Array defekt ist. Was ist der erste Schritt, den Sie unternehmen müssen?

   A) Den Spiegel aufbrechen

   B) Das Backup zurückspielen

   C) Den RAID-Level bestimmen

   D) Das defekte Laufwerk ersetzen

3. Sie implementieren auf Ihrem Server ein RAID 5 mit insgesamt sechs 72-GB-Festplatten, wovon eine als Hotspare verwendet wird. Wie groß ist die Nutzkapazität dieses RAID-Arrays?

   A) 216 GB

   B) 288 GB

   C) 360 GB

   D) 432 GB

4. Wenn Sie einzelne Komponenten in einem Server bei Bedarf während des Betriebs auswechseln möchten, welche Eigenschaft müssen diese Komponenten aufweisen?

   A) Plug-and-play

   B) Hot Plug

   C) HCL-konform

   D) Hotspare

5. Welchen RAID-Level zeigt die folgende Abbildung auf?

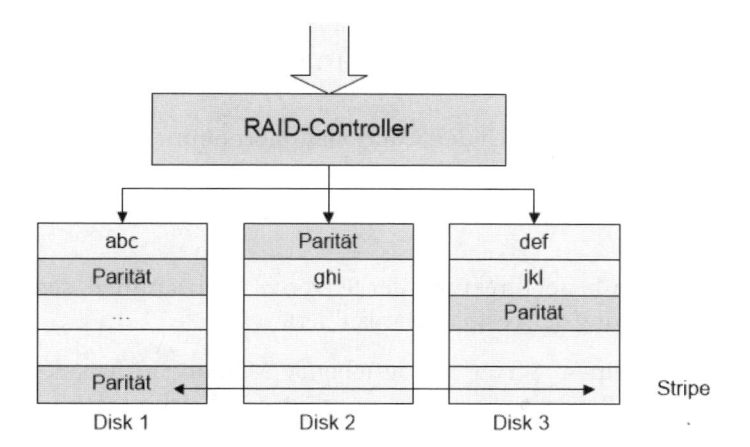

```
                    ↓↓
         ┌──────────────────────┐
         │    RAID-Controller   │
         └──────────────────────┘
            ↓         ↓         ↓
         ┌─────┐   ┌─────┐   ┌─────┐
         │ abc │   │Parität│  │ def │
         │Parität│ │ ghi │   │ jkl │
         │ ... │   │     │   │Parität│
         │     │   │     │   │     │
         │Parität│ │     │   │     │ ← Stripe
         └─────┘   └─────┘   └─────┘
          Disk 1    Disk 2    Disk 3
```

A) RAID 0

B) RAID 1

C) RAID 3

D) RAID 5

6. Wenn Sie möchten, dass einzelne Komponenten in einem Server bei Bedarf während des Betriebs automatisch in Betrieb gehen können, welche Eigenschaft müssen diese Komponenten aufweisen?

A) Plug-and-play

B) Hot Plug

C) HCL-konform

D) Hotspare

7. Sie konfigurieren ein Array mit 6x 450 GB SAS-Disks anhand eines RAID-6. Wie hoch ist die Nettokapazität des Arrays?

A) 1,8 TB

B) 1,35 TB

C) 2,25 TB

D) 2,7 TB

8. Nachdem das bisherige Software-RAID auf eine Hardware-RAID-Lösung aktualisiert worden ist, stellt der Administrator eine signifikante Leistungssteigerung fest. Was erklärt diese Leistungssteigerung am besten?

   A) Hardware-Lösungen unterstützen mehr RAID-Level für gesteigerte Leistung.

   B) Die Verarbeitung wird nun durch den Controller übernommen, was für die CPU weniger Last bedeutet.

   C) Die Implementierung von Hardware-RAID hat keine Leistungssteigerung des Systems zur Folge.

   D) Der neue Controller arbeitet direkt mit der Server-CPU zusammen, sodass eine verbesserte Leistung der Festplatten resultiert.

9. Ein Kunde möchte in seinem Server das bestehende Memory ausbauen, um seine Investition in den Server längerfristig zu schützen. Welche Frage muss der Kunde zuerst beantworten können, bevor er sich Gedanken dazu machen kann, den neuen Arbeitsspeicher zu kaufen?

   A) Er muss den bestehenden Arbeitsspeicher im BIOS überprüfen.

   B) Er muss sicherstellen, dass der neue Speicher die gleiche Anzahl PINs aufweist.

   C) Er muss überprüfen, ob es im Server noch freie Speicherbänke gibt.

   D) Er muss abklären, ob es nicht schon neuere und bessere Server gibt.

10. Ihr Kunde verfügt über ein System mit zwei 300-GB-Laufwerken, welche mit einem RAID-Controller gespiegelt werden (RAID 1). Da der Kunde noch mehrere gleich große Laufwerke auf Lager hat, möchte er das RAID-System auf 1200 GB Kapazität erweitern. Welche der folgenden Lösungen ist hierbei möglich?

    A) RAID 0 mit 1 zusätzlichen Laufwerk

    B) RAID 1 mit 6 zusätzlichen Laufwerken

    C) RAID 5 mit 3 zusätzlichen Laufwerken

    D) RAID 3 mit 2 zusätzlichen Laufwerken

Kapitel 6

# Server installieren und aktualisieren

Aller Anfang ist die Planung. Auf diesen kurzen Nenner lässt sich jede effiziente Serverinstallation bringen. In diesem Kapitel werden Sie nicht nur sehen, warum dies so ist, sondern auch, wie Sie Installationen und Umbauten effizient planen können, damit der praktische Teil dann auch wirklich reibungslos verläuft.

> Sie lernen in diesem Kapitel:
> - Welche Sicherheitsmaßnahme Sie vor dem Arbeiten am Server treffen
> - Die Problematik von ESD kennen und richtig einschätzen
> - Was alles in einen Installationsplan für einen Server gehört
> - Welche Um- und Ausbaumöglichkeiten Server bieten können
> - Auf was bei spezifischen Umbauten zu achten ist

Sie werden sich zuerst den Installationsplan für einen Server näher ansehen, anschließend das Vorgehen für eine Aufrüstung bzw. Aktualisierung. Zuerst werden Sie sich aber den Sicherheitsrichtlinien zuwenden, die bei der Arbeit mit Systemen unbedingt zu beachten sind.

## 6.1 Sicherheitsmaßnahmen

Die Installation von Hardware und der Umbau an Geräten sind auch mit gewissen Risiken verbunden. Immerhin arbeiten Sie an Geräten, die mit Strom versorgt sind und stromführende Komponenten enthalten. Zudem ist die statische Aufladung im Umgang mit elektronischen Systemen ein nicht zu unterschätzendes Problem.

### 6.1.1 Statische Entladung (ESD)

Die hier angesprochene Spannung wird durch Isolation in einem Körper erzeugt, d.h., der Körper baut Spannung auf, kann sie aber nicht ableiten. Diese Spannung kann entsprechend sehr hoch werden, auch wenn sie nur eine geringe Strommenge erzeugt.

Die statische Aufladung am Menschen kommt vor allem durch synthetische Teppiche, Kleidung und Schuhe zustande (z.B. Nylon, Polyesterfasern). Einen großen Einfluss haben zudem Faktoren wie die Luftfeuchtigkeit und die Wärme. Am heikelsten sind dabei warme, trockene Umgebungen mit geringer Luftfeuchtigkeit, z.B. beheizte Büros im Winter.

Und sobald der »geladene« Mensch mit leitfähigen Materialien in Kontakt kommt, entlädt er sich wieder »schlagartig«. Sie kennen das beispielsweise, wenn Sie sich aufladen und kurze Zeit später einen metallenen Türknauf berühren und einen schwachen Stromschlag verspüren.

Für den Menschen ist die Entladung solch statischer Spannung zwar unter Umständen unangenehm, aber aufgrund der geringen Stromstärke ungefährlich. Statische Aufladung bzw. deren Entladung ist dagegen ein großes Problem für elektronische Bauteile, wenn sich die Entladung auf leitfähige Materialien überträgt.

Systemkomponenten wie Arbeitsspeicher oder Steuerchips von Komponenten bestehen aus feinen, leitfähigen Materialien oder sind mit diesen beschichtet. Das können Chips aus Silizium sein oder Leiterbahnen aus Metalloxiden wie Kupfer.

Eine statische Aufladung eines solchen Bauteils führt zu einer kurzzeitigen heftigen Erhitzung und damit zu einem Kurzschluss der betroffenen Teile. Je nach Intensität des Kurzschlusses führt dies zum sofortigen Ausfall oder auch zu einem schleichenden Ausfall, weil die Beschädigung erst mit der Zeit wirksam wird.

Daher sind Chipsets, Mainboards, Prozessoren und Speichermodule für statische Auf- und Entladung besonders anfällig – aber auch andere Bauteile wie Festplatten oder Laufwerke verfügen über Platinen und schätzen die statische Entladung nicht wirklich!

D.h.: Bevor Sie an einem Computersystem arbeiten – schützen Sie sich vor statischer Aufladung! Sie können dies tun, indem Sie entweder ein antistatisches Band mit Erdung tragen (ESD-Strip) und/oder auf einer antistatischen (geerdeten) Matte arbeiten.

Verwenden Sie immer ESD-Schutzmaßnahmen, wenn Sie an einem Server arbeiten: Gehen Sie kein Risiko ein!

Manche der Erdungsbänder verfügen auch über eine Krokodilklemme, damit man sich am metallischen Gehäuse des Rechners erden kann. Der Einsatz von Erdungssteckern ist aber sicherer.

Zum Schluss noch eine wichtige Warnung:

> Hochspannungswartungsbereiche, in denen Monitore oder Netzteile repariert werden, enthalten keine leitfähigen Antistatikhilfen. Aufgrund der in den Geräten vorliegenden Hochspannung wäre jede Form von per-

sönlicher Erdung sehr gefährlich. Hochspannungswartungsbereiche sind so konzipiert, dass das Wartungspersonal stets vollständig isoliert ist. Solche Geräte dürfen niemals außerhalb solcher Arbeitsbereiche oder gar von ungeschultem Personal repariert werden.

### 6.1.2 MSDS

Im Umgang mit Serversystemen kann es zu Gefährdungen kommen. Gefahrenbereiche sind diesbezüglich der Umgang mit Reinigungsmitteln (Spritzer in Gesicht und Augen), Wärmeleitpaste (Hautausschläge) und Säuren bei unsachgemäßem Umgang mit Mainboards und Akkus.

MSDS (Material Safety Data Sheets) sind Materialsicherheitsdatenblätter, die Hersteller zu gewissen Produkten und dem Umgang mit ihnen verfassen (müssen).

Auf einem MSDS finden sich:

- Eine eindeutige Identifikation des Produkts
- Die Zusammenstellung des Produkts
- Das Gefährdungspotenzial des Produkts
- Erste-Hilfe-Maßnahmen bei Eintreten einer Gefährdung
- Weitere Hilfsmaßnahmen
- Lagerungs- und Transporthinweise

Typischerweise werden solche MSDS zu chemischen Stoffen und Produkten erstellt, sodass Sie beispielsweise bei einer Verätzung mit einer Säure anhand des MSDS nachsehen können, wie diese Verätzung korrekt behandelt werden muss.

### 6.1.3 Heben und Tragen

Die Körperhaltung, die beim Heben und Tragen eingenommen wird, spielt für die Wirbelsäule eine große Rolle. Denn oftmals schadet nicht die Belastung an sich dem Rücken, sondern eine falsche Ausführung der Bewegung.

Was Sie beim Heben und Tragen beachten sollten:

- Können Sie die Last alleine tragen? Überschätzen Sie sich nicht, sondern holen Sie gegebenenfalls jemanden zu Hilfe. Achten Sie auf Gewichtsangaben auf Verpackungen, die bei Gewichten von über 20 kg immer Hinweise enthalten.
- Gehen Sie zum Anheben in die Hocke und halten Sie den Rücken dabei gerade. Beugen Sie die Hüfte, bis die Last gefasst ist. Die Kraft soll aus den Beinen, nicht aus dem Rücken kommen. Heben Sie die Last so nah wie möglich am Körper an.
- Vermeiden Sie beim Heben jegliche Drehbewegungen.

- Tragen Sie Lasten möglichst eng an Ihrem Körper und verteilen sie diese auf beide Arme.

Beim Absetzen der Last ist ebenso Vorsicht geboten: Ein Gegenstand sollte nie mit gekrümmten Rücken und gleichzeitigem Drehen der Wirbelsäule abgestellt werden.

Beachten Sie auch die Angaben, die bei schweren Geräten oft am Gerät selber oder an der Verpackung angebracht sind.

**Abb. 6.1:** Gewichtsangabe auf einem Systemgehäuse

## 6.2 Installation eines Servers

Bei einer Neuinstallation eines Serversystems steht die Planung an erster Stelle. Man spricht vom Installationsplan (Pre-Installation Plan), der zuerst erstellt und auch überprüft wird, bevor es an die Installation geht.

### 6.2.1 Der Installationsplan

Ein Installationsplan unterteilt sich in die drei Bereiche Planung, Versorgung und Installation und beschreibt zu jedem Punkt im Voraus die erwarteten Werte und Ziele, sodass die Installation und Inbetriebnahme ohne Überraschungen verlaufen kann.

Was gehört in den Installationsplan?

- Einsatzplanung
    - Einsatzzweck (Rolle des Servers)
    - Welche Dienste werden benötigt?
    - Umgebung des Servers (Was ist zu berücksichtigen?)
    - Welches Betriebssystem wird eingesetzt?
    - Hardware: Welche Hardware wird vom Betriebssystem unterstützt? Dazu unbedingt die jeweilige Kompatibilitätsliste konsultieren (HCL).
    - Software: Welche Anforderungen stellen die Programme, die auf dem Server laufen müssen, an das System?

- Verlangte Kapazitäten des Systems (RAM, Disk, Rechenleistung)
- Datensicherheit (Datensicherung, Disaster Recovery)
- Zeitplan zur Installation
- Versorgung sicherstellen
  - Ist genügend Raum vorhanden?
  - Ist die elektrische Versorgung gewährleistet?
  - Ist die Netzwerkanbindung gewährleistet?
  - Wie ist die Sicherheit am gewählten Standort?
- Installation und Testplan
  - Installationsreihenfolge
  - Ausführliche Tests z.B. in Bezug auf Leistung und Kompatibilität
  - Dokumentation der Installation und der Konfiguration
  - Abnahme des Servers

Nachdem Sie einen solchen Installationsplan erstellt haben, gehen Sie ihn nochmals durch, überprüfen Sie ihn gründlich nach Schwachstellen und gleichen Sie ihn so weit wie möglich mit den realen Gegebenheiten und Anforderungen ab. Erst danach geben Sie den Plan frei und führen die Installation durch.

### 6.2.2 Dokumentation

Ein Server wird viele Jahre seinen Dienst tun. In dieser Zeit wird er gewartet werden oder es tritt ein Garantiefall ein und Komponenten werden getauscht – und immer wird der zuständige Administrator auf die Dokumentation des Systems angewiesen sein, um schnell und korrekt über den Zustand des Servers informiert zu sein.

Typische Gelegenheiten, um eine Dokumentation zu konsultieren, sind:

- Garantiefälle
- Updates (Patch-Stand des Betriebssystems und der installierten Software)
- Aufrüsten von Komponenten
- Erledigte Unterhaltsarbeiten
- Konfigurationsänderungen

Entsprechend gehören in eine vollständige Systemdokumentation folgende Themen:

- Installierte Serverhardware
  - Prozessor
  - RAM (Typ, Belegung, freie Slots)

- Disk-System (Kapazität, Dateisystem, RAID-Level)
- Installierte Komponenten (Datensicherung, Controller)
- Konfigurationsdaten
  - BIOS-Version
  - Netzwerkeinstellungen
  - Betriebssystemeinstellungen (z.B. Serverrolle)
- Change-Management
  - Letzte Updates
  - Stand des Betriebssystems
  - Stand der installierten Software

Wichtig sind dabei präzise Angaben. Es nützt niemandem, wenn Sie die Hardware als HP ProLiant ML370 bezeichnen – denn davon gibt es mittlerweile elf unterschiedliche Generationen, und Sie werden niemals Arbeitsspeicher eines ML370 Gen11 in einen ML370 G5 einbauen können.

Daher: Seien Sie so präzise wie möglich, notieren Sie beispielsweise bei Herstellerservern die Modellnummer, diese ist eindeutig. Also »HP ProLiant PN: **416619-421**« anstelle von »ProLiant ML370«.

Dasselbe gilt für die anderen Angaben. Schreiben Sie genau hin, welchen Typ von Arbeitsspeicher Sie verbaut haben. Es sind eben nicht 16 GB DDR4-RAM, sondern es sind 2x 8192 MB Registered ECC RAM PC4-17000, am besten auch hier mit der Produktnummer, damit Sie bei einem Ersatz schnell und sicher den richtigen Speicher einkaufen können.

**Abb. 6.2:** Genaue Beschreibung des Arbeitsspeichers

Es soll auch nicht verschwiegen werden, dass die Hersteller Sie bei dieser Arbeit mittlerweile recht gut unterstützen. Jeder Hersteller von Servern liefert mit dem System heute Software aus, die Ihnen die Konfiguration und zum Teil sogar die Seriennummern der installierten Komponenten anzeigt.

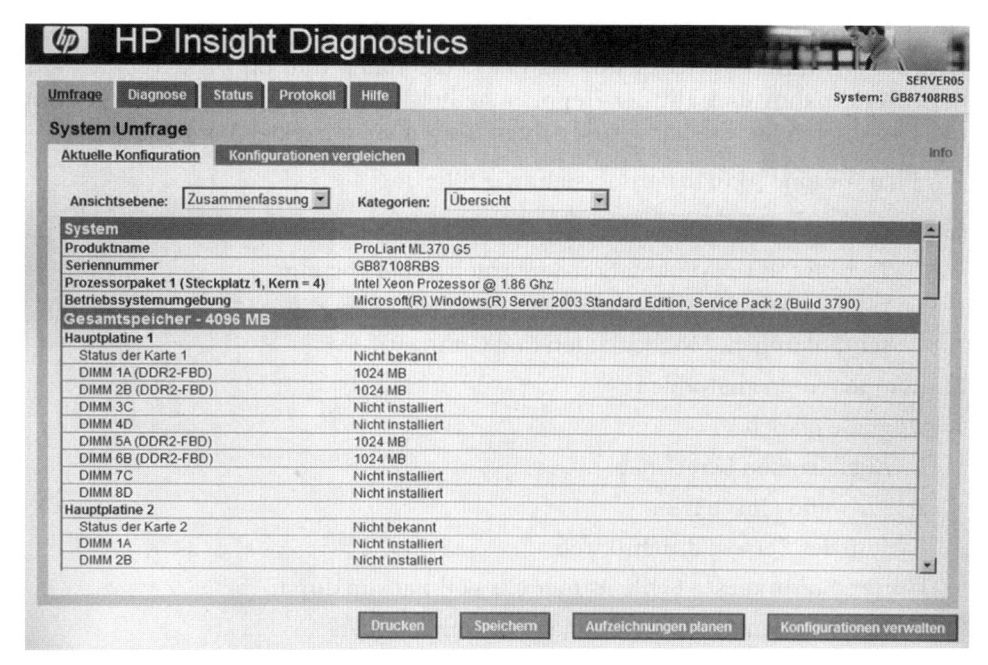

**Abb. 6.3:** Systemdiagnose bei einem HP-Server

## 6.3 Server umbauen

Um ein bestehendes System zu ändern, besorgen Sie sich zuerst alle verfügbaren Dokumentationen zur vorhandenen Konfiguration inklusive einer Inventarliste, aus welcher ersichtlich ist, was genau in diesem System alles vorhanden ist.

Zum anderen stellen Sie sicher, dass Sie über die Treiberkonfiguration und die bestehenden Systemeinstellungen so weit als möglich im Bild sind. Dazu gehört auch, dass eventuelle BIOS-Konfigurationseinstellungen bekannt und zugänglich sind. Dies verhindert etliche spätere Überraschungen.

Komponenten, welche Sie einbauen möchten, müssen vollständig vorhanden sein, inklusive Dokumentation, Treiber und sämtlicher Kabel und Anschlüsse. Nur so ist ein professioneller Umbau überhaupt vorzunehmen.

Sorgen Sie bei einem Umbau von Hardware dafür, dass Sie über einen eingerichteten Arbeitsplatz und das notwendige Werkzeug verfügen. Damit ist in der Regel nicht der Boden im Serverraum gemeint, auch wenn es genügend Platz fürs Abstellen des Servers gibt ...

Elektronische Bauteile wie Arbeitsspeicher, Festplattenlaufwerke oder Controller müssen zur Einhaltung der Antistatik während des Umbaus in entsprechenden Beuteln und Behältern aufbewahrt werden. Ich werde nie vergessen, wie ein Servicetechniker bei mir in der Werkstatt stand und eine Garantiereparatur an einem Drucker ausführen musste – und als Erstes die Toner- und Entwicklereinheit aus dem Gerät nahm und auf den Teppich stellte! Raten Sie mal, wozu das geführt hat!? Also seien Sie vorsichtig und achten Sie auf ein korrektes Vorgehen.

Ein Plan für eine Aktualisierung sieht wie folgt aus:

1. Dokumentationen lesen
    1. Technische Dokumentation der bestehenden Lösung
    2. Dokumentation des bevorstehenden Upgrades (Voraussetzungen, Einschränkungen, Möglichkeiten und Grenzen)
2. Komponenten auswählen
3. Upgrade planen
    1. Ausfallzeiten berechnen
    2. Aufwand einschätzen
4. Backup des Servers durchführen

    Führen Sie an dieser Stelle immer ein Voll-Backup durch!
5. Dokumentieren der Einstellungen vor dem Upgrade
6. Rollback-Plan bereithalten
7. Planung von Tests des Upgrades
    1. Vorheriger Einbau in Testumgebung oder
    2. Zeit für Tests beim Einbau einplanen
8. Server-Downtime bekannt geben
9. Umbau und Test
    1. Durchführen der Aktualisierung (ESD nicht vergessen!)
    2. Test der Lösung
10. Alle Änderungen dokumentieren
    1. Konfigurationsdokumente nachpflegen
    2. Alle neuen Komponenten mit Seriennummer
    3. Geänderte Einstellungen im System und der Software

## 6.4 Was bei einem Umbau zu beachten ist

Bei einem Umbau bzw. einer Aufrüstung sind neben den organisatorischen Fragen die technischen Aspekte genau zu berücksichtigen. Was lässt sich wie aufrüsten, welche Fragen sind zu stellen und was kann schiefgehen?

Die Hersteller unterscheiden bei ihren Systemen diesbezüglich auch klar zwischen Umbauten, die Sie im Rahmen der Garantie- und Servicevereinbarungen selber

## 6.4 Was bei einem Umbau zu beachten ist

vornehmen dürfen und solchen, die durch qualifiziertes Personal des Herstellers vorgenommen werden.

Die erste Kategorie wird dafür als CRU oder FRU bezeichnet, was so viel heißt wie customer replaceable unit oder field replaceable unit – zu Deutsch in etwa Teile, die ein Kunde ersetzen darf (ohne dass er dabei viel zerstören kann). Dazu werden solche Einheiten im Server häufig auch farbig gekennzeichnet, etwa durch blaue oder grüne Kunststoffgriffe oder Etiketten, die anzeigen, dass es sich um ein solches CRU-Teil handelt. FRU kann auch bedeuten, dass es zwar »im Feld« ersetzbar ist, also ohne Einsenden an den Hersteller, aber nur durch spezialisiertes Servicepersonal auszuführen ist, also nicht durch den Kunden.

Betroffen sind dabei in der Regel einfach zugängliche Teile wie Netzteile, Platten bzw. SSDs, Lüfter oder Arbeitsspeicher – nicht aber CPUs oder Mainboards. Hier der Kommentar in einem Serverhandbuch eines Herstellers:

**2.1.1 CRU-Komponenten (Customer Replaceable Units)**

CRU-Komponenten (Customer Replaceable Units) wurden für den Customer Self Service konzipiert und können während des Betriebs als Hot-Plug-Komponenten installiert oder ausgetauscht werden.

> Welche Komponenten der Kunde austauschen darf, kann abhängig vom Service in seinem Land unterschiedlich sein.

Hot-Plug-Komponenten verbessern die Systemverfügbarkeit und stellen ein hohes Maß an Ausfallsicherheit sicher. Die Verfahren können ausgeführt werden, ohne dass der Server heruntergefahren wird und ohne dass Sie in den Offline-Modus schalten müssen.

Komponenten, die als Customer Replaceable Units verwendet werden
- Hot-Plug-Netzteile
- Hot-Plug-Lüftermodule
- Hot-Plug-HDD/SSD-Module

Peripheriegeräte, die als Customer Replaceable Units verwendet werden
- Keyboard
- Maus

**2.1.3 FRU-Komponenten (Field Replaceable Units)**

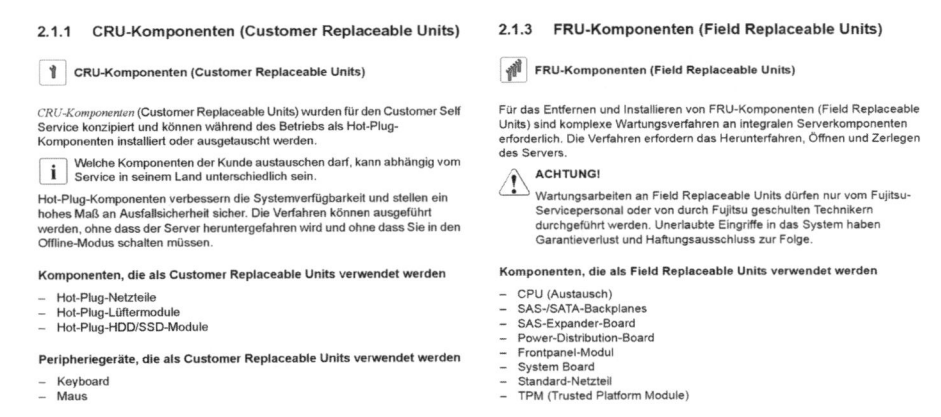

Für das Entfernen und Installieren von FRU-Komponenten (Field Replaceable Units) sind komplexe Wartungsverfahren an integralen Serverkomponenten erforderlich. Die Verfahren erfordern das Herunterfahren, Öffnen und Zerlegen des Servers.

**ACHTUNG!**
Wartungsarbeiten an Field Replaceable Units dürfen nur vom Fujitsu-Servicepersonal oder von durch Fujitsu geschulten Technikern durchgeführt werden. Unerlaubte Eingriffe in das System haben Garantieverlust und Haftungsausschluss zur Folge.

Komponenten, die als Field Replaceable Units verwendet werden
- CPU (Austausch)
- SAS-/SATA-Backplanes
- SAS-Expander-Board
- Power-Distribution-Board
- Frontpanel-Modul
- System Board
- Standard-Netzteil
- TPM (Trusted Platform Module)

**Abb. 6.4:** Erklärung von CRU und FRU bei Fujitsu-Servern (© Fujitsu Deutschland)

Und hier eine farblich erkennbare austauschbare Einheit desselben Herstellers:

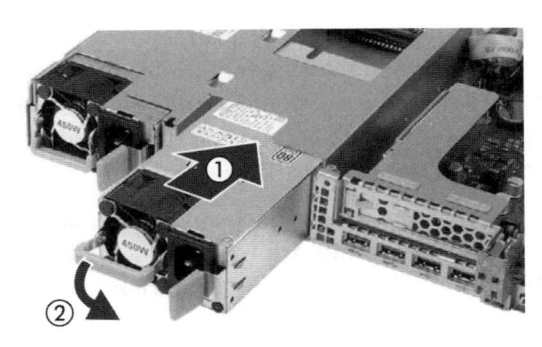

**Abb. 6.5:** Anweisung zum Einbau eines CRU-Netzteils (© Fujitsu Deutschland)

### 6.4.1 Ersatz des Motherboards

Bei einem originalen Herstellerserver werden Sie sich die folgenden Gedanken nicht machen müssen, da jedes Servermainboard eine Modellnummer trägt und durch ein identisches ersetzt wird.

Aber wenn Sie Ihren Server selber zusammengebaut haben oder ausschließlich Standardkomponenten (z.B. ein originales Intel-Board) verwenden, dann können Sie auch ein Mainboard selber ersetzen. Um ein Motherboard erfolgreich zu ersetzen, müssen Sie über folgende Faktoren Bescheid wissen:

- Welchen Formfaktor hat das Board (ATX, BTX, micro oder herstellerspezifisch)?
- Welchen Chipsatz verwendet das Board und gibt es Komponenten, welche unter einem anderen Chipsatz nicht mehr funktionstüchtig sind?
- Wird der bestehende Prozessor vom neuen Board noch unterstützt? Hat dieses denselben Sockel oder unterscheidet er sich?
- Welche Schnittstellen weist das Board auf? Sind sowohl PCI-X als auch PCI-Express-Steckplätze vorhanden? Ist die gleiche Anzahl serieller und paralleler Schnittstellen vorhanden?
- Welchen Netzanschluss hat das Board?
- Ist bei einem Ersatz eventuell eine lizenzrechtliche Reaktivierung von Betriebssystem oder Software notwendig?

### 6.4.2 Prozessor

Auch bei Prozessoren gibt es verschiedene Faktoren zu berücksichtigen. Den größten Hinderungsgrund für die Aufrüstung auf einen schnelleren Prozessor stellt hierbei die Politik der Hersteller dar, für fast jedes Modell einen neuen Steckplatz auf dem Motherboard vorzusehen, sodass oft zusammen mit dem Prozessor auch das Board ersetzt werden muss, was im Serverumfeld häufig nicht opportun ist.

Auf der anderen Seite bieten Serverhersteller aber auch Prozessor-Upgrades an, z.B. um ein System mit Opteron Second Generation auf ein Third-Generation-System zu aktualisieren. Oder wie im Beispiel auf der Abbildung 6.6: Sie kaufen einen Server mit zwei Sockeln, aber nur einer ist bei Auslieferung bestückt, und Sie können den zweiten Prozessor später nachrüsten.

Doch selbst, wenn der Sockel derselbe ist, müssen Sie sich auf der Herstellerseite des Prozessors informieren, ob der auf dem Mainboard vorhandene Chipsatz dieses neue Modell unterstützt. Werden FSB-Takt und Prozessortakt vom BIOS unterstützt?

**Abb. 6.6:** Servermainboard mit zweitem, noch freiem Sockel zur Aufrüstung

Ist die Stromversorgung gut genug ausgelegt, wenn statt eines Intel Xeon E5310 zwei Intel Xeon X5460 am Werk sind (80 zu 240 W)?

Einen kleinen Eindruck der Problematik gibt Ihnen die folgende Tabelle. Sie stellt die Möglichkeiten dar, welche die Modellreihe HP ProLiant ML350 G9 dem Kunden an Prozessoren zur Auswahl anbietet:

| Modell | Frequenz | Kerne | Cache | Leistung | QPI | DDR-Takt |
|---|---|---|---|---|---|---|
| E5-2699v3 | 2.3 GHz | 18 | 45 MB | 145 W | 9.6 GT/s | 2133 |
| E5-2698v3 | 2.3 GHz | 16 | 40 MB | 135 W | 9.6 GT/s | 2133 |
| E5-2697v3 | 2.6 GHz | 14 | 35 MB | 145 W | 9.6 GT/s | 2133 |
| E5-2695v3 | 2.3 GHz | 14 | 35 MB | 120 W | 9.6 GT/s | 2133 |
| E5-2690v3 | 2.6 GHz | 12 | 30 MB | 135 W | 9.6 GT/s | 2133 |
| E5-2683v3 | 2.0 GHz | 14 | 35 MB | 120 W | 9.6 GT/s | 2133 |
| E5-2680v3 | 2.5 GHz | 12 | 30 MB | 120 W | 9.6 GT/s | 2133 |
| E5-2670v3 | 2.3 GHz | 12 | 30 MB | 120 W | 9.6 GT/s | 2133 |
| E5-2667v3 | 3.2 GHz | 8 | 25 MB | 135 W | 9.6 GT/s | 2133 |
| E5-2660v3 | 2.6 GHz | 10 | 25 MB | 105 W | 9.6 GT/s | 2133 |

**Tabelle 6.1:** Prozessoren zur Auswahl (Quelle: Quick Specs for HP ProLiant ML350 G9, September 2014)

| Modell | Frequenz | Kerne | Cache | Leistung | QPI | DDR-Takt |
|---|---|---|---|---|---|---|
| E5-2650v3 | 2.3 GHz | 10 | 25 MB | 105 W | 9.6 GT/s | 2133 |
| E5-2650Lv3 | 1.8 GHz | 12 | 25 MB | 65 W | 9.6 GT/s | 2133 |
| E5-2643v3 | 3.4 GHz | 6 | 20 MB | 135 W | 9.6 GT/s | 2133 |
| E5-2640v3 | 2.6 GHz | 8 | 20 MB | 90 W | 8.0 GT/s | 1866 |
| E5-2630v3 | 2.4 Ghz | 8 | 20 MB | 85 W | 8.0 GT/s | 1866 |
| E5-2630Lv3 | 1.8 GHz | 8 | 25 MB | 55 W | 8.0 GT/s | 1866 |
| E5-2620v3 | 2.4 GHz | 6 | 15 MB | 85 W | 8.0 GT/s | 1866 |
| E5-2609v3 | 1.9 GHz | 6 | 15 MB | 85 W | 8.0 GT/s | 1600 |
| E5-2603v3 | 1.6 GHz | 6 | 15 MB | 85 W | 6.4 GT/s | 1600 |

**Tabelle 6.1:** Prozessoren zur Auswahl (Quelle: Quick Specs for HP ProLiant ML350 G9, September 2014) (Forts.)

Sie sehen, die Auswahl ist enorm, und die Modellvielfalt gerade bei den Intel-Xeon-Prozessoren ist riesig.

Wichtig: Wenn Sie bestehende Prozessoren mit einem zweiten Prozessor aufrüsten möchten, d.h., wenn Sie in einem Zweisockelsystem den zweiten Sockel bestücken möchten, gibt es nur einen richtigen Weg: den gleichen Prozessor wie in Sockel eins zu verbauen oder den ersten zu ersetzen. Aber versuchen Sie nicht, zwei unterschiedliche Prozessoren im selben System zu betreiben! Dies geht entweder gar nicht (BIOS verweigert den Betrieb) oder führt zu einem instabilen System.

### 6.4.3 BIOS

Man könnte denken, dass man ein BIOS niemals upzudaten braucht, denn schließlich umfasst es ja alle nötigen Funktionen bei seiner Auslieferung. Grundsätzlich ist das nicht ganz falsch, denn wenn keine Notwendigkeit dafür besteht, kann man davon auch die Finger lassen.

```
(C) Copyright 1982-2022 Hewlett Packard Enterprise Development LP
HPE ProLiant DL380 Gen10
System ROM Version: U30 v1.02 (06/14/2021)
```

**Abb. 6.7:** Anzeige des BIOS beim Start des Servers

Folgende Gründe können ein BIOS-Update rechtfertigen oder erforderlich werden lassen:

- **Schnellerer Prozessor**
  Für den Wechsel von einem Xeon E5410 auf den Xeon E5450 benötigt man kein neues Mainboard – wohl aber ein aktualisiertes BIOS. Gerade für die

jeweiligen Befehlssatzerweiterungen und die Aufnahme des Prozessortakts ist die korrekte Erkennung des Prozessors von Bedeutung.

- **Unterstützung neuer Hardware**
  Immer wieder erscheinen überarbeitete BIOS-Versionen, die keine funktionellen Änderungen mit sich bringen. Stattdessen ging bei den Vorgängerversionen das Zusammenspiel mit manchen Hardware-Komponenten nicht reibungslos vonstatten und die Unterstützung wurde verbessert.

- **Abstürze, Schutzverletzungen, Ausnahmefehler**
  In *wenigen* (!) Fällen kann man solche Fehler auch auf das BIOS zurückführen. Bugs können sich nun mal überall einschleichen. Daher werden Sie bei auftretenden Problemen an einem Server von der Herstellerhotline auch jeweils sehr schnell gebeten, zuerst das aktuelle BIOS zu installieren, um zu sehen, ob der Fehler noch besteht oder damit zu beheben ist.

- **Neue Funktionen**
  Manche BIOS-Versionen bringen tatsächlich auch praktischen Nutzen: So kann man manchmal auf das Speichertiming präzise Einfluss nehmen oder es werden neue Optionen im BIOS freigeschaltet.

Ein misslungenes BIOS-Update führt oft dazu, dass sich Ihr Server nicht einmal mehr booten lässt. Unterschätzen Sie diese Folge nicht, denn Ihre Hauptplatine ist ab diesem Moment nicht mehr funktionsfähig! Um das BIOS erfolgreich zu aktualisieren, stellen Sie Folgendes sicher:

- Sie müssen unbedingt das richtige BIOS für Ihr Board verwenden. Andere laufen in der Regel gar nicht und führen zur Zerstörung. Auf den Supportseiten der Hersteller finden Sie dazu präzise Angaben, ebenso im BIOS Ihres eigenen Systems. Es reicht meistens nicht aus, den ungefähren Typ eines Systems zu kennen.

  Wenn Sie einen ProLiant aktualisieren möchten, benötigen Sie dazu den Typ des Servers und dazu auch noch die genaue Baureihe – beides finden Sie mit der Systemdiagnose oder in Ihrer Doku. Nur mit diesen vollständigen Informationen können Sie das richtige BIOS aktualisieren.

- Manchmal gibt es Unterschiede im Flash-Speicher, wo das BIOS untergebracht ist (z.B. 1 Mbit oder 2 Mbit). Achten Sie gegebenenfalls auch darauf. Manchmal wird mit einer neuen Board-Revision ein anderes BIOS nötig.

- Auch ein BIOS-Upgrade ist ein Serverupgrade. Das bedeutet, die Planung und die Sicherstellung ist hier ebenso angebracht wie bei jedem anderen Update!

Aktualisierte Versionen des BIOS erhalten Sie heute in der Regel über die Webseite des Herstellers oder über Support-CDs (bzw. -DVDs) vom Hersteller des Servers.

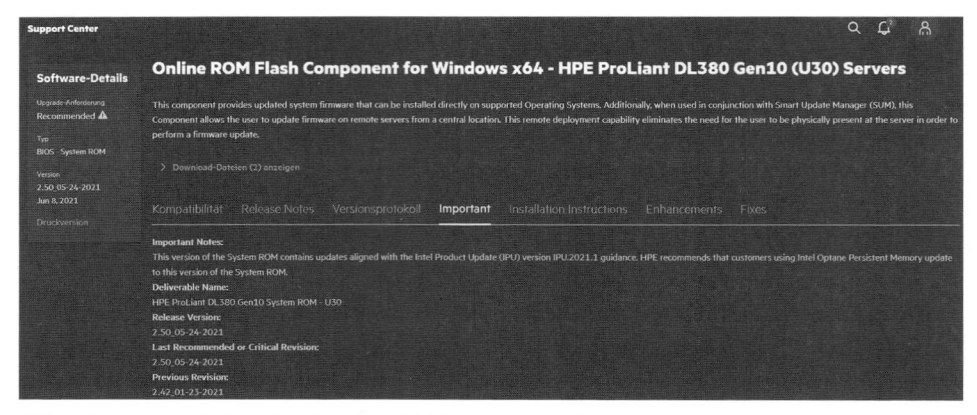

**Kapitel 6**
Server installieren und aktualisieren

**Abb. 6.8:** Herunterladen des aktuellen BIOS vom Hersteller

> ⚠ Laden Sie niemals BIOS-Versionen von Foren oder Treibersammlungen herunter! Gehen Sie immer auf die offizielle Webseite des Herstellers, um sicherzustellen, dass Sie auch wirklich ein originales und korrektes BIOS herunterladen – Ihr Server wird es Ihnen danken!

### 6.4.4 Speicheraufrüstung

Eine häufige Aufrüstung betrifft den Arbeitsspeicher. Und gerade hier treten häufig Probleme auf, weil der neue Arbeitsspeicher mit dem bestehenden nicht verträglich ist und man zu wenig auf die Details achtet.

Zu berücksichtigen sind grundsätzlich:

- Bauform (DDR-Typ, DIMM oder SODIMM)
- Zugriffszeit (Latenz-CAS, Waitstate)
- Taktfrequenz (muss vom FSB unterstützt werden)
- ECC oder nicht ECC
- Registered oder unregistered RAM
- Einzelne oder paarweise Installation (gewisse Memorys lassen sich nur paarweise installieren, z.B. FB-DIMM)

Zudem lehnen viele Hersteller jede Funktionsgarantie ab, wenn kein originaler Speicher verwendet wird.

Bei der Aufrüstung ist darauf zu achten, dass während des Einbaus keine statische Entladung am Baustein auftritt und dass der Baustein mit allen Kontakten sauber im Steckplatz montiert ist.

Bei modernen Bausteinen der Baureihen DDR3, DDR4 und DDR5 ist besonders auf die Kerbung zu achten, welche es an sich unmöglich machen sollte, Arbeitsspeicher verkehrt herum einzubauen. Diese ist allerdings je nachdem nicht sehr stark unterschiedlich ausgeprägt.

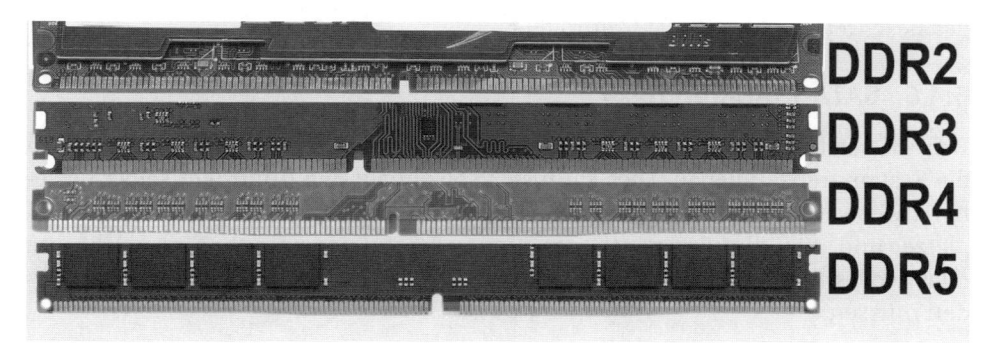

**Abb. 6.9:** Kerbe beim Einsetzen von RAM

Und noch ein kleiner Hinweis: Speicher aufzurüsten macht immer Freude – aber wie viel unterstützt Ihr Betriebssystem? Gerade bei den alten 32-Bit-Systemen ist oftmals das Limit bei 4 GB Arbeitsspeicher erreicht, mehr können sie nicht unterstützen. Klären Sie also sowohl Bedarf als auch Grenze der Möglichkeiten während der Planung genau ab, um nicht nur hardwareseitig, sondern auch von der Software her keine Überraschungen zu erleben.

### 6.4.5 Festplatten

Bei Festplatten gilt es zuerst zu klären, welches System verwendet wird: S-ATA oder SAS.

Zwei klassische Probleme seien erwähnt:

- Festplatten werden vom BIOS nicht erkannt.
- RAID-Festplatten werden vom RAID-Controller BIOS nicht erkannt.

Mögliche Ursachen:

- Non-Hot-Plug-Platten in Hot-Plug-Rahmen verbaut
- Kabel schlecht oder falsch herum angesteckt
- SAS- oder SATA-Kanal im BIOS nicht aktiviert

Wenn Sie ein RAID aufrüsten möchten, müssen Sie überprüfen, wie viele Einschübe noch frei sind und ob diese für das geplante RAID ausreichen (z.B. drei Einschübe für ein neues RAID 5). Bei Ausbau eines bestehenden RAID müssen die Kapazitäten der Festplatten übereinstimmen (bei den meisten Controllern), d.h., wenn Sie vier 146-GB-SAS-Platten verwenden und dieses RAID um 300 GB erweitern möchten, benötigen Sie in der Regel zwei weitere 146-GB-Laufwerke, damit die Erweiterung klappt.

Eine RAID-Erweiterung oder mehrfache RAID-Volumes an einem Controller sind in ihren Möglichkeiten und Grenzen immer abhängig vom BIOS bzw. der Firmware des RAID-Controllers. Die entsprechenden Antworten finden sich daher in der Beschreibung des RAID-Controllers.

### 6.4.6 SATA-/SAS-Controller

Beim zusätzlichen Einbau von Controllern ist es besonders wichtig zu klären, wo die Systemgrenzen liegen. Dies kann sich sowohl auf den Controller selber beziehen (wie viele Controller verträgt das System) als auch auf die vorhandenen Steckplätze und für die Endgeräte des Controllers notwendigen Einbauschächte (klassisches Problem, wenn mehr Festplatten, DVD-Laufwerke etc. eingebaut werden müssen).

Grundsätzlich ist es so, dass sowohl SATA als auch SAS die Verwendung mehrerer Controller zulassen. Aktuelle Backplanes von HP oder DELL lassen sogar die Verwendung von SAS oder SATA zu – aber Sie dürfen die beiden Typen nicht mischen, Sie müssen sich also für SAS oder SATA entscheiden.

### 6.4.7 Erweiterungskarten

Erweiterungskarten sind ein sehr weitläufiges Thema, gibt es doch für verschiedenste Einsatzgebiete mittlerweile entsprechende Produkte, angefangen von zusätzlichen Netzwerkkarten über parallele und serielle Schnittstellenkarten bis hin zu RAID-Controllern.

Kleinere Mainboards verfügen beispielsweise über sogenannte Riser-Karten. Hierbei handelt es sich um rechtwinklige Steckkarten, welche direkt ins Mainboard eingesteckt werden und weitere Steckplätze z.B. für Arbeitsspeicher oder PCI/PCIe-Steckplätze bieten. Da diese Karten als Ergänzung zum Mainboard zu sehen sind, werden sie auf Englisch auch Daughterboard genannt. Passive Riser-Karten enthalten nur einen Steckplatz, da sie lediglich einen vorhandenen Steckplatz auf dem Mainboard weiterschlaufen. Interessanter sind aktive Riser-Karten, da diese eine eigene Steuerelektronik beinhalten und das System damit effektiv um weitere Steckplätze erweitern. Bei Servern sind diese Karten weitaus weniger verbreitet als bei PCs, es sei denn, man zählt die oft direkt am Mainboard angeschlossenen Backplanes (Erweiterungskarten z.B. für RAID-Systeme) ebenfalls dazu. Eine weitere häufige Ausnahme bilden Memory-Riserboards, auf die das Memory gesteckt werden, anstelle sie direkt ins Mainboard einzubauen.

Als Erweiterungskarten für Server kommen hauptsächlich RAID-Karten zum Einsatz, an welche anschließend intern oder extern ein entsprechendes System angeschlossen werden kann.

Auch Video, Fax, PBX- und VoIP-Lösungen sind als Erweiterungskarten für Server verfügbar und können entsprechend nachgerüstet werden. Zudem muss bei diesen Karten, die eine zusätzliche Funktionalität für den Server bieten, immer auch berücksichtigt werden, inwieweit diese redundant ausgelegt werden können, um den Dienst bestmöglich verfügbar zu gestalten.

Das Wichtigste ist auf jeden Fall, die Dokumentation genau zu studieren, um zu prüfen, ob ein Einbau überhaupt systemverträglich ist.

Bevor Sie eine neue Steckkarte in einen Rechner einbauen, sollten Sie sich über folgende Punkte informiert haben:

- Für welches Bussystem ist die Karte vorgesehen (PCI-X, PCI-Express)?
- Bietet der Server noch freie Steckplätze für die Karte?
- Behindern CPU oder andere Komponenten eventuell den Einbau?
- Behindert die Karte einen benachbarten Steckplatz, weil sie besonders breit oder lang ist?
- Besteht für das eingesetzte Betriebssystem Treiberunterstützung und ist die Komponente eventuell auf einer Kompatibilitätsliste aufgeführt?

Vor dem Einbau der Karte sollten Sie sich zudem auf jeden Fall vergewissern, ob Parameter per DIP-Schalter oder Jumper auf der Karte selber einzustellen sind.

## 6.5 Fragen zu diesem Kapitel

1. Nach der Installation eines neuen Servers tritt eine große Anzahl von Page-Fehlern auf. Der Techniker hat gesehen, dass das verwendete RAM für diesen Server nicht das richtige war. Welchen der folgenden Schritte hat der Techniker bei der vorgängigen Installation übersehen?

   A) Überprüfung der Kapazität für virtuelles Memory

   B) Überprüfung der Installationsplanung

   C) Bestätigung der FPM (Fast Page Mode)-Fähigkeit

   D) Verwendung von SIMM- anstelle von DIMM-Modulen

2. Ein Server mit einer Reihe von installierten Grafikkarten wurde kürzlich mit zusätzlichen Grafikkarten aktualisiert. Sobald der Server gestartet wird, wird das System kurz darauf unerwartet ausgeschaltet. Vor dem Upgrade war der Server stabil und zeigte kein seltsames Verhalten. Welche der folgenden Aussagen ist die wahrscheinlichste Ursache des Problems?

   A) Die Kartentreiber müssen aktualisiert werden.

   B) Die Karten sind nicht kompatibel zur übrigen Hardware.

   C) Die Stromversorgung kann die zusätzlichen Karten nicht ausreichend versorgen.

   D) Das Betriebssystem erkennt die neuen Karten nicht.

3. Wenn Sie die Installation eines neuen Servers planen, worauf müssen Sie bei der Stromversorgung achten?

    I. Ob die Versorgung geerdet ist

    II. Gleichstromspannung (Volt)

    III. Die Stromstärke (Ampere)

    IV. Wechselstromspannung (Volt)

    A) Nur I und IV

    B) Nur II und IV

    C) I, II und III

    D) I, III und IV

4. Wo können Sie am zuverlässigsten überprüfen, ob die gewünschte Hardware für den neuen Server mit dem eingesetzten Betriebssystem kompatibel ist?

    A) In der Hardware-Dokumentation

    B) Beim Installationsmedium für das Betriebssystem

    C) Auf der Webseite mit Erfahrungen anderer Installationen

    D) Auf der originalen Webseite des Betriebssystemherstellers

5. Ein Kunde hat einen Server mit einem RAID-5-Array bestellt. Als die Komponenten eintreffen, bemerkt er, dass er neben dem Server einen SAS-Controller, drei Laufwerke und ein 40-Pin-Kabel mit drei Anschlüssen bekommen hat. Was wird der Kunde dem Lieferanten mitteilen?

    A) Das komplette Material ist angekommen.

    B) Es fehlt ein Laufwerk.

    C) Es wurde ein falsches Anschlusskabel geliefert.

    D) Es wurden die falschen Festplatten geliefert.

6. Während der Überprüfung des Installationsplans stellt die Technikerin fest, dass im Plan Netzwerkadapterfehlertoleranz verlangt wird. Mit welcher Maßnahme wird diese Anforderung während der Installation sichergestellt?

    A) Einen zusätzlichen Router installieren

    B) Eine zusätzliche Netzwerkkarte installieren

    C) Statt der einfachen Netzwerkkarte eine Multiprotokollkarte einbauen

    D) Eine Netzwerkkarte mit mehreren Ports einbauen

7. Wenn eine Technikerin einem Installationsplan folgt, welche der folgenden Dinge sollte sie auf ihre Verfügbarkeit hin überprüfen?

    I. Stromanschluss

    II. USV-Kapazität

III. Physischer Platz

IV. Netzwerkzugang

A) Nur I und II

B) Nur II und III

C) Nur I, II und III

D) I, II, III und IV

8. Sie möchten den Arbeitsspeicher Ihres Servers aufrüsten. Auf den bestehenden zwei Speicherriegeln steht: 8192 PC3-10600 CL4 REG ECC. Was ist folglich zu beachten?

    A) Der Speicher ist registriert und kann daher nicht aufgerüstet werden.

    B) Es kann sowohl ECC als auch Nicht-ECC-RAM verwendet werden.

    C) Es bedeutet, dass nur völlig identische Module verwendet werden dürfen.

    D) Es darf nur Speicher mit denselben Eigenschaften eingesetzt werden.

9. Sie möchten die CPU im Server ersetzen. Sie suchen einen passenden Xeon-Prozessor, der auf Ihr Mainboard mit »Icelake EP«-Slot passt. Worauf achten Sie bei der Auswahl?

    A) Dass die neue CPU wesentlich mehr Leistung aufweist als Haswell EP

    B) Dass die neue CPU aus derselben Chip- und Architekturserie kommt

    C) Dass die neue CPU identisch mit der alten ist

    D) Dass die neue CPU mindestens gleich viel Cache hat

10. Steffen muss den Server mit zusätzlichen Prozessoren ausrüsten. Was wird Steffen prüfen, um eine korrekte Aufrüstung vornehmen zu können? Wählen Sie alle korrekten Punkte aus.

    A) Busmultiplikator

    B) Prozessorgeschwindigkeit

    C) L3-Cache-Größe

    D) Sockel

    E) Thermalspezifikation

**Kapitel 7**

# Der TCP/IP-Stack

Nachdem Sie sich im letzten Kapitel mit der Datenübertragung und deren Medien und Geräten auseinandergesetzt haben, widmen Sie sich jetzt der Frage, wie die Software sich des Problems der Datenübertragung annimmt. Es reicht ja nicht, dass Signale von A nach B übertragen werden können, sie müssen ja auch erst erzeugt, versandgerecht vorbereitet und adressiert werden. Dazu bedienen sich die Informatiksysteme der Protokolle. Da der Begriff »Protokoll« sehr allgemein ist, wird in diesem Zusammenhang von Adress- und Transportprotokollen gesprochen.

> Sie lernen in diesem Kapitel:
> - Die Geschichte von TCP/IP kennen
> - Den Aufbau von IPv4 verstehen
> - IPv4-Adressen einrichten
> - Wichtige Grundlagen zu IPv6 kennen
> - Spezielle Adressen von IPv4 und IPv6 erkennen
> - Den IP-Header von IPv4 und IPv6 unterscheiden
> - Die Subnettierung von Netzwerken verstehen

## 7.1 Das Modell und die Praxis

Das TCP/IP-Modell lässt sich zwar mit dem bekannten OSI-Modell vergleichen, aber es ist ein eigenes Modell und hat eine andere Einteilung der Schichten vorgenommen.

Hier ein Vergleich der beiden Modelle, mehr dazu, auch zum OSI-Modell im Einzelnen, finden Sie wiederum in dem im selben Verlag erschienenen Buch *CompTIA Network+*.

### 7.1.1 Vergleich OSI-Modell mit dem DOD-4-Modell

| OSI-Modell | TCP/IP (DOD-4-Modell) |
|---|---|
| Application | Application/Process |
| Presentation | |
| Session | |
| Transport | Host-to-Host |
| Network | Internet |
| Data Link | Network Access |
| Physical | |

**Tabelle 7.1:** Vergleich von OSI-Modell und DOD4-Modell

Auffällig an diesem Vergleich ist, dass die Schicht Network Access dabei vom DOD4-Modell nicht selber beschrieben wird, sondern lediglich Schnittstellen in diese Schicht abbildet und vorhandene Standards von OSI-Layer 1 und 2 nutzt (im Unterschied etwa zu ATM, das diese Schichten selber beschreibt).

Die TCP/IP-Protokollsammlung ist somit in drei funktionelle Gruppen aufgeteilt:

- Internetprotokolle (IP, ICMP, ARP und weitere)
- Host-to-Host-Protokolle (TCP, UDP)
- Anwendungsprotokolle (FTP, SMTP, Telnet und weitere)

Am bekanntesten und für den Benutzer die Schnittstelle, wo er am ehesten mit diesen Protokollen konfrontiert wird, ist das IP-Protokoll, oder vereinfacht ausgedrückt: die Adressierung der Endgeräte im Netzwerk. Hier setzen Sie daher auch an.

Dazu gehören AppleTalk, NetBEUI, IPX/SPX und TCP/IP. Während die meisten dieser Protokolle heute eine historische Bedeutung haben, hat sich TCP/IP zum vorherrschenden Standard in der Netzwerkkommunikation entwickelt. Entsprechend werden Sie sich mit dieser Protokollfamilie am gründlichsten auseinandersetzen.

### 7.1.2 Der Aufbau der Adressierung

Wie Sie schon früher gesehen haben und auch von anderen Gebieten wie dem Telefonieren oder dem Schreiben von Briefen wissen, benötigt jeder Transport einen Adressaten, damit die Botschaft ankommt. Beim Brief ist dies die Wohnadresse des Empfängers, beim Telefonieren die Nummer.

Bei der Kommunikation im Netzwerk kennt man mehrere Ebenen der Adressierung, entsprechend ihrer Aufgabe im Datenverkehr und der Position in einem der vorgestellten Schichtenmodelle.

Damit die Daten das richtige Endziel erreichen, müssen sie drei Adressinformationen erhalten:

- Physische Adresse des Zielgeräts
- Logische Adresse des Zielgeräts
- Dienstadresse

Ich möchte Ihnen das an einem Beispiel verdeutlichen. Wenn Sie auf der Bergstraße wohnen, so steht Ihr Haus zugleich an einer bestimmten Stelle dieses Planeten. Damit verfügen Sie also über zwei Adressen: Die physische Adresse ist der Ort, wo das Haus steht, gemessen in Längen- und Breitengraden und damit eindeutig bestimmbar – weltweit. Dieses System verwenden Sie etwa für Navigationssysteme oder geografische Bestimmungen. Im normalen Briefverkehr arbeiten Sie aber mit der Adresse »Bergstraße« – dies ist eine von Ihrem Ort vorgegebene, logisch bestimmte Adresse. Das kann sich auch ändern: Eines Tags beschließt man im Ort, alle Straßen nach Planeten zu benennen, und ab sofort wohnen Sie auf der Saturnstraße. Zum Glück geschieht das selten, aber während das Ändern der physischen Adresse kaum möglich ist (Sie müssten schon Ihr Haus ausgraben ...), ist das Umändern einer logischen Adresse eine reine Planangelegenheit.

Und vergleichbar funktioniert dies auch in der Netzwerktechnik.

- Die physische Adresse wird durch die bereits erwähnte MAC-Adresse definiert, diese wird jedem Netzwerkgerät bei der Herstellung eingebrannt und definiert es eindeutig.
- Die logische Adresse bestimmt der Netzwerkadministrator im zuständigen Netzwerk und wird in den einzelnen Systemen entsprechend hinterlegt. Diese kann durch Neudefinition im System auch jederzeit geändert werden.
- Die Dienstadresse bestimmt überdies, um welche Form der Daten es sich handelt. Dabei wird beispielsweise zwischen einer HTTP-Adresse und einer SMTP-Adresse unterschieden. Doch dazu später mehr.

Die Protokolle haben die Aufgabe, die Verbindung zwischen diesen Adressen zu finden und so die Daten korrekt zuzustellen. Und dazu sehen Sie heute für Adressierung und Transport auf die Protokollsammlung TCP/IP.

Die Protokollsammlung TCP/IP wurde ursprünglich vom und für das amerikanische Verteidigungsministerium (DoD) sowie verschiedene Forschungsorganisationen zur Vernetzung von entfernten Großrechnern entwickelt. Das heute als Internet bezeichnete Netzwerk wurde vor seiner weltweiten Verbreitung als Advanced Research Projects Agency Network (ARPANet) bezeichnet und ermöglichte die Kommunikation zwischen Regierungsstellen, Universitäten und Forschungseinrichtungen. Seit mehr als 30 Jahren und mit etlichen Entwicklungen und Versionen ist diese Protokollfamilie nun im Einsatz. Doch erst nach Mitte der 1990er-Jahre erlangte sie eine solche Verbreitung, dass man mittlerweile schon fast von einer Monokultur sprechen kann, zumindest was den Bereich der Computernetzwerke angeht.

Das *Internet Protocol* (IP) (1981, definiert in RFC 791) ist ein verbindungsloser Datagrammdienst (Dienst zur Übermittlung von Datenpaketen) und bildet zusammen mit dem *Transmission Control Protocol* (TCP) das zentrale Protokollpaar in der TCP/IP-Protokollfamilie. Das Internet Protocol arbeitet auf der Netzwerkebene und stellt den höheren Schichten folgende Dienste zur Verfügung:

- Adressierung (IP-Adresse) der Netzknoten (Router, Computer)
- Datagrammservice (Übermittlung von Datenpaketen)
- Fragmentierung und Reassemblierung der Datenpakete
- Spezifikation höherer Protokolle: Es wird ein Wert angegeben, der das vom IP-Layer übergebene höhere Protokoll identifiziert.
- Wahl der Übertragungsparameter
- Vorrangsteuerung (Prioritäten)

Im Gegensatz zum TCP, das mit verbindungsorientierter Kommunikation und aktiver Fehlerkorrektur arbeitet, überträgt IP die Daten mittels verbindungsloser Kommunikation (Datenpakete werden nicht auf Vollständigkeit überprüft und nachgefragt).

Die Daten werden fragmentiert und in kleinen Paketen über das Netz geschickt. Im Netzwerk können sie verschiedene Wege in unterschiedlichen Zeiten zurücklegen, wobei die Pakete wieder in der richtigen Reihenfolge an der Zieladresse reassembliert werden.

Durch den Datagrammdienst erreicht IP seine hohe Leistungsfähigkeit. Im Datagrammverkehr werden eine flexible Adressierbarkeit (es kann eine unterschiedliche Anzahl an Stationen angesprochen werden), eine hohe Übertragungsgeschwindigkeit (es ist keine Bestätigung der übertragenen Datagramme notwendig und es fehlt die Fehlerkorrektur) und ein variables Routing (es können verschiedene Netzrouten verwendet werden) erreicht. Das Internet Protocol bekommt folglich von den übergeordneten Protokollschichten Daten geliefert, die von der Netzwerkschicht in Pakete zerteilt und mit einem IP-Header versehen werden. In diesem Header stehen alle Daten, die zum Versand der Pakete über das Netzwerk nötig sind. Das bedeutet, er enthält die Quelladresse und die Zieladresse, aber auch Angaben zur Gesamtlänge des Datenpakets oder Informationen über den nächsten Protokoll-Header.

## 7.2 Die Grundlagen der IP-Adressierung

Wie Sie schon erfahren haben, benötigt in der Computerwelt jedes an der Kommunikation beteiligte Endgerät eine eigene Adresse. Dabei unterscheiden Sie zwischen der physischen und der logischen Adresse. Während Sie die physische

## 7.2 Die Grundlagen der IP-Adressierung

Adresse dem OSI-Layer 2 zuordnen, die sogenannte MAC-Adresse, ist die logische Adressierung Bestandteil der verschiedenen Adress- und Transportprotokolle. Das IP-Protokoll kümmert sich um eben diese logische Adressierung.

Wenn Sie zu Hause Ihr Netzwerk einrichten möchten, wird Ihnen TCP/IP als Standardprotokoll vorgeschlagen. Damit diese Einrichtung auch wirklich funktioniert, benötigen Sie als Erstes eine sogenannte IP-Adresse. Bei dieser handelt es sich um eine binäre Adresse, welche jeden Computer eindeutig identifiziert. Im Folgenden wenden Sie sich dieser Adresse genauer zu, und zwar vorerst in der Version IPv4.

Das kann dann etwa so aussehen:

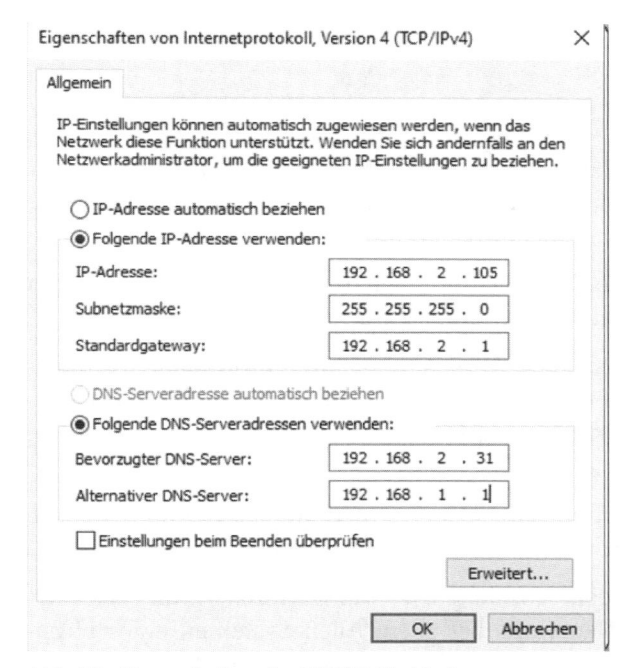

**Abb. 7.1:** Eigenschaften der TCP/IP-Verbindung

In dieser Darstellung sehen Sie, dass die IPv4-Adresse aus einer Reihe von Zahlen besteht, die durch einen Punkt voneinander getrennt werden.

Genau genommen handelt es sich dabei um vier Zahlen zwischen 0 und 255, also dem Wertebereich eines Byte (B). Man kann also auch sagen, die IP-Adresse besteht aus 4 Bytes oder umgerechnet 32 Bit. Das ist denn auch die gebräuchlichste Bezeichnung: Die IPv4-Adresse ist eine 32-Bit-Adresse.

Neben der eigentlichen IP-Adresse werden zudem noch weitere Werte wie die Subnetzmaske oder das Standard-Gateway abgefragt.

Schauen Sie sich daher jetzt die Adressierung genauer an.

Da die Speicherung von Daten auf Computern binär erfolgt, ist die eigentliche Adresse eine Anhäufung von 0 und 1. Dies gilt im Prinzip auch für die Darstellung, ja mehr noch, der Computer selbst rechnet ausschließlich mit diesen binären Werten. Da dies für uns Menschen aber unpraktisch ist, um es sich zu merken, wird die IP-Adresse in dezimaler Notation geschrieben.

Unter der Voraussetzung, dass je 1 Byte pro Adressteil vergeben werden kann, bedeutet dies binär maximal acht Stellen – und so kommen Sie auf den Zahlenbereich von 0 (binär: 00000000) bis 255 (binär: 11111111).

Eine Adresse kann also folgende Zahlen enthalten:

- 172.16.25.20

Nicht aber

- 182.285.412.7

Denn diese zweite Zahlenfolge lässt sich wohl als dezimale Zahl hinschreiben, der Computer kann die zweite Zahl (285) aber nicht binär als 8-Bit-Ziffer darstellen, eine solche IP-Adresse kann daher nicht existieren!

Nachdem dies geklärt ist, wenden Sie sich der Frage nach den 4 Bytes zu. Warum 4 Bytes, warum nicht einfach eine einzige lange Zahl?

Das hängt damit zusammen, dass in der IPv4-Adresse zwei Informationen enthalten sind: die Adresse des Rechners oder Endgeräts *und* die Adresse des Netzwerks, zu dem sie gehört. In Fachbegriffen ausgedrückt heißt dies: Enthalten sind die Netz-ID und die Host-ID.

Wichtig: Da jede IP-Adresse ein einzelnes Gerät innerhalb des Netzwerks kennzeichnet, muss jedem Gerät auch eine eindeutige Host-ID zugeordnet sein.

- Durch die *Netzwerk-ID* werden sämtliche Systeme identifiziert, die sich physisch innerhalb desselben Netzwerks befinden. Allen Systemen eines physischen Netzwerks muss dieselbe Netzwerk-ID zugeordnet sein, die dann wiederum innerhalb eines über mehrere Netzwerke verbundenen größeren Netzes eindeutig ist.

- Durch die *Host-ID* wird eine Arbeitsstation, ein Server, ein Router oder ein anderes TCP/IP-Gerät innerhalb eines Netzwerks identifiziert. Innerhalb eines gegebenen Netzwerks mit einer Netzwerk-ID muss diese Adresse für jedes Gerät ebenfalls eindeutig sein. Falls sie doppelt oder mehrfach vergeben ist, erhalten Sie eine Fehlermeldung, die nur durch Adressänderung wieder zu beheben ist (Meldung: IP-Adresse doppelt vorhanden).

Zur Unterscheidung kommt nun die zweite Information ins Spiel: die Subnetzmaske. Diese trennt den Host-Teil vom Netzteil.

Ähnlich wie die IP-Adresse ist diese Netzmaske in 4 Bytes aufgeteilt. Eine 255, also 11111111, bedeutet dabei: Dieser Teil gehört zum Netz.

Nehmen Sie das Beispiel von vorhin:

- 172.16.25.20

Dazu gehört beispielsweise die Subnetzmaske:

- 255.255.0.0

Dies bedeutet: Sie haben ein Netzwerk namens 172.16.0 und einen Rechner, der in diesem Netzwerk die Adresse 25.20 hat.

Die Subnetzmaske schreibt sich von links nach rechts. Es gibt also keine Maske namens 0.0.255.0, sondern nur 255.255.0.0 oder 255.0.0.0. Aus der Verrechnung dieser beiden Informationen, IP-Adresse und Subnetzmaske, kann der Rechner somit die genaue Identität des Knotens (Geräts) bestimmen.

Sie können sich nun ausrechnen: Wenn ein Netz die Subnetzmaske 255.0.0.0 hat, kann es damit theoretisch maximal 256 (0 bis 255) Netzwerke dieser Klasse geben, dafür in jedem dieser Netze 256×256×256 = 16.777.216 Rechner. Je mehr Bytes für die Netzwerkmaske verwendet werden, desto weniger bleiben für die Hosts.

Ein Netzwerk mit der Maske 255.255.255.0 hat also den Vorteil, dass es über 16 Mio. Netze geben kann, dafür nur noch 256 Hosts pro Netzwerk.

Die Einteilung der IPv4-Adresse in Netzwerk-ID und Host-ID nennt sich Subnettierung. Seit der Einführung der klassenlosen Adressierung nehmen Sie diese Subnettierung automatisch vor, da Sie jeder IPv4-Adresse jede mögliche Netzmaske zuordnen können. Dabei sind Sie noch nicht einmal an 8 Bit als Einheit gebunden: Eine Netzmaske kann auch »1111 1111 1100 000« lauten, das wäre dann dezimal die Netzwerkmaske 255.255.192.0.

Der dritte Begriff, den Sie an dieser Stelle lesen, ist Gateway. Diese Information bezeichnet das Gerät, meist einen Router, welches die Schnittstelle zum nächsten Netzwerk bildet. Falls also Daten an ein Gerät außerhalb des lokalen Netzes gesendet werden sollen, muss bekannt sein, welche Adresse für diesen Weitertransport zuständig ist. Dies ist die Aufgabe des Gateways.

Die Aufgabe des IP-Protokolls besteht jetzt darin, anhand dieser Angaben (Adresse, Netzmaske, Gateway) die Verbindung zwischen Quelle und Ziel der Netzwerkverbindung herzustellen. IP bekommt folglich von den übergeordneten Protokollschichten Daten geliefert, die von der Netzwerkschicht in Pakete zerteilt und mit einem IP-Header versehen werden. In diesem Header stehen alle Daten, die zum Versand der Pakete über das Netzwerk nötig sind. Das bedeutet, er enthält die Quelladresse und die Zieladresse, aber auch Angaben zur Gesamtlänge des

Datenpakets oder des übergeordneten Protokolls auf Layer 4, das ihm die Daten zustellt.

Da die TCP/IP-Protokolle ursprünglich für die Vernetzung weit entfernter Rechner konzipiert worden sind, sind IP-Adressen grundsätzlich öffentlich, d.h., man geht letztlich vom Prinzip der weltweiten Einzigartigkeit einer Adresse aus. Das war zu Beginn auch verständlich, doch als Firmen begannen, sich die großen Netze unter den Nagel zu reißen, war bald eine Verknappung der Adressen ersichtlich. Daher hat man schon früh begonnen, die Netze in Klassen für größere und kleinere Netze einzuteilen und zudem Adressen zu bestimmen, welche man zwar privat, nicht aber im öffentlichen Netz nutzen konnte. Diese Einteilung dient bis heute als Grundlage der Netzwerkplanung, man spricht auch noch vom »C-Klasse-Netz«, wenn man von 192.168.1.0 redet. Doch die Zeit ist nicht stehen geblieben: Seit 1993 wird nicht mehr mit festen Adressklassen gearbeitet, sondern stattdessen wird die klassenlose Adressierung eingesetzt, CIDR genannt.

### 7.2.1 CIDR statt Adressklassen

Das Classless Inter-Domain Routing (CIDR, RFC 1519) wurde 1993 eingeführt, primär, um die verfügbaren Adressbereiche besser auszunutzen. Als kleine Anmerkung: 1993 (!) wurde darüber diskutiert, dass es mehr Adressen braucht – zu einer Zeit, als noch nicht einmal 1 % der Europäer einen Internetanschluss geschweige denn ein TCP/IP-Netzwerk in Betrieb hatten!

Jedenfalls entfällt bei der klassenlosen Adressierung die fixe Zuordnung einer IP-Adresse zu einer Netzklasse und somit auch die feste Zuweisung einer Adresse durch das erste Bit zu einer Klasse. Es existiert faktisch nur noch eine Netzmaske (nicht mehr Subnetzmaske), welche die IP-Adresse gemäß den Angaben in einen Netzwerk- und einen Host-Teil aufteilt.

Mit CIDR wurde auch die Suffix-Notation eingeführt. Das Suffix wird nach einem »/« (Slash) angehängt und gibt die Anzahl Bits des Netzteils an.

Die Adresse 192.168.1.15/24 entspricht also der Adresse 192.168.1.15 mit der Netzmaske 255.255.255.0 – ist aber wesentlich kürzer und genauso eindeutig. Ebenso können Sie auch angeben 192.168.1.15/27 und beschreiben damit dieselbe Adresse wie vorhin, aber in einem 255.255.255.224-Subnetz.

IPv6 wird grundsätzlich nur noch in CIDR-Notation geschrieben. Es gibt zwar noch die alten IPv4-Klassen, die als Site-Local-Adressen weitergeführt werden, aber neue Adressklassen wurden keine geschaffen.

Mit der CIDR-Notation wurde das klassenbestimmte Adressieren zwar faktisch aufgehoben, umgangssprachlich wird aber auch heute noch von einem A-Netz gesprochen, wenn Sie von einem 10.0.0.x-Netzwerk reden, obwohl das genau genommen falsch ist ...

## 7.2 Die Grundlagen der IP-Adressierung

Aus diesen »umgangssprachlichen« Gründen (und weil die Prüfer so gerne danach fragen ...) seien die Klassen hier aber dennoch aufgeführt:

| Adressklassen | Bereich im 1. Byte | Anzahl Netzwerke | Anzahl Hosts* |
|---|---|---|---|
| A | 0 bis 127 | 126 | 16.777.214 |
| B | 128 bis 191 | 16.382 | 65.534 |
| C | 192 bis 223 | 2.097.150 | 254 |
| D | 224 bis 239 | Nicht verfügbar | |
| E | 240 bis 255 | Nicht verfügbar | |

**Tabelle 7.2:** IP-Adressklassen und Anzahl Netzwerke und Hosts (* = verfügbare Anzahl)

Die Adressklassen werden ohne CIDR anhand der ersten Bits im ersten Oktett identifiziert. Dies ergibt folgende Einteilung:

| Adressklasse | Klassenbit | Anzahl Netz-Bits | Gültige Werte der Netz-ID |
|---|---|---|---|
| A | 0 | 7 | 1 bis 126* |
| B | 10 | 14 | 128.1 bis 191.254 |
| C | 110 | 21 | 192.0.1 bis 221.255.254 |
| D** | 1110 | - | 224.0.0.0 bis 239.255.255.254 |
| E** | 1111 | - | 240.0.0.0 bis 255.255.255.254 |

* 0 und 127 sind reserviert
** Stehen nicht zur allgemeinen Verfügung

**Tabelle 7.3:** Klassenbits für Adressklassen

Insgesamt wären also rund 4,3 Mrd. IP-Adressen verfügbar. Beim Nachzählen von Zahlenräumen und der entsprechenden realen Anzahl von Netzwerken und Rechnern sehen Sie auf den ersten Blick, dass es in diesen Klassen mehrere Besonderheiten gibt. Zum einen gibt es reservierte Adressen:

- 0.0.0.0 ist reserviert als Quelladresse für das lokale Netzwerk.
- 255.255.255.255 dient als Broadcast an alle angeschlossenen Stationen.
- 127.0.0.1 dient zum Testen der lokalen Anschlussstelle.
- Der Adressbereich von 224 bis 239 dient als Multicast-Adressblock.

Zum anderen wurden die Klassen D und E nicht öffentlich zugeteilt, sondern blieben für die sogenannte zukünftige Verwendung (Multicast) und zum Teil für Forschung, Medizin und Militär vorbehalten.

## 7.2.2 Private Netzwerke unter IPv4

Soll das Netzwerk nicht ans Internet angeschlossen werden, sollte man folgende für private Netzwerke reservierte Adressen verwenden (nach RFC 1166, RFC 1918):

- Netzwerk der Klasse 10.0.0.0    10.0.0.0 – 10.255.255.255
- Netzwerk der Klasse 172.16.0.0    172.16.0.0 – 172.31.255.255
- Netzwerk der Klasse 192.168.0.0    192.168.0.0 – 192.168.255.255

Diese Adressen werden garantiert von keinem öffentlichen Netz verwendet und sind somit unproblematisch für private Netzwerke (RFC 1597).

Netzwerke, die direkt mit dem Internet verbunden sind, benötigen dagegen eine vom InterNIC (Internet Network Information Center) bereitgestellte Netzwerk-ID, damit die Eindeutigkeit des Netzwerks im ganzen Internet gewährleistet ist. Weitere Informationen hierzu finden Sie im Internet auf der InterNIC-Homepage unter http://www.internic.net/.

Nach Erhalt der Netzwerk-ID muss der Administrator des lokalen Netzwerks jedem Computer innerhalb dieses Netzwerks eine eindeutige Host-ID zuweisen. Dies kann entweder von Hand geschehen (fixe Adressierung) oder mithilfe eines Diensts, der die Adressen automatisch zuteilt – dazu in Kapitel 11 dann mehr.

## 7.2.3 Ausnahmen und besondere Adressen

Trotz der Aufhebung der Adressklassen gibt es eine Reihe von besonderen und reservierten Adressen, welche im RFC 5735 zusammengefasst sind. Zudem sind in diesem RFC die entsprechenden Verweise auf deren Ursache hinterlegt.

| Adresse | Subnetz | Verwendung | RFC |
| --- | --- | --- | --- |
| 192.0.0.0 | 255.255.255.0 | IETF-Protokollzuweisungen | RFC 5736 |
| 192.0.2.0 | 255.255.255.0 | TEST-NET-1 | RFC 5737 |
| 192.88.99.0 | 255.255.255.0 | 6to4 Relay Anycast | RFC 3068 |
| 198.18.0.0 | 255.254.0.0 | Network Interconnect für Herstellertests | RFC 2544 |
| 198.51.100.0 | 255.255.255.0 | TEST-NET-2 | RFC 5737 |
| 203.0.113.0 | 255.255.255.0 | TEST-NET-3 | RFC 5737 |

**Tabelle 7.4:** Reservierte IP-Adressbereiche gemäß RFC 5735

## 7.2.4 Der IPv4-Header

Der IP-Header in der Version IPv4 hat eine variable Länge von mindestens 20 bis maximal 60 B. Er enthält zahlreiche Informationen von der Version des eingesetzten IP-Protokolls bis zu den Adressen der Quelle und des Empfängers.

Jedes IPv4-Datenpaket enthält einen Header und somit alle benötigten Informationen zum Transport und zur Weitergabe an die Schnittstelle zu OSI-Layer 2. Dies ist darum wichtig, weil die Pakete ja nicht schön hintereinander und zwingend über die gleiche Leitung zum Ziel gelangen, sondern lediglich am Ziel zur weiteren Decodierung auf den höheren Layern wieder entsprechend geordnet werden.

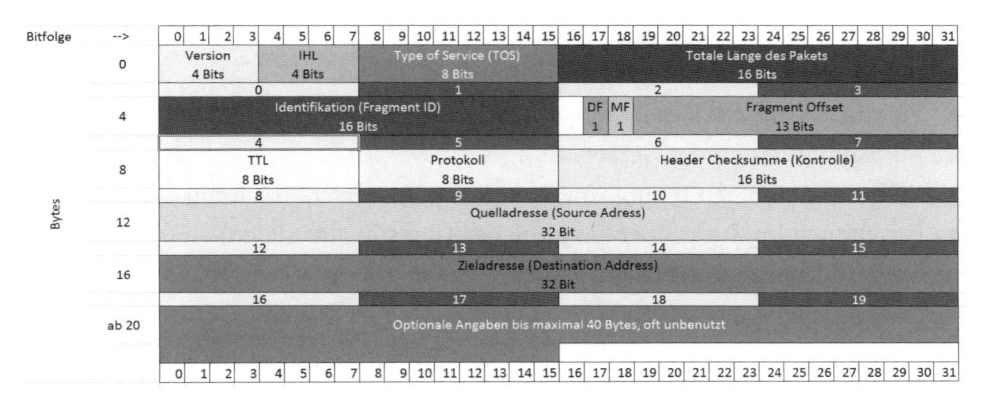

| Bitfolge --> | 0 1 2 3 | 4 5 6 7 | 8 9 10 11 12 13 14 15 | 16 17 18 19 | 20 21 22 23 24 25 26 27 28 29 30 31 |
|---|---|---|---|---|---|
| 0 | Version 4 Bits | IHL 4 Bits | Type of Service (TOS) 8 Bits | | Totale Länge des Pakets 16 Bits |
| 4 | Identifikation (Fragment ID) 16 Bits | | | DF 1 / MF 1 | Fragment Offset 13 Bits |
| 8 | TTL 8 Bits | | Protokoll 8 Bits | | Header Checksumme (Kontrolle) 16 Bits |
| 12 | Quelladresse (Source Adress) 32 Bit | | | | |
| 16 | Zieladresse (Destination Address) 32 Bit | | | | |
| ab 20 | Optionale Angaben bis maximal 40 Bytes, oft unbenutzt | | | | |

**Abb. 7.2:** Der IPv4-Header

Während sich Begriffe wie Quell- oder Zieladresse, Checksumme oder Länge des Pakets eigentlich selbst erklären, seien einige zentrale Abkürzungen im Folgenden erläutert:

| Version | IPv4 oder IPv6 |
|---|---|
| IHL | Gesamte Länge des Headers in 4 Bit als Vielfaches von 4 |
| TOS | Möglichkeit der Priorisierung von IP-Paketen, Frühform von QoS, wie es später in IPv6 deutlicher ausgeprägt ist |
| DF | Nicht fragmentieren (Don't Fragment), zeigt an, dass das Paket nicht zerlegt (fragmentiert) werden darf. |
| MF | Mehr Fragmente (More Fragments), zeigt an, ob weitere Fragmente folgen. |
| TTL | Lebenszeit des Pakets (Time to Live), wobei diese bei jeder Weiterleitung durch einen Router um den Wert 1 heruntergesetzt wird. Bei TTL = 0 wird das Paket verworfen und ICMP sendet die Meldung »Zeitüberschreitung«. Auf diese Weise wird verhindert, dass Datenpakete endlos im Netz bleiben (keine Loops). |
| Protokoll | UDP, ICMP, IGMP, EGP, IGP, GRE, TCP etc. Aktuelle Liste: http://www.iana.org/assignments/protocol-numbers/protocol-numbers.xhtml |

**Tabelle 7.5:** Informationen zum IPv4-Header

## 7.3 IPv6

Trotz privater Netzadressen und technischer Tricks wie NAT (Network Address Translation), mit denen man private Netze via »Maskierung« ans Internet anschließen kann, werden die IPv4-Adressen knapp. Aus diesem Grund wurde vor bereits etlichen Jahren, nämlich 1998, eine neue Version entwickelt, die Version IPv6. Diese Version bietet wesentliche Verbesserungen:

- Einen erweiterten Adressraum von $2^{32}$ auf $2^{128}$ Adressen
- Broadcasts werden durch Multicasts ersetzt
- Vereinfachung des Headers
- Autokonfiguration der Geräte
- Verbesserte Unterstützung von Optionen (z.B. Verschlüsselung)
- Funktionen im Zusammenhang mit der Dienstqualität (QoS)
- Authentifizierung und Datenschutz
- Feste Headerlänge von 40 B

Doch die Umsetzung dieser Version kommt nur äußerst schleppend voran. Windows Vista war beispielsweise das erste Microsoft-Betriebssystem, das diese IP-Implementierung von Haus aus mitbrachte. Es folgte Windows 2008 Server, nachdem unter Windows 2003 Server IPv6 zwar installiert werden konnte, aber für den produktiven Betrieb nicht freigegeben war. Bei der aktuellen Version von Windows 8 und Windows 10 wird IPv6 als Standardprotokoll installiert. Unter Linux ist es der Kernel 2.6, der IPv6 produktiv unterstützt.

Eine IPv6-Adresse ist 128 Bit lang. Dies ergibt die Zahl von $2^{128}$ oder umgerechnet 340.28 Sextillionen IPv6-Adressen. Das bedeutet, Sie können auf jedem Quadratmeter dieser Erde 607.647.083.787.390.113.327.454.656 IP-Geräte eindeutig adressieren.

Die IPv6-Adressen werden aufgrund ihrer Länge nicht mehr in dezimaler oder binärer Form wiedergegeben, sondern hexadezimal mit Doppelpunktnotation, und zwar immer in acht Blöcken zu 16 Bit (2 B). Eine IPv6-Adresse sieht dann z.B. so aus:

- FE80:b60d:85a3:07d3:1319:0370:8a2e:6522

Hierzu eine Erklärung anhand des ersten Adressblocks: FE80. F als hexadezimale Ziffer entspricht im dualen System der 4-Bit-Zahlenfolge 1111, E entspricht der Zahlenfolge 1110 usw. In binärer Schreibweise würde also die Adresse allein für diesen ersten Block wie folgt heißen: 1111 1110 0000 0100. Verstehen Sie jetzt, warum eine hexadezimale Notation wesentlich praktischer sein kann für dieses Unterfangen?

Eine Besonderheit bei der Darstellung ist die Möglichkeit, dass Zahlengruppen, die nur aus Nullen bestehen, durch zwei aufeinanderfolgende Doppelpunkte »ausgelassen« werden können, allerdings nur an einer Stelle pro Adresse. Ebenso können führende Nullen weggelassen werden.

Die Adresse FCFF:0000:57BB:DC44:AB34:2300:EE22:0BF0 lautet dann:
FCFF::57BB:DC44:AB34:2300:EE22:BF0

Die ersten 64 Bit der IPv6-Adresse dienen üblicherweise der Netzadressierung und werden Präfix genannt, die letzten 64 Bit werden zur Host-Adressierung verwendet und heißen Interface Identifier.

*Beispiel:* Hat ein Netzwerkgerät die IPv6-Adresse

- FE80: b60d:85a3:07d3:1319:0370:8a2e:6522,

so stammt es aus dem Netzwerk

- FE80: b60d:85a3:07d3::/64,

das mit den ersten 64 Bit seiner Adresse identifiziert wird. Die Netzmaske eines Endgeräts ist somit immer /64.

In einer URL wird die IPv6-Adresse in eckigen Klammern eingeschlossen.

*Beispiel einer korrekten URL:*

- http://[ FE80: b60d:85a3:07d3:1319:0370:8a2e:6522]/

Eigene Adressklassen kennt IPv6 nicht mehr.

### 7.3.1 Der Header von IPv6

Unter IPv6 ist der Header gegenüber der Version 4 durch eine fixe Länge von 40 B definiert und enthält keine »Optionen« für eine variable Länge.

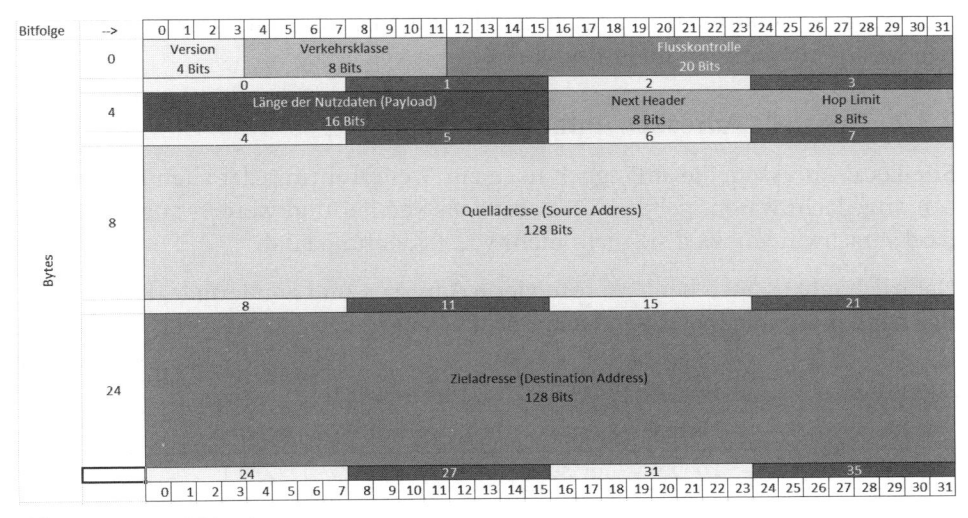

**Abb. 7.3:** Der IPv6-Header

Sie sehen, es gibt weniger Informationsfelder als unter IPv4, dafür erscheinen einige Änderungen:

Verkehrsklasse (Traffic Class) bezeichnet die Klassifizierung und Priorisierung von Daten im Sinne einer Quality of Service (QoS). 6 Bit davon werden für das Verfahren Differentiated Service (DiffServ) eingesetzt. Dieses Verfahren sortiert die Pakete nicht durch eine Priorisierung, sondern durch die Beschreibung des Weiterleitungsverhaltens, was indirekt zu einer anderen Durchleitungszeit führen kann.

2 Bit sind für die Explicit Congestion Notification (ECN), ein Verfahren, welches die Pakete in zwei Bereiche aufteilt: solche, die mit expliziter Stau- bzw. Überlastungsnachricht arbeiten, und solche, die ohne diese arbeiten. Pakete mit ECN erlauben es, auch im Falle eines eigentlich notwendigen Packet Drops (Paket wird verworfen) dank einer ECN-Markierung den Absender zu informieren, sodass er bei zu hohem Verkehrsaufkommen die Transferrate reduzieren kann, ohne dass alle seine Pakete einfach verworfen werden.

Die Flusskontrolle (Flow Control) ist ebenfalls ein Wert, der für die Quality of Service eingesetzt wird.

Die Payload-Angabe bezeichnet die Länge der Nutzdaten ohne den Header.

Mit Next Header wird der nächste Header-Datenbereich identifiziert, entweder als Erweiterung auf demselben Layer oder durch Angabe eines Protokolls auf einem höheren Layer.

Mit Hop Limit wird ähnlich wie TTL unter IPv4 die Lebensdauer des Pakets definiert, d.h. durch wie viele Router ein Paket laufen darf, bis es verworfen wird.

Router fragmentieren überlange Pakete nicht mehr selbst, sondern fordern den Absender mit einer ICMP-Nachricht auf, kleinere Pakete zu schicken. Zudem werden keine Prüfsummen mehr berechnet.

### 7.3.2 Spezielle Adressen unter IPv6

Site-Local-Adressen, die anfänglich noch zur Weiterführung der alten IPv4-Adressen angedacht waren, gelten mittlerweile als veraltet und werden aus dem Standard verschwinden, weil sie nicht mehr von Bedeutung sind.

Natürlich gibt es auch bei IPv6 reservierte Adressen und Sonderfälle. Einige wichtige werden im folgenden Vergleich mit IPv4 angezeigt:

| IPv6-Adresse/Präfix | Beschreibung | Anmerkungen |
| --- | --- | --- |
| ::/128 | Nicht festgelegt | Entspricht IPv4 0.0.0.0 |
| ::1/128 | Loopback-Adresse | Entspricht IPv4 127.0.0.1 |

**Tabelle 7.6:** IPv6-Adressen

| IPv6-Adresse/Präfix | Beschreibung | Anmerkungen |
|---|---|---|
| 2000::/3 (2000 bis 3FFF) | Global Unicast | Adressen für Provider, werden von der IANA vergeben |
| 2002::/16 | 6to4 | à 6to4-Tunneladressen |
| :::xx.xx.xx.xx/96 | Eingebettete IPv4-Adresse | Die niedrigen 32 Bit entsprechen der IPv4-Adresse. Auch als »IPv4-kompatible IPv6-Adresse« bezeichnet |
| ::ffff:xx.xx.xx.xx/96 | Auf IPv6 abgebildete IPv4-Adresse | Die niedrigen 32 Bit entsprechen der IPv4-Adresse. Notwendig für Rechner, die IPv6 nicht unterstützen. Ein Router muss hier zwischen IPv4 und IPv6 routen. |
| fc00::/7 | Unique Local Address | ULA abgekürzt, IPv6-basierte Nachfolgeadressen für lokale Netzwerke, vergleichbar mit den privaten Netzwerken unter IPv4 |
| fe80::/10 *fe80::* bis *febf::* | Link-Local | Nicht zu routende Adressen, mit APIPA (169.254.0.0/16) vergleichbar, für Autoconfiguration und Neighbor Discovery benötigt |
| fec0::/8 *fec0* bis *feff* | Site-Local | Nachfolger der privaten IPv4-Adressen, in RFC 1884 definiert. Sie dürfen nur innerhalb der gleichen Organisation geroutet werden. Durch RFC 3879 mittlerweile verworfener und durch fc00::/7 ersetzter Adressbereich |
| FF00::/8 | Multicast | |
| 64:ff9b::/96 | NAT64 | Ermöglicht IPv6 only Hosts, mit IPv4-Hosts zu kommunizieren |
| 2001::/32 | Teredo | Ermöglicht IPv4 only Hosts den Zugriff auf IPv6-Hosts. Dabei werden IPv6-Pakete in IPv4 und UPD eingekapselt. |

**Tabelle 7.6:** IPv6-Adressen (Forts.)

Ein wichtiger Faktor für die Implementation von IPv6 war die Einführung der IEEE-Norm EUI-64 (Extended Unique Identifier) als Teil der IP-Adresse. Hierbei wird die Interface-ID aus der MAC-Adresse der lokalen Schnittstelle abgeleitet. Dazu werden OUI-Teil und NIC-spezifischer Teil der MAC-Adresse getrennt und dazwischen die 16-Bit-Erweiterung 0xFFFE eingefügt, um auf 64 Bit zu kommen. Anschließend wird das siebte Bit (von links) gesetzt, um die Adresse als lokal zu identifizieren. Damit erhält man eine eindeutige Identifikation, die Identifier ID (IID). Mehr dazu finden Sie in RFC 4291.

Um die Einzigartigkeit einer Adresse (Unique Identification) zu garantieren, wurde zunächst die MAC-Adresse der Schnittstelle integriert.

Aus Sicherheits- und Datenschutzgründen kann diese durch die in RFC3041 und RFC4941 beschriebene sogenannte Privacy Extension durch eine zufällige und regelmäßig wechselnde Interface-ID ersetzt werden. Diese wird allerdings nicht anstelle, sondern zusätzlich zur EUI-64-Identifikation gebildet und hauptsächlich für ausgehende Verbindungen bevorzugt. Damit kann die Adresse von außen nicht mehr nachverfolgt werden.

In RFC 7217 wird die Vergabe von Adressen ohne zentrale Verwaltung weiter ausgeführt. Unter dem Stichwort SLAAC (Stateless Address Autoconfiguration) wird ein Verfahren zur zustandslosen und automatischen Konfiguration von IPv6-Adressen auf einer Netzwerkschnittstelle beschrieben. Hierbei wird auf eine zentrale Erfassung und Verwaltung der IPv6-Adressen verzichtet.

Dabei wird zwischen globalen Adressen und Link-Local-Adressen unterschieden. Beide Adresstypen kann sich ein IPv6-Host über die Autokonfiguration erzeugen. Die Link-Local-Adressen benutzen hierfür wie oben in der Tabelle aufgeführt das 64-Bit-Präfix fe80::. Das Suffix wiederum wird mittels EUI-64 Identifier ermittelt.

Bevor diese Adresse anschließend im Netzwerk genutzt werden kann, führt der Host eine Adresssuche durch, um auszuschließen, dass diese Adresse im lokalen Netz bereits existiert. Dieses Verfahren nennt sich DAD (Duplicate Address Detection) und setzt mittels Neighbor Solicitation eine Multicast-Abfrage ab, um zu sehen, ob die gleiche Adresse bereits eingesetzt wird. Bleibt eine Antwort aus, wird die Adresse nutzbar.

Da wie oben erwähnt Link-Local-Adressen nicht routbar sind, benötigt die Netzwerk-Schnittstelle für diese Verbindung eine zusätzliche IPv6-Adresse, ebenfalls autokonfiguriert. Dazu wird das lokal erreichbare Gateway nach dem Präfix des globalen Adressblocks gefragt. Dies ist in der Regel der Adressraum, der vom Provider zugeteilt wird.

Aus diesem via Router Advertisement bekannt gegebenen Präfix (64-bit) wird die globale IPv6-Adresse erzeugt. Anschließend erfolgt wiederum eine DAD-Prüfung und die Adresse wird danach der Schnittstelle zugewiesen.

Hiermit sind grundsätzlich aber auch alle Endgeräte »weltweit« eindeutig identifizierbar, was zwar ursprünglich im Konzept von IPv6 enthalten ist, aber heute längst nicht allen recht ist.

Aus diesem Grund wurde in RFC 4941 eine Ergänzung definiert, die beim Erzeugen nicht mehr die effektive MAC-Adresse nutzt, sondern eine pseudozufällige Interface-ID erzeugt.

IPv6-Adressen können zudem als Multicast-Adressen eingerichtet werden:

- Das Präfix ff = Multicast-Adressen. Dem Präfix folgt eine 0, wenn es sich um eine permanente Multicast-Gruppe handelt, und eine 1, wenn die Gruppe nur temporär besteht. Danach kommt eine Zahl, die den Gültigkeitsbereich beschreibt:

- *ffx1:* knotenlokal, diese Pakete verlassen den Knoten nie
- ffx2: linklokal, kein Routing
- ffx5: sitelokal (siehe dazu Anmerkung in der vorhergehenden Tabelle)
- ffx8: organisationslokal
- ffxe: globaler Multicast, der überallhin geroutet werden darf

Häufig angetroffene Multicast-Adressen

Beispiel mit Gültigkeitsbereich = 2 (Link-Local):

- FF02::1: alle Geräte
- FF02::2: alle Router
- FF02::1:2: alle DHCP-Server
- FF02::1:FFxx:xxxx: Solicited Node Multicast: wird für Neighbor Discovery verwendet (x = letzte 24 Bit der IPv6-Adresse)

Das ARP-Protokoll wurde durch das neue Verfahren Neighbor Discovery Protocol (NDP) abgelöst, das die sich im selben Netz befindlichen IP-Geräte ausfindig macht. Zudem sucht es für Anfragen an Geräte, die sich nicht im selben Netzwerk befinden, ein Gateway (Router).

Damit Sie IPv6 einsetzen können, müssen aber nicht nur Ihre eigenen Computer diese Adressierung verstehen, sondern alle beteiligten Router und Gateways. Die Telekommunikationsprovider haben diesbezüglich vorgesorgt, sodass die Umstellungen nun langsam vorankommen. IPv6 wird Sie in den nächsten Jahren noch lange und ausführlich beschäftigen, also machen Sie sich am besten schon heute damit vertraut!

In der (lange dauernden) Übergangszeit kann z.B. mittels des 6in4-Tunneling-Verfahrens ein Mechanismus verwendet werden, bei dem der Datenverkehr zwischen den Knoten in IPv4-Pakete verpackt wird, wenn die einzelnen IPv6-Knoten mittels IPv4-Netzwerk verbunden sind. Vorherig wurde auch 6to4 eingesetzt, was denselben Zweck verfolgte, aber nicht gleich aufgebaut und anfälliger für Spoofing war.

6in4 (Tunneling von IPv6 in IPv4) ist ein IPv6-Übergangsmechanismus für die Übertragung von IPv6-Datenpaketen zwischen IPv6-Knoten, die über ein IPv4-Netzwerk verbunden sind.

## 7.4 Subnettierung von Netzen

Bei einer Subnetzmaske (sogenanntes Subnet Masking) handelt es sich wie erwähnt um 32-Bit-Werte, mit denen bei IP-Paketen die Netzwerk-ID von der Host-ID unterschieden werden kann. Bei der Erstellung der Subnetzmaske wird dem Teil, der die Netzwerk-ID repräsentiert, der Wert 1, und dem Teil, der die Host-ID repräsentiert, der Wert 0 zugewiesen. Dieser 32-Bit-Wert wird anschließend in eine Dezimaldarstellung mit Punkten als Trennzeichen umgewandelt.

Da sich die Adressklasse eines Hosts aufgrund der Klassierung der Netze an sich leicht feststellen lässt, erscheint die Konfiguration eines Hosts mit einer Subnetzmaske unter Umständen nicht notwendig.

Allerdings werden Subnetzmasken auch für die weitere Aufteilung einer zugewiesenen Netzwerk-ID auf mehrere lokale Netzwerke verwendet. Manchmal reicht schon die Aufteilung von Teilen eines Oktetts aus, sodass nur wenige Bits verwendet werden, um Subnetz-IDs anzugeben. So können bestehende Netzwerke weiter unterteilt werden, was z.B. zu weniger Datenverkehr in den einzelnen Netzen führt oder zu einer besseren Abgrenzung und dem Schutz von Teilnetzen.

Es gibt verschiedene Gründe für eine Subnettierung:

- Um die Bandbreitennutzung zu verbessern
- Um den Rundsendeverkehr zu minimieren
- Zum Eingrenzen von Fehlern
- Zur Verbesserung der Sicherheit
- Zum Verbinden unterschiedlicher Medientypen

Sie sehen sich das Beispiel einer C-Klassen-Subnettierung einmal genauer an. Normalerweise lautet die Subnetzmaske für ein C-Klassennetz 255.255.255.0. Dies bedeutet, Sie haben 256 Adressen, abzüglich der Spezialfälle 0 (für Netzwerk) und 255 (Broadcast) verbleiben Ihnen somit 254 nutzbare Adressen.

Wenn Sie aber nur 60 oder 70 Adressen benötigen, können Sie das Netz weiter unterteilen. Dazu müssen Sie die Subnetzmaske um 1 Bit ausdehnen (siehe nachfolgende Tabelle) und erhalten damit dezimal die Zahl 255.255.255.128. Nun haben Sie eigentlich zweimal 127 Adressen, allerdings wiederholt sich auch die Problematik von Netz und Broadcast, es kommen also zwei zusätzliche »verlorene« Adressen hinzu. So verbleiben netto je 126 Adressen pro Subnetz, nämlich von z.B. 192.168.1.1 bis 192.168.1.126 (0 für Netz und 127 für Broadcast) und von 192.168.1.129 bis 192.168.1.254 (128 für Netz und 255 für Broadcast).

Diese Unterteilung, eben Subnet Masking genannt, können Sie nun beliebig weiterführen, wie die folgende Tabelle aufzeigt:

| Dezimale Darstellung | | | | Binäre Darstellung | | | | Suffix | Anzahl gültiger Adressen |
|---|---|---|---|---|---|---|---|---|---|
| 255. | 255. | 255. | 0 | 11111111 | 11111111 | 11111111 | 00000000 | /24 | 254 |
| 255. | 255. | 255. | 128 | 11111111 | 11111111 | 11111111 | 10000000 | /25 | 126 |
| 255. | 255. | 255. | 192 | 11111111 | 11111111 | 11111111 | 11000000 | /26 | 62 |
| 255. | 255. | 255. | 224 | 11111111 | 11111111 | 11111111 | 11100000 | /27 | 30 |
| 255. | 255. | 255. | 240 | 11111111 | 11111111 | 11111111 | 11110000 | /28 | 14 |
| 255. | 255. | 255. | 248 | 11111111 | 11111111 | 11111111 | 11111000 | /29 | 6 |
| 255. | 255. | 255. | 252 | 11111111 | 11111111 | 11111111 | 11111100 | /30 | 2 |
| 255. | 255. | 255. | 254 | 11111111 | 11111111 | 11111111 | 11111110 | /31 | 0 |
| 255. | 255. | 255. | 255 | 11111111 | 11111111 | 11111111 | 11111111 | /32 | 0 |

**Tabelle 7.7:** Subnettierungsreferenz

Natürlich lässt sich dieselbe Subnettierung auch bei höheren Klassen durchführen, nehmen Sie nur einmal ein privates B-Klassennetz mit 172.16.0.0. Auch hier können Sie die Subnetzmaske bitweise verschieben und so kleinere Netzwerke bilden.

Übrigens gibt es auch den umgekehrten Weg, in dem man mehrere C-Klassen-Netze durch Supernetting zu einem größeren Netz zusammenfassen kann.

## 7.5 Weitere Protokolle auf dem IP-Layer

### 7.5.1 ICMP und IGMP

Das Internet Control Message Protocol ist eine Ergänzung zum IP-Protokoll und für die Übermittlung von Fehlermeldungen verantwortlich. Die Meldungen werden zwischen den beiden Kommunikationspartnern ausgetauscht, wenn bei der Datenübertragung Fehler auftreten. Die Sicherung der Übertragung wird aber nach wie vor von TCP übernommen. ICMP benutzt IP, als wäre es selbst ein höheres Protokoll, ist jedoch selbst Bestandteil von IP. Es übermittelt verschiedene auftretende Fehler mittels eines Codes.

Unter anderem werden folgende Meldungen unterschieden:

**ICMP-Type-Fehlermeldungen**

- 0  Destination network unreachable (Zielnetz nicht erreichbar)
- 3  Destination unreachable (Zielrechner nicht erreichbar)
- 4  Source quench (Buffer Resource verbraucht)
- 5  Redirect (Pfadumleitung)
- 7  Destination unknown (Zielrechner unbekannt)

- 11 Time exceeded (Zeit abgelaufen)
- 12 Parameter problem (Parameterproblem)

Programme wie Ping nutzen ICMP, um solche Fehlermeldungen auszugeben, wie Sie an folgendem Beispiel von Ping ersehen können.

```
C:\WINDOWS\system32\cmd.exe

V:\>ping 10.5.6.1

Ping wird ausgeführt für 10.5.6.1 mit 32 Bytes Daten:
Antwort von 195.186.252.131: Zielnetz nicht erreichbar.
Antwort von 195.186.252.131: Zielnetz nicht erreichbar.
Antwort von 195.186.252.131: Zielnetz nicht erreichbar.
Antwort von 195.186.252.131: Zielnetz nicht erreichbar.
Ping-Statistik für 10.5.6.1:
    Pakete: Gesendet = 4, Empfangen = 4, Verloren = 0 (0% Verlust),
Ca. Zeitangaben in Millisek.:
    Minimum = 0ms, Maximum = 0ms, Mittelwert = 0ms
```

**Abb. 7.4:** Das Ping-Kommando und seine Ausgabe

Ähnlich wie das oben erwähnte ICMP ist auch ein IGMP ein Netzwerkprotokoll, welches mit IP zusammen auf dem Netzwerk-Layer arbeitet. IGMP wird dazu verwendet, unter IP Multicasting zu realisieren. IGMP wird beispielsweise für Onlinespiele oder für Videoübertragungen genutzt.

### 7.5.2 ARP

Alle Rechner in einem Netzwerk werden durch ihre physischen Adressen (die MAC-Adressen) identifiziert. Sie sind in der Regel im Netzwerk-Controller der Netzwerkkarte oder eines Netzwerkgeräts fest eingespeichert.

Für die Kommunikation werden allerdings logische Adressen verwendet, die einfacher zu administrieren und zu ändern sind. Dennoch muss die Kommunikation letztlich wieder bei den physischen Adressen anlangen. Da die logische und die physische Adresse nicht direkt miteinander in Verbindung stehen, muss die logische Adresse mit der physikalischen Adresse verknüpft werden, was durch das Address Resolution Protocol (ARP) (RFC 826) erreicht wird.

Hierbei ist auf der Ebene der logischen Adressierung die Adresse bekannt, nicht aber, welche physische Adresse damit verbunden ist. ARP fragt diese Verknüpfung ab (ARP-Request) und erhält eine MAC-Adresse zurück (ARP-Reply).

In der lokalen ARP-Adresstabelle (ARP-Cache) stehen vorübergehend alle Informationen, die zur Umwandlung nötig sind. Nach einer gewissen Zeit und auf jeden Fall beim Neustart des Rechners wird der ARP-Cache geleert. Wenn eine Adressinformation nicht im ARP-Cache enthalten ist, wird ein Broadcast generiert, der als ARP-Request von allen Rechnern im Netzwerk empfangen wird. Erkennt ein Rechner anhand des ARP-Requests seine logische Adresse, liefert er dem anfragenden Rechner seine physikalische Adresse mit einem ARP-Reply zurück. Dieser trägt daraufhin die neue Information in seine Tabelle ein, um künftige Datagramme direkt zu übermitteln.

ARP nennt sich auch das Zeilenkommando, mit dem man exakt das Verhalten dieses Caches überprüfen und auch beeinflussen kann. So können Sie beispielsweise mit dem Kommando `arp -a` die aktuellen Cache-Einträge ansehen.

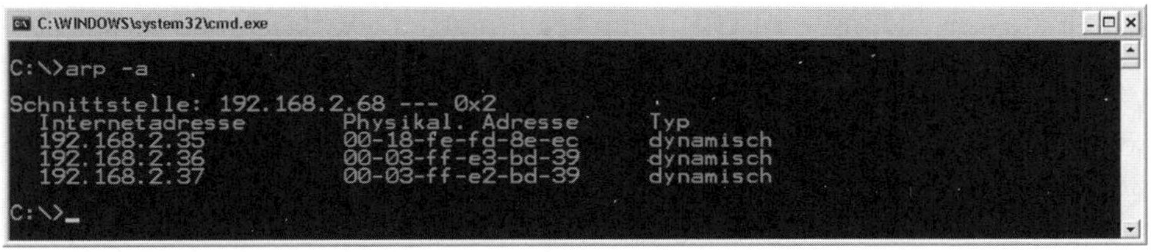

**Abb. 7.5:** Die Ausgabe des ARP-Kommandos

Die ARP-Datagramme werden sinnvollerweise nicht von Routern übertragen, weil sonst die Gefahr besteht, dass das gesamte Netz mit ARP-Requests überflutet wird. Stattdessen beantwortet ein Router alle Requests mit seiner eigenen physikalischen Adresse und leitet dann die Datagramme gemäß seiner Routing-Tabelle weiter. Darum erscheinen auch im obigen Beispiel nur die lokalen Adressen, die zurzeit aktiv in der Kommunikation sind.

Wichtig ist dabei, dass ARP nur unter IPv4 funktioniert, unter IPv6 wird ARP (und entsprechend auch das sogleich folgende RARP) durch das Protokoll NDP abgelöst. NDP bedeutet Neighbor Discovery Protocol und wird von allen an einem IPv6 beteiligten Netzwerkgeräten eingesetzt, um die Link-Layer-Adressen der anderen Geräte zu finden und die Adressen im eigenen Cache zu aktualisieren. Zudem ist NDP in der Lage, für Pakete, die nicht in dasselbe Netzwerk gehören, einen entsprechenden Gateway zu suchen.

## RARP

RARP (Reverse ARP) sucht im Gegenzug die IP-Adresse zu einer bekannten, d.h. in der Regel lokalen IP-Adresse. Wird die IP-Adresse nicht lokal gehalten (z.B. bei Diskless-Stationen), so wird über RARP die eigene IP-Adresse bei einem RARP-Server angefragt (RARP-Request), der anhand der MAC-Adresse des anrufenden Rechners mit dessen IP-Adresse antwortet (RARP-Reply).

## 7.6 TCP und UDP

Das Transmission Control Protocol ist das zentrale Transportprotokoll in der TCP/IP-Protokollfamilie.

Dabei ist TCP zuständig für

- Datenstromtransfer
- Virtuelle Full-Duplex-Verbindung
- Datenflusssteuerung
- Fehlererkennung
- Prioritätssteuerung

Durch die Anwendung wird TCP damit beauftragt, eine Verbindung herzustellen. TCP bekommt die Daten oktettweise streamorientiert, d.h., es sieht die Daten als kontinuierlichen Datenstrom. TCP teilt diesen Datenstrom in Segmente ein, wobei jedes Segment einen eigenen Header bekommt. Anschließend werden die Segmente an das Internet Protocol übergeben, welches sie dann über das Netz schickt. Nach Ankunft der Datagramme bei dem Empfänger werden die Daten nach der Entfernung der Header wieder an das TCP übergeben. Nun beginnt das TCP mit der Aufarbeitung der empfangenen Segmente: Sie werden auf Fehler überprüft und in der richtigen Reihenfolge der Anwendung übergeben.

Auch im TCP-Header gibt es zahlreiche Informationen, insbesondere die Sequenznummer des Datenpakets, damit alle Pakete am Ziel wieder in der richtigen Reihenfolge zusammengesetzt werden können, aber auch Fehlerkorrektur, Quell- und Ziel-Port sind Teil des Headers.

Durch das Verbindungsmanagement sind die Aktionen zum Verbindungsaufbau, der Verbindungskontrolle und dem Verbindungsabbau festgelegt. Der Verbindungsaufbau zwischen zwei Prozessen wird durch den Connection Primitive eingeleitet. Der Prozess B geht in den Passive-Open-Status und wartet auf die Kontaktaufnahme durch einen speziellen Kommunikationspartner (Specific Originator) oder mehrere potenzielle Sender (Any Originator). Ein Sender (Prozess A) initiiert einen Connection Request und geht dadurch in den Active-Open-Status. Um die Verbindung aufzubauen, werden drei Phasen durchlaufen. Diese werden auch Three Way Handshake genannt:

**1. Phase:** Prozess A sendet einen Connection Request durch ein Segment mit gesetztem SYN-Flag. Ist die IP-Adresse des Ziel-Hosts schon bekannt, beinhaltet die Verbindungsanfrage bereits die IP-Adresse und den Port, über den eine Verbindung laufen soll. Andernfalls wird an dieser Stelle ein ARP-Request gesendet. Mit der ermittelten MAC-Adresse geht der IP-Frame ins Netz.

**2. Phase:** Der Ziel-Host empfängt den übermittelten SYN. Er setzt nun ebenfalls das SYN-Flag und fügt zusätzlich ein ACK-Flag als Bestätigung hinzu. Das ACK-Flag entspricht dem um eins erhöhten SYN-Flag des Senders. Dadurch wird dem Requesting Host die Bereitschaft zum Aufbau einer logischen Verbindung mitgeteilt.

**3. Phase:** In der letzten Phase wird die Bestätigung des Ziel-Hosts vom Sender empfangen, der wiederum einen letzten ACK an den Ziel-Host sendet. Der neue ACK entspricht dem um eins erhöhten SYN-Flag des Ziel-Hosts. Damit wird die Bestätigung übermittelt, dass nun endgültig die Verbindung aufgebaut werden kann. Jetzt können die Daten übermittelt werden.

Im Gegensatz zum IP und UDP zeichnet sich TCP durch die Eigenschaft aus, die Datensicherung zwischen zwei Kommunikationspartnern durchführen zu können. Das beinhaltet allerdings die Bestätigung von jedem TCP-Segment mit einem ACK (Acknowlegement). Das nächste Segment kann erst gesendet werden, wenn das letzte Segment bestätigt worden ist. Dieses Verfahren geht allerdings sehr zulasten der Netz-Performance, was mit ein Grund für die Weiterentwicklung neuer Versionen des TCP/IP-Stacks ist.

Obwohl das User Datagram Protocol (UDP) verbindungslos arbeitet und damit ein ungesichertes Transportprotokoll ist, hat es sich neben TCP in der Transportschicht etabliert. Dies insbesondere, weil es nicht bei allen Datentransporten auf die Vollständigkeit ankommt, man denke etwa an das Chaos, wenn einem Film alle fehlerhaften Pakete noch einmal nachgesandt würden. D.h., UDP wird vor allem für sogenannte Streaming-Dienste eingesetzt, wie z.B. Radio- oder Videoübertragungen.

Verbindungslos heißt hier konkret, dass weder Vollständigkeit noch Reihenfolge von Datenpaketen nachgeprüft werden. Die eingesetzte Datenübertragung muss dieser Tatsache gegenüber tolerant sein, wie z.B. die erwähnte Videoübertragung, die auch dann funktionieren kann, wenn nicht jedes einzelne Datenpaket übertragen wird. Damit dies funktioniert, muss aber die Anwendung auf diese Übertragung eingestellt sein, was sich beispielsweise bei vielen Medienplayern entsprechend einstellen lässt.

Da vor Übertragungsbeginn nicht erst eine Verbindung aufgebaut werden muss (man vergleiche das Hin und Her bei TCP), können die Hosts schneller mit dem Datenaustausch beginnen. Dies fällt vor allem bei Anwendungen ins Gewicht, bei denen nur kleine Datenmengen ausgetauscht werden müssen. Einfache Protokolle wie DNS verwenden UDP, um die Belastung des Netzes gering zu halten. Zudem wird auch der Datendurchsatz erhöht, weil keine Verzögerung durch das Nachsenden von verlorenen Paketen entsteht.

Eine Anwendung, welche sich UDP bedient und zunehmend Bedeutung gewinnt, ist die Telefonie über IP, kurz VoIP genannt.

## 7.7 Die Geschichte mit den Ports

Bisher haben Sie nur von den Protokollen gelesen. Weil beispielsweise mit TCP aber gleichzeitig mehrere Verbindungen geöffnet werden können, bedarf es eines weiteren Elements, um diese Verbindungen auseinanderhalten zu können.

Ein Port ist eine zusätzliche Adresse, Dienstadresse genannt, mit der eine Anwendung, wie wir sie im nächsten Kapitel kennenlernen werden, auf der Protokollebene eindeutig identifiziert werden kann.

Die Ports, welche unter TCP und UDP verwendet werden, sind 16 Bit lang. Das ergibt die maximale Anzahl von 65536, welche von 0 bis 65535 durchnummeriert werden. Die IANA verwaltet einen Teil dieser Ports, damit sie für alle gleich sind. Diesen Teil nennt man die Well Known Ports, also die gut bekannten Adressen. Sie tragen Nummern aus dem Bereich von 0 bis 1023. Darüber hinaus gibt es von 1024 bis 49152 die Registered Ports, das sind Adressen, welche Hersteller bei der IANA melden können, um von ihnen verwendete Adressen zu registrieren. Adressen darüber hinaus sind private oder dynamische Ports und können frei verwendet werden.

Wichtig ist zu wissen, dass es zwei solcher Adresstabellen gibt: eine für TCP und eine für UDP. Port 21 gibt es z.B. nur für TCP, Port 67 wiederum nur für UDP.

Die Adressen finden Sie in den Listen der IANA auf deren Webseiten und zahlreichen Webseiten wie Wikipedia (englische Version!). Hier ein paar der wichtigsten Ports, die Sie immer wieder antreffen werden:

| Port | Protokoll | | Dienst | Beschreibung |
|---|---|---|---|---|
| 13 | TCP | UDP | Daytime | Übertragung von Datum und Uhrzeit |
| 20 | TCP | | FTP-Data | Filetransfer Protocol – Datenübertragung |
| 21 | TCP | | FTP | Filetransfer Protocol – Kontroll-Port |
| 22 | TCP | UDP | SSH | Secure Shell |
| 23 | TCP | UDP | Telnet | Terminalorientierte Textkommunikation |
| 25 | TCP | UDP | SMTP | Simple Mail Transfer Protocol – E-Mail-Versand |
| 53 | TCP | UDP | DNS | Auflösung von Domainnamen in IP-Adressen |
| 67 | TCP | UDP | BOOTPS | BootStrap Protocol Server, auch für DHCP-Anfrage |
| 68 | TCP | UDP | BOOTPC | BootStrap Protocol Client, auch für DHCP-Antwort |
| 69 | | UDP | TFTP | Trivial File Transfer Protocol – Datenübermittlung |
| 80 | TCP | | HTTP | Hypertext Transfer Protocol – Webseiten übertragen |
| 81 | TCP | | HTTP | Alternativer Port für Port 80 |

**Tabelle 7.8:** Ports und ihre Bedeutung

| Port | Protokoll | | Dienst | Beschreibung |
|---|---|---|---|---|
| 110 | TCP | | POP3 | Post Office Protocol Version 3 |
| 119 | TCP | | NNTP | Network News Transfer Protocol – Newsgroups |
| 123 | | UDP | NTP | Network Time Protocol – Zeitsynchronisation |
| 139 | TCP | | NetBIOS | Windows File and Printer Sharing |
| 143 | TCP | UDP | IMAP4 | Internet Message Access Protocol 4 |
| 161 | TCP | UDP | SNMP | Simple Network Management Protocol |
| 162 | TCP | UDP | SNMPTRAP | Simple Network Management Protocol Trap |
| 389 | TCP | UDP | LDAP | Lightweight Directory Access Protocol |
| 443 | TCP | | HTTPS | Verschlüsselte Webserverübertragung |
| 445 | TCP | | MS-DS | Microsoft Directory Server, Windows-Dateifreigabe |
| 465 | TCP | UDP | URL Rv | Eigentlich: URL Rendezvous Directory for SSM, aber auch SMTP over TLS |
| 524 | TCP | UDP | NCP | NetWare Core Protocol |
| 587 | TCP | | Mail | Gesicherter E-Mail-Versand |
| 636 | TCP | UDP | LDAPS | Lightweight Directory Access Protocol over TLS/SSL |
| 993 | TCP | | IMAPS | IMAP4 over SSL |
| 995 | TCP | | POP3S | POP3 over SSL |
| 1352 | TCP | | Notes | IBM Lotus Notes Communication Port |
| 3306 | TCP | UDP | MySQL | Zugriff auf MySQL-Datenbanken |
| 3389 | TCP | UDP | RDP | Remote Desktop Protocol (Microsoft Remote Access) |

**Tabelle 7.8:** Ports und ihre Bedeutung (Forts.)

Auf einem Linux- oder Unix-Rechner ist diese Liste in der Datei `/etc/services` definiert. Unter Betriebssystemen der Windows-2000/XP-Linie findet sie sich unter `%WINDIR%\system32\drivers\etc\services`.

Einen Port mit einer IP-Adresse bezeichnet man als Socket. Die Verbindung zweier Knoten wird durch einen eindeutigen Socket sichergestellt.

Die Weiterleitung von Anfragen an Ports über ein Netzwerk wird Port Forwarding genannt. So können Sie z.B. in einer Port-Forwarding-Tabelle auf einem Router eintragen, dass Anfragen an den Port 3389 auf einen bestimmten Remote-Access-Server weitergeleitet werden sollen, Anfragen auf Port 80 aber an einen anderen als Webserver eingerichteten Rechner.

## 7.8 Fragen zu diesem Kapitel

1. Welchen Port benutzt der Dienst POP3s?

    A) 139

    B) 465

    C) 995

    D) 1023

2. Welche IP-Adresse bezeichnet man auch als Broadcast-Adresse?

    a) x.x.x.128/24

    b) x.x.x.0/25

    c) x.x.x.255/24

    d) Keine der oben genannten

3. Zu welcher Netzwerkklasse gehört die TCP/IP-Adresse 10.52.36.11?

    A) A

    B) B

    C) C

    D) D

4. Alle folgenden IP-Adressen sind gültig *außer*:

    A) 192.168.0.1

    B) 172.16.15.253

    C) 212.209.5.1

    D) 195.186.4.256

5. Welche der folgenden IP-Adressen befindet sich innerhalb des von der IANA definierten RFC 1918?

    A) 11.2.2.5

    B) 169.5.4.2

    C) 192.205.24.251

    D) 172.30.105.22

6. Welche Subnetzmaske lässt nur 6 gültige Host-Adressen zu?

    A) 255.255.255.254

    B) 255.255.255.248

    C) 255.255.255.240

    D) 255.255.255.0

7. Die CIDR-Notation der Adresse 192.168.5.20/25 entspricht folgender dezimaler Notation:

   A) Adresse:   192.168.5.20    Subnetz:   255.255.255.25
   B) Adresse:   192.168.5.20    Subnetz:   225.225.225.0
   C) Adresse:   255.255.255.0   Subnetz:   192.168.5.20
   D) Adresse:   192.168.5.20    Subnetz:   255.255.255.128

8. Welches Protokoll wird vom Ping-Befehl verwendet?

   A) ARP
   B) IPX/SPX
   C) ICMP
   D) BootP

9. Welcher Bereich von Port-Adressen wird als Well Known Ports bezeichnet?

   A) 0-512
   B) 0-1024
   C) 1024-2047
   D) 0-1023

10. Der Port 80 bezeichnet welchen Dienst?

    A) FTP
    B) HTTP
    C) Gopher
    D) SMTP

**Kapitel 8**

# Serverrollen

Es ist wie in einem Theaterstück, bei welchem Akteure verschiedene Rollen einnehmen. Die Rollen werden bis zur Premiere ausgiebig geübt, bis alles passt und alle Akteure ohne Tadel zusammenspielen. Eine solche Rolle kann viel Aufwand bedeuten. Es werden intensive, anstrengende und auch lange Konversationen geführt und auf viele Einstellungen großen Wert gelegt. Fehler, Versprecher oder Ähnliches werden schnell und – ohne dass es das Publikum merkt – korrigiert.

> Sie lernen in diesem Kapitel:
> 
> - Die Definitionen von Diensten und Rollen unterscheiden
> - Unterschiedliche Anforderungen an die Rollen identifizieren
> - Datei- und Druckdienste verstehen
> - Internetdienste beschreiben und ihren Einsatz unterscheiden
> - Verschiedene lokale Netzwerkdienste identifizieren
> - Wichtige netzwerkübergreifende Dienste beschreiben
> - Die Funktion und den Aufbau von Maildiensten kennen
> - Sicherheits- und Authentifizierungsdienste verstehen

Der Vergleich mit den Theaterrollen passt gut zu unserem Kapitel, den Serverrollen. In Netzwerken stellen verschiedene Dienste unterschiedliche Anwendungen zur Verfügung. Diese Anwendungen werden in Testlabors geübt, bis alles passt und fehlerfrei läuft – zumindest, was vorhersehbar ist. Die Dienste können essenziell sein, ohne sie läuft unter Umständen gar nichts mehr. DNS beispielsweise ist ein solcher Dienst. Wenn die Host- und IP-Adressenauflösung nicht mehr zur Verfügung stehen, funktioniert in einem Netzwerk nicht mehr viel.

Beim Dienst DNS lassen sich zudem, wenn Sie vom Groben ins Detail gehen, Unterrollen definieren. Der Ausfall eines Akteurs (eines DNS-Servers) wird aus Gründen der Sicherheit (Ausfallsicherheit) abgefangen. Daher werden ein primärer und ein sekundärer (je nachdem sogar mehrere sekundäre) Server definiert. Falls der primäre keine Antworten mehr gibt, versorgt der sekundäre Server das Netz mit Antworten. DNS als solches ist ein Dienst, der für den Server nicht viel zu tun gibt, sprich: Die DNS-Server klagen in der Regel nicht über viel Last. Aber es handelt sich um eine zentrale Rolle im Serverbereich. Schon eine kleine Verzögerung von Antworten kann den Aufruf von Diensten merklich verlangsamen.

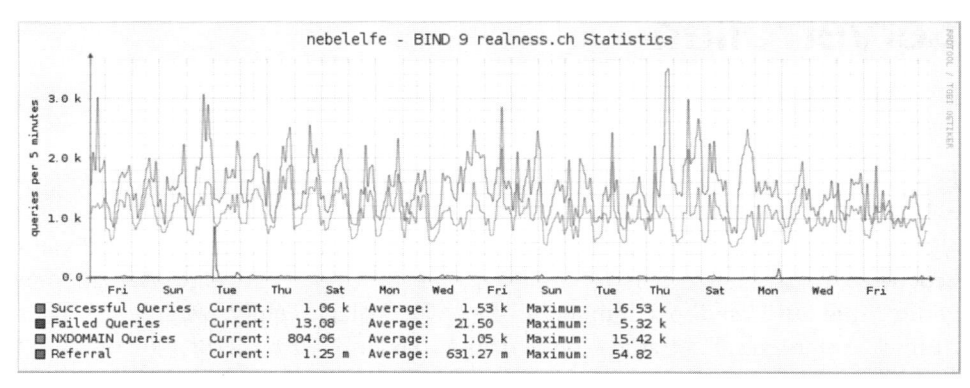

**Abb. 8.1:** Abfragestatistik eines DNS-Servers

In der Abbildung ist zu sehen, dass dieser Server bis zu 3000 Abfragen alle fünf Minuten beantwortet. Das ergibt in etwa zehn Abfragen pro Sekunde. Zehn Abfragen pro Sekunde mag viel erscheinen, ein Theaterakteur mag da wohl nicht mithalten, aber für diese kleinen DNS-Pakete ist dies nicht außerordentlich viel.

Ein Server, welcher Dateien in einem Netzwerk zur Verfügung stellt, kann zusätzlich mit anderen Rollen verknüpft werden. Beim Fileserver ist es naheliegend, dass ihm die zusätzliche Aufgabe von Druckjobs zugeordnet wird – also eine Drucker-Queue zu verwalten. Viel zusätzliche Arbeit ist dies nicht – in einer Windows-Umgebung kann dies sogar über dasselbe Protokoll (SMB) gemacht werden.

Im Gegensatz zu einem DNS-Server kann ein Fileserver aber kurzzeitig unter sehr hohe Last im normalen Betrieb kommen. Große Datenmengen zu schreiben und zu lesen, kann den Server an seine Grenzen bringen und natürlich auch das Netzwerk erheblich belasten.

Schauen Sie sich also die verschiedenen Rollen, welche Server einnehmen können, genauer auf ihre Funktionalität und ihren Einsatz an.

## 8.1 Dienste und Rollen

Welche Dienste kann ein Server anbieten? Welche Dienste sind zentral für ein Netzwerk oder jene, die am meisten eingesetzt werden? Schauen Sie sich dies zuerst in einer Übersicht in folgender Tabelle an:

## 8.1 Dienste und Rollen

| Rollenbezeichnung | Verwendung | Wichtige Protokolle |
|---|---|---|
| Fileserver (Dateiserver) | Stellen den Zugriff auf Speicherplatz für Dateien und Verzeichnisse zur Verfügung und implementieren die Zugriffsberechtigungen darauf | CIFS SMB NFS |
| Printserver (Druckserver) | Stellen Druckdienste zur Verfügung, verwalten die Druckerwarteschlange und bieten eine zentrale Stelle für die Druckerverwaltung und die Druckertreiber | SMB HTTP* IPP LPD/LPR |
| Domänen-Controller (Domain Controller) | Verwalten die Netzwerkobjekte in einer Windows-Umgebung und stellen Authentifizierungsdienste zur Verfügung. → Verzeichnisdienstserver | Kerberos SMB LDAP |
| Datenbankserver | Stellen Datenbanken für den Netzwerkzugriff zur Verfügung. | - |
| Anwendungsserver (Application Server) | Basieren vielfach auf einem Datenbankserver, stellen aber nicht nur reine Datenbanken, sondern auch zentrale Anwendungsdienste zur Verfügung. Heute laufen Anwendungsserver häufig als Webdienst. | HTTP |
| Mailserver | Dienen dem Datenaustausch mit anderen Mailservern und stellen Dienste für Mail-Clients zur Verfügung, um auf Postfächer zuzugreifen | SMTP POP* IMAP |
| Webserver | Stellen Informationen über http zur Verfügung und können als Schnittstelle (Web-Frontend) für Anwendungsserver dienen | HTTP* |
| FTP-Server | Stellen Daten über das FTP (File Transfer Protocol) zur Verfügung; als Downloadserver oder zum Datenaustausch | FTP* |
| Proxy-Server | Zentralisiert die Zugriffe für bestimmte Dienste. Häufig als Web Proxy für HTTP/HTTPS auf das Web. Bei Web Proxys werden häufig auch Zwischenspeicherdienste zur Verfügung gestellt. | TCP/IP |
| Verzeichnisdienstserver | Erlauben Benutzerverwaltung, Benutzerauthentifizierung und stellen Suchdienste für Benutzer zur Verfügung | Kerberos LDAP |
| DNS-Server | Erlauben die Host-Namensauflösung und Verwaltung der DNS-Namensräume | DNS |
| DHCP-Server | Zentrale Verwaltung von IP-Konfigurationen und Zuteilung von IP-Adressen an Host-Systeme | DHCP |

**Tabelle 8.1:** Mögliche Serverrollen

| Rollenbezeichnung | Verwendung | Wichtige Protokolle |
|---|---|---|
| Windows Internet Name Server (WINS) | Erlaubt die Auflösung von NetBIOS-Namen zu IP-Adressen | WINS<br>NBNS |
| Terminalserver oder Remote Desktop Service (RDS) | Terminalserver stellen Zugriffe auf Anwendungen über ein Netzwerk zur Verfügung, ohne dass diese auf dem Client installiert sein müssen. | RDP<br>ICA<br>HTTP |
| Virtualisierungsserver-Hosts (virtualisierte Dienste) | Stellen die Plattform zur Ausführung virtueller Umgebungen zur Verfügung | - |
| Gameserver | Spielplattform für Multiuser-Spiele | TCP/IP |
| Zeitserver (NTP-Server) | Erlauben die Zeitsynchronisation für andere Hosts | NTP<br>SNTP |
| Firewall | Sicherheitsfunktionen zum Schutz des Netzwerks. Keine klassische Serverrolle, aber auch Firewalls können serverbasiert implementiert werden. | TCP/IP<br>diverse |
| Installationsserver | Stellen Betriebssystemabbilder für die automatisierte Netzwerkinstallation von Computern zur Verfügung | PXE<br>TFTP |
| Update-Server | Stellen den Clients Aktualisierungsinformationen wie Virenschutzaktualisierungen und/oder Sicherheitsaktualisierungen zur Verfügung | TCP/IP<br>HTTP |
| Fernzugriffserver | Remote-Access-Server, bei CompTIA auch Server mit Fernzugriff, ermöglichen Clients den Zugriff über ein WAN (PSTN oder Internet) auf ein lokales Netzwerk. | PPTP<br>L2TP<br>SSTP<br>IPsec |
| Überwachungsserver | Erlauben eine zentralisierte Überwachung von Anwendungs-, Netzwerk- und Serverfunktionen | SNMP<br>RPC |
| Filterserver (SPAM) | Filterfunktion, welche aufgrund von Black- und White-Lists, von SPF (Sender Policy Framework) und/oder SCL (SPAM Confidence Level) unerwünschte Mails herausfiltert | SMTP |

\* Der Übersicht halber sind hier lediglich die Protokolle ohne «S» für Secure erwähnt, nicht nur für HTTP oder FTP, sondern viele weitere Protokolle werden heute verschlüsselte Versionen eingesetzt.

**Tabelle 8.1:** Mögliche Serverrollen (Forts.)

Die wichtigsten dieser Rollen betrachten Sie in den folgenden Abschnitten jetzt genauer.

## 8.2 Datei- und Druckdienste

### 8.2.1 Dateidienste verwaltet der Fileserver

In einem Netzwerk, in welchem es mehrere Arbeitsstationen und Mitarbeiter gibt, kann die Dateiablage nicht mehr lokal auf den Workstations stattfinden. Dokumente müssen zugänglich und für alle Berechtigten freigegeben werden, sodass auch andere mit diesen arbeiten können, unter Umständen sogar gleichzeitig.

Dieser Fileserver muss schnell sein und über ausreichend Speicherplatz verfügen. Zudem sollte er einen möglichst einfachen und übersichtlichen Zugriff auf die gespeicherten Dateien anbieten.

Es gibt einen weiteren, für Unternehmen sehr zentralen Grund, Fileserver einzusetzen: die zentrale Datensicherung. Es gibt zwar die Möglichkeit dezentraler Datensicherungskonzepte, allerdings haben sich diese in den seltensten Fällen bewährt.

Es kommen noch weitere Anforderungen dazu, die ein Dateiserver erfüllen kann:

- Zugriffsrechte und Rollen (oder Gruppenkonzepte) müssen realisierbar sein. Dazu wird in der Regel ein Verzeichnisdienst für die Benutzeridentifikation benötigt.
- Gegenseitiger Ausschluss muss gewährleistet sein (File Locking).
- Automatisierte, periodische Backups müssen möglich sein (zusätzlich kann der Server Konzepte wie Shadow Copy implementiert haben).
- Versionierung der Dateien oder zeitgesteuerte Vorgängerversionen (wie bei Windows-Schattenkopien).
- Dokumente müssen schnell gefunden werden, auch wenn man nach ihrem Inhalt sucht. Dies liegt natürlich auch an der Organisation der Dateiablage und weniger am Server selbst. Trotzdem sind Indexierungsdienste gefragt, entweder als Bestandteil des Dateiservers oder als zusätzliche Applikation (z.B. eine interne Suchmaschine).
- Ausfallsicherheit ist wünschenswert (Redundanz, Clustering).
- Offline-Dateien müssen abgeglichen werden können, wenn man wieder Zugriff auf das Netzwerk hat.

Ein Fileserver kann unter dem Betriebssystem Unix, Windows oder auch Novell genutzt werden. Alle Systeme bieten Fileserverdienste an und nennen diese verfügbar, sicher und performant. Um über die effektive Leistung Aufschluss zu erhalten, lohnt sich ein direkter Vergleich in der zukünftigen Umgebung.

Was der Dateiserver aber zwingend können muss und was bisher nicht explizit erwähnt wurde, ist die Unterstützung der vom Client benutzten Kommunikationsprotokolle. Dabei handelt es sich um Network File System (NFS, Unix) oder

Server Message Block (SMB), früher auch Common Internet File System (CIFS). Alle heute gängigen Kommunikationsprotokolle basieren auf TCP/IP.

Die bisher beschriebenen grundlegenden Eigenschaften kann heute bereits ein kleines NAS mit integriertem Minibetriebssystem zur Verfügung stellen, sofern es mehr als eine Disk aufnehmen und RAID abbilden kann. Erst wenn diese ausfällt und keine Redundanz besteht oder kein Backup-System vorhanden ist, steht es schlecht um die Daten.

Fileserver sind daher meist vollwertige Server, die entweder einen integrierten Datenspeicher, meist als RAID, aufweisen oder über das Netzwerk mit entsprechenden Speicherlösungen verbunden sind. Nebst der höheren Verfügbarkeit bringt diese Lösung natürlich auch mehr Leistung mit sich. Die Lösung muss aber auf jeden Fall der Unternehmensgröße angepasst sein. In kleineren Unternehmen wird die Fileserverrolle häufig mit anderen Rollen wie Printserver kombiniert, insbesondere da zumeist auch dieselben Protokolle verwendet werden.

Da Fileserver eine größere Anzahl von Clients bedienen, ist es relativ schnell gegeben, dass sie mit einer höheren Geschwindigkeit an das Netzwerk angebunden werden als die Clients, um den benötigten Datendurchsatz liefern zu können.

Auch die Zugriffsrechte auf der Dateiablage sind keine triviale Angelegenheit. Wenn es viele Benutzer und entsprechend Gruppen gibt (Rollen, Abteilungen, Teams etc.), muss sehr genau darauf geachtet werden, wer wo Zugriff hat. Grundlegend redet man von Lese-, Schreib- oder gar keinem Zugriff. Wer in bestimmten Verzeichnissen Leserechte hat, kann die Dokumente ansehen. Mit Schreibzugriff ist gemeint, dass neue Dokumente erstellt werden können, je nachdem bestehende auch verändert und gelöscht werden dürfen. »Kein Zugriff« oder »Verweigern« versteht sich von selber.

Dabei ist der Unterschied zwischen einer impliziten und einer expliziten Zugriffsverweigerung wichtig. Rechte sollten, wenn immer möglich, an Gruppen (Rollen, Teams) vergeben werden. Wenn die Mitglieder einer Gruppe auf eine bestimmte Datei kein Leserecht haben, nennt man das eine implizite Verweigerung. Wenn ein Mitglied dieser Gruppe aber über eine andere Gruppenmitgliedschaft das Leserecht bekommt, darf dieser Benutzer auf die Datei zugreifen.

Wird dieser ersten Gruppe das Leserecht verweigert, kann auch ein Benutzer, der über eine andere Gruppe Leserechte bekommt, diese Datei nicht lesen. Dies wird darum als explizite Verweigerung bezeichnet.

Ordnung ist eine allgemeine Problematik bei Dateiablagen. Schnell ist etwas abgelegt, aber es kann lange dauern, bis es wiedergefunden ist, falls kein Volltextindex vorhanden ist und die Ablage nicht durchdacht erstellt wurde.

Die Struktur der Dateiablage auf den Fileserver und die Berechtigungsstrukturen müssen von der IT-Abteilung gemäß den Anforderungen der Kunden (Abteilungen, Projekte, Benutzer) geplant werden. Dabei sind insbesondere zu beachten:

- Datenorganisation, Prozessdefinitionen
- Datenmengen, Kontingente, Datenzuwachs
- Sicherheitsanforderungen
  - Verschlüsselung
  - Zugriffsberechtigungen
- Versionierungsanforderungen
- Sicherungsanforderungen, Verfügbarkeitsanforderungen

### 8.2.2 Printserver verwalten Drucker und ihre Aufträge

Der Printserver stellt die zentrale Verwaltungs- und Zugriffstelle für die Drucker im Netzwerk dar. Der Printserver steuert die Drucker (Druckgeräte) lokal über einen COM-, LPT- oder IP-Anschluss an und stellt über einen Serverdienst den Zugriff für die Clients sicher. Der Printserver verwaltet die einzelnen Druckerwarteschlangen, die darin enthaltenen Dokumente, aber auch Druckereinstellungen, insbesondere auch die Berechtigungsverwaltung für Druck und Druckeradministration, und die Druckertreiber.

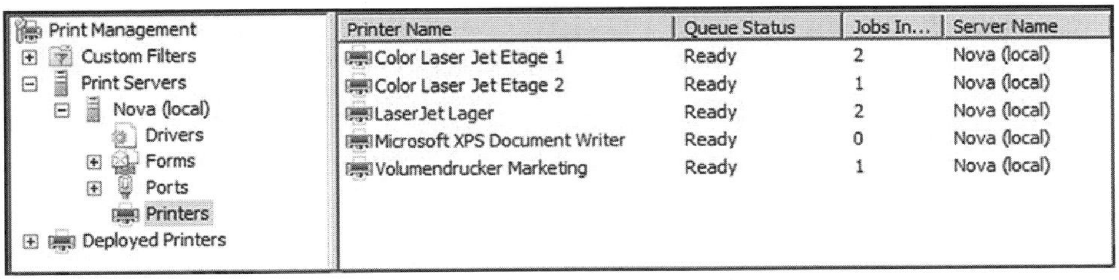

| | Printer Name | Queue Status | Jobs In... | Server Name |
|---|---|---|---|---|
| Print Management | | | | |
| Custom Filters | Color Laser Jet Etage 1 | Ready | 2 | Nova (local) |
| Print Servers | Color Laser Jet Etage 2 | Ready | 1 | Nova (local) |
| Nova (local) | LaserJet Lager | Ready | 2 | Nova (local) |
| Drivers | Microsoft XPS Document Writer | Ready | 0 | Nova (local) |
| Forms | Volumendrucker Marketing | Ready | 1 | Nova (local) |
| Ports | | | | |
| Printers | | | | |
| Deployed Printers | | | | |

**Abb. 8.2:** Druckerverwaltungskonsole eines Windows Server-Printservers

Ein Printserver sollte selbstverständlich die gängigen Printprotokolle der Clients unterstützen. Heute wird häufig IPP (Internet Printing Protocol) oder Drucken über SMB (Windows-Freigaben) eingesetzt. Das LP Protocol (Line Printer, LPD/LPR) dagegen wird zwar noch angeboten, ist jedoch vom Aussterben bedroht.

Der Printserver erledigt das ganze Queue-Management (Warteschlangenverwaltung), sprich Prioritäten vergeben, Druckadministratoren verwalten (können auch vom zentralen Directory her bestimmt werden) und Reports wie z.B. Volumen- oder Kopienabrechnungen ausgeben. Letztere sind vor allem interessant, wenn Druckkosten weiterverrechnet werden. Dies ist unter z.B. in Hochschulen der Fall, aber auch in immer mehr Firmen wird »auf Kostenstelle« gedruckt. Je nachdem wie viel gedruckt wird, können diese Kosten einen recht hohen Betrag ausmachen.

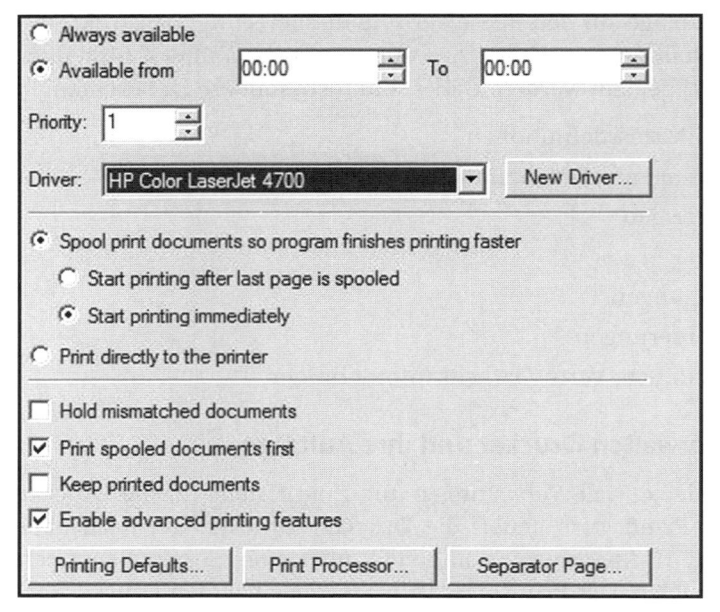

**Abb. 8.3:** Erweiterte Druckereinstellungen eines Windows-Druckerservers

## 8.3 Internetdienste

Grundsätzlich sind ein Web- oder FTP-Server Netzwerkdienste und könnten daher auch weiter hinten in diesem Buch behandelt werden. Zugleich stellen sie aber auch wichtige Rollen von Servern dar, daher erfolgt ihre Einreihung hier in einem eigenen Abschnitt.

### 8.3.1 Webserver

Webserver werden standardmäßig auf dem Port 80/tcp (für HTTP) und auf dem Port 443/tcp (HTTPs – HTTP mit SSL-Verschlüsselung) betrieben. Spezielle Applikationen, Administrationswebseiten etc. sind manchmal auch auf anderen Ports anzutreffen. Wenn Sie im Netzwerk einen Proxy benutzen, ist es möglich, dass dieser nur Verbindungen auf 80/tcp und 443/tcp zulässt.

Die heutigen Webserver unterstützen die Nutzung von sogenannten Virtual Sites oder Virtual Hosts. D.h., es wird nicht pro Domain eine dedizierte Maschine oder IP-Adresse benötigt, sondern man lässt mehrere Domains auf dem gleichen Webserver laufen. Die Unterscheidung der Domänen wird über die Host-Header-Information im HTTP-Protokoll geklärt. Der Host-Header entspricht der Adresse (FQDN der URL), welche der Benutzer im Browser eingibt. Die Umsetzung des FQDN auf eine IP-Adresse erfolgt über DNS.

## Einsatzgebiete für Webserver

Webserver sind heute praktisch in jeder Umgebung anzutreffen. Grob kann man folgende Unterteilung machen:

- Webseiten
- Webshops und Extranets
- Dienstleistungsangebote (z.B. E-Government)
- Intranets
- Administrative Webseiten (Konfiguration von Diensten)
- Reverse-Proxies (z.B. Weiterleitung auf eine Applikation, der Webserver kann Fähigkeiten anbieten, was die Applikation nicht kann, z.B. SSL)

In der heutigen Zeit hat praktisch jede Firma eine Webpräsenz. Wenn es kleine Firmen sind, wird dieser Webserver physikalisch ausgelagert, da die Firma über einen relativ schmalen Internetanschluss an die weite Welt angebunden ist und somit die Leitung zu schwach oder dauernd belegt wäre. Zudem ist die Pflege einer Webserverinfrastruktur recht aufwendig und wird daher gerne den spezialisierten Anbietern, sprich Webhosting-Providern, überlassen.

Webserver werden aber gerne und häufig genutzt, CMS-Systeme (Content Management System) bieten zudem heute die Möglichkeit, dass auch (versierte) Anwender die Pflege der Inhalte übernehmen können.

Bei Blogs, Wikis und anderen Social-Media-Angeboten, welche zumeist ebenfalls auf Webservern basieren, stehen die von den Benutzern erstellten und verwalteten Inhalte sogar im Zentrum.

Größere Firmen betreiben professionelle und aufwendige Webseiten und stellen diese auch mit hoher Zuverlässigkeit und Performance zur Verfügung. Dies gilt insbesondere für Webshops von Firmen und für kostenpflichtige Dienstleistungsangebote wie E-News (elektronische Zeitungen), Archive oder Paketverfolgungssysteme.

Auch öffentliche Verwaltungen bieten immer mehr Leistungen an, welche auf Webservern basieren. Das können Passbestellungen, Volksumfragen oder sogar elektronische Abstimmungen sein.

Webserver, welche einzig den Zweck haben, Dienste zu konfigurieren oder überwachen, finden Sie auf vielen Netzwerkgeräten, Firewalls, NAS, Switches, Router, Netzwerkkameras und dergleichen mehr. Da es sich um wichtige Konfigurationen handelt (beispielsweise die Konfiguration einer Firewall über ein Web-Interface), müssen diese Applikationen speziell geschützt werden. Username und Passwort ist das allgemein gebräuchliche Mittel, um diesen Schutz gewährleisten zu können.

Webdienste werden auch als Intranetwebserver eingesetzt. Es gibt sogar spezielle Produkte wie die Microsoft Windows SharePoint Services, welche für die Benutzer eine möglichst einfache Benutzeroberfläche und eine für Intranetbenutzer geeignete Benutzerschnittstelle anbieten.

Mögliche Anwendungen im Intranet sind:

- Dokumentenverwaltungssysteme
- Schwarzes Brett/News
- Informationsbereiche über
  - Abteilungen
  - Projekte
  - Produkte

## Webserverprodukte

Die heute am meisten verwendeten Produkte sind Apache und der IIS-Webserver (Internet Information Service) von Microsoft. Apache dürfte nach wie vor einen Vorsprung gegenüber dem IIS haben, der Abstand wird aber immer geringer. Neueren Datums ist ein Webserver, der unter dem Namen »nginx« bekannt geworden ist. Er zeichnet sich damit aus, dass die Konfiguration sehr schmal gehalten wird und sich sehr flexibel einsetzen lässt – z.B., um andere Webdienste als »reverse Proxy« zu schützen, sei es, weil diese kein SSL können oder keine Authentifizierung gegen eine Benutzerdatenbank/Verzeichnis anbieten.

Auf der Webseite von Netcraft (`news.netcraft.com`) werden viele aktuelle Statistiken über die verwendeten Produkte, Services, Anbieter etc. zur Verfügung gestellt.

Der Apache-Webserver ist ursprünglich als NCSA-Server beim CERN in Genf entwickelt worden. Mit dieser Entwicklung entstand ebenfalls einer der ersten Webbrowser, der Mosaic-Client. Dies war zu Beginn der 1990er-Jahre. Der erste Webserver wurde 1991 am CERN in Betrieb genommen.

1995 entstand aus dem ehemaligen NCSA-Projekt der Apache-Webserver. Es gibt Zungen, die behaupten, der Apache-Webserver heiße so, weil er aus einem Flickwerk von Patches aus dem NCSA entstanden ist, Patchy Web Server. Viel mit Indianern hat er, außer der Feder des Logos, jedenfalls nicht zu tun.

**Abb. 8.4:** Das Apache-Logo

Der Apache-Webserver hat anfänglich sehr viel Boden gegenüber dem Microsoft-Server IIS gutgemacht, weil er diesem gegenüber virtuelle Sites unterstützt hat. Dies ist beim IIS erst später gekommen. Heute steht der Apache-Webserver bei der Version 2.4 und kann jede erdenkliche Funktionalität eines Webservers zur Verfügung stellen. Installierbar ist dieser auf allen Betriebssystemen und erhältlich im Sourcecode oder als übersetzte Binärpakete für das entsprechende OS.

Die Apache-Community arbeitet nicht nur am Webserver, darum herum gibt es eine ganze Reihe von weiteren Projekten (https://projects.apache.org) und einige wenige seien hier erwähnt:

- tomcat – Java Servlets und Java-Server-Pages-Server
- lenya – Open-Source-CMS
- SpamAssassin – ebenfalls ein Apache-Projekt

Der große Anbieter auf der anderen Seite ist der IIS-Webserver von Microsoft. IIS heißt Internet Information Services und stellt neben dem HTTP-Dienst auch

- FTP,
- Mail (SMTP und POP3) und
- WebDAV

zur Verfügung. Dieser Server ist seit Windows Server 2012 R2 in der Version 8.5 erhältlich. Auf Windows 10 ist sogar schon eine Version 10 erhältlich.

**Abb. 8.5:** IIS-Verwaltung Version 8.5 (Windows-Server)

Lange Zeit entwickelte Microsoft an vorderster Front neue Technologien im Bereich Webserver wie ASP, ASP.Net oder Silverlight. Spätestens seit des Releases des neuen Browsers »Edge« von Microsoft ist aber klar, dass auch Microsoft in

Zukunft auf die allgemein verbreiteten Standards wie HTML 5 und Java setzen wird. Eine gute Informationsseite ist die Webseite www.iis.net von Microsoft.

### 8.3.2 FTP-Server

Das FTP-Protokoll und damit auch der FTP-Service gehört zu den ältesten Diensten im Internet. Das Protokoll wurde zur effizienten Übertragung von binären oder ASCII-Dateien entworfen. Verwendet wird 21/tcp (ftp-control) und 20/tcp (ftp-data).

Entsprechend sind die hauptsächlichen Anwendungen bis heute Up- und vor allem Downloadserver, wenn auch häufig in eine Webseite eingebettet. Auch wenn der Dienst sonst immer mehr in den Hintergrund verdrängt wird, werden gerade für Programm- und Treiberdownloads immer noch FTP-Server verwendet.

Eines der größten Probleme von FTP war und ist aber die fehlende Sicherheit. Wenn der Zugriff über eine Authentifizierung erfolgt, werden Benutzername und Passwort im Klartext übertragen.

**Anonymer Zugriff**

FTP ist zwar für den anonymen Zugriff ausgelegt, aber wenn sich hinter dem FTP-Server ein Dateisystem oder ein Fileserver mit Zugriffsteuerung befindet, muss ein Benutzerkonto für den Zugriff verwendet werden.

Der FTP-Dienst des Internet Information Servers von Microsoft verwendet ein Benutzerkonto, auf das alle anonymen Zugriffe gebunden werden. Erfolgt ein Zugriff auf eine Ressource, auf welche dieses Benutzerkonto keinen Zugriff hat, erfolgt je nach Konfiguration eine Logon-Box oder eine Fehlermeldung.

Aus Sicherheitsgründen ist es möglich zu verhindern, dass authentifizierte Zugriffe möglich sind.

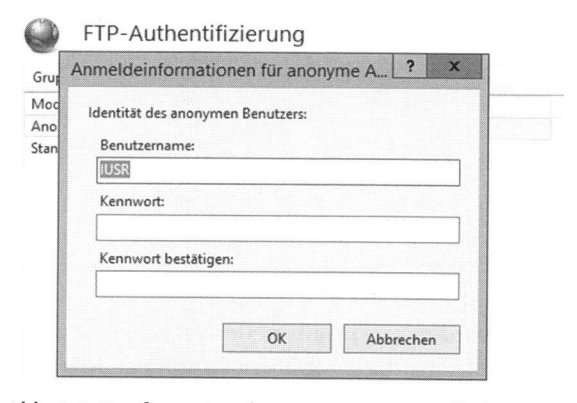

**Abb. 8.6:** Konfiguration des anonymen Zugriffs des FTP-Diensts von IIS

Heute sind zwei Möglichkeiten zur Sicherung einer FTP-Verbindung im Einsatz:

### FTPs oder FTP/SSL

Bei FTP/S wird ein zertifikatsbasierter SSL-Tunnel zur Verschlüsselung des Datentransfers verwendet. Damit wird sichergestellt, dass die Daten und auch der Authentifizierungsprozess in der Übertragung nicht gelesen werden können.

SSL ermöglicht eine zertifikatsbasierte Client-Authentifizierung.

### sFTP oder Secure FTP (SSH File Transfer Protocol)

Bei SFTP wird ein SSH(Secure Shell)-Tunnel zur Übertragung der FTP-Informationen verwendet. Der SSH-Tunnel wird vor der FTP-Datenübertragung initialisiert, darin ist eine Client-Identifikation enthalten. Hier stehen verschiedene Methoden zur Verfügung:

- X.509 PKI-Zertifikate
- Verzeichnisdienste (LDAP, Kerberos, NTLM)
- OnTime Keys (SecureID)

sFTP ist in der Implementation um einiges komplexer als FTP/S, bietet aber entsprechend auch mehr Sicherheit. Um einen sFTP-Server zu betreiben, braucht es einen SSH-Server (z.B. OpenSSH), dieser wird sehr verbreitet genutzt und dürfte zu einem der kritischen Internet-Dienste gehören. Es gibt heute Firmen, welche einen »ftp«-Server über einen Webserver anbieten, »https://ftp.firma.domain«, das ist jedoch kein wirklicher FTP-Server, sondern eine Austauschplattform für Daten, welche mit SSL gesichert ist.

## 8.4 Netzwerkdienste

Es gibt eine Fülle von Netzwerkdiensten, die auf einem Server laufen können. Die Wichtigsten sind hier kurz erklärt. Die Rede ist hier vor allem von DNS (Verzeichnisdienste wie NIS, NIS+, LDAP folgen später), DHCP, NTP und Mail, wobei den Maildiensten ein eigener Abschnitt gewidmet ist.

### 8.4.1 DNS-Server

Das Domain Name System ist einer der wichtigsten Dienste im Internet überhaupt. DNS stellt das geistige Rückgrat des Internets dar. Ohne dies wäre es nicht möglich, über eine Adresse (URL) auf eine Ressource zuzugreifen wie z.B. auf eine Webseite. DNS stellt zu diesem Zweck die Namensauflösung zur Verfügung, d.h., der Dienst ist in der Lage, IP-Adressen in Namen aufzulösen und umgekehrt.

Das Domain Name System ist hierarchisch aufgebaut. Zuoberst findet man die Root-Server, welche wissen, wer für die Top-Level-Domains verantwortlich ist. Die oberste Domäne ist denn auch die Root-Domain, welche durch einen Punkt dargestellt wird, der allerdings meist nicht geschrieben wird.

Darunter folgen in dieser Ordnung die Top-Level-Domains (TLD), die Second-Level-Domains (SLD) und so weiter.

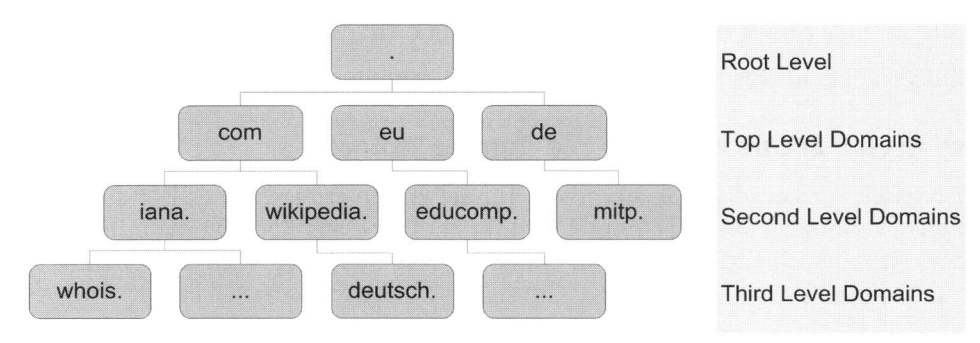

FQDN = whois.iana.com. (wobei der letzte Punkt normalerweise nicht geschrieben wird)

**Abb. 8.7:** DNS-Struktur

Neben der Namensauflösung im Internet wird DNS immer stärker auch im internen Netzwerk eingesetzt. Zum einen werden intern sogenannte Resolver verwendet, welche die DNS-Anfragen für das Internet weiterleiten und die Antworten zwischenspeichern (Cached Lookups). Immer mehr werden aber auch interne Ressourcen über DNS aufgelöst: Seit Windows 2000 ersetzt Microsoft den NetBIOS Name Server oder WINS (Windows Internet Name Service) durch DNS. Dazu werden insbesondere Service Resource Records (SRV Records) in internen DNS-Zonen benötigt.

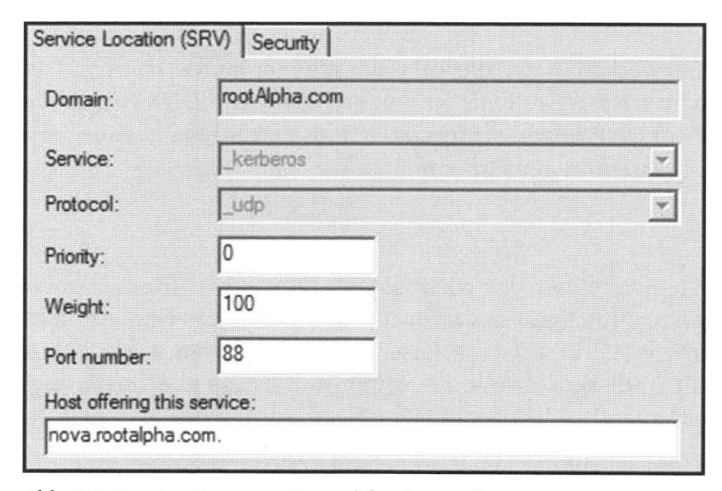

**Abb. 8.8:** Service Resource Record für den Kerberos-Dienst einer Active-Directory-Domäne

Über den Befehl `nslookup` lassen sich IP-Adresse und zugeordnete Namensadresse herausfinden.

```
$ nslookup www.educomp.ch 1.1.1.1
Server:         1.1.1.1
Address:        1.1.1.1#53

Non-authoritative answer:
www.educomp.ch  canonical name = lucy.iway.ch.
Name:   lucy.iway.ch
Address: 212.25.25.24
Name:   lucy.iway.ch
Address: 2001:8e0:0:3::24
```

**Abb. 8.9:** DNS-Abfrage mit nslookup

In obiger Abbildung wurde auf die Abfrage `nslookup` (Nameserver-Abfrage) auf www.educomp.ch die IP 212.25.25.24 zurückgegeben. Somit weiß der Client, welcher Server kontaktiert werden muss, um die Webseite zu holen (wir sehen hier noch mehr Informationen, die IPV6 Adresse und ein »canonical name«).

DNS stellt verschiedene Einträge zur Verfügung. Bei einer URL, die im Browser angezeigt wird, wird in der Regel der sogenannte CNAME-Record (Alias-Eintrag) abgefragt.

Für das korrekte Beliefern von E-Mails einer Domain an den richtigen Mailserver wird der DNS-Server angefragt und der MX-Eintrag ausfindig gemacht.

In folgender Tabelle sind alle Record-Typen zusammengestellt, die DNS anbieten kann.

| Die wichtigsten DNS-RR-Typen | |
|---|---|
| Record-Typ | Erklärung |
| Beispiel | |
| SOA | Start of Authority (wer ist verantwortlich?) |
| domain.tld. IN SO | dns.domain.tld. Hostmaster.domain.tld. (2022090101 10800 3600 604800 86400) |
| A | Address Record (normaler Host-Eintrag) |
| AAAA | IPv6 Address Record |
| host.domain.tld. IN A 192.168.0.1 | |

**Tabelle 8.2:** Die wichtigsten DNS-Record-Typen

| Die wichtigsten DNS-RR-Typen | |
|---|---|
| CNAME | Canonical Name (Alias bzw. weiterer Name für den Host) |
| www.domain.tld. IN CNAME genesis.domain.tld. | |
| NS | Nameserver-Eintrag (zuständige DNS-Server für diese Zone) |
| domain.tld. IN NS dns.domain.tld. | |
| MX | Mail-Exchanger (zuständige Mailserver für diese Domain) |
| domain.tld. IN MX 1 mailserver.domain.tld. | |
| PTR | Pointer (Reverse-Eintrag) |
| 1.0.168.192.in-addr.arpa. IN PTR host.domain.tld. | |
| SRV | Service Resource Record |
| _kerberos._tcp._sites SRV   priority=0, weight=100, port=88, DC1.domain.tld | |

**Tabelle 8.2:** Die wichtigsten DNS-Record-Typen (Forts.)

Unter Windows wird der DNS-Manager verwendet, um den DNS-Server zu konfigurieren und zu verwalten.

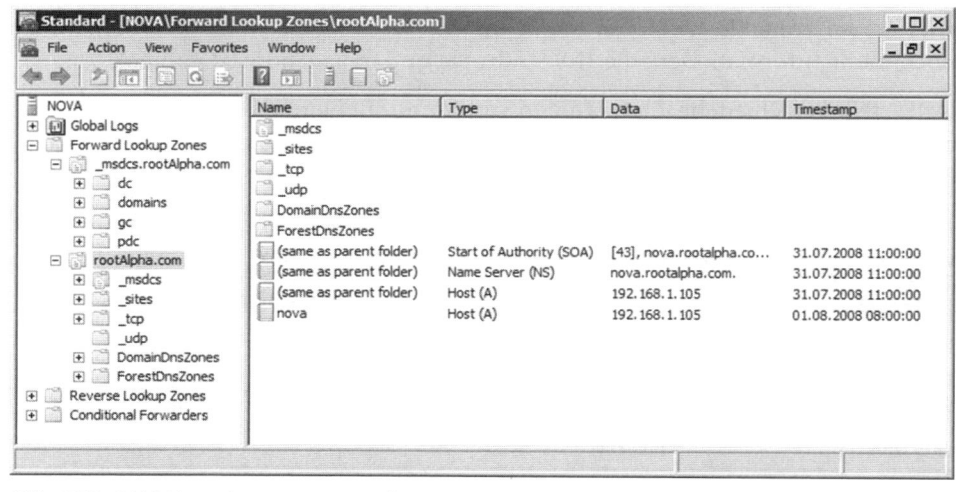

**Abb. 8.10:** DNS-Verwaltung unter Windows

Die allgemeinen Optionen für den Nameserver wie Weiterleitungen (forwarders) oder die Root-Zonen finden sich unter den Eigenschaften des Servers. Unter den beiden Ordnern »Forward Lookup Zones« und »Reverse Lookup Zones« werden die Zonen und deren Einträge erstellt.

Obwohl die DNS-Verwaltung unter Windows grafisch erfolgt, werden die Zonendateien wie unter Unix/Linux in Textdateien im Dateisystem abgelegt oder aber in der Active-Directory-Datenbank gespeichert. Diese DNS-Zonendateien sind unter

C:\Windows\System32\dns\ zu finden. Ist der DNS-Server zugleich in der Active Directory integriert, werden die Zonen in der AD integriert abgelegt.

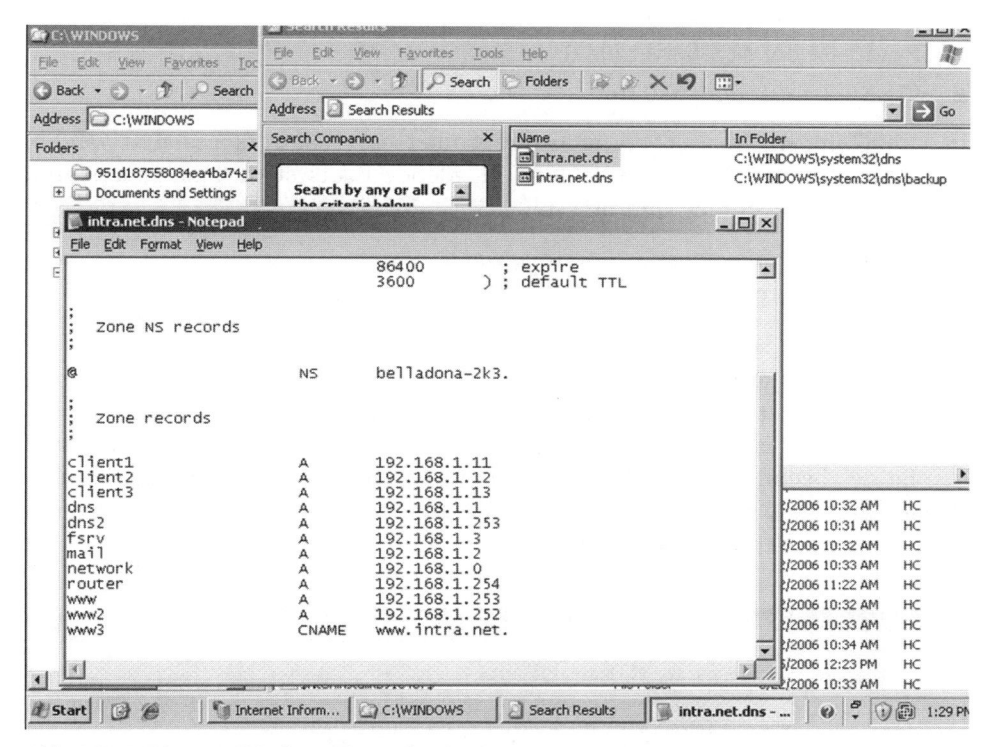

**Abb. 8.11:** DNS unter Windows-Zonendateien

### 8.4.2 DHCP-Server

Das Dynamic Host Configuration Protocol (DHCP) wird in den meisten Netzwerken eingesetzt, um den Konfigurationsaufwand der Hosts zu minimieren. Der DHCP-Server stellt den Maschinen im Netzwerk Adressen zu, mit welchen diese auf das Netzwerk zugreifen können, ohne dass die TCP/IP-Konfiguration manuell auf den Client eingerichtet werden muss.

DHCP-Server gibt es für praktisch alle Betriebssysteme. Meistens wird ein Bereich (Scope) definiert, aus welchem die Clients ihre dynamischen IP-Adressen erhalten. Die Clients bekommen aber nicht nur eine IP-Adresse und Subnetzmaske, sondern auch andere wichtige Informationen über das Netzwerk und angebotene Dienste. Diese werden als Optionen bezeichnet:

- Subnetz Maske (001)
- IP-Adresse Standard-Gateway (003)
- IP-Adresse der DNS-Server (006)

**Kapitel 8**
Serverrollen

- Domänen-Name (015)
- IP-Adresse der Netzwerk-Zeit-Server (042)
- IP-Adresse der WINS/NBNS-Server (044)
- IP-Adresse der NIS-Server (041)
- WINS/NBT-Knotentyp (046)

In Umgebungen, in welchen auch direkt über das Netzwerk gestartet werden kann, braucht man Parameter wie das zu ladende Bootsystem (bzw. Image) und von welchem Server dies kommen soll.

- next-server (von woher das Bootimage geholt wird)
- filename (das Bootimage, welches geladen werden soll)

Unter Windows wird die Konfiguration grafisch erstellt. Es muss ein Bereich (Scope) definiert werden, von wo bis wo IP-Adressen dynamisch vergeben werden sollen. Sinnvoll ist es auch hier, dass es keine Überschneidungen mit festen Adressen innerhalb des DHCP-Bereichs gibt, sonst können Konflikte entstehen und den Betrieb beeinträchtigen. Deshalb können Ausnahmen (Excludes oder Exclude Ranges) definiert werden: Das sind IP-Adressen, welche innerhalb des Bereichs nicht zugeteilt werden sollen.

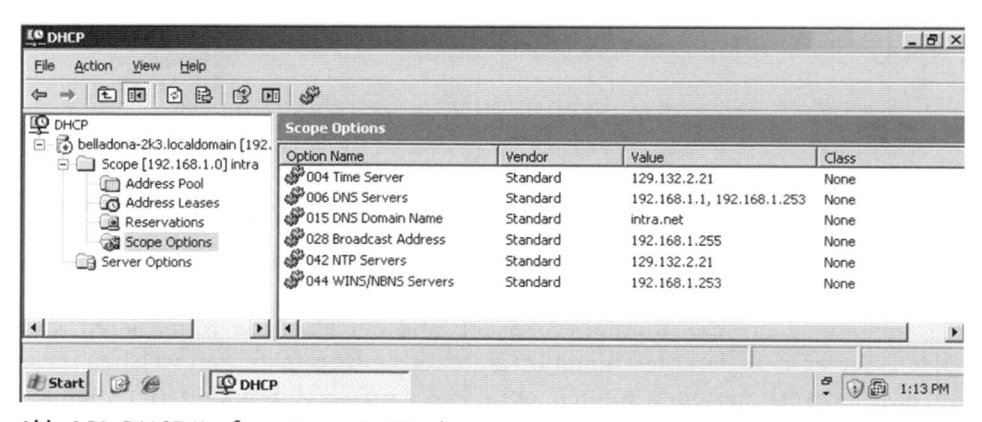

**Abb. 8.12:** DHCP-Konfiguration unter Windows

Neuere DHCP-Produkte erlauben automatische Lastverteilung und Fehlertoleranz, bei Microsoft DHCP ist das seit 2012 implementiert.

Dabei kann man zwischen »Failover« und »Load Balancing« unterscheiden. »Load Balancing«, die Lastverteilung, wird eher bei einer zentralen Platzierung der DHCP-Server eingesetzt, »Failover« eher bei Servern, welche sich nicht in demselben Subnetz befinden.

Die beiden Server halten sich auf dem Laufenden, welche IP-Adressen vergeben sind und verteilen beide gleichzeitig Adressen im Netzwerk. Wenn ein Server ausfällt, wird dies vom anderen bemerkt und er arbeitet selbstständig weiter. Beim Wiedererscheinen des ausgefallenen Servers wird die Lease-Datenbank synchronisiert und erneut im Gespann weitergearbeitet.

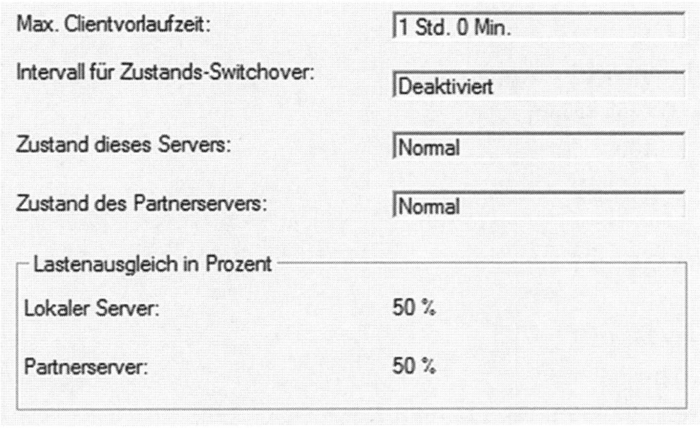

| Max. Clientvorlaufzeit: | 1 Std. 0 Min. |
|---|---|
| Intervall für Zustands-Switchover: | Deaktiviert |
| Zustand dieses Servers: | Normal |
| Zustand des Partnerservers: | Normal |
| Lastenausgleich in Prozent | |
| Lokaler Server: | 50 % |
| Partnerserver: | 50 % |

**Abb. 8.13:** DHCP-Lastausgleichskonfiguration unter Windows

Unter Unix/Linux wird der Standard-DHCP-Server von ISC verwendet (https://www.isc.org). Dieser DHCP-Server ist frei verfügbar und sehr flexibel.

Die Konfiguration von dem ISC DHCP wird in der Datei /etc/dhcpd.conf abgelegt – die Lease-Datenbank befindet sich unter der Datei /var/state/dhcp/dhcpd.leases, wenn dies nicht anders definiert wurde. In dieser Datei werden unter anderem die Client-Namen, MAC-Adressen und die Gültigkeitsdauer der Adressen festgehalten.

Die unten stehende Konfiguration ist fast selbsterklärend und soll als Beispiel für eine Konfiguration dienen. Die Stichworte sprechen für sich – die meisten jedenfalls – und sie sind auch unter Windows anzutreffen.

Die genaue Beschreibung kann in der Manual Page nachgesehen werden oder natürlich auch online: http://www.isc.org ist dafür immer eine sehr vollständige Ressource.

| |
|---|
| #/etc/dhcpd.conf |
| default-lease-time 18000; |
| max-lease-time 36000; |

**Tabelle 8.3:** ISC dhcpd.conf-Listing

```
option subnet-mask 255.255.255.0;
option routers 192.168.1.254;
option domain-name-servers 192.168.1.254, 192.168.1.253;
option domain-name "intra.educomp.ch";
authoritative;
ddns-update-style interim;
ignore client-updates;
ddns-domainname "intra.educomp.ch";
subnet 192.168.1.0 netmask 255.255.255.0 {
   range 192.168.1.10 192.168.1.100;
}
host maschine1 {
   hardware ethernet AA:BB:CC:DD:EE:FF;
   fixed-address 192.168.1.9;
   option subnet-mask 255.255.255.0;
   option routers 192.168.1.254;
   option domain-name-servers 192.168.1.254, 192.168.1.253;
   option domain-name "wlan.intra.educomp.ch";
   option netbios-name-servers 192.168.1.253;
}
```

**Tabelle 8.3:** ISC dhcpd.conf-Listing

### DHCP-Server in der Blackbox

Heute werden viele Netzwerkgeräte mit diversen integrierten Diensten angeboten, dazu gehört auch der DHCP-Dienst. Ein besonderes Augenmerk ist auf Multifunktions-NAS, DSL-Router oder Wireless Access Points (WAP) zu richten. Diese Geräte sind standardmäßig so konfiguriert, dass sie ohne weitere Konfiguration funktionieren, zumeist sind deshalb auch die integrierten DHCP-Server aktiv und mit einem privaten IP Address Scope versehen, meist 192.168.1.0/24.

Diese »wilden« DHCP-Server können ein Netzwerk komplett lahmlegen, da sie falsche oder doppelte IP-Adressen im Netzwerk verteilen und damit zu unberechenbarem Netzwerkverhalten führen können.

### 8.4.3 Zeitsynchronisationsserver

NTP ist eines der älteren immer noch verwendeten Protokolle. Es wurde 1985 als RFC 958 (neu RFC 5905) veröffentlicht. Das Network Time Protocol (NTP) dient zur Sicherstellung, dass alle Maschinen in einem Netzwerk dieselbe Zeit konfiguriert haben. Da die einzelnen Computer dies nicht gewährleisten können, gibt es dazu spezielle Zeitserver.

Es gibt eine Reihe von öffentlichen NTP-Servern, diese können unter `http://www.ntp.org` gefunden werden. Der Einfachheit halber kann die »Pool«-Adresse verwendet werden, z.B. `ch.pool.ntp.org`, und falls mehrere: `1.ch.pool.ntp.org`, `2.ch.pool.ntp.org` etc. In der Schweiz ist auch `swisstime.ethz.ch` bekannt, welcher in kleinen Netzwerken problemlos verwendet werden kann. NTP läuft auf 123/UDP, somit muss dieser Port offen sein, sonst können die Maschinen im Intranet den Dienst vom Internet nicht kontaktieren.

Auf einem Server im Intranet den NTP-Dienst zur Verfügung zu stellen, ist eine andere Möglichkeit. Diesen kann man mit verschiedenen Ressourcen kombinieren, d.h., man schließt eine Funkuhr an dem Server an, welche sich die Zeit von einer Atomuhr (CERN, Genf) holt. Diese kann mit den Servern auf dem Internet kombiniert werden und es wird eine Zeit gemittelt. So erhält man die genaueste Zeit für das Netzwerk.

```
$ ntpq -p
     remote           refid      st t when poll reach   delay   offset  jitter
==============================================================================
 0.ch.pool.ntp.o .POOL.          16 p    -   64    0    0.000    0.000   0.002
 1.ch.pool.ntp.o .POOL.          16 p    -   64    0    0.000    0.000   0.002
 2.ch.pool.ntp.o .POOL.          16 p    -   64    0    0.000    0.000   0.002
 3.ch.pool.ntp.o .POOL.          16 p    -   64    0    0.000    0.000   0.002
+ntppublic.uzh.c 195.176.26.206   2 u  850 1024  377   12.680   -0.677   0.821
-skitty.itu.ch   210.65.119.71    2 u  753 1024  377   18.482    0.254   0.485
+dns.3eck.net    62.12.141.196    3 u  580 1024  377   14.595   -0.815   1.394
+ns1.nexellent.n 194.242.34.149   2 u 1002 1024  377   14.596   -0.643   1.522
*time.sunrise.ne .GNSS.           1 u  572 1024  377   16.093    0.678   1.774
```

**Abb. 8.14:** NTP-Query

Mit einer Abfrage auf dem NTP-Server kann die Liste der verbundenen Peers ausgegeben werden und wie deren Zustand ist, beispielsweise wie viel diese von der Zeit abweichen (Offset). Als LOCAL wird die lokale Zeitquelle gekennzeichnet (Systemuhr, angehängte Funkuhr etc.).

### Zeitsynchronisation in Microsoft-Domänen

Innerhalb einer Microsoft-Active-Directory-Gesamtstruktur wird die Zeit automatisch synchronisiert. Maßgeblich sind dafür die Domänen-Controller mit der PDC-Emulator-Rolle (FSMO) zuständig, diese wiederum synchronisieren sich beim übergeordneten PDC-Emulator.

Wird eine externe Synchronisation mit einer Atomuhr gewünscht, so ist diese am PDC-Emulator der Gesamtstrukturstammdomäne vorzunehmen. Dies ist standardmäßig der erste Domänen-Controller, der aufgesetzt wurde; diese Rolle kann aber auch auf andere Domänen-Controller übertragen werden.

### 8.4.4 Überwachungsserver

In größeren Netzwerken oder Rechenzentren werden spezielle Systeme zur zentralen Überwachung und Verwaltung der Netzwerk-, System- und Serverzustände eingesetzt. In der Regel werden die einzelnen Komponenten mit lokal installierten Agenten versehen, welche aktiv oder passiv dem Überwachungsserver die System- und Dienstzustände, aber auch Leistungsparameter melden.

Ein klassisches Beispiel hierfür ist das Simple Network Management Protocol (SNMP). Lokale SNMP-Agenten sammeln Informationen gemäß einer Informationsstruktur (MIB, Management Information Base). Diese lokalen Informationen werden vom Überwachungsserver regelmäßig abgefragt (Polling) oder aber spezielle Ereignisse (Traps) werden von den Agenten aktiv dem Überwachungsserver gemeldet.

Beispiele für Überwachungsprogramme, welche auf diese Art funktionieren, sind RRDtools oder Munin, auch Nagios (oder etwas aufwendiger: Zabbix) ist gut bekannt.

Innerhalb von verwalteten Netzwerken werden aber auch aktivere und somit nicht nur reine Überwachungs-, sondern auch Steuerungsmechanismen eingesetzt. In Microsoft-Netzwerken wird zur Überwachung und Verwaltung in Netzwerken häufig der RPC-Mechanismus (Remote Procedure Call) eingesetzt.

Beispiele hierfür sind:

- MMC, Microsoft Management Console
- SCVMM, System Center Virtual Machine Manager
- WSUS, Windows Server Update Service (HTTP, BITS)

Seit dem Jahr 2007 fordert Microsoft von Entwicklern, dass neue Funktionen als Erstes als Powershell Cmdlet programmiert werden. Damit sind alle neueren Funktionen über Powershell verwaltbar. Powershell wiederum kann über WinRM (Windows Remote Management) für die Überwachung und Steuerung von Windows-Servern eingesetzt werden.

### 8.4.5 Server mit Fernzugriff (RAS-Server)

Die klassischen Fernzugriffserver haben es Clients erlaubt, über eine Telefon-Modem-Verbindung auf ein lokales Netzwerk zuzugreifen. Als Übertragungsnetzwerk wurde dazu das analoge Telefonienetzwerk (PSTN/POTS) oder aber das digitale Telefonienetzwerk (ISDN) verwendet. Klassische oder Dial-up-Fernzugriffserver werden immer weniger verwendet.

Heute wird als Übertragungsnetzwerk zumeist das öffentliche Internet verwendet. Da die Daten dafür verschlüsselt werden und so die Vertraulichkeit (Privacy) sichergestellt wird, spricht man hier zumeist von VPN-Servern (Virtual Private Network).

VPN heißt Virtual Private Network, also ein virtuell privates Netz, welches über öffentliche Netze hinweg die Vertraulichkeit der Daten sicherstellt.

Es wird ein verschlüsselter Tunnel von einem Standort zu einem anderen erstellt. Dies sieht dann so aus wie eine direkte Leitung, obwohl die halbe Welt, das Internet, dabei traversiert wird.

Die Protokolle und Werkzeuge, welche zum Erstellen eines Tunnels verwendet werden können, sind sehr vielfältig, und je nach Anwendung bzw. Verwendungszweck kann das eine oder das andere sinnvoller sein. Es gibt VPN-Implementationen, welche TCP oder UDP als Transportprotokoll verwenden, aber auch solche, welche GRE verwenden.

Zum Transport der Daten über das Internet stehen grundsätzlich drei VPN-Protokolle zur Verfügung:

- PPTP, Point to Point Protocol; ältestes und unsicherstes der VPN-Protokolle. Von Microsoft entwickelt, hat es sich aber lange als VPN-Standard gehalten.
- L2TP/IPSec, Layer 2 Tunneling Protocol mit IPSec; modernes, sicheres, aber auch komplexes Protokoll
- SSTP, Secure Socket Tunneling Protocol; modernes und einfach zu konfigurierendes VPN-Protokoll, verwendet SSL zur Verschlüsselung
- IKEv2, Weiterentwicklung der IPsec-Mechanismen

### 8.4.6 VPN unter Linux

#### OpenSwan/StrongSwan

Unter *NIX gibt es OpenSwan und StrongSwan, welche aus dem FreeSwan-Projekt entstanden sind. Relativ einfach kann mit diesen ein Gateway-to-Gateway- oder Subnet-to-Subnet-VPN aufgebaut werden. Wenn dieses einmal steht, wird es sich als enorm stabil und auch sicher herausstellen, falls die Schlüssel und Verschlüsselung entsprechend sicher gewählt wurden. Die Konfiguration kann beliebig komplex gewählt werden, Strong- und OpenSwan bieten viele Möglichkeiten, die jeder Anforderung gerecht werden sollten.

#### OpenVPN

Wesentlich einfacher geht es mit OpenVPN. Diese VPN-Implementation gibt es für Linux und Windows, aber auch für weitere Betriebssysteme. Die Implementation ist sehr einfach, ob es sich um ein Gateway-to-Gateway- oder Client-to-Gateway-VPN handelt.

Hier wird kurz erklärt, wie ein VPN unter Linux mit OpenVPN erstellt werden kann, welches jedoch keine Verschlüsselung beinhaltet. Davon, diese Variante produktiv, d.h. via Internet zu verwenden, wird dringend abgeraten, in diesem Fall sollte immer eine Verschlüsselung verwendet werden!

Für folgendes Szenario soll ein Testtunnel aufgebaut werden:
NetzA (192.168.0.0/24) – GatewayA (10.1.0.1) – INTERNET – GatewayB (10.2.0.1) – NetzB (192.168.1.0/24).

Zwischen GatewayA und GatewayB wird ein virtuelles Netz hochgefahren (der Tunnel), welches auch IP-Adressen haben muss, quasi der Tunnelein- und -ausgang, dafür wird das Netz 10.0.0.0/30 verwendet.

Auf GatewayA und GatewayB muss OpenVPN installiert sein.

Unter Debian/Ubuntu:

```
sudo apt-get install openvpn
```

Für RPM-Systeme wie CentOS, Red Hat und weitere kann mit

```
yum install openvpn
```

installiert werden (mit Root-Rechten).

Als Root kann nun die Konfiguration erstellt werden, normalerweise unter /etc/openvpn/testvpn.config

```
# OpenVPN-Konfiguration für GatewayA
dev tun
local 10.1.0.1
remote 10.2.0.1
ifconfig 10.0.0.1 10.0.0.2
route 192.168.1.0 255.255.255.0 10.0.0.2
```

Für GatewayB sieht die Konfiguration praktisch gleich aus, einfach IP-Addressen verkehrt bzw. auf GatewayB angepasst:

```
# OpenVPN-Konfiguration für GatewayB
dev tun
local 10.2.0.1
remote 10.1.0.1
ifconfig 10.0.0.2 10.0.0.1
route 192.168.0.0 255.255.255.0 10.0.0.1
```

Einige kurze Erklärungen hierzu:

- dev tun: bedeutet, dass Sie einen Tunneladapter verwenden (virtuelles Netzwerk-Interface)
- local: die lokale IP, wo der Tunnel starten soll
- remote: wo der Tunnel enden sollte
- ifconfig: IP von Start und Ende des Tunnels selbst
- route: hinter welcher IP-Adresse sich das andere Netz befindet

Auf beiden Gateways kann nun zum Testen der Tunnel »von Hand« gestartet werden, dies geschieht mit:

```
openvpn --config /etc/openvpn/testvpn.config
```

Wie gesagt, dieser Tunnel ist nur zum Testen und verwendet keine Verschlüsselung!

Noch eine Anmerkung: Am leichtesten kann eine Verschlüsselung mit einem »geheimen Schlüssel« in OpenVPN verwendet werden:

```
openvpn --genkey /etc/openvpn/peer.key
```

Diese Datei (bzw. Schlüssel) muss nun auf beiden Seiten vorhanden sein und in der textvpn.config würde lediglich die Zeile

```
"secret /etc/openvpn/peer.key"
```

angefügt werden. Schon hat man eine Verschlüsselung.

## 8.5 Messaging-Server (Mailserver)

E-Mail ist heute in fast allen Bereichen eines der wichtigsten Kommunikationsmittel geworden. Einzig bei rechtlichen und sensitiven Inhalten wird noch fast ausschließlich der normale Postweg gewählt.

Der Datenschutz ist bei E-Mails sehr wichtig. Mitteilungen, die das Internet passieren, können eigentlich wie Postkarten betrachtet werden. Genauso offen werden die meisten Mails übermittelt, nur nennt sich dies nicht Postkarte, sondern unverschlüsselt. Unverschlüsselter Internetverkehr kann ohne Weiteres abgehört werden; d.h., entweder man sollte keine privaten und geschäftlichen Informationen das Internet passieren lassen oder strikt Verschlüsselungsmechanismen wie PGP verwenden.

Der andere wichtige politische und rechtliche Aspekt ist der Datenschutz an und für sich. Das schweizerische wie auch das deutsche Datenschutzgesetz behandeln E-Mails praktisch analog zur normalen Post. Diese ist also persönlich und darf nicht geöffnet bzw. eingesehen werden. Wenn dies gemacht wird, liegt eine Straftat vor. Das ist eine Tatsache, der sich vor allem Administratoren immer wieder bewusst sein sollten – und auch ihre Vorgesetzten.

Zurück zur Technik: Bei Mailservern redet man in der Umgangssprache von Posteingangs- und Postausgangsservern. In kleineren Netzwerken werden diese beiden Dienste meist zusammengenommen und auf der gleichen Maschine betrieben. Provider, welche sehr viele Mails zu verarbeiten haben, nehmen für die zwei Dienste auch zwei Server. In der Client-Software ist dann beispielsweise ein smtp.provider.tld für ausgehende Mails und ein pop.provider.tld für eingehende Nachrichten zu konfigurieren.

### 8.5.1 Posteingangsdienste (Postfachzugriff)

POP3 und IMAP4 sind aktuell gängige Protokolle, um die Nachrichten von einem Server abzurufen.

POP3 läuft auf Port 110/tcp und lädt die Nachrichten vom Server herunter (und löscht diese, je nach Konfiguration, aus dem Postfach).

IMAP dagegen läuft auf Port 143/tcp und die E-Mails werden auf dem Server verwaltet (Ordnerstrukturen etc.). Beim Herunterladen der »neuen« Nachrichten werden zuerst einmal nur die Header-Informationen geholt, erst beim Öffnen wird die ganze E-Mail transferiert. Das Original verbleibt in der Regel auf dem Server.

Beide Mailprotokolle haben Vor- und Nachteile. Bei POP3 wird nicht viel Speicherplatz auf dem Server verbraucht, weil die E-Mails meist schnell heruntergeladen werden. Zudem erfolgt die Verwaltung der E-Mails lokal, der Server wird automatisch geleert und das Postfach auf dem Server überfüllt sich nicht.

IMAP hat dafür den Vorteil der Unabhängigkeit des Arbeitsplatzes, der Server muss auf dem entsprechenden Mail-Client lediglich konfiguriert werden, und »alle« E-Mails sind jederzeit verfügbar, unabhängig vom eingesetzten Client.

Beide Protokolle, IMAP und POP3, gibt es in der verschlüsselten Form. SSL wird verwendet, um die Verbindung zu sichern, POP3S (995/tcp) und IMAPS (993/tcp) sind die entsprechenden Bezeichnungen für die verschlüsselten Mail-Client-Protokolle.

### 8.5.2 Postausgangsdienst und Mailtransfer

Für den Versand von Nachrichten wird SMTP (25/tcp) eingesetzt. Der Mail-Client verschickt die E-Mails zum konfigurierten Mailserver, welcher wiederum den Empfängermailserver kontaktiert, um die Nachricht an den Empfänger zuzustellen.

Diese Mailserver/Mailserver-Verbindung basiert ebenfalls auf SMTP. Der sendende Server kann zwar auch als Mail-Client betrachtet werden, aber er verschickt E-Mails bzw. reicht diese weiter.

Bevor die E-Mail in der Empfänger-Queue (Mailbox) deponiert wird, geht die E-Mail einen gut geprüften Weg. Schon auf SMTP-Ebene des Empfängerservers werden Prüfungen vorgenommen, ob die Absenderadresse und deren sendende Mailserver vertrauenswürdig sind. RBL (Realtime Blackhole List) werden abgefragt, ob die Adresse eine bekannte Spammeradresse oder der Server ein bekannter Spamserver ist. Die DNS MX-Records werden kontrolliert, um Spammer abzuhalten und die E-Mails gar nicht erst in den Server hineinzulassen. Zudem können Beschränkungen an die Größe oder den Inhalt vom Mailserver verlangt werden, sodass die Nachricht einige Bedingungen erfüllen muss, damit sie auch wirklich zugestellt wird.

SMTP ist standardmäßig ebenfalls unverschlüsselt. Somit ist nicht nur die Verbindung vom Mail-Client zum Mailserver anfällig auf Attacken, sondern ebenfalls die Verbindungen zwischen den Mailservern auf dem Internet. Moderne Mailserver versuchen, dieses Defizit über eine Verbindung mittels SMTPS (465/tcp) zu beheben.

### 8.5.3 Unix- und Linux-Mailserver

Es gibt viele Mailserver unter Linux und Unix, wirklich groß sind deren zwei: Sendmail (www.sendmail.org) und Postfix (www.postfix.org). Die Geschichte ist da aber nicht zu Ende, Debian bevorzugt als Standard den »exim«-Mailserver, ebenfalls zu erwähnen wäre da Qmail oder aber auch Courier. Effektiv als »ausgedient« sollte jedoch kurz Sendmail erwähnt sein, daneben ist heute sicherlich »Postfix« am weitesten verbreitet. (siehe auch z.B. http://www.securityspace.com/s_survey/data/man.202207/mxsurvey.html).

Sendmail stammt von Delivermail ab. Dieser Dienst wurde in den 1980er-Jahren durch Eric Allmann entwickelt. Eine Stärke dieses Mailservers war damals, dass er eine sehr große Toleranz gegenüber verschiedenen Mailformaten aufwies. 1993 wurde die, noch heute gebräuchliche, Version 8 des Mailservers Sendmail herausgegeben. Statistiken vor dem Jahr 2000 belegen, dass etwa die Hälfte der Mailserver dieser Zeit unter Sendmail lief.

Sendmail ist sehr weit konfigurierbar, aber nicht nur deswegen auch eher kompliziert in der Konfiguration. Zudem ist der »Sendmail«-Dienst negativ in den Schlagzeilen gelandet, weil dessen Architektur nicht mehr den aktuellen Gegebenheiten entspricht. Vor allem die Tatsache, dass ein Dienst, d.h. ein Prozess, für alles zuständig ist (und demnach auch mit privilegierten Rechten laufen muss), macht den Sendmail-Mailserver sehr angreifbar.

# Kapitel 8
## Serverrollen

Postfix hat sich als flexibler und auch einfacher administrierbarer Mailserver hervorgehoben. Gegenüber Sendmail ist dieser Mailserver direkt ein Jüngling. Er wurde 1998 von Wietse Zweitse Venema entwickelt. Ein großer Vorteil von Postfix ist, dass er aus vielen kleinen Modulen besteht. Dies macht ihn flexibel, skalierbar und sehr sicher.

Zu den eigentlichen Mailservern werden heute Zusatzprogramme installiert, um der Viren- und Spamflut Herr zu werden. SpamAssassin ist ein beliebtes und sehr hochwertiges Produkt. Dieser Spamfilter ist individuell konfigurierbar und wird auch von vielen Providern eingesetzt. Zusammen mit dem Programm Clamav für den Virenschutz ergibt sich ein guter Schutz gegen Eindringlinge.

Gute Spamfilter ermöglichen es, unterschiedliche Stärken zu definieren, ab welchen eine Mail als SPAM gilt. Damit kann der Administrator einstellen, was an Nachrichten noch durchgelassen wird und was nicht.

Unter Linux-Systemen ist die Administration dieser »Zusatzprogramme« mittlerweile stark vereinfacht worden. Man nimmt »amavis« als »Chef«, diese übernimmt das Zusammenspiel fast beliebiger Spam-/Viren(etc.)-Filter, effektiv in den Mailserver wird dann Amavis integriert. Beispielsweise unter Debian sind viele Beispiele an Konfigurationen vorhanden, welche mehr oder weniger nur »aktiviert« werden müssen.

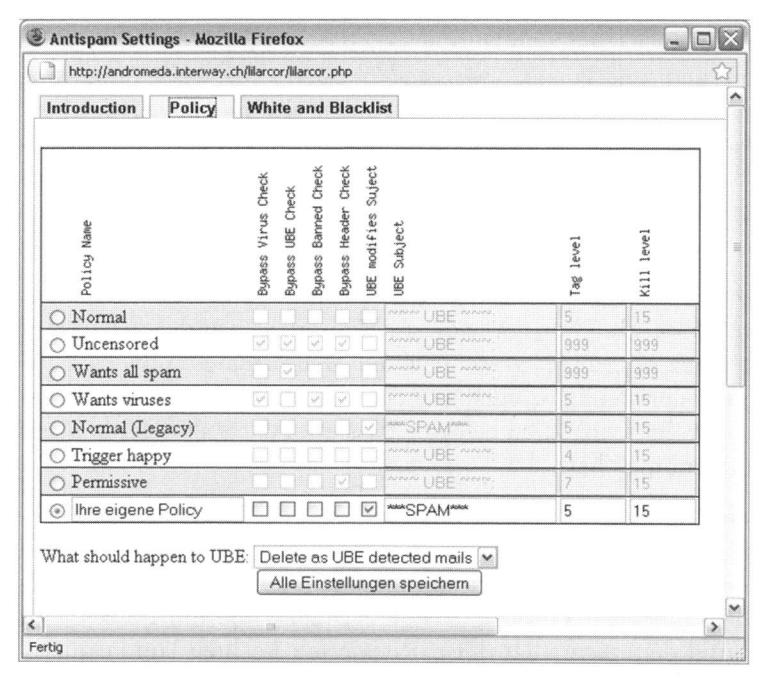

**Abb. 8.15:** Spamfilter mit Schwellenwerten für SPAM-Bezeichnung und für direktes Löschen

## 8.5.4 Die kommerziellen Server

Zu diesen erwähnten Mailservern gibt es die proprietäre und kommerzielle Seite. Die bekanntesten Exponenten kommerzieller Mailserver sind Microsoft Exchange Server und noch immer im Einsatz: IBM Lotus Notes/Domino. Sie alle benötigen einen Server, welcher die Daten über proprietäre Kommunikationsprotokolle mit den Clients austauscht. Exchange (von Microsoft) und Notes/Domino (von IBM) sind hauptsächlich Kommunikationsserver. Lotus Notes geht noch einen Schritt weiter und stellt ein System zur Abbildung von Prozessen bzw. Workflows zur Verfügung. Ein Lotus-Domino-Server wird daher nicht selten auch für das Intranet oder Extranet genutzt.

Neben den bekannten, oben genannten Produkten setzen heute vor allem neue kleinere Firmen auf Cloudlösungen, wie diese beispielsweise von Google (Gmail) für Firmen angeboten werden.

## 8.5.5 Webmail

Webmail als solches ist eine spezielle Ausprägung von E-Mail-Software. Praktisch alle Provider oder kommerziellen Mailserverhersteller bieten eine Schnittstelle zum E-Mail-Zugang über ein Web-Interface. Die Verbindung wird in der Regel über HTTPS auf einem Webserver hergestellt. Praktisch dabei ist sicherlich, dass lokal kein Mail-Client konfiguriert werden muss und die E-Mails auch nicht lokal auf eine Maschine heruntergeladen werden.

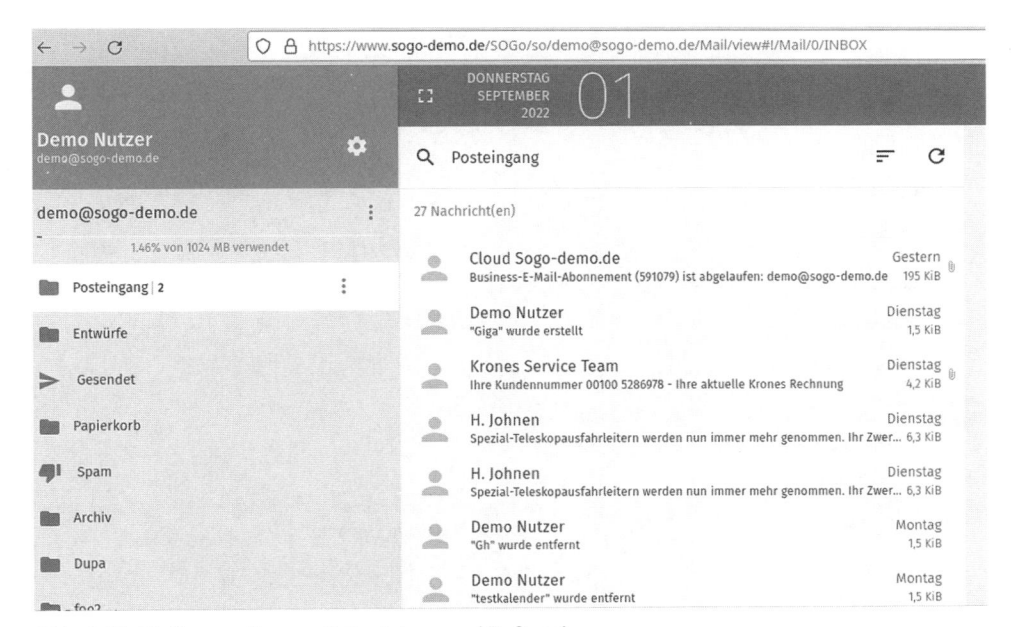

**Abb. 8.16:** Mailserver Sogo mit Posteingang (© Sogo)

Alles ist auf dem Server zu finden, damit ist, wenn ein stabiles Backup-Konzept besteht, auch deren Sicherung garantiert. Der Benutzer hat nichts damit zu tun. Auch für Webmaillösungen gibt es freie Produkte. Horde (www.horde.org) ist eines der umfangreichsten, welches in den letzten Entwicklungszügen die Richtung Groupware eingeschlagen hat. Eine gute Alternative dazu ist Sogo (https://www.sogo.nu). Sogo bietet gar die Unterstützung für Outlook. Sogo und Horde sind beides PHP-basierte Webmaillösungen – man braucht also lediglich einen Webserver mit PHP-Funktionalität.

Die Webmaillösungen können auf dem Mailserver selbst laufen oder auf einem Webserver (Web-Frontend), der via imap/imaps auf diesen zugreift. Je nach Umgebung und Anzahl Zugriffe findet eine Konsolidierung oder Aufteilung der einzelnen Dienste auf verschiedene Server statt.

### 8.5.6 Cloud-Systeme

Mit den cloudbasierten Mailsystemen kann eine Kombination zwischen Webmail und eigenen Serverinstallationen (on premise) erzielt werden. Office 365 von Microsoft erlaubt den Zugriff auf Mails via Webinterface, analog Webmail aber mit erweiterten Funktionen. Das lokal installierte Outlook kann aber ebenfalls auf dieselben Informationen zugreifen.

**Abb. 8.17:** Microsoft Office 365 Mail App

## 8.6 Sicherheits- und Authentifizierungsdienste

### 8.6.1 Domänen-Controller

Der Domänen-Controller (DC) nimmt eine ganz zentrale Rolle in einem Microsoft-Netzwerk ein. Die Domänen-Controller in einem Netzwerk sind diejenigen Server, welche den Verzeichnisdienst Active Directory beherbergen. Im Speziellen haben Domänen-Controller folgende Aufgaben:

- Führen der Active-Directory-Datenbank (ntds.dit)
- Client-/Serverdienste für AD-Clients
  - LDAP und GC
  - Kerberos und KDC
- Replikation mit anderen Domänen-Controllern der Gesamtstruktur

Die Domänen-Controller benötigen, entgegen der verbreiteten anderslautenden Meinung, keine sehr leistungsstarken Server, sofern sie nicht Tausende von Benutzern verwalten. Die Domänen-Controller sollten aber hochverfügbar implementiert werden, da sie eine zentrale Sicherheitsfunktion im Netzwerk innehaben und Anmeldeprozesse oder Datenzugriffe behindert werden können, wenn kein Domänen-Controller verfügbar ist. Dies wird meist über eine redundante Auslegung realisiert, d.h., es gibt mehr als einen Domänen-Controller in einer Domäne.

Die Domänen-Controller arbeiten nach einem Multiple-Master-Prinzip; jeder DC kann Änderungen, z.B. das Anlegen eines neuen Benutzers oder eine Passwortänderung, entgegennehmen. Diese werden dann auf die anderen Domänen-Controller repliziert. Trotzdem gibt es auch in der Active Directory spezielle Funktionen und Rollen. Dazu gehören der globale Katalog (GC, Global Catalog) und die FSMO (Flexible Single Master Operations).

Der globale Katalog stellt die Suchdatenbank für alle AD-Objekte des Forest zur Verfügung, und er wird nicht nur von Benutzern und Administratoren verwendet, auch die anderen Netzwerkdienste verwenden den GC.

Es existieren fünf verschiedene FSMO-Rollen: zwei sind im Forest einmalig, drei existieren je Domäne ein Mal.

### Schema Master (Forest)

Verwaltet das Schema (objektorientiertes Datenmodell der Active Directory).

### Domain Naming Master (Forest)

Verwaltet die Konfiguration der Gesamtstruktur (Forest) und ist für die Eindeutigkeit der Namen in der Gesamtstruktur verantwortlich.

### RID Master (Domain)

Stellt die Eindeutigkeit der Security Identifier (SID) innerhalb einer Domäne sicher.

### Infrastructure Master

Verwaltet die fremden Sicherheitsprinzipale (SIDs vertrauter Domänen).

### PDC-Emulator

Der Inhaber dieser FSMO-Rolle hat verschiedene Funktionen:

- Synchronisationsserver für NT 4.0 BDC (Diese Funktion erklärt den Namen des FSMO, wird aber heute kaum mehr benutzt, da sie mit dem einheitlichen Domänenmodus (Native Mode) von Windows 2000 ausgeschaltet wird.)
- Zeitserver für seine Domäne
- Koordinator für Passwortänderungen
- Master für die Gruppenrichtlinien (SYSVOL-Verzeichnis)

Die Verteilung der FSMO und die Platzierung der DC und GC im physikalischen Netzwerk und ebenso das Layout des DNS für die Active Directory sollte vor einem Rollout mit mehreren Servern seriös geplant werden.

In kleinen Umgebungen kann der DC auch mit anderen Diensten kombiniert werden, typischerweise mit dem DNS-Server oder aber auch mit dem File- und Printserver. In der Small-Business-Version der Windows-Server wird auch der Mailserver (Exchange) und sogar die Firewall (optional, ISA-Server) auf die gleiche Hardware installiert.

### 8.6.2 Certificate Authorities (CA)

Die Basis für sehr viele Sicherheitsmechanismen sind X.509-Zertifikate. Einige Beispiele solcher Mechanismen sind:

- SSL für Webserver (HTTPS, FTPS). SSL-Zertifikate können drei Funktionen erfüllen:
  - Verschlüsselung des Datenverkehrs
  - Serverauthentifizierung
  - Client-Authentifizierung
- IPSec-Authentifizierung
- EFS-Verschlüsselung

## 8.6 Sicherheits- und Authentifizierungsdienste

- Mail-Verschlüsselung
- Smart-Card-Authentifizierung

**Zertifikatinformationen**

Dieses Zertifikat ist für folgende Zwecke beabsichtigt:
- Ermöglicht die Verschlüsselung der Daten auf dem Datenträger
- Alle ausgegebenen Richtlinien

Ausgestellt für: rca

Ausgestellt von rca

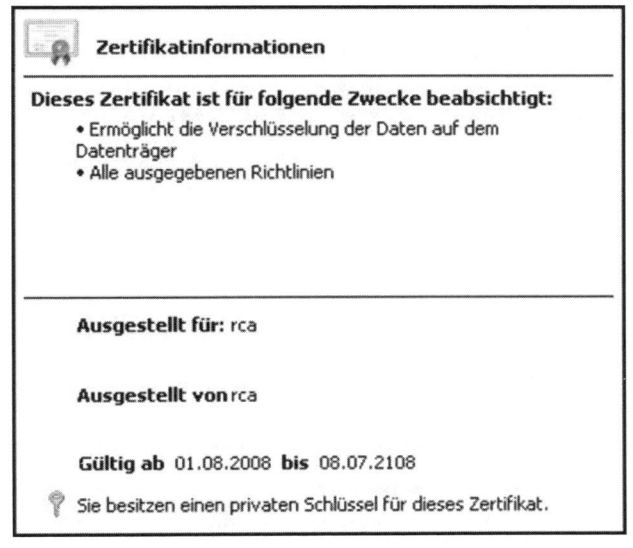

Gültig ab 01.08.2008 bis 08.07.2108

Sie besitzen einen privaten Schlüssel für dieses Zertifikat.

**Abb. 8.18:** Automatisch erstelltes EFS-Zertifikat

Verschiedene Zertifikatsarten können von den Betriebssystemen selber erzeugt werden (Self Issued Certificates). In einem Netzwerk ist es aber von Interesse, dass alle Zertifikate kontrolliert ausgestellt und zentral verwaltet werden.

Die Infrastruktur zum Erstellen, Überprüfen, Verwalten und Zurückziehen von Zertifikaten wird als Public Key Infrastructure (PLI) bezeichnet. Der Serverdienst, welcher für das Ausstellen und Verwalten von X.509-Zertifikaten zuständig ist, nennt sich Certificate Authority (CA) oder Certificate Service (Zertifikatsdienst).

Der Aufbau einer Zertifikatsinfrastruktur oder PKI (Private Key Infrastructure) erfordert genaueste Planung und eine genaue Analyse der Anforderungen, insbesondere der benötigten Arten der Zertifikate, der Zertifikatslebensdauer, der Ausstellmechanismen und CA-Hierarchien.

### Stammzertifizierungsstellen (Root-CA)

Stammzertifizierungsstellen stellen sich selber ein Stammzertifikat aus, der Nachteil ist, dass dieses Zertifikat nicht vertrauenswürdig ist. Für interne Anwendungen kann aber eine eigene Root-CA verwendet werden, wenn das Stammzertifikat auf die Clients verteilt wird.

**Abb. 8.19:** Öffentliches CA-Zertifikat von GTE Cyber Trust, ausgestellt für die Microsoft Internet Authority (Zertifikat und Zertifizierungspfad)

## Untergeordnete Zertifizierungsstellen (Subordinate CA)

Eine untergeordnete Zertifizierungsstelle erhält ihre Vertrauenswürdigkeit über ein Zertifikat einer übergeordneten CA, meist einer Root-CA, welche bei Installation der Subordinate CA vorhanden sein und auf den Namen der neuen CA ausgestellt sein muss. Solange die übergeordnete Zertifizierungsstelle vertrauenswürdig ist, ist automatisch auch die untergeordnete Zertifizierungsstelle vertrauenswürdig.

## Öffentliche Zertifikate

Öffentliche Zertifikate sind Zertifikate, welche von einer vertrauenswürdigen Organisation ausgestellt worden sind. Die Stammzertifikate dieser Organisationen werden durch die Betriebssystemhersteller oder die Administratoren der PKI in die Zertifikatsspeicher der Betriebssysteme installiert. Dadurch werden die durch diese CAs direkt oder indirekt ausgestellten Zertifikate im ganzen öffentlichen Netz vertrauenswürdig.

## PKI-Integration

Das Ausstellen von Zertifikaten ist ein sicherheitsrelevanter Prozess, dem eine Identifikation des Antragstellers zugrunde liegt. Die gilt auch für technisch verwendete Zertifikate.

Eigenständige Zertifizierungsstellen verfügen über keine Möglichkeit, die Antragsteller zu identifizieren, also müssen Zertifikatsanträge vom CA-Administrator manuell bewilligt werden.

Integrierte CAs können auf die Authentifizierung durch Kerberos-Dienste zurückgreifen und somit Zertifikate automatisch ausstellen. In einem Windows-Umfeld wird diese, in die Active Directory integrierte Art der CA als Enterprise-CA bezeichnet.

### 8.6.3 Rights-Management-Server

Wenn Berechtigungen über einen Firmenverwaltungsbereich, z.B. eine Active Directory, hinaus verwaltet werden sollen, müssen entsprechende Identifikationsdienste verfügbar sein. Die Berechtigungen eines Filesystems werden zumeist in den Metadaten der Datei abgelegt und gehen, beispielsweise beim Versand der Datei über E-Mail, verloren.

DRM (Digital Rights Management) ermöglicht es, Dateien zertifikatsbasiert zu verschlüsseln und die Dateizugriffe über eine entsprechende Client-Applikation zu steuern. Dazu muss aber der Benutzer ein entsprechendes Zertifikat (Use License) erwerben, beispielsweise für Musik- oder Videodateien, oder aber eine Anwendung wie Microsoft Office holt bei einem Rights-Management-Server nach erfolgter Authentifizierung das notwendige Zertifikat und stellt den Zugriff auf die Datei sicher.

## 8.7 Anwendungsserver

Der Begriff Anwendungsserver kann sehr weit gefasst werden. Der einfachste Fall eines Anwendungsservers ist ein reiner Datenbankserver.

### 8.7.1 Datenbankserver

Auf einem Datenbankserver wird eine Datenbank-Engine (Datenbankmaschine) installiert, welche verschiedene Datenbankinstanzen zur Verfügung stellen kann. Der Zugriff auf diese Datenbanken erfolgt über Standard-SQL oder aber über eine proprietäre Sprache wie OCL (Oracle Command Language) oder Transact SQL. Die Anwendungen, welche auf diese Datenbanken zugreifen, sind clientseitig oder auf Web-Frontends installiert.

### 8.7.2 Anwendungsserver

Werden auf den Datenbankservern auch Anwendungen ausgeführt, z.B. Auswertungen oder Reports berechnet, spricht man von einem Anwendungsserver. Einfache Funktionen verbleiben normalerweise in der Client-Anwendung, während komplexere Aufgaben auf dem Anwendungsserver ausgeführt und dem Client

**Kapitel 8**
Serverrollen

über Funktionen und Prozeduren zur Verfügung gestellt werden oder aber direkt in die Weiterverarbeitung, z.B. zum Drucken, weitergesandt werden.

In Serverfarmen kommen auch reine Anwendungsserver zum Einsatz, bei denen der Datenbankserver auf separate Hardware ausgelagert wird.

Ob eine Anwendung auf einem Server ausgeführt werden kann und wie das Zusammenspiel zwischen Client, Anwendungsserver und Datenbankserver ist, wird nur bedingt vom Systemadministrator bestimmt, sondern wird vom Anwendungsarchitekten definiert.

| Service | Comment | Status | Action |
|---|---|---|---|
| Document Conversions Launcher Service | | Stopped | Start |
| Document Conversions Load Balancer Service | | Stopped | Start |
| Excel Calculation Services | | Started | Stop |
| Office SharePoint Server Search | | Started | Stop |
| Windows SharePoint Services Help Search | | Started | Stop |
| Windows SharePoint Services Web Application | | Started | Stop |

**Abb. 8.20:** Servicekonfiguration eines SharePoint-Anwendungsservers

Viele Anwendungen sind aber skalierbar. Ein gutes Bespiel hierfür ist der Microsoft SharePoint-Server. Er besteht grundsätzlich aus Web-Frontend (IIS), Anwendungsserver (Suchserver, Excel Services, Mailserver) und Datenbankserver. In der einfachsten Version könne alle Funktionen auf einem Server installiert werden. In einer Serverfarm werden die Rollen aufgeteilt und können sogar redundant sein, beispielsweise drei Web-Frontends (NLB), ein Suchserver (Cluster), ein oder zwei Anwendungsserver und ein Datenbankserver (Cluster).

**Farm Topology**

| Server | Services Running |
|---|---|
| imvsrv01 | Windows SharePoint Services Outgoing E-Mail |
| IMVSRV52 | Windows SharePoint Services Database |
| IMVSRV62 | Central Administration<br>Excel Calculation Services<br>Office SharePoint Server Search<br>Windows SharePoint Services Help Search<br>Windows SharePoint Services Incoming E-Mail<br>Windows SharePoint Services Web Application |

**Abb. 8.21:** Einfache SharePoint-Applikationsserverfarm mit Datenbankserver, Mailserver und einem kombinierten Anwendungs- und Web-Frontend-Server

**Weitere Anwendungsserverfunktionen:**

- DMS (Document Management System)
- ERP-Systeme (Enterprise Resource Planning) und CRM-Systeme (Customer Relationship Management)
- PPS (Production Planning System)

### 8.7.3 Anwendungsarchitekturen

**Dedizierte Server (Dedicated Server)**

Als dedizierte Server werden Server bezeichnet, welche nur eine einzelne bestimmte Funktion ausüben. Da gerade Anwendungsserver zum Teil hohe Anforderungen an Hardware und Konfiguration stellen, werden Anwendungsserver häufig dediziert eingesetzt.

**Distributed Services**

Anwendungsserverfunktionen werden heute verteilt (distributed). Dies kann aus funktionalen oder organisatorischen Gründen geschehen. So kann dieselbe Funktion auf dedizierte Server an verschiedenen Standorten verteilt werden, um die lokale Verfügbarkeit zu erhöhen, aber auch um die benötige Leistung lokal zur Verfügung stellen zu können.

In großen Systemen werden aber auch Teilfunktionen verteilt. Ein Suchsystem kann sich beispielsweise aus einem Crawler (Ersteller des Suchindexes), einem Indexserver und mehreren Suchservern zusammensetzen. Der Crawler kann so unabhängig von den anderen Diensten die Inhaltquellen absuchen, der Indexserver wird auf den schnellen Zugriff auf die Indexdatenbank optimiert und die Suchserver stellen sicher, dass die Abfragezeiten der Benutzer kurz sind. Wenn mehr Benutzer dazustoßen, wird einfach ein weiterer Suchserver hinzugefügt.

**Peer to Peer**

Der Ausdruck Peer (oder Peer to Peer) definiert sich eigentlich daraus, ob ein zentraler Verzeichnisdienst vorhanden ist (Client-/Servernetzwerk) oder nicht. Da ohne Verzeichnisdienst die einzelnen Server in Eigenverantwortung die Benutzerverwaltung wahrnehmen, werden solche Netzwerke als Peer-to-Peer-Netzwerke bezeichnet.

Im Zusammenhang mit Anwendungsservern wird der Ausdruck für verteilte Anwendungen und Services verwendet. Der Ausdruck wurde als Erstes mit den verteilten Filesharing-Diensten wie Diensten wie Kazaa oder eDonkey bekannt.

## 8.8 Internet, Intranet und Extranet

Ob ein Netzwerk intern arbeitet oder externe Dienste anbietet, ist ein wichtiger Unterschied. Doch worin besteht dieser? Die Serverrollen sind vielfach dieselben, die Sicherheitsanforderungen sind aber extrem unterschiedlich, und darum werden zum Teil andere Produkte eingesetzt.

Einzelne Dienste (Serverrollen) sind vom Design her gar nicht dafür gedacht, im unsicheren Internet eingesetzt zu werden.

Die Begrifflichkeiten Intranet, Internet und Extranet haben sich im Laufe der Zeit stark verändert. So wurde beispielsweise der Ausdruck Internet noch bis in die 1990er-Jahre hinein allgemein für geroutete Netzwerke verwendet, unabhängig vom eingesetzten Transportprotokoll. Auch der Begriff Intranet hat sich in der Bedeutung gewandelt, noch vor nicht allzu langer Zeit wurde jedes Firmennetzwerk als Intranet bezeichnet.

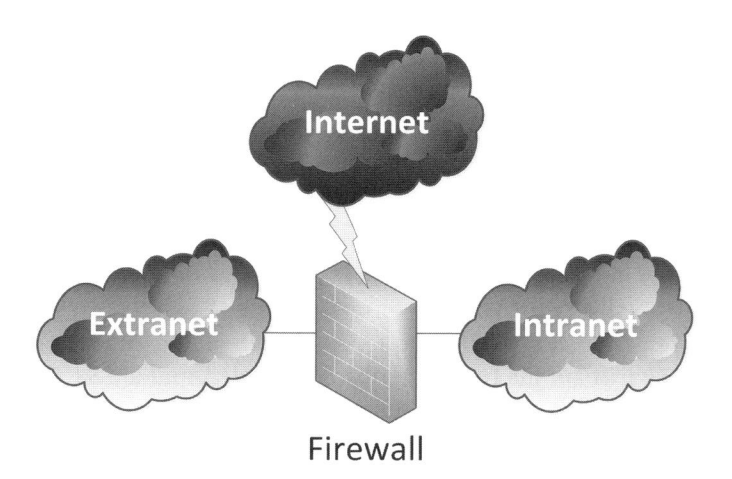

**Abb. 8.22:** Internet, Intranet und Extranet

Wir versuchen hier, die heute gängigen Definitionen der Begriffe wiederzugeben. Wurden früher physikalische Netzwerke damit bezeichnet, werden heute damit eher funktionale Netzwerke adressiert.

### 8.8.1 Internet

Als *das Internet* wird heute das weltumspannende TCP/IP-basierte öffentlich zugängliche Netzwerk bezeichnet, auf welchen das World Wide Web, aber auch das weltweite SMTP-Mailsystem aufgebaut ist. Die Zugriffe erfolgen zumeist anonym oder mit rudimentären Identifikationsmechanismen (MX und PRT bei Mailservern).

Die Bandbreiten im Internet sind, auch wenn sie explosionsartig zugenommen haben, immer noch begrenzt und stehen nicht garantiert zur Verfügung. Auch die Zuverlässigkeit ist, da das Netz aus dem Zusammenspiel verschiedenster unterschiedlichster Kontrollen unterstehender Komponenten besteht, kleiner als in einem zentral kontrollierten Intranet.

Beispiele:

- Webportale
- Webshops
- Suchdienste wie Google
- Sharing-Dienste wie Flickr
- Cloud-Dienste wie Office 365 oder Amazon Cloud

### 8.8.2 Intranet

Ein Intranet ist ein firmeninternes TCP/IP-basiertes Netzwerk, in welchem den Firmenmitarbeitern TCP/IP-basierte Dienste wie Webserver, SMTP-Mailservices oder Anwendungsserver zur Verfügung gestellt werden. Ein Intranet verfügt normalerweise über eine hohe, kontrollierte und zuverlässige Bandbreite. Da das Netz zentral verwaltet wird, können Benutzer und Computerkonten einfach identifiziert werden.

Heute fokussiert sich der Begriff Intranet sehr häufig auf den webbasierten Teil des Intranets, also das Intranet-Web.

Beispiele:

- Workflowmanagement- und Kollaborationssysteme (Notes, Exchange oder SharePoint Services)
- Document-Management-Systeme
- Portalserver (Intranetwebserver)

### 8.8.3 Extranet

Als Extranet wird der Teil eines TCP/IP-basierten Netzwerks bezeichnet, in welchem Dienste kontrolliert über die Firmengrenzen hinaus zur Verfügung gestellt werden. Der Zugriff auf diese Dienste erfolgt in der Regel durch bestimmte Benutzerkonten mit Passwörtern. Es sind aber zertifikatsbasierte Zugriffe oder andere Mechanismen denkbar.

Die Benutzerkonten in einem Extranet werden von den Dienstanbietern angelegt und verwaltet. Die Abgrenzung von einem Internet-Webshop, wo Benutzer auch mit falschen Personalien ein Konto eröffnen können, zu einem typischen Extranet kann aber fließend sein.

Beispiele:

- B2B-Anwendungen für Bestellung und Ordertracking
- EDI-Anwendungen
- Unternehmensübergreifende Produktionsplanungssysteme (PPS)

## 8.9 Fragen zu diesem Kapitel

1. Ein neuer Server wird angefordert, der sehr viel Speicherplatz und ein genau definiertes Rechtesystem mit detaillierten Zugriffsrechten enthalten soll. Welche Rolle wird dieser Server am ehesten einnehmen?

    A) Druckserver

    B) Datenbankserver

    C) Fileserver

    D) DNS-Server

2. Der Einsatzzweck eines DHCP-Servers im internen lokalen Netzwerk dient vor allem welchem Zweck?

    A) Der dynamischen Zuteilung von IP-Adressen an Server und Drucker

    B) Der dynamischen Zuteilung von IP-Adressen an Client-Systeme

    C) Der statischen Zuteilung von IP-Adressen an Client-Systeme

    D) Dem Ausschluss von IP-Adressen für Server und Drucker

3. Zu welcher Serverrolle gehören die folgenden Protokolle? Ordnen Sie jedes Protokoll einer Serverrolle zu. Verbinden Sie das Protokoll (A-D) mit der zutreffenden Rolle (1–4).

    A) NTP       1   Fileserver

    B) HTTP      2   Mailserver

    C) SMB       3   Webserver

    D) SMTP      4   Timeserver

4. Die Benutzer in Ihrer Firma beschweren sich, dass sie seit einigen Stunden keine Webadressen mehr aufrufen können, außer sie geben direkt die IP-Adresse an. Der Zugriff auf die Datenserver ist aber nach wie vor möglich. Welchen Server werden Sie folglich als Erstes überprüfen?

    A) DHCP-Server

    B) FTP-Server

    C) NTP-Server

    D) DNS-Server

5. Roland ersetzt eine defekte Netzwerkkarte in einem Server. Gemäß vorgeschlagenem Vorgehen (Best Practice) sollte er was nutzen, um die IP-Adresse auf dem Server zu konfigurieren?

   A) DNS-Reservation

   B) Dynamische IP-Adresse

   C) DHCP-Bereichsoption

   D) Statische IP-Adresse

6. Sie möchten eine Webseite einrichten mit einem geschützten Zugang für Ihre Kunden, die sich anmelden können, um Daten einzusehen. Was richten Sie ein?

   A) Dropbox

   B) Intranet

   C) Internet

   D) Extranet

7. Bei welcher Serverrolle handelt sich um einen zentralen Verzeichnisdienst für die Verwaltung der Netzwerkressourcen?

   A) DHCP-Server

   B) AD DS

   C) DNS-Server

   D) SMB-Service

8. Eine Administratorin möchte den gesamten Webverkehr absichern. Was wird sie implementieren?

   A) SSH

   B) SMTPS

   C) TLS

   D) RDP

9. Ein Server dient bisher als Fileserver. Er ist mit einer Intel Xeon-UP-CPU ausgerüstet, einer 1000-Mbit/s-Netzwerkkarte, einem 256 GB Arbeitsspeicher sowie einem RAID-Subsystem. Jetzt soll derselbe Server stattdessen neu als Datenbankserver dienen und neu konfiguriert werden. Was würden Sie für diesen Einsatz am ehesten aufrüsten?

   A) Mehr Arbeitsspeicher

   B) Eine zusätzliche Netzwerkkarte

   C) Einen zusätzlichen Xeon-Prozessor

   D) Ein zusätzliches Bandlaufwerk

10. Jürgen kann sich nicht mit dem Netzwerk verbinden. Der Techniker erkennt, dass Port 68 nicht offen ist. Welches Protokoll wird dadurch blockiert?

A) DHCP

B) IMAP4

C) DNS

D) LDAP

Kapitel 9

# Installation von Netzwerkbetriebssystemen

Es gibt zahlreiche Betriebssysteme und ebenso zahlreiche Netzwerkbetriebssysteme! Da die Zertifizierung zu CompTIA Server+ eine herstellerneutrale Zertifizierung ist, werden Sie dazu auch nur grundlegende Fragen im Test erhalten. Im täglichen Leben dagegen geht ohne das Beherrschen der Betriebssysteme nichts auf dem Server. Sie erhalten daher im nächsten Kapitel einen wichtigen Überblick über aktuelle Systeme, deren Installation und Konfiguration.

> Sie lernen in diesem Kapitel:
> - Die verschiedenen Typen von Netzwerkbetriebssystemen kennen
> - Die typischen Einsatzgebiete dieser Betriebssysteme kennen
> - Welche Vorbereitungen Sie für eine Installation treffen sollten
> - Was Anforderungen an eine Systeminstallation sein können
> - Wie unterschiedliche Serverversionen installiert werden
> - Anschauliche Beispiele für verschiedene Systeme studieren

## 9.1 Übersicht zu Netzwerkbetriebssystemen

Viele Servertechniker werden mit Windows am stärksten vertraut sein. Die grafische Oberfläche ist leicht bedienbar und daher ist die Administration für viele bequemer – aber auch effizienter? Windows-Serversysteme sind weitverbreitet, genießen ein gutes Ansehen und fügen sich perfekt in eine bestehende Umgebung ein. Windows hat an Stabilität gewonnen, dafür ist auch der Ressourcenverbrauch von Version zu Version eher gestiegen.

Mit dem Server Core (seit Version 2008) hat Microsoft zudem einen Weg eingeschlagen, das Benutzerinterface zugunsten des Ressourcenverbrauchs pro Server einzuschränken. Wichtige Komponenten dieser Philosophie sind auch PowerShell und der Servermanager respektive das Admin-Center.

Unix ist ein wohlbekanntes Betriebssystem, welches in 45 Jahren Existenz viele Betriebssysteme an sich vorbeiziehen sah. Unix ist immer noch in ständiger Weiterentwicklung, wobei sich die Betriebssystemkonzepte im Laufe so vieler Jahre als standfest erwiesen haben. Viele der grundlegenden Ideen für das Unix-Betriebssystem leben noch heute und werden entsprechend gepflegt. Ein junger Abkömmling dieser Konzepte ist Linux. Unterdessen auch schon über 15 Jahre alt, hat sich dieses ursprüngliche »Studentensystem« als wahre Perle in der Netzwerkwelt erwiesen. Nicht unbegründet wird es auch als Chamäleon im Netzwerk bezeichnet. Viele Netzwerkprotokolle, die unter Unix entwickelt worden sind, finden ihre lückenlose Unterstützung auch in dieser Welt.

Novell NetWare ist ebenfalls ein etabliertes und bekanntes System. 1979 hat diese Firma mit der Herstellung von CP/M-Hardware begonnen, und in den 1980er-Jahren brachten sie ein System heraus, welches unter dem Begriff NetWare die Netzwerkwelt beglückte. In den 1990er-Jahren brachten sie in Zusammenarbeit mit den Unix System Laboratories UnixWare heraus – ein Unix! Vor etlichen Jahren hat Novell SuSE gekauft und setzte anschließend voll und ganz auf Linux. Das offene Produkt openSuSE ist eine Entwicklung aus dem Hause mit dem roten N. Leider ist seit dem Sommer 2011 hinzuzufügen, dass es die Firma Novell in dieser Form selbstständig nicht mehr gibt, sondern sie von der Firma Attachmate Group übernommen worden ist. Es wird sich zeigen, was das für diese Betriebssystemfamilie heißen wird. Das klassische »Novell Netware« jedenfalls ist seit der 3. Auflage dieses Buchs nicht mehr enthalten.

### 9.1.1 Windows-Server von Urzeiten bis Version 2022

Windows-Serversysteme sind in zahlreichen Unternehmen verbreitet. Daher beginnen Sie den Rundgang durch die Betriebssysteme mit diesen Systemen – und mit deren historischen Entwicklungsschritten.

#### Historische Entwicklung

Die Microsoft Windows-Server-Betriebssystemlinien (New Technology, NT-Betriebssysteme) entstammen einer Zusammenarbeit von Microsoft und der Firma IBM. IBM entwickelte eine neue 32-Bit-Hardware-Architektur und beauftragte die Firma Microsoft, welche hauptsächlich in der Entwicklung von Programmierumgebungen tätig war, in den frühen 1980er-Jahren damit, ein entsprechendes Betriebssystem zu entwickeln.

#### NT-Architektur

Einer der wichtigsten Unterschiede der NT-Architektur (New Technology) zur DOS-Betriebssystemlinie, aber auch zu Nicht-Microsoft-Betriebssystemen, war die strikte Trennung der Architektur in einen Kernelmodus und einen Usermodus.

Alle Anwendungssoftware läuft im Usermodus und hat somit nur über die im Kernelmodus laufenden Prozesse wie virtuelle Gerätetreiber auf die Hardware Zugriff.

Die Kernelkomponenten wurden von Microsoft eingehend getestet, und daraus ergab sich auch eine massiv verbesserte Stabilität des Betriebssystems gegenüber den DOS-basierten Betriebssystemen. Auf der anderen Seite liefen verschiedene Anwendungen, welche versuchten, direkt auf die Hardware zuzugreifen, unter Windows NT nicht mehr. Dies betraf insbesondere ältere DOS-Programme, aber auch Win16-Applikationen.

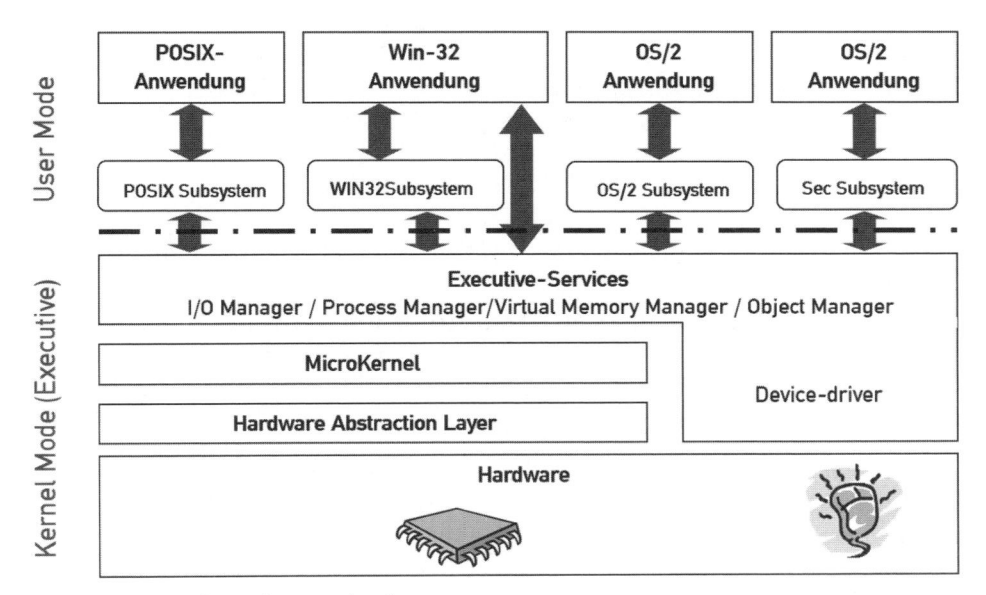

**Abb. 9.1:** Microsoft Windows-Architektur

Ein Problem dieser Architektur ist, dass Gerätetreiber trotz allem im Kernelmodus laufen müssen, diese aber – schon aufgrund der schieren Masse – nicht von Microsoft durchgängig getestet werden können. Microsoft versuchte, die erforderliche Treibersignierung schon mit Windows 2000 einzuführen, musste aber auf Druck der Industrie weiterhin auch die Installation von nicht signierten Treibern zulassen. Ab den 64-Bit-Ausgaben der Betriebssystemversionen ab 6.x (Vista und Server 2008) ist die zwingende Signatur für Kernel-Treiber aber umgesetzt.

Eine weitere grundlegende NT-Philosophie war die Abstrahierung. Auf der einen Seite definierte Microsoft zwischen Kernel und Hardware einen Hardware Abstraction Layer (HAL). Diese Hardware-Abstrahierungsschicht erlaubte relativ einfach, neue Hardware-Architekturen für NT verfügbar zu machen.

Microsoft setzte die Abstrahierung aber ebenfalls im Benutzermodus ein. Die Schnittstellen zu den Anwendungen werden durch sogenannte Subsysteme gebildet. NT 4.0 stellte Subsysteme für Unix-Anwendungen (POSIX-Subsystem) und OS/2-Anwendungen zur Verfügung. Auch die für NT geschriebenen 32-Bit-

Windows-Anwendungen werden innerhalb eines Win32-Subsystems ausgeführt (auch Client-Server-Subsystem, csrss.exe).

In den 64-Bit-Betriebssystemen wird eine WoW64-Emulation (Win32-on-Win64) eingesetzt, um 32-Bit-Windows-Anwendungen ausführen zu können. Die WoW32 wird in 64-Bit-Systemen nicht mehr unterstützt, und somit werden auch DOS- und 16-Bit-Windows-Anwendungen nicht mehr unterstützt.

Mit der Windows-Serverversion 2012 und den folgenden Versionen wurde konsequent die Entwicklung zu einem Datacenter- und Cloud-Betriebssystem weiterverfolgt. Das zeigt sich auch darin, dass einige der neueren oder verbesserten Funktionen in einem Single-Server oder KMU-Einsatz eines Windows-Servers kaum sinnvoll eingesetzt werden können.

Darunter fallen z.B.:

- Storage Spaces; Enterprise Storage System. Erfordert Hardware mit sehr großen Speicherkapazitäten
- Software Defined Network (SDN); Framework, um physikalische und virtuelle Netzwerkkomponenten auf einem Windows Server zu verwalten

### 9.1.2 Unterschiedliche Editionen und Lizenzierungen

Microsoft bietet von seinen aktuellen Serverbetriebssystemversionen verschiedene Editionen an. Die Editionen unterscheiden sich bezüglich Einsatzszenarien und natürlich im Preis.

### Standard Edition

Grundversion des Windows-Servers für eine physikalische Installation oder kleinere virtuelle Umgebungen. Zwei VMs sind in einer Standard-Lizenz beinhaltet.

### Datacenter Edition

Die Datacenter Edition unterstützt dieselben Funktionen wie die Standard Edition, ist aber auch für hoch virtualisierte Umgebungen ausgelegt. Die bedeutet insbesondere:

- Die Datacenter-Lizenz beinhaltet aber eine beliebige Anzahl von VMs.
- Unterstützt Software Defined Networking (SDN)
- Hyper-V Storage Replikation

### Essentials Edition

Die Server Essential Edition nimmt die Nachfolge der Small Business Editionen ein. Im Gegensatz zu den Vorgängern enthalten die Server Essential keine Zusatzprodukte wie Exchange oder Tread Management Gateway mehr.

Bei der Essentials Edition handelt es sich um ein Produkt, welches spezifisch für kleine Unternehmen angeboten wird. Obwohl der Essentials Server sehr günstig ist, beinhaltet er alle Funktionen des Windows-Servers, aber auch einige Besonderheiten und Einschränkungen:

- Beschränkung auf 1 CPU mit maximal 10 Cores
- Der Server muss Root-Domänen-Controller sein. Eine andere DC-Funktion ist nur zeitbeschränkt für die Migration möglich.
- 25 Benutzer- und 50 Geräte-CALs sind inbegriffen. Es können keine weiteren hinzugefügt werden.
- Kann sowohl physikalisch als auch virtuell betrieben werden
- Assistenten zur Verwaltung und Cloud-Integration
- Windows-Server Essential wird nur noch als OEM mit der Hardware zusammen ausgeliefert.

| Windows Server 2022<br>Essentials Edition | Windows Server 2022<br>Standard Edition | Windows Server 2022<br>Datacenter Editions |
|---|---|---|
| is ideal for small businesses with up to 25 users and 50 devices | is ideal for customers with physical or minimally virtualized environments | is ideal highly virtualized and software defined datacenter environments. |
| 25 users/50 devices CALs are included | Unlimited, based on CALs | Unlimited, based on CALs |
| 1 physical or virtual[1] | 2 VMs | Unlimited VMs |
| Must be root of domain | 2 Hyper-V containers[2] | Unlimited Hyper-V containers |
| Available in ROK and OEM | Available in COEM, ROK, and OEM | Available in COEM, ROK, and OEM |

**Abb. 9.2:** Die unterschiedlichen Editionen aktueller Windows-Server (© Microsoft)

## Lizenzierung und Preise

Die Standard- und Enterprise-Editionen müssen gemäß der Anzahl der CPUs und der Anzahl der Cores lizenziert werden. Dabei sind 8 2-Core-Lizenzpakete das Minimum. Darum referenzieren die meisten Angebote jeweils auf 16-Cores.

Microsoft gibt folgende Richtpreise in Dollar (Stand September 2022) an:

| Essential | 1 CPU/10 Cores | 501.00 |
|---|---|---|
| Standard | 10 Cores | 1069.00 |
| Datacenter | 10 Cores | 6155.00 |

Bei Standard- und Enterpise Editionen können weitere Server Cores dazugekauft werden.

### 32-Bit- und 64-Bit-Version

Seit Windows-Server 2008 R2 werden keine 32-Bit-Versionen mehr hergestellt und vertrieben. Alle heute noch unterstützten Windows-Serverversionen basieren auf einer 64-Bit-Architektur.

Windows-Client-Betriebssysteme (Windows 10) werden aber nach wie vor auch als 32-Bit-Versionen angeboten. Diese werden für Inter/AMD sowie Arm-Architekturen angeboten, unterstützen aber nur beschränkt Hardware und Software. Sie sind eher für den Einsatz auf keinen mobilen Geräten wie Tablets gedacht.

### Core-Server-Editionen

Sowohl für die Standard- als auch für die Enterprise-Edition steht ein »Server Core« zur Verfügung. Beim Server Core handelt es sich um ein Betriebssystem ohne das grafische GUI. Der Server Core ist für Umgebungen vorgesehen, bei denen die Server über PowerShell, den Servermanager, das Admin Center oder Microsoft System Center verwaltet werden. Der Core-Server beinhaltet ein minimales Benutzer-Interface und bietet eine beschränkte Anzahl Rollen und Features.

### Azure Datacenter Edition

Eine spezielle Version der Datacenter-Edition wird in der Microsoft Azure Cloud-Umgebung zur Verfügung gestellt. Die Azure Datacenter Edition kann nur virtuell betrieben werden und ist für den Cloud-Einsatz optimiert. In der Regel wird die Azure Datacenter Edition auch über die Azure Cloud lizenziert.

## 9.1.3 Windows-Server 2022

Anders als bei früheren Versionen kamen mit der Server-2022-Version zwar sehr viele Verbesserungen, vor allem im Sicherheitsbereich, aber keine grundlegend neuen Funktionen.

Nachfolgend einige der grundlegenden neueren Funktionen des Windows-Servers:

### Hyper-V

Die Virtualisierungsfunktionalität wurde erweitert und verbessert, insbesondere:

- Unterstützung von VHDX Images (bis 64 TB)
- Off-Site HyperV-Replikation
- Netzwerkvirtualisierung
- Virtuelle Fibre-Switches

- Dynamische RAM-Zuweisung
- Generation 2 VMs (ab Server 2012 R2)

## DAC

Mittels Dynamic Access Control (DAC) ergänzt Microsoft die klassische Berechtigungsverwaltung über Sicherheitstoken und ACLs (Zugriffskontrolllisten, Access Control Lists) durch eine von der Aktive Directory gesteuerten zentralen Zugriffskontrolle.

## Storage Spaces/Speichervirtualisierung

Die klassischen Software-RAID-Funktionen werden den Anforderungen eines Hochleistungsdateiservers angepasst und mit Mechanismen der Speichervirtualisierung umgesetzt. Seit Server 2012 R2 lassen sich auch mehrschichtige Speichersysteme (Tired Storage) mittels Kombination von klassischen SATA/SAS mit SSDs definieren, welche hervorragende Kosten/Leistungswerte ergeben.

## ReFS

Für die Hochleistungsdateiserver implementiert Microsoft ein neues Dateisystem ReFS (Resilient File System), welches für den Einsatz im Hyper-V-Umfeld optimiert ist und Storage Pools über mehrere Server hinweg erlaubt.

## Servermanager

PowerShellbasierte Verwaltungsoberfläche für die Server in einem Windows-Netzwerk. Die technische Implementation unterscheidet sich stark seit der Einführung von Server 2008.

## Admin-Center

HTTPS-basierte Verwaltung von Windows-Clients und -Servern im Netzwerk.

## Entscheidungshilfen

### Kleinumgebungen

Für Kleinumgebungen mit einfachen Anforderungen bis maximal 25 Benutzern dürfte der Server Essential die richtige Lösung sein.

Sind die Anforderungen nicht klar oder ist nicht klar, wie sich die Anforderungen z.B. bezüglich der Virtualisierung, Hardware-Erweiterungen oder der Cloud-Integration weiterentwickeln, sollte aber die Standard-Lizenz ins Auge gefasst werden. Bei einer etwaigen Umstellung der Lizenz dürften die Kosten den eingesparten Lizenzbetrag bei Weitem übersteigen.

Mit einer Standard-Lizenz lässt sich beispielsweise ein Hyper-V Host mit zwei VMs (DC/DNS/FS und RDS) erstellen und beliebig weiter ausbauen.

**Virtuelle Lizenzen**

Einer der wichtigsten Punkte bei der Entscheidung, ob Standard oder Datacenter lizenziert werden soll, ist die Anzahl der VMs, welche betrieben werden sollen. Der Kipppunkt wird bei 10–12 VM s pro Maschine erreicht.

Dabei ist aber auch zu beachten, dass für viele große VMs auch sehr leistungsstarke Hardware benötigt wird und damit allenfalls auch zusätzliche Core-Lizenzen.

**Server-, Core- oder Socket-Lizenzen**

Diese Entscheidung hat Ihnen Microsoft abgenommen. Die Socket-Lizenzierung gibt es bei den Windows-Servern nicht mehr.

Die Server-Essential-Version wird immer als Server mit limitierter Hardware lizenziert und die Standard- und Datacenter-Version immer mittels Cores.

**64-Bit-Einschränkungen**

Die 64-Bit-Versionen unterstützen keine NTVDM (NT Virtual DOS Machine) mehr. Damit werden alte DOS- oder 16-Bit-Windows-Anwendungen nicht mehr funktionieren. Zudem lassen sich unter den 64-Bit-Versionen nur noch von Microsoft signierte Treiber installieren.

## Sicherheitsfunktionen

Sehr wichtige Merkmale, welche sich über die Generationen der Windows Server verändert haben, sind die Sicherheitsaspekte. Dabei sind verschiedene Bereiche zu berücksichtigen:

**Standardkonfiguration**

Wurden mit dem Server 2003 standardmäßig noch sehr viele Funktionen einfach mitinstalliert (wie der Internet Information Server, IIS), beinhaltet eine Server-2022-Installation keine Rollen und Features mehr, außer der Dateiserver-Rolle mit ihren Grundfunktionen.

Alle anderen Rollen und Funktionen müssen nach der Installation bewusst von einem Administrator hinzugefügt und konfiguriert werden.

**Kernkomponenten**

Zum einen werden die Kernkomponenten im Dateisystem, aber auch in der Registrierung sehr viel rigoroser durch ACLs geschützt als früher. Auch hat Microsoft mit der Benutzerkontensteuerung (UAC, User Account Control) einen leistungsfähigen Mechanismus implementiert, der verhindert, dass sich Schadsoftware mit administrativen Rechten auf einem Server einnisten kann. Gerade ältere Anwendungen haben aber mit diesen Sicherheitsfunktionen häufig Probleme bei ihrer Installation oder Ausführung.

**Netzwerkfunktionen**

Zu den wichtigsten, im Netzwerkbereich integrierten Neuerungen gehört sicher IPsec.

IPsec (IP Security) wird zwar schon seit Windows 2000 unterstützt, musste aber relativ mühsam konfiguriert werden. Seit Server 2008 (Windows 7 auf der Client-Seite) wird primär IPv6 verwendet, welches IPsec standardmäßig unterstützt und über Assistenten um einiges einfacher zu konfigurieren ist.

**Anwendungen**

Microsoft hat verschiedene Sicherheitsanwendungen integriert. Dazu zählen insbesondere:

- Defender: ein Programm zum Schutz vor Schadsoftware (Malware/Spyware). Das Produkt ist schon länger von Windows XP her bekannt, ist ab Windows 2008 als Serverfeature implementiert.
- Desktop-Firewall: Die Server ab 2008 werden standardmäßig mit aktivierter Desktop-Firewall (Software-Firewall) installiert. Die Firewall entspricht von der Funktion her der Firewall, welche auch mit Windows 7 mitgeliefert wird. Sie erlaubt unter anderem:
  - Das Erlauben und Verbieten von eingehenden Verbindungen
  - Das Erlauben und Verbieten von ausgehenden Verbindungen
  - Das Erstellen von Programmregeln
  - Das Erstellen von Verbindungssicherheitsregeln (IPsec)

### 9.1.4 *nix-Systeme

Der Begriff *nix ist kein Schreibfehler, sondern bezeichnet die Familie der Betriebssysteme, die als Unix oder unixähnlich gelten.

Die Geschichte von Unix gleicht schon fast einem Märchen. Unix ist eines der ältesten Betriebssysteme und hält sich nach gut 40 Jahren immer noch auf breiter Front auf dem Markt. Spezifische Hardware wie früher (siehe folgende Abbildung) wird allerdings heute kaum mehr hergestellt, da moderne UNIX zumeist auf Standard-Hardware lauffähig sind.

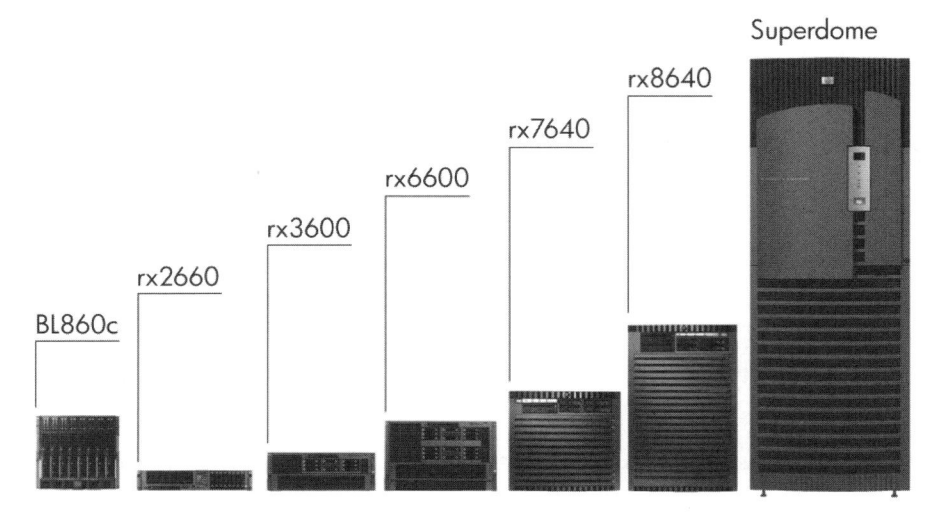

**Abb. 9.3:** Das waren einmal die Serverlinien von HP für Unix-Betriebssysteme (2008).

Unix ist, auch wegen des Alters, nicht »nur« ein Betriebssystem, sondern es ist zu einer eigenen Kultur herangewachsen. Unix setzt nach wie vor Standards und setzt diese auch um. IPv4 und nun auch IPv6 kommen aus dieser Welt, und man könnte schon fast behaupten, dass dank Unix ein Internet existiert und sich rasch verbreitet hat.

Der Ursprung von Unix ist 1968/1969 zu suchen. Damals experimentierte man mit einem System namens MULTICS (Multiplexed Information and Computing System), um Aufgaben parallel laufen zu lassen (die Geburt von Multitasking!). 1969 versuchte Ken Thompson (Bell Laboratories), ein Spiel, welches ursprünglich für Lochkartenrechner geschrieben wurde, auf eine PDP-7 zu übertragen. Das Spiel hieß Space Travellers und war ein kleines Strategiespiel, in welchem mit Waren im Weltall gehandelt wurde. Die Portierung auf die DEC-PDP-7 sollte mehr Performance und damit mehr Spielspaß bringen. Dazu musste aber erst ein Multitasking-Betriebssystem entwickelt werden, sodass auch zwei Personen an dem Spaß teilnehmen konnten. Die zweite Person war Dennis Richie, welcher Ken half, dieses System zu schreiben. Das neue System wurde UNICS getauft (Uniplexed Information and Computing System). Kurze Zeit später wurde aus UNICS der Name UNIX.

1971 war das System so stabil geworden, dass die Bell Labs das neue Unix firmenintern nutzen wollten. Dazu musste es jedoch auf die leistungsstärkere PDP-11 umgeschrieben werden. Der Aufwand, den Assembler-Code auf diese neue Maschine zu portieren, war so hoch, dass sich diese Entwickler der ersten Stunde einer Hochsprache bedienten. 1972 entwarfen Dennis Richie und Brian Kerningham die Sprache B. Dies erwies sich jedoch als etwas unflexibel und wurde weiterentwickelt. Das Resultat dieser Arbeit war dann C.

1973 war der ganze Unix-Code auf C portiert und lief schon auf 25 Rechnern in den Bell Laboratories.

Der nächste, wichtige Schritt in der Unix-Geschichte war die Freigabe des Codes an Universitäten. Ohne diesen Schritt wäre die Entwicklung von Unix wohl nie so weit gekommen. Nun konnten viele Personen und Organisationen an dem System weiterarbeiten und es somit erweitern.

1978 erarbeitete die University of California in Berkeley eine eigene Version des Unix, welches den Namen BSD (Berkeley System Distribution) erhielt. Heute benutzt Apple »BSD« als Basis-System, dies aus einem einfachen Grund: Die BSD-Lizenz ist eine der einfachsten, darin steht mehr oder weniger sinngemäß: Mach damit, was du möchtest. D.h., es darf auch für kommerzielle Zwecke verwendet werden und man muss dabei den Code nicht einmal mehr frei zur Verfügung stellen, was Firmen wie Apple sehr entgegenkommt.

Danach ging es Schlag auf Schlag:

- 1979 erarbeiten Santa Cruz Operation (SCO) und Microsoft zusammen ein System für IBM-PCs, XENIX genannt.
- 1983 kam der noch heute gültige SYS V-Standard heraus.
- 1984 entwickelte Siemens ein Derivat namens SINIX.
- 1986 wurde der POSIX IEEE-Standard 1003.1 herausgegeben, sodass die verschiedenen Unix-Systeme sich auf einen Standard konzentrieren konnten.
- 1989 war das Entstehungsjahr für die Unix-Version System V Release 4, auf welchem auch die heutigen Unixe aufbauen.

Eine Übersicht wichtiger und bekannter Unix-Derivate finden Sie in der folgenden Tabelle.

| Systemname | Hersteller | Geburtsjahr |
|---|---|---|
| AIX | IBM | 1986 |
| BSD | University of California in Berkeley | 1978 |
| HP-UX | Hewlett-Packard | 1986 |
| IRIX | Silicon Graphics SGI | 1986 |
| Linux | Linus Torwald und die Welt | 1991 |
| SINIX | Siemens | 1984 |
| SunOS/Solaris | Sun Microsystems | 1982 |
| Unix-Ware | Novell | 1992 |
| XENIX | Microsoft | 1979 |

**Tabelle 9.1:** Unix-Derivate

## Linux

Unix war in diesen Jahren ein eher abgeschottetes System. Die genannten Namen waren die Unix-Gurus, zu denen diese Welt aufschaute. Es existierten einige Spezialisten, und alles, was im Zusammenhang mit Unix stand, war teuer. Leisten konnten sich dies nur große Firmen und Universitäten. Unter anderem aus diesem Grund wurde die Free Software Foundation (FSF) ins Leben gerufen, welche damit begann, die Unix-Tools in einer offenen freien Lizenz zu entwickeln. GNU, Gnu is Not Unix, sollte der Name für dieses System werden. Der Gedanke, zuerst die Tools zu schreiben und dann das eigentliche Betriebssystem, war ein sehr akademischer, hat jedoch funktioniert.

1991 kam Linus Torwald und entwickelte ein neues, freies unixartiges System. Er bediente sich für die Übersetzung bei dem sehr portablen GNU-C Compiler (GCC) und veröffentlichte 1992 sein erstes stabiles Linux. Mit diesem System wollte er den Schritt aus der Universitäten- und Firmenwelt machen: Es gab nun ein Unix, welches sich auf herkömmlichen x86-Maschinen installieren ließ.

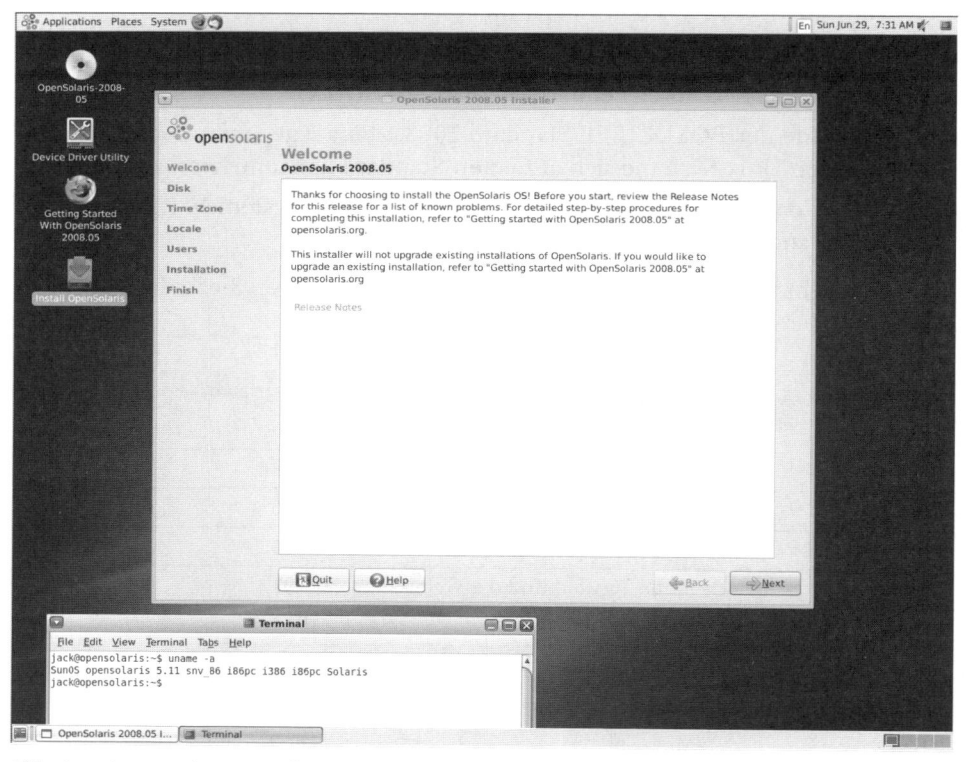

**Abb. 9.4:** Open Solaris Installer, basierend auf Gnome-Desktop

Heute ist man so weit, dass auch große Unix-Hersteller frei installierbare Versionen für Anwender herausgegeben haben: FreeBSD (Mac OS X nutzt dies), aber auch das SCO Unix und Solaris (heute gibt es gar ein OpenSolaris).

## Einsatzgebiete

Die Einsatzgebiete von Unix und Linux sind breit gestreut. Man findet Unix in der Rolle als ERP/CRM-System, aber auch als DNS- oder Fileserver. Hier eine kurze Auflistung, in welchen Umgebungen und Rollen diese Betriebssysteme gefunden werden:

| Bereich | Zweck |
| --- | --- |
| Netzwerkdienste | Router, Firewall, Intrusion Detection System |
|  | DHCP-Server, DNS-Server |
|  | Mailserver |
|  | Domänen-Controller |
| Informationsdienste | Datenbankserver |
|  | File- und Printserver |
|  | Webserver |
| Terminalserver | Applikationen auf dem Server laufen lassen und auf dem Client darstellen |
| Arbeitsstation | Entwickler-Workstations |
|  | Systemadministratoren-Workstations |
|  | Hochleistungssysteme, z.B. Rendering für die Filmindustrie |
| Embedded-Systeme | Handys |
|  | Kameras |
|  | Messsonden |
|  | Autocomputer |
| Virtualisierung & Container | Kernel Virtual Machines (KVM) |
|  | LinuxContainer (LXC) |
|  | Docker |
|  | Kybernets |
|  | (Citrix, Vmware ...) |

**Tabelle 9.2:** Einsatzbereiche von Unix und Linux

Unter Linux gibt es zudem sogenannte Emulatoren, d.h. Programme, mithilfe derer sogar Software, deren Sourcecode nicht übersetzt werden kann, lauffähig installiert werden kann. Beispielsweise gibt es Wine (wine is not an emulator), für den das gesamte Windows-API neu geschrieben wurde. Wine ermöglicht es, Windows-Programme wie Office, Lotus Notes oder auch Adobe Photoshop unter Linux zu starten.

# Kapitel 9
## Installation von Netzwerkbetriebssystemen

Die Portabilität von Unix zeigt sich darin, auf wie vielen unterschiedlichen Plattformen der Einsatz möglich ist. Embedded-Systeme können mit UNIX laufen, wie Sie bei unzähligen NAS, Webkameras und Mobiltelefonen feststellen. Die Liste auf der Webseite `top500.org` belegt, dass die Großrechner dieser Erde mit Unix bestückt sind. Sie finden heute Unix überall, vom kleinsten bis zum Großsystem.

Bei Bildungsinstituten (Universitäten, Hochschulen), Banken, Versicherungen, ASPs und ISP ist die Dichte an Unix-Rechnern sicherlich am größten.

Die Installation und der Betrieb eines solchen Systems sind heute längst nicht mehr so komplex, jeder kann sich beispielsweise ein OpenSolaris von `www.oracle.com` (ehemals Sun) herunterladen und auf einem Rechner installieren. Der Betrieb ähnelt sehr einem aktuellen Linux. Im nächsten Kapitel werden Sie eingehender auf die Installation von Linux und dessen Betrieb eingehen. Solaris sei am Rande erwähnt.

**Abb. 9.5:** *buntu-Desktop (Version 22)

## 9.2 Vorbereitungen für die Installation

Die Wahl des »richtigen« Betriebssystems ist nicht einfach, können doch verschiedene Kriterien diese Wahl mitbestimmen:

- Bestehendes Umfeld
  - Kultur/Philosophie
  - Applikationen/Systeme, welche angesteuert werden
- Aufwand des Betriebs

- Know-how
- Plattform (Hardware)
  - Embedded-Systeme
  - Serverplattformen von Intel, AMD, Alpha, Sparc
  - Berücksichtigung der HCL (Hardware Compatibility List)
  - Cluster/Verteilte Systeme
- Lizenzen und Unterhalt (finanzielle Aspekte)

Es können also viele Gründe für und wider die Entscheidung eines Systems und dessen Applikationen sprechen. Sie werden somit aufgrund Ihrer Kriterien eine sorgfältige Auswahl treffen müssen – und wir können Ihnen hier nicht sagen, welche dies sein wird.

Ein zentraler Faktor bei der Entscheidung ist bei vielen die Einbeziehung der bestehenden Umgebung und Applikationen, da bei einer Migration auf andere Architekturen oft große Investitionen fällig werden.

So hat eine Firma mit zahlreichen MS-Access-Applikationen im Betrieb eine andere Entscheidungsgrundlage als ein Startup, das sich von Grund auf überlegen kann, welche Technologien es einsetzen möchte und welchen Aufwand man dafür einsetzen kann und will.

Das vorhandene Know-how kann auch eine Entscheidungsgrundlage sein. Was nützt es, neue Systeme zu kaufen, von denen niemand weiß, wie sie funktionieren? Das ist keine Äußerung für oder wider ein bestimmtes System, auch wenn z.B. Microsoft-Systeme eine unter den ausgebildeten Systemtechnikern höhere Bekanntheit haben als andere Systeme und daher der administrative Aufwand und das nötige Know-how oft niedriger eingeschätzt werden als bei Unix-/Linux- oder NetWare-Systemen.

De facto ist es aber so, dass für eine mittlere Microsoft-Umgebung (Active Directory, File-/Print-Dienste, Exchange) ebenso viel Know-how gebraucht wird wie für äquivalente Dienste unter Linux (LDAP, Samba, Mail). Für das erstere System werden Sie dafür einen MCSE-zertifizierten Administrator einsetzen, in der Linux-Welt würde dies einem LPIC-zertifizierten Spezialisten entsprechen. Der Aufwand der Systeme dürfte alles in allem etwa äquivalent sein.

Unter Unix-/Linux-Systemen wird in großen Umgebungen seit jeher auf Diskless Thin Clients gesetzt, was den administrativen Aufwand erheblich senkt und die Hardware-Kosten im Client-Betrieb niedrig hält. Analog stellt Microsoft mit Citrix zusammen ähnliche Systeme zur Verfügung, welche aber mit beträchtlichen Lizenzkosten verbunden sind.

Embedded-Systeme, Cluster und Supercomputer und Systeme mit anderen als AMD- oder Intel-Prozessoren laufen meistens mit Linux, Unix oder gar mit eigenen Betriebssystemen (z.B. Symbian). Die Tatsache, dass bei Microsoft-Systemen eine grafische Konsole gebraucht wird, erschwert sicherlich deren Einzug in die Embedded-Welt.

Alpha, Sparc und andere Prozessorarchitekturen scheinen langsam vom Markt zu verschwinden bzw. nur noch Nischen abzudecken (wie Embedded-Systeme). Intel und in kleinerem Umfang auch AMD sind dagegen auf dem Vormarsch und beherrschen mit großer Mehrheit den Markt, auch wenn nicht unterschlagen werden soll, dass mit ARM im Mikroserverbereich auch ein weiterer Konkurrent gut aufgestellt ist.

### 9.2.1 Anforderungen

Für eine zweckmäßige Installation des Systems ist neben der Planung, wie Sie sie in Abschnitt 6.2.1, »Der Installationsplan«, gesehen haben, die Analyse der Ausgangslage und der zu deckenden Bedürfnisse entscheidend. Dazu gehören die Klärung der eben erwähnten Punkte und auch die Auswahl der zu installierenden Rollen. Diese werden in der Planung den einzelnen Servern zugewiesen, um zu sehen, wie die Server zusammenarbeiten. Dabei müssen nicht ausschließlich physikalische Maschinen zum Zuge kommen, sondern es können auch virtuelle Systeme zum Einsatz kommen.

Dienste und Server, welche nicht viel zu tun haben und deren Last für CPU und Netzwerklast eher bescheiden ist, können sehr gut auf virtualisierten Systemen konsolidiert werden. Systeme mit hoher Last oder großem Netzwerkverkehr können virtualisiert werden, aber unter Umständen noch zu wenig Leistung erbringen. Datenbanksysteme beispielsweise werden oft noch nicht virtualisiert betrieben. Doch dazu in einem späteren Kapitel mehr.

### 9.2.2 Dimensionierung

Sich Gedanken über die Dimensionierung zu machen, ist eine mittel- bis längerfristige Investition. Dazu gehören sowohl das Kapazitätsmanagement wie auch die Frage der Verfügbarkeit. Wichtig ist auch, dass Sie hier bewusst von Betriebssystemkapazität und -verfügbarkeit sprechen, denn es nützt die beste Hardware nichts, wenn sie vom Netzwerkbetriebssystem nicht aktiv unterstützt wird.

Zu klärende Fragen sind also:

- Wie verfügbar muss das System sein?
- Wie viele Dienste müssen betrieben werden können?
- Wie viele Benutzer werden auf den Server zugreifen?
- Wie viele Daten werden abgelegt werden?
- Welche Auslastung im Dauerbetrieb ist zu erwarten?

Nach der Klärung all dieser Fragen und einer sorgfältigen Planung kann anschließend ein System installiert werden – und dazu kommen Sie im Folgenden und lernen Ansätze zur Installation und Konfiguration verschiedener Systeme kennen.

Die hier gemachten Äußerungen sind als Hinweise zu verstehen und ersetzen keinesfalls das ausführliche Studium der jeweiligen Herstellerunterlagen. Aber sie verschaffen Ihnen einen Überblick und spornen Sie hoffentlich auch an, das eine oder andere System anschließend gründlicher kennenlernen zu wollen.

### 9.2.3 Serverplanung

Es empfiehlt sich, sämtliche Informationen, welche während der Installation oder der Nachinstallation benötigt werden, im Voraus zu notieren. Am besten eignet sich eine Checkliste dazu, um dann zugleich während der Installation die erledigten Punkte abzuhaken. Diese Checkliste bildet dann auch gleich die Grundlage zur Systemdokumentation. Eine Checkliste für einen Windows-Server kann folgendermaßen aussehen:

| Beschreibung | Detail | OK |
|---|---|---|
| Grundinstallation | | |
| Server mit Smart-Start-CD booten, Konfiguration RAID und Partitionierung | 100 GB OS<br>500 GB Daten | |
| Installation Betriebssystem | Standard-Server 2022 | |
| Einstellungen nach der Installation | | |
| Servername setzen | NovaCore | |
| Startmenü anpassen/Classic View | Classic | |
| Andere Tastaturlayouts entfernen | Nur de-ch | |
| Unnötige Komponenten entfernen (Eingabehilfen, Kommunikation, Maus und Desktop-Hintergrund) | Standard | |
| OS-Profile setzen | n/a | |
| Remote Desktop einschalten | Ja | |
| Rollen und Features | AD DS<br>Server-Backup<br>DFS | |
| Installation wichtiger Tools | | |
| Resource Kit installieren | Ja | |
| GPMC installieren | Ja | |

**Tabelle 9.3:** Beispiel für eine Installationscheckliste für einen Windows-Server

| Beschreibung | Detail | OK |
|---|---|---|
| Adobe Reader | Nein | |
| Abschluss der Installation | | |
| Microsoft-Update | Ja | |
| In Domäne aufnehmen, falls möglich | rootAlpha.local | |
| IP-Adresse setzen | 192.168.1.37 | |
| DNS setzen | 192.168.1.34 | |
| WINS eintragen, falls nötig | 192.168.1.34 | |
| Seriennummer und Modellnummer | | |
| Carepacks aktivieren | | |

**Tabelle 9.3:** Beispiel für eine Installationscheckliste für einen Windows-Server (Forts.)

## 9.3 Installation eines Windows-Servers anhand Version 2022

**Abb. 9.6:** Start der Windows-2022-Serverinstallation

Die grundsätzlichen Installationsmechanismen sind seit der Server-2008-Installation dieselben, dazu gehören insbesondere:

- Das Windows-Imaging-Format (WIM-Dateien)
- Preboot; Laden der Preboot-Umgebung (PE) in den Arbeitsspeicher des Servers
- Festplattenvorbereitung; es werden standardmäßig vier Partitionen erstellt.

## 9.3 Installation eines Windows-Servers anhand Version 2022

```
DISKPART> list partition

  Partition ###  Type              Size     Offset
  -------------  ----------------  -------  -------
  Partition 1    System            100 MB   1024 KB
  Partition 2    Reserved           16 MB    101 MB
  Partition 3    Primary           126 GB    117 MB
  Partition 4    Recovery          523 MB    126 GB
```

**Abb. 9.7:** Partitionen, welche durch die Installation erstellt werden

- Installation; Entpacken und Kopieren der benötigten Dateien
- Definieren eines Administratorenkennworts

### 9.3.1 Schlusskonfiguration

Der ICT Wizard (oobe.exe) wurde mit Server 2012 abgeschafft. Die Funktion wird vom Servermanager im Bereich »lokaler Server« übernommen.

```
Server Manager › Local Server

  Dashboard
  Local Server              PROPERTIES
  All Servers               For WIN-T6BUB2F4S0D
  File and Storage Services
                            Computer name            WIN-T6BUB2F4S0D
                            Workgroup                WORKGROUP

                            Microsoft Defender Firewall   Public: On
                            Remote management             Enabled
                            Remote Desktop                Disabled
                            NIC Teaming                   Disabled
                            Ethernet                      IPv4 address assigned by DHCP, IPv6 enabled

                            Operating system version      Microsoft Windows Server 2022 Standard Evaluation
                            Hardware information          Microsoft Corporation Virtual Machine
```

**Abb. 9.8:** Schlusskonfiguration mittel Servermanager – Lokaler Server

Insbesondere werden im Servermanager – Lokaler Server folgende Einstellungen konfiguriert:

- Computername
- Domäne/Arbeitsgruppe
- Remoteverwaltung/Remote Desktop
- NIC-Teaming

**Kapitel 9**
Installation von Netzwerkbetriebssystemen

- IP-Konfiguration
- Updateverhalten
- Erweiterte Internetsicherheitskonfiguration
- Zeiteinstellungen

Ebenso werden hier aber auch zusammenfassende Informationen über die Hardware und das Betriebssystem angezeigt.

### 9.3.2 Rollen und Features

Am Konzept der Rollen und Features, die mit Windows Server 2008 eingeführt wurden, hat sich nicht viel geändert:

- Die Assistenten wurden von einem Rollen- und einem Feature-Assistenten zu einem »Hinzufügen-« und einem »Entfernen-Assistenten«, jeweils für Rollen und Features, gewechselt.
- Die Verwaltungsmöglichkeiten über PowerShell wurden sehr stark ausgebaut.
- Die grafische Benutzeroberfläche (GUI) lässt sich als Windows-Feature nachinstallieren (siehe Server Core Installation)
- Der Installationsassistent wurde um abbildbasierende Funktionen für die Installation von RDS-/VDI-Umgebungen erweitert.

```
Windows PowerShell
Copyright (C) 2021 Microsoft Corporation. All rights reserved.

PS C:\Users\Administrator> Get-WindowsFeature | where {$_.installstate -eq "installed"}

Display Name                                              Name                          Install State
------------                                              ----                          -------------
[X] Active Directory Domain Services                      AD-Domain-Services                Installed
[X] DNS Server                                            DNS                               Installed
[X] File and Storage Services                             FileAndStorage-Services           Installed
    [X] File and iSCSI Services                           File-Services                     Installed
        [X] File Server                                   FS-FileServer                     Installed
    [X] Storage Services                                  Storage-Services                  Installed
[X] .NET Framework 4.5 Features                           NET-Framework-45-Fea...           Installed
    [X] .NET Framework 4.5                                NET-Framework-45-Core             Installed
    [X] WCF Services                                      NET-WCF-Services45                Installed
        [X] TCP Port Sharing                              NET-WCF-TCP-PortShar...           Installed
[X] Group Policy Management                               GPMC                              Installed
[X] Remote Server Administration Tools                    RSAT                              Installed
    [X] Role Administration Tools                         RSAT-Role-Tools                   Installed
        [X] AD DS and AD LDS Tools                        RSAT-AD-Tools                     Installed
            [X] Active Directory module for Windows ...   RSAT-AD-PowerShell                Installed
            [X] AD DS Tools                               RSAT-ADDS                         Installed
                [X] Active Directory Administrative ...   RSAT-AD-AdminCenter               Installed
                [X] AD DS Snap-Ins and Command-Line ...   RSAT-ADDS-Tools                   Installed
        [X] DNS Server Tools                              RSAT-DNS-Server                   Installed
[X] SMB 1.0/CIFS File Sharing Support                     FS-SMB1                           Installed
[X] User Interfaces and Infrastructure                    User-Interfaces-Infra             Installed
    [X] Graphical Management Tools and Infrastructure     Server-Gui-Mgmt-Infra             Installed
    [X] Server Graphical Shell                            Server-Gui-Shell                  Installed
[X] Windows PowerShell                                    PowerShellRoot                    Installed
    [X] Windows PowerShell 4.0                            PowerShell                        Installed
    [X] Windows PowerShell ISE                            PowerShell-ISE                    Installed
[X] WoW64 Support                                         WoW64-Support                     Installed

PS C:\Users\Administrator>
```

**Abb. 9.9:** Installierte Rollen und Features auf einem Windows-Server

## 9.3.3 Server Core

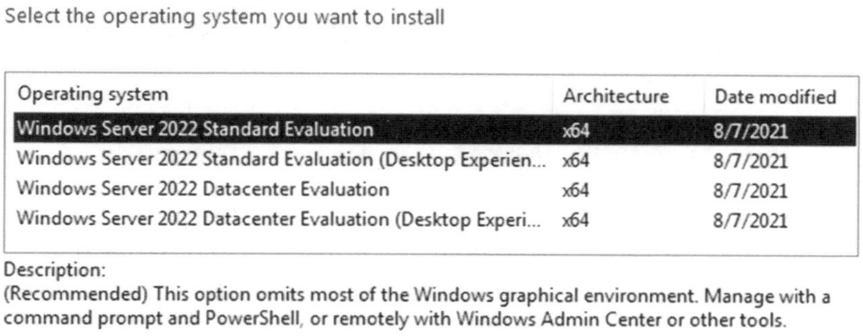

Select the operating system you want to install

| Operating system | Architecture | Date modified |
|---|---|---|
| Windows Server 2022 Standard Evaluation | x64 | 8/7/2021 |
| Windows Server 2022 Standard Evaluation (Desktop Experien... | x64 | 8/7/2021 |
| Windows Server 2022 Datacenter Evaluation | x64 | 8/7/2021 |
| Windows Server 2022 Datacenter Evaluation (Desktop Experi... | x64 | 8/7/2021 |

Description:
(Recommended) This option omits most of the Windows graphical environment. Manage with a command prompt and PowerShell, or remotely with Windows Admin Center or other tools.

**Abb. 9.10:** Installationsoptionen Server 2022 mit Server Core Installation

Der Server Core wurde seit Server 2008 weiterentwickelt und verbessert:

- Seit Server 2008 R2 unterstützt der Server Core auch die .NET Frameworks und damit PowerShell.
- Das Utility sconfig.exe erlaubt eine einfache Netzwerkkonfiguration und Einbindung in eine Domäne. Sobald der Computer in die Domäne eingebunden ist, kann er über den Servermanager konfiguriert und verwaltet werden.
- Im Gegensatz zur früheren Versionen kann das GUI nicht mehr als Windows-Feature hinzugefügt oder entfernt werden, die Entscheidung wird bei der Installation getroffen.

## 9.4 Automatisierungsstrategien

Schon früh wurden Mechanismen für die automatisierte Installation auch von Servern umgesetzt. Entstanden sind die heute verwendeten Automatisierungsmechanismen aus dem eigentlich für die Windows-Client-Betriebssysteme entwickelten OEM Framework, welches den Hardware-Herstellern erlaubte, Windows-Client-Betriebssysteme auf ihrer Hardware vorzuinstallieren.

### 9.4.1 Die Bereitstellungsumgebung

Aus diesem OEM Framework wurde 2008 das Business Desktop Deployment (BDD), welches schon bald darauf in Microsoft Deployment Toolkit (MDT) umbenannt wurde, da auch Server mit denselben Mechanismen bereitgestellt werden können wie die Clients.

Zentrale Bestandteile dieser Bereitstellungsumgebung (Deployment Framework) sind:

### Windows Imaging Format/Abbilddateien

Das Microsoft Deployment Framework verwendet nicht die klassischen, früher zumeist verwendeten binären Abbilder, sondern dateibasierende Abbilder, die WIM-Dateien. Daraus lassen sich einige Folgerungen ziehen:

- Die Partitionierung des Zielsystems ist nicht Bestandteil des Abbilds.
- Eine Abbilddatei kann mehrere Abbilder beinhalten.
- Die Bereitstellung eines Abbilds erfolgt somit über drei Stufen:
  - Vorbereiten der Festplatte (Partitionieren, Formatieren und Aktivieren).
  - Kopieren der Dateien auf die Zielpartition (`apply -image`)
  - Nach dem Neustart wird ein Setup mit Hardware-Erkennung ausgeführt und das Betriebssystem fertig eingerichtet. Hier können auch Einstellungen aus einer Konfigurationsdatei (autounattend.xml) verwendet werden.
- Aus einem bereitgestellten und konfigurierten Computer (Referenzsystem) kann erneut ein Abbild aufgezeichnet werden (`capture -image`).
- Die Abbilder können sowohl »online« (durch Bereitstellung und erneute Aufzeichnung) oder »offline« erstellt werden, indem ein Abbild für den Zugriff über das Dateisystem zur Verfügung gestellt wird (englisch: to mount). In beiden Fällen nimmt das Werkzeug DISM (Deployment Image Service and Management) eine zentrale Rolle ein.

### WAIK/WADK

Die zentralen Komponenten der Bereitstellungsumgebung werden im Windows Automated Installation Kit (WAIK), respektive neuer Windows Automated Deployment Kit (WADK) zur Verfügung gestellt.

```
Directory of C:\Program Files (x86)\Windows Kits\8.0\Assessment and Deployment Kit\Deployment Tools

22.11.2015  16:54    <DIR>          .
22.11.2015  16:54    <DIR>          ..
22.11.2015  16:53    <DIR>          amd64
02.06.2012  08:49             3'037 DandISetEnv.bat
22.11.2015  16:54    <DIR>          HelpIndexer
22.11.2015  16:53    <DIR>          Licensing
22.11.2015  16:54    <DIR>          Samples
22.11.2015  16:53    <DIR>          SDKs
22.11.2015  16:53    <DIR>          WSIM
22.11.2015  16:53    <DIR>          x86
               1 File(s)          3'037 bytes
               9 Dir(s)  114'587'181'056 bytes free

C:\Program Files (x86)\Windows Kits\8.0\Assessment and Deployment Kit\Deployment Tools>
```

**Abb. 9.11:** Stammverzeichnis des WADK

Das ADK beinhaltet unter anderem folgende Komponenten:

- Windows PE für die verschiedenen Architekturen
- Sprach- und Funktionspakete für die PEs

- System Image Manager (SIM)
- Set von Tools und Skripts zum Erstellen und Bearbeiten vom Abbildern

Mit der Installation des ADK können gleichzeitig noch weitere Werkzeuge installiert werden, welche auch für die Serverbereitstellung relevant sein können.

- Imaging and Configuration Designer (ICD); neuere Tools zur Abbild- und Konfigurationspaketverwaltung
- Volume Activation Management Toolkit (VAMT); Werkzeuge für die Verwaltung der Volumenlizenzen

Andere Komponenten wie das User State Migration Tool (USMT) sind eher für die Client-Bereitstellung relevant.

**Abb. 9.12:** Installationsoptionen des Windows 10 ADK

## Windows PE

Bei Pre-Installation Environment (PE) handelt es sich eine abgespeckte Windows-Umgebung, die während des Installationsprozesses in den Arbeitsspeicher des Zielsystems geladen wird und von der aus die Hardware-Vorbereitung und das Kopieren der Betriebssystemdateien erfolgt.

Das PE ist zwischen 256 und 512 MB groß, je nachdem, was für Komponenten für den Installationsprozess benötigt werden. Zu den wichtigsten optionalen Komponenten für das PE zählen neben den Sprachpaketen folgende Funktionspakete:

- HTA – Anzeigen von HTML-Meldungen
- PowerShell – Skriptumgebung
- WMI – Windows Management Instrumentarium (Hardware-Abfragen)
- MDAC – Microsoft Data Access Component (Datenbankzugriffe)

# Kapitel 9
Installation von Netzwerkbetriebssystemen

## System Image Manager/Autounattend.xml

Auf Basis eines Windows-Abbilds, respektive des daraus erstellten Katalogs, lässt sich mit dem System Image Manager (SIM) eine XML-Konfigurationsdatei erstellen.

Über die XML-Datei lassen sich die verschiedenen Stufen des Bereitstellungsprozesses steuern:

- Sysprep/Generalizing – Vorbereiten des Referenzcomputers
- Pre-Installation
- Specialize (Betriebssystem-Grundkonfiguration)
- Audit (Zusatzkonfiguration im Benutzer oder Systemmodus)
- oobe; Out-of-the-Box-Experience – Schlusskonfiguration

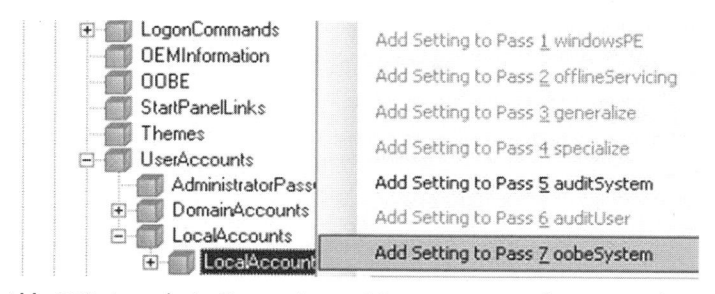

**Abb. 9.13:** Ausschnitt System Image Manager mit Konfigurationsphasen

## Windows Deployment Service (WDS)

Der WDS ist eine Windows-Serverrolle, die für eine Netzwerkinstallation (PXE Boot) von Betriebssystemen verwendet wird. Bei einer PXE-Installation erfolgt das Laden der PE über das TFTP-Protokoll. Neben dem WDS wird für die Installation über PXE immer auch noch ein DHCP-Dienst benötigt, dieser kann, muss aber nicht auf dem WDS-Server laufen.

## Microsoft Deployment Toolkit (MDT)

Beim MDT handelt es sich um eine Sammlung von Dokumentationen, Skripts und Vorlagen. Ebenfalls gehört der MDT Workbench zur Installation. Dieses Werkzeug erleichtert das Verwalten verschiedener Komponenten:

- Startabbilder (PE)
- Betriebssystemabbilder
- Anwendungspakete
- Treiberpakete

- Konfigurationspakete
- Installationsvarianten (Task-Sequences)

**System Center**

Mit den System-Center-Produkten stellt Microsoft verschiedene Produkte für die Verwaltung von Betriebssystemen in einem Unternehmensnetzwerk zur Verfügung. Durch die Integration von System Center Configuration Manager in die Bereitstellungsumgebung lassen sich hochautomatisierte Installationen erreichen, bis hin zu Zero Touch Installation (ZTI).

### 9.4.2 PowerShell Installation

Von einer Minimalinstallation ausgehend können mittels PowerShell und PowerShell-Skript sehr schnell Server aufgesetzt und konfiguriert werden.

Mittels eines einzelnen PowerShell-Befehls kann z.B. ein Webserver mit Standardkonfiguration hinzugefügt werden:

```
PS C:\Users\Administrator> Get-WindowsFeature web* | where {$_.installstate -eq "installed"}
PS C:\Users\Administrator> Install-WindowsFeature web-server

Success Restart Needed Exit Code    Feature Result
------- -------------- ---------    --------------
True    No             Success      {Common HTTP Features, Default Document, D...
WARNING: Windows automatic updating is not enabled. To ensure that your newly-installed role or feature is
automatically updated, turn on Windows Update.

PS C:\Users\Administrator> Get-WindowsFeature web* | where {$_.installstate -eq "installed"}

Display Name                                            Name                       Install State
------------                                            ----                       -------------
[X] Web Server (IIS)                                    Web-Server                 Installed
    [X] Web Server                                      Web-WebServer              Installed
        [X] Common HTTP Features                        Web-Common-Http            Installed
            [X] Default Document                        Web-Default-Doc            Installed
            [X] Directory Browsing                      Web-Dir-Browsing           Installed
            [X] HTTP Errors                             Web-Http-Errors            Installed
            [X] Static Content                          Web-Static-Content         Installed
        [X] Health and Diagnostics                      Web-Health                 Installed
            [X] HTTP Logging                            Web-Http-Logging           Installed
        [X] Performance                                 Web-Performance            Installed
            [X] Static Content Compression              Web-Stat-Compression       Installed
        [X] Security                                    Web-Security               Installed
            [X] Request Filtering                       Web-Filtering              Installed

PS C:\Users\Administrator>
```

**Abb. 9.14:** Installation eines Webservers mittels PowerShell

### 9.4.3 Klonen virtueller Domänen-Controller

Eine spezielle Funktion hat Microsoft mit Server 2012 Hyper-V hinzugefügt. Neben dem offiziellen Support für virtualisierte Domänen-Controller wird auch das Klonen von DCs unterstützt. Die Funktion basiert auf dem Export/Import von virtuellen Computerinstanzen und wird im Moment nur für Domänen-Controller unterstützt.

Das Klonen von virtuellen Domänencontrollern ist für die Verwendung in großen, virtuellen Umgebungen vorgesehen und eher nicht für Kleinumgebungen.

### 9.4.4 Beispiele

Da es immer viele Wege gibt, ein Problem zu lösen, werden nachfolgend verschiedene Wege beschrieben, wie eine Anzahl Webserver für eine Serverfarm effizient bereitgestellt werden könnten.

Je größer die Anzahl der benötigten Server, umso eher lohnt sich der Aufwand für einen hohen Automatisationsgrad.

**Manuelle Installation mit PowerShell**

Die Server werden manuell mit dem Originalabbild installiert, und die Rolle des Webservers und der benötigten Rollendienste wird mittels eines PowerShell-Skripts konfiguriert.

**Vorteile**: Kleiner Vorbereitungsaufwand, einfach zu implementieren

**Nachteile**: Kleiner Automationsgrad der Installation, keine spezifischen Modifikationen wie Installation spezieller Anwendungen möglich

**Referenzsysteme aufzeichnen**

Es wird ein Referenzsystem manuell installiert, und die Serverrollen mit den Diensten werden installiert. Zusätzliche Anwendungen (Services, DLLs, IIS-Module etc.) werden installiert und konfiguriert.

Das Referenzsystem wird mittels Sysprep.exe generalisiert und zum Klonen vorbereitet. Danach wird ein Abbild davon erstellt (capture).

Das Abbild wird mittels PE auf den Zielcomputern bereitgestellt.

**Vorteile**: Der Server kann fast komplett fertig konfiguriert werden, wenig Nacharbeiten ist notwendig. Einfache Implementation

**Nachteil**: Manuelles Bereitstellen auf den Zielcomputern

**Virtuelle Server klonen**

Das Vorbereiten des Referenzsystems erfolgt wie beim obigen Beispiel. Nach dem Sysprep wird das Referenzsystem aber nicht aufgezeichnet, sondern die virtuelle Festplatte wird kopiert und an einen neu definierten virtuellen Computer angehängt. Nach dem ersten Starten der neuen virtuellen Instanz wird ein Setup ausgeführt.

**Vorteile**: Kein Aufzeichnen des Abbilds nötig, einfaches Handling der VHD.

**Nachteile**: Funktioniert nur in virtuellen Umgebungen. Manuelles Nachbearbeiten der Installation ist nötig, kann aber gut in Test- und Schulungsumgebungen verwendet werden.

## WDS-Installation mit vorbereiteten Abbildern

Das Vorbereiten der Abbilder erfolgt analog dem vorhergehenden Beispiel, nur wird das Abbild über einen WDS für die Netzwerkinstallation zur Verfügung gestellt.

**Vorteil**: Einfache und schnelle Installation über Netzwerk

**Nachteile**: Zusätzliche Infrastruktur (DHCP, WDS, Deployment Share) notwendig.

## Self-Service Portal mit SCCM

Mittels SCCM können Abbilder, welche analog den vorherigen Beispielen erstellt wurden, über ein webbasiertes Portal zur Verfügung gestellt werden. Das Auslösen einer Installation kann also von berechtigten Benutzern/Kunden gemacht werden.

**Vorteile**: Sehr hohe Automation, kleiner Aufwand

**Nachteile**: Großer Vorbereitungsaufwand, zusätzliche Kosten für System Center, setzt eine Private Cloud voraus

## 9.5 Unix-/linuxartige Betriebssysteme

### 9.5.1 Systemvoraussetzungen

Die Voraussetzungen sind eng mit den Anforderungen und mit dem Zweck, sprich Einsatzgebiet verknüpft. Prinzipiell läuft Linux und Unix auf jeder Hardware.

### Hardware

Wenn ein Unix- oder ein Linux-System aufgesetzt werden soll, sollte man sich zuerst Gewissheit darüber verschaffen, ob die vorhandene Maschine und deren Komponenten unterstützt werden.

Linux unterstützt fast alle Komponenten, aber auch da ist Vorsicht geboten. Für einen Server fällt die Grafikkartenunterstützung sicher weniger ins Gewicht als die Festplatten-Controller und Netzwerkkarten. Kostengünstige RAID-Controller, welche kein eigenes BIOS haben und nur mit einem Treiber funktionieren, können Probleme bereiten. Herkömmliche Controller wie Symbios, Adaptec etc. laufen normalerweise ohne Probleme.

Unter Unix, beispielsweise Solaris, werden nicht alle Komponenten unterstützt. Um ein Solaris sicher ohne Einschränkungen zu betreiben, wird SUN-Hardware empfohlen. Diese ist nicht immer ganz billig, bietet aber eine 100%ige Unterstützung und ist von hoher Qualität.

Linux lässt sich auf einer 100-MB-Platte installieren, kann aber auch bis zu einigen Gigabyte Platz beanspruchen. Wenn eine Serverinstallation gewünscht ist und diese ab CD/DVD installiert wird, benötigt sie rund 1 GB an Platz. Optimierte Installationen, z.B. für bestimmte Rollen wie Firewall oder DNS, benötigen deutlich weniger Platz. Ein Exot war zum Beispiel das ehemalige Tomsrbt als ein Linux, das sogar auf einer Diskette Platz findet und eine sehr ausgefeilte Rescue-Disk anbietet. Andere Linux-Editionen gibt es für USB-Sticks oder CompactFlash-Karten. Zu erwähnen ist die »SystemRescueCD«, eine Linux-Distribution (heute basierend auf arch-Linux), welche zum Retten von Systemen gedacht ist, diese wird ab CD/USB gestartet und läuft im RAM. Das zu reparierende System wird dann eingebunden, neu partitioniert oder was man auch tun möchte.

IPFire (www.ipfire.org, Nachfolger von IPCop) ist eine Firewall-Distribution und ebenfalls eine relativ schmal gehaltene Distribution. Außer eine gute Firewall zu sein, muss diese aber auch nichts anderes können.

OpenWRT ist ein weiteres, eher extremes Beispiel. Dies ist eine Distribution für Embedded-Systeme. Unter der Homepage openwrt.org findet man eine große Liste der unterstützten Geräte. Ein sehr beliebtes Produkt des Open-Wireless-Router-Projekts ist der Linksys WRT Router.

### Software

Zusammen mit der Linux-Installation kann bei den meisten Distributionen unterschiedliche Software direkt mitinstalliert werden. Hierbei ist es wichtig, dass Sie vorher die Anforderungen der jeweiligen Software abklären. Wenn ein Oracle-Datenbankserver in Betrieb genommen werden soll, sollte man z.B. darauf achten, dass die gewünschte Distribution auch in der Zertifizierungsmatrix von Oracle enthalten ist. Auf einer anderen Distribution wird die Datenbank unter Umständen auch laufen, aber der Support wird von Oracle nicht gewährleistet sein. Bei anderen wie SAP ist dies nicht anders, und deswegen sollte man sich an die jeweils publizierte Kompatibilitätsliste der Hersteller halten.

Je nach Architektur der Hardware sollte geprüft werden, ob eventuell Drittherstellersoftware genutzt werden soll, die Probleme verursachen könnte. Nicht jede Software ist 64-Bit-tauglich; wenn ein 64-Bit-OS installiert wird, muss dieses mit der Software zusammen getestet werden. Falls die Software nur in binärer Form erhältlich ist und somit nicht auf die verwendete Plattform kompiliert werden kann, muss sichergestellt sein, dass Pakete für die eingesetzte Architektur vorhanden sind.

## 9.5.2 Planung (Partitionierung)

Es ist relevant, was der Server später genau machen soll, sprich welche Rolle er einnehmen soll. Je nachdem benötigen einzelne Bereiche auf dem System mehr oder weniger Platz.

Ein Mail- oder Fileserver hat andere Anforderungen an das Disksystem als eine Firewall. Ein Mailserver muss viele E-Mails aufnehmen können und zudem oft zahlreiche Protokolldateien über den Mailverkehr aufzeichnen. Es können natürlich auch große Dateien verschickt werden und damit viel Zwischenspeicher beanspruchen. Für einen Mailserver kristallisieren sich somit zwei Anforderungen heraus: genug Platz und viele kleine Dateien. Ähnliches gilt für einen Fileserver. Bei einer Firewall dagegen sind genügend Arbeitsspeicher und Netzwerkkarten wichtiger als der Festplattenspeicherbedarf.

Um spätere Probleme im Betrieb zu vermeiden, müssen diese Anforderungen bei der Installation des Systems bedacht werden. Dazu gehört unter Linux/Unix die Partitionierung der Festplattensysteme.

Es gibt verschiedene Partitionen, die unter Linux/Unix erstellt werden können.

- /boot
  Kernel, Bootloader und dessen Konfiguration
- swap
  Erweiterter (virtueller) Speicher, ist unter Unix/Linux eine eigene Partition mit einem Swap-Filesystem
- /usr
  Unix-Systemressource, unter diesem Ordner verbergen sich alle Programme, welche nicht essenziell für den Start des Systems sind wie die grafische Oberfläche, ein Webbrowser etc.
- /var
  Variable Daten wie der Mail- und Printspooler, Protokolldateien, Datenbanken etc.
- /tmp
  Temporäres Verzeichnis, in welchem alle Benutzer Schreibrechte haben
- /home
  Die Heimverzeichnisse der Benutzer, in welche die Benutzer ihre Daten ablegen können
- /srv
  Wird als Standard-Verzeichnis für Netzwerkdienste verwendet, wie Web, FTP etc.
- /opt
  Ist für »Optionale Software«, welche nicht unter der freien GPL-Lizenz steht, z.B. kommerzielle Software wie Oracle, Abacus, oder auch lizenzpflichte Backup, Antivirus etc.

Die Partitionierung hat verschiedene weitere Gründe:

- Schutz vor vollen Platten (ein einzelnes Verzeichnis füllt die ganze Platte und lähmt dadurch das ganze System)
- Verschiedene Filesysteme, die zum Einsatz kommen (ein Filesystem pro Partition)
- Trennung von »dynamischen« Daten und dem »statischen« System
- Geschwindigkeit optimieren (verschiedene Platten/Controller), traditionelle Platten und SSDs
- Einbinden von Netzwerk-Storage (iscsi, ata-over-ethernet, nfs, clusterfs)
- Redundanzen einbinden (Raid oder über das Netzwerk mit drbd)
- 1024-Zylinder-Grenze (/boot am Anfang der Platte, um Bootprobleme zu verhindern)

Bei einem Betriebssystem gibt es Teile, deren Speicherbedarf stark variieren kann, je nachdem was der Server für eine Aufgabe hat oder was die Benutzer damit anstellen. Das Verzeichnis /var ist für variable Daten gedacht, man findet darunter etwa die Spooling-Verzeichnisse für Mail- oder Druckdienste. Man findet dort auch Logdateien, welche je nach Verwendung des Servers größer oder kleiner sein können (und je nachdem länger (Gesetz) aufbewahrt werden müssen). Datenbanken können unter /var/db abgelegt werden, je nach Produkt aber auch mal unter /var/lib/mysql oder ähnlich. Datenbanken können sehr stark variierend sein, je nachdem, was diese macht bzw. mit was sie abgefüllt wird.

Das /tmp-Verzeichnis ermöglicht allen Benutzern die Nutzung eines Arbeitsbereichs für temporäre Daten – man weiß also nicht, wie viel dort zu liegen kommt. Zudem ist das /tmp-Verzeichnis neben dem Home-Verzeichnis der einzige Ort, wo ein normaler Benutzer Schreibrechte hat und damit Daten ablegen bzw. verarbeiten kann. Speziell am /tmp ist, dass nur der Ersteller einer Datei diese auch löschen kann (special Bit »t« gesetzt auf /tmp)

Selbstverständlich ist das Verzeichnis /home, unter welchem sich alle privaten Daten und Ordner der Benutzer befinden, ein sehr variabler Bereich.

Diese variablen Bereiche tragen alle das Risiko, dass sie plötzlich das System füllen und damit lähmen können. Wenn z.B. ein Benutzer kurzfristig große Datenmengen ins Verzeichnis /tmp ablegt, kann der Druckdienst wegen Platzmangels plötzlich keine Logdateien mehr ins Verzeichnis /var schreiben. Durch die Partitionierung dieser Bereiche wird genau das verhindert.

Eine weitere Partition ist /usr, sie ist allerdings eher statisch und erfährt nur Veränderungen, wenn neue Software installiert wird oder Updates gemacht werden. Sicherheitsversierte Administratoren können dies auch mal nur »lesend« einbinden (ro, read-only), somit kann keine »bösartige« Software eingeschleust werden und das System wird enorm sicher.

Die Swap-Partition braucht man auf jedem Unix-System, sie stellt den Auslagerungsspeicher für den Arbeitsspeicher zur Verfügung und benötigt dafür eine eigene Partition (Type 82). Das Nette dabei ist, dass es keine Filesystemadministration für den Auslagerungsspeicher braucht, »swap« ist praktisch ein einfacher Kübel, wo einfach rein- bzw. ausgelagert wird. Falls dieser mal knapp würde, kann man immer noch einen zweiten Swap-Bereich definieren oder zur Not auf einer Partition swap-Dateien anlegen.

Auch der Einsatz unterschiedlicher Dateisysteme verlangt eine jeweils eigene Partition. Aus Performance- oder Fähigkeitsgründen können unterschiedliche Filesysteme zum Einsatz kommen. Mit XFS können Snapshots erstellt werden (Realtime Partitions Backups). Einige Filesysteme haben Probleme mit sehr vielen kleinen oder großen Dateien (Inode-Limiten, Filegrößen-Limiten), andere haben dieses Problem in der Regel nicht (z.B. ZFS oder XFS). ZFS bieten von sich aus Raid, Verschlüsselung und Snapshots an, geniales System, aber nicht einfach zu betreiben. Spezialisten wie lessfs können doppelte bzw. gleiche Blöcke erkennen und dadurch viel Platz sparen (auf einem Fileserver finden sich oft x-mal die gleichen Dateien ...).

Der Bereich /home wurde schon erwähnt. Nicht nur aus Sicherheit zur Verhinderung des Füllens von Partitionen kann dieser getrennt werden, sondern auch aus Gründen der Systemunabhängigkeit. Normalerweise gibt es in /home nur Benutzerdaten, keine Programme und Bibliotheken oder systemspezifische Konfigurationsdateien. Bei einer neuen Installation kann deswegen diese Partition auch beibehalten werden und muss nicht zwingend neu erstellt werden. Bezüglich /home kommt, je nach Anforderung, die Frage ins Spiel, wie viel Platz ein Benutzer verwenden darf. Kontingente, sogenannte »quotas«, können nur pro Filesystem, sprich pro Partition definiert werden.

Der Zugriff auf eine Harddisk ist außen schneller als innen, also kann beim Anlegen der Partitionen darauf geachtet werden, dass solche mit mehr Zugriffen eher außen und solche mit weniger Aktivität eher am Ende der Platte angelegt werden (bei Raid, Netzwerkspeicher und SSDs fällt dies eher weniger ins Gewicht). Die Swap-Partition und das /var benötigen sicherlich mehr Zugriffe als eine /home-Partition, also werden sie zuerst und die /home-Partition am Schluss angelegt.

Bei älteren Systemen (Erfahrung hat gezeigt, nicht nur ältere!) hat der Bootloader Mühe, den Kernel zu lesen, wenn dieser hinter dem 1024. Zylinder auf der Harddisk sitzt. Wenn man die /boot-Partition jeweils als erste, kleine Partition anlegt, kann man über dieses Problem nicht stolpern. Zudem wird die /boot-Partition im Betrieb nicht gebraucht und muss deswegen nicht automatisch gemountet werden. Man benötigt die Partition lediglich, wenn ein Kernel-Update gemacht wird oder die Bootloader-Konfiguration geändert werden muss (GRUB) – was bei einem Kernel-Update der Fall ist.

### 9.5.3 Installation

Als Beispiel einer Installation wird hier Rocky Linux (www.rockylinux.org) verwendet. Eignen würde sich auch ein Debian. Dieses macht jedoch einiges anders als andere Linux-Varianten und gilt nicht als das einfachste »Einsteiger-Linux«. Ebenso alternativ wäre Ubuntu zu erwähnen, dies ist dann jedoch schon wieder sehr einfach und eher für Desktops als für Server gedacht.

Rocky Linux ist der Nachfolger von CentOS, die Version 9 hat ein »End of Life«-Datum vom 31.5.2032. Und CentOS wiederum war (ist) ein Linux, welches von Red Hat abstammt. Die Lizenzbedingung von GPL besagt, dass der Source-Code immer frei verfügbar sein bzw. bleiben muss. Da Red Hat zwar ein kommerzielles Linux ist, jedoch auf GPL-Software basiert (zum größten Teil), muss Red Hat die Sourcen zur Verfügung stellen (i.d.R. als SRPMS – Source Red Hat Packet). Dies hat sich das doch eher kleine CentOS Team zu nutzen gemacht – sie nahmen die SRPMS von Red Hat und haben daraus das CentOS gebaut.

Aktuell sieht es so aus, dass CentOS offiziell mehr mit Red Hat zusammenarbeitet, das gefällt nicht allen und Rocky Linux wurde als quasi Nachfolger geboren. Es ist 100 % kompatibel und jedes CentOS kann zu einem Rocky »upgegraded« werden. Red-Hat-Systeme sind sehr komfortabel zu administrieren, weitverbreitet und akzeptiert. Zumal gehört Red Hat zu einer der ersten Distributionen (Gründung 1993).

Wenn man ein Linux installiert, muss man keine anderen Vorbereitungen treffen als bei der Installation eines anderen Betriebssystems. Man braucht eine Quellressource, das kann eine CD oder DVD (bzw. das ISO) sein, ein USB-Stick (mit dem bootbaren ISO installiert) oder aber auch eine Netzinstallation (PXE/booten via Netz).

In größeren Umgebungen, wo es nicht nur um die Installation eines einzelnen Systems geht, wird meist die Netzvariante gewählt. Diese lässt sich auch weitgehend automatisieren, beispielsweise mit dem KickStart-Konzept (vergleichbar mit einer Unattended-Installation von Windows). Mehr dazu weiter unten.

Für die folgende Beispielinstallation wurde eine DVD genommen, diese kann direkt vom Distributor (hier rockylinux, https://rockylinux.org/download) heruntergeladen werden (man unterscheidet zwischen Architektur (x86_64, ARM, ppc64le und s390x) und Umfang des Installationsmediums (Minimal, DVD, Boot). Einfachheitshalber wurde hier die komplette DVD genommen.

Diese Installation wurde mit KVM und dem Virt-Manager unter Linux durchgeführt. KVM ist *die* Linux-Virtualisierung schlechthin. Für Desktops weniger geeignet, aber extrem gute Performance im Serverbereich, KVM nimmt es locker mit allen kommerziellen Virtualisierungen auf.

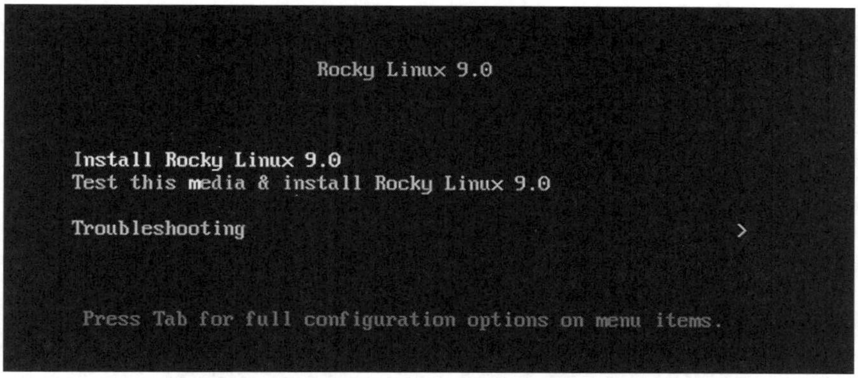

```
                    Rocky Linux 9.0

    Install Rocky Linux 9.0
    Test this media & install Rocky Linux 9.0

    Troubleshooting                                    >



    Press Tab for full configuration options on menu items.
```

**Abb. 9.15:** Startbildschirm von Rocky Linux 9

Auf dem obigen Screenshot ist zu sehen, dass neben den Optionen »Install Rocky Linux 9.0« eine zweite Option, um das Installationsmedium zu testen, angeboten wird. Unter »Troubleshooting« kommen die Optionen »Install Rocky Linux using text mode«, »Rescue a Rocky Linux system«, »Run a memory test« und »Boot from local hard drive« zum Vorschein.

»Install Rocky Linux using text mode« ist eine gern genutzte Installationsvariante. Die Installation geht schneller voran, da hierfür keine grafische Oberfläche benötigt wird. Ebenfalls kann diese einfach und bequem mit der Tastatur bedient werden. D.h. aber nicht, dass man nach der Installation keine grafische Oberfläche hätte, wenn man diese möchte, dann wählt man sie aus. Es ist jedoch anzumerken, dass man für Linux-Server keine grafische Oberfläche braucht – dies ist »nur« ein Programm und hat nichts mit dem Betriebssystem zu tun (Linux-Server werden bequem via SSH übers Netz administriert, die grafische Oberfläche braucht nur Speicherplatz, Ram und CPU!). Die folgende Installation wird mit der »grafischen« Variante durchgeführt, für ein erstes Mal ist das einfacher.

Die zweite Option, »Rescue a Rocky Linux system«, fährt ein Linux im RAM hoch, mit den meisten »Administrationstools«, welche für eine Rettung praktisch sind. Ohne die bestehende Installation zu überschreiben oder gar zu löschen, kann in diesem Modus eine Reparatur durchgeführt werden – ähnlich wie die SystemRescueCD, aber nicht ganz so umfänglich, dafür auf Rocky Linux zugeschnitten.

Die dritte Option unter »Troubleshooting«, »Run a memory test«, dient zum Prüfen, ob RAM beschädigt ist. Wenn eine Installation abstürzt bzw. einfriert, kann dies an einem fehlerhaften RAM-Baustein liegen. Falls die Installation also stehen bleibt, dann sollte mal dieser Test durchgeführt werden.

Die vierte Option dient zum Starten des auf der Festplatte installierten Systems. Allenfalls hat man den Stick oder die DVD nicht entfernt und die Maschine startet nach der Installation wiederum automatisch von diesem Medium.

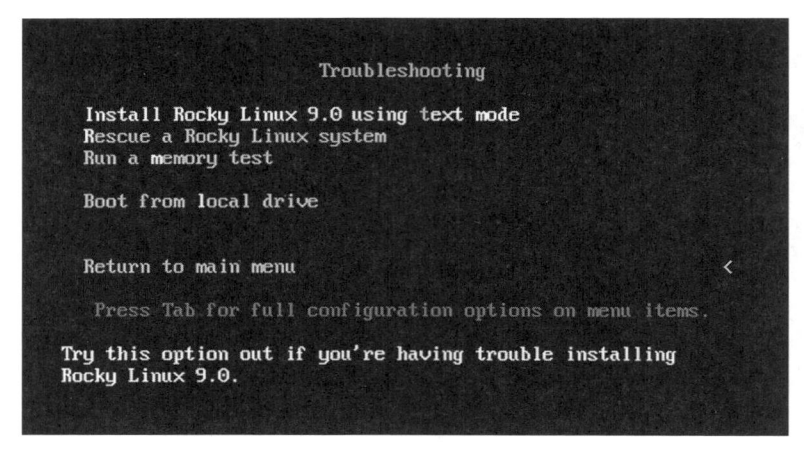

**Kapitel 9**
Installation von Netzwerkbetriebssystemen

**Abb. 9.16:** Unter Troubleshooting »text mode« wählen, um zu installieren

Nachdem die Installation gestartet wurde (Install Rocky Linux 9.0, erster Boot-Bildschirm), wird ein Linux gestartet. Es wird ein »RAM-Linux-System« verwendet, um Linux zu installieren. D.h., der Bootloader des ISOs liest nun den Kernel ein, startet die wichtigsten Dienste und eine grafische Oberfläche, mit welcher man durch die Installation geführt wird.

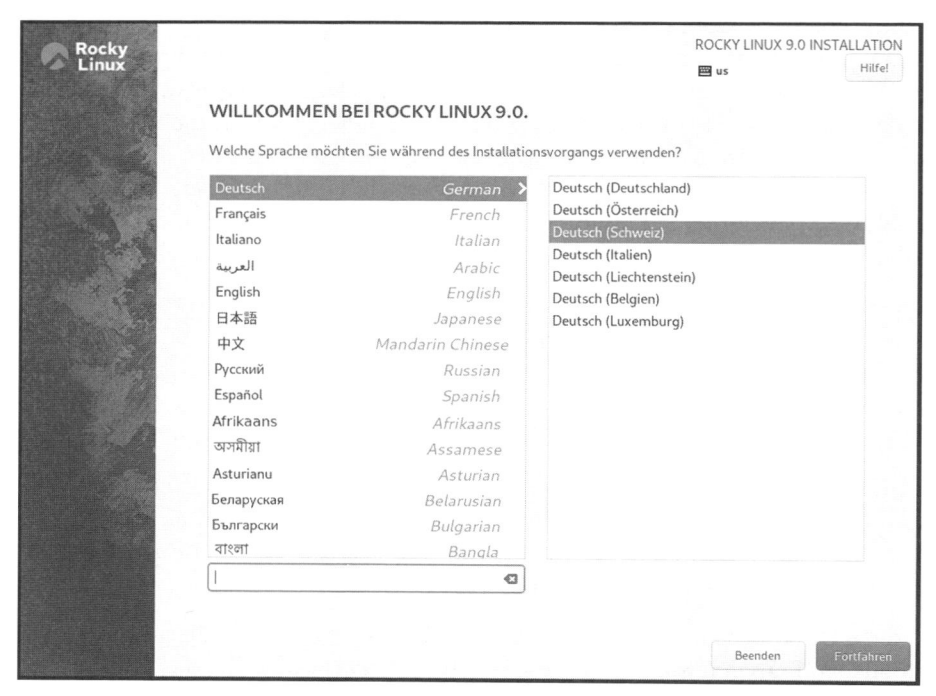

**Abb. 9.17:** Erster Bildschirm nach dem Bootloader: Sprachwahl

## 9.5 Unix-/linuxartige Betriebssysteme

Automatisch wurde nun schon entdeckt, dass man da in der Sprachregion Deutsch (Schweiz) sich befindet. Kollegen, Stellvertreter aber auch »google« werden euch »dankbar« sein, wenn man nicht Deutsch wählt, sondern Englisch. Das ist der Standard für das Serversystem. Das Argument, dass die meisten Dokumentationen, Manpages in Englisch sind, spricht für sich, zudem wird man viel mehr Antworten auf englische Fehlermeldungen im Internet finden gegenüber einer anderen Sprache. Es wird also auf Englisch gewechselt in der Installation (Problemlos kann das Linux-Terminal oder auch die grafische Oberfläche in eine andere Sprache gewechselt werden, i.d.R. sind das »nur« Umgebungsvariablen wie »LANG=de_CH.UTF8«, welche gesetzt werden müssen).

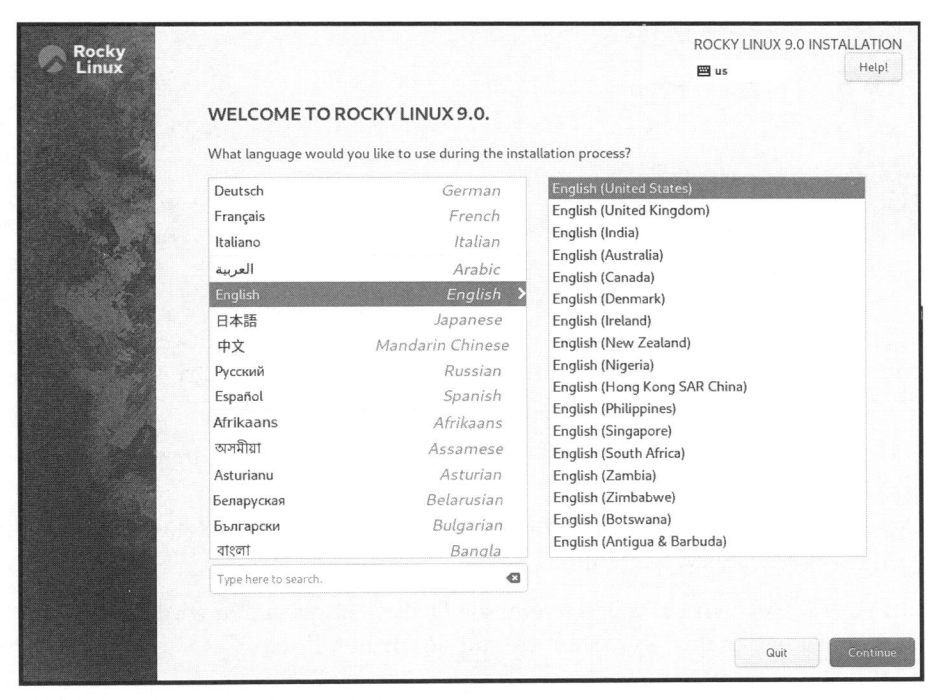

**Abb. 9.18:** Wahl der Sprache: Englisch

Nach der Sprachwahl erscheint eine Installationsübersicht. Jene Punkte, welche zwingend bearbeitet werden müssen, sind solche mit einem Ausrufezeichen und dem Kommentar unten dran. Ebenfalls ist zu sehen, was schon konfiguriert wurde. Beispielsweise die Zeitzone wurde automatisch erkannt und muss demnach nicht mehr geändert werden.

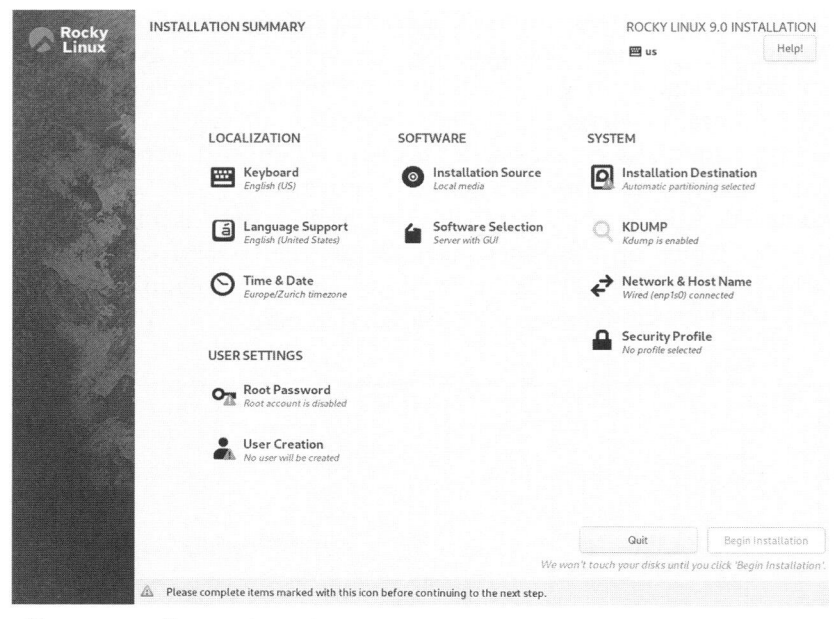

**Kapitel 9**
Installation von Netzwerkbetriebssystemen

**Abb. 9.19:** Installationsübersicht

Übrigens, da Linux mit Linux installiert wird, stehen Konsolen mit verschiedenen Informationen bzw. Funktionen zur Verfügung, welche mit »Ctrl-Alt-F-Tasten« erreicht werden können:

- Ctrl-Alt-F1: Anaconda Installer (eigentlich der Textinstaller, in welchem das GUI gestartet wurde)
- Ctrl-Alt-F2: eine Shell (Kommandobefehle können hier abgesetzt werden)
- Ctrl-Alt-F3: eine weitere Shell (ein zweites »Kommandofenster«)
- Ctrl-Alt-F4: Kernelmeldungen (wenn die Disk nicht gefunden wird oder Ähnliches, könnte man dort Rückschlüsse auf den Fehler finden)
- Ctrl-Alt-F5: eine Shell (ein drittes »Kommandofenster«)
- Ctrl-Alt-F6: der grafische Installer (auf diesem Terminal läuft der grafische Installer)

Als Erstes wird das Keyboard-Layout angepasst. Dies natürlich nur, wenn man nicht eine Vorliebe hat für US-Tastaturen oder gar eine solche verwendet, kann dies auf »English (US)« belassen.

Wenn unter dem »+« die Swiss-German-Tastatur hinzugefügt wurde, kann man diese gleich im Fenster nebenan testen. Wenn nun das »English (US)«-Layout angewählt wird, kann es mit »-« entfernt werden. Oben links »Done« schließt diesen Dialog und man kommt zurück zur Installationsübersicht, in welcher »Swiss German« nun ersichtlich sein sollte.

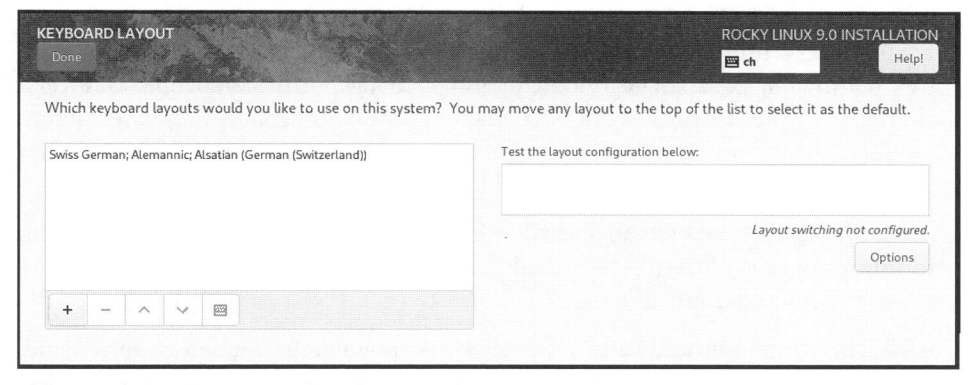

**Abb. 9.20:** Swiss German Keyboard Layout

Der Teil »Localization« wäre in Ordnung, als Nächstes ist »Software« an der Reihe.

Da wir über eine komplette DVD als Installationsressource verfügen, brauchen wir »Installation Source« nicht zu ändern. Dort könnte ein FTP, HTTP/S mirror oder eine NFS-Freigabe angegeben werden, wo sich die Installationsdateien befinden. Installiert man automatisiert via Netzwerk, braucht man so etwas – dies kann man selbst betreiben oder einen mirror aus dem Internet angeben (z.B. `mirror.puzzle.ch` mit der entsprechend richtigen Pfadangabe).

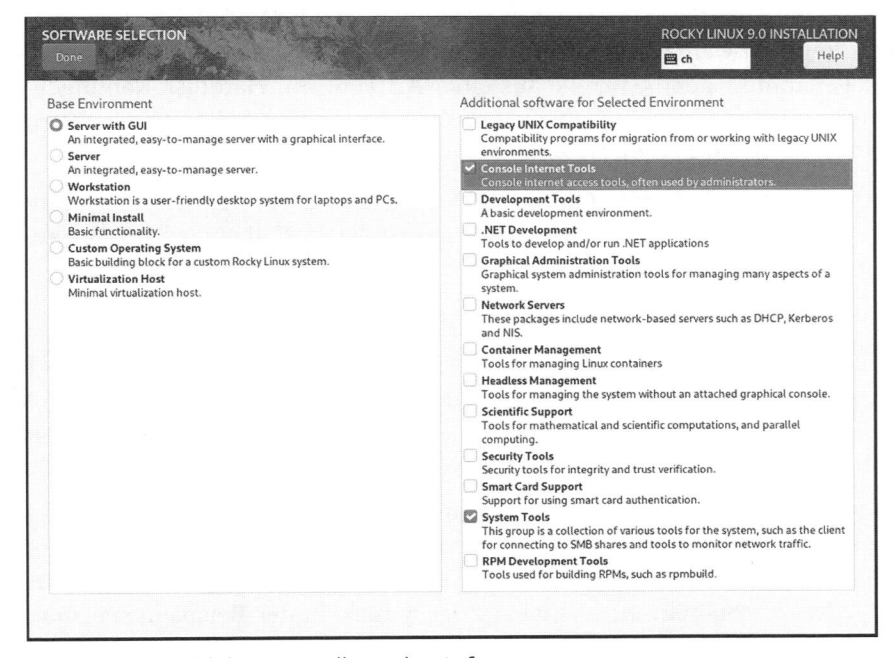

**Abb. 9.21:** Auswahl der zu installierenden Software

Für den Einsteiger etwas bequemer: »Server with GUI«, zusätzlich kann »Console Internet Tools« und »System Tools« angewählt werden. Diese »Additional Software« beinhalten zusätzliche nützliche Tools für die Kommandozeile. Natürlich kann man auch später mittels Packetmanager (yum) komfortabel Software nachinstallieren, sprich, wenn ich später Webserver, Samba als AD oder Ähnliches machen will, muss ich dies hier noch nicht anwählen, das geht bestens später.

Ganz grundsätzlich ist es eine sinnvolle Herangehensweise, wenn zuerst nur ein Minimum ausgewählt wird (z.B. Minimal Install) für einen Server. Alles andere kann später hinzugefügt werden.

Zusätzliche, unnötige Software bedeutet mehr potenzielle Sicherheitsprobleme, mehr Speicherplatz wird gebraucht, Updates dauern länger, Backup wird größer bzw. braucht länger etc. Heute arbeiten praktisch alle Linux-Distributionen mit einem netzwerkfähigen Paketmanager, wenn man eine Internetverbindung hat, kann alles nachträglich automatisiert installieren.

Der Partitionierungsteil ist wie schon erwähnt einer der wichtigsten Schritte in der Installation. Entweder man erledigt diesen Punkt automatisch (automatic partitioning) oder selbst, wie in der Planung erklärt. Der automatische Modus wird unter Umständen nur gerade eine /- und eine Swap-Partition erstellen, was für den Betrieb eines Servers meist unzureichend ist. Um mal kurz ein Linux zu testen, kann das in Ordnung sein, aber für den produktiven Einsatz ist davon abzuraten.

Die heutigen Distributionen arbeiten standardmäßig mit LVM (Logical Volume Manager). Bei LVM werden einer Partition nicht fixe Blöcke zugeordnet, sondern es sind sogenannte Extends, welche aus einer Art Pool von Harddisk-Kontingenten kommen. Damit ist es einfach, später mehr Platz zur Verfügung zu stellen und die Partitionen im Betrieb zu vergrößern und zu verkleinern.

Dies kann sehr praktisch sein. Ohne RAID sollte dies aber nicht über mehrere Platten hinweg gemacht werden, um Datenverlust bei Ausfall einer Platte vorzubeugen.

Wie auf der folgenden Abbildung ersichtlich ist, wurden die Partitionen /boot, /, swap, /usr, /var, /tmp und /home erstellt.

Beim Erstellen dieser Partitionen gibt man den »Mount Point« an (das Verzeichnis, welche durch diese Partition übernommen wird) und die Größe der Partition (M für Mega, G für Giga und T für Terra, jeweils hinter der Zahl, z.B. 1500 M).

Dateisystem Standard ist XFS, das ist grundsätzlich in Ordnung, wenn man jedoch spezielle Ext-Filesystem-Funktionen nutzen möchte, geht das mit XFS nicht (Ext-Filesystem-Attribute werden mit lsattr <file> angezeigt, chattr <file> geändert). Ext4 ist ein sehr gutes, stabiles Filesystem, in der Beispielinstallation hier wurde auf ext4 gewechselt.

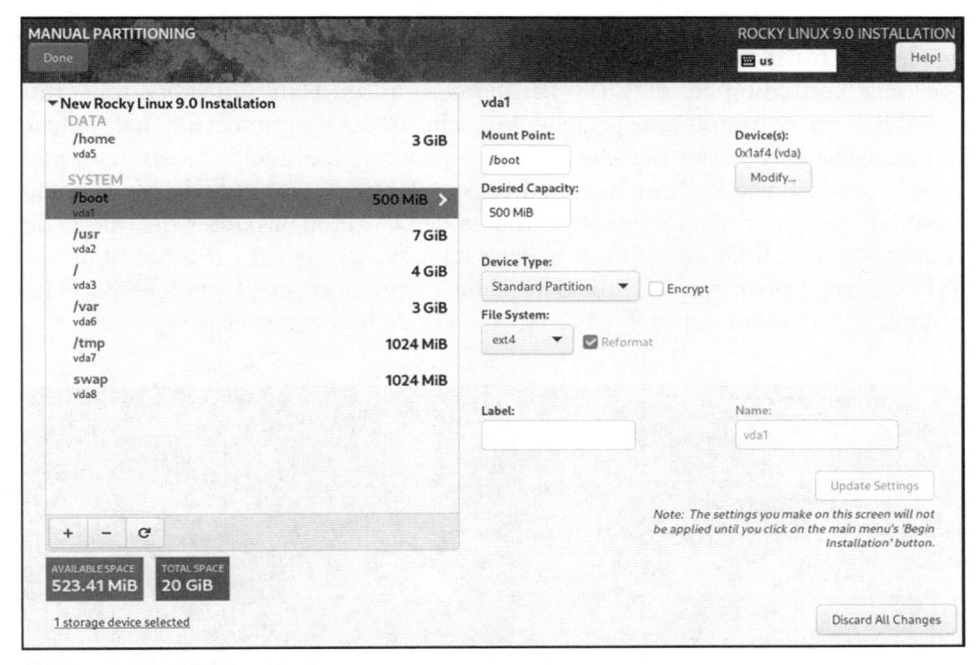

**Abb. 9.22:** Mögliche Partitionierung

In der virtuellen Maschine steht eine 20-GB-Disk zur Verfügung. Ca. 10 % wurden nicht belegt, das hat den Vorteil, dass später dieser Platz eingebunden werden könnte, ohne dass eine weitere Disk der VM zugeordnet werden müsste. Es könnte sein, dass »swap« zu klein ist oder es noch eine zusätzliche »/opt«-Partition bräuchte. Während des laufenden Systems könnte dann diese konfiguriert und hinzugefügt werden.

Die Festplatten unter Linux können verschiedene Namen haben, die sogenannte Gerätedatei befindet sich jeweils unter »/dev« (Devices), die einzelnen Dateien heißen:

- /dev/sda – erste SCSI, SATA, iSCSI, USB-Disk (sdb wäre dann die Zweite)
- /dev/vda – erste »virtuelle« Platte (KVM unter Linux) (vdb wäre die Zweite)
- /dev/hda – IDE Primary Master (/dev/hdb wäre primary slave), IDE wird aber kaum mehr verwendet ...

Je nach Raid-Controller können die Platten auch komplett anders heißen, dies ist aber eher die Ausnahme.

Wenn also die erste Platte im System »/dev/sda« oder einfacher »sda« heißt, ist die erste Partition (/boot) dann auf der Partition »/dev/sda1« oder einfach »sda1«.

**Kapitel 9**
Installation von Netzwerkbetriebssystemen

Die Partitionierung von Hand kann auch über fdisk in der Konsole vorgenommen werden (mit [Ctrl-ALT-F2] wird nach dem Download der Installationsdaten eine Shell zur Verfügung gestellt). Die Partitionierung von Hand mit fdisk sollte nur gewählt werden, wenn man spezielle Wünsche an die Partitionierung hat, welche das grafische Partitionierungs-Tool nicht bieten kann. Das Tool bei Rocky Linux ist sowohl grafisch wie auch im Textmodus aktiv. Was das Tool typischerweise nicht kann, ist das Erzwingen einer Reihenfolge der Partitionen (außer der, die beim Anlegen automatisch entsteht). Mit fdisk können dagegen für jede Partition die Zylinder angegeben werden, auf denen die Partition angelegt werden soll (oder mittels »+[Zahl][Einheit]« z.B. »+500M« die Größe in Megabytes).

```
[anaconda root@localhost /]#
[anaconda root@localhost /]#
[anaconda root@localhost /]# fdisk /dev/vda

Welcome to fdisk (util-linux 2.37.4).
Changes will remain in memory only, until you decide to write them.
Be careful before using the write command.

Device does not contain a recognized partition table.
Created a new DOS disklabel with disk identifier 0x9cfdb16d.

Command (m for help): p
Disk /dev/vda: 20 GiB, 21474836480 bytes, 41943040 sectors
Units: sectors of 1 * 512 = 512 bytes
Sector size (logical/physical): 512 bytes / 512 bytes
I/O size (minimum/optimal): 512 bytes / 512 bytes
Disklabel type: dos
Disk identifier: 0x9cfdb16d

Command (m for help): n
Partition type
   p   primary (0 primary, 0 extended, 4 free)
   e   extended (container for logical partitions)
Select (default p): p
Partition number (1-4, default 1):
First sector (2048-41943039, default 2048):
Last sector, +/-sectors or +/-size{K,M,G,T,P} (2048-41943039, default 41943039): +500M

Created a new partition 1 of type 'Linux' and of size 500 MiB.

Command (m for help): p
Disk /dev/vda: 20 GiB, 21474836480 bytes, 41943040 sectors
Units: sectors of 1 * 512 = 512 bytes
Sector size (logical/physical): 512 bytes / 512 bytes
I/O size (minimum/optimal): 512 bytes / 512 bytes
Disklabel type: dos
Disk identifier: 0x9cfdb16d

Device     Boot Start     End Sectors  Size Id Type
/dev/vda1       2048 1026047 1024000  500M 83 Linux

Command (m for help): _
```

**Abb. 9.23:** Partitionierung mit fdisk

Zur Sicherheit sollte nach der Partitionierung mit fdisk neu gestartet werden. Es ist möglich, dass eine Swap-Partition beim Aufstarten des Installationssystems erkannt und gleich aktiviert wird. Somit ist die Harddisk in Gebrauch, und die neu erstellte Partitionstabelle kann erst beim nächsten Neustart eingelesen werden.

Die Methode mit »fdisk« ist für Experten gedacht. Mit »fdisk« kann man einiges falsch machen, die falsche Platte gewählt und die Daten wären dann nur noch schwer wiederherstellbar. In 99 % der Fälle ist das grafische Partitionierungstool völlig ausreichend.

Weiter unter System kommt die Frage, ob man »KDump« einschalten möchte (Standard ist eingeschaltet). »Kdump« (Kernel Dump) erstellt ein Abbild des Speichers, wenn das System eine Kernel Panic hat, sprich »crasht«. Diesen Dump könnte man analysieren, um die Ursache des Problems herauszufinden. Man kann »KDump« erst mal ausschalten, falls das System dann wirklich öfters crashen würde, dann lässt sich dieser wieder einschalten.

Unter »Networt & Host Name« wird das Netzwerk-Interface konfiguriert und der Maschinenname gesetzt. Dies lässt sich später anpassen, aber sinnvoll, wenn möglich, dass dies schon mal in der Grundkonfiguration richtig ist. Hier wird DHCP verwendet (selbstverständlich kann eine statische IPV4- oder IPV6-Adresse konfiguriert werden), ebenfalls DNS, Gateway etc. Der Hostname wird inklusive der Domain angegeben (FQDN), z.B. `rocky.intra.educomp.ch`.

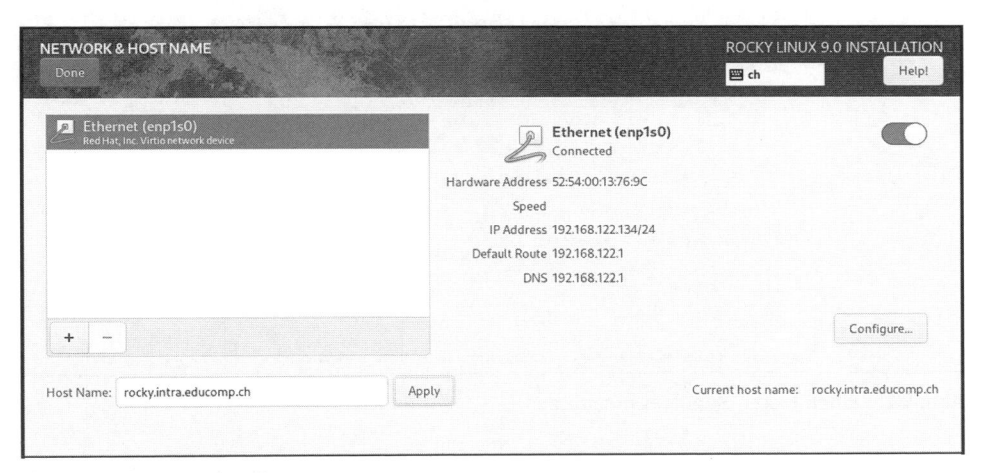

**Abb. 9.24:** Netzwerk und Hostname

Das mit den Netzwerk-Interface-Namen ist so eine Sache. Standardmäßig sehen diese heute auf jeder Distribution etwas anders aus. Bei manchen ist es abhängig davon, welcher Treiber (Kernel-Modul) verwendet wird, andere machen es auch traditionell (eth0 für das erste Ethernet Interface, eth1 für zweite etc.). Die »neue« Benennung der Interfaces kommt unter anderem daher, dass man nie wusste, welche Karte an welchem Steckplatz welches »ethX« war. Neu sollte es nach PCI-Slot bezeichnet werden.

Wenn man die traditionelle Bezeichnung haben möchte, kann man das später noch umstellen. Die Grub-Bootloader Option (/etc/default/grub) »GRUB_CMD LINE_LINUX='net.ifnames=0 biosdevname=0'« bewirkt genau das, so wird beim

Systemstart nicht »eth0« in ein »enp1s0« umbenannt, sondern bleibt »eth0«. Dies muss dann jedoch auch in der Netzwerkkonfiguration auf dem System angepasst werden (da es dann »enp1s0« nicht mehr gibt).

Die letzten beiden Konfigurationen, die getätigt werden müssen, findet man unter »User Settings«, nämlich das »Root«-Passwort und den ersten Benutzer auf dem System. Falls man ein schlechteres Passwort wählt wie z.B. »password«, dann muss man zweimal auf »done« klicken, damit er auch das schlechte Passwort akzeptiert.

Es ist nicht sinnvoll, den ersten Benutzer zum »Administrator« zu machen (es gibt da eine Checkbox »Make this user administrator«), das kommt einem zweiten Root-User gleich (wenn der erste User das Root-Passwort kennt, kann er jederzeit mittels »su -« in der Kommandozeile Root werden).

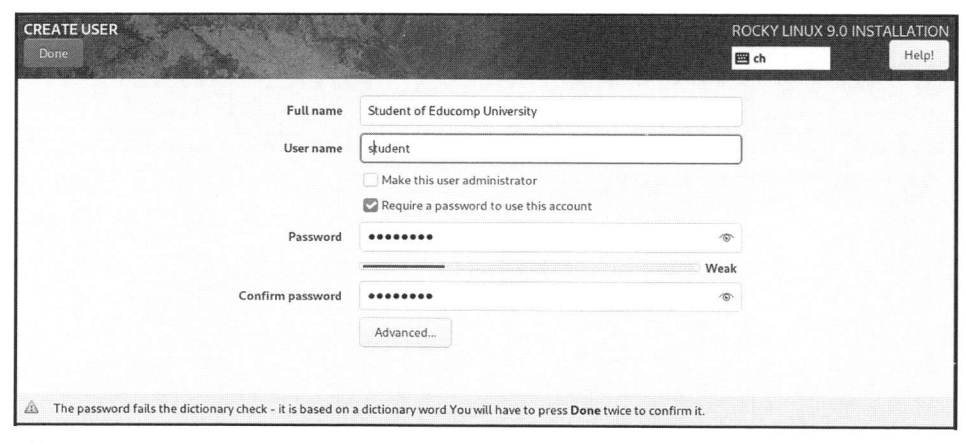

**Abb. 9.25:** Einen ersten Benutzer hinzufügen

Die wichtigsten Optionen wurden nun konfiguriert und die Installation kann gestartet werden. Diese ist mehrstufig, zuerst wird partitioniert, Filesysteme werden erstellt, montiert und dann wird mit der eigentlichen Paketinstallation begonnen. Je nach gewähltem Umfang dauert das wenige Minuten bis zu einer halben Stunde. Falls man eine Netzwerkinstallation macht, geht das etwas schneller, es sei denn, man installiert über eine langsame Leitung von einem Internet-Mirror.

Wenn die Installation abgeschlossen ist, kommt die entsprechende Meldung »Rocky Linux is now successfully installed and ready for you to use«. Es muss nur noch der »Reboot System«-Knopf gedrückt werden und das System bootet ins frisch installierte Linux.

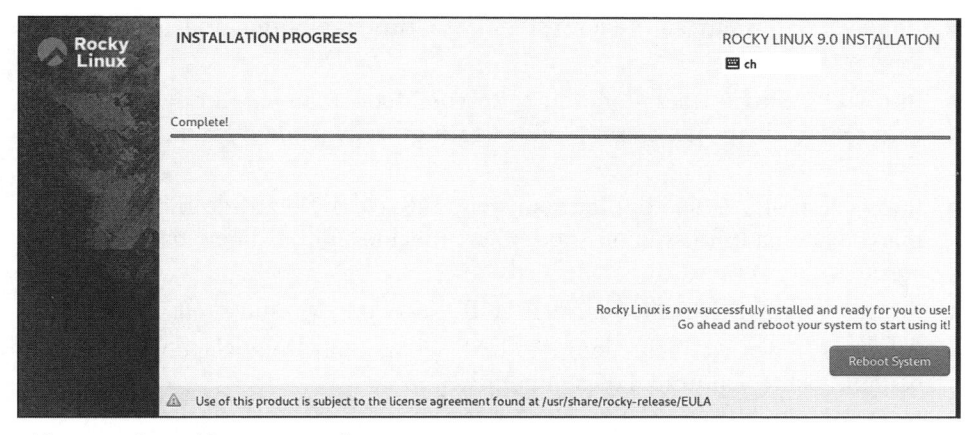

**Abb. 9.26:** Abgeschlossene Installation

Allenfalls sollte man den USB-Stick, die DVD entfernen, da je nach Konfiguration wieder von diesem Medium aus gestartet wird.

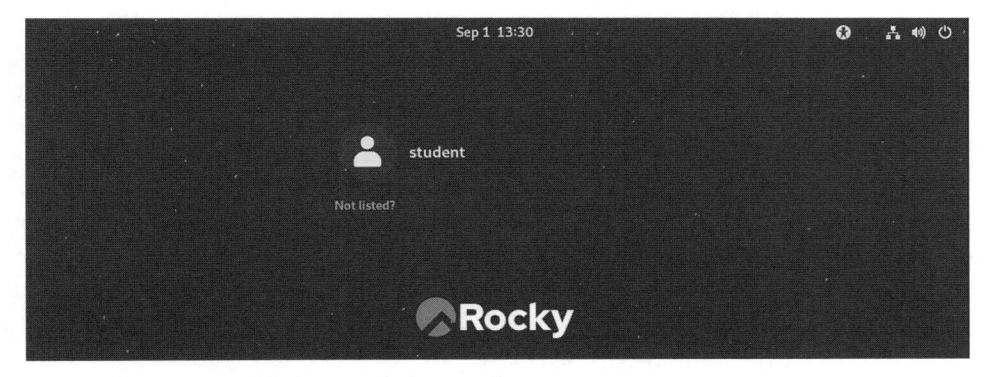

**Abb. 9.27:** Der Login-Bildschirm nach der Installation

Das System startet also mit der grafischen Oberfläche. Für eine Arbeitsstation, Laptop etc. ist das normalerweise gewünscht. Bei einem Server normalerweise eher nicht.

Traditionell werden die »Startzustände« eines Linux-Systems als »Runlevels« bezeichnet. Seit der Einführung des »systemd«, welches den alten »init« ersetzt, hat sich das geändert. Jedoch ist dies eine tief verankerte Geschichte und lässt sich nicht einfach so aus der Welt schaffen. »systemd« ist weitläufig mit dem alten Init »rückwärtskompatibel«, es macht demnach Sinn, auch die älteren Runlevels zu kennen:

- Runlevel 0: System halt, das System wird runtergefahren und hält an (kein Poweroff!)
- Runlevel 1: Single-User Mode, auch Rescue-Mode. Man hat nur den Root-User, kein Netzwerk, nichts, dieser Modus ist für grundlegende Administrationszwecke gedacht
- Runlevel 2: »no net«, alles läuft so weit, außer das Netzwerk; nützlich, wenn man Systemadministration betreiben möchte, ohne über das Netzwerk »gestört« zu werden
- Runlevel 3: der Server Modus, alles läuft, Netzwerk, Mutliuser etc., Text-Modus
- Runlevel 4: der ist nicht definiert bzw. wenn man einen eigenen Runlevel bauen möchte, kann man diesen nehmen
- Runlevel 5: Runlevel 3 plus grafische Oberfläche (so hat unser Linux nun gestartet)
- Runlevel 6: reboot, das System startet neu

Runlevel 0, 1, (2) und 6 als Standard zu definieren, macht wenig Sinn. Normalerweise ist das die 3 (Server) oder die 5 (Arbeitsstationen, Thin Clients, Laptops etc.).

Früher, unter Init, wurde ein Runlevel mit »init 3« bzw. »init 5« als Root gewechselt. Dies geht heute nach wie vor, aber im Hintergrund wird systemd verwendet mit dem Kommando »systemctl«.

```
# systemctl isolate runlevel3
```

Wechsel unmittelbar in den Servermodus/Textmodus. Oder umgekehrt, wenn man in dem Konsolenmodus ist, die grafische Oberfläche installiert wurde, kann mittels

```
# systemctl isolate runlevel5
```

in den grafischen Modus gewechselt werden. (Anm.: Wechsel von der grafischen Oberfläche hin und zurück in die Textkonsole geht analog wie in der Installation, mittels Ctrl-Alt-F-Tasten, wobei dann nur das Terminal gewechselt wird, die grafische Oberfläche läuft in diesem Fall nach wie vor im Hintergrund).

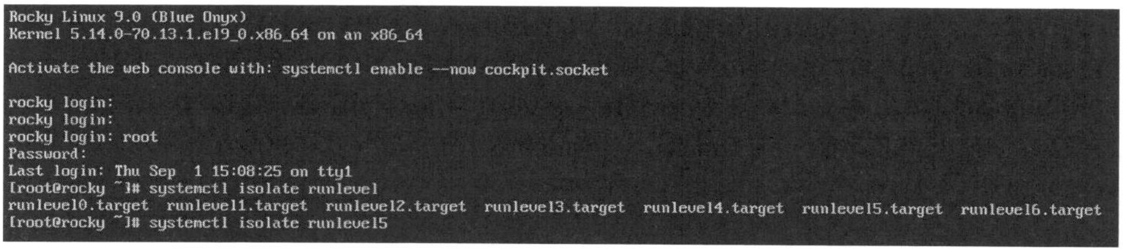

**Abb. 9.28:** Runlevel-Wechsel mit systemctl

```
# systemctl isolate runlevel5
```

und

```
# systemctl isolate graphical
```

hat den gleichen Effekt bzw. ist exakt das Gleiche (Rückwärtskompatibilität).

Welcher runlevel (oder neu bei Systemd, »target«) standardmäßig genommen wird, kann mittels

```
# systemctl set-default runlevel3
```

oder

```
# systemctl set-default multiuser
```

was wiederum das Gleiche ist, eingestellt werden. Mittels »systemctl get-default« wird angezeigt, welcher beim Systemstart genommen wird. (Anm., kann ich mir an dieser Stelle kaum verkneifen, extrem praktisch ist:

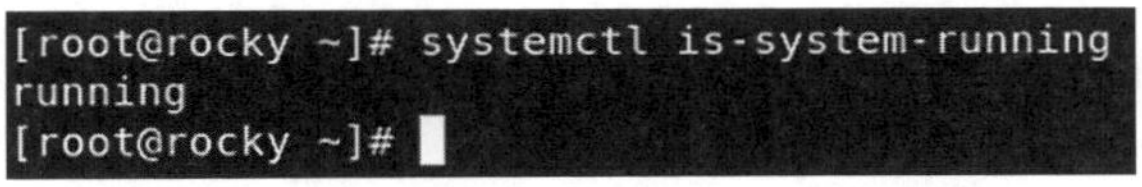

```
[root@rocky ~]# systemctl is-system-running
running
[root@rocky ~]#
```

**Abb. 9.29:** systemctl is-system-running

So kann festgestellt werden, ob das System am Laufen ist. Man weiß ja nie!

Effektiv geht es noch ein bisschen weiter, wenn da »degraded« anstelle »running« steht, weiß man, dass irgendwas nicht so ist, wie es sein sollte.

Noch ein paar Zeilen zum Thema Bootloader. Unter Linux wird heute praktisch ausschließlich GRUB verwendet (Grand Unified Bootloader), sofern es sich um ein x86-System handelt. LILO (Linux Loader) wird nicht mehr eingesetzt. LILO war insbesondere sehr unflexibel, da dieser die aktuelle Konfiguration nicht beim Starten, beim Einlesen des MBR aktualisieren konnte, sondern bei jeder Änderung der MBR neu geschrieben werden musste. Dies geschah mit /sbin/lilo. Wenn man sich mit der Konfiguration mal vertan hatte, dann musste man zur Knoppix-CD bzw. auf ein Rescue-System zurückgreifen. Die Konfiguration von LILO ist ähnlich zu der von GRUB, Erstere befand sich unter /etc/lilo.conf.

GRUB kann einiges mehr als LILO. Er ist fähig, fat-, ext- und seit Neuerem auch XFS-Dateisysteme zu lesen, was den entscheidenden Vorteil bringt, dass GRUB beim Starten seine Konfiguration liest und man somit nicht mehr darauf angewiesen ist, den MBR neu zu schreiben. Die GRUB-Shell selbst besitzt eine rudimentäre Bash-like-Eingabe. Um dies auszuprobieren, kann in der Shell als Root-Benutzer das Kommando grub eingegeben werden.

Eine Beispiel-GRUB-Konfiguration (/boot/grub/grub.conf oder menu.lst):

```
default    0
timeout    5
password       --md5 $1$NYoR71$Sgv832nhx93doxcz3932nj
title     Gentoo x86 (3.0.3)
root      (hd0,1)
kernel    /boot/bzImage-3.0.2 root=/dev/sda2 ro
```

Alternativ dazu:

```
title     "Windows"
rootnoverify    (hd0,0)
savedefault
makeactive
chainloader    +1
```

Kurz erklärt bedeuten diese Einträge:

default: 0, d.h., die erste Konfiguration ist Standard (dort, wo der erste title beginnt).

timeout: Nach fünf Sekunden wird der Default gestartet.

password: GRUB ist hier passwortgeschützt, d.h., man kann nur die verschiedenen Bootkonfigurationen wählen, aber nicht mit e editieren oder gar mit c eine Kommandozeile erhalten. Zuerst muss mit p ein Passwort eingegeben werden, sodass GRUB entsperrt wird.

title: Dieser Titel erscheint im Boot-Menü, kann frei gewählt werden, sollte aber sinnvoll sein, um die Auswahl zu klären.

root: Gibt die Partition an, auf welcher GRUB selbst zu finden ist (das /boot-Verzeichnis).

kernel: Gibt an, welcher Linux-Kernel und wie gestartet werden soll. Hier mit der Option root=. Dies gibt an, welches der Root (/) des Systems ist und die Option ro, welche bewirkt, dass zuerst die Root-(/-)Partition read-only eingehängt wird, um eventuell eine Dateisystemprüfung zu vollziehen.

Bei der zweiten Startkonfiguration ist dargestellt, wie man mit dem GRUB ein anderes Betriebssystem starten kann. GRUB wird hier instruiert, nach einem anderen Bootloader zu starten, in diesem Fall einem Windows-Bootloader.

Der Grub hat eine komplette Überarbeitung erhalten. Grub wurde nie zur Version 1 gehoben, der blieb irgendwo bei 0,97 »stecken«, kurz vor der Version 1. Diese Version wird heute als »grub-legacy« verwendet. Geht immer noch, kann nach wie vor verwendet werden.

Der neue Grub2 funktioniert aber tatsächlich anders (oben, Interfaces auf traditionellen Namen umbenennen wäre für Grub2). Das Konfigurationsfile wird »automatisch« geschrieben, Grub2 erkennt ob es andere Betriebssysteme auf der Platte (den Platten) hat und nimmt diese entsprechend ins Boot-Menü auf. Eine Konfigurierung erfolgt i.d.R. nur grundsätzlich unter »/etc/default/grub«. Wenn man da etwas ändert, wird die Grub2 Konfiguration neu erstellt:

```
[root@rocky ~]# grub2-mkconfig -o /boot/grub2/grub.cfg
Generating grub configuration file ...
Adding boot menu entry for UEFI Firmware Settings ...
done
[root@rocky ~]#
```

**Abb. 9.30:** Grub2-Konfiguration neu schreiben

### 9.5.4 Erste Schritte nach der Installation

Falls man bei der Installation keinen Benutzer angelegt hatte, sollte dies gleich zuerst nach dem ersten Aufstarten nachgeholt werden.

Wenn die Maschine im grafischen Modus aufstartet, kann mit Ctrl-Alt-F1 (je nach Distribution auch mal Ctrl-Alt-F3) in die Textkonsole gewechselt werden. Nun kann man sich mit root anmelden und einen neuen Benutzer anlegen:

useradd -m benutzername erstellt den neuen Benutzer (der Parameter -m bewirkt dabei, dass ein Heimverzeichnis für diesen angelegt wird und die Initialdateien hineinkopiert werden, die unter /etc/skel abgelegt sind).

useradd hat viele Optionen, welche der Benutzerverwaltung dienlich sind:

-m  Kopieren der Dateien aus /etc/skel und Anlegen eines Heimverzeichnisses (unter /home/benutzername)

-d  Alternativer Pfad zum Heimverzeichnis des Benutzers

-e  Ablaufdatum des Kontos (im Format: JJJJ-MM-TT)

-g  Hauptgruppe des Benutzers, wenn diese nicht gleich dem Benutzernamen sein sollte (diese muss aber schon existieren (mit groupadd kann eine neue Gruppe erzeugt werden)

-G  zusätzliche Gruppen, in denen der Benutzer Mitglied sein sollte (getrennt mit Komma)

-p   Kann das Passwort angegeben werden, dies muss jedoch der Passwort-Hash sein!

-s   Standard-Shell des Benutzers, normalerweise ist dies `/bin/bash`

-D   Gibt die Standardwerte aus, falls Optionen nicht verwendet werden

Mit dem Kommando `userdel benutzername` kann ein erstellter Benutzer wieder entfernt werden, mit -r werden auch die Dateien im Heimverzeichnis mitgelöscht.

Nach dem Erstellen eines Benutzers hat dieser kein Passwort gesetzt, dies wird mit `passwd benutzername` nachgeholt.

Es ist möglich, dass bei der Passwort-Eingabe eine Meldung kommt, dass das Passwort nicht stark genug ist.

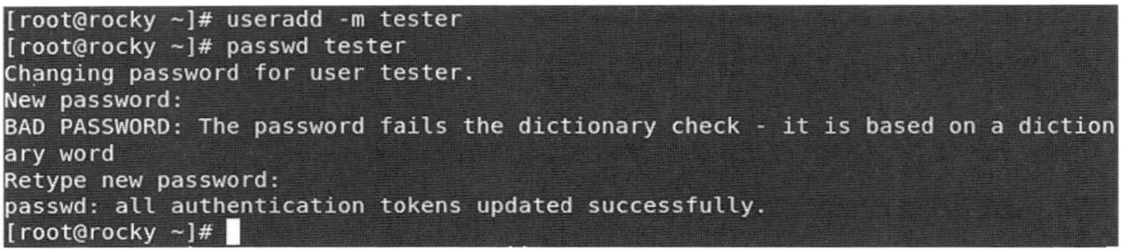

```
[root@rocky ~]# useradd -m tester
[root@rocky ~]# passwd tester
Changing password for user tester.
New password:
BAD PASSWORD: The password fails the dictionary check - it is based on a diction
ary word
Retype new password:
passwd: all authentication tokens updated successfully.
[root@rocky ~]#
```

**Abb. 9.31:** User erstellen, Passwort setzen

Root darf auch schlechte Passwörter setzen. Die erneute Eingabe des gleichen Passworts ergibt dann die Meldung, dass es geklappt hat »all authentication tokens updated successfully«. Es könnte da eigentlich auch stehen »password set successfully« oder ähnlich, da steckt aber allenfalls noch mehr dahinter. Je nachdem, wie ein System konfiguriert ist, muss das nicht lokal abgelegt sein – vielleicht authentifiziert man sich an einem LDAP-Verzeichnis, dann würde das Passwort dort geändert.

Es gibt ein Kommandozeilen-Tool, welches Zufallspasswörter generiert. Dies kann mittels

```
# yum install pwgen (oder Debian, # apt install pwgen)
```

installiert werden. (Allenfalls braucht es unter Rocky Linux ein zusätzliches Repository, welches dieses Paket beinhaltet. Mittels »yum install epel-release« fügt man dies hinzu. »EPEL« ist das Repository »Extra Packages for Enterprise Linux«. CentOS bzw. Neu hier: Rocky stammt direkt vom Red Hat Enterprise Linux ab, also kann auch dieses Repository verwendet werden.)

```
[root@rocky ~]# pwgen 12 1
Ahphoo3aiCa0
[root@rocky ~]# pwgen 12 1 | tee tester.pw | passwd --stdin tester
Changing password for user tester.
passwd: all authentication tokens updated successfully.
[root@rocky ~]# cat tester.pw
peel5coluoSh
[root@rocky ~]#
```

**Abb. 9.32:** Passwort setzen mithilfe von pwgen

»pwgen 12 1 | passwd -stdin tester« wäre jetzt nicht sehr sinnvoll, da das Passwort generiert und sofort gesetzt würde, ohne dass man dies in Klartext sieht. Mittels Einfügen »| tee tester.pw« wird eine Textdatei angelegt, in welcher das Passwort, welches gesetzt wird, niedergeschrieben wird (tee kommt von »t«-Stück, »|« ist eine Pipe, also eine Röhre, und da kann mit einem »t«-Stück die Ausgabe »dupliziert« bzw. zusätzlich in eine Datei geschrieben werden).

Mit dem Kommando `passwd` werden nicht nur Passwörter gesetzt, sondern es können Konten modifiziert werden, z.B. wann das Passwort geändert werden muss, wann der Account abläuft usw. Praktisch ist ebenfalls, dass ein Konto direkt mit `passwd -l benutzername` gesperrt werden kann. Man löscht in der Regel keine Konten, da dann die Informationen über diesen Benutzer verloren gehen (Userid hat dann keinen Benutzer mehr zum Zuordnen). Das Sperren ist also besser, als Konten zu löschen. Entsperren kann man einen Benutzer mit `passwd -u benutzername`, u wie unlock.

Unter `/etc/skel` können Dateien abgelegt werden, welche ein neu erstellter Benutzer in sein Heimverzeichnis kopiert erhält. Dies sind normalerweise Dateien wie `.bashrc` und `.bash_profile` (mit vorangestelltem Punkt!). Die `.bashrc` wird bei jeder neuen Shell, welche gestartet wird, aufgerufen, die `.bash_profile` nur beim Anmelden ans System. Letzteres ist also das Login-Skript. Darin definiert man den Suchpfad für Programme (z.B. `export PATH=/bin;/usr/bin`) und sonstige umgebungsrelevanten Einstellungen (z.B. LANG=en_US.UTF-8 zum Umstellen der Sprache). Mit `env` können alle bzw. die gesetzten Umgebungsvariablen ausgegeben werden (nicht erschrecken, es sind einige ...).

Relevant ist, welcher Runlevel bzw. Systemd oder welches Target zum Starten verwendet wird. Dies ist unter Abschnitt 9.5.3 »Installation« gegen Ende erklärt.

Die kurze Abhandlung über Benutzer war nun etwas weitergehender, ist aber wichtig. Man sollte sich an einem Linux-/Unix-System nie als Root anmelden.

Wenn man sich direkt als Root anmeldet, ist in den Protokolldateien nicht ersichtlich, »wer« das effektiv war – wenn man jedoch als Benutzer »root« wird, dann steht in dem Protokoll »user student wurde root«. Dies ist insofern wichtig, dass sichergestellt ist, dass sich nicht ein »Unbefugter« an dem Root Konto bedient.

# Kapitel 9
## Installation von Netzwerkbetriebssystemen

Des Weiteren gibt es keinen Grund, wieso man sich als Root anmelden muss – es gibt Systeme, bei welchen dies grundsätzlich gar nicht erlaubt wird. Der einzige Grund, wieso man sich als Root anmelden müsste, ist, wenn man keine anderen Benutzer auf dem System hat – oder die Verbindung zu einem zentralen Benutzerverzeichnis nicht gewährleistet wäre. Wenn man das Root-Passwort kennt, kann man in der Konsole »su -« ausführen, die Frage nach dem Root-Passwort erscheint und man bekommt eine Root-Shell. Diese kann genau das Gleiche, als wenn man sich als Root angemeldet hätte.

Des Weiteren hat Root alle Rechte, uneingeschränkt. Ein falsch abgesetztes Kommando könnte fatale Folgen haben in punkto Sicherheit und auch hinsichtlich der Gewährleistung des Betriebs des Systems ist dies ein enorm wichtiger Punkt.

Natürlich gibt es viel zu tun auf einem »neu installierten« System. Je nachdem, für was es gebraucht wird, muss es entsprechend konfiguriert werden.

Nach der Installation sollten die ersten administrativen Aufgaben erledigt werden, d.h., es sollte überprüft werden, ob das System einwandfrei läuft, Netzwerk, Speicherplatz etc.

```
[root@rocky ~]# ifconfig
enp1s0: flags=4163<UP,BROADCAST,RUNNING,MULTICAST>  mtu 1500
        inet 192.168.122.134  netmask 255.255.255.0  broadcast 192.168.122.255
        inet6 fe80::5054:ff:fe13:769c  prefixlen 64  scopeid 0x20<link>
        ether 52:54:00:13:76:9c  txqueuelen 1000  (Ethernet)
        RX packets 259573  bytes 372597609 (355.3 MiB)
        RX errors 0  dropped 5225  overruns 0  frame 0
        TX packets 22535  bytes 1553496 (1.4 MiB)
        TX errors 0  dropped 0 overruns 0  carrier 0  collisions 0

lo: flags=73<UP,LOOPBACK,RUNNING>  mtu 65536
        inet 127.0.0.1  netmask 255.0.0.0
        inet6 ::1  prefixlen 128  scopeid 0x10<host>
        loop  txqueuelen 1000  (Local Loopback)
        RX packets 66  bytes 6334 (6.1 KiB)
        RX errors 0  dropped 0  overruns 0  frame 0
        TX packets 66  bytes 6334 (6.1 KiB)
        TX errors 0  dropped 0 overruns 0  carrier 0  collisions 0

[root@rocky ~]# ip a s
1: lo: <LOOPBACK,UP,LOWER_UP> mtu 65536 qdisc noqueue state UNKNOWN group default qlen 1000
    link/loopback 00:00:00:00:00:00 brd 00:00:00:00:00:00
    inet 127.0.0.1/8 scope host lo
       valid_lft forever preferred_lft forever
    inet6 ::1/128 scope host
       valid_lft forever preferred_lft forever
2: enp1s0: <BROADCAST,MULTICAST,UP,LOWER_UP> mtu 1500 qdisc fq_codel state UP group default qlen 1000
    link/ether 52:54:00:13:76:9c brd ff:ff:ff:ff:ff:ff
    inet 192.168.122.134/24 brd 192.168.122.255 scope global dynamic noprefixroute enp1s0
       valid_lft 3276sec preferred_lft 3276sec
    inet6 fe80::5054:ff:fe13:769c/64 scope link noprefixroute
       valid_lft forever preferred_lft forever
[root@rocky ~]#
```

**Abb. 9.33:** ifconfig versus ip a s

### Ist das Netzwerk korrekt konfiguriert?

Dies kann mit einem /sbin/ifconfig-Befehl verifiziert werden (als Root einfach »ifconfig«). Dabei erhält man eine Ausgabe aller konfigurierten Netzwerk-Interfaces. Hier sieht man, dass diese Maschine eine IP-Adresse im Netz 192.168.122.0/24 erhalten hat und mit .134 endet. Dieses Interface heißt enp1s0, das erste Ethernet-Interface. In der Ausgabe sieht man unter anderem noch die MAC-Adresse und sonstige Attribute dieser Ethernet-Verbindung. Andere Linux-Versionen arbeiten heute nicht mehr standardmäßig mit ifconfig, sondern mit »ip«, also hier: »ip a s« (ip address show). Die Ausgabe ist im weitesten Sinne ähnlich bzw. die Informationen, die man daraus gewinnen kann.

```
[root@rocky ~]# ping 1.1.1.1
PING 1.1.1.1 (1.1.1.1) 56(84) bytes of data.
64 bytes from 1.1.1.1: icmp_seq=1 ttl=51 time=29.6 ms
64 bytes from 1.1.1.1: icmp_seq=2 ttl=51 time=31.2 ms
64 bytes from 1.1.1.1: icmp_seq=3 ttl=51 time=27.4 ms
^C
--- 1.1.1.1 ping statistics ---
3 packets transmitted, 3 received, 0% packet loss, time 2004ms
rtt min/avg/max/mdev = 27.393/29.408/31.217/1.567 ms
[root@rocky ~]#
```

**Abb. 9.34:** Ping-Befehl auf 1.1.1.1

Um die Konnektivität zu prüfen, verwendet man am einfachsten einen Ping auf den Standard-Gateway oder eine bekannte IP im Internet. 1.1.1.1 oder auch 8.8.8.8 bieten sich da an. Den »ping« bricht man mit »-ctrl-c« wieder ab oder man bedient sich der option »-c« (count), so würde »ping -c 1.1.1.1« viermal pingen. Das Gateway findet man mit »netstat -rn« raus. Auf der obersten Zeile der Ausgabe sollte dieser in der Spalte Gateway erscheinen. Bei Systemen, welche kein ifconfig mehr mitgeliefert haben, wäre dies wiederum mit »ip« zu bewerkstelligen. »ip r« gibt die Routing-Tabelle aus. Für Netzwerkadministratoren nicht immer nützlich, aber öfters wird ICMP (Ping schickt ein ICMP-Echo-Request und erhält ein ICMP-Echo-Reply zurück) im Netzwerk oder auf dem Zielrechner blockiert. Ein »wget« könnte dann ausprobiert werden, »wget «, dann sollte das »index.html« des Webservers 1.1.1.1 geholt werden, wenn das klappt, funktioniert es auch mit der Internetverbindung.

### Steht genug Plattenplatz zur Verfügung?

Mit dem Kommando mount wird aufgelistet, was für Filesysteme in Gebrauch sind. Als Erstes wird aufgelistet, wie das Gerät heißt. Siehe auch weiter oben: /dev/sda1, die erste Partition auf der ersten SATA/SCSI/USB-Platte oder hier virtualisiert »/dev/vda1« für die erste Partition auf der ersten »virtuellen« Platte. Nach dem Gerät steht der "Mounting-Point", also wohin das Gerät im Filesystembaum integriert wurde, beispielsweise "on /home". Um welches Filesystem es sich handelt und was für Optionen beim montieren verwendet wurden ist in Klammern beschrieben.

```
[root@rocky ~]# mount|grep vda
/dev/vda2 on / type ext4 (rw,relatime,seclabel)
/dev/vda6 on /tmp type ext4 (rw,relatime,seclabel)
/dev/vda5 on /var type ext4 (rw,relatime,seclabel)
/dev/vda1 on /boot type ext4 (rw,relatime,seclabel)
/dev/vda3 on /home type ext4 (rw,relatime,seclabel)
[root@rocky ~]#
```

**Abb. 9.35:** Mount mit grep

Heutige Linux-Systeme haben einige Memory- und sonst spezielle Filesysteme montiert. Die direkte Ausgabe von mount ist so nicht immer einfach lesbar. Am besten fügt man einen »grep« dem Kommando an mit vorangestelltem »|« (pipe-Zeichen), um die Ausgabe zu filtern. Hier wurde »grep vda« verwendet, die Platte bzw. die Partitionen heißen »vda« (siehe oben), so wird nur die relevante oder dienliche Ausgabe in diesem Zusammenhang angezeigt.

Sehr praktisch an dieser Stelle ist das Kommando »lsblk« – List Block Devices.

```
[root@rocky ~]# lsblk
NAME    MAJ:MIN RM   SIZE RO TYPE MOUNTPOINTS
sr0      11:0    1  1024M  0 rom
vda     253:0    0    20G  0 disk
├─vda1  253:1    0   500M  0 part /boot
├─vda2  253:2    0     8G  0 part /
├─vda3  253:3    0     4G  0 part /home
├─vda4  253:4    0    1K   0 part
├─vda5  253:5    0     3G  0 part /var
├─vda6  253:6    0     1G  0 part /tmp
└─vda7  253:7    0     1G  0 part [SWAP]
[root@rocky ~]#
```

**Abb. 9.36:** lsblk

Hier werden alle Blockgeräte sichtbar, welche an der Maschine angeschlossen sind. Auch jene, welche nicht montiert, also nicht direkt in Verwendung sind, wie z.B. »sr0«, SCSI oder SATA Rom, also das DVD-/Blue-ray-Laufwerk. Ebenfalls wird vda7 ausgegeben, die Swap-Partition.

df gibt Aufschluss darüber, wie die Filesysteme ausgelastet sind (Disk Free). Mit der Option -h erhält man eine leichter lesbare Ausgabe, und mit -i sieht man, wie es mit der Dateidichte aussieht bzw. wie viele Inodes (Dateien) noch kreiert werden dürfen.

Das Kommando free zeigt die Belegung des Speichers und der Swap-Partition. Auch da ist allenfalls lesbarkeitshalber die Zusatzoption »-h« dienlich.

## Unnötige Dienste abschalten

Unter der grafischen Oberfläche gibt es Applikationen ähnlich wie für die Konfiguration der Dienste unter Windows.

Applikationen können abgewählt werden, sodass sie nach einem Neustart nicht mehr geladen werden.

```
K05conman              K80kdump                S15mdmonitor
K05innd                K85mdmpd                S18rpcidmapd
K05saslauthd           K86nfslock              S19rpcgssd
K05wdaemon             K87multipathd           S22messagebus
K10dc_server           K87named                S25netfs
K10psacct              K87portmap              S25pcscd
K12dc_client           K88auditd               S26hidd
K15httpd               K88wpa_supplicant       S50hplip
K20nfs                 K89dund                 S55sshd
K20rwhod               K89netplugd             S56cups
K24irda                K89pand                 S56xinetd
K25squid               K89rdisc                S85gpm
K30sendmail            K90bluetooth            S90crond
K30spamassassin        K91capi                 S90xfs
K35dovecot             K91isdn                 S95anacron
K35smb                 K92ip6tables            S95atd
K35vncserver           K92iptables             S97yum-updatesd
K35winbind             K99readahead_later      S98avahi-daemon
K50ibmasm              S00microcode_ctl        S98haldaemon
K50netconsole          S02lvm2-monitor         S99firstboot
K50tux                 S04readahead_early      S99local
K50vsftpd              S05kudzu                S99smartd
K56acpid               S06cpuspeed
K69rpcsvcgssd          S10network
[eis@centos ~]$ ls /etc/rc3.d/_
```

**Abb. 9.37:** Verzeichnis-Listing im Ordner /etc/rc3.d/

Anders kann man über die /etc/rc[x].d, wobei [x] eine Runlevel-Nummer ist, Verzeichnisse in die Konfiguration vornehmen. Ein Link, welcher sich in diesen Verzeichnissen befindet und mit S beginnt, bedeutet, dieser wird in diesem Runlevel gestartet. Ein Link mit dem Anfangsbuchstaben K bedeutet, dass dieser Dienst beim Verlassen des Runlevels gestoppt wird. Die Nummer nach dem Buchstaben definiert die Start-(oder Stopp-)Reihenfolge. Der Name gibt uns Aufschluss darüber, welcher Dienst gemeint ist und welches Skript zum Starten des Diensts im /etc/intid.d aufgerufen wird.

Jene Dienste, die in diesem Runlevel nicht gewünscht sind, können durch das Löschen dieses Softlinks im Verzeichnis /etc/rc[x].d abgeschaltet werden. Der Dienst läuft aber in diesem Moment noch, da nur die Startkonfiguration geändert wurde und er somit erst bei einem Neustart nicht mehr gestartet wird. Sofort abgeschaltet werden kann der Dienst mit dem Start-/Stop-Skript direkt: /etc/init.d/ dienstname stop.

Ein frisch installiertes System kommt in der Regel mit Diensten hoch, welche gar nicht in dieser Umgebung gebraucht werden oder allenfalls erst später. Mit der »minimalen« Installation ist dies sicher besser, dort wird es viel weniger »unnötige« Dienste geben. Der Distributor hat da nun mal die Qual der Wahl. Er möchte ein Linux zur Verfügung stellen, welches in die meisten Umgebungen passt, aber nicht überall wird Kerberos verwendet. Daher ist es nötig, einen Webserver am Laufen zu haben etc.

Es gibt verschiedene Ansätze, wie man den laufenden, nicht benötigten Diensten auf die Schliche kommt. Das Allerweltswerkzeug ist sicherlich die Prozesstabelle. »ps -ef« gibt alle laufenden Prozesse aus (ps – Prozessstatus, »e« für »every« Prozess und »f« für eine »full« (volle) Darstellung). Es sind viele Prozesse, und ohne etwas Erfahrung ist das nicht die einfachste Variante.

Weiter kann »netstat -tulpen« verwendet werden – da werden alle offenen Netzwerkports angezeigt mit entsprechendem Prozessnamen und der Prozessnummer.

```
[root@rocky ~]# netstat -tulpen
Active Internet connections (only servers)
Proto Recv-Q Send-Q Local Address       Foreign Address    State    User   Inode   PID/Program name
tcp        0      0 0.0.0.0:22          0.0.0.0:*          LISTEN   0      17474   746/sshd: /usr/sbin
tcp        0      0 127.0.0.1:631       0.0.0.0:*          LISTEN   0      17481   745/cupsd
tcp6       0      0 :::22               :::*               LISTEN   0      17476   746/sshd: /usr/sbin
tcp6       0      0 :::631              :::*               LISTEN   0      17480   745/cupsd
udp        0      0 127.0.0.1:323       0.0.0.0:*                   0      16633   666/chronyd
udp        0      0 0.0.0.0:57757       0.0.0.0:*                   70     36810   4551/avahi-daemon:
udp        0      0 0.0.0.0:5353        0.0.0.0:*                   70     36808   4551/avahi-daemon:
udp6       0      0 :::41188            :::*                        70     36811   4551/avahi-daemon:
udp6       0      0 :::323              :::*                        0      16634   666/chronyd
udp6       0      0 :::5353             :::*                        70     36809   4551/avahi-daemon:
[root@rocky ~]# netstat -tulpen
```

**Abb. 9.38:** netstat -tulpen

»cups« springt mir hier ins Auge (Printserver), wenn wir da nichts drucken, brauchen wir den auch nicht.

Systemd startet alle Dienste, also kann man auch systemd fragen, was läuft. Ganz einfach ist systemd nicht zu verstehen.

»systemctl list-untis« gibt alle verfügbaren oder startbaren Dienste aus – das sind aber viele ...

Etwas Filtern hilft da auch:

```
[root@rocky ~]# systemctl list-units |grep running
  cups.path                       loaded active running  CUPS Scheduler
  init.scope                      loaded active running  System and Service Manager
  session-13.scope                loaded active running  Session 13 of User student
  accounts-daemon.service         loaded active running  Accounts Service
  atd.service                     loaded active running  Deferred execution scheduler
  auditd.service                  loaded active running  Security Auditing Service
  avahi-daemon.service            loaded active running  Avahi mDNS/DNS-SD Stack
  chronyd.service                 loaded active running  NTP client/server
  colord.service                  loaded active running  Manage, Install and Generate Color Profiles
  crond.service                   loaded active running  Command Scheduler
  cups.service                    loaded active running  CUPS Scheduler
  dbus-broker.service             loaded active running  D-Bus System Message Bus
  firewalld.service               loaded active running  firewalld - dynamic firewall daemon
  gdm.service                     loaded active running  GNOME Display Manager
  getty@tty3.service              loaded active running  Getty on tty3
  getty@tty6.service              loaded active running  Getty on tty6
  irqbalance.service              loaded active running  irqbalance daemon
  libstoragemgmt.service          loaded active running  libstoragemgmt plug-in serve
r daemon
```

**Abb. 9.39:** systemctl list-units mit grep

Der »cups.service« erscheint hier auch wiederum.

- »systemctl stop cups« stoppt den Dienst (nach einem Neustart läuft der wieder!).
- »systemctl disable cups« schaltet diesen für das aktuelle Target oder Runlevel ab.
- »systemctl mask cups« verhindert das Starten durch eine Abhängigkeit durch einen anderen Dienst, so ist er definitiv abgeschaltet!

Rückgängigmachen wäre dann:

- »systemctl unmask cups«
- »systemctl enable cups«
- »systemctl start cups«

Es gibt heute nur noch spezielle, ausgewählte Linux-Distributionen, welche nicht mit systemd laufen (), diese sind bemerkenswert und auch gut zu verwenden, aber der neue Standard ist »systemd« und nicht mehr »init«. Es lohnt sich, eine Einführung in »systemd« auf dem Internet zu suchen, um diesen besser zu verstehen.

### 9.5.5 Automatisierte Installationen

Die Installation von Linux-Systemen kann auf verschiedene Arten automatisiert werden. Falls man nur ein, zwei Maschinen mit Linux braucht, lohnt sich der Aufwand für eine Automatisierung kaum. Wenn es aber viele sind, Testumgebungen, Schulungsumgebungen, Provider bzw. Kundenserver etc., kann es sich lohnen, einen Mechanismus für die automatisierte Installation zu bauen.

Es gibt verschiedene Möglichkeiten, dies zu tun. In der Virtualisierung kann man »LXC«, Linux-Container, verwenden. Mit diesen kann man Sekunden (bzw. Minuten) X neue Linux-Container zur Verfügung stellen. Diese haben alle ein eigenes Filesystem, benutzen aber den Kernel der »Host-Maschine«. Oder aber man nimmt eine Voll-Virtualisierung wie KVM. Da kann man die VMs kopieren, es erfordert dann lediglich kleinere Anpassungen wie Hostname, IP-Adresse etc. Das kann man alles skripten, kopieren, hochfahren und umkonfigurieren.

### KickStart-Mechanismus (ks.cfg) von Red-Hat-Systemen

Red-Hat-ähnliche oder auf Red Hat basierende Systeme (z.B. CentOS oder Rocky) verfügen über einen Mechanismus namens »KickStart«. Dies ist dann sehr nützlich, wenn man das Linux auf Servern/PCs installiert, also nicht virtuell (bzw. kann genauso auch in der Voll-Virtualisierung verwendet werden anstelle einer Kopie eines Systems).

Bei »KickStart« wird eine Art »Antwortdatei« erstellt, das »ks.cfg«. Dort drin steht genau das, was man in der Installation »von Hand« machen würde. Das »ks.cfg« kann beliebig mit Shell-Skripts erweitert werden, um beispielsweise »Post-Install« (nach der Installation)-Arbeiten zu erledigen. Zusätzliche User hinzufügen, spezielle Software installieren oder aber auch Dienste konfigurieren. Ein Vorteil der »KickStart«-Installation ist, dass bei der Installation die Hardware automatisch erkannt wird. Es kann also dasselbe »ks.cfg« für unterschiedliche Hardware-Konfigurationen verwendet werden – einzig Acht gegeben werden muss auf die Festplatten-Controller (bzw. die Bezeichnung der Festplatten (sda, vda etc.)) und Netzwerkschnittstellen (enp1s0, eth, etc.). Das kann jedoch in der »ks.cfg« verallgemeinert werden wie »erste Platte« oder »erste Netzwerkschnittstelle«.

Wenn man ein Red Hat, CentOS, Rocky etc. installiert, findet man nach der Installation unter dem Root-Heimverzeichnis eine Datei »anaconda-ks.cfg«. Anaconda ist das »Installationsprogramm«, dieses legt dann gleich eine KickStart-Datei ab, wie dieses System installiert wurde. Diese kann als Basis genommen und nach eigenen Wünschen erweitert werden.

Unten schauen wir uns eine solche Datei an. Um die automatisierte Installation »perfekt« zu machen, bedient man sich dem Netzwerk-Boot-Mechanismus »PXE«, die Maschine startet also übers Netz, bekommt als Boot-Parameter eine »ks.cfg«-Datei mit, welche via ftp, http, etc. geholt wird. Neben dieser braucht es dann auch noch die DVD des Linux, die auf einem Server abgelegt ist (ftp, http, https oder nfs) – bzw. man kann auch den Pfad zum Rocky Linux von einem Mirror angeben (z.B.

Hier die Datei »/root/anaconda-ks.cfg« von unserer Installation:

```
# Generated by Anaconda 34.25.0.29
# Generated by pykickstart v3.32
#version=RHEL9
# Use graphical install
graphical
repo --name="AppStream" --baseurl=file:///run/install/sources/mount-
0000-cdrom/AppStream
%addon com_redhat_kdump --disable
%end
# Keyboard layouts
keyboard --xlayouts='ch'
# System language
lang en_US.UTF-8
# Network information
network  --bootproto=dhcp --device=enp1s0 --ipv6=auto --activate
```

```
network   --hostname=rocky.intra.educomp.ch
# Use CDROM installation media
cdrom

%packages
@^graphical-server-environment
@console-internet
@system-tools
%end

# Run the Setup Agent on first boot
firstboot --enable

# Generated using Blivet version 3.4.0
ignoredisk --only-use=vda
# Partition clearing information
clearpart --none --initlabel
# Disk partitioning information
part /     --fstype="ext4" --ondisk=vda --size=8192
part /var  --fstype="ext4" --ondisk=vda --size=3072
part /boot --fstype="ext4" --ondisk=vda --size=500
part /tmp  --fstype="ext4" --ondisk=vda --size=1024
part swap  --fstype="swap" --ondisk=vda --size=1024
part /home --fstype="ext4" --ondisk=vda --size=4096

# System timezone
timezone Europe/Zurich --utc

# Root password
rootpw --iscrypted $6$GHOnyXSShGCuFSGL$s.8MlHsbsj.WUmj5Lqt8hHG4Pc/
Xh9q3p7Ej1jQihrWsGb8mt7QoVvqWQWMgH6Nt8ghh1tcC6KnSDtnknlOr70
user --name=student --
password=$6$DlSC3h7GJ4s.z8ao$sRdbrkdv4UFAbOmy8a2FdtiPcgTJ8rF.VJ5aL6mr3gy
G9lNK59exNJqOrPh9k8Mwm.AEIiA7dwCTG3atpiV2y0 --iscrypted --
gecos="Student of Educomp University"
```

Die Datei ist schon fast selbsterklärend bzw. wenn man die Installation von Hand durchgeführt hat, erkennt man alle diese Optionen wieder.

Für eine »Netzinstallation« müsste die Zeile »repo« angepasst werden auf einen Netzwerk-Mirror:

```
repo --name="AppStream" --baseurl=
```

So würde es nun die Installationsdateien von dem Mirror von Puzzle holen.

In der Regel wird es wohl passen, jedoch wenn der Standard-Interface-Name anders wäre, müsste man

```
# Network information
network  --bootproto=dhcp --device=enp1s0 --ipv6=auto -activate
```

anpassen, d.h. »enp1s0« durch den anderen Interface-Namen ersetzen.

Und zu guter Letzt noch die Festplatte:

```
ignoredisk --only-use=vda
# Partition clearing information
clearpart --none --initlabel
# Disk partitioning information
part / --fstype="ext4" --ondisk=vda --size=8192
part /var --fstype="ext4" --ondisk=vda --size=3072
part /boot --fstype="ext4" --ondisk=vda --size=500
part /tmp --fstype="ext4" --ondisk=vda --size=1024
part swap --fstype="swap" --ondisk=vda --size=1024
part /home --fstype="ext4" --ondisk=vda --size=4096
```

Hier wurde die Platte von der Virtualisierung angeben »vda«. Falls dies ein RAID-Controller ist oder aber ein SATA-Controller dahintersteckt, würde man anstelle »vda« »sda« schreiben.

Viel mehr müsste man hier nicht anpassen, es sei denn, man möchte noch andere Benutzer haben, andere Software von Grund auf installiert haben.

KickStart ist sehr einfach gestrickt und man kommt rasch auf einen grünen Zweig. PXE übers Netz ist dann etwas tricky, man muss beim DHCP-Server ein paar Optionen hinterlegen, einen tftp-Server zur Verfügung stellen mit einem »PXElinux« – PXE Linux Boot Loader. Anleitungen dafür findet man im Internet, einmal gemacht ist es keine große Sache mehr!

## 9.6 Grundlagen zu Scripting

Die Kommandobefehle sind in Betriebssystemen auf Servern weiterhin präsent. Aber sowohl unter Windows wie auch unter anderen Betriebssystemen wird das

Zusammenführen und wiederholte Ausführen von Befehlen mittels Skripts rege genutzt.

Anstelle eines einzelnen, manuell eingegebenen Befehls nutzen Sie so die Möglichkeit, Befehle inklusive detaillierter Parameter oder Variablen einmal zu formulieren und als Skript auszuführen.

Komplexere Befehlsumgebungen haben dazu geführt, dass für die Skripts eigene Skriptsprachen entwickelt wurden. So ist es z.B. unter DOS als Betriebssystem möglich, ein Textfile mit der Endung ».bat« zu erstellen und auszuführen – mit einer Skriptsprache wie z.B. unter Windows mit der PowerShell ist es aber möglich, weitaus mehr Parameter und Anweisungen zu erteilen. Dies, weil die Skriptsprache genau für das Ausführen von Skripts entwickelt wurde. Skripts sind somit eine Art »Zwischenschritt« hin zur Programmierung mit Programmiersprachen. Sie verfügen aber über eine eigene Interpreter-Umgebung und können diese mittels Befehlen aufrufen, um Kommandos, welche in der Skriptsprache geschrieben werden, auszuführen. Damit Skripts lauffähig sind, müssen sie ausführbar sein, sowohl von den Rechten her wie auch vom eigenen Aufbau, d.h., sie müssen im Interpreter bzw. der Bibliothek ausführbare Befehle enthalten.

In der in diesem Kapitel bislang behandelten Betriebssystemumgebung wären dies etwa früher VBScript und neuer PowerShell oder bei Linux Bash etc. Diese betriebssystemnahen Skriptsprachen arbeiten als sogenannte kommandozeilenorientierte Sprachen und sind von den Kommandozeileninterpretern des jeweiligen Betriebssystems abgeleitet. Ihr Einsatzgebiet sind vorwiegend repetitive und einfachere Wartungs- und Supporteinsätze oder Verwaltungsaufgaben. Im Fall von PowerShell darf man allerdings den Begriff »einfachere« nicht mehr verwenden, da auch komplexe Aufgaben gelöst werden können.

Andere Skriptsprachen verwenden eigene Bibliotheken mit Befehlen und Parametern und sind daher wesentlich flexibler und können umfangreichere Aufgaben übernehmen.

Während sich PowerShell, Bash oder VBScript eher in der Betriebssystemumgebung befinden, sind JavaScript, PHP, Python oder Perl typische Vertreter von Skriptsprachen im Webumfeld. Hier werden sie für interaktive Webseiten und Web Apps genutzt. Ausgeführt werden sie automatisch (abhängig von den Sicherheitseinstellungen im Browser) durch das Integrieren des Skripts im HTML-Code der Webseite.

Skripts können sowohl mit Zeichenketten als auch mit Zahlen arbeiten und können sowohl etwas ausführen oder mittels Variablen etwas abfragen oder verändern. Es gibt zahlreiche Datentypen, hier ein paar wichtige Typen kurz aufgelistet:

- Char   Zeichen, und zwar genau 1 Zeichen
- String   Zeichenketten, wird oft mit einer maximalen Länge begrenzt

Zahlen gibt es in sehr unterschiedlichen Datentypen:

- Integer   Ganzzahl
- Decimal   Festkommazahl
- Float     Gleitkommazahlen, mit Angabe der zu verwendenden Kommastellen
- Boolean   Logische Werte wie TRUE oder FALSE

Wenn Sie ein Skript verfassen, benötigen Sie neben den definierten Datentypen unterschiedliche Elemente zum Bau des Skripts.

Das sind zum einen die Befehle, die Sie einfügen. Zum anderen sind es Variablen, die es möglich machen, den Befehl ohne Anpassung in verschiedenen Fällen zu nutzen.

Ein einfaches Beispiel: Im ersten Fall schreiben Sie in Ihr Skript:

```
defrag c: / (defragmentiert Laufwerk c:)
```

Im zweiten Fall schreiben Sie dagegen:

```
defrag %systemdrive% (defragmentiert das Systemlaufwerk)
```

Somit können Sie im zweiten Fall den Befehl auch ausführen, wenn das System auf Laufwerk »D:\« installiert wäre.

Zudem können Sie Bedingungen in ein Skript einfügen, welche dann abgefragt werden, wie z.B. »Formatiere nur, wenn das Laufwerk leer ist« oder »Defragmentiere das Systemlaufwerk, wenn es Sonntag ist« etc. Dieses »Wiederholen, bis Bedingung erfüllt« nennt man auch einen Loop bzw. auf Deutsch eine Schleife.

Die jeweils eingesetzte Skriptsprache lässt sich unter anderem anhand der Skriptendung erschließen:

| Endung | Bedeutung bzw. Einsatz |
| --- | --- |
| .bat | Batch-Datei, allgemeiner Begriff für Skripts. Kommt aus DOS-Zeiten und wird auch unter Windows noch verwendet |
| .js | Wird für Skripts in JavaScript verwendet |
| .php | Webbasierte Skripts, die mit PHP erstellt werden. Wird häufig in Zusammenhang mit Datenbankabfragen verwendet |
| .ps1 | Hier handelt es sich um PowerShell-Skripts. Die PowerShell ist für die skriptbasierte Administration im Netzwerk gedacht. Windows PowerShell ist eine Umgebung, die auf dem Microsoft-.NET Framework basiert. |
| .py | Wird für Skripts in Python verwendet |

**Tabelle 9.4:** Verschiedene Skriptsprachen und ihre Dateiendungen

| Endung | Bedeutung bzw. Einsatz |
|---|---|
| .sh | Dies ist die allgemeine Endung für Skripts mit der freien Unix-Shell Bash, d.h. heute für Skripts unter Linux und Unix. |
| .vbs | Diese Endung zeigt an, dass das Skript in Windows VBScript verfasst wurde, einem Vorgänger von PowerShell. |

**Tabelle 9.4:** Verschiedene Skriptsprachen und ihre Dateiendungen (Forts.)

## 9.7 Fragen zu diesem Kapitel

1. Wenn Sie einen Windows 2019 Server-Core installieren, auf was müssen Sie dabei achten?
   A) Dass diese Installation nur für die Standard Edition verfügbar ist
   B) Dass die .NET-Umgebung nicht installiert wird
   C) Dass es sich dabei um eine rein kommandozeilenorientierte Installation ohne grafische Schnittstelle handelt.
   D) Dass diese Installation nicht für die Enterprise Edition verfügbar ist.

2. Was ist bei der Überlegung nach dem gewünschten Betriebssystem auf jeden Fall zu berücksichtigen?
   A) Dass es verschiedene Sprachen zur Installation gibt
   B) Die Systemvoraussetzungen an den jeweiligen Server
   C) Die Aktualität des Betriebssystems, damit keine veralteten Versionen installiert werden müssen
   D) Die Meinung der anderen Systemverantwortlichen in der Firma

3. Die verschiedenen Betriebssysteme bieten sogenannte Auslagerungsdateien oder -partitionen an. Wozu dienen diese Auslagerungsmöglichkeiten?
   A) Um zusätzlichen Platz für die Speicherung von Daten anzubieten
   B) Als Erweiterung des minimal benötigten Arbeitsspeichers
   C) Zur Zwischenspeicherung nicht mehr benötigter Daten
   D) Als Erweiterung des vorhandenen physischen Arbeitsspeichers

4. Nachdem Sie auf einem System Windows 2022 Server installiert haben, welcher der nachfolgenden Schritte ist am besten geeignet, um die Geschwindigkeit des virtuellen Arbeitsspeichers zu optimieren?
   A) Sie legen die Datei pagefile.sys auf eine extern angeschlossene Speichereinheit.
   B) Sie erhöhen den Umfang der Datei winsrv32.swp auf die Größe des physischen Arbeitsspeichers.
   C) Sie legen die Datei pagefile.sys auf eine separate interne Festplatte, getrennt vom Laufwerk des Betriebssystems.
   D) Sie reduzieren die minimale Größe und erhöhen die maximale Größe der Datei pagefile.sys.

# Kapitel 9
## Installation von Netzwerkbetriebssystemen

5. Was ist die Aufgabe eines Bootloaders?
   A) Er lädt beim Systemstart das gewünschte Betriebssystem.
   B) Er überschreibt beim Starten des Betriebssystems den MBR.
   C) Er lädt Windows 2022 Server auf einer ext3-Partition.
   D) Er verhindert, dass sich Viren auf der Bootpartition einrichten können.

6. Nachdem Sie Ihren Linux-Server installiert haben, startet er neu und bleibt im Textmodus. Sie möchten gerne den grafischen Modus starten. Mit welchem Kommando können Sie dies tun?
   A) run X
   B) runlevel 3
   C) start level 4
   D) init 5

7. Die Informatikleiterin hat entschieden, dass die Server auf eine neue Version des Betriebssystems migriert werden sollen. Dazu sollen die bisherigen Betriebssysteme von den Servern entfernt werden. Aus diesem Grund wird von allen Servern ein Voll-Backup erstellt. Was ist als Nächstes zu tun?
   A) Die Systemlaufwerke neu partitionieren und formatieren
   B) Die Server formatieren
   C) Die neuesten Updates installieren
   D) Das Backup überprüfen

8. Auslagerungsdateien oder -daten sind reserviert auf?
   A) Festplatte
   B) Arbeitsspeicher
   C) Mainboard
   D) L3 Cache

9. Eine Technikerin erhält beim Versuch, den Server zu booten, eine Fehlermeldung unter Angabe der Meldung, dass das Betriebssystem nicht gefunden werden konnte. Change-Management-Protokolle zeigen, dass im Server letzte Nacht eine neue Festplatten-Backplane installiert wurde. Was sollte die Technikerin bei der Fehlersuche zu diesem Problem an dieser Stelle *zuerst* tun?
   A) Die Kabel im Server überprüfen
   B) Das RAID-Array wiederherstellen
   C) Das Betriebssystem neu installieren
   D) Die neue Backplane wieder entfernen

10. Ein Administrator muss in kurzer Zeit 850 neue Server implementieren. Welche der folgenden Bereitstellungsmethoden wird die Betriebssysteminstallationen am ehesten beschleunigen?

    A) Disk Duplikation
    B) USB-Platten zur schnelleren Verteilung
    C) PXE Boot, um Images zu laden
    D) Mit DVDs installieren

**Kapitel 10**

# Konfigurationsbetrachtungen

Eine DVD ins Laufwerk zu legen und das Betriebssystem aufzuspielen, ist eine Sache – es danach so einzurichten, dass es auch wirklich betriebstauglich ist, eine andere ... Sie haben bereits gesehen, dass es sehr unterschiedliche Rollen und Einsatzmöglichkeiten für Server gibt. Im letzten Kapitel haben Sie auch gelernt, dass es für jedes Betriebssystem wieder unterschiedliche Möglichkeiten der Installation gibt. Das Thema Servereinrichten ist also recht weitläufig, und nachdem Sie im letzten Kapitel über die Installation von Betriebssystemen einiges in Erfahrung bringen konnten, machen Sie sich im folgenden Kapitel Gedanken darüber, wie diese Installation zielgerichtet konfiguriert werden kann.

> Sie lernen in diesem Kapitel:
> - Den Einfluss des Dateisystems auf die Konfiguration kennen
> - Verschiedene Dateisysteme und ihre Eigenheiten unterscheiden
> - Die Kontingentierung verstehen
> - Verschiedene Verzeichnisdienste identifizieren
> - Dateiübertragungsprotokolle und ihren Einsatz verstehen

Dies alles sind Konfigurationsbereiche, und im Folgenden möchten wir Ihnen zu diesen Themen Leitgedanken mitgeben, wie eine solche Konfiguration aussehen kann.

## 10.1 Der Einfluss des Dateisystems

Es gibt unterschiedliche Dateisysteme, diese können auf verschiedene Anwendungen und Anforderungen besser oder weniger gut eingehen. Daher lernen Sie im Folgenden die bekanntesten Dateisysteme näher kennen.

Unter Windows-Systemen wird meistens NTFS als Filesystem gebraucht. Dieses Filesystem ist robust, bekannt und stabil und es unterstützt ACLs. NTFS ist ein Journaling-Filesystem, d.h., nach einem ungeplanten Absturz, welcher z.B. durch einen Stromausfall verursacht worden ist, muss nicht das ganze Filesystem auf Inkonsistenzen verifiziert werden. Es kann das Journal einlesen, welches die

Änderungen, welche geschehen sind und zur Zeit des Absturzes auf dem Harddisk-Cache lagen, enthält. Das ältere Filesystem FAT (auch FAT32 oder vfat unter Linux) hatte diese Eigenschaft nicht und musste jeweils vollständig überprüft werden, wenn nicht sauber heruntergefahren wurde. Zudem unterstützt NTFS große Partitionen, während bei FAT16 bei 4 GB bereits Endstation war (FAT32 unterstützt Partitionen bis 16 TB, jedoch Dateigröße nur bis 4 GB).

Unter Unix- und Linux-Systemen findet man eine große Vielfalt an verschiedensten Filesystemen. Unter UNIX wird meist vom Hersteller vorgegeben, was als Standard genommen wird. UFS, das Unix File System, wird von Solaris verwendet. Neu kommt ZFS zum Einsatz (z.B. OpenSolaris oder aber BSD). ZFS wurde unter der CDDL-Lizenz herausgegeben (Common Development and Distribution License). Herausragende Eigenschaft von ZFS ist das Volume Management und das Erstellen von Snapshots – es kann über mehrere Platten ein Software-RAID gemacht werden. Ebenfalls beachtlich ist die Datei und Partitionsgröße, 16 EB und $256 \times 2^{50}$ ZB (das sind $2^{128}$ B)! In der Linux-Welt wird am meisten das Extended-Filesystem (von ext2 bis ext4) verwendet. Die Version 4 ist heute Standard. Die Version 3 wurde komplett überarbeitet, dieses gab ein Limit von 16 TB maximale Dateigröße und 1 EB für die Partitionsgröße. Ext2 kann aber nach wie vor eingesetzt werden, vor allem für Embedded-Systeme mit einem Flashspeicher kann das sinnvoll sein – ext2 hat kein Journal wie ext3 oder ext4, was zu weniger Schreibzugriffen auf dem Speicher führt (was diesen langlebiger macht und weniger Strom braucht).

Eine Zeitlang wurde, vor allem bei SuSE-Linux-Systemen, ReiserFS als Filesystem bevorzugt. ReiserFS arbeitet gegenüber ext nicht mit Listen, um die Datenblöcke anzusprechen, sondern mit Bäumen. Dies macht die Suche auf der Harddisk erheblich schneller. Vergrößern und Verkleinern von Partitionen ist mit ReiserFS auch einfacher und stabiler als bei dem Standard-Linux-Filesystem. Leider sitzt Herr Reiser, der dieses System entwickelt hat, für etliche Jahre hinter Gittern, und die Zukunft dieses Filesystems steht daher in den Sternen. Die Linux-Gemeinde hat das Filesystem zwar wieder aufgegriffen und eine neue Version herausgebracht, diese hat sich aber nicht durchgesetzt.

XFS wird dafür öfters auf Linux-Systemen gefunden. Dieses kommt ursprünglich von SGI (Silicon Graphics Industries), ein Hardware- und Unix-Hersteller, welchen es aber (leider) nicht mehr gibt. Das Filesystem aus diesem Hause wurde jedoch weiterentwickelt. XFS bringt eine »Snapshot-Funktion« von Haus aus mit, kann sehr gut mit riesigen Dateien und Partitionen umgehen (8-EB-Datei und Partitionsgröße).

### 10.1.1 FAT

File Allocation Table (FAT) wurde von Microsoft schon 1977 entwickelt und bildete sich in den verschiedenen Versionen zu einem De-facto-Standard heraus, der auch noch heute häufig für den Dateiaustausch zwischen verschiedenen Betriebssystemen verwendet wird.

Mit den Nummern hinter FAT wurden die für die Cluster-Adressierung verwendeten Bits angezeigt. Zusammen mit der Clustergröße definieren diese die maximale Größe der Partition.

Auch wenn heute viele Nicht-Microsoft-Betriebssysteme NTFS unterstützen, werden mobile Datenträger immer noch häufig mit FAT32 oder extFAT formatiert.

FAT32 erlaubt zwar eine Datenträgergröße bis 16 TiB, aber nur eine Dateigröße bis 4 GiB, was z.B. bei ISO-Dateien oder auch Filmen zu Problemen führen kann. FAT32+ ermöglicht zwar auch größere Dateien, wird aber selten eingesetzt.

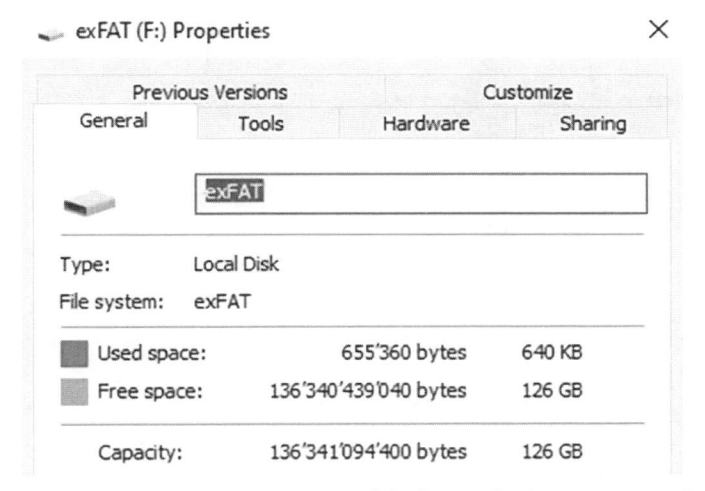

**Abb. 10.1:** Leere exFAT-Partition, welche kein Sicherheitsregister aufweist

Als exFAT (Extended FAT) wird die von Microsoft seit 2006 verwendete FAT-Version, welche speziell für mobile Datenträger entwickelt wurde, bezeichnet. Bei exFAT sind weniger die Limitierungen des Dateisystems zu beachten als die der Hardware. So wären theoretisch Dateien mit bis zu 16 EiB möglich.

## 10.1.2 NTFS

Parallel zur Entwicklung der NT-Betriebssysteme entwickelte Microsoft ein neues Dateisystem dafür. Dieses erhielt den Namen New Technology File System (NTFS) und ging mit Windows Server 2008 in die Version 6.0. Microsoft führt zwar eine eigene Versionierung von NTFS, aber da die großen Dateisystemänderungen jeweils mit einer neuen Betriebssystemgeneration gekommen sind, hat es sich eingebürgert, dass NTFS analog der Betriebssystemversion bezeichnet wird.

Die markantesten Änderungen erfolgten denn auch mit NTFS 6.0, auch transactional NTFS, indem die Schreibprozesse auf das Dateisystem transaktionsbasiert abgewickelt werden. Das ist vergleichbar mit einem relationalen Datenbanksystem und stellt sicher, dass es, z.B. bei einem Stromausfall, nicht zu unfertigen Schreibprozessen und damit zu korrupten Daten kommt. Dies hat zu einer massiv verbesserten Zuverlässigkeit des Dateisystems geführt.

Der Hauptunterschied zum hauptsächlich auf Client-Betriebssystemseite eingesetzten FAT-Dateisystem (File Allocation Table) ist die integrierte Sicherheit. Ebenfalls wird im NTFS jeder Datei und jedem Verzeichnis ein Besitzer zugewiesen (Sicherheits-ID des Besitzers im Besitzerattribut der Datei). Standardmäßig wird der Ersteller einer Datei auch Besitzer.

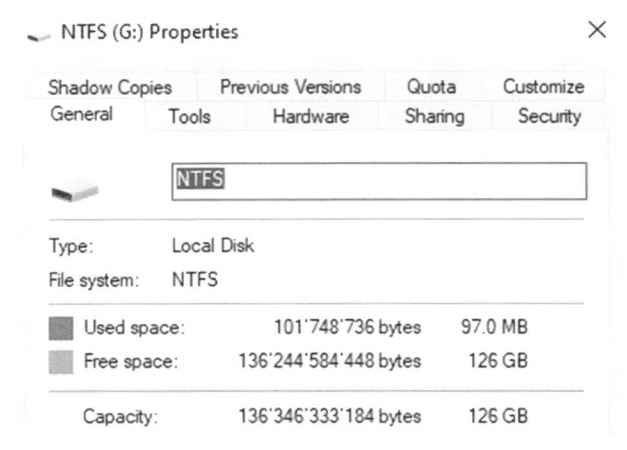

**Abb. 10.2:** NTFS: mit lokaler Sicherheit

In einer Master File Table (MFT) werden für alle im Dateisystem gespeicherten Dateien die Dateiattribute (Metadaten) verwaltet und die zur Datei gehörenden Datenblocks verwaltet. Kleine Dateien werden direkt in die MFT geschrieben, größere erhalten zusätzliche Blocks im Dateisystem. Die Metadaten erlauben es, sowohl die Standardattribute von FAT als auch sehr viele weitere Funktionen zu unterstützen. NTFS unterstützt insbesondere:

- Access Control Lists (Sicherheit und Berechtigungen)
- Festplattenkontingente (Disk Quotas)
- Dateikomprimierung (File Compression)
- Verschlüsseltes Dateisystem (Encrypting File System, EFS)
- Transactional NTFS (ab NTFS 6.0)

## Access Control Lists

Es werden in NTFS zwei verschiedene Arten von ACLs verwaltet. Über die DACL (Discretionary Access Control List) wird die Zugriffssicherheit verwaltet und über die SACL (System Access Control List) die Dateiüberwachung.

Die beiden ACLs unterscheiden sich nur in der Art der Access Control Entries (ACE), nicht aber in der Struktur. Die ACEs der DACL definieren Zulassen (Allow) oder Verweigern (Deny), die ACEs der SACL überwachen Erfolg (Successful) und Fehler (Failed) für den Dateizugriff.

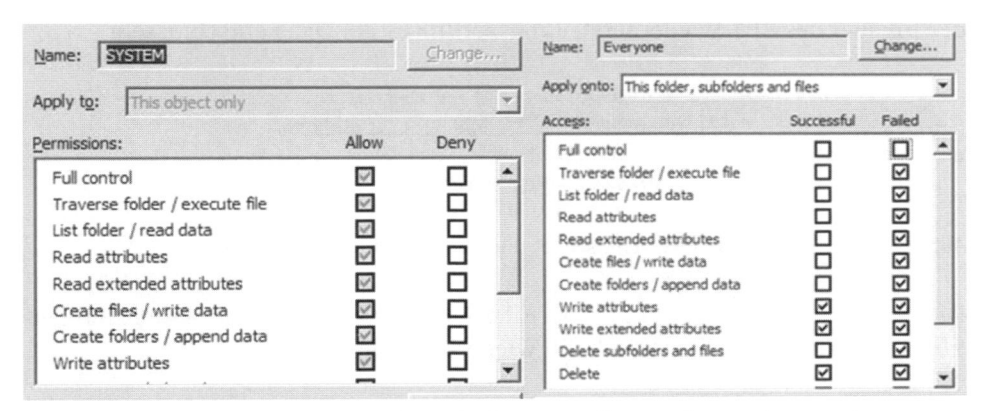

**Abb. 10.3:** NTFS: DACL und SACL in den Sicherheitseinstellungen des Windows Explorers

Greift ein Benutzer auf eine Datei zu, wird sein Zugriffs-Token, welches seine direkten oder indirekten Sicherheits-IDs (SID) beinhaltet, mit der DACL und, sofern die Überwachung konfiguriert ist, mit der SACL verglichen. Entsprechend wird der Zugriff gewährt oder verweigert bzw. im Sicherheitsprotokoll protokolliert.

## Dateikomprimierung

NTFS unterstützt eine dateisystembasierte Dateikomprimierung. Dadurch kann Platz auf der Festplatte gespart werden, allerdings müssen die Daten vor dem Zugriff jeweils erst wieder dekomprimiert werden. Standardmäßig werden selten verwendete Dateien wie Sicherungsdaten (Undo Data) komprimiert. Die komprimierten Daten werden in blauer Schrift angezeigt.

**Abb. 10.4:** NTFS: erweiterte Dateieinstellung für Komprimierung und Verschlüsselung

## EFS

Beim Encrypting Filesystem (EFS) handelt es sich um einen auf X.509-PKI-Zertifikaten basierenden Mechanismus. Unabhängig von den DACL-Einstellungen werden die Daten mit einem öffentlichen Schlüssel des Benutzers verschlüsselt, somit kann nur noch der Besitzer des privaten Schlüssels auf die Datei zugreifen. Seit Windows Server 2003 ist es möglich, auch weitere Benutzer einzubeziehen, aber nur, wenn deren Zertifikat mit dem öffentlichen Schlüssel zur Verfügung steht.

Geht das Zertifikat oder der Schlüssel des oder der Benutzer verloren, kann nur der Inhaber des EFS-Wiederherstellungszertifikats die Datei entschlüsseln.

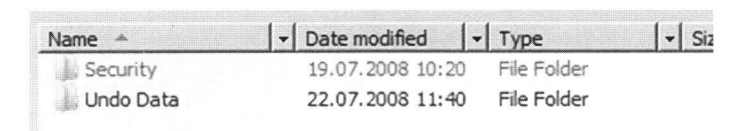

| Name | Date modified | Type | Siz |
|---|---|---|---|
| Security | 19.07.2008 10:20 | File Folder | |
| Undo Data | 22.07.2008 11:40 | File Folder | |

**Abb. 10.5:** NTFS-Darstellung verschlüsselter und komprimierter Verzeichnisse

Die Benutzung von EFS ist in jedem Falle genau zu planen, insbesondere die Zertifikatverwaltung (PKI) und auch die Wiederherstellungsprozesse.

## Schattenkopien

Mit den Schattenkopien stellt Microsoft einen Mechanismus zur Verfügung, welcher die IT in Bezug auf das Wiederherstellen von gelöschten oder zerstörten Dateien entlasten soll.

Werden die Schattenkopien auf den Dateiserver konfiguriert, wird der Server in einem Ablaufplan eine inkrementelle Kopie der Daten erstellen. Da der Mechanismus auf Block- und nicht auf Dateiebene implementiert ist, ist das sehr platzsparend möglich. Für Schattenkopien sollten ca. 10 % des Festplattenplatzes reserviert werden. Wenn dieser Platz aufgebraucht ist, werden die ältesten Schattenkopien gelöscht.

Sobald die Schattenkopien aktiviert sind, werden dem Benutzer im Explorer unter »Vorgängerversionen« alle verfügbaren Versionen mit einem Zeitstempel angezeigt.

Obwohl der Ansatz der Zeitsteuerung sicher nicht ideal ist, hat sich der Mechanismus in der Praxis recht gut bewährt.

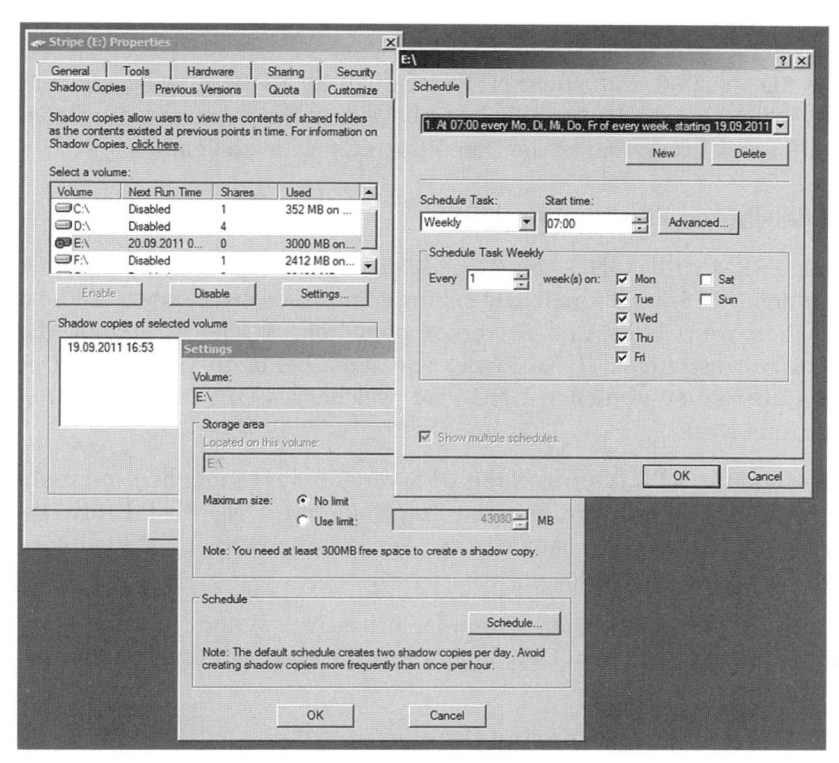

**Abb. 10.6:** Konfigurationsfenster der Schattenkopien (Shadow Copies) auf einem Windows Server

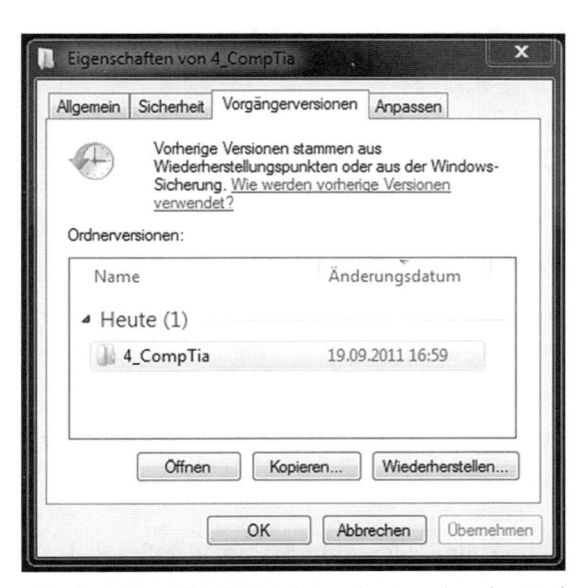

**Abb. 10.7:** Zugriff auf die Schattenkopien über den Explorer

### Transactional NTFS

Seit Windows Server 2008 unterstützt NTFS sogenannte atomare Transaktionen. Software-Entwickler können damit ähnlich wie bei einem Datenbanksystem Dateizugriffsoperationen kapseln und so die Datenintegrität sicherstellen.

### Microsoft Distributed File System (DFS)

Wie schon das FSRM ist das DFS keine eigentliche NTFS-Funktion, basiert aber sehr stark auf den NTFS-Funktionen und gehört damit in diesen Kontext. DFS ist eine Kombination von Client- und Serverkomponenten, welche es erlaubt, die eigentlichen Serverressourcen (UNC-Pfade) vor den Clients zu verbergen. Der Zugriff erfolgt über einen virtuellen UNC-Pfad, welcher als DFS-Root oder DFS-Stamm bezeichnet wird.

In der ersten schon für NT 4.0 verfügbaren DFS-Version war es möglich, auf mehreren Servern verteilte Ressourcen in einen Zugriffspunkt (UNC-Pfad, Laufwerkzuordnung) zusammenzufassen. Anstelle des Servernamens im UNC-Pfad wird der Name des DFS-Root verwendet.

Mit der Version 5.0 (Windows 2000) wurde DFS massiv erweitert, und vor allem wurde die Möglichkeit geschaffen, DFS fehlertolerant zu bauen. Dazu gehören folgende Mechanismen:

- Speichern der DFS-Root in der Active Directory
- Mehrere Ressourcenserver (Targets) für eine Ressource
- Automatische oder manuelle Replikation der Targets

Da es sich bei DFS um eine standortbewusste (Site aware) Anwendung handelt, greift der DFS-Client immer auf den am nächsten liegenden Ressourcenserver zu, solange dieser vorhanden ist.

Mit 5.2 (Windows Server 2003/R2) wurde mit DFS-R anstelle des alten FRS (File Replication Service) ein bedeutend leistungsfähigerer Replikationsmechanismus eingeführt. Zusätzlich werden ab 6.0 auch mehrere DFS-Namensräume unterstützt.

DFS kann also für folgende Aufgaben eingesetzt werden:

- Entkoppeln der Servernamen vom UNC-Pfad
- Zusammenfassen von verteilten Dateiressourcen
- Redundante Verteilung von Dateien an verschiedene Standorte
- Fehlertoleranz auf Dateiserverebene

### 10.1.3 ReFS

Obwohl das transaktionale NTFS schon eine sehr gute Stabilität aufwies, legte Microsoft Wert darauf, ein noch widerstandsfähigeres Dateisystem zu entwerfen, das Resilient File System ReFS, welches mit Windows Server 2012 eingeführt wurde.

Diese zusätzliche Robustheit wurde mit verschiedenen Mitteln erreicht:

- Auf die auf Endbenutzer zugeschnittenen Funktionen wie 8.3 Dateinamen, Komprimierung und Quotas wurde verzichtet.
- Redundante, separat gespeicherte große Prüfsummen
- Granularer Restore bei korrupten Dateien oder Verzeichnissen

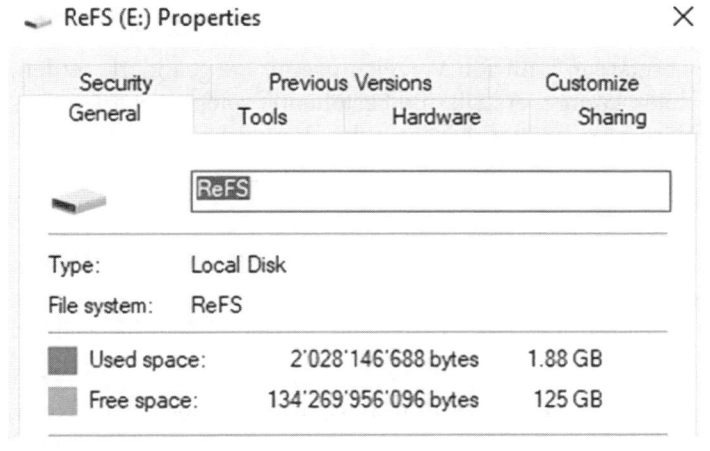

**Abb. 10.8:** ReFS ohne NTFS-Funktionen

Ansonsten ist ReFS mit NTFS kompatibel, insbesondere werden BitLocker, DACL/SACL, und mount points weiter unterstützt. ReFS bietet aber neben der Widerstandsfähigkeit weitere zusätzliche Funktionen, welche NTFS nicht bietet:

- Volle Integration in die Microsoft Storage Spaces (Speichervirtualisierung)
- Dateisystem über mehrere physikalische Computer hinweg
- Erweiterte Partitions- und Dateigrößen

Brauchen Sie das wirklich?

Um die Frage zu beantworten, müssen Sie sich im Klaren sein, dass für ein Dateisystem im Endbenutzerzugriff (NAS, SMB) andere Anforderungen gelten als für große Speichersysteme (SAN, Enterprise Storage, iSCSI) z.B. in Virtualisierungs-Frameworks. NTFS ist für den Einsatz für den Endbenutzerzugriff entwickelt und verfügt über die entsprechenden Funktionalitäten.

ReFS wurde für den Einsatz in Umgebungen entwickelt, wo der Verlust einer einzelnen Datei, z.B. eine korrupte Festplatte einer VM, viel größere Folgen haben kann.

### 10.1.4 Ext2, Ext3 und Ext4

Das Rechtekonzept unter Dateisystemen von Linux ist relativ simpel. Es gibt drei Zugriffsberechtigungen:

r – read (lesen)

Bei normalen Dateien heißt dies, man darf den Inhalt ausgeben. Bei Verzeichnissen (Dateien vom Typ d) darf man den Inhalt lesen, sprich ein ls auf dieses ausführen.

w – write (schreiben)

Durch w darf man eine Datei verändern, also modifizieren. Auf einem Verzeichnis, bei welchem w-Rechte gesetzt sind, dürfen Verzeichniseinträge geändert werden. Dies bedeutet, neue Dateien können erstellt und bestehende gelöscht werden. Das Löschen von Dateien wird also im darüberliegenden Verzeichnis definiert und nicht auf der Datei selbst!

x – execute (ausführen)

Programme können dann ausgeführt werden (dies gilt auch für Shell-Skripts), wenn Ausführrechte gesetzt sind. Auf Verzeichnissen wiederum bedeutet dies, dass der Zugriff erlaubt ist, sprich cd Verzeichnis darf ausgeführt werden (eigentlich wie Access).

Neben diesen Zugriffsarten gibt es auch drei unterschiedliche Benutzerklassen. Man spricht von dem User (Owner) mit dem Kürzel u, von der Gruppe (Group) g und von allen anderen (Others) o. Entweder ist man der Besitzer einer Datei, man gehört der entsprechenden Gruppe an, oder wenn dies nicht zutrifft, ist man jemand anderes, man fällt unter die Klasse Others.

Ext2 ist mittlerweile der älteste Vertreter noch aktiver Dateisysteme. Ext2 gilt zwar als veraltet, denn es basiert auf einem Standard-Unix-Filesystem und ist etwas in die Jahre gekommen.

Nichtsdestotrotz hat es den Ruf, sehr zuverlässig zu sein, und dies trägt diesem Dateisystem noch heute eine sehr große Popularität ein. Auch deshalb wird hier vor allem ausführlich auf das Filesystem EXT eingegangen. Andere werden auch noch behandelt, aber da die ext-Dateisysteme (aktuell ext4) in der Linux-Welt vorherrschend sind, schenken wir diesem ein besonderes Interesse.

Folgende drei Nachteile bringt der Einsatz von ext2 mit sich:

- Die internen Strukturen des Filesystems werden statisch angelegt und haben ihren fixen Platz auf der Platte, dies sind beispielsweise die Datenblöcke, Metadaten von Dateien (Inodes) und Inode-Bitmaps.
- Die Adressierung geschieht mit Listen, was um ein Vielfaches langsamer ist als bei einer Baumstruktur.

- Es benötigt einen Filesystem-Check nach einem Ausfall bzw. nicht normalen Demontieren des Filesystems.

Für die weitere Entwicklung von ext verfügt das Dateisystem dafür über reservierte Bits, die für kommende Features genutzt werden können. Der Kernel kann anhand dieser Bits erkennen, welche Erweiterungen unterstützt werden und diese entsprechend beachten.

Ext3 hat sich ein solches Feature geschnappt. Ext3 ist ein Journaling-Filesystem, welches eine Logdatei für Änderungen führt. Diese wird beim Starten des Systems eingelesen, eventuelle Inkonsistenzen werden überprüft und repariert. Eine Überprüfung des Filesystems nach einem ungewollten Neustart ist deshalb nicht immer nötig.

## Die interne Struktur von ext2

Was ist genau eine Inode? Den Begriff haben Sie jetzt schon mehrmals gelesen. An dieser Stelle werden Sie mehr dazu erfahren. Eine Inode ist wie eine Karteikarte für eine Datei. In der Inode sind die Informationen (Metadaten) einer Datei hinterlegt.

- Inode-Nr.: Eindeutige »Laufnummer« vom Filesystem für Dateien
- Dateityp: Unter Unix ist alles ein File, deshalb gibt es verschiedene Arten von Dateien. Ersichtlich sind diese in einem Long Directory Listing, mit ls –l:
  - \- reguläre Datei
  - d Verzeichnis (d wie Directory)
  - l symbolischer Link
  - b Blockgerät (z.B. die Harddisk /dev/hda)
  - c Character Device (z.B. der serielle Port /dev/ttyS0)
  - p Named Pipe (wie | in der Shell als Datei)
  - s Socket (eine IP-Adresse und ein Port)
- Zugriffsrechte (rwxrwxrwx)
- Owner/Gruppenzugehörigkeit
- Größe (meist in Bytes)
- Spezielle Attribute
- Adressen für die Datenblöcke
- Direkte Adressierung
- Einfach indirekt, zweifach indirekt ...

Grundsätzlich kann man auch sagen, eine Datei ist zweigeteilt, einerseits in ihre eigentlichen Daten, verteilt auf Datenblöcke auf dem Datenträger, und andererseits in die Metainformationen (Inode).

Wichtig für Serveradministratoren zu bedenken ist, dass beim Löschen von Dateien prinzipiell nur der Inode gelöscht wird und damit die Referenzen auf die Datenblöcke. Die Datei ist also auf dem Filesystem insofern gelöscht, dass nicht mehr auf die Daten zugegriffen werden kann, physisch jedoch sind diese Datenblöcke auf der Disk nach wie vor vorhanden. Erst bei Bedarf, d.h. dem Schreiben von neuen Daten, werden diese frei markierten Blöcke überschrieben. Wenn die Daten definitiv gelöscht werden sollen, benötigt man dazu Werkzeuge, die die Blöcke sicher überschreiben, um ein Lesen gelöschter Daten zu verhindern.

shred ist ein Tool, welches sich z.B. auch auf einer SystemRescueCD befindet und diese Aufgabe übernehmen kann, indem es gelöschte Bereiche mit mehrfachem Überschreiben mit zufälligen Daten unlesbar macht.

### Reservierte Inodes

Grundsätzlich ist die Vergabe von Inode-Nummern nicht vorhersehbar, es gibt jedoch die eine oder andere Reservierung.

Nr. 1: Versteckter Inode, defekte Blöcke werden hier abgelegt.

Nr. 2: / des Filesystems trägt diese Inode-Nummer.

Nr. 8: Reserviert für das Journal von ext3

### Erstellung eines ext-Filesystems

Ein Ext-Filesystem kann in wenigen Schritten auf einer Partition erstellt werden.

Zuerst muss die Partition auf dem Datenträger (Platte, USB-Stick etc.) als solche erstellt werden, danach muss sie nur noch formatiert werden – d.h., man erstellt ein Filesystem auf dieser Partition. Dies geschieht mit dem Kommando mke2fs (oder mkfs.ext3, aber auch mkfs -t ext3).

```
# mke2fs -j -i 4096 -b 1024 /dev/sdb1
```

Prinzipiell reicht auch ein einfaches mke2fs /dev/sdb1. Dies wird in den meisten Fällen genügen, jedoch:

- -j legt das Journal an, d.h. kreiert ein ext3-, nicht ext2-Filesystem.
  - -i 4096 legt fest, dass alle 4096 B (hier: vier Blöcke) eines Inode kreiert werden können.
- -b 1024 legt die Blockgröße fest.

Die Inode-Geschichte hatten wir schon besprochen. Es kann passieren, dass ein Filesystem nicht wegen der vielen Daten voll wird, sondern weil das Maximum an verwaltbaren Dateien erreicht worden ist (feststellbar unter Linux mit df –i). Somit kann es sinnvoll sein, je nachdem was auf der Partition für Daten abgelegt werden, diese Limite gegenüber dem Standardwert zu verändern, um nicht die Kapazitätsgrenze zu überschreiten.

Ähnlich ist es mit der Blockgröße. Auch wenn eine Datei nur zwei Bytes an Daten enthält, wird ein ganzer Block für diese reserviert. Es können nicht zwei Dateien in einem »traditionellen« Filesystem im gleichen Block untergebracht werden. Dies lässt die Schlussfolgerung zu, für Filesysteme, in welchen mehr große Dateien abgelegt werden, die Blockgröße groß zu halten, und umgekehrt in Filesystemen, in denen viele kleine Dateien zu liegen kommen, diese herunterzuschrauben.

### Tuning

Nicht nur Autos und Motorräder können getuned werden (oder heute wohl eher »gepimped«), sondern auch Filesysteme. Für ext steht das Tool tune2fs zur Verfügung.

```
[root@rocky ~]# tune2fs -l /dev/vda1
tune2fs 1.46.5 (30-Dec-2021)
```

| | |
|---|---|
| Filesystem volume name: | <none> |
| Last mounted on: | /boot |
| Filesystem UUID: | 2d2c2af7-b64e-44ec-a125-bcad2c5f5fdf |
| Filesystem magic number: | 0xEF53 |
| Filesystem revision #: | 1 (dynamic) |
| Filesystem features: | has_journal ext_attr resize_inode dir_index filetype needs_recovery extent 64bit flex_bg sparse_super large_file huge_file dir_nlink extra_isize metadata_csum |
| Filesystem flags: | signed_directory_hash |
| Default mount options: | user_xattr acl |
| Filesystem state: | clean |
| Errors behavior: | Continue |
| Filesystem OS type: | Linux |
| Inode count: | 128016 |
| Block count: | 512000 |
| Reserved block count: | 25600 |
| Overhead clusters: | 42672 |
| Free blocks: | 273857 |
| Free inodes: | 127651 |
| First block: | 1 |
| Block size: | 1024 |
| Fragment size: | 1024 |

**Tabelle 10.1:** Informationen über das Filesystem mit tune2fs

| | |
|---|---|
| Group descriptor size: | 64 |
| Reserved GDT blocks: | 256 |
| Blocks per group: | 8192 |
| Fragments per group: | 8192 |
| Inodes per group: | 2032 |
| Inode blocks per group: | 508 |
| Flex block group size: | 16 |
| Filesystem created: | Thu Sep  1 12:52:13 2022 |
| Last mount time: | Mon Sep 12 09:16:43 2022 |
| Last write time: | Mon Sep 12 09:16:43 2022 |
| Mount count: | 4 |
| Maximum mount count: | -1 |
| Last checked: | Thu Sep  1 12:52:13 2022 |
| Check interval: | 0 (<none>) |
| Lifetime writes: | 374 MB |
| Reserved blocks uid: | 0 (user root) |
| Reserved blocks gid: | 0 (group root) |
| First inode: | 11 |
| Inode size: | 256 |
| Required extra isize: | 32 |
| Desired extra isize: | 32 |
| Journal inode: | 8 |
| Default directory hash: | half_md4 |
| Directory Hash Seed: | e9825ba1-cc0c-471d-b14c-b5c072fc2f84 |
| Journal backup: | inode blocks |
| Checksum type: | crc32c |
| Checksum: | 0xcfc5f266 |

**Tabelle 10.1:** Informationen über das Filesystem mit tune2fs (Forts.)

Mit dem Kommando `tune2fs -l /dev/vda1` kann die Filesystem-Information einer Partition ausgelesen werden. Die Ausgabe erzeugt viele Informationen, die für uns nicht alle nützlich sind, aber doch Aufschluss geben. Hier wurde /dev/vda1 verwendet, dies ist wie erwähnt die erste Partition auf einer ersten »virtuellen« (VirtIO Treiber) Disk.

Informationen auszulesen ist das eine, Änderungen durchzuführen das andere. Hier die wichtigsten Optionen, welche mit `tune2fs` auf eine Partition angewendet werden können:

- -c [nr] legt den maximalen Mountcount fest, nach welchem das Filesystem unbedingt geprüft werden muss.
- -i [time], wobei time [nr]d (für Day), [nr]w (für Week) und [nr]m (für Month) sein kann. Dies legt den zweiten Wert für die unbedingte Filesystem-Überprüfung fest. Je nachdem, was zuerst eintrifft, interval oder mountcount, wird das Filesystem überprüft.
- -j legt das Journal an, wenn es beim Formatieren vergessen wurde (für ext2 Filesysteme) – da heute in der Regel ext4 verwendet wird, wird das kaum noch gebraucht.
- -m [percent] legt die Reservierung an Platz in Prozent für Root auf der Partition fest. Per Default sind dies 5 %, d.h., ein Benutzer kann das Filesystem nur bis zu 95 % füllen, der Rest ist reserviert für Root. Das ist sinnvoll, denn so kann nicht nur kein Benutzer die Partition ganz füllen und damit das System und den Root-User behindern, sondern weil Filesysteme nie gefüllt werden sollen. Ext »defragmentiert« sich selbst und dazu braucht es Platz zum Auslagern bzw. Datenherumschieben. Je kleiner dieser Platz wird, desto langsamer kann auch das Filesystem werden!

## Filesystem reparieren

Wenn beim Start eines Servers die Filesysteme montiert werden, wird verifiziert, ob der letzte Shutdown bzw. das Demontieren der Filesysteme vollzogen worden ist oder nicht (ist das »Clean-Flag« vorhanden). Wenn die Partitionen nicht korrekt demontiert wurden, wird automatisch ein Filesystem-Check gestartet.

Dieser prüft nicht etwa die Inhalte von Dateien, sondern verifiziert, ob die internen Strukturen im Filesystem korrekt sind. Beispielsweise wird geprüft, ob auch jedes File in einem Verzeichnis liegt.

Falls das Filesystem gravierende Fehler aufweist, wird für Interaktion und Bestätigung der Änderungen eine Bestätigung erzwungen.

Der Befehl `fsck` leitet die Verifizierung des Filesystems ein. Dazu mehr weiter unten. Aber Achtung: Man sollte nie einen `fsck` über montierte Filesysteme oder auch nur als read-only gemountete Filesysteme laufen lassen. Dies kann gravierende Folgen haben!

## Spezielle Attribute

Ext unterstützt neben den Zugriffsrechten weitere spezielle Attribute. Einige sind noch nicht implementiert, andere schon. Zwei praktische Attribute sind i für read-only (nicht veränderbar), u für undeleteable (kann nicht gelöscht werden) und a für append-only, sodass an diese Datei nur angehängt, sie aber nicht überschrieben werden kann.

# Kapitel 10
## Konfigurationsbetrachtungen

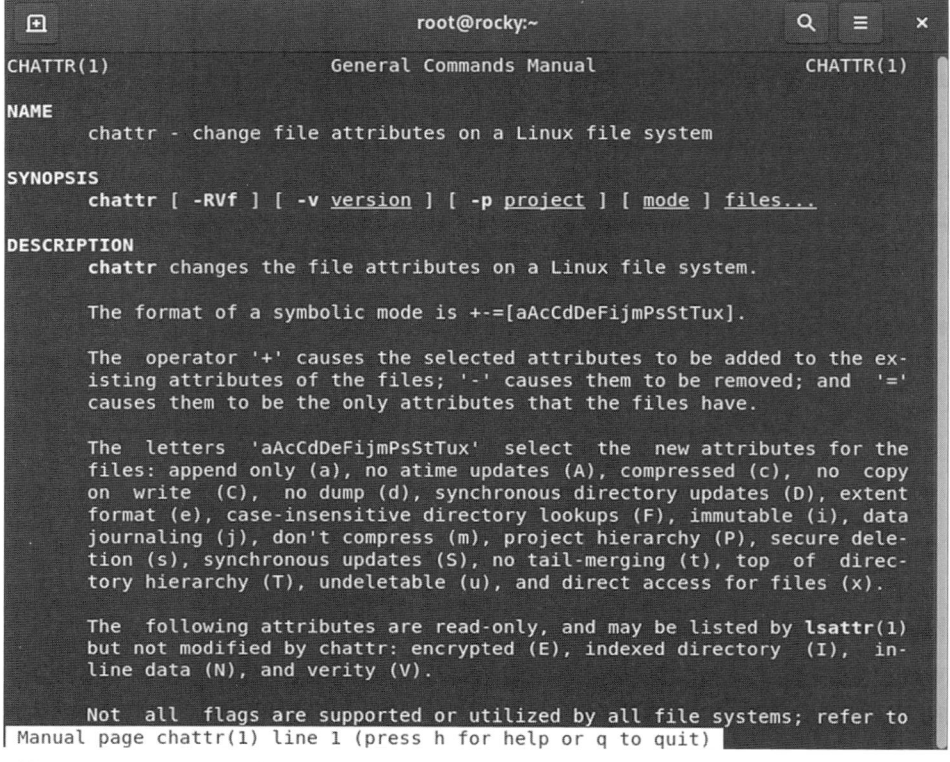

```
CHATTR(1)                  General Commands Manual                 CHATTR(1)

NAME
       chattr - change file attributes on a Linux file system

SYNOPSIS
       chattr [ -RVf ] [ -v version ] [ -p project ] [ mode ] files...

DESCRIPTION
       chattr changes the file attributes on a Linux file system.

       The format of a symbolic mode is +-=[aAcCdDeFijmPsStTux].

       The operator '+' causes the selected attributes to be added to the ex-
       isting attributes of the files;  '-' causes them to be removed; and  '='
       causes them to be the only attributes that the files have.

       The  letters  'aAcCdDeFijmPsStTux' select  the  new attributes for the
       files: append only (a), no atime updates (A), compressed (c),  no  copy
       on   write   (C),   no  dump  (d),  synchronous  directory  updates (D), extent
       format  (e),  case-insensitive directory lookups (F), immutable (i), data
       journaling (j), don't compress (m), project hierarchy (P), secure dele-
       tion  (s),  synchronous  updates (S), no tail-merging (t), top  of  direc-
       tory hierarchy (T), undeletable (u), and direct access for files  (x).

       The  following attributes are read-only, and may be listed by lsattr(1)
       but not modified by chattr: encrypted (E), indexed directory  (I),  in-
       line data (N), and verity (V).

       Not  all  flags are supported or utilized by all file systems; refer to
 Manual page chattr(1) line 1 (press h for help or q to quit)
```

**Abb. 10.9:** manpage von chattr

Das Kommando # `chattr +i file` setzt das Attribut i für immortal, sprich readonly, unveränderbar. Entfernt wird dieses mit der »umgekehrten« Option »-i«.

Das Kommando # `lsattr file` gibt die Attribute aus, welche auf diese Datei gesetzt sind. Sind dies lauter Bindestriche, sind keine speziellen Optionen gesetzt. Mit einem Directory Listing »ls -l« ist das nicht ersichtlich.

ACLs (Access Control Lists) kann eigentlich jedes Linux-/Unix-Filesystem. ACLs dienen dazu, nicht nur einen Owner oder eine Gruppe für den Zugriff definieren zu können. So können mehrere Benutzer oder Gruppen auf einer Datei oder einem Verzeichnis verschiedene Zugriffsrechte zugeordnet werden. Mittels »getfacl« können die ACLs angezeigt werden, mit »setfacl« werden diese gesetzt. Im Directory-Listing wird durch ein »+« nach den normalen Rechten signalisiert, dass es da ACLs konfiguriert hat:

```
[root@rocky ~]# setfacl -m u:tester:rw file
[root@rocky ~]# ls -la file
-rw-rw-r--+ 1 root root 0 Sep 12 09:37 file
[root@rocky ~]# getfacl file
# file: file
# owner: root
# group: root
user::rw-
user:tester:rw-
group::r--
mask::rw-
other::r--

[root@rocky ~]#
```

**Abb. 10.10:** ACLs

## 10.1.5 Ext4

Das Extended File System in der Version 4 ist seit längerer Zeit in Entwicklung. Genauer wurde es im Jahr 2006 als ein Zweig von ext3 in Angriff genommen. Als Zweig (Fork) deshalb, weil man die Nutzer von ext3 nicht behindern oder beeinflussen wollte. Man hat den Quellcode von ext3 genommen, benannte diesen in ext4 um und erarbeitete ein »neues« Dateisystem. Eine erste Version ist im Linux-Kernel 2.6.19 erschienen.

Die zentralen Neuerungen sind:

- Dateisysteme bis zu 1 EB werden unterstützt (und Dateien bis 16 TB Größe).
- Neu werden sogenannte Extends im Gegensatz zu den traditionellen Blöcken verwendet. Dies erhöht die Geschwindigkeit beim Zugriff auf große Dateien (und damit wird auch die Fragmentierung optimiert). Ein Extend kann bis zu 128 MB groß sein.
- Rückwärtskompatibilität zu ext2/ext3 wurde eingebaut. Ext2 und ext3 können als ext4 montiert werden, und ext4 kann ebenfalls als ext3 (aber nicht ext2!) montiert werden.
- Ext4 erlaubt es, Platz für Dateien zu reservieren, damit das Zusammenhängen von Daten besser garantiert werden kann. Dies ist unter anderem für Datenbanken interessant.
- 64.000 Unterverzeichnisse sind möglich (oder gar mehr), unter ext3 waren dies »nur« 32.000.
- Das Journal erhält eine Checksumme.
- Die Prüfung der Dateisystemintegrität wurde verbessert.
- Zeitstempel wurden verbessert, neu werden diese in Nanosekunden hinterlegt. Ebenfalls wurde am Jahr-2038-Problem gearbeitet – mit 2 Bits mehr im Datumsfeld sind weitere 204 Jahre gesichert.

Anfänglich gab es Probleme mit ext4, wenn Daten geschrieben wurden und es zu dieser Zeit einen Systemausfall gab (Delayed Allocation). Dies wurde aber ab der Kernelversion 2.6.30 ausgemerzt. Dies hat wohl dazu geführt, dass viele wieder auf ext3 zurückgegriffen haben oder noch nicht auf das neue Dateisystem migrieren wollten. Debian setzt standardmäßig ext4 ein, in den meisten Distributionen hat man heute die Wahl, was man nehmen möchte.

### 10.1.6 ReiserFS

ReiserFS ist eigentlich ein vielversprechendes Filesystem, welches immer noch in Entwicklung ist. Aktuell ist die Version 4, diese wurde aber aufgrund ihrer Struktur als Reiser 4 und nicht mehr als ReiserFS Version 4 geführt und daher auch noch nicht in den Linux-Kernel aufgenommen. Zurzeit wird ReiserFS in der Version 3 vom Linux-Kernel vollständig unterstützt.

Der Grundgedanke ist gegenüber ext schon fast revolutionär. Anstelle von Listen, um die Datenblöcke zu adressieren, werden Bäume verwendet. Diese zu durchforsten ist aufgrund der hierarchischen Verzweigungen um einiges schneller, als Listen abklappern zu müssen. Zudem legt ReiserFS die internen Filesystem-Strukturen nicht beim Formatieren fest, sondern bleibt dynamisch. Man »rennt« nicht in eine Limitierung an Inodes wie bei anderen Implementierungen von Dateisystemen.

Die Stabilität von ReiserFS war noch nicht über alle Zweifel erhaben und ein Filesystem-Check mit dem Neubau des Adressierungsbaums kann lange gehen. Wenn dieser Tree Rebuild fehlerhaft ist, hat man definitiv ein Problem, was leider auch schon vorgekommen ist.

ReiserFS unterstützt die zusätzlichen Attribute nicht, wie dies ext tut, weist dafür andere Feinheiten wie ACLs, Quotas etc. auf. Insgesamt ist das Dateisystem daher ext eigentlich ebenbürtig.

### 10.1.7 XFS

XFS kommt aus dem Hause SGI (Silicon Graphics Industries) und stammt von dessen Unix-Derivat IRIX ab. XFS hat zwei bemerkenswerte Eigenschaften:

- Filesystem-Vergrößerung (Achtung, bisher nur Vergrößerung) kann im laufenden Betrieb problemlos gemacht werden.
- Das Filesystem unterstützt Snapshots, d.h., das Dateisystem kann zu einem bestimmten Zeitpunkt eingefroren werden, um den Zustand auf ein Backup zu spielen.

Es wird zudem gesagt, dass sich XFS für plattenintensive Anwendungen wie die Filmverarbeitung eignet.

## 10.1.8 ZFS

Dieses Dateisystem wurde im Jahre 2006 von Sun Microsystems ins Leben gerufen. Es handelt sich um ein 128-Bit-Copy-on-Write-Dateisystem, d.h., die Zeiger, welche auf Daten im Filesystem referenzieren, haben eine Länge von 128 Bit. Dies wird in alle Ewigkeit ausreichen, um praktisch beliebige Datenmengen abzuspeichern (max. Dateigröße 16 EiB). Copy on Write bedeutet, dass während eines Schreibvorgangs ein Snapshot gemacht werden kann, ohne dass dieser inkonsistent bzw. nicht brauchbar wäre. FreeBSD und natürlich Solaris unterstützen heute ZFS, ebenfalls kann es unter Linux eingebaut werden, ist aber (noch) nicht Bestandteil des heutigen Linux-Kernels. Das letzte Mal wurde es von Linus Torvalds im Jahre 2020 abgelehnt, in den Kernel zu integrieren – wahrscheinlich ist jedoch, dass es zukünftig drin sein wird. Damit ist es eher ein Filesystem, welches für Rechencenter gedacht ist und nicht für den Desktop.

Die wichtigsten Eckdaten von ZFS sind:

- LVM (Logical Volume Manager) ist im Dateisystemkonzept implementiert (Zusammenschließen von mehreren physischen zu logischen Partitionen).
- RAID ist integriert (RAID 0 wird »automatisch« gemacht, RAID 1, 5, 6 kann konfiguriert werden).
- Snapshots (eine Art Backups) bzw. sogenannte Clones können direkt mit Dateisystemwerkzeugen erstellt werden.
- Von Datenblöcken werden Checksummen erstellt, was die Fehlererkennung verbessert.
- Seit 2009 ist die Block-Deduplizierung integriert.

Da es sich bei ZFS um ein 128-Bit-Filesystem handelt, wird es auf 32- bzw. 64-Bit-Architekturen nie die volle Performance erbringen können oder verglichen mit anderen Dateisystemen, wie ext4 oder XFS, nicht an deren Geschwindigkeiten herankommen. ZFS bringt deshalb nicht nur Vorteile, hat aber interessante Funktionen, die je nach Anwendung durchaus Sinn machen können.

Dazu ein Zitat von Jeff Bonwick, Chefentwickler von ZFS:

*Populating 128-bit file systems would exceed the quantum limits of earth-based storage. You couldn't fill a 128-bit storage pool without boiling the oceans.*

Dem Sinn nach übersetzt: Um ein 128-Bit-Dateisystem zu füllen, braucht man nach der Quantentheorie so viel Energie, wie man aufwenden müsste, um das Wasser aller Ozeane zum Kochen zu bringen ...

## 10.1.9 VMFS

Wenn Sie über Dateisysteme sprechen, so müssen Sie auch VMWare in die Betrachtungen mit einbeziehen. VMWare setzt dabei auf den bestehenden Dateisystemen der Hostsysteme auf und stellt darin ein eigenes Dateisystem in Form von Containerdateien, den VMDK-Dateien, zur Verfügung.

Die vSphere-Server bieten als eigenes Dateisystem VMFS, das sinnvollerweise mit einem Shared-Storage (NAS/SAN) genutzt wird. Innerhalb des VMFS-Volumes werden den VMWare-Gastmaschinen wiederum mittels einer Containerdatei (VMDK) virtuelle Festplatten zur Verfügung gestellt. VMFS-Volumes unterstützen unter anderem das Vergrößern der Laufwerke während des Betriebs.

## 10.2 Speicherplatzberechnung

Der Speicherplatz ist heute nicht mehr teuer, und oft löst man Platzprobleme damit, dass mehr Kapazität zur Verfügung gestellt wird. Spätestens aber, wenn es um Backups geht, die Daten kopiert oder wiederhergestellt werden müssen, dann fragt man sich, wieso man so viel Platz angeschafft und freigegeben hat. Festplatten sind günstig, aber das Verwalten von großen Datenmengen nicht.

### 10.2.1 Speicherplatz berechnen

Um den Speicherplatz mittelfristig richtig berechnen zu können, ist es hilfreich, die bisherige Entwicklung des Speicherbedarfs zu kennen. Beobachten Sie die Entwicklung des Speicherplatzbedarfs über ein bis zwei Jahre und Sie erhalten wichtige Anhaltspunkte über das zu erwartende Wachstum der nächsten 24 Monate.

Nun ist es aber so, dass die Informatik binär rechnet. Damit wird zwar z.B. eine SD-Karte mit 1 GB (Gigabyte = 1.000.000.000 B) angeschrieben, genau genommen enthält sie aber eben 1.073.741.824 B, was doch zahlenmäßig eine ziemliche Differenz ist. Und je größer die Multiplikatoren werden, desto größer wird auch die effektive Differenz.

Daher wurde von der IEC 1998 in Anlehnung an das internationale Einheitensystem (SI) ein eigenes System für die binäre Bezeichnung von Multiplikatoren eingeführt. Es ist aber nicht Teil des SI, sondern eigenständig und lediglich daran orientiert.

Die wichtigsten Multiplikatoren lauten:

| Begriff | Abk. | Potenz | Zahlenwert |
|---|---|---|---|
| Kibi | Ki | $2^{10}$ | 1 024 |
| Mebi | Mi | $2^{20}$ | 1 048 576 |
| Gibi | Gi | $2^{30}$ | 1 073 741 824 |
| Tebi | Ti | $2^{40}$ | 1 099 511 627 776 |

**Tabelle 10.2:** Binäre Multiplikatoren

| Begriff | Abk. | Potenz | Zahlenwert |
|---------|------|--------|------------|
| Pebi | Pi | $2^{50}$ | 1 125 899 906 842 624 |
| Exbi | Ei | $2^{60}$ | 1 152 921 504 606 846 976 |
| Zebi | Zi | $2^{70}$ | 1 180 591 620 717 411 303 424 |
| Yobi | Yi | $2^{80}$ | 1 208 925 819 614 629 174 706 176 |

**Tabelle 10.2:** Binäre Multiplikatoren (Forts.)

Die noch etwas gewöhnungsbedürftige Notation lautet also dann an obigem Beispiel so, dass eine SD-Karte eine Speicherkapazität von 1 Gibibyte aufweist, kurz 1 GiB.

Bei einer modernen Festplatte mit 1 TB (Terabyte) Speicher sähe das dann so aus:

Dezimal    1 T= $10^{12}$   = 1 000 000 000 000 B

Binär      1 Ti= $2^{40}$   = 1 099 511 627 776 B

Das macht dann in der »realen« Speicherwelt immerhin annähernd 10 % aus, welche uns das dezimale System unterschlägt.

### 10.2.2 Quotas unter Windows

NTFS erlaubt die Verwaltung von Datenträgerkontingenten für Benutzer. Diese werden auf der Basis des Ownerships (des Dateibesitzers) berechnet. Bis Windows Server 2008 waren die Datenträgerkontingente auf Diskpartitionen. Ab Server 2008 (also auch die 2012er-Versionen) können nun auch für Verzeichnisstrukturen Datenträgerkontingente verwaltet werden. NTFS unterscheidet harte Kontingente (Hard Quotas), bei denen dem Benutzer nicht mehr erlaubt wird, mehr Daten zu schreiben, und weiche Kontingente (Soft Quotas), bei welchen zwar Aktionen wie E-Mails oder Ereignislogeinträge generiert werden, der Benutzer aber weiter keine Einschränkungen erfährt, wenn er die Kontingente überschreitet.

#### Dateiserverressourcenverwaltung

Mit dem Server 2008 hat Microsoft eine stark erweiterte Version der Kontingentverwaltung unter dem Namen File Server Resource Manager (FSRM) eingeführt. Es handelt sich hierbei zwar nicht mehr um eine Funktion des Dateisystems, der Dienst baut aber natürlich sehr stark auf den Dateisystemfunktionen auf. FSRM erlaubt:

- Das Erstellen von Kontingentvorlagen
- Kontingente auf beliebige Ordner
- Autokontingente, welche automatisch auf neu erstellte Unterverzeichnisse angewendet werden

- Dateiüberwachungen und Dateisperren für bestimmte Dateitypen
- Zeitgesteuerte und ereignisgesteuerte Berichte über Datei- und Ressourcenverwendung

### 10.2.3 Quotas unter Linux

Unter Linux kann man einfach sogenannte Quotas einrichten. Man hat die Möglichkeit, pro Partition, Benutzer und Gruppe den Platzbedarf auf Größe und Anzahl der Dateien zu beschränken.

Dies funktioniert folgendermaßen:

- Die Partition muss mit der Option usrquota oder/und grpquota montiert sein:
  ```
  # mount -o remount,usrquota /home
  ```
  Die Option, damit dies dauerhaft konfiguriert ist, sollte in der Dateisystemtabelle (`/etc/fstab`) ebenfalls bei der Spalte Optionen angegeben werden.

- Die Partition für Quotas vorbereiten
  ```
  # quotacheck -avum
  ```
  `quotacheck` verifiziert die eventuell gesetzten Kontingente oder erstellt die Dateien aquota.user bzw. aquota.group, falls diese noch nicht vorhanden sind. Dies sind binäre Dateien, welche die Konfiguration und den Status der Quotas beinhalten.

  `-a` steht dafür, dass alle Dateisysteme geprüft werden sollten (effektiv werden nur jene angefasst, welche auch die entsprechende Mount-Option erhalten haben).

  `-v` steht für verbose (ausgeben, was passiert).

  `-u` steht für userquota.

  `-m` dient dazu, dass die Partition für die Verifizierung nicht read-only montiert werden soll. Dies könnte problematisch sein, wenn zur selben Zeit noch Schreibzugriffe laufen.

- Quotas einschalten

  So weit ist nun alles vorbereitet, und mit dem Kommando `quotaon` bzw. `quotaoff` kann der Quota-Mechanismus ein- bzw. abgeschaltet werden.

- Quotas setzen

  Um Quotas zu setzen, wird das Kommando `edquota` verwendet. Dazu wird der Standardeditor verwendet (Umgebungsvariable `EDITOR`). Falls dieser nicht gesetzt ist, startet der `vi`.
  ```
  # edquota -u benutzername
  ```

Praktisch ist, dass man nun bei Platz- und auch bei Datei-Limite den aktuellen Stand sieht. Es wäre nicht nett, dies schon zu Beginn tiefer zu setzen. Es gibt zwei

Limiten: die Soft- und Hard-Limite. Die Soft-Limite darf für eine Woche überschritten werden, muss aber dann vor Ablauf dieser Frist wieder unterschritten werden (ähnlich wie bei einer Kreditkarte). Falls man an die Hard-Limite herankommt, geht gar nichts mehr. Diese sind in Stein gemeißelt und darf nicht überschritten werden.

Wenn für viele Benutzer Quotas gesetzt werden müssen, ist ein »Kopieren« sehr praktisch, vor allem für kleine Shell-Skripts, wenn Benutzer automatisiert angelegt werden.

```
# edquota -u -p benutzer1 benutzer2
```

Dies kopiert die Quota des benutzer1 auf jene von benutzer2.

Ein Benutzer kann seine Kontingente mit dem Kommando `quota` prüfen, Root kann sich mit `repquota` alle Limite ansehen. Ein Benutzer darf die Limite eines anderen nicht einsehen; dies macht auch Sinn, denn Konflikte, wieso jener mehr als der andere haben darf, wären damit vorprogrammiert.

## 10.3 Verzeichnisdienste

Verzeichnisdienste sind die Nachschlagewerke in Netzwerken. Dies kann sowohl personen- als auch ressourcenorientiert verstanden werden. Ein Verzeichnisdienst kann ein Adressbuch sein oder eine Liste aller verfügbaren Computer im Unternehmen – oder beides zusammen.

Die Einträge werden hierarchisch abgelegt und nach dem Client-Server-Prinzip bearbeitet und gesucht. Der Datensammlung liegt meist eine Datenbank zugrunde, welche die Objektdaten aufnimmt und verwaltet.

Die Grundlagen der Verzeichnisdienste wurden von der CCITT (heute ITU-T) mit X.500 gelegt. X.500 wurde als Verzeichnisdienst zum X.400-Mailsystem definiert und diente den nachfolgenden Verzeichnisdiensten als Grundlage für die Strukturen und insbesondere auch für die Zugriffsprotokolle.

Das DAP (Directory Access Protocol) wurde für den Einsatz in der IP-Welt vereinfacht und legte dann als Lightweight Directory Access Protocol (LDAP) die Grundlage für die Verzeichnisdienste vor.

### 10.3.1 LDAP

Das Lightweight Directory Access Protocol (LDAP) wurde in den 1990er-Jahren an einer amerikanischen Universität als Alternative zum X.500-basierten DAP-Protokoll (Directory Access Protocol) entwickelt. Der X.500-Standard war sehr umfangreich und setzte auf einem vollständigen ISO-/OSI-Stack auf, was die Implementierung schwierig und hardwareintensiv machte. LDAP wurde daher mit dem Ziel entwickelt, Verzeichnisdienste in der Installation und Konfiguration einfacher zu gestalten, um deren Verbreitung zu fördern. LDAP setzt auf einem TCP-/IP-Stack auf und implementiert nur eine Auswahl der DAP-Funktionen und Datentypen.

LDAP bezeichnet sowohl ein Protokoll auf der Anwendungsebene zur Kommunikation mit dem Directory Service als auch den Verzeichnisdienst (Directory Service) selber.

Die Datenstruktur eines LDAP-Verzeichnisses wird durch einen hierarchischen Baum mit Wurzeln, Zweigen und Blättern wiedergegeben und z.B. bei der auf LDAP basierenden NDS (siehe nächster Abschnitt) auch so dargestellt.

Die Wurzel (Root, Suffix) ist das oberste Datenobjekt, unter ihm verzweigen sich die weiteren Strukturen. Als Root kann die Organisation bezeichnet werden, darunter folgen weitere Ebenen wie Organisationseinheiten, Gruppen oder Personen.

Diese Begriffe werden abgekürzt dargestellt und als LDAP-Notation bezeichnet.

Wenn die Firma Educomp als Organisation in LDAP aufgenommen werden soll und diese über eine Organisationseinheit Training mit einem Mitarbeiter verfügt, der sich Markus Kammermann nennt, heißt die Notation dann:

Organisation = o = educomp

Organisational Unit = ou = training

Common Name = cn = markuskammermann

Als LDAP-Eintrag geschrieben, lautet dieser dann wie folgt:

cn=markuskammermann, ou = training, o = educomp

Damit die Organisation der Daten nicht willkürlich geschieht, verwendet jedes LDAP-Verzeichnis eine bestimmte, genormte Struktur. Die Struktur wird durch das verwendete Schema definiert. Jedes LDAP-Schema definiert die Objektklassen mit ihren Attributen, wie z.B. die Klasse Person oder die Klasse Organisation. Die Einträge in der Objektklasse nennen sich danach Objekte.

X.500 bzw. der »Leichtgewichtsvariante« LDAP liegen heute zahlreichen Anwendungen zugrunde, denken Sie nur an die Active Directory, IBM Lotus Notes oder auch Sendmail. Sie alle unterstützen LDAP als Verzeichnisdienst, sei es als komplexer Verzeichnisdienst oder als einfaches Adressbuch.

### 10.3.2 NDS

Der Verzeichnisdienst von Novell NetWare heißt NDS. Er hat sich bis heute weiterentwickelt zum sogenannten eDirectory, welches als solches eine Synthese von

LDAP und der ursprünglichen NDS ist. Die NDS selber steht mittlerweile (seit NetWare 5.x) bei Version 8.

Die NDS ist als Verzeichnisdienst die zentrale Datenbank eines Novell NetWare-Baums (Novell Tree).

Die NDS speichert dabei alle dem System vorliegenden Daten über seine Benutzer und die vorhandenen Ressourcen.

- Benutzername und Passwort
- Gruppen und Gruppenmitgliedschaften
- Berechtigungen der Benutzer und Gruppen innerhalb des Systems
- Daten zum letzten Login
- Zugeordnete Drucker
- Weitere Daten, z.B. bei Verwendung von GroupWise

Über diesen Datenbestand können, wie in Datenbanken üblich, Abfragen definiert werden. Der Benutzername ist hierbei jedoch nur ein Attribut. Intern wird der Benutzer über einen einzigartigen und nur einmal vergebenen Schlüssel referenziert, ähnlich wie der SID beim Windows-Verzeichnisdienst.

Der NDS-**Baum** setzt sich aus drei grundlegenden Objekten zusammen:

| | |
|---|---|
| 1. Stammobjekt | Wird bei der Installation automatisch an die »Spitze« des NDS-Baums gestellt |
| 2. Behälterobjekt/Container | Zweig des NDS-Baums, kann weitere NDS-Objekte enthalten, z.B. Remoteuser, Gruppen, Computer |
| 3. Blattobjekte/Leaves | Objekte der Container, können keine weiteren NDS-Objekte enthalten |

**Tabelle 10.3:** NDS-Baum

Dazu gibt es verschiedene Namenstypen, die basierend auf X.500 verwendet werden können.

| | | |
|---|---|---|
| CN | Common Name | Beispiel: |
| OU | Organisation Unit | .CN=Markus.OU=Administration.O=kabera |
| O | Organisation | |

**Tabelle 10.4:** Namenstypen

Wie aus dem Beispiel ersichtlich, werden die Namenstypen mittels eines Gleichzeichens dem jeweiligen Objektnamen vorangestellt.

**Kapitel 10**
Konfigurationsbetrachtungen

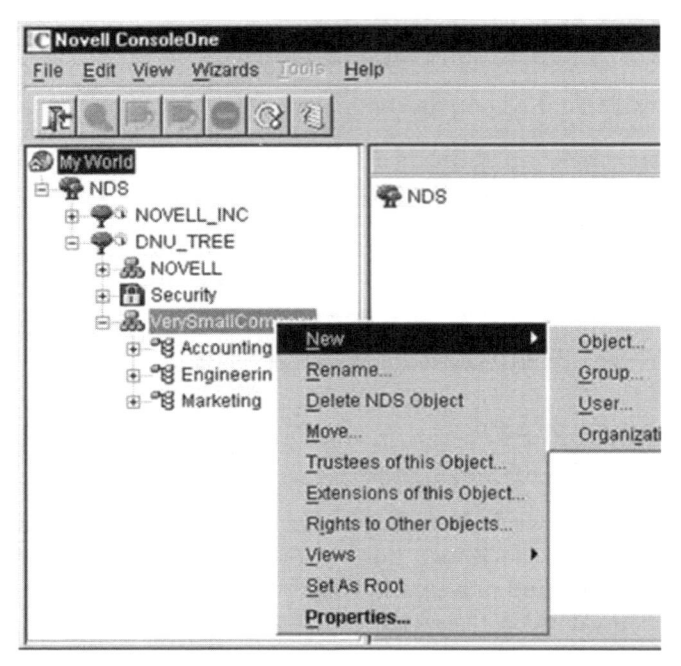

**Abb. 10.11:** NDS-Struktur (Quelle: Support-Webseite von Novell Inc.)

Damit Windows-Clients auf einen NDS-Server und die entsprechenden Berechtigungen Zugriff erhalten, muss auf ihnen ein Novell-Client installiert werden.

Dies kann entweder der Novell Client von Novell selber sein oder der mit Novell kompatible Client-Dienst von Microsoft.

Zur Verwaltung der NDS stehen verschiedene Tools zur Verfügung, eines davon ist der iManager von Novell.

Der Novell iManager ist eine webbasierte Netzwerkadministrationskonsole für Novell-Netzwerke. Der Zugriff ist je nach Konfiguration von überall auf der Welt möglich und durch interne und externe Firewalls geschützt. Über den iManager können neue User in bestehende eDirectory-Verzeichnisse integriert und bereits erfasste User verwaltet werden.

In größeren Unternehmen ist der iManager ein unverzichtbares Werkzeug, z.B. im Service-Desk. Täglich kommt es dort vor, dass einzelne User im Unternehmen ihr Novell-Anmeldepasswort vergessen oder dass sie es vergessen zu wechseln und vom System ausgesperrt werden. Sollte ein User nach der ersten Aufforderung zum Passwortwechsel diesen nicht vornehmen, wird er nach einer bestimmten Anzahl weiterer Logins gesperrt und kann nur durch einen Administrator wieder freigeschaltet werden.

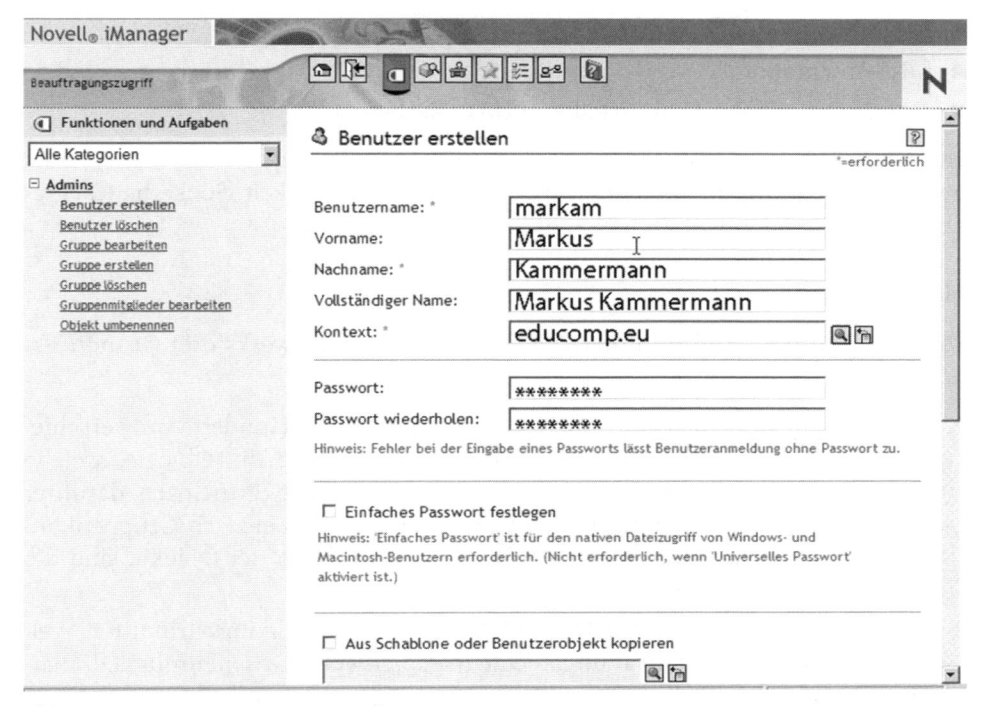

**Abb. 10.12:** Der iManager von Novell

Durch den iManager erhält der Verantwortliche ein leistungsstarkes Tool, um Accounts zu prüfen, zu verwalten und eben auch freizuschalten. Sogar Applikationen können den Usern zugewiesen werden, welche diese dann über den Application Explorer von Novell zur Verfügung gestellt bekommen und installieren können.

### 10.3.3 AD DS – Active Directory Services

Microsoft setzte bis Windows NT 4.0 einen einfacheren, auf Kleinnetzwerke ausgerichteten und nicht sehr gut skalierbaren Verzeichnisdienst (NT Directory Services) ein.

Mit Windows 2000 wurden dann die Active Directory Services eingeführt, welche einen markanten Schritt in der Entwicklung der Microsoft-Verzeichnisdienste bedeuteten. Einige der Merkmale der AD:

- Basierend auf X.500
- Skalierbarkeit; die AD ist eine beliebig skalierbare Datenbank
- Objektorientiert und erweiterbar
- Hierarchischer Aufbau

- Multi-Master-Replikationskonzept
- DNS-Integration
- Integration offener Schnittstellen (LDAP, Kerberos)

Die Active Directory Services wurden aus den Anforderungen eines Mailsystems heraus für den Einsatz in einem Windowsnetzwerk entwickelt. So ist die Integration der AD in Microsoft Exchange nach wie vor sehr eng.

## Hauptaufgaben

Die Active Directory erfüllt innerhalb eines Microsoftnetzwerks drei Grundfunktionen:

1. Organisation der Objekte: Es werden innerhalb der AD Hunderte von verschiedenen Objekten verwaltet. Die Wichtigsten sind aber die Objekte, welche Sicherheitsrechte in Anspruch nehmen können (Security Principals), darunter fallen insbesondere Benutzer- und Computerkonten, aber auch Gruppenkonten. Eines der zentralen Elemente für die Organisation der Objekte sind die Organisationseinheiten (OU, Organisational Units).

2. Verwalten der Objekte: Die AD kennt sehr feine Berechtigungsstrukturen, welche es erlauben, die Verwaltungsrechte (beispielsweise Gruppenmitgliedschaften zu verwalten oder Passwörter zurückzusetzen) an beliebige Security Principals zu delegieren. Ein weiteres, sehr leistungsfähiges Werkzeug in der Verwaltung sind die GPOs (Group Policy Object, Gruppenrichtlinienobjekte).

3. Objektsuche: Insbesondere in großen Umgebungen sollten Objekte unabhängig von ihrem Speicherort schnell und zuverlässig gefunden werden können, dies insbesondere auch in sehr großen Umgebungen mit mehreren Domänen. Die Basis hierfür sind die globalen Katalogserver (GC, Global Catalog).

## Logisches Design

Das Grundelement der Active Directory ist die Windows-Domäne, die Namensstrukturen werden dem Domain Name System entnommen, d.h., AD-Domänen haben einen FQDN.

Die Domäne bildet die grundsätzliche Verwaltungsgrenze (Sicherheit und Administration der Objekte). Die Anforderungen der meisten Organisationen können in einer Einzeldomäne abgedeckt werden.

Die einzelne Windows-Domäne wird in Organisationseinheiten unterteilt, in welche dann wiederum die Objekte abgespeichert werden. Der Speicherort bildet dann auch zusammen mit der Domäne und dem relativen Namen des Objekts (RDN) den eindeutigen Namen (Distinguished Name, DN):

CN=Printer47,OU=Marketing,OU=Bern,DC=Microsoft,DC=com

Anders als mit den früheren Microsoft-Verzeichnisdiensten können AD-Domänen zu integrierten größeren Strukturen zusammengebaut werden.

Die oberste Struktur ist der AD Forest (AD-Gesamtstruktur). Ein Forest kann aus einem oder mehreren AD Trees (AD-Strukturen) bestehen, ein Tree wiederum besteht aus einer oder mehrerer AD-Domänen. Alle Domänen eines Trees befinden sich im gleichen DNS-Namensraum.

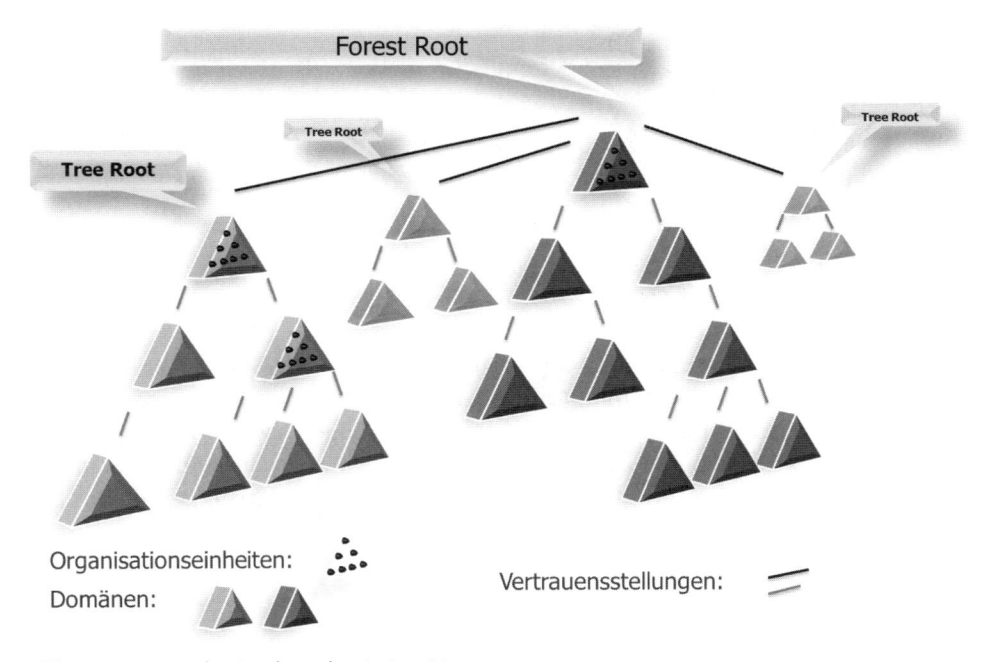

**Abb. 10.13:** Logische Struktur der Active Directory

## Physikalisches Design

IP ist die Grundlage der Netzfunktionen der AD und entsprechend basiert auch das physikalische Layout der AD auf IP.

# Kapitel 10
Konfigurationsbetrachtungen

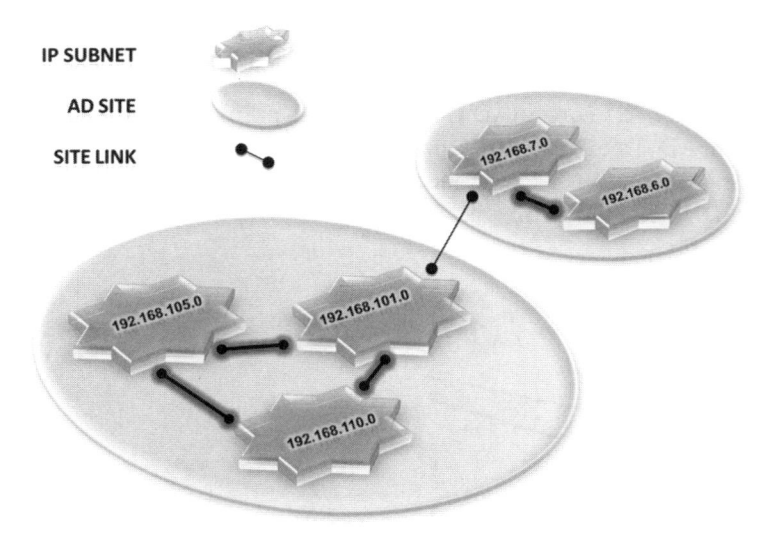

**Abb. 10.14:** AD-Subnetze und -Standorte

Die im Netzwerk verwendeten IP-Subnetze werden den AD-Standorten zugewiesen. Ebenso werden die Domänen-Controller einem AD-Standort zugewiesen. Ein Client ermittelt aufgrund seiner IP-Adresse seine Zugehörigkeit zu einem AD-Standort und wird nun die benötigten Ressourcen jeweils an seinem Standort beziehen können. Das Auffinden der entsprechenden Ressourcen geschieht über die Service Resource Records im DNS.

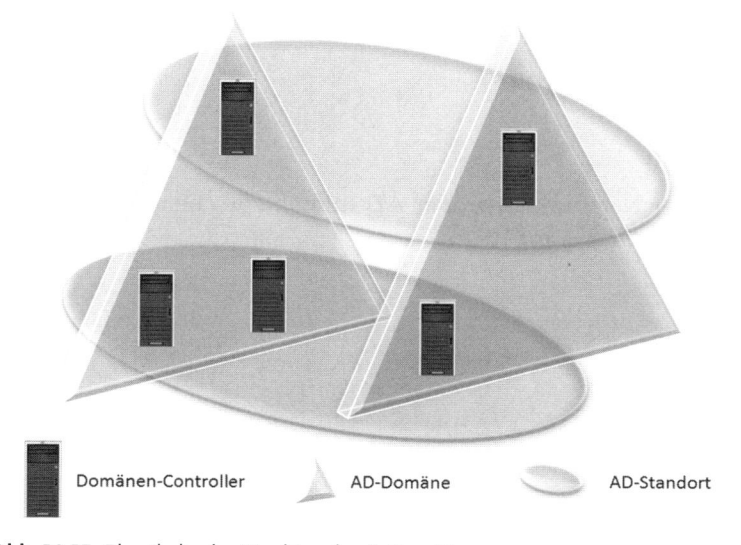

**Abb. 10.15:** Physikalische Struktur der Active Directory

## Schema

Das Schema ist die objektorientierte Vorlage der AD-Objekte. Das Schema besteht aus vererbbaren Klassen mit zugewiesenen Attributen.

Beim Aufbau einer Domäne und dem Anlegen von Objekten werden aus den Klassen Objekte und die Attribute werden mit Werten aufgefüllt.

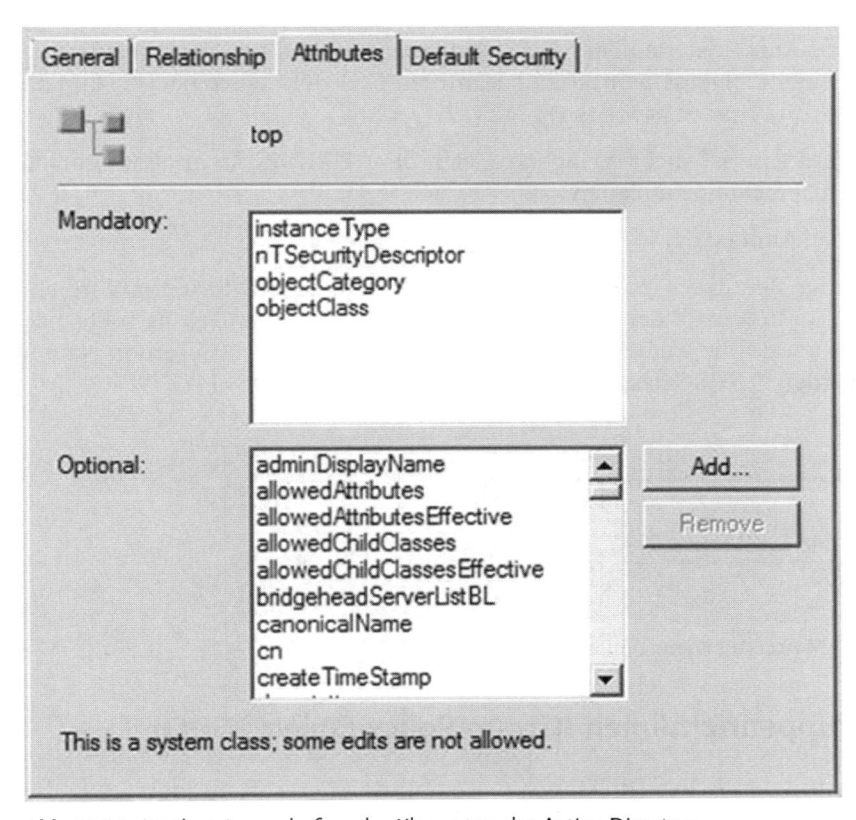

**Abb. 10.16:** Attributeigenschaften der Klasse top der Active Directory

Werden neue Funktionen in die AD eingeführt, muss das Schema angepasst werden. Die aktuelle Schemaversion für Server 2008 AD ist die Version 44. Die Anpassung der Schemaversion geschieht in der Regel über ein von Microsoft geliefertes Werkzeug: adprep /forestprep.

## Benutzerkonten

Eines der wichtigsten Elemente innerhalb der AD ist sicher das Benutzerkonto. Insbesondere ist es für die Implementation und Planung wichtig, die Namenskonzepte für die Benutzerkonten zu kennen. Das Benutzerobjekt führt verschiedene

Namensattribute wie Anzeigenamen oder E-Mail-Adresse. Drei dieser Namen müssen aber eindeutig sein.

**SAM Account Name (Pre-Windows 2000 Name)**

Das ist der Anmeldename, der mit der NTLM-Authentifizierung zusammen verwendet wird: **MICROSOFT\BillG**.

**User Principal Name (UPN)**

Der Kerberos-Anmeldename oder UPN setzt sich aus dem benutzerspezifischen Präfix und einem allgemeinen Suffix zusammen und sieht wie eine SMTP-Mailadresse aus: `bill.gates@microsoft.msft`.

Die E-Mail-Adresse ist nicht zwingend gleich dem UPN; es kann aber sinnvoll sein, dies entsprechend zu planen.

**Distinguished Name (DN)**

Der eindeutige Benutzername zeigt den Speicherort in der AD-Struktur. Wird ein Benutzerkonto innerhalb der AD verschoben, ändert sich sein DN. Es sollte also von Beginn an auf die Eindeutigkeit des Anzeigenamens (CN, Common Name) geachtet werden: **CN=BGates,OU=Executives,DC=Microsoft,DC=MSFT**.

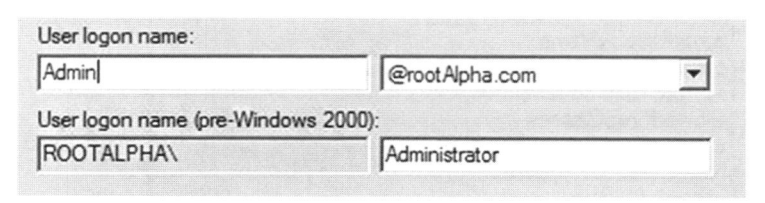

**Abb. 10.17:** SAM Account Name und UPN

## 10.4 Gruppenrichtlinien (Group Policy Object, GPO)

Zusammen mit den Active Directory Services führte Microsoft im Jahre 2000 die Gruppenrichtlinienobjekte (GPO, Group Policy Object) oder kurz Gruppenrichtlinien ein. Ein vergleichbares, allerdings einfacheres Konzept war bei Windows NT unter dem Namen Systemrichtlinien bekannt.

Der Begriff kann insofern etwas verwirren, da er nur beschränkt etwas mit den Windows-Gruppen zu tun hat: Die Gruppenrichtlinienobjekte und die damit verbundenen Einstellungen können für bestimmte Windows-Gruppen angewendet werden. Eine Gruppenrichtlinie wird über die Active Directory angelegt und verwaltet. Gruppenrichtlinien können folgende Einstellungen enthalten:

- Software-Verteilung
- Windows-Einstellungen
- Administrative Vorlagen

## 10.4 Gruppenrichtlinien (Group Policy Object, GPO)

**Abb. 10.18:** Default Domain Controller-Gruppenrichtlinie

Die Einstellungen in einer Gruppenrichtlinie werden benutzer- oder computerspezifisch verwaltet. Die computerspezifischen Einstellungen werden beim Startprozess des Computers abgearbeitet, die benutzerspezifischen während des Anmeldeprozesses.

In einer ersten Phase der Prozesse wird die AD vom lokalen Anmeldedienst abgefragt, welche Gruppenrichtlinienobjekte für den Computer bzw. den Benutzer relevant sind. Die AD liefert eine Liste aller relevanten Gruppenrichtlinienobjekte. Der lokale Anmeldedienst liest nur die Einstellungen der Gruppenrichtlinienobjekte aus dem SYSVOL-Verzeichnis des Anmeldeservers und appliziert diese für den Computer bzw. den Benutzer. Teile der Gruppenrichtlinien, z.B. die Sicherheitseinstellungen, werden auch nach der Anmeldung, dem Startup, regelmäßig angewendet.

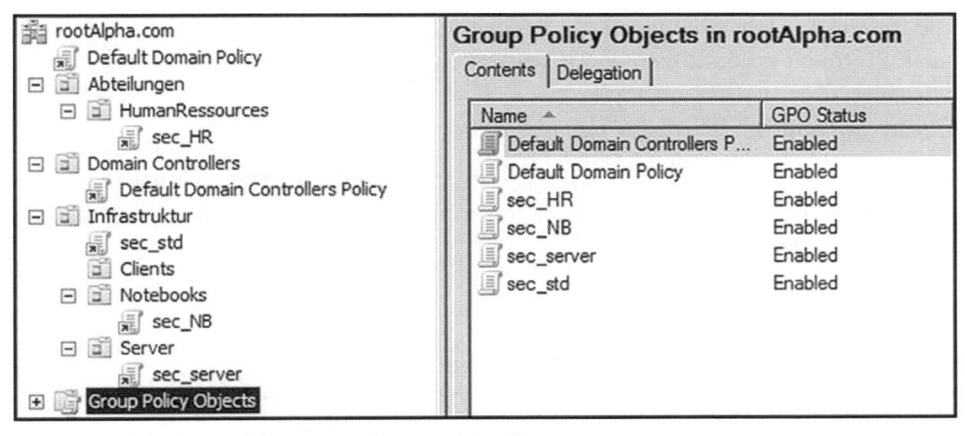

**Abb. 10.19:** Gruppenrichtlinien-Managementkonsole

Innerhalb der AD können fast beliebig viele GPOs angelegt und diese GPOs zu beliebigen OUs verknüpft werden. In der Standardeinstellung wird eine verknüpfte GPO für alle Objekte (Computer oder Benutzerkonten) in dieser OU wirksam werden. GPOs können auch für AD-Standorte oder AD-Domänen verknüpft werden.

## 10.5 Dateiübertragungsprotokolle

Für den Zugriff auf Daten über ein Netzwerk müssen entsprechende Protokolle zur Verfügung gestellt werden. Die am weitesten verbreiteten Protokolle sind hier das Network File System von Sun (NFS) und der Server Message Block (SMB) von IBM.

### 10.5.1 Das SMB-Protokoll

SMB wurde von IBM auf der Basis der NetBEUI-Protokolle entwickelt und erlaubte eine effiziente Übertragung von Dateien in einem lokalen Netzwerk. Microsoft hat die SMB-Definitionen für ihre Betriebssysteme (sowohl NT als auch DOS) übernommen und weiterentwickelt. Sowohl der Microsoft-Serverdienst als auch der Druckdienst basieren auf SMB. Mit der Loslösung von NetBEUI wurde die SMB-/NetBIOS-Schnittstelle von Microsoft unter der Bezeichnung NBT (NetBIOS oder TCP/IP) für die Nutzung eines TCP-/IP-Netzwerk-Stacks erweitert.

Um SMB gegen das aufkommende und für Dateizugriffe im WAN-Bereich besser geeignete Network File System (NFS) abgrenzen zu können, wurde SMB zeitweise auch als CIFS (Common Internet File System) bezeichnet. Unterdessen kehrt Microsoft wieder zur ursprünglichen Bezeichnung SMB für die Version SMB 2.1 zurück. Heute gibt es mittlerweile SMB schon in der Version 3.1.1.

Die Integration von Clients auf die Druck- und Dateidienste, wenn diese nicht dasselbe Protokoll unterstützen, kann auf verschiedene Arten erfolgen.

### Client-Software

Der Client wird mit einer passenden Client-Software ausgestattet wie z.B. NetWare Clients (NCP, NetWare Core-Protokollimplementation), um den Zugriff auf Novell-Dateiserver zu gestatten.

### Gateway-Services

Gateway-Services konvertieren die Netzwerkzugriffe anstelle des Clients. Ein Windows-Client greift beispielsweise mit SMB auf den Gateway-Dienst zu, dieser wandelt das Protokoll in NCP um und leitet es an den Novell-Dateiserver weiter.

Es wird zwar keine Client-Software benötigt, aber sowohl der Gateway-Server als auch das Netzwerk werden stärker belastet.

## Zusätzliche Serverdienste

Auf einem Server können mehrere Protokolle (Dienste) installiert werden. So unterstützt der Windows-Server auch einen NFS-Dienst und ermöglicht damit NFS-Clients den Zugriff auf Ressourcen auf dem Windows-Server.

Sicher das heute wichtigste Produkt in diesem Zusammenhang ist SaMBa (SMB für das entsprechende Protokoll), welches für die Integration von Nicht-Microsoft-Betriebssystemen in Microsoft-Umgebungen verwendet wird.

### 10.5.2 Samba

Der australische Software-Entwickler Andrew Tridgell veröffentlichte 1992 die erste Version von Samba, damals noch für den Datenaustausch zwischen den Betriebssystemen *SunOS* und *Ultrix*. Seither wird Samba als Open-Source-Projekt weiterentwickelt und konstant verbessert. Ziel ist es, unter möglichst vielen Betriebssystemen eine Gruppe von Netzwerkdiensten zur Verfügung zu stellen, die den Drucker- und Datenzugriff gewährleisten.

Rund zwanzig Entwickler arbeiten bis heute an dem Projekt und versuchen aktuell, vor allem die maximale Kompatibilität zu Microsofts Betriebssystemen zu erreichen.

Samba ist ein Software-Paket für Unix-Systeme, das eine Vielzahl von Netzwerkdiensten und Protokollen wie *SMB*, *NBT*, *CIFS* und *MSRPC* implementiert.

Samba bietet nun die Möglichkeit, auf Unix-Systemen Dateien und Drucker freizugeben, welche von Windows her erkannt und verwendet werden können. Andersherum können Unix-Systeme mithilfe von Samba auf solche Freigaben von Windows zugreifen. Diese Funktionalitäten sind essenziell, um Windows und z.B. Linux in gemeinsamen Netzwerken zu integrieren, damit Daten und Ressourcen gemeinsam verwendet werden können. Mithilfe von Samba kann Linux als Dateiserver für Windows-Clients dienen.

### Einsatzmöglichkeiten

Samba kann als einfacher Fileserver eingesetzt werden, in diesem Fall stellt er über SMB/CIFS over TCP die Dienste für die Clients zur Verfügung.

In dieser Funktion gewährt Samba Zugriff auf Dateien und Verzeichnisse, die über Freigaben (Shares, Netzwerklaufwerke) eingerichtet werden. Sie können somit einen Linux-Server als Dateiserver in einem Windows-Netzwerk einrichten und unterhalten. Dabei unterstützt Samba sowohl die Unix-Rechte als auch diverse ACLs anderer Systeme, sodass die Rechtevergabe sehr detailliert erfolgen kann.

Samba in der Version 4 kann ein vollständiges Active Directory zur Verfügung stellen. (Open)LDAP wird im Hintergrund für das Abspeichern der Daten verwendet und kann auch zusätzlich für die Ablage der DNS-Daten verwendet werden.

## Konfiguration

Normalerweise liegt die Konfiguration von Samba in der Textdatei *smb.conf* im */etc*-Verzeichnis eines Unix-Systems. Eine Konfiguration für einige Freigaben könnte in etwa so aussehen:

```
### Globale Einstellungen ###

[global]

# Die Arbeitsgruppen- bzw. Domänenmitgliedschaft
   workgroup = MYGROUP

# Serverbeschreibung
   server string = Samba Server

# Server-Rolle
   server-role = standalone

# Einschränken von Verbindungen auf IP-Level
   hosts allow = 192.168.1. 192.168.2. 127.

# Druckerliste automatisch laden
   load printers = yes

# Führe für jeden verbundenen Client ein separates Logfile
   log file = /usr/local/samba/var/log.%m

# Limitiere die Größe des Logfiles (in Kb)
   max log size = 50


### Freigaben ###

# Home-Verzeichnisse aller Benutzer
```

```
[homes]
   comment = Home Verzeichnisse
   browseable = no
   writable = yes
   valid users = %S


# Öffentliche Dateifreigabe mit Schreibrecht für die Gruppe "mitarbeiter"
# und Leserecht für alle anderen Benutzer

[public]
   comment = Oeffentliche Dateien
   path = /home/samba
   public = yes
   writable = yes
   printable = no
   write list = @mitarbeiter


# Druckerfreigabe, die nur von Benutzer Fred verwendet werden kann

[fredsdrucker]
   comment = Drucker von Fred
   valid users = fred
   path = /homes/fred
   printer = freds_printer
   public = no
   writable = no
   printable = yes


# Dateifreigabe mit Schreibrecht für Benutzer Fred

[fredsverzeichnis]
   comment = Verzeichnis von Fred
   path = /srv/somewhere/privat
   valid users = fred
   public = no
   writable = yes
   printable = no
```

```
# Dateifreigabe mit Schreibrecht für die Benutzer Mary und Fred

[myshare]
   comment = Dateien von Mary und Fred
   path = /srv/somewhere/shared
   valid users = mary fred
   public = no
   writable = yes
   printable = no
   create mask = 0765
```

## 10.6 Remoteverbindungen

Heute geht ein Administrator nur selten in den Serverraum an eine Konsole, höchstens noch, wenn an der Hardware selbst interveniert werden muss, wenn eine Maschine nach einem Neustart nicht mehr hochfährt oder die Maschinen schlicht nicht mehr über das Netz erreichbar sind.

Wie in Kapitel 2 beschrieben, haben die Hersteller der Serversysteme selber hierfür eine eigens entwickelte Lösung implementiert, die ein solches Out-of-band-Management erlaubt.

Darüber hinaus gibt es verschiedene Methoden, welche im Folgenden thematisiert werden.

### 10.6.1 Telnet

Telnet ist eines der ersten Remoteadministrationsprotokolle. Telnet übermittelt die Daten ohne Verschlüsselung über den Port 23/tcp. Dies genügt den heutigen Sicherheitsanforderungen nicht mehr. Trotzdem ist auf Netzwerkgeräten wie Switches und Routern (auch WLAN, DSL etc.) dieses Protokoll (noch) allgegenwärtig. Jedes Betriebssystem verfügt zudem über einen Telnet-Client. Auch bei Druckern, welche über einen integrierten Druckserver verfügen, kommt dieses Protokoll zum Einsatz.

HP-Drucker können beispielsweise über JetDirect mit Telnet konfiguriert werden (zumindest die Netzwerkeigenschaften).

```
Or type "exit" to exit without saving parameters
> ?

        To Change/Configure Parameters Enter:
        Parameter-name: value <Carriage Return>

        Parameter-name    Type of value
        ip:               IP-address in dotted notation
        subnet-mask:      address in dotted notation
        default-gw:       address in dotted notation
        syslog-svr:       address in dotted notation
        idle-timeout:     seconds in integers
        set-cmnty-name:   alpha-numeric string (32 chars max)
        dhcp-config:      0 to disable, 1 to enable
        ipx/spx:          0 to disable, 1 to enable
        dlc/llc:          0 to disable, 1 to enable
        ethertalk:        0 to disable, 1 to enable
        banner:           0 to disable, 1 to enable

        Type passwd to change the password.

Type "?" for HELP, "/" for current settings or "quit" to save-and-exit.
Or type "exit" to exit without saving configuration parameter entries
> []
```

**Abb. 10.20:** Telnet auf einen HP-Drucker

IP-Adresse, Subnetmask, Standard-Gateway, Syslogserver und die unterstützten Protokolle können bei einem JetDirect-Server via Telnet angegeben werden.

```
ProCurve J4903A Switch 2824
Software revision I.10.43

Copyright (C) 1991-2007 Hewlett-Packard Co.  All Rights Reserved.

                    RESTRICTED RIGHTS LEGEND

Use, duplication, or disclosure by the Government is subject to restrictions
as set forth in subdivision (b) (3) (ii) of the Rights in Technical Data and
Computer Software clause at 52.227-7013.

       HEWLETT-PACKARD COMPANY, 3000 Hanover St., Palo Alto, CA 94303

We'd like to keep you up to date about:
  * Software feature updates
  * New product announcements
  * Special events

Please register your products now at:  www.ProCurve.com

Press any key to continue []
```

**Abb. 10.21:** Telnet auf einen HP-Switch

Auf einem HP-Switch lässt sich alles über die Konsole konfigurieren, entweder durch ein kommandobasiertes Interface oder ein textgesteuertes Menü. Die Konfiguration kann heute zudem auch über Webbrowser vorgenommen werden. Aus Sicherheitsgründen ist Telnet wo immer möglich aber durch andere, sicherere Protokolle zu ersetzen und entsprechend zu deaktivieren. Die meisten Netzwerkkomponenten wie Switches oder Router unterstützen heute SSH, »das verschlüsselte Pendant« zu Telnet.

Da Telnet sehr einfach gestrickt ist und es im Grunde einfach eine TCP-Session aufbaut, kann es zum Überprüfen von Diensten genutzt werden. Z.B. läuft auf der Maschine ein Dienst? Gibt der Webserver Antwort? Was läuft wohl auf diesem Port?

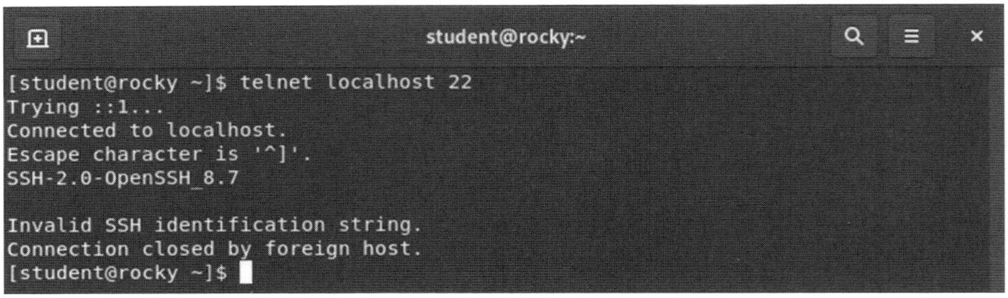

```
[student@rocky ~]$ telnet localhost 22
Trying ::1...
Connected to localhost.
Escape character is '^]'.
SSH-2.0-OpenSSH_8.7

Invalid SSH identification string.
Connection closed by foreign host.
[student@rocky ~]$
```

**Abb. 10.22:** Telnet auf Port 22 localhost

### 10.6.2 SSH

SSH (Secure Shell) stellt die gleiche Funktionalität wie Telnet zur Verfügung (und mehr) außer, dass die Verbindung zum entfernten Rechner nicht mehr als Klartext über das Netzwerk wandert, sondern verschlüsselt wird. SSH benutzt dabei verschiedene Verschlüsselungsalgorithmen. SSH verwendet standardmäßig den Port 22, TCP.

**Die Software**

OpenSSH, welches unter den meisten Linux- und Unix-Systemen zum Einsatz kommt, wurde von OpenBSD entwickelt. Da SSH lizenzpflichtig ist, war der Anreiz groß, eine frei zugängliche Version dieses wichtigen Programms zu erhalten. OpenSSH steht unter der BSD-Lizenz und genießt deshalb große Offenheit. Die Version 9 ist im Jahre 2022 erschienen.

Das OpenSSH-Paket bringt folgende Utilities mit sich, die Wichtigsten sind hier erwähnt:

- ssh: Client-SSH-Applikation, um sich bei entfernten Rechnern anmelden zu können oder Remote-Programme aufzurufen. Spezialität von ssh ist es zudem, TCP-Ports zu tunneln, entfernte oder lokale.

- scp: Secure Copy Client, um Dateien verschlüsselt übers Netz zu kopieren
- sftp: Secure Filetransfer Client, FTP-Client für SSH
- ssh-keygen: SSH-Schlüssel generieren, um ohne Passwort an einem entfernten System authentifiziert zu werden. Und ssh-copy-id, um bequem die Schlüssel auf einen Rechner zu transferieren
- sshd: der SSH Daemon, der Dienst selbst

Die Konfiguration des SSH-Servers (und der Standard-Client-Werte) befindet sich unter /etc/ssh normalerweise in der Datei sshd_config für den Daemon und ssh_config für den Client.

Auch für Windows gibt es SSH-Clients, dazu später etwas mehr. Jetzt schauen Sie sich zuerst kurz an, wie man sich unter Linux mit SSH verbinden kann.

## Verbinden mit SSH auf einen entfernten Host

Eine Verbindung mit einem SSH-Server aufzunehmen, geschieht mit dem Kommando ssh.

```
$ ssh -l username servername
```

Entweder wird der Benutzername mit der Option -l angegeben oder mit username@hostname. Wenn kein Benutzername angegeben wurde (siehe Screenshot unten), dann wird auf dem Remotesystem der gleiche Benutzer angenommen, wie er lokal besteht.

```
[student@rocky ~]$ ssh localhost
The authenticity of host 'localhost (::1)' can't be established.
ED25519 key fingerprint is SHA256:hRX8oONrnXAw0B0fp6y//bJEch0i0VXi6wgnns7NvFw.
This key is not known by any other names
Are you sure you want to continue connecting (yes/no/[fingerprint])? yes
Warning: Permanently added 'localhost' (ED25519) to the list of known hosts.
student@localhost's password:
Last login: Mon Sep 12 09:17:13 2022
[student@rocky ~]$
```

**Abb. 10.23:** ssh auf localhost

Beim ersten Kontakt mit einem SSH-Server wird der Schlüssel, ein sogenannter Fingerprint, ausgetauscht. Dieser wird auf dem Client unter ~/.ssh/known_hosts abgespeichert. Bei einer erneuten Verbindung wird der Fingerprint zur Verifikation, ob es der gleiche Host (Fingerprint) ist wie das letzte Mal.

Nun steht die Verbindung, und der entfernte Server kann administriert werden, als ob man lokal davorstehen würde.

## SSH unter Windows

Und was tut man unter Windows? Auch hier gibt es verschiedene kommerzielle Lösungen, daneben aber auch freie Anwendungen wie PuTTY.

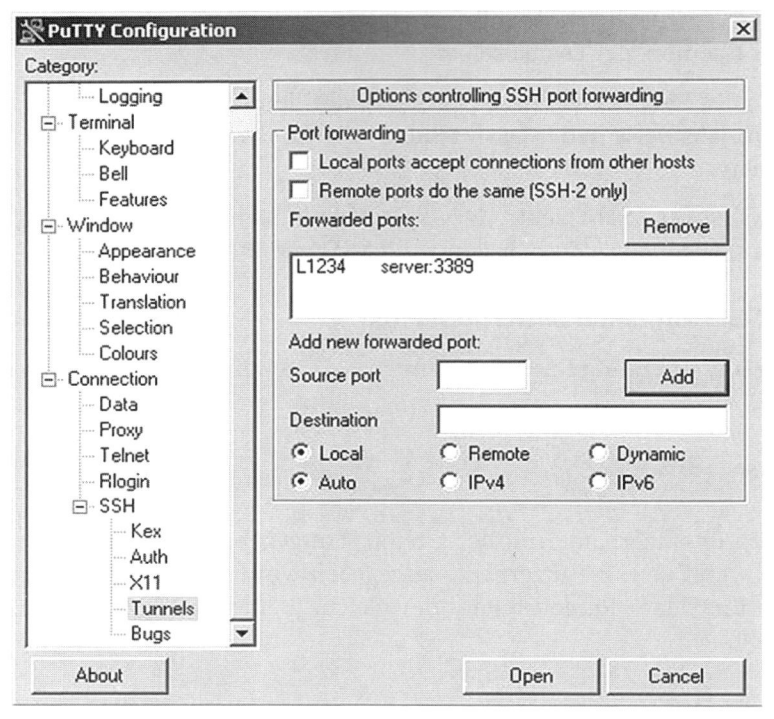

**Abb. 10.24:** Putty mit SSH-Portforwarding

## Kopieren von Dateien mit SCP

Das Kopieren von Dateien übers Netzwerk erledigt das Tool scp. Die Funktionsweise ist analog dem normalen cp (Copy Utility), also: cp original kopie

```
$ scp /pfad/zu/lokaler/datei username@servername:/remote/pfad
```

Wenn bei der Kopie, dem Remotepfad, nach dem servername: kein / folgt, wird von dem Heimverzeichnis des Benutzers ausgegangen. Mit / ist es ein absoluter Pfad auf dem entfernten Filesystem.

Selbstverständlich kann auch eine Datei »geholt« werden, dann wird einfach die Reihenfolge vertauscht:

```
$ scp username@servername:/remote/pfad/datei /pfad/zur/kopie/
```

Es können auch ganze Verzeichnisbäume kopiert werden, dies geschieht mit der Option »-r« für rekursiv. Aber Achtung, symbolische Links werden nicht korrekt kopiert, diese werden aufgelöst und die Originaldatei wird transferiert. Besser ist es in einem solchen Fall, ein Tar-File zu generieren und dieses mit scp zu kopieren.

Oder aber man wendet einen Trick an mit ssh:

```
$ tar cf - verzeichnis | ssh username@server "tar xvf - -
C pfadwohinesgehensoll"
```

So wird mit dem »-« nach »standard out« geschrieben, d.h. in die Pipe »|« weitergereicht, an ssh übergeben und dort mit »tar« von »-« »standard in« gelesen. Sieht etwas kompliziert aus, ist es auch, aber eine durchaus praktische Variante, um ganze Verzeichnisbäume übers Netzwerk zu kopieren.

### rsync

Man denkt, dass »rsync« eigentlich nicht in ein SSH-Kapitel passt, jedoch verwendet »rync« heute im Hintergrund das SSH-Protokoll. »Rsync« heißt »Remote Sync«, man kann übers Netzwerk Verzeichnisse »spiegeln«, also kopieren. Dies eignet sich sehr gut für Netzwerk-Backups.

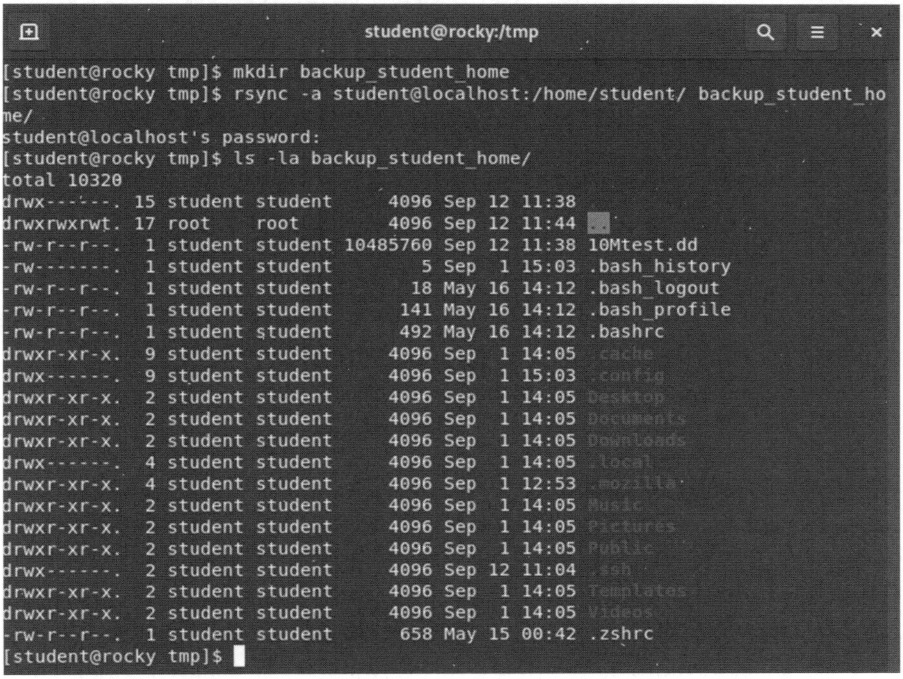

**Abb. 10.25:** Mit rsync Backups erstellen

Die Option »-a« steht für »Archiv«, der Ordner wird so gespiegelt, dass alle Dateien exakt gleich sind, d.h. auch Zeitstempel, Besitzer etc.

### SFTP, FTP mit SSH

Wer FTP kennt, hat mit SFTP keine Probleme. Die Kommandos sind identisch. Was ein Unterschied zu FTP ist: dass man nicht im Webbrowser eine Verbindung mit sftp:// aufbauen kann. »SFTP« ist nicht ein verschlüsselter FTP-Client bzw. Server, dies ist ftp über ssh. Man braucht einen SFTP-Client für die Verbindung.

```
$ sftp username@servername
```

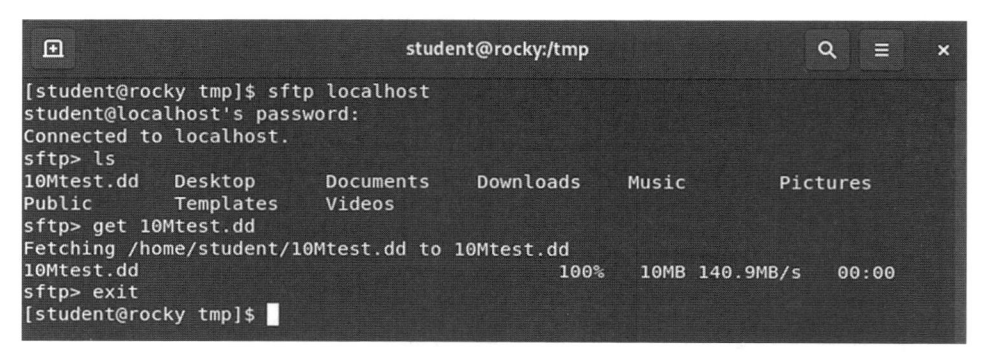

**Abb. 10.26:** sftp auf localhost

| Befehl | Zweck |
| --- | --- |
| rmdir | Verzeichnis löschen |
| rm | Datei löschen |
| mkdir | Verzeichnis erstellen |
| chown | Besitzer wechseln |
| chmod | Zugriffsrechte ändern |
| ls oder dir | Verzeichnis-Listing |
| get | Datei herunterladen |
| put | Datei hochladen |
| lcd | Lokales Verzeichnis wechseln |
| lls | Lokales Verzeichnis-Listing |
| open | Neue Verbindung öffnen |

**Tabelle 10.5:** Kommandos für SFTP

PuTTY stellt solche Commandline-Tools zur Verfügung. Alternativ können auch grafische Tools eingesetzt werden. Ein frei verfügbares Produkt dafür wäre FileZilla.

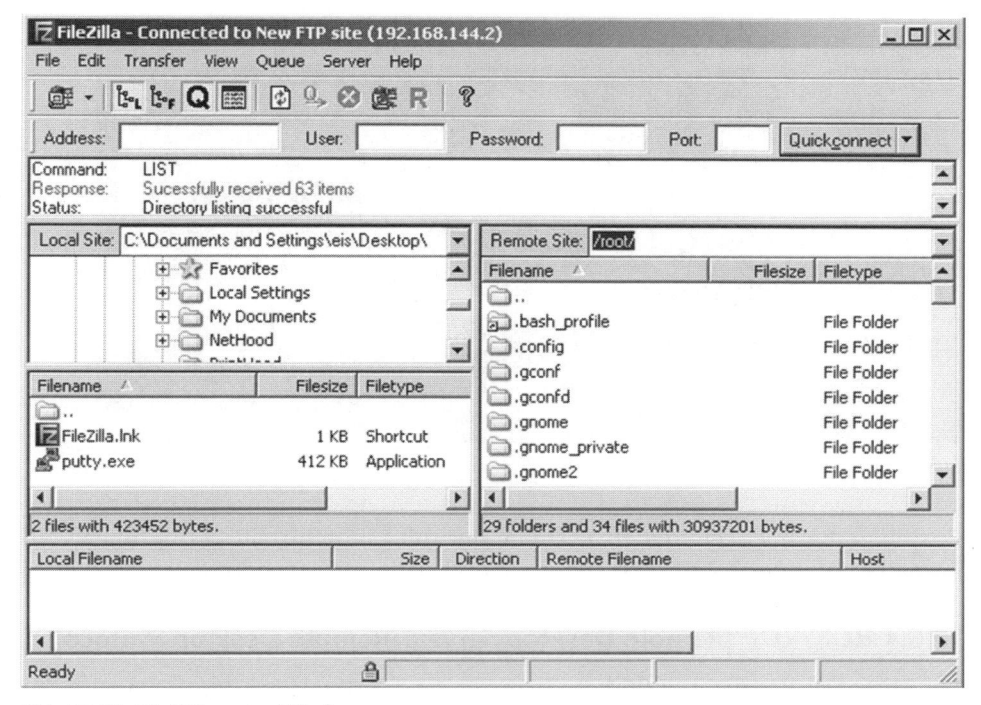

**Abb. 10.27:** FileZilla unter Windows

## 10.6.3 VNC

Virtual Network Computing (kurz VNC) ist eine Software, die ebenfalls in der Lage ist, den Bildschirminhalt eines entfernten Rechners auf einem lokalen Rechner anzuzeigen. VNC ist eine Applikation, welche auf Maschinen mit grafischer Oberfläche zum Einsatz kommt. Dazu muss auf dem Remoterechner der VNC-Server installiert werden, auf dem zugreifenden Rechner der VNC-Client.

Durch diese Installation kann man grafisch die vollständige Bedienung am entfernten System übernehmen. Alternativ ist auch ein Nur-Lesen-Modus möglich, bei dem also lokale Eingaben keine Auswirkungen auf den entfernten Rechner haben.

Neuere Versionen von VNC enthalten einen kleinen Webserver, der ein Java-Applet bereitstellt, sodass ein Zugriff über jeden javafähigen Browser auch ohne installierte Client-Software möglich wird.

VNC ist mehr oder wenig plattformunabhängig, d.h., die Software existiert für zahlreiche unterschiedliche Betriebssysteme.

# Kapitel 10
Konfigurationsbetrachtungen

**Abb. 10.28:** Linux-Konsole mit VNC-Fenster

Das obige Beispiel zeigt einen Rechner, der mit Linux installiert und über VNC jetzt einen Windows 2003 Server aufruft und sich mit ihm verbindet.

## 10.6.4 RDS/RDP (Remote Desktop Service/Remote Desktop Protocol)

Mit Microsoft Windows 2000 hat Microsoft die Terminalservertechnologie in das Standardbetriebssystem integriert. Davor war der Terminalserver nur für Anwendungsdienste und mit einer speziellen Terminal Server Edition verfügbar.

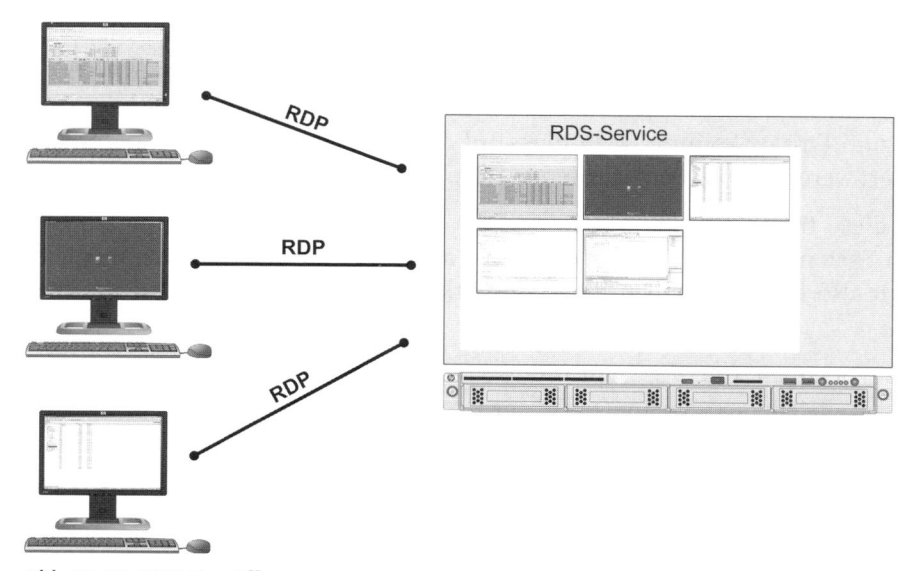

**Abb. 10.29:** RDP-Zugriff

Mit Windows 2000 Server und ab Windows XP auch auf der Client-Seite wurden der Remote-Desktop-Dienst und damit das zugehörige Remote Desktop Protocol in der Microsoft-Welt allgemein verfügbar.

Die Benutzerprozesse werden bei den RDS-Anwendungen jeweils auf dem RDS-Server ausgeführt. Der lokale RDP-Client dient nur zur Darstellung des Desktops und zur Weiterleitung der Tastatureingaben. Das Protokoll RDP (Remote Desktop Protocol) stellt die Verbindung zwischen dem Remote-Client und dem Terminalservice her. In der Anwendung sind vier grundsätzlich unterschiedliche Szenarien zu unterscheiden.

## Anwendungsservermodus

Im Anwendungsservermodus greifen normale Benutzer über RDP auf den Anwendungsserver zu und erhalten so einen zentralisierten Zugriff auf den Desktop, seit Server 2008 auch auf Einzelanwendungen und die auf den Terminalserver installierten Programme. Für den Anwendungsservermodus benötigen die Benutzer sogenannte Terminal Service Client Access Licenses (TS-CAL), welche über einen TS-Lizenzmanagerdienst verwaltet werden.

## Anwendungsvirtualisierung

In dieser Einsatzvariante wird dem Benutzer nur die Oberfläche der Anwendung und nicht der ganze Desktop zur Verfügung gestellt. Es wird auch von »seamless desktop integration« gesprochen.

Für die Implementation der Anwendungsvirtualisierung bietet Microsoft die notwendigen Funktionen (RD Gateway, Connection Broker, Session Hosts, RD WebAccess Server etc.) an. Es gibt auch andere Anbieter mit vergleichbaren Services für Windows-Anwendungen.

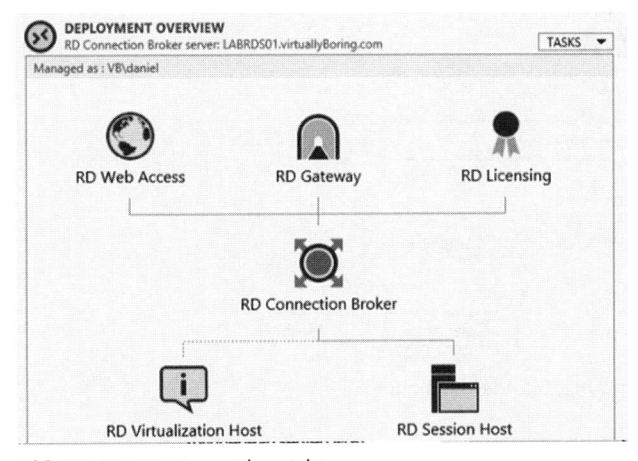

**Abb. 10.30:** RD-Serverübersicht

### Remoteadministration

Die Remoteadministration benötigt keine TS-CALs, dafür ist aber die Anzahl der gleichzeitigen Sessions auf zwei beschränkt. Die Remoteadministrationsbenutzer müssen speziell für den Zugriff über RDP berechtigt werden, bei Windows 2000 Server mussten diese sogar Mitglieder der lokalen Administratorengruppe sein.

### Remotehilfe

Die Remotehilfe (Remoteunterstützung) wird zwar weiterhin angeboten, wurde aber inzwischen in den Microsoft-Umgebungen weitgehend durch TEAMS abgelöst.

### Remote Desktop

Remote Desktop ist eine Option, welche nur auf Windows-Clients zur Verfügung steht. Im Unterschied zur Remote Help und der Remoteadministration wird beim Remote Desktop der Desktop an der Konsole geschlossen, es kann also nicht gleichzeitig lokal und remote gearbeitet werden.

### 10.6.5 MSTSC (Remote Desktop Client)

Eine RDP-Remoteadministrationsverbindung wird über den Remote Desktop Client über das Startmenü oder über das Zeilenkommando mstsc.exe initialisiert. Da in der Administration häufig nicht in einer RDS-Session, sondern in der Konsolensitzung gearbeitet wird, findet auch der Parameter mstsc.exe /console häufig Verwendung. Analog dem Remote Desktop der Client-Betriebssysteme wird dabei die Verbindung mit der Konsolensitzung hergestellt.

**Abb. 10.31:** Remote-Desktop-Verbindung: Standardansicht

Es existieren verschiedene Versionen von Remote Desktop Clients, welche sich aber in den Funktionen nur minimal unterscheiden.

Über die Optionen-Schaltfläche der Standardansicht können verschiedene Einstellungen vorgenommen werden. Insbesondere können fertig konfigurierte RDP-Verbindungen abgespeichert werden.

Zu den Einstellungen gehören:

- Anzeigeoptionen (Auflösung und Farbtiefe)
- Ressourcendefinitionen (Drucker, Sound, Zwischenablage, lokale Laufwerke etc.)
- Desktop-Optimierung
- Sicherheitseinstellungen

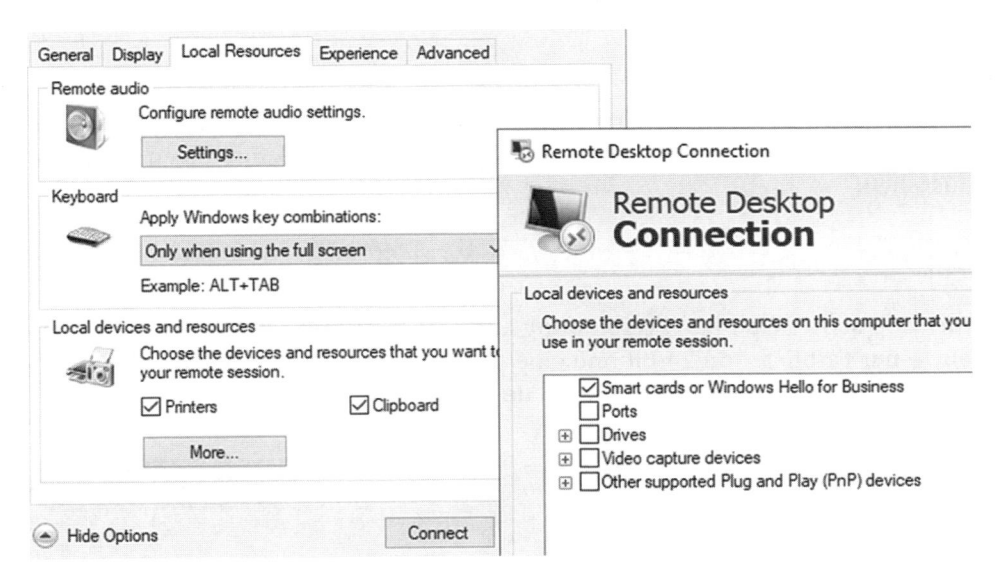

**Abb. 10.32:** Konfiguration der lokalen Ressourcen in der MSTSC

Über eine MMC (Microsoft Management Console) lassen sich auch mehrere Remoteadministrationsverbindungen in einer Ansicht verwalten.

**Kapitel 10**
Konfigurationsbetrachtungen

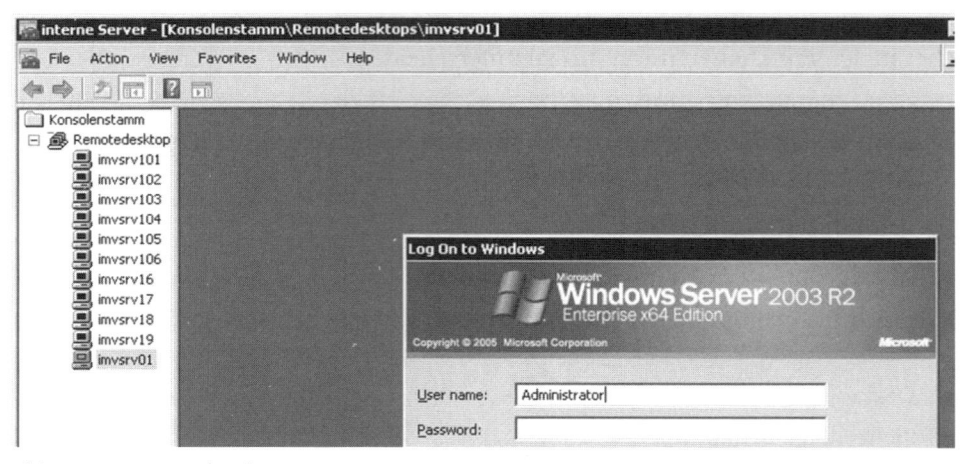

**Abb. 10.33:** RDP-Verbindungen in einer MMC

### 10.6.6 rdesktop (Linux)

Mit rdesktop steht auch für Linux-Clients eine RDPClient-Anwendung zur Verfügung. Die Konfiguration erfolgt beim Programmstart und kann folgendermaßen aussehen:

```
rdesktop -a 24 -k de-ch -g 1024x768 SERVER1 &
```

rdesktop startet eine RDP-Verbindung auf SERVER1, mit Schweizer Tastaturlayout, einer Farbtiefe von 24 Bit und einer Auflösung von 1024 × 768 Pixel. Für das deutsche Tastaturlayout geben Sie `-k de-de` ein.

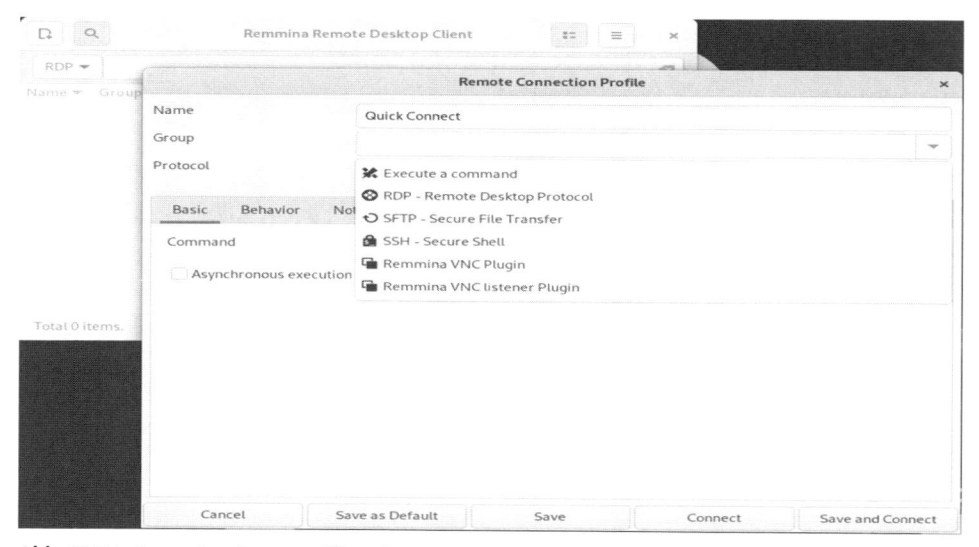

**Abb. 10.34:** Remmina-Remote-Client-Lösung

Es gibt jedoch auch bequemere grafische Tools, wie z.B. remmina. Remmina unterstützt gleich mehrere Remoteprotokolle, z.B. VNC. Die Verbindungskonfiguration für verschiedene Server können hinterlegt und dann bequem per Klick verwendet werden.

## 10.7 Fragen zu diesem Kapitel

1. Welche Dateisysteme können Sie unter Windows 2022 Server installieren und einsetzen? Wählen Sie zwei Antworten aus.

   A) NTFS

   B) XFS

   C) EXT2

   D) FAT32

2. Auf welchem Standard basiert LDAP ursprünglich?

   A) X.400

   B) X.500

   C) X.509

   D) X.600

3. In der NDS können Sie Personenobjekte in den Verzeichnisdienst einfügen. Welche Notation beschreibt den Benutzer Heinz Graber in der Organisation MITP korrekt?

   A) o=mitp; ou=heinzgraber

   B) .o=mitp.cn=heinzgraber

   C) .ou=heinzgraber.o=mitp

   D) .cn=heinzgraber.o=mitp

4. Wie nennt sich die oberste mögliche Struktur einer Active Directory?

   A) Domain

   B) Forest

   C) Tree

   D) Leave

5. Welchen Dienst müssen Sie konfigurieren, um Dateidienste unter einem Linux-Server an Clients mit Windows zur Verfügung zu stellen?

   A) Samba

   B) XFS

   C) RAID

   D) Active Directory

6. Sie möchten in Ihrer Active Directory neue Benutzer einfügen. Ihre vorgesetzte Administratorin hat Ihnen gesagt, dazu müssten Sie verschiedene eindeutige Merkmale festlegen. Welche Attribute müssen eindeutig sein?

   A) SAM Account Name, Distinguished Name, Security Name

   B) User Principal Name, User Nick Name, SID-Security ID-Name

   C) SAM Account Name, User Principal Name, Distinguished Name

   D) User Principal Name, Distinguished Name

7. Welches Konto wird bei der Installation von Windows 2022 Server grundsätzlich deaktiviert?

   A) Administrator

   B) Benutzer

   C) Gast

   D) Jeder

8. Die Serveradministratorin bemerkt, dass der verfügbare freie Speicherplatz auf dem Dateiserver sich langsam dem Ende zuneigt. Wie kann sie den verfügbaren Speicherplatz für Benutzer einschränken?

   A) Disk Shadowing

   B) Disk Quotas

   C) Disk Expansion

   D) Disk Compression

9. Jürgen hat eine vorgängig ext4-formatierte eSATA-Disk an einen Linux-Server angeschlossen. Folgende Werte werden ausgegeben:

   ```
   Disk /dev/sdb: 1000.2 GB, 1000204886016 B
   255 heads, 63 sectors/track, 382818 cylinders, total 1953525168 sectors
   Sector size (logical/physical): 512 B/512 B
   I/O size (minimum/optimal): 512 B/512 B
   Disk identifier: 0x0009f31a
   Device Boot Start     End       Blocks    Id System
   /dev/sdb1 *   20481   953525168 976761560 83 Linux
   ```

   Mit welchem Kommando kann Jürgen jetzt die Partition als /data/drive2 verfügbar machen?

   A) fdisk −L /data/drive2

   B) mount /dev/sdbl /data/drive2

   C) net use /data/drive2 /dev/data

   D) cifs /dev/data2

10. Nach der Migration auf einen neuen Server melden verschiedene Benutzer, dass sie nicht mehr in der Lage sind, Daten in ihre Home-Verzeichnisse zu speichern. Eine Überprüfung der Berechtigungen zeigt folgendes Bild:

```
\%home\            r-x r-- r-x (user gruppe alle)
```

Welche Änderung der Rechte wird das Problem der Benutzer vermutlich lösen?

A) Fügen Sie die x-Berechtigung zur Gruppe hinzu.

B) Entfernen Sie die r-Berechtigung bei Gruppe.

C) Entfernen Sie x-Berechtigung für alle.

D) Fügen Sie die w-Berechtigung für user hinzu.

**Kapitel 11**

# Servermanagement

Vor noch nicht allzu langer Zeit gab man sich in der IT, damals noch EDV, damit zufrieden, die Systeme am Laufen zu halten und zu reagieren, wenn etwas passierte.

Heute hat sich die Anforderung an die IT in vielerlei Hinsicht grundlegend geändert. System- und Serviceausfälle kosten schnell sehr viel Geld und sind nicht mehr tolerierbar; sie müssen vermieden werden. Heute geht es immer mehr darum, Probleme zu erkennen, *bevor* sie auftreten. Eine der Komponenten dazu ist die proaktive Überwachung und regelmäßige Kontrolle der Systemzustände und insbesondere der Leistungsparameter und Stabilität eines Servers und der auf ihm installierten Dienste.

Doch bevor Sie zur eigentlichen Aufgabe vorstoßen, gilt es, auf den Server zuzugreifen. Und dafür wollen oder können Sie nicht jedes Mal in den Serverraum – Sie greifen remote auf die Systeme zu.

> Sie lernen in diesem Kapitel:
> - Unterschiedliche Möglichkeiten des Remotezugriffs unterscheiden und den geeigneten Zugriff einsetzen
> - Den Sinn von Ereignisprotokollen erkennen
> - Was ein Hardware-Monitoring leisten kann und muss
> - Die Grundlagen von Überwachungsprotokollen kennen
> - Die Grundlagen zum Performance-Monitoring verstehen
> - Betriebssystemeigene Ansätze von Servern zur Überwachung einsetzen
> - Den Sinn und Nutzen von Hilfen und Anleitungen schätzen

## 11.1 Windows-Serververwaltung

Seit 2019 setzt Microsoft in der Serververwaltung auf das Windows Admin Center, wobei die vorhergehenden Verwaltungswerkzeuge, die Microsoft Management Console (MMC) und der Servermanager immer noch unterstützt werden und noch nicht komplett abgelöst sind. D.h., es gibt immer noch Funktionen, welche nur über Servermanager oder MMC zugreifbar sind.

**Kapitel 11**
Servermanagement

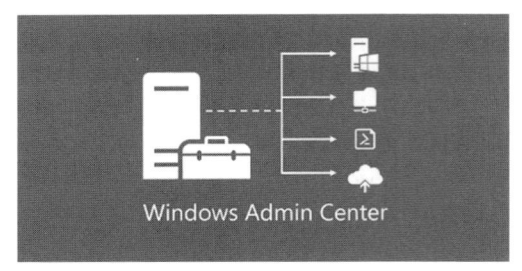

**Abb. 11.1:** Das Windows Admin Center

Diese drei Verwaltungsmechanismen unterscheiden sich neben den Funktionalitäten vor allem im Netzwerkzugriff.

Die Managementkonsole verwendet den Standardzugriff in der »alten« Windows-Welt (Versionen 3.x bis 5.x) den Remote Procedure Call (RPC).

Der Servermanager (ab Version 6.0) baut auf den PowerShell-Funktionen und den Zugriff über WinRM (Windows Remote Management auf).

Das Admin Center verwendet einen Zugriff über HTTPS.

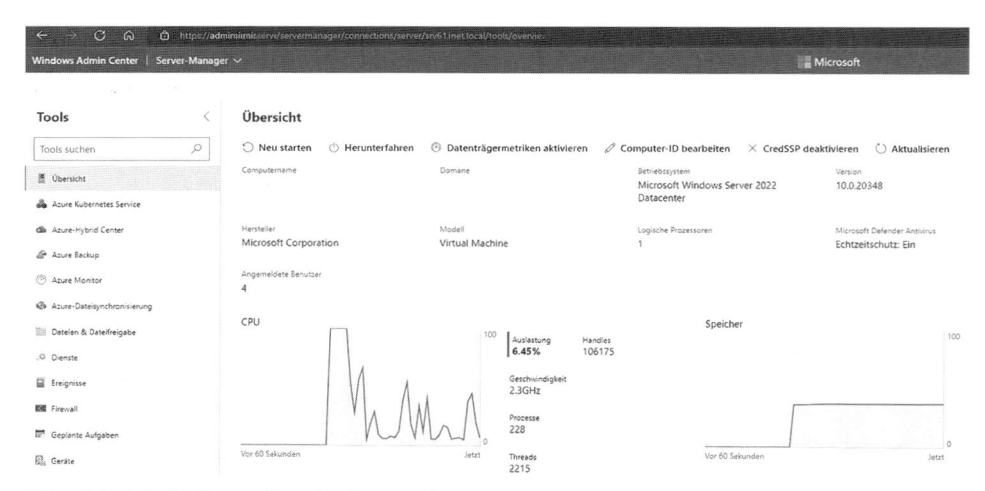

**Abb. 11.2:** Admin Center Standardübersicht eines Servers

Der Fokus von Microsoft steht aber ganz klar auf dem Windows Admin Center. Das Windows Admin Center bietet denn auch einige Vorteile:

- Es können Server und Clients verwaltet werden (Servermanager: nur Server).
- Es werden Ressourcen wie die Zertifikate oder Geräte integriert, welche der Servermanager nicht verwalten kann.
- In das Windows Admin Center können auch Azure-Ressourcen und hybride Umgebungen integriert werden.

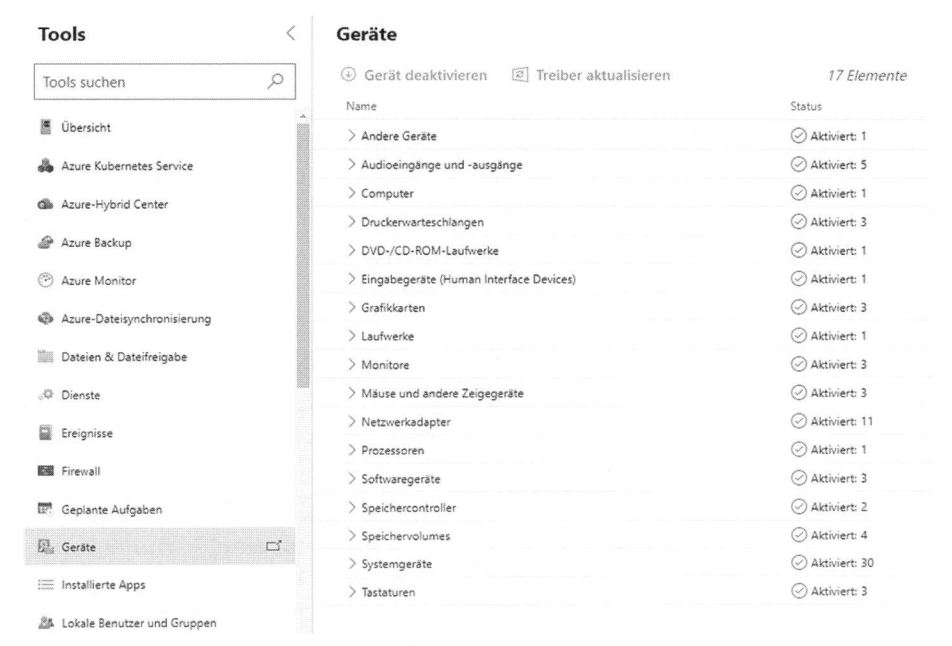

**Abb. 11.3:** Ressourcenintegration im Admin Center

Natürlich ist nicht alles Gold, was glänzt:

- Der HTTPS-Zugriff lässt sich zwar einfach konfigurieren, muss aber gut abgesichert werden, um den Zugriff von Unberechtigten auf die Systemverwaltung im Netzwerk zu verhindern.
- Die Zugriffe auf den Webserver sind teilweise etwas träge.
- Das Admin Center wird wie andere Cloud-Dienste automatisch und recht häufig aktualisiert.

**Abb. 11.4:** Das Admin Center wird aktualisiert.

## 11.2 Ereignisanzeige und Ereignisprotokoll

### 11.2.1 Das Ereignisprotokoll

Das Ereignisprotokoll bildet eine Sammlung von Systemereignissen, welche von den verschiedensten Systemkomponenten und Anwendungen geschrieben und zentral verwaltet und ausgewertet werden können. Die Ereignisse werden in verschiedene Kategorien eingeteilt.

### Informationen

Meldungen von Diensten oder Anwendungen, dass ein bestimmtes Ereignis eingetreten ist, z.B., dass der DNS-Dienst gestartet wurde.

### Warnungen

Situationen, welche zwar noch keinen Fehler darstellen, aber im regulären Betrieb nicht unbedingt zu erwarten wären. Der DNS-Server erstellt eine Warnung, wenn ein Zonentransfer oder eine Registrierung nicht zeitgerecht klappt.

### Fehler

Fehlerereignisse zeigen irreguläre Systemzustände an. Nicht jeder Fehler muss gleich eine Katastrophe bedeuten, aber Fehlermeldungen müssen in jedem Fall analysiert und die Fehlerursachen behoben werden.

Eine spezielle Funktion kommt der Sicherheitsereignisanzeige (Security Log) zu. Hier werden sicherheitsrelevante und durch die Überwachungsrichtlinie definierte Ereignisse eingetragen. Die Eintragskategorien unterscheiden sich deshalb auch von den Eintragskategorien der übrigen Ereignisanzeigen.

### Erfolgsüberwachung (Audit Success)

Zeigt, dass ein überwachtes Ereignis mit Erfolg ausgeführt wurde, beispielsweise eine Anmeldung an einem Computer.

### Fehlerüberwachung (Audit Failure)

Zeigt, dass ein überwachtes Ereignis nicht erfolgreich war, beispielsweise ein Dateizugriff.

### 11.2.2 Die Windows-Ereignisanzeige

Die Windows-Ereignisanzeige gliedert sich standardmäßig in drei separate Anzeigen:

- Anwendungen

## 11.2 Ereignisanzeige und Ereignisprotokoll

- Sicherheit
- System

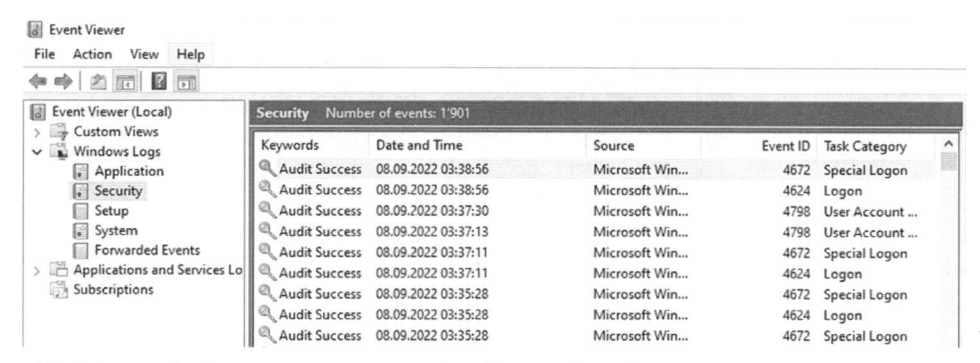

**Abb. 11.5:** Standardereignisanzeige eines aktuellen Windows-Servers

Je nach installierten Diensten werden weitere Anzeigen installiert. Zu den wichtigen Anzeigen gehören:

- Verzeichnisdienst (Active Directory)
- DNS
- FRS (File Replication Service)

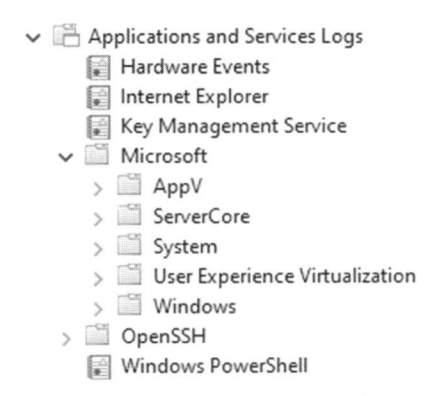

**Abb. 11.6:** Ereignisanzeige in Windows-Server, weitere Logs

Die Ereignisanzeige des Windows-Servers hat einige Verbesserungen in der Handhabung erfahren. So werden die Windows-Protokolle von den Anwendungsprotokollen getrennt. Die einzelnen Ereignisse werden nicht mehr in einem eigenen Fenster im Detail dargestellt, sondern können gleich in der Hauptansicht betrachtet werden, im Bild beispielsweise die Informationsmeldung über die Systemlaufzeit, welche vom EventLog-Dienst generiert wird.

**Kapitel 11**
Servermanagement

Eine der großen Verbesserungen in der Windows Server 2008 Ereignisanzeige ist die Möglichkeit, Filtereinstellungen auf den Protokollen abzuspeichern und so auch bei einer größeren Anzahl von Ereignissen die interessanten sehr effizient herausfiltern zu können.

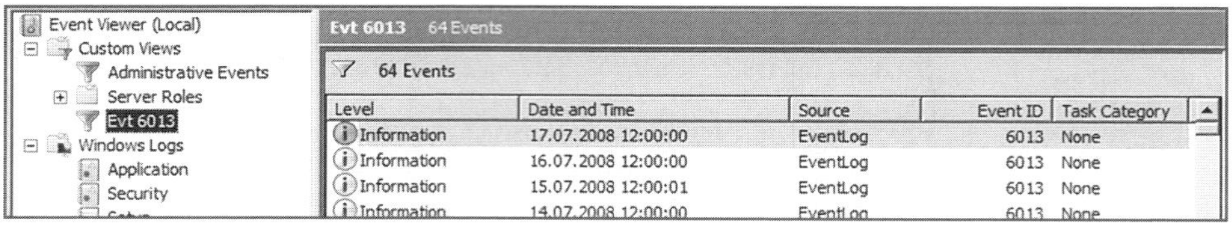

**Abb. 11.7:** Benutzerdefinierter Filter für Ereignis 6013 des EventLogs

Eine der wichtigsten Verbesserungen wird leider immer noch viel zu wenig genutzt, vermutlich weil die Ereignisanzeige beim Starten einige Zeit braucht, um alle Ereignisse als Zusammenfassung zu erstellen.

In dieser Übersicht (Zusammenfassung) werden über ALLE Logs hinweg alle Fehler und Warnungen kategorienspezifisch aufgelistet und können von hier aus mit Drill-down-Funktionen weiter erkundet werden.

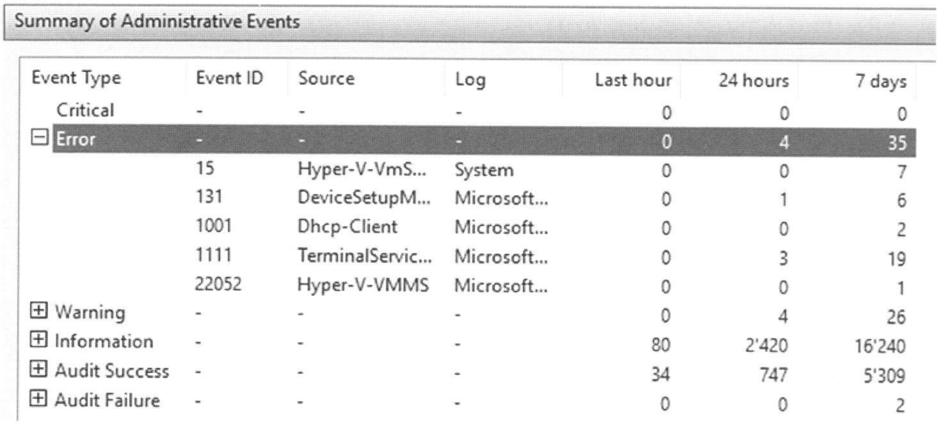

**Abb. 11.8:** Startansicht der Windows-Ereignisanzeige

So verschafft man sich am schnellsten einen Überblick über den Zustand des Servers und potenzielle Probleme, respektive deren Ursachen.

### Und noch eine Bemerkung zu den Fehlermeldungen:

Leider sind die Meldungen der Ereignisse von der Qualität her sehr unterschiedlich. Das ist aber nicht die Schuld der Ereignisanzeige, sondern der Programmierer der Anwendungen und Services, und das sind Tausende. Die Qualität der Meldungen entspricht nun halt der Qualität des Programmierers und die sind nicht mal alle von Microsoft, da die Ereignisanzeige Meldungen aller Anwendungen anzeigt.

Die Ereignisanzeige stellt nur das Gefäß zur Verfügung, in dem die Meldungen der Services und Anwendungen ihre Meldungen speichern und der Administrator diese auswerten kann.

## 11.3 Hardware-Monitoring

Bevor Sie auf die Monitoring-Instrumente wie Leistungs- oder Baseline-Monitoring eingehen, machen Sie sich kurz bewusst, dass Serversysteme auch automatische Monitoring-Tools beinhalten.

Diese dienen der aktiven Überwachung des Systems, um Fehlern vorzubeugen oder sie zu beheben.

Zu diesen aktiven Monitoring-Komponenten zählen etwa das in Abschnitt 3.3.3, »Fehlerbehandlung«, besprochene ECC-RAM, das 1-Bit-Fehler korrigieren kann, oder die Sensoren, welche auf den Mainboards von Servern die Umdrehungszahl von Lüftern messen oder die Temperatur von CPU oder Mainboard.

Eine weitere Komponente, die bei Festplatten zum Einsatz kommt, ist S.M.A.R.T., ausgeschrieben bedeutet dies Self-Monitoring, Analysis and Reporting Technology, also die Fähigkeit, dass Festplatten sich selber überwachen und ihr Verhalten oder dessen Veränderung mitteilen können.

Dazu vergleicht SMART während der Aktivität der Festplatte deren Messwerte wie Umdrehung, Zugriffszeit, Wärme und dergleichen mehr mit den vom Hersteller in den SMART-Controller einprogrammierten Werten. Ausgelesen werden diese Daten über Programme, die in der Serververwaltung der Hersteller integriert sind oder die von den Festplattenherstellern zur Verfügung gestellt werden.

Das folgende Beispiel zeigt eine S.M.A.R.T-SAS-Festplatte aus einem Fujitsu-Server. Die Überwachung erfolgt hier durch den SMART-Array-Controller des iRMC:

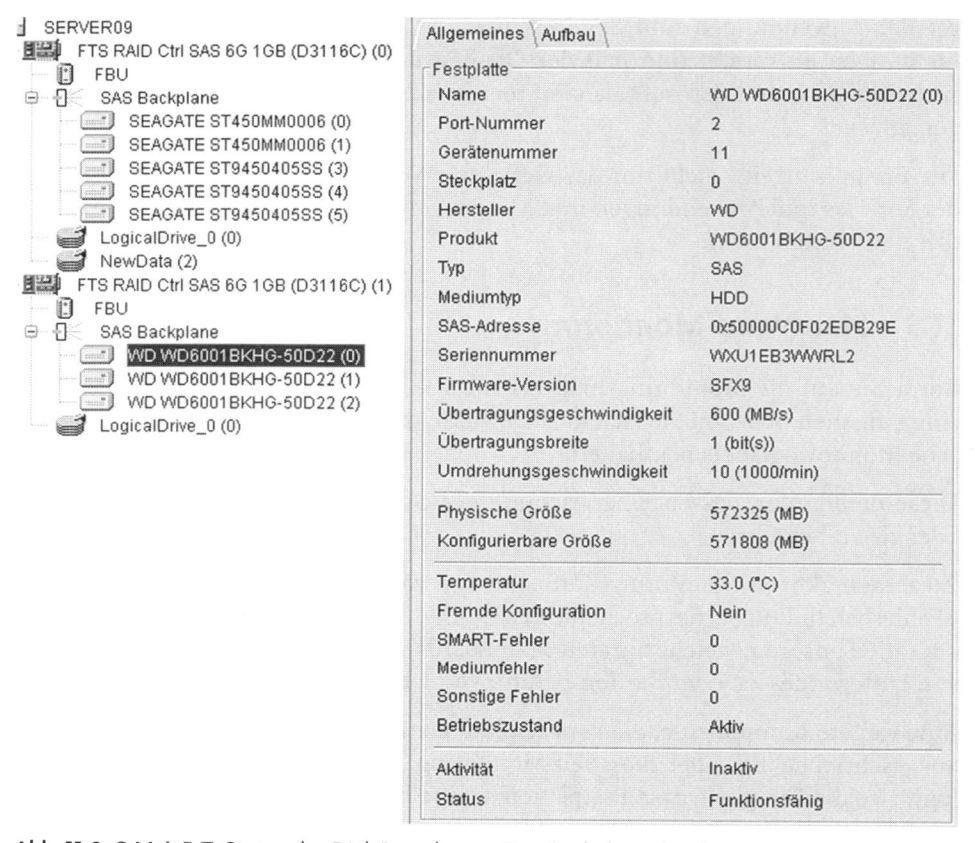

**Abb. 11.9:** S.M.A.R.T.-Status der Disk 1 an der zweiten Backplane des Servers

## 11.4 Baseline-Management

Die Idee hinter einem Baseline-Management ist, dass ein Lastwert zu einem Zeitpunkt für sich genommen vielfach nur eine sehr beschränkte Aussagekraft hat. Erst wenn dieser Lastwert mit anderen in Relation gebracht werden kann, können aussagekräftige Schlüsse gezogen werden.

Deshalb ist es wichtig, dass eine Serverumgebung konstant überwacht wird. In eine Baseline gehören insbesondere, aber nicht ausschließlich, folgende Faktoren:

- Festplattenkapazitäten
- Netzwerkauslastungen
- Prozessor- und RAM-Auslastung auf Anwendungsservern
- Anzahl der Benutzer
- Eingesetzte Client-Anwendungen

Zur Überwachung stehen komfortable technische Hilfsmittel zur Verfügung, aber auch einfache Methoden wie das regelmäßige manuelle Aufschreiben des freien Festplattenplatzes gehören zu einer Baseline-Überwachung.

Beim Ermitteln einer technischen Baseline ist darauf zu achten, dass diese entweder zu einem repräsentativen Zeitpunkt (*nicht* während der Sommerferien oder einer Messe) oder aber kontinuierlich ermittelt wird.

Bei sprunghaften Veränderungen der Baseline sollte *sofort* ermittelt werden, warum dies geschehen ist. Gründe dafür können sein:

- Deployment einer neuen Client-Anwendung
- Eingliederung neuer Mitarbeiter
- Technische Probleme
- Konfigurationsfehler bei den Überwachungswerkzeugen

Das Messen von Baselines ist auch im Hinblick auf die Erweiterung oder den anstehenden Umbau von Hardware von Bedeutung. Kontinuierliche Baseline-Messungen geben Ihnen Auskunft über den steigenden Grad an benutztem Arbeitsspeicher oder steigender Prozessorauslastung und können daher als wichtige, wenn auch nicht allein entscheidende Indikatoren für notwendige Änderungen dienen.

Aber auch nach der Erweiterung ist die Baseline-Messung wieder wichtig, da sie belegt, ob und wie weit die Erweiterung das gewünschte Ergebnis erzielt hat.

Wenn Ihr Datenbankserver also zu viele Page Faults anzeigt und Sie daraufhin den Arbeitsspeicher aufrüsten, machen Sie eine erneute Baseline-Messung, um einen aussagekräftigen Vergleich zum vorherigen Zustand zu erhalten.

## 11.5 Leistungsüberwachung

Bei der Leistungsüberwachung, dem Performance-Monitoring, geht es darum, die wichtigsten Leistungsparameter des Servers zu überwachen. Zu den zentralen zu überwachenden Leistungsfaktoren gehören:

- Prozessorauslastung
- Festplattenleistung
- Speicherauslastung und Speicher-Performance
- Netzwerkleistung

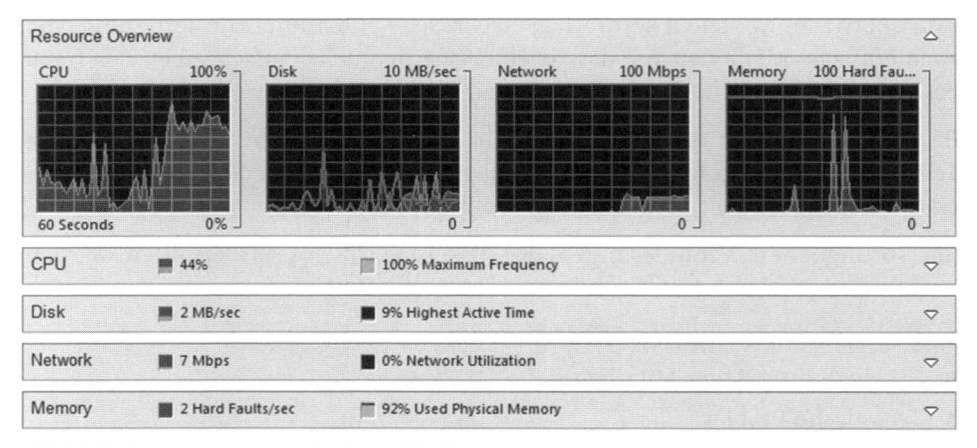

**Abb. 11.10:** Ressourcenübersicht beim Windows-Server

### 11.5.1 Schlüsselwerte

**Prozessor:**

- % Leerlaufzeit: Prozentualer Wert, Zeit, während der der Prozessor nicht belastet wird.
- % Benutzerzeit: Prozentualer Wert, Zeit, während der die Benutzer den Prozessor belasten.
- Interrupts/sec: Anzahl der Geräteanforderungen pro Sekunde

**Physikalische Datenträger:**

- Bytes/sec
- Länge der Festplattenwarteschlange (Disk Queue Length)

**Logische Datenträger:**

- Freier Festplattenplatz
- Bytes/sec

**Speicher (RAM)**

- Verfügbarer Speicher: Speicher, welcher nicht einem Prozess zugeordnet ist
- Page Faults (Seitenfehler): Zugriffe auf ausgelagerte Seiten, welche zuerst in den Speicher geladen werden müssen

**Auslagerungsdatei**

- % Belegung

## Netzwerk

- Bytes gesendet/sec
- Bytes empfangen/sec

Vielfach kann es aber auch interessant sein, auf einer höheren Netzwerkebene Leitungsparameter aufzuzeichnen. Dies können beispielsweise folgende Parameter sein:

- IP-Datagramme/sec
- ICMP-Echo-Pakete/sec
- Aktive TCP-Verbindungen

## Serverfunktionen

Je nach Serverfunktion können weitere Leistungsparameter wichtig sein. Bei der folgenden Aufzählung handelt es sich um Beispiele, da jedes Betriebssystem, jede Funktion und jedes Werkzeug wieder andere Leistungsparameter zur Verfügung stellen kann.

- DNS-Server: Dynamic DNS Updates/sec
- Datenbankserver: Anzahl Page Faults
- Webserver: Wartende ASP-Anfragen
- RAS-Server: CRC-Fehler oder Anzahl aktiver Verbindungen

### 11.5.2 Microsoft Performance-Monitor

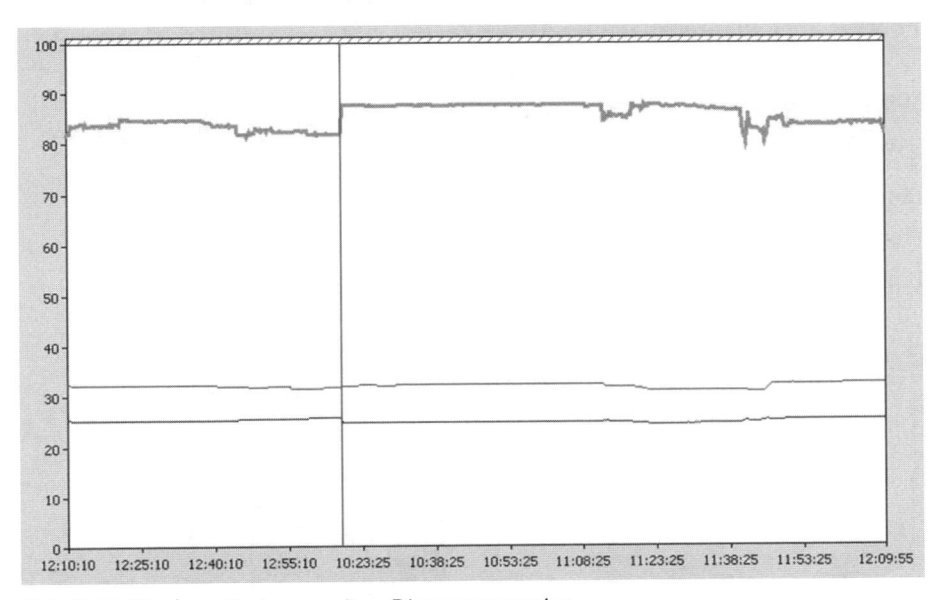

**Abb. 11.11:** Windows-Systemmonitor: Diagrammanzeige

# Kapitel 11
## Servermanagement

Mit dem Microsoft Performance-Monitor (Systemmonitor) lassen sich Leistungsparameter für eine große Anzahl von Objekten überwachen. Je nach installierten Komponenten werden neue Objekte verfügbar.

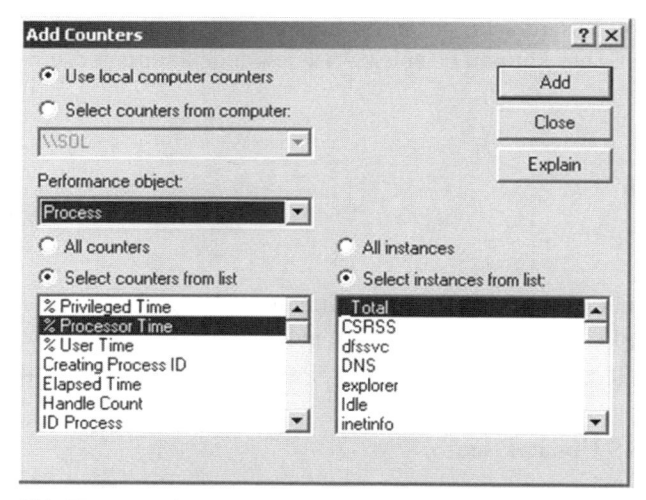

**Abb. 11.12:** Windows-Systemmonitor: Leistungsindikatoren hinzufügen

Für jedes Objekt stehen Leistungsindikatoren (Counter) zur Verfügung. Für gewisse Objekte können mehrere Instanzen, z.B. für das Objekt Prozessor mehrere Prozessoren, zur Verfügung stehen. Zumeist lässt sich aber auch der summarische Wert über alle Instanzen hinweg anzeigen.

### Anzeigeoptionen

Der Systemmonitor kennt drei Anzeigearten:

- Liniendiagramm
- Histogramm
- Bericht

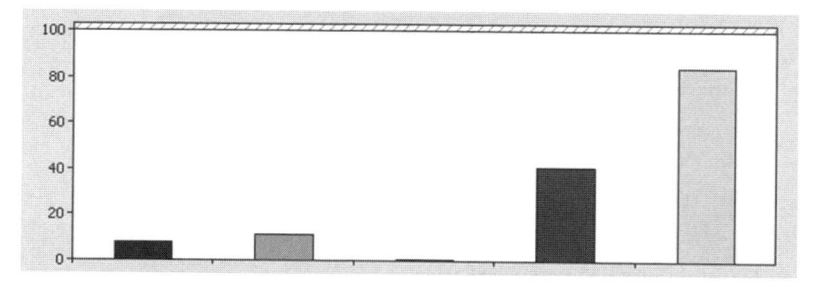

**Abb. 11.13:** Windows-Systemmonitor: Histogrammdarstellung

Insbesondere in der Liniendarstellung stehen verschiedene Konfigurationsmöglichkeiten für die Darstellung zur Verfügung:

- Farbe und Linienart pro Leistungsindikator
- Stichprobenintervall
- Dauer der kompletten Anzeigelänge (erst ab Server 2008)
- Gitternetzlinien horizontal und vertikal
- Hintergrundfarbe
- Vertikale Skalierung

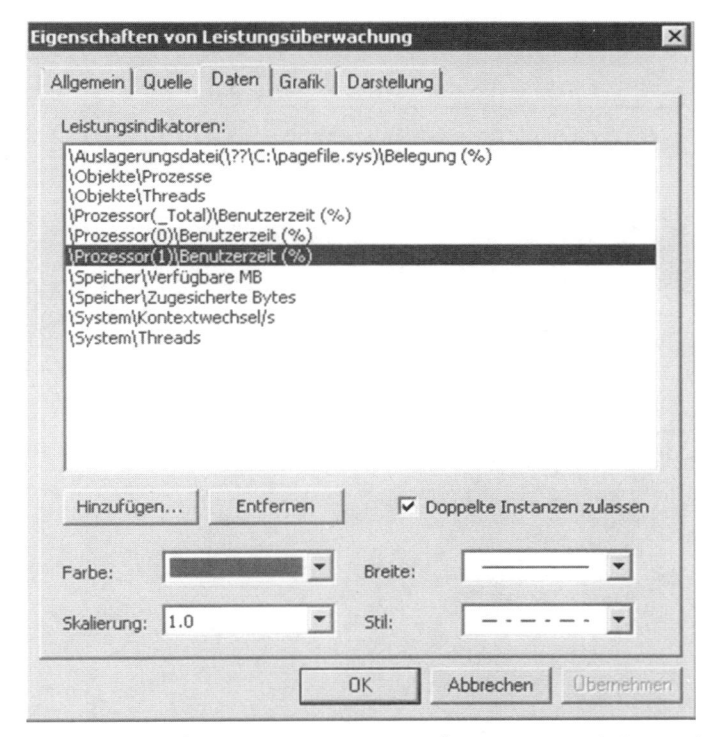

**Abb. 11.14:** Windows-Systemmonitor: Konfigurieren eines Leistungsindikators

### 11.5.3 Data Collector Sets/Performance-Logs

Die Funktion der Performance-Logs (Leistungsindikatorenprotokolle) wurde für Windows Server 2008 erweitert und wird nun als Data Collector Set (Datensammlungssätze) bezeichnet. Die grundsätzliche Funktion ist aber dieselbe. Die Sammlungssätze werden vergleichbar dem Systemmonitor konfiguriert und zeichnen einzelne Leistungsindikatoren oder summarisch alle Leistungsindikatoren eines Objekts auf. Diese werden aber nicht direkt grafisch dargestellt, sondern in einer Protokolldatei abgespeichert.

# Kapitel 11
Servermanagement

Diese Protokolldatei kann nach Abschluss der Aufzeichnung im Systemmonitor grafisch ausgewertet oder archiviert werden. Die Performance-Logs können also auch zum Dokumentieren der Baseline dienen.

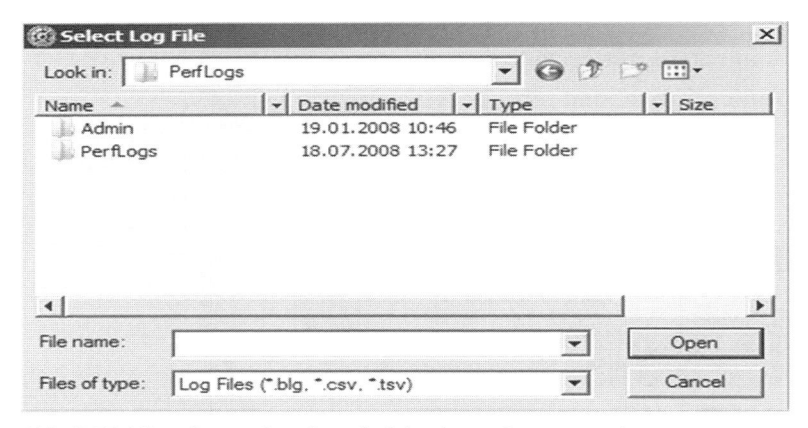

**Abb. 11.15:** Hinzufügen einer Protokolldatei zum Systemmonitor

Für die Datensammlungssätze lassen sich ebenfalls verschiedene Konfigurationen vornehmen. Zu den Interessantesten gehört sicher die Option, eine Aufzeichnung zu einem definierten Zeitpunkt zu starten und auch zu beenden.

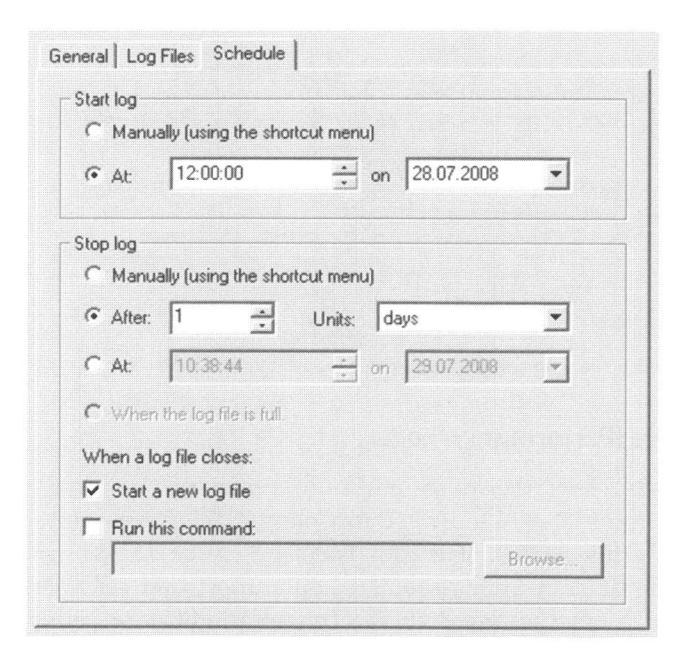

**Abb. 11.16:** Zeitkonfiguration eines Performance-Logs

## 11.5.4 Der Ressourcenmonitor

Während der Taskmanager nur eine sehr rudimentäre, aber häufig genügende Ansicht über die Serverressourcen zur Verfügung stellt, ist der Leistungsmonitor extrem detailliert, aber auch aufwendig zu konfigurieren.

Eine Alternative dazwischen bietet der Ressourcenmonitor.

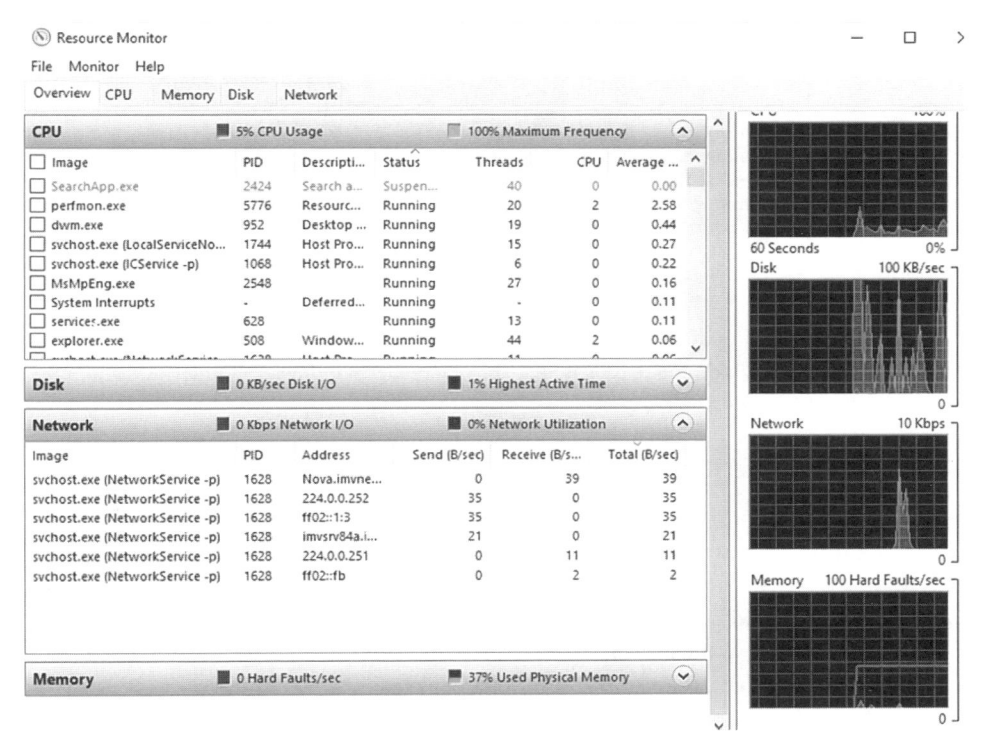

**Abb. 11.17:** Übersicht Ressourcenmonitor

Dieser bietet grundsätzlich eine ähnliche Übersicht wie der Taskmanager, erlaubt es aber, die Information zu vertiefen und insbesondere auch den Zugriff auf Dateien darzustellen.

**Kapitel 11**
Servermanagement

| Processes with Disk Activity | | | | |
|---|---|---|---|---|
| ☑ Image | PID | Read (B/sec) | Write (B/sec) | Total (B/sec) |
| ☑ MsMpEng.exe | 2548 | 260 | 0 | 260 |
| ☐ System | 4 | 0 | 4'914 | 4'914 |
| ☐ perfmon.exe | 5776 | 1'805 | 0 | 1'805 |
| ☐ Registry | 76 | 0 | 780 | 780 |

| Disk Activity | | 0 KB/sec Disk I/O | | 1% Highest Active Time | | |
|---|---|---|---|---|---|---|
| Filtered by MsMpEng.exe | | | | | | |
| Image | PID | File | | | Read (... | Write (... | Total ( |
| MsMpEng... | 2548 | C:\Windows\System32\drivers\rdpbus.sys | | 198 | 0 | 19 |
| MsMpEng... | 2548 | C:\Windows\System32\drivers\watchdog.sys | | 191 | 0 | 19 |
| MsMpEng... | 2548 | C:\Windows\System32\drivers\srvnet.sys | | 181 | 0 | 18 |
| MsMpEng... | 2548 | C:\Windows\System32\drivers\fs_rec.sys | | 73 | 0 | 7 |
| MsMpEng... | 2548 | C:\Windows\System32\drivers\condrv.sys | | 133 | 0 | 13 |
| MsMpEng... | 2548 | C:\Windows\System32\drivers\tbs.sys | | 133 | 0 | 13 |
| MsMpEng... | 2548 | C:\Windows\System32\drivers\msfs.sys | | 133 | 0 | 13 |
| MsMpEng... | 2548 | C:\Windows\System32\drivers\hyperkbd.sys | | 65 | 0 | 6 |

**Abb. 11.18:** Ressourcenmonitor zeigt Dateien, auf welche der Windows Defender (MsMpEng) gerade zugreift.

### 11.5.5 MRTG und RRDtool

MRTG besteht aus einer Reihe Skripts, welche an der ETH Zürich von Tobias Oetiker entwickelt wurden und laufend weiterentwickelt werden. Aktuell ist RRDtool, eine Weiterentwicklung und sozusagen der große Bruder von MRTG. Obwohl ursprünglich für Linux-/Unix-Betriebssysteme entwickelt, ist MRTG/RRDtool auch auf Windows-Servern lauffähig. MRTG/RRDtool steht unter den Bedingungen der GPL (General Public License) frei zur Verfügung.

MRTG wurde dazu entworfen, SNMP-Agenten auf netzwerkfähigen Komponenten abzufragen, zentral zu speichern und dann grafisch aufzuarbeiten und für die Veröffentlichung auf einem Webserver vorzubereiten. Die Grafiken werden als PNG-Dateien erzeugt:

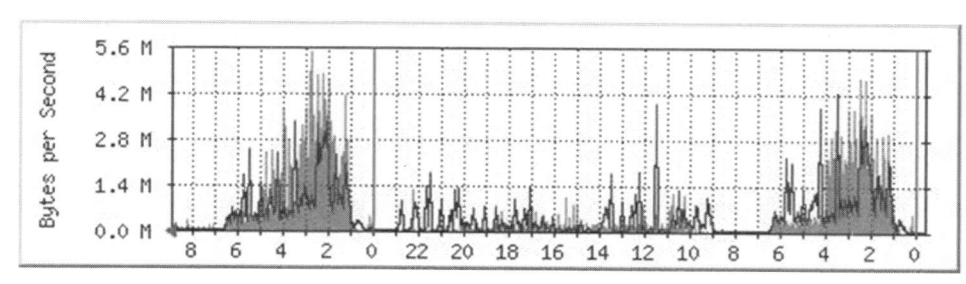

**Abb. 11.19:** 24-h-MRTG-Graph

MRTG besteht aus einer Reihe von Skripts, welche unterschiedliche Aufgaben haben.

## Initial-Scripts

Die Initial-Scripts helfen dabei, die MRTG-Umgebung zu konfigurieren, sie erlauben beispielsweise, die Ports der zu überwachenden Komponente abzufragen und erzeugen daraus direkt eine Konfigurationsdatei.

```
##################################################################
# Created by
# cfgmaker
#
# Modified by
# 03.09.2003 CTR configured for xxx, Server:diana, all connections
### Global Config Options
WorkDir: c:\mrtgweb
######################################################################
# System: pf7sw
# Description: Cisco Internetwork Operating System Software
#          IOS (tm) C3500XL Software (C3500XL-C3H2S-
M), Version 12.0(5.2)XU
#          Compiled Mon 17-Jul-07 18:29 by rca
######################################################################
######################
### Interfaces:
######################
### sw27-03 to SOL:
### Interface 50 >> Descr: 'GigabitEthernet0/1' | Name: 'Gi0/1 sol' |
 Ip: '' | Eth: '00-04-dd-88-88-31' ###
Target[172.16.8.2_50]: 50:public@172.16.8.2:
SetEnv[172.16.8.2_50]: MRTG_INT_IP="" MRTG_INT_DESCR="GigabitEthernet0/1"
MaxBytes[172.16.8.2_50]: 125000000
Title[172.16.8.2_50]: Traffic Analysis for SOL -- sw27-03
PageTop[172.16.8.2_50]: <H1>Traffic Analysis for SOL -- sw27-03 </H1>
  <TABLE>
    <TR><TD>System:</TD>      <TD> sw27-03 in from SOL</TD></TR>
    <TR><TD>Description:</TD><TD>GigabitEthernet0/1 EUROPA </TD></TR>
    <TR><TD>ifType:</TD>      <TD>ethernetCsmacd (6)</TD></TR>
    <TR><TD>ifName:</TD>      <TD>Gi0/1</TD></TR>
    <TR><TD>Max Speed:</TD>   <TD>125 MByte/s (1 Gbps)</TD></TR>
  </TABLE>
```

**Listing 11.1:** Beispiel einer durch cfgmaker erzeugten Konfigurationsdatei

# Kapitel 11
## Servermanagement

Die Konfigurationsdateien enthalten die Port-Parameter, die Vorlagen für die HTML-Formatierung, aber auch die Skalierung der Darstellung.

### Service-Scripts

Auf dem MRTG-Host wird ein Dienst konfiguriert, welcher die Datensammlungs- und Aufarbeitungsskripts regelmäßig ausführt.

Die Datensammlungsskripts lesen über das SNMP-Protokoll die Leistungswerte der Zielsysteme aus und schreiben diese in Protokolldateien.

Die Auswerteskripts lesen regelmäßig die Protokolldateien und erzeugen die PNG-Grafiken für die Webseiten.

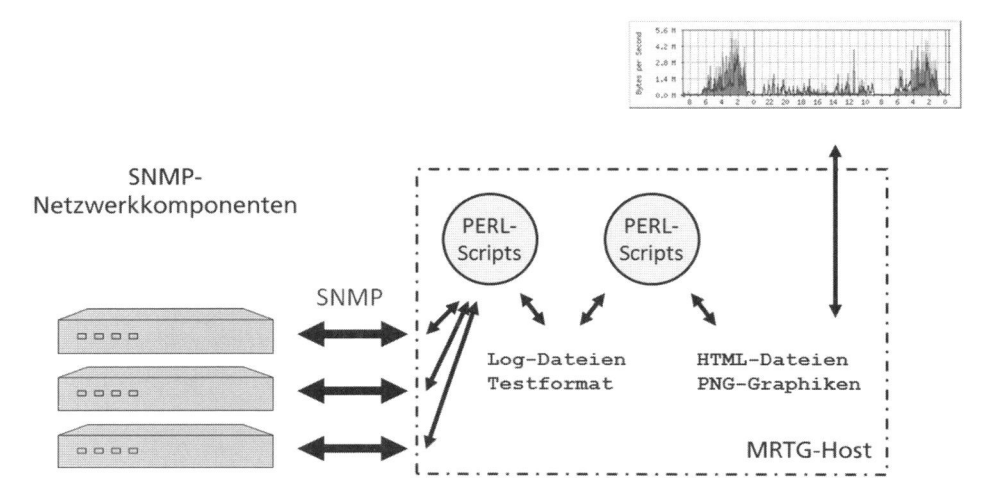

**Abb. 11.20:** MRTG-Funktionsprinzip

MRTG bzw. RRDtool sind für die Überwachung von Datendurchsatzraten für Netzwerkkomponenten konfiguriert. Da die Abfragen aber über SNMP erfolgen, können diese Mechanismen fast für beliebige Überwachungsaufgaben konfiguriert werden.

## 11.6 SNMP

SNMP (Simple Network Management Protocol) sowie darauf aufbauend RMON (Remote Monitoring) und SMON (Shared Monitoring) sind Managementprotokolle, die zur Überwachung des Netzwerks dienen. Sie werden von verschiedenen Geräten unterstützt und erlauben es, an einer zentralen Stelle die Daten dieser Geräte zu sammeln und auszuwerten.

SNMP ist eigentlich das Ur-Managementprotokoll für Netzwerke. Es wurde für das Monitoring einfacher Shared-Media-Netze (z.B. Ethernet) entwickelt. Als Subprotokoll des IP-Standards stellt SNMP unter Verwendung von UDP (User Datagram Protocol) nur sehr simple Funktionen, etwa zum Austausch von Managementinformationen zwischen einer LAN-Komponente und einer Managementoberfläche, zur Verfügung. Dabei existieren mit SNMP v1 und v2 zwei Versionen, welche die Daten unverschlüsselt übermitteln, SNMP v3 übermittelt die Daten dagegen verschlüsselt.

SNMP dient dabei als Protokoll für den Austausch von Kommandos und Statistikdaten, zwischen Netzwerkkomponenten untereinander oder einer zentralen Administrationssoftware. Unter dem Begriff SNMP-Standard versteht man in der Regel neben dem Protokoll an sich auch verschiedene IETF-Standards. Diese regeln als Metasprache, wie die über SNMP ausgetauschten Daten zu interpretieren sind und sorgen so für Kompatibilität aller SNMP-fähigen Netzwerkkomponenten untereinander.

Die eigentlichen Daten der zu überwachenden Geräte sammelt die SMI-Datenbank (Structured Management Information Database) und bildet sie dort als Datenobjekte ab. Über einen Object Identifier (OID) stehen diese Daten in einer Baumstruktur in Beziehung zueinander. Die SMI gleicht somit einer Komponentenbeschreibung mit zugeordneten Informationen, die über SNMP verwaltet werden können.

Basierend auf der SMI arbeitet die Standard-MIB(Management Information Basis)-Datenbank. Sie spezifiziert Standardobjekte zur Steuerung und zum Monitoring für unterschiedliche aktive und passive Netzwerkelemente. Die Standard-MIB konkretisiert die SMI. Sie stellt innerhalb der SMI eine eigene Baumstruktur dar.

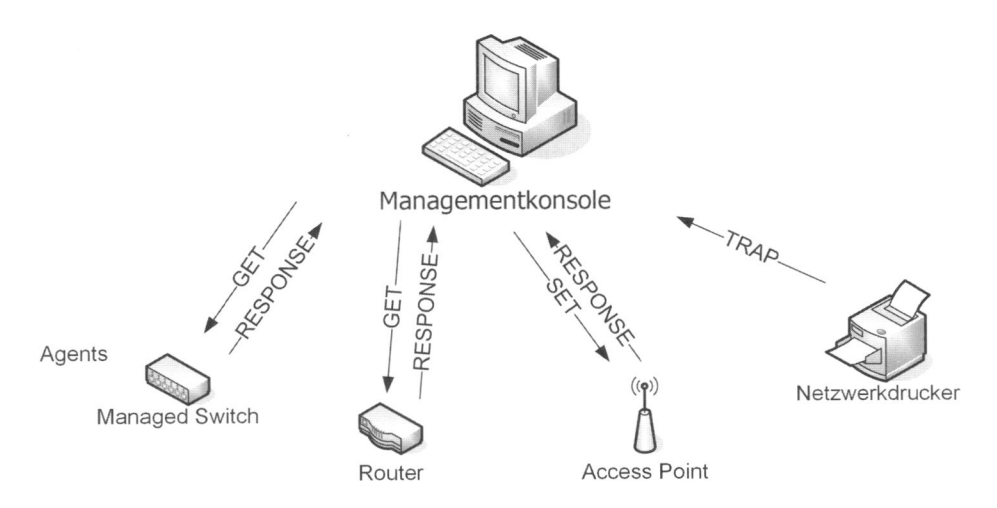

**Abb. 11.21:** Die Beziehungen im SNMP-Protokollverkehr

Basierend auf SMI und Standard-MIBs lassen sich in einem Shared-Media-LAN alle verwaltbaren Netzkomponenten überwachen und ansteuern.

RMON (Remote Monitoring) erweitert die Standard-MIB um Methoden für die Sammlung von statistischen Daten und die Kontrolle des Netzbetriebs.

Zur Überwachung werden sogenannte Agenten eingesetzt. Dabei handelt es sich um Programme, die direkt auf den überwachten Geräten laufen müssen. Diese Programme sind in der Lage, den Zustand des Geräts zu erfassen und zu reagieren, sei es durch Maßnahmen oder durch eine Meldung an den Managementserver. Dazu gibt es verschiedene Datenpakete, die gesendet werden können:

- **GET** zum Anfordern eines Managementdatensatzes
- **SET**, um einen oder mehrere Datensätze eines Netzelements zu verändern
- **RESPONSE**, Antwort auf eines der vorherigen Pakete
- **TRAP**, unaufgeforderte Nachricht von einem Agenten an den Manager, dass ein Ereignis eingetreten ist

Die Get-Pakete können vom Manager zu einem Agenten gesendet werden, um Daten über die jeweilige Station anzufordern. Dieser antwortet mit einem Response-Paket, das entweder die angeforderten Daten oder eine Fehlermeldung enthält.

Mit dem Set-Paket kann ein Manager Werte beim Agenten verändern. Damit ist es möglich, Einstellungen vorzunehmen oder Aktionen auszulösen. Der Agent bestätigt die Übernahme der Werte ebenfalls mit einem Response-Paket.

Wenn der Agent bei der Überwachung des Systems einen Fehler erkennt, kann er diesen mithilfe eines Trap-Pakets unaufgefordert an die Managementstation melden. Diese Pakete werden nicht vom Manager bestätigt. Der Agent kann daher nicht feststellen, ob der Trap beim Manager angekommen ist.

## 11.7 Web-Based Enterprise Management (WBEM)

Der Web-Based-Enterprise-Management-(WBEM-)Standard wurde von der Distributed Management Task Force (DMTF) entwickelt und definiert Datenstrukturen, Protokolle und Mechanismen für die Verwaltung von Ressourcen in Netzwerken.

WBEM wiederum wurde auf der Basis des CIM (Common Information Model) entwickelt.

WBEM/CIM sind heute in ergänzende Verwaltungsmechanismen integriert bzw. adaptiert:

- SNMP-MIB-Strukturen werden auf CIM gemappt.
- Microsoft entwickelte WMI auf Basis von WBEM.
- OpenPegasus/OpenWBEM sind WEBM-/CIM-Implementationen für Linux.

## 11.8 Windows-Verwaltungsmechanismen

### 11.8.1 Windows Management Instrumentarium (WMI)

Seit Windows 2000 SP4 bietet Microsoft mit dem Windows Management Instrumentation (WMI) eine Schnittstelle für die Verwaltung von Windows-Server und Arbeitsstationen an. Der Zugriff auf WMI kann sowohl lokal als auch übers Netzwerk erfolgen. In der Regel werden WMI-Funktionen von Programmen oder Skripts aufgerufen und weiterverwendet.

Eine der Einsatzmöglichkeiten von WMI ist das Filtern von Gruppenrichtlinien. Mit folgendem WMI-Filter kann beispielsweise erreicht werden, dass eine Gruppenrichtlinie nur auf Serverbetriebssystemen Version 6.* (Windows 2008 und 2008/R2) ausgeführt wird, aber nur, wenn es sich um Mitgliedsserver (nicht Domänen-Controller) handelt (ProductType=3):

```
select * from Win32_OperatingSystem where
Version like "6.%" and ProductType = "3"
```

### 11.8.2 PowerShell

```
PS C:\Users\Administrator> Get-Process | Sort-Object cpu -des

Handles  NPM(K)   PM(K)    WS(K)   CPU(s)    Id  SI ProcessName
-------  ------   -----    -----   ------    --  -- -----------
    805      94  216388   232156   130.75  2548   0 MsMpEng
    593      17   32436    37404    10.64  1160   0 svchost
   1447      83  103652   177532     8.47  2424   1 SearchApp
    292      16   13688    17396     7.28  4604   0 svchost
    358      15    8508    20296     6.75  2592   0 svchost
   1922       0      40      132     5.34     4   0 System
    760      39   33660    66908     5.13   952   1 dwm
```

**Abb. 11.22:** Windows PowerShell zeigt Prozesse mit absteigender CPU-Belastung.

Die Microsoft PowerShell sieht zwar einem normalen Kommandozeilenfenster (cmd.exe) sehr ähnlich, ist aber viel komplexer aufgebaut. Bei PowerShell handelt es sich um eine auf dem .NET-Framework aufgebaute Eingabezeilen- und Skripttechnologie.

Das zeigte sich am deutlichsten darin, dass für die Windows Server 2008 Core Edition, welche ja nur über eine rudimentäre grafische Oberfläche verfügte, PowerShell nicht verfügbar war. Der Grund war ganz einfach: Der Server-Core wurde explizit ohne das .NET-Framework definiert und somit eben auch ohne PowerShell.

Die aktuelle Version ist die PowerShell 2.0, welche mit Server 2008/R2 und Windows 7 eingeführt wurde. Die PowerShell verbindet die klassischen Windows-

Eingabeaufforderungsfunktionen mit Unix-Konsolenfunktionen wie dem Piping von Ergebnissen.

Das PowerShell-Cmdlet (Commandlet) ist in zwei Teile aufgeteilt: ein Verb und ein Substantiv.

Hier einige Beispiele:

```
Get-Help Get-Alias
```

Zeigt die Hilfeinformationen über das Cmdlet Get-Alias an. Die PowerShell-Hilfeinformationen erinnern an die Unix-Manpages.

```
Get-Alias

Get-Alias dir

Get-Alias ls
```

Der erste Befehl zeigt alle definierten Aliase an. Aus Kompabilitätsgründen sind verschiedene bekannte Zeilenkommandos als Aliase definiert worden. Der erste Befehl listet alle Aliase auf. Die anderen beiden Befehle zeigen den Alias für dir und für ls an. Beides sind Aliase für Get-ChildItem. In einem Dateisystem wird also dir wie bekannt funktionieren, innerhalb einer Active-Directory-OU würden aber alle untergeordneten Elemente (ChildItems) wie Benutzer oder Computer aufgelistet werden.

```
Get-Process | Sort-Object CPU -des
```

Dieser Befehl listet alle aktiven Prozesse auf. Mit dem Pipe-Zeichen (|) wird das Ergebnis an das Cmdlet Sort-Object weitergegeben, welches die einzelnen Zeilen nach dem Attribut CPU absteigend sortiert.

```
Get-ExecutionPolicy
```

Dieser Befehl zeigt die Sicherheitseinstellungen für die Ausführung von PowerShell-Skripts an. PowerShell-Skripts haben eine Endung .ps1, und da diese sehr mächtig sind, bergen sie natürlich auch eine gewisse Gefahr. Deshalb ist die Nutzung von PowerShell-Skripts standardmäßig eingeschränkt. Der Befehl Get-Executionpolicy wird also normalerweise *restricted* anzeigen. Weitere Möglichkeiten sind *unrestricted, allsigned, remotesigned*.

## 11.9 Hilfen

Die meisten Betriebssystemhersteller stellen umfangreiche Hilfesysteme zur Verfügung. Grundsätzlich sind drei Arten der Hilfen zu unterscheiden:

## 11.9.1 Offlinehilfen

Die Informationen der Offlinehilfen werden auf die Festplatte des Servers kopiert und stehen jederzeit zur Verfügung, auch wenn keine Netzwerkzugriffe möglich sind. Beispiele hierfür sind die klassischen Windows-Hilfen (*.hlp- oder *.chm-Dateien) oder die Manual Pages (Manpages) in Unix.

## 11.9.2 Onlinehilfen der Hersteller

Die meisten Betriebssystem- und Anwendungshersteller stellen heute webbasierte Onlinehilfen zur Verfügung. Diese können einfacher aktualisiert und verbessert werden, stehen aber nur zur Verfügung, wenn der Zugriff auf die Server des Herstellers funktioniert. Teilweise sind diese Systeme direkt in die Offlinehilfe integriert. Ein Beispiel hierfür ist die Knowledge Base von Microsoft.

## 11.9.3 Herstellerfremde Onlinehilfen

Zum Teil werden auch von Dritten Hilfen und Informationen angeboten.

## 11.9.4 Manpages

Die Standarddokumentation eines jeden Unix- und Linux-Systems besteht aus den sogenannten Manual Pages, kurz Manpages, genannt.

Wenn Sie z.B. in der Shell das Kommando **man** date eingeben, erhalten Sie als Resultat folgende Ausgabe:

```
DATE(1) FSF DATE(1)
NAME
    date - print or set the system date and time
SYNOPSIS
    date [OPTION]... [+FORMAT]
    date [OPTION] [MMDDhhmm[[CC]YY][.ss]]
DESCRIPTION
    Display the current time in the given FORMAT, or set the system date.
    -d, --date=STRING
    display time described by STRING, not `now'
    -f, --file=DATEFILE
    like --date once for each line of DATEFILE

    -I, --iso-8601[=TIMESPEC] output an ISO-8601 compliant date/
time string.
```

Selbst wenn Sie den Befehl als solches kennen, liefern Ihnen die Manpages dazu die Optionen und Parameter, die Sie vermutlich selten alle auswendig wissen.

Nebent den Manpages verfügen die meisten Kommandos überdies über eine Kurzhilfe, welche mittels

-- help *oder*

-h *oder*

-? aufgerufen werden kann.

Liest man nun eine Manpage, so wird sie unter Linux mit einem Programm namens less angezeigt. Auch dieses will natürlich bedient werden, damit man sich in der Manpage bewegen kann. Die wichtigsten Kommandos für die Bedienung von less sind:

| Funktion | Tastenkombination |
| --- | --- |
| Einen Bildschirm weiter | Leertaste, Page Down |
| Einen Bildschirm zurück | b, Page Up |
| Eine Zeile weiter | â |
| Eine Zeile zurück | á |
| Suche vorwärts nach text | /text |
| Suche rückwärts nach text | ?text |
| Beenden | q |

**Tabelle 11.1:** Kommandos für das Lesen der Manpages

### 11.9.5 GNU info und How-tos

Bei allen Kommandos des GNU-Projekts sind meist zwar Manpages mit dabei. Doch das GNU-Projekt hat zudem ein eigenes Onlinehilfesystem entwickelt: info.

Dabei handelt es sich um eine Art Hypertextformat, das entweder mit dem Editor Emacs oder mit dem Befehl info gelesen werden kann.

Die How-tos sind, wie der Name schon sagt, eine Anleitung für eine bestimmte Aufgabe. Man findet sie in folgenden Verzeichnissen:

Red Hat: /usr/share/doc/HOWTO

SuSE: Filesystemstandardkonform unter /usr/share/doc/howto/

Debian: /usr/share/doc/HOWTO/

In diesen Verzeichnissen und (gegebenenfalls Unterverzeichnissen) findet sich für jedes Thema eine Datei, die Anleitung zu diesem Thema bietet.

## 11.9.6 Windows-Hilfe

Microsoft bindet auch für seine Serverprodukte die Hilfefunktion direkt ins Betriebssystem ein. Das Microsoft-Hilfesystem (Hilfe- und Supportcenter) beinhaltet folgende Suchfunktionen und Anleitungen:

- Suchfunktionen
- Anleitungen

**Abb. 11.23:** Startseite der Windows-Hilfe

**Abb. 11.24:** Windows-Hilfe: Suchergebnisse

## 11.9.7 Microsoft Knowledge Base

Die Microsoft Knowledge Base war früher ein Bestandteil des Microsoft TechNet-Abonnements und wurde so den IT-Professionals als Nachschlagewerk für spezifische technische Probleme zur Verfügung gestellt. Heute tritt die Microsoft Knowledge Base als solche in den Hintergrund, da von Microsoft Suchfunktionen angeboten werden, welche nicht nur die Knowledge Base, sondern auch gleich andere Quellen durchsuchen. Knowledge-Base-Artikel werden aber häufig referenziert, kennzeichnend ist das KB in der Identifikation.

Der Ausdruck Knowledge Base wird heute sehr breit auch von anderen Anbietern für die verschiedensten Informationssammlungen verwendet.

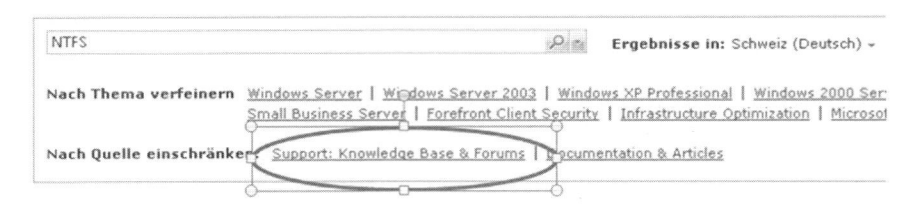

**Abb. 11.25:** Microsoft-Onlinehilfe: Knowledge Base

## 11.10 Fragen zu diesem Kapitel

1. Welches der folgenden Diagramme zeigt grafisch die Bewegung von Informationen innerhalb eines Systems?

   A) Übersichtsdiagramm

   B) Datenflussdiagramm

   C) Netzwerkdiagramm

   D) Blasendiagramm

2. Sie haben einen bestehenden Datenbankserver mit mehr Arbeitsspeicher und größeren Festplatten ausgerüstet. Was müssen Sie tun, um die Auswirkungen dieser Aufrüstung zuverlässig bestimmen zu können?

   A) Die Dokumentation nachführen

   B) Neue Leistungswerte messen und mit den früheren vergleichen

   C) Das Betriebssystem aktualisieren, damit die neuen Komponenten übernommen werden

   D) Die Datenbank neu installieren, um vom zusätzlichen Speicher Gebrauch machen zu können

3. Welches ist die am wenigsten wichtige Überlegung bei der Erhebung von Messwerten für einen Server?

   A) Durchsatz der Festplatten

   B) Serverrolle

   C) CPU-Auslastung

   D) Speicherauslastung

4. Nach der Aktualisierung eines SNMP-Agenten muss alles überprüft werden außer?

   A) Ob die PDU-Header lesbar sind

   B) Ob die MIBs eine Aktualisierung benötigen

   C) Ob die Traps noch konfiguriert sind

   D) Ob die SNMP-Installation noch gültig ist

5. Die Messung der Leistungswerte auf dem Dateiserver ergibt eine außergewöhnlich hohe Anzahl von sogenannten Page Faults (Seitenfehler). Was unternehmen Sie, um diese Leistungswerte wieder zu verbessern?

    A) Sie bauen einen zweiten Prozessor in den Server ein.

    B) Sie bauen größere Festplatten in den Server ein.

    C) Sie rüsten den Arbeitsspeicher des Servers auf.

    D) Sie ändern die Messmethode, um das Resultat zu beeinflussen.

6. Der Techniker setzt einen neuen Server auf. Nachdem das Betriebssystem installiert und die Treiber konfiguriert sind, zeigt die Ereignisanzeige verschiedene Fehlermeldungen an, die schwer zu verstehen sind, zumal alle Treiber richtig konfiguriert und auf dem aktuellen Stand sind. Was kann der Techniker als Nächstes tun?

    A) Ein Update des Betriebssystems einspielen

    B) Einzelne Dienste deinstallieren und den Server jedes Mal neu starten

    C) Einzelne Komponenten entfernen, bis die Fehlermeldungen verschwunden sind

    D) Den Fehlercode genau recherchieren, um passende Maßnahmen ergreifen zu können

7. Was ist der Unterschied zwischen SNMP und RMON?

    A) SNMP überwacht nur Netzwerkgeräte, RMON-Server und Arbeitsstationen.

    B) RMON überwacht nur Netzwerkgeräte, SNMP-Server und Arbeitsstationen.

    C) RMON ist eine Weiterentwicklung von SNMPv1 und verfügt über mehr Auswertungsmöglichkeiten.

    D) SNMPv2 ist eine Weiterentwicklung von RMON und verfügt über mehr Auswertungsmöglichkeiten.

8. Bestandteil der Serverinstallation eines neuen AMD-Opteron-Servers war die Aufzeichnung der aktuellen Leistungswerte (Baseline-Monitoring). Zudem wurden die neuesten Firmware-Aktualisierungen und Betriebssystem-Updates eingespielt. Nach diesem Prozess bleibt der Server aber beim Neustart bei der Initialisierung der Plattenlaufwerke hängen. Was ist jetzt am besten zu unternehmen?

    A) Wiederholen Sie das Monitoring, um den Fehler zu finden.

    B) Ersetzen Sie die Festplattenlaufwerke.

    C) Installieren Sie weitere Patches, um das Problem zu lösen.

    D) Durchsuchen Sie die Support-Webseite des Herstellers nach bekannten Problemen.

9. Wo werden die Informationen der SNMP-Traps gespeichert?

    A) RAM

    B) MIB-Datenbank

    C) MODB

    D) EDB-Datenbank

10. Welches Protokoll wird hauptsächlich zur Überwachung von Netzwerkgeräten eingesetzt?

    A) SNMP

    B) SMTP

    C) Telnet

    D) NNTP

Kapitel 12

# Ein Server, viele Server, Wolke

Eine Serverumgebung besteht im einfachsten Fall aus einem einzelnen Server und einer Anzahl Client-Computern dazu. Aber auch schon in diesem einfachen Falle sollte man sich *vor* der Installation des Servers einige Gedanken machen, damit die Installation und die Startkonfiguration reibungslos funktionieren und nicht bei der Inbetriebnahme nachträglich Anpassungen gemacht werden müssen. Erst recht sind diese Themen durch die Virtualisierung und den Aufbau von Infrastrukturen für das Cloud Computing in den Vordergrund gerückt.

> Sie lernen in diesem Kapitel:
> - Verschiedene Deployment-Szenarien kennen
> - Die Grundlagen der Virtualisierung verstehen
> - Verschiedene Virtualisierungsansätze unterscheiden
> - Unterschiedliche Service- und Betriebsmodelle von Cloud Computing kennen
> - Einsatzgebiete von Cloud Computing verstehen

## 12.1 Deployment-Szenarien

Bei Serverumgebungen gibt es einige weitere Punkte, welche bei der Planung beachtet werden können. Auch wenn in den seltensten Fällen eine Serverumgebung komplett neu aufgebaut werden kann, sollten bei tiefer gehenden Anpassungen der Infrastruktur folgende Komponenten überprüft und eventuell angepasst werden.

### 12.1.1 Datenorganisation

Die Datenorganisation beginnt mit der Analyse der vorhandenen Daten, deren Mengengerüst und den spezifischen Sicherheitsanforderungen. Folgende Planungskomponenten bauen auf der Datenanalyse auf:

- Storage-Planung/Kapazitätsplanung für Speicher
- Datenstrukturen
- Sicherheitskonzepte, Berechtigungsstrukturen

## 12.1.2 Namenskonzepte

Es empfiehlt sich, für die verschiedenen Namenssysteme Vorgaben und Konzepte zu erstellen. Insbesondere für:

- Benutzer
  - Anmeldenamen, Anzeigenamen, LDAP-Namen
  - E-Mail-Adressen
- Computernamen
- Standortnamen

## 12.1.3 Berechtigungskonzepte

Die Basis der Berechtigungskonzepte sind die Sicherheitsanforderungen der Ressourcen (z.B. Daten oder Computer, aber auch Proxyzugriffe etc.).

Aufgrund der Anforderungen werden Gruppen erstellt, welchen die Benutzerkonten zugeordnet werden. Diese Gruppen werden dann auf die entsprechenden Ressourcen berechtigt. Am einfachsten lässt sich dies tabellarisch darstellen.

| | Berechtigungsmatrix | | | |
|---|---|---|---|---|
| **Gruppen** <br> **Verzeichnisse:** | **Verkauf** | **Personal** | **Administration** | **Finanzen** |
| Common | RW | RW | RW | RW |
| Vorlagen | R | R | RW | R |
| Verkaufsdokumente | RW | - | - | R |
| Personaldokumente | - | RW | - | - |
| Administration | - | - | RW | - |
| Finanzdaten | - | - | - | RW |
| Legende | - | Kein Zugriff | | |
| | R | Lesezugriff | | |
| | RW | Lese- und Schreibzugriff | | |

**Abb. 12.1:** Berechtigungsmatrix für Gruppen auf Ressourcen

Die Implementation der Berechtigungskonzepte ist meist an die verwendeten Sicherheitsrichtlinien und Verzeichnisdienste gebunden.

## 12.1.4 Lizenzierung

Neben den Serverlizenzen ist zu beachten, dass beispielsweise Microsoft Windows-Serverprodukte auch sogenannte Client-Access-Lizenzen (CAL) für jedes Client-Betriebssystem benötigen, welches auf den Server zugreifen soll. Bezüglich der Lizenzverwaltung unterscheidet man zwischen Pro-Server-(Per Server-) oder Pro-Gerät-(Per Seat-)Lizenzierungsmodus.

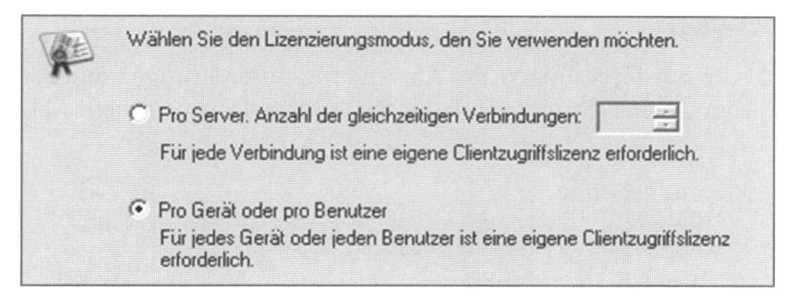

**Abb. 12.2:** Lizenzierungsmodus

Der Pro-Server-Lizenzierungsmodus wird in den seltensten Fällen eingesetzt und lohnt sich nur, wenn nur ein einzelner Server im Einsatz ist. In diesem Falle werden die Lizenzen dem Server zugeordnet, und damit wird zugleich die maximal mögliche Anzahl der gleichzeitig zugreifenden Client-Betriebssysteme festgelegt (Concurrent Use).

Beim Pro-Benutzer-Lizenzierungsmodus benötigt *jeder* Client eine CAL, kann aber damit auf mehrere Server zugreifen.

### 12.1.5 Serverrollen

Aufgrund der Anforderungen, welche an die Serverumgebung gestellt werden, werden die Serverfunktionen auf die Serverbetriebssysteme verteilt. Dabei ist darauf zu achten, welche Funktionen besondere Anforderungen an die Betriebssysteme stellen. Für die meisten Dienste lässt sich durch Konfiguration auf zwei Servern eine einfache Redundanz herstellen.

Insbesondere sollten folgende Funktionen genau geplant werden:

- Verzeichnisdienste (LDAP, Microsoft Active Directory)
- DNS
- Sicherheit (Firewalls, DMZ, Server in der DMZ)
- File- und Printserver
- Anwendungsserver

### 12.1.6 Anwendungen

Anwendungen stellen vielfach hohe Anforderungen an die Serverinfrastruktur und benötigen deshalb häufig dedizierte Server. Anwendungen werden auch immer häufiger auf verteilten Systemen betrieben, beispielsweise mit Web-Frontend, Anwendungs- und Datenbankserver. Entsprechend sorgfältig muss die Serverinfrastruktur gemäß den Anforderungen der Anwendungen geplant werden.

## 12.1.7 Netzwerklayout

Aufgrund der Sicherheitsanforderungen, der Anwendungsanforderungen und der räumlichen und geografischen Strukturen kann das Netzwerklayout erstellt werden.

Zu einem Netzwerklayout gehören:

- IP-Konzept und Netzplanung (Subnettierung)
- Dienstplanung (siehe auch Serverfunktionen)
- Physikalisches Layout
- Remote-Access-Konzept

## 12.2 Virtualisierung

Bevor weiter über Virtualisierung gesprochen werden kann, sollte der Begriff etwas genauer definiert werden. Der Begriff Virtualisierung wird im IT-Bereich für unterschiedliche und zum Teil technisch komplett unterschiedliche Mechanismen genutzt. Gemeinsam haben diese Mechanismen, dass etwas, was man erwarten würde, physikalisch gar nicht vorhanden ist. Im Netzwerkbereich sind VLAN (Virtual Local Area Network) und VPN (Virtual Private Network) schon seit Längerem ein Begriff.

Zum Teil werden heute auch ganz einfache Fernzugriffstechnologien als virtuell bezeichnet, weil der zugegriffene Computer sich gar nicht am physikalischen Arbeitsplatz des Benutzers befindet.

Sie werden sich ausgehend vom Thema »Server« an dieser Stelle auf die Servervirtualisierung konzentrieren. Dabei wird die Serverhardware virtualisiert, und somit wird ermöglicht, dass auf einem physikalisch vorhandenen Server mehrere Serverbetriebssysteminstanzen ausgeführt werden können.

### 12.2.1 Hardware-Virtualisierung

Der Grundgedanke bei der Hardware-Virtualisierung liegt darin, dass zwischen der Hardware und den Gastbetriebssystemen eine weitere Software-Komponente liegt, welche den Hardware-Zugriff für die verschiedenen Gastbetriebssysteme verwaltet. Damit können auf einer einzigen Hardware mehrere Gastbetriebssysteme verwaltet und durch die bessere Auslastung der Hardware im Idealfall Ressourcen eingespart werden. Dies ist angesichts der aktuell sehr leistungsfähigen Server ein wichtiges Thema in der Serverplanung geworden und nimmt bei vielen Unternehmen einen entsprechend prominenten Platz in den Gedanken zur Serverplanung und -strategie ein.

Zwei im Grundsatz verschiedene Ansätze sind dabei die monolithische Virtualisierung und der Mikrokernel.

Beim **monolithischen Ansatz** werden in den gemeinsamen Teil alle Gerätetreiber integriert. Damit lässt sich die Verwaltung der Hardware stärker von den Gastbetriebssystemen lösen.

Beim **Mikrokernel** werden nur die notwendigsten Funktionen (Prozessor-, Disk- und RAM-Verwaltung) in den Virtualisierungskernel integriert. Insbesondere die Gerätetreiber werden von jedem Gastbetriebssystem separat verwaltet.

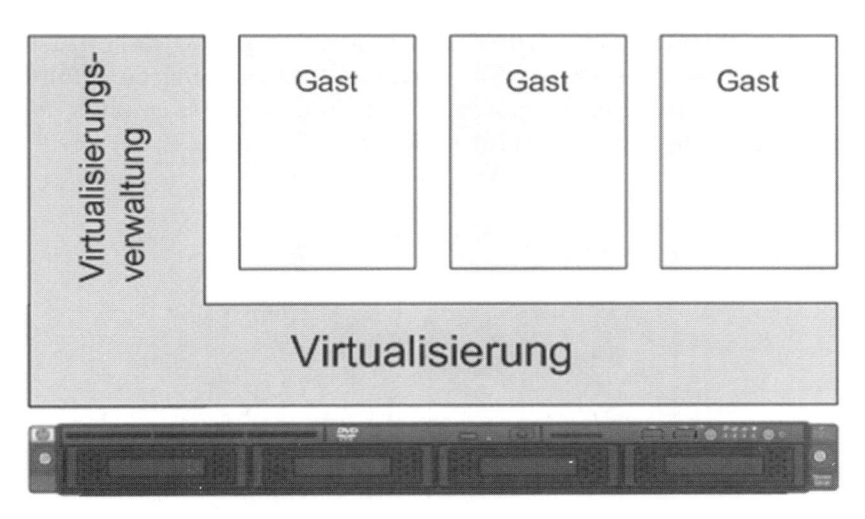

**Abb. 12.3:** Konzept der Virtualisierung

## Host-Betriebssystem

Als Host-Betriebssystem wird das Betriebssystem bezeichnet, welches real auf die Hardware installiert wird. Dieses Host-Betriebssystem liefert die Basis, um die notwendige Virtualisierungssoftware auszuführen. Innerhalb des Host-Betriebssystems laufen auch die für die Verwaltung notwendigen Werkzeuge, die Virtualisierungsverwaltung.

## Gastbetriebssystem

Als Gastbetriebssysteme werden die innerhalb der Virtualisierungsumgebung laufenden Betriebssysteme bezeichnet. Die Gast-Betriebssysteme werden häufig auch einfach als VMs (Virtual Machines) bezeichnet.

## 12.2.2 Produkte

**Microsoft Hyper-V**

Microsoft Hyper-V ist eine Paravirtualisierung, welche speziell für 64-Bit-Hardware entwickelt wurde. Hyper-V ist mit Microsoft Windows-Server und Windows 10/11 Pro/Enterprise 64-Bit verfügbar. Das vorher installierte Windows-Server-Betriebssystem wird zum Host-Betriebssystem (Parent-Partition), wobei auch dieses über den Hyper-V (VMBus) auf die Hardware zugreift. Die Gastbetriebssysteme werden als Child-Partitionen bezeichnet.

Hyper-V unterstützt direkt (direkter VMBus-Zugriff) Windows-Betriebssysteme ab Windows Vista, Windows Server 2003 und ausgewählte Linux-Distributionen. Alle weiteren Betriebssysteme werden in einer emulierten Umgebung ausgeführt, was eine schlechtere Performance ergibt, da die Hardware-Zugriffe emuliert und über die Parent Partition umgeleitet werden müssen.

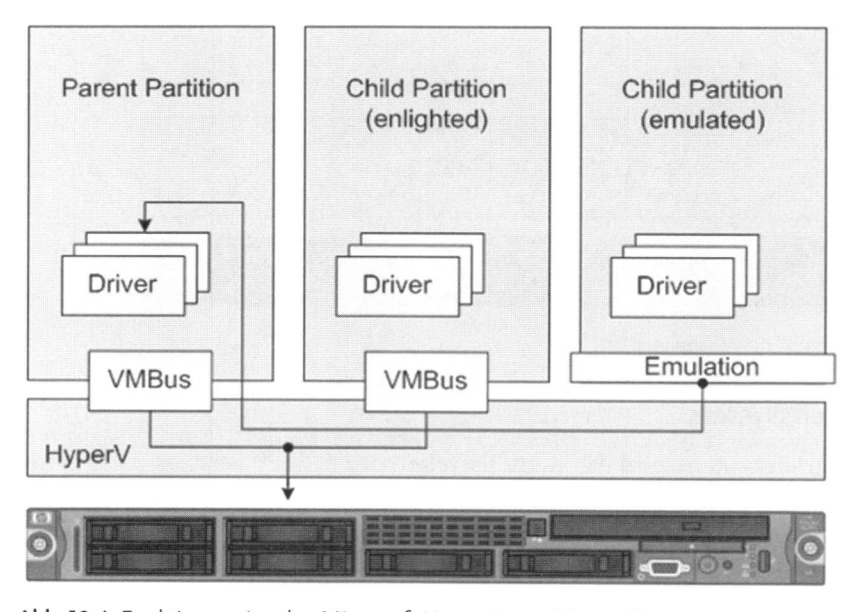

**Abb. 12.4:** Funktionsweise des Microsoft Hypervisors (Hyper-V)

Bei der Installation der Hyper-Video-Rolle wird mit dem installierten Betriebssystem eine P2V-Migration (Physical to Virtual) durchgeführt, und die Hardware-Treiber werden durch die synthetischen Treiber für den VM-Bus ersetzt. Die so erstellte Parent Partition wird auch als Plattform für die Verwaltung des Hypervisors mittels PowerShell oder Hyper-V Manager verwendet.

## Microsoft Server Hyper-V/Client Hyper-V

Auch wenn die Funktionalitäten des Hyper-V auf den Servern und den Windows Clients sehr ähnlich ist, ist deren Einsatzgebiet doch sehr verschieden.

Der Client Hyper-V hat sein Einsatzgebiet im Bereich von Test-, Support- oder Übungsumgebungen, welche vom Benutzer in der Regel selber verwaltet werden können. Es lassen sich auch im Client Hyper-V Windows-Clients, Windows-Server oder Nicht-Microsoft-Betriebssysteme virtualisieren.

Server Hyper-V wird für den Aufbau von virtuellen Servernetzwerken, Datacentern, aber auch Virtual-Desktop-Infrastrukturen (VDI) und Cloud-Rechenzentren verwendet. Genau hier ist dann auch das Funktionieren wie HA (high availability, Hochverfügbarkeit) und Datenmanagement zu sehen, welche vom Client Hyper-V nicht unterstützt werden.

## VMWare

Die Firma VMWare bietet eine Reihe von Produkten für die Servervirtualisierung an und dürfte im Bereich der Servervirtualisierung nach wie vor führend auf dem Markt sein. Die gesamte Palette zur Servervirtualisierung läuft unter dem Begriff vSphere und beinhaltet sowohl den Hypervisor, genannt ESXi, als auch die Managementsoftware in unterschiedlicher Ausführung.

Früher (bis Version vSphere 5.1) wurde noch zwischen ESX und ESXi unterschieden, heute gibt es nur noch ESXi als Hypervisor und vSphere. Mit vMotion beherrscht vSphere auch das Verschieben eines Gastbetriebssystems von einem Host auf einen anderen, und zwar während das Gastbetriebssystem in Betrieb ist.

VMWare vSphere verwaltet und speichert virtuelle Rechner in einer eigenen Ordnung in Datenspeichern (Datastores) und dort wiederum in Verzeichnissen. Diese logische Ebene ist von der darunterliegenden physischen Speicherung getrennt. Die Speicherung kann auf Festplatten, Storages, NFS-Freigaben oder via SAN auf das bereitgestellte logische Volumen erfolgen. Für das Speichern auf Disks (HDD oder SSD!) werden die Datastores bei ihrer Erstellung mit dem VMWare-eigenen Betriebssystem VMFS formatiert. Das Wesentliche an diesem Dateisystem ist dessen für virtuelle Maschinen optimierte Clusterfähigkeit, was wiederum für die schon erwähnte Funktion vMotion von großer Bedeutung ist.

Die wichtigsten Dateien sind die Konfigurationsdateien (*.vmx) und die virtuellen Disks, die als *.vmdk auch von anderen Anwendungen außerhalb von VMWare gelesen und teilweise auch erzeugt und danach mit vSphere eingebunden werden können. Als Beispiel diene hier Acronis Backup, das einen Server als »vmdk«-Datei sichern kann, und dieser kann danach mit vSphere wieder hochgefahren werden.

**Kapitel 12**
Ein Server, viele Server, Wolke

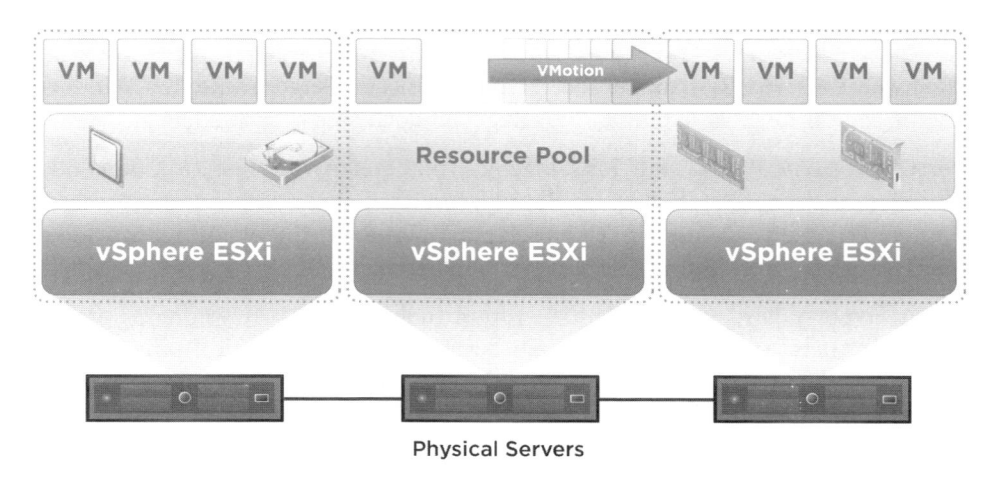

**Abb. 12.5:** Aufbau einer virtuellen Umgebung mit VMWare vSphere (Quelle und Rechte: © VMWare)

Die Namensgebung bei VMWare hat ziemliche Wechsel hinter sich, viele werden noch den ESX-Server kennen oder VMWare Server – alles Geschichte.

Aktuell wird vSphere in sechs Ausführungen vertrieben, Editions genannt: von Essential über Essential Plus und Standard bis Enterprise und Enterprise Plus (immer größer, immer teurer) sowie vSphere Desktop. Die wesentlichen Unterschiede der Editionen liegen in den unterschiedlich ausgebauten Funktionalitäten, der Anzahl maximaler virtueller CPUs, der Lastverteilung und der Integration virtueller Netzwerkkomponenten wie Virtual Switches.

Ähnlich wie bei Microsofts Windows-Server-Editionen richten sich die Essential-Editionen dabei ausdrücklich an die kleineren Unternehmen und die Enterprise-Versionen an Konzerne, aber auch Rechenzentren.

Neben diesen Editionen gibt es auch eine kostenlose Version (früher ESXi), welche jetzt auf den Namen VMWare Hypervisor hört. Diese läuft auf maximal einem 2-Sockel-System und hat eingeschränkte Möglichkeiten bei Verwaltung und Automatisierung.

### 12.2.3 Virtuelle Lizenzierung

Ein gerade für einen Produktentscheid wichtiges Thema ist die Lizenzierung. Unabhängig von der Virtualisierungsplattform benötigt jedes Betriebssystem eine Betriebssystemlizenz.

Da sehr häufig Microsoft-Betriebssysteme virtualisiert werden, wird dies auch im Rahmen des Produktmarketings verwendet. Microsoft liefert mit den Betriebssystemen folgende virtuellen Lizenzen:

| Host-Betriebssystem | Virtuelle Lizenzen |
|---|---|
| Standard-Edition | 2 VM |
| Datacenter-Edition | Beliebige Anzahl Windows-Server |

### 12.2.4 Einsatzszenarien

**Serverkonsolidierung**

So nennt man die Zusammenfassung von Serverfunktionen, welche auf einer größeren Anzahl von physikalischen Servern auf eine konzentrierte, virtualisierte Umgebung ausgeführt wurde. In der Regel wird die virtualisierte Umgebung zwar leistungsfähiger und ausfallsicherer (und somit teurer) sein müssen als die Ausgangssysteme, aber durch den Wegfall einer größeren Anzahl von Geräten wird Betrieb und Unterhalt günstiger sein. Zwei weitere sehr relevante Vorteile leiten sich aus der Entkopplung von Hardware und VM ab; da die VMs keine Hardware-Treiber beinhalten, können diese bei einem Ausfall, Hardware-Erweiterungen oder Hardware-Ersatz einfach auf den neuen Hypervisor verschoben werden. Je nach System und Konfiguration kann das sogar während des produktiven Betriebs geschehen.

**Testumgebungen**

Da sich ohne großen Aufwand neue Betriebssysteme aufsetzen, aber auch (durch sogenannte Snapshots) bestimmte Betriebssystemzustände sehr einfach sichern lassen, ist die Virtualisierung sehr gut für den Aufbau von Testumgebungen geeignet. Hier kommen auch primär die einfacheren Produkte wie Client Hyper-V oder VMWare Workstation zum Einsatz. Bei einer PC-Hardware als Virtualisierungsplattform ist darauf zu achten, dass insbesondere die Festplatten und der Arbeitsspeicher (*jedes* virtualisierte Betriebssystem benötig genügend Arbeitsspeicher) für die Performance der Gastbetriebssysteme von zentraler Bedeutung ist.

**Ausbildungsumgebungen**

Im Ausbildungsbereich werden Virtualisierungen sowohl lokal (Virtualisierungssoftware auf dem Schulungs-PC) als auch zentralisiert (Schulungsumgebung wird auf einem zentralen Virtualisierungsserver zur Verfügung gestellt) eingesetzt.

**Entflechtung von Funktionen**

Aufgrund der Hardware-Kosten wurden in der Vergangenheit oftmals Serverfunktionen, welche keinen logischen Zusammenhang miteinander hatten, auf einem Server kombiniert. Die Virtualisierung schafft nun die Möglichkeit, solche Umgebungen zu entflechten und damit die Unabhängigkeit der Funktionen zu erhöhen.

**Disaster Recovery**

Die virtualisierten Betriebssysteme werden auf dem Host-Betriebssystem oder auf Storage-Systemen als Dateien abgespeichert. Da die virtualisierten Systeme hardwareunabhängig sind, lassen sich diese einfach sichern (Shadow Copy) und auf einer alternativen Hardware erneut ausführen. Das ergibt auch für kleinere Umgebungen schnelle und günstige Disaster-Recovery-Optionen.

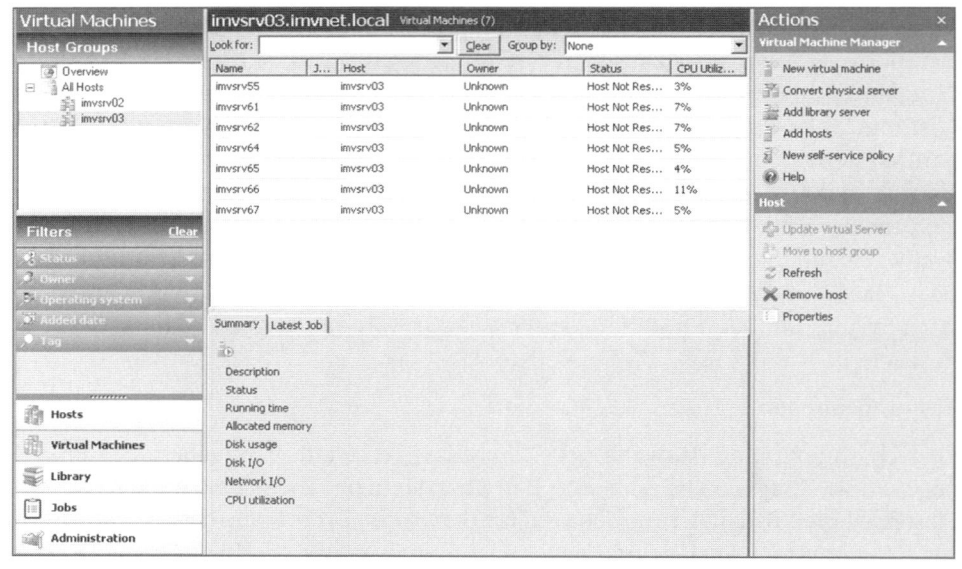

**Abb. 12.6:** Zentrale Verwaltungskonsole für virtuelle Umgebungen: Microsoft System Center Virtual Machine Manager (SCVMM)

## 12.2.5 Desktop-Virtualisierung

Die gerade beschriebene Hardware-Virtualisierung kann zwar auch für die Virtualisierung von Arbeitsstationen (Desktops) verwendet werden, es werden aber zusätzlich spezielle Mechanismen dazu benötigt. Dies darum, weil die Arbeitsstationen direkt von den Endbenutzern verwendet werden und diese trotz der komplett unterschiedlichen Infrastruktur, zu Recht, erwarten, wie auf einem lokalen Computer arbeiten zu können. Diese Mechanismen betreffen die Ressourcenverwaltung (Drucker, Devices), Profileinstellungen, Anwendungseinstellungen, Anwendungssoftware, aber auch das reine Zurverfügungstellen der virtuellen Arbeitsumgebungen.

Da es sich hierbei nicht mehr nur um einen Hypervisor mit Client-Betriebssystemen handelt, wird in der Regel von VDI (Virtual Desktop Infrastructure) gesprochen.

Mögliche Einsatzszenarien für die Desktop-Virtualisierung sind:

- Einfache zentrale Verwaltung von Standard-Desktops
- Sehr einfache Zurverfügungstellung von verschiedenen Desktop-Betriebssystemen
  - Unterschiedliche Systemkonfigurationen wie Test- und Produktivumgebung
  - Ausbildungsumgebungen mit unterschiedlichen Ausbildungskonfigurationen
  - Verschiedene Betriebssystemversionen, z.B. bei Kompatibilitätsproblemen mit Anwendungen

## 12.2.6 Anwendungsvirtualisierung

Mit der Anwendungsvirtualisierung wird ein ähnliches Ziel wie mit der Desktop-Virtualisierung verfolgt, nur dass die Virtualisierungsebene hier eine Stufe höher ist.

Die virtuellen Anwendungen werden von einem Provisioning-Server in einen lokalen Virtualisierungs-Client geladen und innerhalb dieses Clients ausgeführt. Das Laden geschieht in der Regel als Datenstrom (Streaming).

Die Anwendungen greifen auf sämtliche lokalen Ressourcen und Betriebssystemfunktionen zu, ohne dass sie wirklich im Client-Betriebssystem installiert wurden. Aktualisierte oder modifizierte Anwendungen werden automatisch beim nächsten Start neu gestreamt.

Die Anwendungen können so konfiguriert werden, dass das Image der Anwendung lokal gespeichert wird und bei Bedarf auch ohne Verbindung zum Provisioning-Server wieder gestartet werden kann. Somit wird es also möglich, Anwendungsvirtualisierung auch für mobile Computer einzusetzen.

Da die Anwendungen nicht installiert werden, können so auch Anwendungen, welche nicht kompatibel sind, auf derselben Betriebssysteminstallation ausgeführt werden.

Beispiele für Produkte der Anwendungsvirtualisierung sind APP-V von Microsoft (früher SoftGrid) oder Citrix Application Streaming oder VMware ThinApps.

Mögliche Einsatzszenarien für die Anwendungsvirtualisierung sind:

- Zentralisierung der Anwendungsverwaltung
- Zurverfügungstellen von an sich nicht kompatiblen Anwendungen
- Vereinfachung der Anwendungswartung

### 12.2.7 Storage-Virtualisierung

Bei der Storage-Virtualisierung handelt es sich eigentlich um eine softwaremäßig implementiert Variante eines RAID-Controllers, wobei nicht mehr die RAID-Funktionalität, sondern die Automatisierung der Festplattenverwaltung, z.B. in einem Cloud-Umfeld, im Zentrum steht.

Mit der Implementierung des Storage Pools ab Windows Server 2012 steht eine solche Speichervirtualisierung auch auf Kleinservern zur Verfügung, macht aber nur Sinn, wenn auch genügend Hardware, sprich Festplatten, in einem Pool zusammengefasst werden können.

Festplatten, auch unterschiedlicher Größe, werden nach dem JBOD-Prinzip (just a bunch of disks) direkt der Verwaltung des Storage Pools unterstellt, sie verschwinden aus den klassischen Festplattenverwaltungswerkzeugen.

Innerhalb eines Storage Pools können jetzt virtuelle Disks erstellt werden. Für diese virtuellen Disks stehen verschiedene Layout-Optionen zur Verfügung:

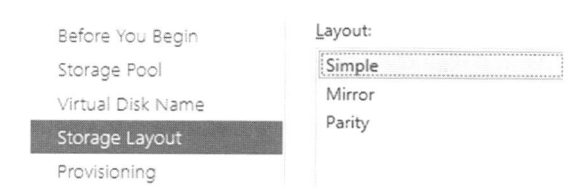

**Abb. 12.7:** Storage-Layout-Optionen Windows Storage Pool

### Simple

Die darauf gespeicherten Daten werden mit einem dem RAID 0 vergleichbaren Verfahren auf möglichst viele physikalische Disks verteilt. Dieses Layout ist auf Leistung optimiert, bietet aber keine Fehlertoleranz.

### Mirror

Die Spiegelung der Daten erfolgt im Storage Pool anders als bei RAID 1 nicht partitionsspezifisch, sondern blockspezifisch. Aus Leistungsgründen werden darum mindestens 3 Disks (2-way-mirror), respektive mindestens 5 Disks (3-way-mirror) benötigt.

Sind mehr Disks vorhanden als das Minimum, verteilt der Storage Pool die Daten auf möglichst viele Disks.

Diese Variante ist also so etwas wie ein Mittelding zwischen RAID 10 und RAID 01, ist aber flexibler in der Verwaltung. Sie bietet zwar eine hohe Leistung, auch bei einem (3-way-mirror sogar zwei) Festplattenausfall, allerdings auf Kosten des nutzbaren Festplattenplatzes (2-way-mirror: 1/2, 3-way-mirror: 1/3).

**Abb. 12.8:** Darstellung der Integrität einer virtuellen Disk mit einem 3-way-mirror-Layout

## Parity

Das Parity-Layout entspricht dem klassischen RAID-5-Layout. Der Storage Pool wird die Stripes allerdings auf möglichst viele Festplatten verteilen.

Eine weitere Spezialität der Speichervirtualisierung sind die Optionen bezüglich des Provisioning:

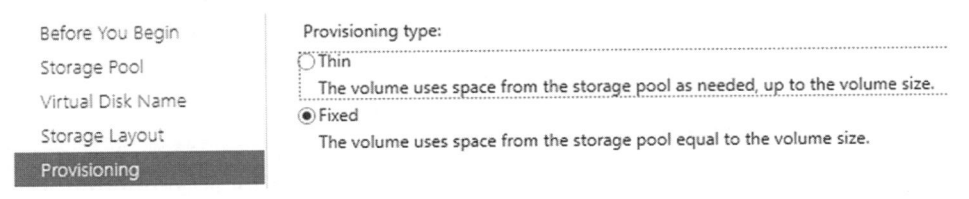

**Abb. 12.9:** Provisioning-Optionen Windows Server Pool

## Fixed Provisioning

Die Anzahl der für die Größe der virtuellen Disk benötigten Blöcke werden auf den physikalischen Festplatten fest zugeordnet und sind damit nicht mehr für andere virtuelle Disks verfügbar.

### Thin Provisioning

Beim Thin Provisioning oder »over-commitment« kann einer virtuellen Disk mehr Platz zugeordnet werden, als im Storage Pool physikalisch zur Verfügung steht. In diesem Falle muss der physikalische Speicherplatz sorgfältig überwacht und bei Bedarf erweitert werden.

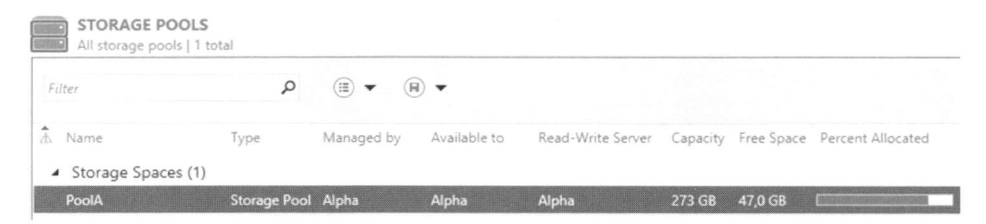

**Abb. 12.10:** Darstellung eines Storage Pools mit Speicherplatzbelegung in einem Windows Server

## 12.3 Cloud Computing

Die Virtualisierung ist nicht nur für den eigenen Serverraum interessant, nicht nur das Optimieren lokaler Ressourcen. Vielmehr hat sie sich zum Rückgrat eines ganzen Geschäftsmodells entwickelt, das unter dem Begriff Cloud Computing fungiert.

Cloud Computing ist per se keine Technologie, sondern ein Marketingbegriff, der sich die Tatsache zunutze macht, dass Ressourcen nicht mehr fest zugeteilt sind, sondern »von irgendwo« bezogen werden, daher die »Wolke« als treffendes Symbol.

Cloud Computing kann auf ganz verschiedenen Ebenen eingerichtet und betrieben werden, von daher lernen Sie an dieser Stelle zum einen verschiedene Servicemodelle (was angeboten wird) und Betriebsmodelle (wie angeboten wird) kennen und unterscheiden.

### 12.3.1 Cloud-Computing-Servicemodelle

Es gibt wie erwähnt unterschiedliche Servicemodelle für Cloud Computing. Das bedeutet, die Ebene des Bezugs von Dienstleistungen ist unterschiedlich. Je nach Abstrahierungsebene wird zwischen IaaS (Infrastructure as a Service), PaaS (Platform as a Service) oder SaaS (Software as a Service) unterschieden.

Das IaaS-Modell wurde schon verwendet, bevor der Begriff Cloud Computing eingeführt worden ist. Die Kunden (z.B. Abteilungen oder Geschäftseinheiten eines Unternehmens) beziehen virtuelle Hardware, verwalten diese Systeme aber weitgehend selbst. Das kann Speicherplatz im Netzwerk sein, eine virtuelle Telefonanlage oder ein installierter Windows-Server.

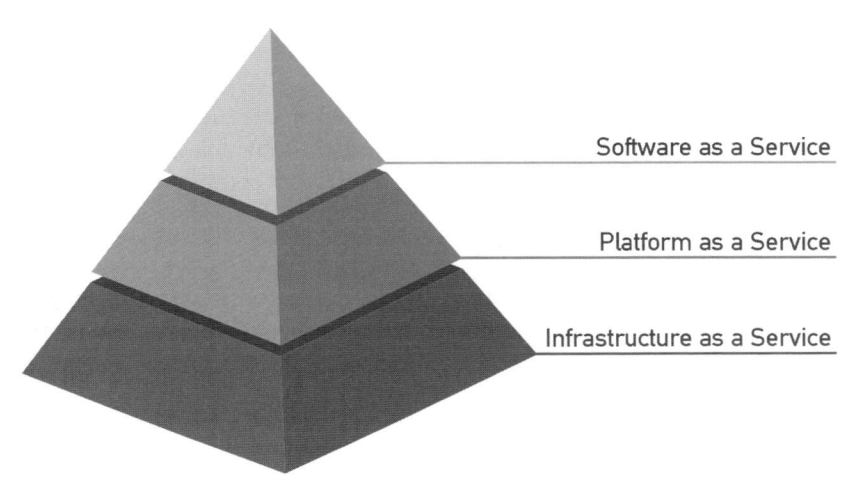

**Abb. 12.11:** Aufbau der Servicemodelle für Cloud Computing

Beim Ansatz von PaaS wird dem Nutzer eine in der Regel für die Entwicklung von Applikationen und Applikationsumgebungen definierte Plattform zur Verfügung gestellt, er hat aber mit der Verwaltung dieser Plattform nichts zu tun. Die Kunden können beispielsweise die Entwickler eines Unternehmens sein, welche Computerressourcen brauchen, das Betriebssystem und die Komponenten, welche notwendig sind, damit sie entwickeln können, aber nicht selbst verwalten möchten. Dabei müssen sie sich auch nicht um die benötigten Dienste (Services) kümmern und können die benötigte Umgebung bei Bedarf nach oben oder unten skalieren, ohne eigene Investitionen zu tätigen.

Bei SaaS erfolgt die Abstrahierung auf Ebene der zu erbringenden Dienstleistung (Anwendungsfunktionalität) und ist damit das, was heute umgangssprachlich am ehesten unter Cloud Computing verstanden wird. SaaS stellt dem Endkunden die benötigten Programme und Daten direkt zur Verfügung. Sie können also Ihr ERP ohne eigene Installation und ohne eigenen Server in der Cloud betreiben, Sie können die Datensicherung inklusive Konzept und Speicher komplett in die Cloud verlagern etc. Sie selbst nutzen lediglich den Zugang via Internet (Intranet) und alles andere ist an die Cloud ausgelagert. Sie müssen sich dabei auch nicht um die Aktualisierung kümmern, da die Software zentral vom Provider verwaltet und gepflegt wird (One-to-many-Ansatz), dazu gehören auch Patches und Updates.

SaaS kommt auch dem Begriff eines älteren Modells am nächsten, nämlich dem Application Service Providing, zu Deutsch dem Anwendungsdienstleister oder kurz ASP genannt. Bei ASP stellt der Dienstleister dem Kunden eine bestimmte Applikation zur Verfügung, und zwar ebenfalls über ein in der Regel öffentliches Netzwerk. Zur Dienstleistung gehören Verwaltung, Betrieb, Aktualisierung (Einspielen von Updates) und Datensicherung dazu, und das Ganze basiert in der Regel ebenfalls auf einem Mietmodell.

Nicht unerwähnt soll in diesem Zusammenhang auch der neuere und alles zusammenfassende Begriff XaaS-Modell sein. Hierbei steht das X für »Everything« und beschreibt die Tatsache, dass einfach als Dienstleistung alles aus der Cloud kommt. XaaS ist aber weniger als technischer Begriff, sondern als Marketingbegriff zu verstehen, denn ALLES ist doch sehr viel.

Die Cloud selbst kann unterschiedlich betrieben werden: entweder von einem Unternehmen selbst als Private Cloud oder von einem öffentlichen Anbieter als Public Cloud – und daneben gibt es natürlich auch eine Mischform, die Hybrid Cloud.

### 12.3.2 Cloud-Computing-Betriebsmodelle

#### Public Cloud

Ein Service einer öffentlichen »Wolke« kann von beliebigen Nutzern über das Internet genutzt werden. Dabei müssen natürlich insbesondere auch Datenschutzaspekte genau betrachtet werden. Als Open Cloud werden Systeme bezeichnet, bei denen der Anbieter die Nutzer nicht kennt bzw. nur eine einfache Anmeldung (Registrierung) nötig ist.

Bei einer Exclusive Cloud oder Virtual Private Cloud hingegen besteht zwischen dem Anbieter und den Nutzern in der Regel ein Vertrag und die Ressourcen des Kunden sind sehr streng von den Ressourcen der anderen Kunden getrennt.

#### Private Cloud

Auch wenn der Begriff »Cloud« heute zumeist mit Internet-Clouds in Verbindung gebracht wird, werden die entsprechenden Technologien natürlich auch in firmeninternen Rechenzentren verwendet. Dabei nutzen die Unternehmen die Vorteile bezüglich Flexibilität und Dynamik für die Zurverfügungstellung von Ressourcen für die firmeninternen Prozesse.

#### Hybrid Cloud

Dabei handelt es sich um eine Kombination aus firmeninternem Cloud Computing und ergänzenden internetbasierten Cloud-Diensten. Durch die Erweiterungen der privaten Cloud durch Internetressourcen können folgende Ziele verfolgt werden:

- Temporäres dynamisches Erweitern der Leistungsfähigkeit der Wolke ohne eigene Investitionen
- Möglichkeiten der Sicherstellung oder Erweiterung der Ausfallsicherheit durch externe, in die Cloud eingebundene Ressourcen

### 12.3.3 Beispiele von Clouds

#### Die »Großen«

Die bedeutendsten Anbieter von Cloud-Dienstleistungen sind Amazon mit Amazon Web Services (AWS), Google mit der Google Cloud Platform und Microsoft mit Microsoft Azure als Plattform für Hunderte von Microsoft- und Dritthersteller-Cloud-Dienste. Anbieter von SaaS-Diensten wie Dropbox oder auch iCloud betreiben ihre Angebote zum Teil in den Rechenzentren der »Großen«.

#### AWS

Die Amazon Web Services starteten im Jahre 2006 und bieten heute nicht nur Web Services, sondern auch viele weitere Cloud-Dienste wie Virtuelle Server, Dateispeicherdienste (IaaS), Datenbanken (PaaS) und Anwendungen wie Dropbox oder NetFlix (SaaS) an.

#### iCloud

Öffentliche Cloud von Apple, auf welcher Nutzer ihre Fotos, Apps, Dokumente etc. speichern können. Sie können diese auch teilen und anderen Nutzern zur Verfügung stellen, und mittlerweile lassen sich mit dem Dienst sogar Geräte suchen, sollte man sie verlegt haben. Zusätzliche Dienste wie Kalender- und Mailsynchronisation runden das ganze Angebot ab, wobei die Verknüpfung mit iTunes als Zentrale für Streaming-Dienste immer zentraler wird.

#### Azure

Azure wurde 2010 mit dem Hauptfokus auf Software-Entwickler in Betrieb genommen. Angeboten wurden Entwicklungsumgebungen wie Visual Studio (SaaS) und die für Tests benötigten Funktionen wie Webservices und Datenbanken (PaaS).

Inzwischen laufen Hunderte von Microsoft-Cloud-Diensten innerhalb der Azure-Infrastruktur. Zurzeit besteht die Azure Cloud aus über 50 weltweit verteilten Rechenzentren, mit mehreren Millionen physikalischen Servern und der entsprechenden Anzahl physikalischer Festplatten.

**Kapitel 12**
Ein Server, viele Server, Wolke

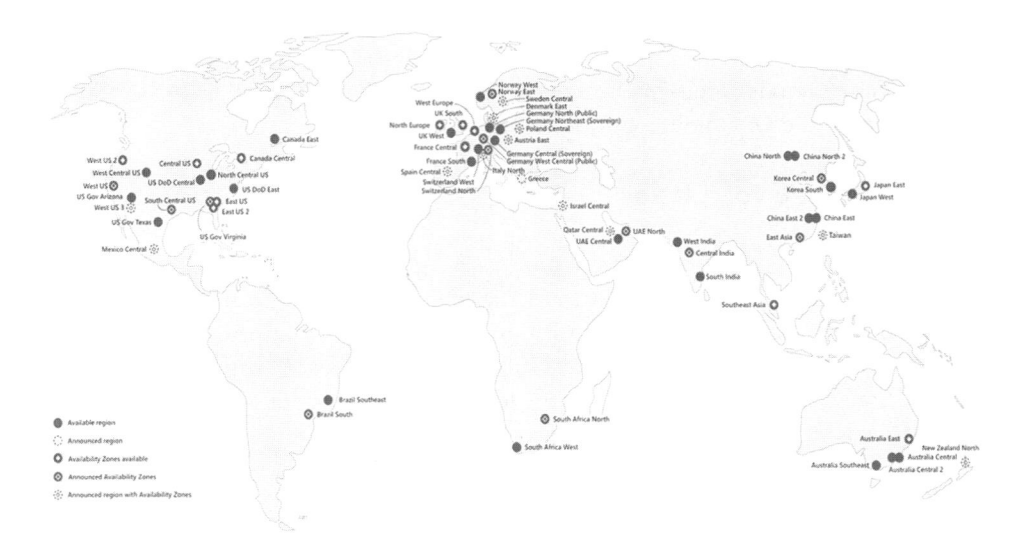

**Abb. 12.12:** Weltweite Verteilung der Azure-Rechenzentren

Einige der wichtigeren Microsoft-Cloud-Dienste sind nachfolgend aufgeführt:

## Microsoft 365/Office 365

Microsoft 365, früher Office 365, ist zwar kein reines Cloud-Angebot, sondern beinhaltet auch Lizenzen für die lokale Installation der Office-Produkte in einem Mietmodell. Der zentrale Bestandteil von Office 365 ist OneDrive, ehemals SkyDrive, der Cloud-Speicher, welcher in die Office-365-Produkte integriert ist. OneDrive steht in einer privaten (OneDrive) und einer Geschäftsvariante (OneDrive4Business) zur Verfügung.

Neben Exchange Online (ehemals Hosted Exchange) und den dafür benötigten Mail-, Kalender-, Aufgaben- und Personen-Apps (SaaS) stehen auch die OWAs (Office Web Apps → SaaS), SharePoint Online (PaaS) mit Webseiten und verschiedene, auf SharePoint basierende Apps wie Videoverwaltung, Bildverwaltung (Sway) oder auch OneDrive zur Verfügung.

Durch die Anforderungen, die durch die Pandemie in den letzten Jahren entstanden sind, hat Microsoft TEAMS einen kometenhaften Aufstieg hingelegt. Da TEAMS schon immer Bestandteil der Office-365-Lizenzierung war und für Telefonie und Videotelefonie (ehemals Skype4B, Lync), Chat (Messenger) und Remotesupport verwendet wurde, stand in vielen Organisationen ohne großen Aufwand auch ein Videokonferenzsystem zur Verfügung.

# Microsoft 365

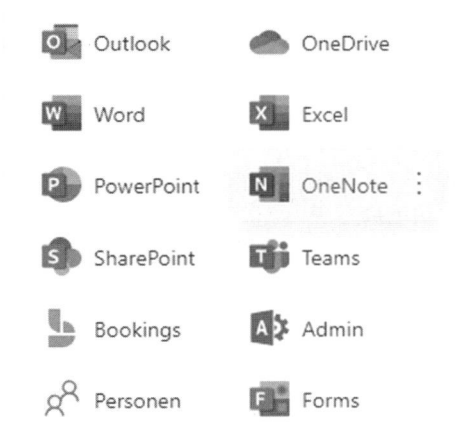

- Outlook
- OneDrive
- Word
- Excel
- PowerPoint
- OneNote
- SharePoint
- Teams
- Bookings
- Admin
- Personen
- Forms

**Abb. 12.13:** SaaS: Office Web Apps (OWA) und weitere Office-365-Apps

## Windows Intune/Microsoft Endpoint Protection

Mit Windows Intune stellt Microsoft eine Cloud-Plattform für die Verwaltung von Desktopcomputern (für kleinere oder verteilte Umgebungen) oder mobile Geräte wie Tablets und Smartphones (auch für Großumgebungen) zur Verfügung. Intune umfasst insbesondere:

- Betriebssystem und Anwendungsaktualisierungen
- Anwendungsbereitstellung
- Anti-Virus und Malware-Protection-Verwaltung
- Statusüberwachung
- Sicherheitskonfiguration und -überwachung
- Reporting

## Azure Active Directory

Mit den Azure Active Directory Services zentralisiert Microsoft die bisher verschiedenen Verzeichnisdienste und integriert immer mehr der Microsoft-Cloud-Dienste, sodass Firmen ihren internen Verzeichnisdienst mit der Azure ADS verbinden können und somit mit SSO (Single Sign On) auf alle AADS-basierten Dienste zugreifen können.

Die Microsoft ID ist ein Verzeichnisdienst, der für die Public-Cloud-Bereiche von Microsoft verwendet wird (Office 365 Home, OneDrive). Der Begriff Azure Active Directory wird heute zumeist für die unternehmensspezifischen Azure-Verzeichnisdienste in den Exclusive Clouds verwendet. Diese können mit lokalen Verzeichnisdiensten synchronisiert oder aber auch als reine Cloud-Dienste verwendet werden. Da sich auch Geräte einbinden lassen, verzichten heute immer mehr kleinere Unternehmungen auf einen lokalen Domänen-Controller.

### 12.3.4 SaaS ohne Ende

Fast jeder Hersteller bietet heute seine Dienste oder Anwendungen aus der Cloud an. Das kann eine ERP-Software sein, die aus der Cloud bezogen wird (SAP, Sage etc.), das kann Virenschutz sein oder ein ganzes Unified Threat Management (Kaspersky, F-Secure, Sophos und andere) oder auch die Verwaltung von Netzwerken und deren Geräten wie z.B. bei Cisco oder ZyXEL. Die Angebote sind kaum überschaubar und es werden täglich mehr.

### 12.3.5 Es ist Ihre Wahl

Das Angebot ist sehr breit, daher sind auch die Fragen, die Sie sich stellen müssen, immer zahlreicher. Einige seien an dieser Stelle erwähnt, andere werden Sie sich konkret auf Ihre Bedürfnisse hin stellen müssen:

- Welchen Dienst benötigen wir?
- Verfügen wir über eine genügend zuverlässige Internetanbindung?
- Auch über eine Backup-Leitung?
- Wie viel kosten Betriebsstunden oder Speichermengen oder Postfächer pro Kontingent oder pro Benutzer? D.h., nach welchem Modell rechnet der gewünschte Dienst die Nutzung ab und was ergeben sich daraus für Jahreskosten?
- Wie sieht es (bei Applikationen wie ERP oder Branchenlösungen in der Cloud) mit der Datensicherung aus? Wer trägt die Verantwortung und wer führt sie durch? Was kostet in diesem Fall ein Restore?
- Welche Datenschutzregelungen sind möglich bzw. welche werden verlangt in dem Land, in dem wir tätig sind, und wie erfüllt ein Anbieter diese?

## 12.4 Fragen zu diesem Kapitel

1. Sie möchten einen neuen Server mit Windows 2022 Server installieren, der innerhalb einer bestehenden Umgebung neue Aufgaben wahrnimmt. Die bisherigen Server sind alle Per Seat lizenziert. Benötigen Sie für die Installation dieses Servers neue Lizenzen, und wenn ja, wie viele?

    A) Ja, eine Lizenz für die Installation des Servers

    B) Nein, keine

    C) Ja, eine Lizenz für jeden Client, der zugreifen will

    D) Ja, eine Lizenz für jeden Server im Verbund

2. Was versteht man im Serverumfeld unter Virtualisierung?
   A) Die Installation von verschiedenen Systemen
   B) Die Trennung von Windows und Linux auf verschiedenen Ebenen des Systems
   C) Die Abstraktion der Hardware mittels zusätzlicher Software, sodass darauf mehrere Systeme simuliert oder ausgeführt werden können
   D) Den Fernzugriff auf ein System mittels virtueller Konsole

3. Was ist in einer virtualisierten Umgebung unter einem Gastbetriebssystem zu verstehen?
   A) Das Betriebssystem unter den virtuellen Rechnern, die sozusagen als Gäste auf diesem System installiert sind
   B) Das Betriebssystem des jeweiligen virtuellen Rechners
   C) Ein anderes Betriebssystem als dasjenige, welches ursprünglich für diesen Server installiert worden ist
   D) Das Betriebssystem, welches zur Administration der virtuellen Umgebung eingesetzt wird

4. Was verstehen Sie korrekterweise unter einem Namenskonzept bei der Planung einer Serverumgebung?
   A) Die Vergabe der Benutzernamen
   B) Die Vergabe der Ressourcenbezeichnungen
   C) Die Vergabe der Standortnamen
   D) Alle obigen

5. Welche der folgenden Komponenten ist *keine* Planungskomponente bei der Planung einer Serverumgebung?
   A) Berechtigungskonzept
   B) Patch-Management
   C) Serverrollen und -funktionen
   D) Datenorganisation

6. Sie nutzen einen Datenspeicher aus der Cloud, um Ihre Konfigurationsdaten zwischen zwei Standorten zu synchronisieren. Welches Servicemodell nutzen Sie hierzu?
   A) XaaS
   B) IaaS
   C) PaaS
   D) SaaS

7. Was ist eine Voraussetzung für einen Server, um Gastsysteme mittels Hypervisor installieren können?

    A) Prozessor mit mehreren Kernen

    B) Genügend L3-Cache

    C) Prozessor mit Virtualisierungsunterstützung

    D) Prozessor mit Hyperthreading-Support

8. Eine Organisation hat sich auf die Software geeinigt, mit der die Webserver des Unternehmens virtualisiert werden sollen. Was sollte der Administrator vor dem Kauf der physischen Server zwingend nachprüfen, welche als Hosts für die virtuelle Umgebung eingeplant sind?

    A) Die Kompatibilitätsliste des Software-Herstellers

    B) Das SLA des Software-Herstellers

    C) Die Kompatibilitätsliste des Hardware-Herstellers

    D) Die Benutzerlizenzierung des Hardware-Herstellers

9. Welchen Typ von Hypervisor setzen Sie mit Windows-Server 2022 ein?

    A) Software

    B) Type 0

    C) Virtual PC

    D) Type 1

10. Was kennzeichnet einen Container?

    A) Er ist vollständig von allen anderen Maschinen abgeschottet.

    B) Er teilt die gemeinsamen Betriebssystemkomponenten.

    C) Er teilt RAM und Diskspeicher mit anderen Maschinen.

    D) Er funktioniert nur auf SAN-Systemen.

**Kapitel 13**

# Sicherheit für Ihre Server

Die ständige Verfügbarkeit von Systemen hängt nicht nur an Fragen wie »sicheren« Betriebssystemen, Aktualisierungen von Software oder fehlertoleranter Hardware. Zur Sicherheit von Servern gehören heute umfangreiche Schutzkonzepte, angefangen von der Analyse für den richtigen Aufstellungsort über die Zutrittskontrolle bis hin zur Absicherung des Serverraums gegen Naturereignisse und entsprechenden baulichen Maßnahmen für solche Schutzbedürfnisse.

Sie lernen in diesem Kapitel:
- Welche Planungsaspekte für einen Serverraum von Bedeutung sind
- Wie und wo Server aufgestellt werden können
- Welche Maßnahmen Sie zum Schutz von Räumen treffen können
- Welche Zutrittskonzepte vorhanden sind und wie Sie diese anwenden
- Was Sie mit proaktivem Unterhalt zur Sicherheit beitragen
- Wie sich das Monitoring auf die Sicherheit auswirken kann

**Abb. 13.1:** Techniker in einem Serverraum

## 13.1 Der sichere Serverraum

Der physische Schutz der Systeme und die physische Zutrittskontrolle zu den Informatikeinrichtungen müssen dem logischen Informationsschutz entsprechen. Um dieses Ziel zu erreichen, sind beim Objektschutz bauliche und technische Maßnahmen zu treffen, die der Bedrohungslage angepasst sind und einem vernünftigen Kosten-Nutzen-Verhältnis entsprechen. Dabei ist es natürlich erheblich zu wissen, ob »Serverraum« Platz für ein Rack oder für ein Rechenzentrum meint, da sich die Anforderungen entsprechend stark verändern, z.B. in Bezug auf die baulichen Maßnahmen oder die Stromversorgung bzw. die allgemeine Gefährdungslage des Standorts.

Bei der Planung und dem Bau eines Serverraums müssen daher geeignete Maßnahmen zum Schutz vor möglichen physischen Sicherheitsrisiken integriert und realisiert werden.

- Bauliche Maßnahmen
- Technische Maßnahmen
- Organisatorische Maßnahmen
- Personelle Maßnahmen

Diese Maßnahmen werden in konkreten Themen geplant und umgesetzt, die im Sicherheitskonzept aufgenommen werden und Folgendes regeln:

- Klima und Wärme
- Zutritt und Überwachung
- Notstrom
- Brandschutz
- Wasserschutz

Das folgende Kapitel bietet Ihnen Anhaltspunkte dafür, auf was Sie für die Erstellung solcher Maßnahmen und Konzepte achten müssen.

### 13.1.1 Wo kommt der Server hin?

Es gibt sie noch, die kleinen Tower-Server, die in der Küche neben der Kaffeemaschine aufgebaut werden, weil sie im Büro zu laut sind und sonst kein Platz vorhanden ist. Doch es ist offensichtlich, dass es kein Kapitel über physische Sicherheit bräuchte, wenn man dazu nichts sagen kann. Server verwalten die Daten des Unternehmens. Es kann also nicht sein, dass sie im Bereich des öffentlichen Zugriffs stehen – und eine Küche ist in dem Sinne durchaus öffentlich, auch wenn wir selber auch immer wieder zu hören bekommen: »In unserer Firma ist doch außer uns niemand.« Aber jeder Besucher, jede Reinigungskraft, sie alle können ungehindert an dieses Gerät, und es je nach Absicht abschalten oder auch gleich einpacken ...

Grundsätzlich gilt: Server gehören in einen eigenen Raum. Damit werden sowohl zufällige Beschädigungen wie auch absichtliche Gefährdungen deutlich besser vermieden, als wenn der Server in der Küche oder im Gang steht.

Doch was zeichnet einen Serverraum aus?

Sie werden weiter unten detailliert sehen, welche Anforderungen an Klima oder an äußeren Faktoren bestimmt werden können. Grundsätzlich gilt für die Bestimmung einer solchen Räumlichkeit:

- Der Raum ist abschließbar.
- Der Raum ist trocken und sauber (keine erhöhte Staubbelastung).
- Der Raum bietet genügend Platz für die Systeme.
- Der Raum muss keine Fenster haben, aber man muss bei Bedarf die Temperatur kontrollieren können.
- Es gibt keine anderen Dinge im Serverraum, die es erforderlich machen, dass andere Personen regelmäßig dort ein- und ausgehen (z.B. als Archiv ...).

Wenn Sie einen solchen Raum finden und für die Aufstellung der Server freihalten können, ist schon der erste wichtige Schritt zu einer sicheren Umgebung getan.

### 13.1.2 Rack oder Tower?

Es gibt nach wie vor beide Servertypen, die Tower- und Rack-Server. Während Rack- und auch Blade-Server in einen Schrank montiert werden können, stehen die Tower-Server nicht selten irgendwo frei zugänglich herum, und wenn es hoch kommt, noch mit Rollen dran, damit man sie besser hin- und herschieben kann.

**Abb. 13.2:** 13.2: Rack- und Tower-Version eines Servers (Fujitsu Primergy TX2550 M5)

Es gibt für Tower-Server aber ebenso Möglichkeiten, sie zu sichern, und zwar:

- Demontage der Rollen, damit man den Server nicht einfach wegfahren kann
- Am Boden festschrauben
- Mit einem optionalen Rackmount-Kit in ein Rack schrauben

In einem Rack können nicht nur die Server, sondern auch weitere Komponenten gleich mit eingebaut werden, von der Stromversorgung (USV) über die Netzwerkkomponenten bis zu den KVM-Switches. So lässt sich eine Anlage effektiv und platzsparend unterbringen und schützen.

Für Rack-Server gilt zum Thema Sicherheit:

- Server nicht auf einen Tisch legen, sondern in einen Schrank montieren
- Den Server im Schrank festschrauben
- Den Schrank abschließen (abschließbare Racks verwenden)
- Den Schrank auch von hinten verschließen
- Seitenwände für besseren Schutz verwenden
- Das Rack am Boden festschrauben

Serverschränke zu verwenden, ist auch dann eine gute Idee, wenn es nicht möglich ist, einen dedizierten Serverraum einzurichten.

So können Sie Server und Netzwerkkomponenten in einem Schrank sicher abgeschlossen aufstellen und bieten wenigstens einen gewissen Schutz, auch wenn das Rack selber dann nicht in einem geschlossenen Raum aufgestellt werden kann.

## 13.2 Klima, Strom und Umwelteinflüsse

Server verbrauchen Strom und produzieren Wärme. Dies sind zwei wichtige Faktoren bei der Planung eines Serverraums. Es kommt dazu, dass Server – wie andere elektrisch gespeiste Komponenten auch – nicht gut auf zu viel Feuchtigkeit zu sprechen sind, doch dazu später mehr.

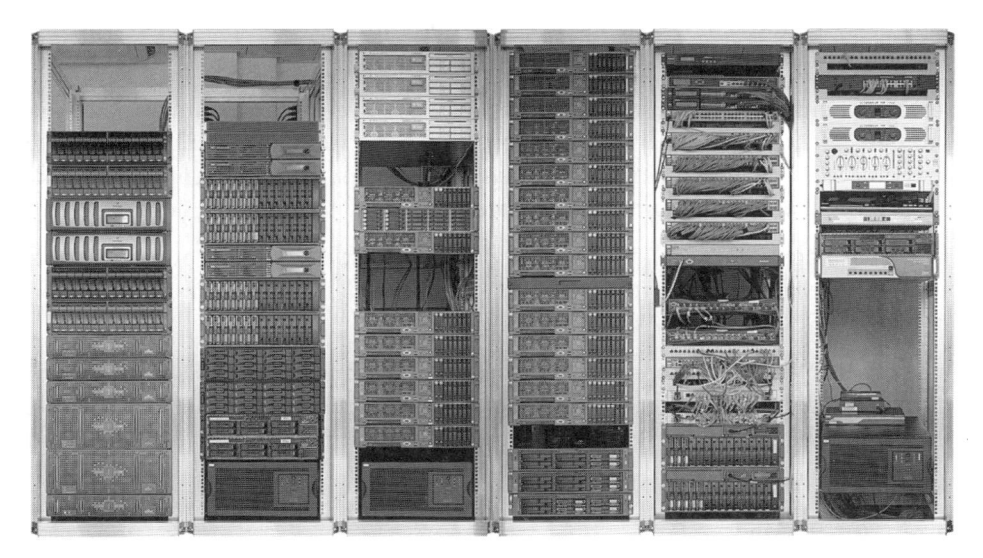

**Abb. 13.3:** Serverraum mit sechs montierten Racks (Quelle: Urs Alder, Kybernetika)

### 13.2.1 Die Stromzufuhr

Die Stromzufuhr muss nicht nur genügend groß dimensioniert und abgesichert werden, sondern es muss auch klar sein, wie die Stromversorgung »hinter« dem Serverraum aussieht. Was nützt es Ihnen, wenn Sie über zwei Netzanschlüsse im Serverraum verfügen, diese aber zum Schluss über dieselbe Sicherung abgesichert werden? Zudem ist es wichtig sicherzustellen, dass die Absicherung genügend groß dimensioniert ist.

Bei den heute üblichen 230 V können Sie sich abhängig von der Absicherung in Ampere ausrechnen, ob diese für den angestrebten Energiebedarf ausreicht.

Wenn Sie also beispielsweise drei Server mit 800 W Leistungsaufnahme haben und eine 16-Ampere-Absicherung, dann können Sie wie folgt berechnen, ob diese Absicherung ausreicht:

Scheinleistung Server: 3 × 800 W(att)/0,7 = 3429 VA (Abschnitt 5.2.2)

16 A(mpere) × 230 V(olt) = 3680 VA maximale Leistung

Umgekehrt können Sie auch von den vorhandenen Werten ausgehen und berechnen:

3429 VA : 230 V = 14,1 A benötigte Absicherung

Wenn Sie in unserem Beispiel mehr als die vier Server betreiben möchten, reicht diese Absicherung also bereits nicht mehr aus. Unterschätzen Sie bei der Berechnung auch die übrigen Geräte nicht, angefangen von den Komponenten wie Switches und Monitor bis zur Klimaanlage.

Bei der Planung der Stromzufuhr müssen auch Stromschwankungen oder gar Stromausfälle abgefangen werden. D.h., wo ein Server steht, steht in der Regel auch eine USV. Und wo ein ganzes Rack von Servern steht, stehen folglich auch entsprechend dimensionierte USV-Anlagen bereit.

Da USV-Anlagen über Batterien versorgt werden, ist es zudem notwendig, auch diese regelmäßig zu kontrollieren und gegebenenfalls zu ersetzen, damit der angestrebte Schutz auch wirklich vorhanden ist.

Bei großen Netzwerken oder in kritischen Umgebungen wie z.B. Banken oder Krankenhäusern stehen zudem nicht selten neben den USV-Anlagen auch Dieselgeneratoren bereit, um bei einem Stromausfall die Infrastruktur auch weiter am Laufen halten zu können.

### 13.2.2 Klimafaktoren

Server produzieren Wärme, USVs produzieren Wärme, Netzwerkkomponenten produzieren Wärme. Serverräume andererseits sind abgeschlossene Räumlichkeiten ohne beliebig freie Luftzirkulation. Daher muss der Erwärmung von Serverräumen große Beachtung geschenkt werden.

Fakt ist, dass Computeranlagen wesentlich schneller altern, wenn sie in heißem Zustand arbeiten müssen. Längere Laufzeiten unter heißen Bedingungen können unvorhergesehene Ausfälle hervorrufen. Diese Ausfälle müssen nicht unbedingt definitiv sein, sondern können kurzzeitig auftreten und werden daher oft nicht als schwerwiegend empfunden, bis der endgültige Ausfall der Komponente eintritt.

Für einzelne Systeme in kleineren Büroumgebungen oder Räume mit wenigen Servern genügen häufig die in den Systemen integrierten Lüfter und Kühlmechanismen, um die Temperatur zu regulieren – sofern man die Geräte richtig aufstellt und die Lüftungsschlitze nicht abdeckt oder mit anderen Systemen zustellt.

Allerdings sind offene Fenster nicht zwingend der richtige Umgang für Räume, die von vornherein nur mit Schlüssel betreten werden können. Dazu kommt, dass offene Fenster auch bei Regen eine Gefahr für die Geräte im Raum darstellen.

Die integrierte Kühlung der Geräte oder ein offenes Fenster ist in großen Räumlichkeiten oder Datenzentren aber nicht ausreichend. Moderne Server, Switches, Router usw. erzeugen eine enorme Abwärme und benötigen ausreichende Lüfter und Klimaanlagen. So wird in den meisten Fällen der Serverraum künstlich gekühlt, und zwar mit einer Klimaanlage.

Klimaanlagen müssen wie jedes andere elektrische Gerät regelmäßig gewartet werden, um plötzliche Ausfälle zu verhindern. Dies liegt aber oft nicht in der Kompetenz der Informatikabteilung. In vielen Unternehmen liegt die Verantwortung der Klima- und Lüftungsanlagen beim Gebäudemanagement, und daher werden die Informationstechniker oft als Letzte verständigt, wenn Fehler auftreten oder wenn eine Wartung ansteht. Darum ist eine zugängliche Überwachung dieser Systeme von großer Wichtigkeit, und auch die Alarmierung muss geklärt sein, denn wenn Sie in einem Serverraum mit 40 Servern stehen und die Klimaanlage ausfällt, dann dauert es weniger als zwei bis drei Stunden, bis die Temperatur kritische Werte erreichen kann.

Aber auch bei der Planung einer Klimaanlage muss sorgfältig vorgegangen werden. Wärmestau kann ganz besonders eine Gefahr in Räumen mit mehreren Anlagen sein. Oft staut sich die Wärme hinter Computer-Racks oder in der Nähe von größeren Computeranlagen. Manchmal kann auch eine schlechte Raumaufteilung dazu führen, dass die Abluft des einen Geräts direkt in die Luftzufuhr von anderen Geräten führt. Durch die Anbringung von Temperatursonden in verschiedenen Bereichen des Raums kann auch im laufenden Betrieb ermittelt werden, wenn solche Probleme auftauchen, damit entsprechende Maßnahmen ergriffen werden können.

Ein neueres Konzept der getrennten Luftführung nennt sich Warmluftgang- und Kaltluftgangführung. D.h., es bestehen separate Kaltluftgänge, welche kühle Luft zu den Systemen hinführen, und Warmluftgänge, welche die warme Luft aus den Systemen absaugen. Dabei werden die zu kühlenden Systeme in Schränken oder über mehrere Racks hinweg zusammengenommen und nach außen abgedichtet, sodass die kühlende Luft direkt zu diesen Komponenten hingeführt wird. Durch das Absaugen der warmen Luft entstehen präzise gelenkte Luftströme, die eine kosten- und energieeffiziente Kühlung der Anlage zulassen und es nicht mehr erfordern, dass ganze Räume gekühlt werden müssen.

Zudem muss der Ableitung des Kondenswassers, welches durch die Komprimierung der Luft dieser entzogen wird, Beachtung geschenkt werden. Nicht, dass nachher eine Klimaanlage auf den Server tropft ...

In kleineren Räumen wird die Anlage meistens luftgekühlt betrieben, in größeren Räumen ist auch Wasserkühlung oder direkte Rack-Kühlung mit Luft-Wasser-Wärmetauscher im Einsatz. Die ETH Zürich hat zusammen mit IBM sogar ein Modell vorgestellt, bei welchem Mainboards und Prozessoren direkt wassergekühlt werden und die zur Kühlung benötigte Energie damit massiv reduziert werden kann. Zudem wird dort die Abwärme direkt zur Wärmeversorgung anderer Gebäude wieder eingesetzt, was bis zu 75 % der Energie wiederverwendbar macht.

Überhaupt nimmt die Bedeutung der Kühlung heute zu, je größer der zu kühlende Raum ist. Dies hat weniger mit Sicherheit als mit den enormen Energiekosten zu tun. Es gibt daher verschiedenste Ansätze, um Rechenzentren optimal zu kühlen und dabei Energie zu sparen.

Die Temperatur in Serverräumen muss zudem regelmäßig überprüft und überwacht werden, damit die Temperatur im idealen Bereich von 20 bis 22° C bleibt. Je wärmer der Serverraum ist, desto schlechter ist dies für die Geräte. Temperaturen über 30° C sind daher zu vermeiden, Temperaturen über 35° C führen zu akutem Schadensrisiko, vor allem bei Festplatten.

Auf der anderen Seite ist es auch unangenehm, wenn Techniker in großen Serverräumen (z.B. in Rechenzentren) bei 16° C 8 h arbeiten müssen. In gewissen Ländern schreitet hier sogar das Arbeitsrecht ein und schreibt Mindesttemperaturen vor, z.B. in der Verordnung über Arbeitsstätten in Deutschland (§ 6).

Zudem ist der Stromverbrauch natürlich ein zunehmendes Thema. Man versucht heute, die Kühlung so zu halten, dass ein möglichst optimaler Kompromiss von Verbrauch und Schutz erzielt werden kann, und der liegt häufiger eher bei 22° Cals bei 18° C. Studien der ETH in Zürich haben übrigens ergeben, dass für die Komponenten der Temperaturunterschied im Bereich von 20 bis 25° C keinen wesentlichen Einfluss auf deren Alterung hat. Erst über 26° C sind solche Alterungsfaktoren erkennbar.

### 13.2.3 Umwelteinflüsse

Nicht nur die Temperatur, sondern auch die Luftfeuchtigkeit spielt eine Rolle. Computer können zwar innerhalb einer weiten Spanne von Luftfeuchtigkeit arbeiten. Allerdings ist es wichtig, schnelle Wechsel der Luftfeuchtigkeit zu vermeiden und insbesondere Bedingungen, unter denen Kondensation auftreten kann (z.B. rascher Wechsel von kalt und heiß). Luftfeuchtigkeit, die sich von Jahreszeit zu Jahreszeit verändert, ist wesentlich einfacher zu handhaben als solche, die sich stündlich ändert.

Das große Problem ist die Kondensation: Bedingungen, die zulassen, dass sich Feuchtigkeit auf Geräten absetzen kann, werden früher oder später Ihre Anlagen zerstören, entweder durch Korrosion oder durch Wassereintritt in ein Bauteil. Deswegen empfehlen die meisten Hersteller kondensationsfreie Umgebungsbedingungen für ihre Systeme und Geräte.

Um sowohl den Systemen wie auch den Mitarbeitenden ein komfortables Arbeitsklima zu ermöglichen, sollte die relative Luftfeuchtigkeit ca. 45 bis 60 % betragen. Luft, die durch zu viel Staub zu trocken ist, oder zu feuchte Luft kann ein unangenehmes Arbeitsklima bedeuten.

Berücksichtigen Sie, dass unsachgemäßer Betrieb und besonders der Ausfall von Klimaanlagen auch Wasserlecks oder ausgelaufene Flüssigkeit verursachen kann. Daher ist es eine gute Idee, den Server oder anderes wichtiges Computerequipment niemals direkt unter einer Klimaanlage zu positionieren!

Ein weiteres Problem ist der Schutz vor Wasser. Offene Fenster, durch die es hineinregnet, sind schon so manchem System zum Verhängnis geworden.

Machen Sie sich auch Gedanken, wo der Serverraum im Gebäude steht. Oft treffen wir vor allem bei kleineren Firmen solche Räume im Keller an. Das kann gut gehen, aber fragen Sie sich in diesem Fall unbedingt, wie diese Räume gegen eindringendes Wasser geschützt sind.

In Rechenzentren sieht man häufig, dass doppelte Hohlböden verwendet werden. So kann eindringendes Wasser durch den Hohlraum zwischen den beiden Böden abgeführt werden, ohne dass es die elektronischen Komponenten beschädigt.

## 13.3 Zutrittskonzepte

Der Zutritt muss auf zwei Ebenen geregelt werden: physisch und logisch. Obwohl die logische Sicherheit nicht Teil dieses Kapitels ist, soll auch dieser Aspekt im Zusammenhang mit dem Zutritt respektive dem Zugriff kurz erwähnt werden. Denn auch das Gestalten und regelmäßige Wechseln von sicheren Passwörtern gehört zur Sicherheit dazu. Das gilt für den Remotezugriff auf den Server genauso wie für andere Netzwerkkomponenten, auf die man mittels Software-Account Zugriff hat.

Die Regelung des physischen Zutritts (Zugang) beginnt beim Gebäude selber, geht weiter zur Zutrittsberechtigung zum Serverraum und endet bei der Absicherung der Racks und Servergehäuse. Nur so sind die Systeme selber letztlich gegen unberechtigten Zutritt und Zugriff richtig gesichert.

Dabei können ganz unterschiedliche Schließsysteme zum Einsatz kommen:

- Schlüssel
- Badge oder Keycard
- Biometrisches System
- Hybride Systeme

Schließsysteme sind wichtig, aber sie sind nicht besser als der, der sie verwaltet. Nach der Installation muss das Schließsystem auch verwaltet werden, Ein- und vor allem Austritte von Mitarbeitern müssen im System hinterlegt werden, sodass beispielsweise Schlüssel von austretenden Systemadministratoren wieder eingezogen werden, Badges ihre Gültigkeit verlieren oder biometrische Systeme die entsprechenden Personen nicht mehr akzeptieren.

Und nicht zuletzt müssen die Systeme auch zweckgerichtet eingesetzt werden. Es nützt das beste System nichts, wenn der Techniker einen Holzkeil in die Türe klemmt, um schneller hinein- und hinausgelangen zu können und der Serverraum danach stundenlang für alle zugänglich ist.

Zum Thema Zutritt gehört auch die Überwachung. Wird der Zugang zu kritischen Räumen überwacht, und wenn ja wie? Gibt es eventuell eine Videoüberwachung oder gar Bewegungsmelder?

Und wie ist die Alarmierung geregelt, wenn jemand unberechtigt den Raum betritt oder ohne die korrekte Berechtigung Zutritt erlangt?

Gerade in sensiblen Bereichen (Rechenzentren, Geldautomaten etc.) ist auch der Einsatz von Wachpersonal eine nicht zu unterschätzende Form von Zutrittsregelung, welche in Zusammenhang mit Zutrittsausweisen oder Kontrolllisten eine wirkungsvolle Maßnahme darstellt.

Das Wachpersonal kann auf der einen Seite reine Sichtkontrollen durchführen (wird der Zugangscode bzw. die Keycard eingegeben?) oder den Zugang anhand von Kontrolllisten aktiv regeln. Klassisch in diesem Zusammenhang ist das Beispiel von Besuchern, die sich mit Namen und Unterschrift in solche Kontrolllisten ein- und beim Verlassen des Gebäudes auch wieder austragen. In Hochsicherheitszonen kommt zudem die Kontrolle von Gepäck hinzu, manuell oder unterstützt von elektronischen Hilfsmitteln (Gepäck-Scanner).

Alle diese Fragen wollen dem Einsatzgebiet und der Wichtigkeit entsprechend beantwortet und in einem Konzept zur physischen Sicherheit festgehalten werden.

### 13.3.1 Schlüsselsysteme

Das klassische Schließsystem besteht aus einem Zylinderschloss und den entsprechenden Schlüsseln. Der Vorteil besteht darin, dass derselbe Schließtyp für verschiedene Zugänge verwendet werden kann, sodass derselbe Schlüssel verschiedene Türen öffnen kann. Der klassische Nachteil besteht darin, dass Schlüssel unpersönlich sind, verloren gehen oder gestohlen werden können und damit die Sicherheit nicht mehr gewährleistet ist.

Wichtig ist es hier, ein Verzeichnis aller ausgegebenen Schlüssel zu führen (und aktuell zu halten), damit man weiß, wer welchen Schlüssel besitzt.

Eine andere Form von Schlössern sind Zahlenschlösser, welche die Türen elektronisch blockieren und nur durch die Eingabe einer bestimmten Kombination geöffnet werden können. Diese Kombination kann in obigem Sinne nicht verloren gehen, allerdings kann sie durch unsachgemäßen Umgang auch Unberechtigten bekannt sein.

Abhilfe schafft hier die Möglichkeit, die Zahlenkombination in einem gewissen Zeitraum zu wechseln, sodass wiederum nur diejenigen Zutritt erhalten, welche die jeweils aktuelle Kombination kennen.

Elektronische Schlösser sind eine neuere Entwicklung. Hierbei wird der Zylinder mit Elektronik versehen und der eigentliche Schlüssel durch einen elektronischen Schlüssel ersetzt. Elektronische Schlösser lassen sich bei Bedarf zentral verwalten. D.h. auch, ein verlorener oder gestohlener Schlüssel kann sofort gesperrt werden, und das Medium verhindert aufgrund der Sperrung den Zutritt.

Zur physischen Sicherheit der Server selber gehört es zudem, dass nicht nur die Räume, sondern auch die Racks oder die Systeme selber abgeschlossen sind. Zudem sei hier die Notwendigkeit erwähnt, dass auch das BIOS durch ein Passwort gesichert ist und der lokale Zugang über das Betriebssystem ebenfalls durch ein starkes Passwort abgesichert ist. So kann auch der, der sich Zutritt bis zu den Servern selber verschafft hat, so schnell keinen Unfug damit treiben.

### 13.3.2 Badges und Keycards

Umgangssprachlich als Badges werden Ausweise bezeichnet, welche aufgrund von aufgedruckten Merkmalen wie Identitätsfoto oder Strichcode zur Identifizierung von Personen eingesetzt werden.

Grundsätzlich werden zwei Arten solcher Badge-Systeme unterschieden:

- Kontaktbehaftete Systeme: Magnetstreifenkarten, Kontaktkarten
- Berührungslose Systeme: RFID, Proximity Card, Contactless Smart Cards

Die Systeme mit Kontakt zum Lesegerät sind insofern etwas sicherer, als dass keine Daten über die Luft übermittelt werden. Allerdings können sie bei Diebstahl genauso ausgelesen und manipuliert werden wie die neueren berührungslosen Systeme.

Bei allen Systemen liegt der Fokus heute darauf, die Daten auf den Badges selber zu verschlüsseln und sie zentral zu erfassen, sodass auch eine Sperrung zentral erfolgen kann, selbst wenn die Karte noch im Umlauf ist.

### 13.3.3 Biometrische Erkennungssysteme

Ein biometrisches Erkennungssystem misst Werte an lebenden Wesen, in unserem Fall Werte von Mitarbeitern eines Unternehmens, welche Zutritt zu Räumen und Systemen erhalten möchten.

Damit ein biometrisches Erkennungssystem zuverlässig funktioniert, benötigt es gut definierbare Messgrößen sowie eindeutige und konstante Merkmale, um eine Person zweifelsfrei und unabhängig von Alter oder Gesundheit zu identifizieren.

Dabei kommen sowohl verhaltensbasierte wie auch physiologiebasierte Merkmale infrage, die über längere Zeit stabil sind. Dazu gehören verhaltensbasiert etwa die Stimme oder die Handschrift, physiologiebasiert der Fingerabdruck, die Iris oder auch die Hand- oder die Gesichtsgeometrie.

Natürlich gibt es noch mehr relative eindeutige Merkmale wie etwa die Zahnstellung – aber es soll ja hier ein biometrisches Erkennungssystem beschrieben werden und das Erfassen des Zahnabdrucks wäre hier nicht gerade hilfreich.

Bei biometrischen Erkennungssystemen werden aktuell unterschiedliche Verfahren einzeln oder kombiniert eingesetzt:

- Gesichtserkennung
- Iris-Scan
- Retina-Scan
- Handschriftenerkennung
- Finger- oder Handabdruck
- Stimmerkennung
- Bilderkennung
- Venen-Scan

Damit ein biometrisches System funktioniert, muss es mit den individuellen Daten der Berechtigten »gefüttert« werden. Dazu benötigt das Lesegerät einen Sensor zur Merkmalsextraktion sowie eine Software zur Berechnung des erfassten Merkmals mit der sich identifizierenden Person (Merkmalsvergleich). Als Sensoren kommen Bildsensoren (Kamera, optische Sensoren), kapazitive Sensoren (Streifensensoren) oder Ultraschallsensoren zum Einsatz.

Die Sensoren lesen zuerst ein biometrisches Beispiel ein, welches digital verschlüsselt abgespeichert wird und damit auch nicht gestohlen oder missbraucht werden kann. Dieses dient bei zukünftigem Einsatz des Sensors als Referenz für den Merkmalsvergleich mit der Person, die sich aktuell am System identifizieren möchte. Manchmal werden auch mehrere Beispiele genommen, um Abweichungen zu verarbeiten.

Biometrische Erkennungssysteme, welche nicht für den persönlichen Einsatz, sondern für den Gebrauch in Unternehmen oder für Kunden eingesetzt werden, unterliegen dem Datenschutz, da über die personenbezogenen Charakteristika ein Rückschluss auf die Person möglich ist. Daher gilt dem Schutz dieser Daten durch Verschlüsselung und der Beschränkung des biometrischen Einsatzes auf notwendige Anwendungen hohe Priorität.

Wird das System neben der Identifikation auch zur Verifikation eingesetzt, z.B. Anmeldung an einem System, wird es mit Badges, PINs oder Usernames kombiniert. In diesem Fall wird zuerst die Verifikation durchgeführt: Gibt es diesen Benutzer? Anschließend wird die Identifikation durch das biometrische Erkennungsgerät durchgeführt: Handelt es sich um diese Person?

### 13.3.4 Zutrittsschleusen

Um hochsichere Räume wie ein Rechenzentrum zu schützen, werden diese neben obigen Sicherheitssystemen meist mit physischen Barrieren ausgerüstet, sogenannten Schleusen, englisch auch Man Trap genannt.

Am effizientesten sind in diesem Zusammenhang die Mannschleusen oder Drehschleusen. Nachdem sich der Zutrittswillige authentifiziert hat, kann er die Schleuse betreten, diese schließt sich hinter ihm und öffnet den Zugang erst, wenn keine weitere Person die Schleuse mehr betreten kann. Dies ermöglicht eine hohe Kontrollsicherheit. Besonders sensible Drehschleusen sind zudem mit Gewichtssensoren ausgestattet, damit sich bestimmt nicht mehr als eine Person in der Schleuse befinden und sich niemand im Huckepack oder durch dichtes Beieinanderstehen einschleichen kann. Ergänzt werden kann diese Schleuse durch einen Wachposten oder eine Videoüberwachung, die das Geschehen überwacht.

**Abb. 13.4:** Zutrittsschleuse

Bei Schleusenzugängen findet die Zutrittserteilung in der Regel in mehreren Schritten statt:

- Autorisierung: Durch Badge oder Ausweis. Nur ein gültiger Ausweis ist in der Lage, die Schleuse zu öffnen.
- Identifizierung: Durch ein biometrisches System (oder älter: PIN-Nummer) wird überprüft, ob die eingetretene Person auch wirklich die autorisierte Person ist.

- Vereinzelung: Durch den Einsatz von Sensoren wird sichergestellt, dass nur eine Person in der Schleuse ist und keine weitere Person unerlaubt eingeschleust werden kann.

Wichtig ist beim Einsatz von Schleusen natürlich, dass außerhalb dieser Schleusen kein Zutritt möglich ist. Bei geschlossenen Räumen ist dies kaum ein Problem (Mauern), aber wenn es um ganze Gelände oder Gebäude geht, muss eventuell mit weiteren Maßnahmen wie einer Videoüberwachung (siehe nächstes Teilkapitel) oder mit Umzäunungen gearbeitet werden, um einen unberechtigten Zutritt zu verhindern.

### 13.3.5 Videoüberwachung

Die Videoüberwachung wird über Kameras realisiert, entweder via CATV (Kabel-TV) oder via Netzwerkkameras, sogenannte IP-Kameras. Je nach Einsatzgebiet müssen solche Kameras große Temperaturunterschiede aushalten, wetterfest sein und sowohl Tag- wie auch Nachtsichtobjektive aufweisen. Moderne Kameras bieten auch einen Modus für hohe Auflösung, damit auch Details der Überwachung zu erkennen sind.

Beim Aufstellen einer Kamera ist zu beachten, dass sie möglichst große Sichtwinkel bietet und auf einer Höhe angebracht wird, die es einem Angreifer nicht einfach ermöglicht, die Kamera auszuschalten. Achten Sie auch auf die sichere Führung von Strom- und Datenkabeln, die von außen nicht zugänglich sein sollten.

Hilfreich ist in diesem Zusammenhang sicher die Anbringung mehrerer Kameras mit überlappenden Sichtwinkeln: Dies erhöht die Sicherheit gegenüber versteckten Angreifern oder dem Anschleichen an eine Überwachungsstation.

Heute können Sie sich zwischen kabelgebundenen oder drahtlosen Kameras entscheiden. Dabei ist die Verlegung kabelloser Kameras gewiss einfacher, dafür bilden drahtlose Kameras ein höheres Sicherheitsrisiko beim Abfangen des Signals.

Eine weitere Möglichkeit ist der Einsatz beweglicher Kameras sowie von Kameras mit automatischer Ereigniserkennung bzw. Bewegungsmeldern, welche bei Bedarf an ein Alarmierungssystem angeschlossen werden können.

### 13.3.6 Multiple Systeme

Um die Sicherheit von sensiblen Bereichen zu erhöhen, werden mehrere Ebenen des Zutrittsschutzes realisiert, welche auf unterschiedlichen Attributen beruhen. So beginnt der Zutritt zum Gebäude beispielsweise über ein Badge-System, beim Eingang zum Rechenzentrum im Gebäude gibt es eine Videoüberwachung, welche einen neuerlichen Badge-Zutritt überwacht, und der Raum mit den sensiblen Servern wird durch eine Zutrittsschleuse geschützt. Dadurch werden mehrere physische Barrieren eingebaut, um die Sicherheit zu erhöhen.

Durch den Einsatz unterschiedlicher Technologien schafft man sich zudem eine gewisse Unabhängigkeit, falls eines der Systeme überwunden wird oder ausfällt.

## 13.4 Wer darf an den Server?

Nebst den physischen Maßnahmen sind Server auch durch Authentifizierung und gut eingerichtete Zugriffsmöglichkeiten entsprechend zu schützen.

### 13.4.1 Authentifizierungsmethoden

Eine einfache Möglichkeit zur Identifizierung besteht über die Vergabe von Benutzernamen. Für die anschließende Authentifizierung können verschiedene Elemente aus den folgenden Gruppen verwendet werden:

- Passwort oder PIN (»Something you know«)
- SmartCard oder ein anderes Authentifizierungsgerät (»Something you have«)
- Biometrische Erkennung wie Fingerabdrücke, Retinamuster oder Ähnliches (»Something you are«)
- Geolokationserkennung, mittels Geolokation der IP oder einer RFID-Card (»Somewhere you are«)
- Verhaltenserkennung, mittels Analyse des Tippverhaltens bei der Eingabe (»Something you do«)

Sie unterscheiden dabei zwischen verschiedenen Formen der Authentifizierung: der Einfaktor- und der Mehrfaktorauthentifizierung. Während bei der Einfaktorauthentifizierung meist Benutzername und Passwort verwendet werden, erhöht man bei der Mehrfaktorauthentifizierung die Qualität der Authentifizierung um weitere Elemente wie Tokens, SmartCards oder um ein biometrisches System.

Dabei ist zu beachten, dass bei einer Mehrfaktorauthentifizierung die einzelnen Bestandteile aus verschiedenen Gruppen stammen. Eine Zweifaktorauthentifizierung mit einer PIN 1 und einer PIN 2 ist nur so gut wie eine Einfaktorauthentifizierung mit einer längeren PIN.

### 13.4.2 Kerberos

Der Authentifizierungsdienst Kerberos wurde bereits 1978 definiert. Basis für die Authentifizierung ist eine Instanz, der alle beteiligten Parteien vertrauen. Diese Instanz wird als Kerberos-Netzwerkdienst bezeichnet. Da die Zuverlässigkeit von Kerberos von diesem Dienst abhängt, muss er besonders geschützt werden. Mit Kerberos können Single-Sign-On-Systeme realisiert werden, wobei der Kerberos-Dienst nach erfolgreicher Erstauthentifizierung die weiteren Authentifizierungen bei Bedarf übernimmt.

Im Mittelpunkt von Kerberos stehen »Tickets«, über die Authentifizierungen abgewickelt werden:

- Der Client kontaktiert einen Dienst des Kerberos-Servers, das Key Distribution Center (KDC).
- Dort authentifiziert sich der Client (beispielsweise über Benutzername und Passwort) und fordert ein Ticket Granting Ticket (TGT) an.
- Bei korrekter Authentifizierung sendet ihm der Kerberos-Server das TGT zu.
- Das TGT wird dazu genutzt, sich an anderen Servern im Netzwerk zu authentifizieren. Mit seiner Hilfe fordert der Client vom KDC für jede Authentifizierung ein neues Ticket an, das vom KDC an den anderen Server geschickt wird. Der Server kontrolliert das Ticket und gewährt dem Client Zugriff.

Die Übermittlung der Nachrichten zwischen Client, Server und KDC geschieht verschlüsselt. Unbefugte haben somit keine Möglichkeit, Nachrichten zu lesen oder zu verfälschen und das Kerberos-System auszuhebeln.

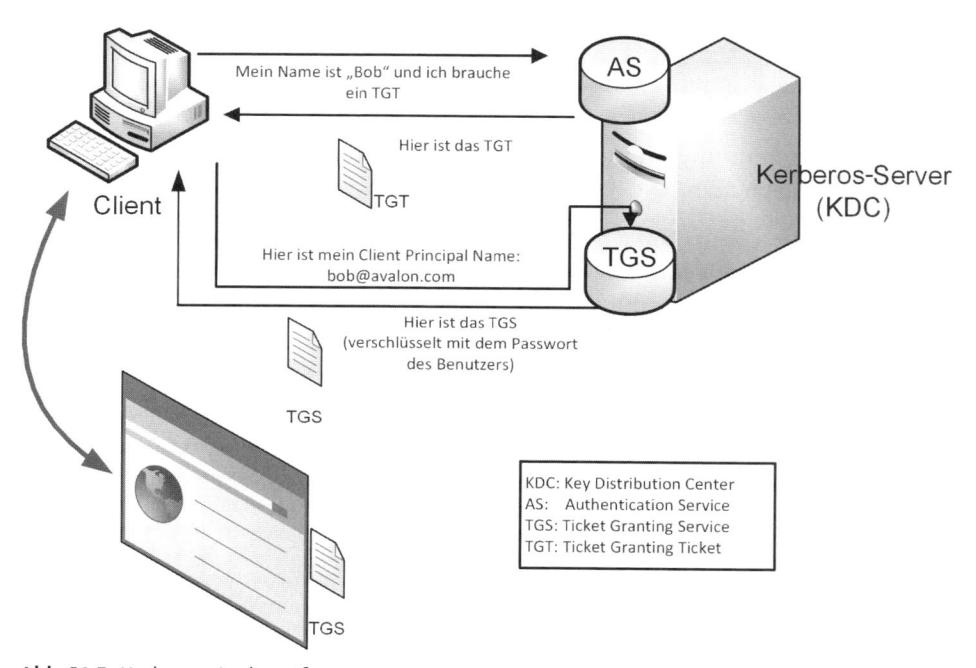

**Abb. 13.5:** Kerberos-Authentifizierung

### 13.4.3 RADIUS

Wie schon in der Authentifizierung mit 802.1x verwenden verschiedene Verfahren eine zentrale Authentifizierung. Eine Lösung für diese Thematik ist der Einsatz eines RADIUS-Servers (Remote Authentication Dial-In User Service). Ein

RADIUS-Server ist ein zentraler Authentifizierungsserver. An diesen wenden sich Dienste für die Authentisierung von Clients in einem physischen oder virtuellen Netzwerk (VPN), beispielsweise die Remote Access Services (RAS) von Windows-Clients, je nach Konfiguration auch über einen RADIUS-Proxy-Server.

Der RADIUS-Server übernimmt dabei die Authentifizierung, d.h. die Überprüfung von Benutzername und Kennwort. Zusätzlich werden Parameter für die Verbindung zum Client bereitgestellt. Die dabei verwendeten Daten enthält der RADIUS-Server aus einer eigenen Konfigurationsdatenbank oder ermittelt diese durch Anfragen an weitere Datenbanken oder Verzeichnisdienste, in denen Zugangsdaten wie Benutzername und Kennwort gespeichert sind. Dadurch lassen sich Einstellungen von Benutzern unabhängig von der Netzwerkinfrastruktur zentral verwalten. Der Vorteil dieses Verfahrens liegt in den einmalig registrierten Zugangsdaten der Benutzer, die in verteilten Netzwerken überall und jederzeit aktuell verfügbar sind und mit einfachen administrativen Eingriffen an zentraler Stelle registriert und verändert werden können.

Der Authentifizierungsprozess sieht folgendermaßen aus:

- Der Client fragt den Remoteserver an (1), um Benutzername und Passwort zu verifizieren. Der Remoteserver agiert als Client in Bezug auf den RADIUS-Server.
- Der Remoteserver fragt jetzt den RADIUS-Server (2), ob Benutzername und Passwort bekannt sind. Der RADIUS-Server kann dazu an einem anderen Standort oder in einem anderen Netzwerk sein. Die Verbindung zwischen RADIUS-Client und RADIUS-Server kann dabei offen (passwortgeschützt) oder verschlüsselt sein.
- Der RADIUS-Server gibt die Antwort in Form eines Ja/Nein an den Remoteserver zurück (3).
- Dieser antwortet dem Client und regelt dessen Netzwerkzugriff (4).

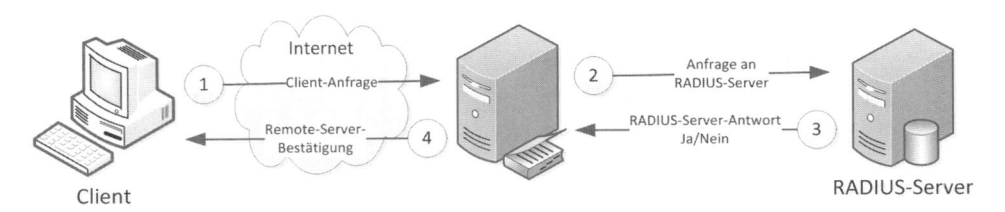

**Abb. 13.6:** RADIUS-Authentifizierung

## 13.4.4 TACACS, XTACACS und TACACS+

Das Terminal Access Controller Access Control System (TACACS) ist ebenso wie RADIUS ein sogenanntes AAA-Protokoll. Triple-A-Systeme werden normalerweise bei kabelgebundenen und mobilen Netzwerk- sowie Internetdienstleistungsanbietern eingesetzt. Die drei A (Triple A) stehen dabei für Authentifizierung, Autorisierung und Abrechnung (Authentication, Autorisation, Accounting) der Netzwerkzugänge von Kunden.

Das TACACS-Protokoll wird primär für die Client-Server-Kommunikation zwischen AAA-Servern und einem NAS (Network Access Server) eingesetzt. Dabei stellen die TACACS-Server eine zentrale Authentifizierungsinstanz für entfernte Benutzer zur Verfügung, welche eine IP-Verbindung mit einem NAS herstellen möchten.

Später wurde TACACS durch das Protokoll XTACACS (eXtended TACACS) abgelöst. Beide Versionen wurden jedoch durch TACACS+ und RADIUS ersetzt. TACACS+ ist ein auf TACACS basierendes Authentifizierungsprotokoll, welches von Cisco Systems erweitert wurde. Es ist nicht kompatibel mit TACACS oder XTACACS, konnte sich aber gegenüber den beiden anderen Protokollen durchsetzen.

Die Erweiterungen von TACACS+ enthalten eine breitere Auswahl an Authentifizierungsmethoden, die Möglichkeit, Autorisierungsschemata für Benutzer einzuführen, sowie erweiterte Protokollierungsmöglichkeiten.

Im Gegensatz zum UDP-basierten RADIUS-Protokoll (meist Ports 1812 und 1813) verwendet TACACS+ das verbindungsorientierte TCP auf Port 49. Eine weitere Abgrenzung zu RADIUS besteht in der Tatsache, dass die gesamte TACACS-Kommunikation verschlüsselt ist. Außerdem sind in TACACS+ zusätzliche Mechanismen zum Auditing integriert.

TACACS+ wird vor allem in Netzwerkumgebungen (Router, Switches) für das zentrale Benutzermanagement und für Netzwerkadministratoren und -operatoren verwendet. Diese verbinden sich dann beispielsweise über SSH mit den Netzwerkgeräten, um diese zu konfigurieren.

> **Hinweis**
>
> Für die Prüfung müssen Sie vor allem die Unterschiede zwischen TACACS und TACACS+ kennen. Während TACACS das UDP-Protokoll als Transportprotokoll verwendet, setzt TACACS+ auf das TCP-Protokoll. TACACS+ ist eine proprietäre Variante, welche in Cisco-Produkten eingesetzt wird.

## 13.5 Zugriffsrechte auf Server und Systemen

Eine Zugriffssteuerung wird implementiert, um Regeln einer Sicherheitspolitik anzuwenden und durchzusetzen. Sie verhindert dabei einen unberechtigten Zugriff auf Objekte und bezieht sich auf die Schutzmechanismen *Vertraulichkeit* und *Integrität*. Sie legt auch fest, in welcher Form der Zugriff auf die Objekte kontrolliert wird.

## 13.5.1 Mandatory Access Control (MAC)

Die MAC-Methode ist ein statisches Modell, welches nicht allein die Identität des Benutzers verwendet, sondern zusätzliche Komponenten und Regeln wie Schlüsselwörter oder Kategorisierungen. Daten und Benutzer werden dabei anhand verschiedener Sicherheitsstufen klassifiziert. MAC schützt nicht nur die Vertraulichkeit von Daten, sondern auch deren Integrität.

MAC ist ein geschlossenes System, bei dem ein Benutzer keinerlei Möglichkeiten hat, Rechte zu vergeben. Jedes Objekt, auf das zugegriffen werden kann, trägt ein Label, mit dem seine Sicherheitseinstufung festgelegt wird. Diese Einstufung enthält einen Sicherheitslevel, der den Sicherheitsbedarf des Objekts beschreibt. Zusätzlich wird im Sicherheitslabel festgehalten, wer dieses Objekt für seine Arbeit benötigt. Verfügt ein Benutzer über einen Sicherheitslevel, der gleich oder höher ist als der Level des Objekts, und benötigt er das Objekt für seine Arbeit, darf er zugreifen. Die Vergabe von Sicherheitslabels und die Einstufung von Benutzern obliegen der Administration.

Eine geläufige Form von MAC sind MLS-Systeme (Multi Level Security). Diese Systeme werden primär im militärischen Bereich eingesetzt. In MLS-Systemen werden die Daten aufgrund ihrer Geheimhaltungsstufe kategorisiert, z.B. in »öffentlich«, »intern«, »vertraulich« und »geheim«.

Analog dazu werden Benutzer klassifiziert. Benutzer sind ermächtigt, alle Dokumente auf ihrer Stufe oder einer darunterliegenden Stufe zu sehen. Dadurch wird verhindert, dass sie Information sehen, welche nicht ihrem Sicherheitslevel entsprechen. Schreibzugriffe sind allerdings nur auf der eigenen Stufe erlaubt. D.h., ein Benutzer, der mit »geheim« klassifizierte Dokumente sehen darf, kann (während einer Session) ausschließlich Dokumente auf dem Level »geheim« erzeugen. Dadurch wird verhindert, dass der Benutzer (unabsichtlich) »geheime« Daten in einen öffentlichen Ordner kopiert. Diese Varietät von MLS wird auch als Bell La Padula bezeichnet und schützt die Vertraulichkeit von Daten.

MLS-Systeme existieren noch in zwei anderen »Spielarten«:

- Biba arbeitet umgekehrt zu Bell La Padula und schützt die Integrität von Daten. Dabei ist es einer als höher eingestuften Person nicht möglich, Daten einer niedrigeren Integritätsebene zu lesen. Die Daten könnten ja fehlerhaft oder manipuliert sein. Außerdem ist es einer Person einer niedrigen Ebene nicht gestattet, in höhere Ebenen zu schreiben. Der Person der niedrigen Ebene wird nicht zugetraut, Daten mit genügender Integrität zu erzeugen.
- LoMAC (Low Watermark MAC) wurde aus Biba entwickelt und erlaubt das Lesen von Daten durch Personen einer höheren Integritätsebene. Zum Schutz wird dann anschließend die Person auf einer niedrigeren Ebene eingestuft und so verhindert, dass sie in eine höhere Integritätsebene schreiben kann.

Neben diesen MLS-Varianten gibt es auch sogenannte Multilaterale Sicherheitsmodelle, die ebenfalls die Grundidee von MAC umsetzen. Anstelle der übereinanderliegenden Sicherheitsebenen von MLS gibt es hier flexiblere Zuordnungen von Zugriffsrechten. Wegen der dazu nötigen Regeln werden diese Systeme auch »regelbasierte Sicherheitssysteme« genannt.

Zwei Modelle haben hier eine praktische Bedeutung erhalten:

- Aus Bell La Padula wurde das Compartment- oder Lattice-Modell entwickelt. Die Hierarchie der Sicherheitsstufen wird um frei definierbare Sachgebiete ergänzt. Es reicht für eine Person nicht aus, die passende Sicherheitsstufe zu haben, sie muss auch für das betreffende Sachgebiet zugelassen sein.

- Das Modell Chinese Wall, auch Brewer-Nash genannt, arbeitet mit mehr oder weniger frei definierbaren Regeln, die mittels Zugriffsgraph oder Matrix formuliert werden. Zugriffe werden protokolliert und aufgrund dieser Protokolle werden neue Regeln generiert. Findet beispielsweise ein Zugriff auf Dokument A statt, wird ab sofort der Zugriff auf Dokument B verboten.

### 13.5.2 Discretionary Access Control (DAC)

Bei der Discretionary Access Control (DAC) wird für jeden Benutzer festgelegt, auf welche Objekte er wie zugreifen kann. DAC ist ein offenes System und sehr flexibel, hat aber den Nachteil einer meist aufwendigen Benutzerverwaltung. Gängige Betriebssysteme wie Windows, Linux oder Mac OS nutzen DAC zur Verwaltung von Zugriffsrechten.

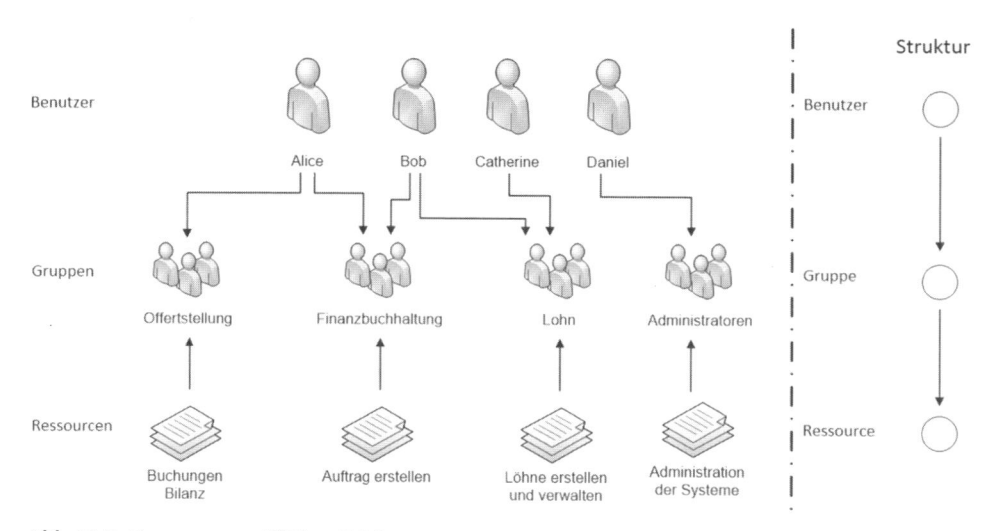

**Abb. 13.7:** Benutzerzugriff über DAC

Bei DAC gibt es keine Sicherheitslabels für Objekte. Stattdessen werden Access Control Lists (ACLs) definiert, die für jeden Benutzer oder Gruppen von Benutzern Zugriffsrechte auf Ressourcen festlegen. Dabei ist es durchaus an der Tagesordnung, dass der Besitzer eines Objekts selbst entscheidet, wer sonst noch darauf zugreifen darf. Solche frei definierbaren Freigaben sind natürlich der Alptraum jedes Administrators, sodass Peer-to-Peer-Freigaben und andere Freiheiten von Benutzern durch strenge Policies beschnitten werden.

### 13.5.3 Role Based Access Control (RBAC)

Die rollenbasierte Zugriffskontrolle ist eine weitverbreitete Form der Zugriffskontrolle, die vor allem bei Datenbanken und Web-Services angewandt wird. Auch Betriebssysteme wie etwa Windows Server 2008 bieten heute zumindest teilweise Unterstützung für RBAC.

Man kann RBAC als Weiterentwicklung von DAC sehen. Die Rechte werden nicht mehr direkt den Benutzern zugewiesen, sondern ihren definierten Rollen. Im Beispiel der folgenden Abbildung können der Rolle »Lohn« Leserechte auf die Objekte »Löhne erstellen« gegeben werden. Der Rolle »Finanzbuchhaltung« werden Leserechte auf die Objekte »Alice« und »Bob« und Schreibrechte auf »Auftrag erstellen« gegeben. Die eben genannten Rollen werden auch Task-Rollen genannt, weil sie einzelne Tätigkeiten beschreiben und festlegen, welche Rechte für diese Tätigkeiten notwendig sind.

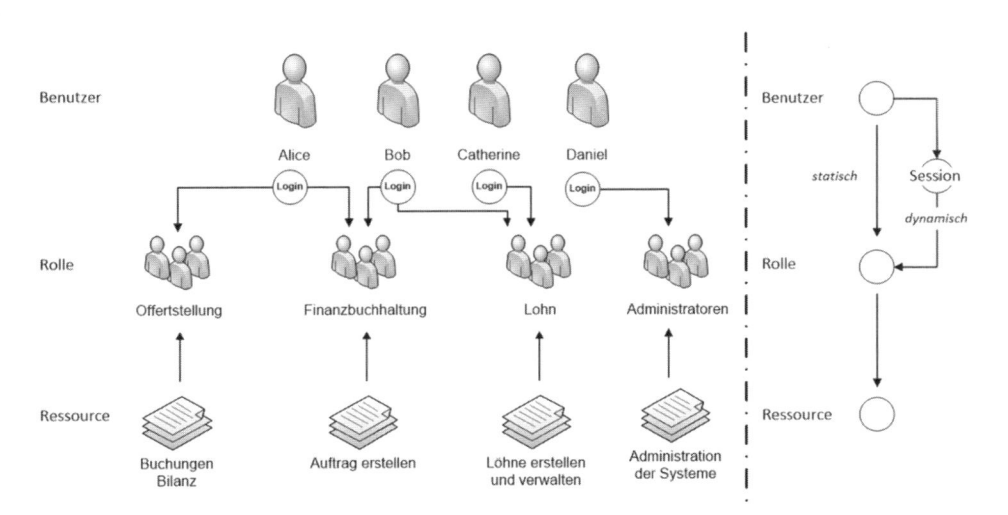

**Abb. 13.8:** Rollenbasierter Benutzerzugriff

RBAC erlaubt es auch, Rollen anderen Rollen zuzuweisen und so einen hierarchischen Berechtigungsbaum aufzubauen. Meist werden die Task-Rollen kombiniert, um Benutzerrollen zu bilden. Z.B. könnte die Rolle

»Finanzbuchhaltung« die Task-Rollen, »Auftrag erstellen«, »Rechnung erstellen« und »Löhne erstellen« umfassen.

Bei einer Mischung von RBAC und DAC liegt der Hauptvorteil von RBAC bei der Übersichtlichkeit der Berechtigungsvergabe. Änderungen sind leicht durchzuführen. Arbeitet Alice beispielsweise nur noch in der Finanzbuchhaltung, wird ihr die Rolle »Offertenteam« entzogen. Wären die einzelnen Zugriffsrechte auf Objekte direkt an Alice vergeben, müsste der Administrator genau wissen, welche Rechte jeder Benutzer hat. Würde er nämlich Alice alle Objektrechte der Finanzbuchhaltung wegnehmen, wären sicherlich auch einige dabei, die sie für die Offertenerstellung weiterhin benötigt.

In den meisten RBAC-Systemen ist es zusätzlich zur Rollenvergabe erlaubt, Rechte direkt einzelnen Benutzern zu gewähren. Dieser Mechanismus ist beispielsweise bei Datenbanken aus Kompatibilitätsgründen vorhanden. Außerdem ist eine direkte Vergabe von Rechten bei sehr kleinen Benutzergruppen (z.B. drei Benutzer), die sich selten ändern, weniger aufwendig.

Sobald jedoch mehr als eine Handvoll Benutzer an einem System arbeiten, sollten nie direkte Zugriffsrechte vergeben werden. Die entstehende Komplexität führt zwangsweise zu falschen Berechtigungen und kann Sicherheitslücken aufreißen. In den meisten Fällen sind nämlich nicht zu schwache Sicherheitsmechanismen an Sicherheitsverletzungen schuld, sondern falsche Administration.

### 13.5.4 ABAC – Attributbasiertes Zugriffssystem

Das ABAC-basierte Verfahren stützt sich auf eine Reihe von Merkmalen, die als »Attribute« bezeichnet werden. Es gibt drei Kategorien dieser Attribute: Benutzer, Umwelt und Ressourcen.

Zu den Benutzerattributen gehören etwa der Name des Benutzers, seine Rolle, Organisation, seine Identifikation und die Sicherheitsfreigabe.

Zu den Umweltattributen gehören der Zeitpunkt des Zugriffs, der Standort der Daten und der aktuelle Bedrohungsgrad der Organisation.

Zu den Ressourcenattributen gehören z.B. das Erstellungsdatum, Ressourcenbesitzer, Dateiname und Datenklassierung.

Im Wesentlichen verfügt ABAC über eine viel größere Anzahl möglicher Kontrollvariablen als z.B. RBAC. Durch die Einführung von ABAC sollen die Risiken unbefugten Zutritts gegenüber anderen Zugriffsmethoden weiter minimiert werden.

Wenn also beispielsweise in RBAC die Rolle »Personalabteilung« von ihrer Definition her Zugriff auf die Daten von Mitarbeitenden und Finanzen hat, kann mit ABAC darüber hinaus eine zeitliche oder örtliche Einschränkung aufgrund definierter Attribute vorgenommen werden. So kann z.B. ein Attribut »Standort« nur noch Teile der Daten freigeben oder ein Attribut zur zeitlichen Begrenzung.

Das Ziel ist es, Sicherheitsprobleme zu verringern und auch bei späteren Audit-Prozessen weniger Aufwand zu haben.

### 13.5.5 Principle of Least Privileges

Das Prinzip der »Least Privileges« (minimale Privilegien) ist ein wichtiges Konzept, Berechtigungen klar und restriktiv zu verwalten. Dabei geht es darum, dem Benutzer nur die Rechte zuzugestehen, die er auch wirklich braucht, um seine Arbeit zu erledigen.

Um diese Rechte zu definieren, muss man zuerst festlegen, welchen Job der Benutzer genau hat. Ebenfalls relevant ist, dass zusätzlich auch Prozesse, Maschinen und Computer nur die notwendigen Rechte zugewiesen bekommen. Ein spezielles Augenmerk gilt aber auch den Sicherheitssystemen wie Firewalls.

## 13.6 Server gegen Angriffe schützen

Server stehen als Dienstanbieter immer im Fokus von möglichen Angriffen und sind über das Netzwerk nicht nur zu ihrer Arbeit zwingend erreichbar, sondern eben auch für einen Angriff. Von daher wäre es am einfachsten, Server vom übrigen Netzwerk zu trennen und so einen maximalen Schutz zu gewährleisten.

### 13.6.1 Das System gegen Malware schützen

In der heutigen vernetzten Welt ist obige sehr restriktive Forderung nicht mehr denkbar. Aber sie weist in eine Richtung für mögliche Ansätze. Um beispielsweise die Ausbreitung von Malware zu verhindern, ist durch organisatorische Maßnahmen dafür zu sorgen, dass jedes fremde Programm, jeder unbekannte USB-Stick und jedes zu bearbeitende Dokument zuerst auf Viren untersucht wird. D.h., auf jedem Server läuft eine Endpoint-Protection-Software, die sich um möglichen Befall mit Malware kümmert und diesen rechtzeitig erkennt. Die Untersuchung kann automatisch im Hintergrund (Stichwort: Antivirenprogramm) erfolgen. Alle aktuellen Virenschutzwerkzeuge bieten die Installation einer solchen permanenten Überwachung an.

Neben der automatischen Überwachung sind regelmäßige Kontrollen zwingend periodisch durchzuführen (geplante Scans), da selbst die beste Prävention nicht hundertprozentig vor einer Infizierung mit Malware schützen kann. Weiter ist zu beachten, dass fast täglich neue Malwareversionen programmiert werden. Dies bedeutet, dass auch die Programme zum Aufspüren von Malware immer dem aktuellen Stand anzupassen sind. Die periodische Kontrolle z.B. alle zwei Wochen kann so einen Schädling auffinden, der zwar schon seit drei Wochen auf dem System ist, aber erst mit den Definitionen der aktuellen Virendatenbank gefunden werden kann.

**F-SECURE ELEMENTS AGENT**

## Statusdetails

✓ Ihre Sicherheit wird zentral verwaltet.

✓ Malware-Schutz ist aktiv.

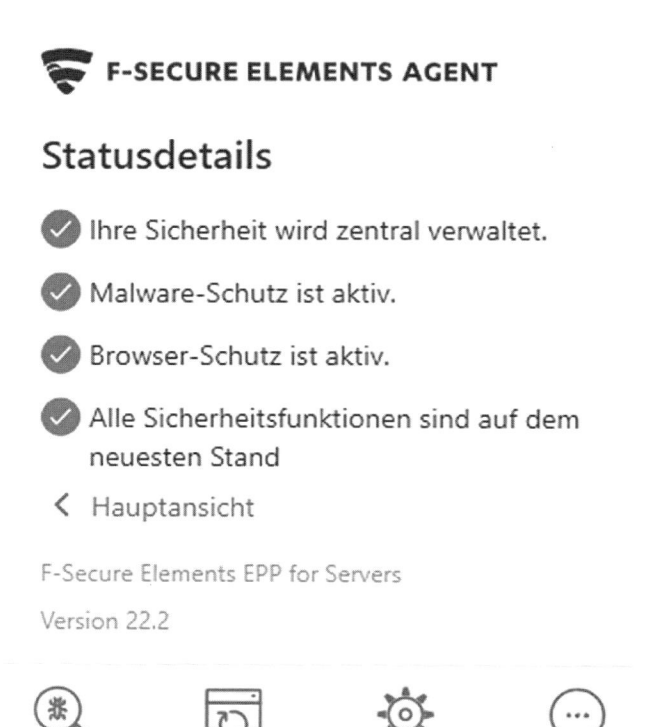

✓ Browser-Schutz ist aktiv.

✓ Alle Sicherheitsfunktionen sind auf dem neuesten Stand

‹ Hauptansicht

F-Secure Elements EPP for Servers
Version 22.2

**Abb. 13.9:** Antivirenprogramm mit aktivierter Echtzeitüberwachung

Des Weiteren müssen die Mitarbeiter das Thema Malware betreffend sensibilisiert werden, sodass sie selbst den ersten Schritt gegen eine Weiterverbreitung bzw. eine Infektion gehen können und sich der möglichen Gefahren bewusst sind. Die Mentalität »Mir passiert das schon nicht« muss aus den Köpfen verschwinden, da sie mit der heutigen Realität nichts mehr gemein hat.

### 13.6.2 Netzwerksicherheitsmaßnahmen

Weiterführend müssen die Server möglichst sicher in das Netzwerk eingebunden werden. Basierend auf vorhergehenden Analysen gilt es zuerst einmal, alle offenen Schnittstellen zu klären. Beispiele dafür sind:

- Wer hat die Ports 443 und 3389 öffnen lassen? Ist diese Öffnung berechtigt?
- Wer benötigt den Dienst HTTPS inbound (also nach innen direkt angefragt)?
- Wer benötigt den Dienst RDP und wozu?

Wenn klar ist, wer und wozu diese Ports und Dienste genutzt werden, kann die Konzeption vorsehen, dass z.B. HTTPS nicht mehr zugelassen wird, weil es nur ein Admin war, der von zu Hause aus die Firewall verwalten wollte. Oder Sie können festlegen, dass die Passwörter zur Nutzung von RDP wesentlich stärker ausfallen müssen, damit Brute-Force-Angriffe (Angriffe mit Brachialgewalt) erschwert werden.

Gerade bei offenen Ports auf die Router ist es zudem von Interesse zu sehen, auf welche Geräte diese danach weitergeleitet werden. RDP benötigt man ja nicht auf dem Router, sondern wird auf einen Windows-Server durchgeschlauft (Port Forwarding). Es wäre unschön, wenn der Admin von zu Hause aus mit den Credentials »admin« und »mynet$AFE« über RDP jederzeit auf Ihren zentralen Fileserver zugreifen kann.

Das Konzept zum Schutz vor Angriff aus dem Internet umfasst somit Maßnahmen bezüglich in Benutzung stehender Dienste. Darüber hinaus benötigen Sie ein Konzept, wie die Komponenten gewartet und aktualisiert werden.

Hierzu ein Ausschnitt aus der Checkliste zur Informationssicherheit für KMU. Zum Thema Firewall sind demnach zu klären:

### 4. Schützen Sie Ihren Internetzugang mit einer Firewall!

| Frage | Ja | Notizen |
|---|---|---|
| Ist beim Übergang zum Internet eine Firewall installiert? | | |
| Wird diese regelmässig aktualisiert (Betriebssystem, Applikation)? | | |
| Wickeln Sie den gesamten Internetverkehr über eine Firewall ab? | | |
| Sind andere Internet-Zugänge explizit untersagt (z.B. Modems etc.)? Und wird dies technisch geprüft? | | |
| Ist der Einsatz von privaten mobilen Geräten ohne Network Access Control unterbunden? | | |
| Ist die Konfiguration der Firewall mit einem starken Passwort geschützt? | | |
| Wird die Konfiguration der Firewall regelmässig gesichert? | | |
| Werden die Logfiles der Firewall regelmässig ausgewertet? | | |
| Ist der Verkehr vom Intra- aufs Internet granular geschützt? | | |
| Werden Support-Zugänge für Dritte nur wenn notwendig geöffnet? | | |
| Werden die Rechte von VPN-Benutzern gruppenspezifisch eingeschränkt? | | |

**Abb. 13.10:** Wichtige Fragen zur Konzeption einer Firewall (Quelle kmu.admin.ch bzw. Infosurance)

Gerade bei Routern und Firewalls, die mit Linux ausgestattet sind (was fast alle Geräte betrifft), vergisst man gerne, dass diese Geräte genauso viele Sicherheitslücken aufweisen wie jedes andere Betriebssystem auch – es aber vom Gerätehersteller abhängig ist, ob und in welcher Form diese Lücken durch Firmware-Upgrades behoben werden.

So zeigt etwa die Untersuchung der Firma First Security Technology bei ihrem regelmäßig durchgeführten »Swiss Vulnerability Scan« auf, wie viele Schwachstellen für Netzwerkgeräte und Server zurzeit bekannt sind. Und das sind wie gesagt nur die bekannten – von den unentdeckten kann man ja nicht sprechen. Wenn Ihr

System jetzt von einem Hersteller stammt, der sich nicht um die Deckung bekannter Schwachstellen kümmert, besitzen Sie ein äußerst leicht angreifbares Gerät, z.B. ein billiges Modem oder einen Router, dessen letzte Aktualisierung vor drei Jahren möglich war ... So zeigt die nächste Grafik auf, wie viele Schwachstellen »live« in Systemen vorgefunden werden konnten und ordnet sie zudem den Herstellern des auf der Komponente installierten OS zu.

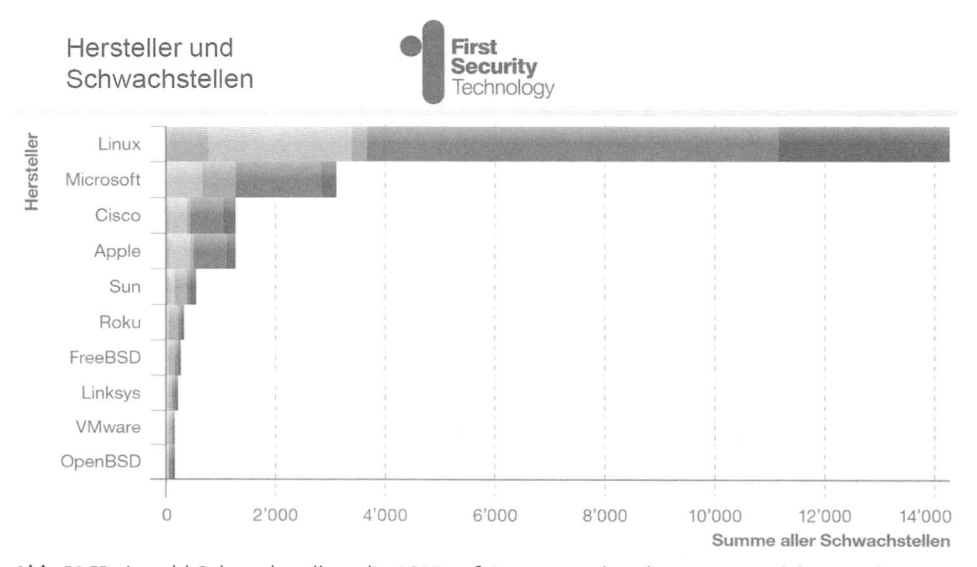

**Abb. 13.11:** Anzahl Schwachstellen, die 2017 auf Geräten vorhanden waren, welche aus dem Internet zugänglich bzw. erreichbar waren

Um Netzwerkproblemen auf die Schliche zu kommen, kann man naheliegenderweise den Netzwerkverkehr untersuchen. Dazu gibt es unterschiedliche Programme, die Sie im Folgenden antreffen werden, vom einfachen Betriebssystemprogramm bis hin zu ganzen Analyseanlagen. Da die Programme bis auf Paketebene hinunter und sogar auf deren Inhalte eingehen können, nennt man diese Art der Analyse auch »Schnüffeln« oder im Fachenglisch »Sniffing«. Ein Programm zur Paketanalyse ist demzufolge ein Packet Sniffer oder etwas moderater ausgedrückt, ein Paket-Analyser. Ein Sniffer wird also eingesetzt, um den Netzwerkverkehr zu überwachen – sei es, um Netzwerkprobleme zu analysieren, ein Sicherheitsproblem aufzudecken oder im umgekehrten (und meist illegalen) Sinne, um das Netzwerk auszuspionieren.

Konstruktive Maßnahmen wären zudem die Einplanung zusätzlicher Sicherheitszonen zwischen Internet und LAN (DMZ oder mehrstufige DMZ) oder der Einsatz eines Proxy-Servers, welcher ein- und ausgehenden Verkehr filtern kann.

### 13.6.3 Was leistet eine Firewall?

Als Firewall wird verallgemeinernd ein System bezeichnet, das den Netzwerkverkehr zwischen zwei Netzwerken mit unterschiedlichen Sicherheitsanforderungen kontrolliert und durch ihre Funktion ein zu schützendes Netz vor Schaden bewahrt.

Dazu analysiert das als Trenneinheit dazwischengeschaltete Firewall-System die ein- und ausgehenden Kommunikationsdaten, überprüft Kommunikationsbeziehungen und -partner und reglementiert die Kommunikation nach vorher definierten Regeln. Das kann je nach Typ der Firewall auf unterschiedlichen Ebenen erfolgen.

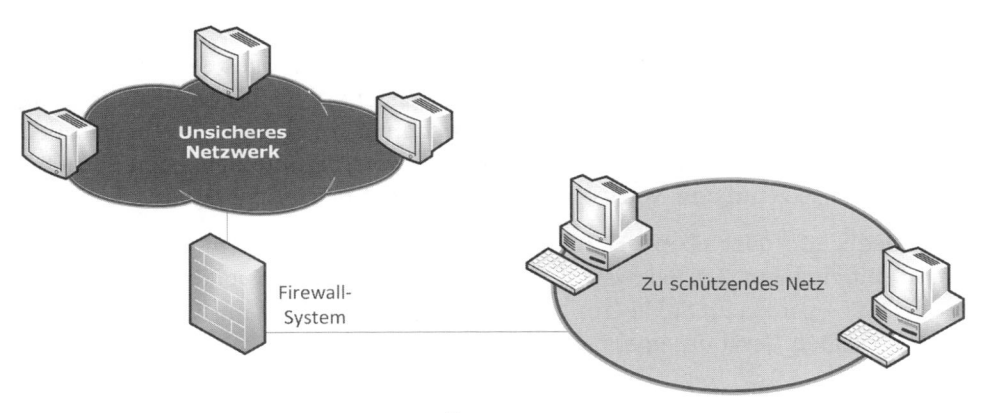

**Abb. 13.12:** Das Grundkonzept einer Firewall

Durch diese Konzeption der Trennung von unsicherem und sicherem Netzwerk an der Firewall wird diese zum Common Point of Trust: Sie bildet den einzigen Weg von »außen« in das zu schützende Netzwerk.

Firewalls können daher eingesetzt werden, um das Internet als klassisches unsicheres Netzwerk von der eigenen Netzwerkinfrastruktur zu trennen, aber auch, um intern verschiedene Sicherheitsbereiche zu schaffen und das Netzwerk sicherer zu strukturieren.

Doch nicht nur das Netzwerk benötigt eine Firewall. Auch die mobilen Mitarbeiter sollten damit ausgestattet werden. Dann spricht man von einer Personal Firewall. Dabei handelt es sich meistens um reine Software, welche direkt auf den Client-Rechnern installiert wird und diese auch dann vor Gefahren schützt, wenn das System sich nicht im gut geschützten Netzwerk, sondern unterwegs befindet: im Hotel, in Sitzungszimmern, auf Flughäfen oder im Heimbüro. Zudem werden auch immer mehr stationäre Geräte mit solchen Personal Firewalls ausgerüstet, um die Sicherheit im Netzwerk zu erhöhen.

Als allgemeine Ziele der Firewall-Systeme (noch ohne Berücksichtigung ihrer spezifischen Fähigkeiten) kann man daher festhalten:

- Schutz der internen Netzwerkinfrastruktur durch Abtrennung nach außen
- Zugangskontrolle auf Netzwerkebene, Benutzerebene und Datenebene
- Rechteverwaltung (Welche Protokolle und Dienste dürfen zu welcher Zeit eine Kommunikation zum Netzwerk unterhalten?)
- Kontrolle auf Anwendungsebene
- Protokollauswertung bis hin zur Alarmierung

Eine Firewall kann als reine Applikation auf bestehenden Systemen installiert oder als dedizierte Firewall eingesetzt werden, d.h. als eigenständiges Gerät mit spezialisierter Software. Eine Personal Firewall wird dabei auf Rechnern installiert, die andere Aufgaben erfüllen, seien es Arbeitsrechner, Notebooks oder heute auch Smartphones. Die Personal Firewall ist abhängig vom darunterliegenden Betriebssystem und setzt auf den Netzwerkschnittstellen des lokalen Systems auf.

Eine dedizierte oder eben »Hardware«-Firewall ist dagegen ein eigenständiges Gerät mit eigenem Betriebssystem, zusammen auch Appliance genannt. Zudem treffen Sie – gerade im SoHo-Umfeld – auch Firewalls an, die mit Routern zusammen im selben Gerät untergebracht sind.

Eine dedizierte Firewall wird zwischen das äußere und das interne Netzwerk geschaltet und trennt die Netze physisch. D.h., eine Firewall verfügt immer über mindestens zwei physikalisch getrennte Netzwerkschnittstellen, zwischen denen die Software nach vorgegebenen Richtlinien den Verkehr zulässt oder untersagt. Dies besagt auch, dass die Verbindung zwischen diesen beiden Netzwerkkarten nur durch die Funktionalität der Software gewährleistet ist. Steigt die Software aus, ist die Leitung unterbrochen.

Das nennt sich »Fail Safe«-Prinzip, d.h., bei einem Ausfall ist das lokale Netz durch Unterbrechen des Zugangs vom äußeren Netzwerk her sicher. Das gegenteilige Prinzip dazu wäre »Fail Open«: Bei einem Fehler wäre das zu schützende System oder Netzwerk dann offen. Dies ist ein Risiko, das z.B. bei vielen Personal Firewalls (Software auf dem Betriebssystem installiert) besteht. Es bedeutet, dass bei einer Kompromittierung der Firewall der Netzwerkverkehr ungefiltert durchgelassen wird.

Unabhängig von obiger Definition ist die eigentliche Funktionalität der Firewall eine Software, die den Netzwerkverkehr nach verschiedenen Gesichtspunkten überprüft.

Es gibt drei Typen von Firewalls mit unterschiedlicher Ausrichtung:

- Paketfilter – prüft Pakete portbasiert
- Stateful Packet Inspection – prüft Pakete auch quellbasiert
- Application Level Gateway – prüft Daten auch inhaltsbasiert

### 13.6.4 Regelwerke auf Firewalls

Sie alle arbeiten mit Regelwerken, mit denen der Datenverkehr gesteuert wird. Dabei können Sie zwei gegensätzliche Ansätze zur Regelerstellung verwenden:

**Positive Exceptions (Positive Rules)**

Hierbei wird die Firewall grundsätzlich nach innen (*inbound*) und nach außen (*outbound*) geschlossen. Entsprechend ihres Einsatzlevels lässt sie die Schnittstellen keinen Verkehr passieren (Deny all). Die Ausnahmen werden in Regeln definiert, sodass nur der Verkehr möglich ist, welcher explizit als Regel definiert wird. Man spricht daher auch vom Implicit Deny – was nicht erlaubt ist, ist implizit verboten.

Beispiel: Auf Port 465 hört der Mail-Server eingehenden Mail-Verkehr ab. Dies bedeutet, alle Ports und alle Dienste außer Mail und 465 sind geschlossen, nur gerade diese Regel erlaubt eine Kommunikation.

Dies verlangt einen hohen Aufwand bei der Definition, bis alle Regeln einmal so stehen, dass der benötigte Netzwerkverkehr nicht beeinträchtigt wird. Dafür können keine Sicherheitslücken entstehen, da »Unbekanntes« auf jeden Fall verboten ist.

**Negative Exceptions (Negative Rules)**

Dies ist der umgekehrte Ansatz. Alles ist erlaubt, reglementiert wird lediglich das, was verboten ist. Diese Version der Regeldefinition ist weitaus häufiger anzutreffen, insbesondere wenn es um den ausgehenden Verkehr (*Outbound Traffic*) geht. Sie erfordert auch weniger Aufwand bei der Definition der Regeln, da nur eingetragen wird, was man explizit untersagen will. Dieser Ansatz birgt aber das Risiko der Sicherheitslücken, da hier »Unbekanntes« erst einmal zugelassen wird.

Der Ansatz der positiven Regeln ist daher sicherheitstechnisch vorzuziehen. Der Ansatz der regelbasierten Anwendung nennt sich auch ACL (Access Control List), insbesondere im Cisco-Umfeld, wohingegen ACLs ansonsten eher Zugriffsberechtigungen für Netzwerkressourcen im Systemumfeld sind.

Als praktisches Beispiel kann das so aussehen, indem Sie folgende Regeln auf einer Firewall einrichten:

**Tabelle 13.1:** Beispiel für ein Regelwerk

| Dienst | Quelladresse | Quellport | Zieladresse | Zielport | Protokoll | Regel |
|---|---|---|---|---|---|---|
| HTTP | 10.0.0.0/24 | >1023 | any | 80 | TCP | Allow |
| SMTP | 10.0.0.0/24 | any | any | 587 | TCP | Allow |
| FTP | 10.0.0.0/24 | any | any | 20+21 | TCP | Deny |

Dazu werden Sie immer zwei Regeln hinzufügen, welche sicherstellen, dass alles, was Sie nicht besonders regeln, grundsätzlich unterbunden wird.

Diese beiden Regeln stehen jeweils zuunterst im Regelwerk und besagen:

| Dienst | Port | I = Incoming WAN<br>O = Outgoing WAN | Regel |
|---|---|---|---|
| any | any | O | Deny |
| any | any | I | Deny |

**Tabelle 13.2:** Sicherstellung der Sperrung für nicht definierten Netzwerkverkehr

Mit diesem Aufbau stellen Sie sicher, dass nur explizit erlaubte Kommunikationen von LAN zu WAN (outgoing bzw. outbound) wie auch von WAN zu LAN (incoming bzw. inbound) möglich ist.

### 13.6.5 Das Konzept der DMZ

Ein Teil der Firewall-Thematik ist der mehrstufig aufgebaute Schutz des internen Netzwerks. Hierzu können Server, die von außen erreichbar sein müssen, wie etwa ein Webserver, in eine gesonderte Zone gestellt werden. Sie sind dann zwar vom lokalen Netzwerk (dem geschützten Netz) erreichbar, um sie zu unterhalten und zu aktualisieren. Sie sind aber auch vom äußeren Netz (dem unsicheren Netz) her erreichbar, ohne dass es deswegen von außen eine Möglichkeit gibt, direkt auf das lokale Netz zuzugreifen.

Diese Zone nennt sich, wie schon kurz erwähnt, Demilitarisierte Zone, kurz DMZ.

Wichtig für einen effektiven Schutz des lokalen Netzwerks sind konsequente Regelwerke auf den Firewalls, z.B. ein »all deny« für den eingehenden Netzwerkverkehr auf der Firewall 2 und schon beim Paketfilter nur ein Durchlassen der erwünschten Dienste, was die nachfolgenden Firewalls für andere Aufgaben freistellt.

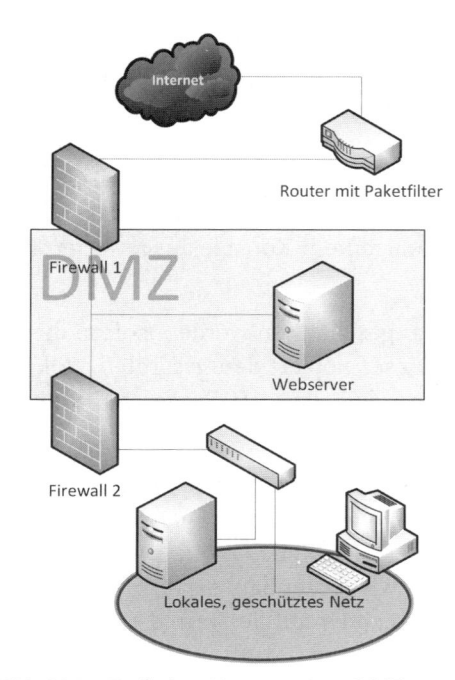

**Abb. 13.13:** Einfaches Konzept einer DMZ

## 13.6.6 Intrusion Detection

Wenn der Fokus auf der Analyse der eingehenden Datenpakete und -anfragen liegt, sprechen Sie nicht mehr nur von einem Proxy- oder Firewall-System, sondern von einem »Intrusion System«, d.h. einem System, das sich auf eindringende Datenpakete fokussiert.

Als Intrusion Detection bzw. Intrusion Prevention wird die aktive Überwachung von Computersystemen bzw. Computernetzen mit dem Ziel der Erkennung bzw. Abwehr von Angriffen und Missbrauch bezeichnet. Man könnte solche Systeme auch als Alarmanlage bezeichnen.

Die erste Stufe dieser Systeme war die Einführung der Intrusion Detection Systems (IDS). Ein solches System kann Angriffe sowohl aus dem unsicheren Netzwerk als auch aus dem zu schützenden Netzwerk heraus erkennen und beispielsweise per E-Mail an den Administrator melden. Einen Schritt weiter geht die nächste Generation dieser Spezies: die Intrusion Prevention Systems (IPS). Sie verhindern die Möglichkeit von Angriffen.

Dabei wird zwischen netzwerkbasierten und hostbasierten Systemen unterschieden. Entsprechend lauten die Bezeichnungen HIDS und HIPS für hostbasierte Systeme, NIDS und NIPS für netzwerkbasierte Systeme.

Das NIDS/NIPS kann dabei sowohl vor als auch hinter der Firewall platziert werden. Den optimalen Schutz – aber auch mit dem größten Aufwand – erreichen Sie, wenn Sie zwei NIDS/NIPS vor und hinter der Firewall installieren. Dann haben Sie eine optimale Kontrolle über den Netzwerkverkehr. Ein NIDS/NIPS ist dabei ein Gerät, welches in das zu kontrollierende Netzwerksegment zwischengeschaltet wird, sodass aller Netzwerkverkehr dieses Segments durch das NIDS/NIPS läuft und über eine angeschlossene Management-Konsole ausgewertet werden kann.

Ein NIDS/NIPS kann auch an einen Switch angeschlossen werden, sofern dieser über einen dedizierten SPAN-Port verfügt. Dieses kopiert den gesamten Verkehr des zu überwachenden Ports auf den Port, an dem das NIDS oder NIPS angeschlossen ist.

Ein hostbasiertes IDS oder IPS wird als Anwendung auf einem System installiert. Die Anwendung überwacht die Ereignisprotokolle, Anwendungen und weitere Parameter auf dem System selbst, nicht aber den Netzwerkverkehr. Diese Systeme werden vorzugsweise auf kritischen Servern wie Datenbankservern sowie Verschlüsselungs- oder Zertifikatsservern eingesetzt oder auf Servern, die als Verbindungsserver zu anderen Serversystemen dienen.

Das Ziel von Intrusion Detection besteht darin, aus allen im Überwachungsbereich stattfindenden Ereignissen diejenigen herauszufiltern, die auf Angriffe, Missbrauchsversuche oder Sicherheitsverletzungen hindeuten, um diese danach genauer zu untersuchen. Dabei ist es wichtig, dass die entsprechenden Ereignisse möglichst zeitnah erkannt werden können.

Damit Intrusion Detection wirksam ist, benötigt sie Informationen darüber, welche Komponenten sie überwachen soll und wie ein möglicher Angriff aussehen kann.

Ein IDS besteht dazu aus Netzsensoren, die den Netzwerkverkehr an bestimmten Punkten überwachen (beispielsweise in eine Firewall integriert), und/oder Hostsensoren, die kritische Systeme direkt überwachen, sowie gegebenenfalls Applikationssensoren. Diese Sensoren werden auch als Collector bezeichnet. Zudem benötigen Sie entsprechende Management- und Auswertungsfunktionen, damit die Ereignisse auch zielgerichtet ausgewertet werden können. Der Administrator wiederum ist verantwortlich für die Konfiguration der Sensoren und entsprechende Messregeln sowie für die Auswertung der jeweiligen Protokolle.

Derzeit werden von fast allen Anbietern kommerzielle IDS-Analysemethoden angewendet, die entweder auf der Erkennung von Angriffsmustern (Signature Based Detection) oder auf Protokollanalysen beruhen. So werden typische Angriffe wie etwa ein Pufferüberlauf als Muster im IDS hinterlegt. Erkennt jetzt das IDS eine Aktivität, die aussieht wie das abgelegte Muster, wird ein Alarm ausgelöst.

Die Erkennung von Angriffsmustern geschieht also anhand von Signaturen. Dies können einfache Mustererkennungen (pattern based) sein, aber auch das Verfolgen komplexer Verhaltensmuster (behavior based). Genauso wie bei Antivirenprogrammen ergibt sich aber auch hier der Nachteil, dass mit dieser Technik nur bekannte Angriffsmuster erkannt werden können. Darum gibt es auch für IDS die Möglichkeit heuristischer Angriffserkennung.

Bedingung für die ordnungsgemäße Funktion eines IDS ist, dass die Datenbanken mit den Angriffsmustern regelmäßig aktualisiert werden. Deshalb wird ein IDS nicht nur gekauft, sondern durch entsprechende Signaturaktualisierungen aktiv unterhalten.

Zusätzlich bieten fast alle IDS die Möglichkeit zur statistischen Anomalieerkennung (Anomaly Detection) auf Basis der vom IDS erzeugten Berichte und Angriffsstatistiken. Hierbei lernt das IDS, was »normal« ist, und bildet aufgrund dieser Erfahrungswerte zunehmend zuverlässige Annahmen über Ausnahmen, eben die Anomalien, die dann wiederum zu einem Alarm führen. Dies ist ein verhaltensbasierter Ansatz. Zudem kommen auch Expertensysteme (Sammlung von technisch hinterlegten Erfahrungen) oder zunehmend auch künstliche Intelligenz zum Einsatz.

Ein Intrusion Prevention System (IPS) geht noch einen Schritt weiter. Es ist zwar im Wesentlichen ebenfalls ein IDS, das aber auf bestimmte Ereignisse (Angriffe) selbstständig antworten kann, indem es beispielsweise den Netzwerkzugang verändert oder sogar unterbricht. Im Unterschied zum IDS, das als passives Antwortsystem bezeichnet wird, spricht man hierbei auch von einem aktiven Antwortsystem, weil es auf Angriffe mit konkreten Aktionen reagiert. Das kann z.B. bedeuten, dass die Netzwerkverbindung eingehender Datenpakete unterbrochen wird oder dass TCP-Verbindungen zurückgesetzt werden.

All dies kann natürlich auch zeitgesteuert erfolgen. Ein IPS kann also die Firewall anweisen, Port 25 für 3 min zu sperren, um danach wieder zu analysieren, ob der mögliche Angriff abgebrochen wurde.

Je mehr Möglichkeiten der Angriffserkennung aber implementiert werden oder je allgemeiner ein Erkennungsmuster formuliert wird, desto größer wird auch die Rate der Fehlalarme, der sogenannten *False Positives*. Dies führt zu einem hohen Aufwand für die Betreuung des IDS oder IPS, um alle Meldungen richtig zu analysieren

## 13.7 Fragen zu diesem Kapitel

1. Wie oft sollte eine Überprüfung der Serverumgebung erfolgen?

   A) Wöchentlich

   B) Monatlich

   C) Regelmäßig

   D) Konstant

2. Was passiert, wenn ein Ventilator in einem Server überhitzt?

   A) Nichts, Ventilatoren sind nur im Notfall wichtig.

   B) Überhitzung bis hin zu unvorhersehbaren Ausfällen

   C) Der Server fängt Feuer.

   D) Der Server verlangsamt seine Leistung, indem er Dienste stoppt.

3. Welches Backup werden Sie durchführen, bevor Sie eine Aktualisierung des Servers vornehmen?

   A) Keines, bei Aktualisierungen ist dies nicht nötig.

   B) Differenzielles Backup zur letzten Aktualisierung

   C) Voll-Backup

   D) Inkrementelles Backup zur letzten Aktualisierung

4. Ihr Vorgesetzter verbietet es Ihnen, den Serverraum abzuschließen, weil er dort auch seine Buchhaltungsordner lagert, die er regelmäßig benötigt. Was sagen Sie dazu?

   A) Sie machen ihn darauf aufmerksam, dass Ihr Unternehmen viel zu viel Geld bezahlt hat für die Schließanlage, um sie offen zu lassen.

   B) Sie sagen natürlich nichts, er ist ja Ihr Vorgesetzter.

   C) Sie machen ihn auf die Sicherheitslücke aufmerksam, die dadurch sowohl für den Server wie für die Buchhaltungsdaten entsteht.

   D) Sie schließen trotzdem regelmäßig die Tür ab.

5. Sie betreten einen Raum, der für die Einrichtung der Serverschränke vorgesehen ist. Was macht Ihnen dabei am wenigsten Bedenken?

   A) Der nackte (unbemalte oder belegte) Boden

   B) Die deutlich sichtbaren Spuren von Wasser an den Wänden

   C) Der überall sichtbare Staub

   D) Die feuchte Luft

## 13.7 Fragen zu diesem Kapitel

6. Welches ist die am wenigsten effektive Methode, um den physischen Zutritt zu einem Server zu beschränken?

    A) Abschließbare Racks

    B) Komplexe Passwörter

    C) Biometrische Zutrittsschranken

    D) Ein Alarmsystem im Serverraum

7. Welche Umweltfaktoren müssen Sie bei der Analyse des Serverraums berücksichtigen?

    A) Flutgefahr

    B) Lage im Gebäude

    C) Brandgefahr

    D) Alle obigen

8. Jürgen möchte gerne beschränken, dass nur berechtigte Personen auf die internen Hardware-Komponenten auf dem Server zugreifen können. Welche der folgenden Server-Hardening-Techniken sollte Jürgen implementieren?

    A) Intrusion Detection

    B) Kein LOM einbauen

    C) UEFI-Passwort

    D) Gehäuse abschließen

9. Bei der Verwendung von Multifaktor-Authentifizierung wird »Something you have« wodurch repräsentiert?

    A) Passwort

    B) ID-Karte

    C) Fingerabdruck

    D) Benutzername

10. Der Administrator konfiguriert die Zugriffskontrolle auf einem Dateiserver für eine Kundenfirma. Der Human Resources Manager nimmt für drei Monate Urlaub. Während dieser Zeit wird eine Interims-Managerin für Human Resources seine Aufgaben übernehmen. Welche Art von Zugriffskontrolle sollte für einen reibungslosen Übergang auf dem Dateiserver konfiguriert werden?

    A) MAC

    B) DAC

    C) BAC

    D) RBAC

**Kapitel 14**

# Unterhalt

Nicht nur Hardware muss regelmäßig gewartet werden, auch Software benötigt regelmäßig die Aufmerksamkeit der IT-Verantwortlichen. Mit der steigenden Vernetzung und der dadurch massiv gestiegenen Flexibilität in der Software-Wartung ist auch das Risiko entsprechend gestiegen, durch eben diese Vernetzung Angriffen ausgesetzt zu werden. Das ist fast ein Teufelskreis, und da wir alle heute auf die Dienstleistungen des Internets angewiesen sind, werden wir uns auch mit den negativen Effekten der grenzenlosen Vernetzung auseinandersetzen müssen. Doch nicht nur die Gefahr von außen ist hier das Thema, sondern ganz grundsätzlich dient der Unterhalt von Software der Erhöhung der Betriebssicherheit und -stabilität und muss daher entsprechend proaktiv angegangen werden.

Sie lernen in diesem Kapitel:

- Den Nutzen von proaktivem Unterhalt kennen
- Systemhärtung als Bestandteil der Serversicherheit verstehen
- Sichere Software implementieren
- Updates und Upgrades und ihren Einsatz unterscheiden
- Die Besonderheiten von Updates unter *nix kennen
- Die Bedeutung der Dekommissionierung kennen

## 14.1 Proaktiver Unterhalt

Zur physischen Sicherheit trägt auch ein aktiver Unterhalt bei. Darunter versteht man Wartungsarbeiten, welche in regelmäßigen Abständen und ohne vorgängige Fehlermeldungen des Systems durchgeführt werden.

Zum proaktiven Unterhalt gehört natürlich auch die Software-Wartung, von den Aktualisierungen der Systeme bis hin zum Virenschutz – aber die Rede ist ja hier von physischer Sicherheit, und daher konzentrieren Sie sich auf die Unterhaltsarbeiten in diesem Bereich und besprechen den Software-Teil an anderer Stelle.

Die erste und wichtigste Maßnahme im proaktiven Unterhalt ist die Überwachung. Lesen Sie Messinstrumente im Serverraum (Temperatur, Luftfeuchtigkeit) regelmäßig ab, lesen Sie die Ereignisanzeigen von Betriebssystemen und werten

Sie sie aus, lassen Sie sich vom Server Hardware-Reports ausgeben mit durchschnittlicher und maximaler Belastung von Rechenleistung, Arbeitsspeicher oder Speicherplatz.

Wer regelmäßig seine Systeme überwacht, sieht oftmals frühzeitig, wenn ein Problem auftaucht, sei es ein Engpass in der verfügbaren Leistung, der sich abzeichnet, oder sei es beginnender Schaden, und kann daher rechtzeitig reagieren.

**Abb. 14.1:** Kein Wunder, wenn hier die CPU überhitzt

Die zweite wichtige Maßnahme ist die Reinigung. Server und Racks verfügen über zahlreiche Lüfter und Ventilatoren, welche Luft anziehen – und damit auch Staub. Obiges Beispiel stammt aus unserem Support – und der Kunde wunderte sich a) über den Lärm, den das System mittlerweile (aufgrund der hohen Umdrehungszahlen des Lüfters) verursachte, und b) über die Fehlermeldungen der Systemüberwachung hinsichtlich der kritischen Wärmewerte.

**Abb. 14.2:** Solchermaßen verschmutzte Anschlüsse sind auch kurzschlussgefährdet.

Um solche Erlebnisse zu vermeiden, ist es sinnvoll, diese Geräte von Zeit zu Zeit korrekt herunterzufahren und zu reinigen, z.B. mit dafür vorgesehener Druckluft. Uns ist klar, dass wir hierbei nicht in erster Linie an klimatisierte und mit Filteranlagen ausgestattete Rechenzentren appellieren, sondern an Serverschränke in normal belüfteten Räumen, speziell an Tower-Server, die in Bodennähe stehen, oder an Systeme, die in einer belasteten Umgebung installiert sind.

Reinigen Sie die Lüfter und Ventilatoren außen an den Gehäusen, aber vergessen Sie auch die zahlreichen Ventilatoren im Inneren eines Servers nicht. Zur Reinigung nehmen Sie am besten für Computerzwecke geeignete Druckluft. Achten Sie dabei auf das »für Computer geeignet«, denn andere Drucklufterzeugnisse können unter Umständen Öle oder sonstige für elektronische Komponenten schädliche Stoffe enthalten!

Ebenfalls zum proaktiven Unterhalt gehört das regelmäßige Nachführen der Dokumentation. Notieren Sie, wann der Server das letzte Mal gereinigt worden ist und welches Datum die letzten Software-Aktualisierungen tragen. Führen Sie auf jeden Fall regelmäßig sämtliche Konfigurationsänderungen an den Systemen nach, damit Sie darauf im Bedarfsfall zugreifen können und ein Bild davon haben, wie der Server wirklich aussieht.

## 14.2 Monitoring

Auch das Monitoring gehört zur aktiven Sicherheit eines Servers. Erstellen Sie eine Baseline zu Beginn des Betriebs und messen Sie die Veränderungen regelmäßig nach. Mehr dazu haben Sie ja in Kapitel 11 bereits konkret behandelt.

So können Sie frühzeitig feststellen, wenn sich Probleme ankündigen, z.B. wenn die Netzlast unzulässig steigt oder wenn die Messergebnisse für Speicher- oder Diskzugriffe sich stark verschlechtern.

## 14.3 Hardening

Um Server sicherer zu machen, können Sie, neben der Arbeit mit Richtlinien und einem konsistent geführten Konfigurationsmanagement durch die Pflege der Systeme viel zu deren Sicherheit beitragen. Durch unterschiedliche Maßnahmen können Sie dabei die Sicherheit der Systeme verbessern, was, wie schon erwähnt, auch unter dem Begriff Systemhärtung (Hardening) zusammengefasst wird.

Zu dieser Thematik gibt es mittlerweile eine vielfältige Speziallliteratur und darüber hinaus auch ganze Systeme, die speziell mit solch gehärteten Betriebssystemen verkauft werden, z.B. Firewalls mit gehärtetem Linux-Kernel. Doch bleiben Sie an dieser Stelle gedanklich einmal bei den lokalen Servern.

Die Härtung der Systeme kann auf verschiedenen Ebenen erfolgen: auf Ebene der Hardware und Firmware, auf Ebene des Betriebssystems und auf der Ebene der Anwendungen.

Dabei sollten Sie sich vor Augen halten, dass in einem Netzwerk meist nur wenige Server in Betrieb sind, aber ungleich viel mehr Arbeitsstationen. Für einen potenziellen Angreifer ist es daher mitunter wesentlich einfacher, eine ungesicherte Arbeitsstation im Netzwerk zu finden und von dort aus weiter vorzudringen. Es lohnt sich also, auch die Arbeitsstationen sorgfältig zu behandeln!

Grundsätzlich gilt: Wenn ein System nicht gehärtet werden kann, sei es aus Gründen der Validierung beispielsweise bei Produktionsanlagen, dann müssen solch gefährdeten Systeme in ein separiertes und vom restlichen Netzwerk getrenntes Netzsegment verschoben werden. Vor allem mit dem Internet dürfen solche Systeme nicht mehr verbunden sein.

Das Härten auf Hard- und Firmware-Ebene kann folgende Aktionen umfassen:

- Abschließen der Rechnergehäuse
- Schutz des BIOS vor Systemzugriffen durch Passwörter
- Harddisk-Verschlüsselung über den Controller (FDE)
- Systemverschlüsselung über ein Hardware-Sicherheitsmodul (HSM)
- Richtlinien für den Umgang mit externen Schnittstellen implementieren, z.B. Deaktivieren von USB-Schnittstellen oder SD-Kartenlesern
- Nicht benötigte Laufwerke (z.B. CD/DVD) entfernen oder deaktivieren

Das zusätzliche Härten des Betriebssystems umfasst zudem:

- Aktuellhalten aller betriebsnotwendigen Dienste und Anwendungen
- Deaktivieren von Standard-Accounts wie »Administrator« oder »Gast« oder Einrichten einer entsprechenden Berechtigungsstufe unter anderen Kontonamen
- Entfernen nicht benötigter Dienste (Services) des Betriebssystems
- Deinstallation nicht benötigter Rollen und Features
- Einspielen aktueller Sicherheitsaktualisierungen und Service Packs
- Deinstallation nicht benötigter Betriebssystemfunktionen: je schlanker, desto weniger Angriffsfläche

Das Härten der Arbeitsumgebung kann Folgendes beinhalten:

- Entfernung nicht benötigter Software
- Entfernen oder Deaktivieren nicht benötigter Funktionalitäten
- Verschlüsselung der Datenverarbeitung mittels Software oder HSM
- Aktuellhalten aller installierten und eingesetzten Anwendungen
- Passwortrichtlinien, Least-Privilege-Zugriffe für Daten und Anwendungen

### 14.3.1 Schutz von Gehäuse und BIOS

Das Härten von Systemen dient der Vermeidung von Fehlern, aber auch dem Schutz vor Angreifern. Um Letzteres handelt es sich, wenn Sie den Schutz der Rechner selbst im Visier haben.

Das beginnt mit dem Abschließen der Rechnergehäuse und geht damit weiter, dass der entsprechende Schlüssel dazu anschließend nicht an die Rückseite des Systems montiert wird ... Dazu gehören aber auch Vorrichtungen zur Diebstahlsicherung wie Alarmanlagen oder Schlösser an Racks.

Jedes Computersystem verfügt zudem über ein BIOS bzw. über dessen Nachfolger, das UEFI. Beim Schutz des BIOS geht es ebenfalls um die Abwehr von Angriffen, wobei hier nicht der Diebstahl, sondern die Manipulation des Systems im Vordergrund steht.

Mögliche Bedrohungen sind z.B. das Verändern der Boot-Reihenfolge, das Aktivieren externer (deaktivierter) Schnittstellen oder das Zugreifen auf Systeminformationen. Ein solcher Zugriff wird beispielsweise dann interessant, wenn man so den vorgegebenen Boot-Vorgang manipulieren kann, externe Schnittstellen ansprechen kann und damit das Starten eines externen Betriebssystems ermöglicht, um die Daten auf der lokalen, an sich durch das Betriebssystem passwortgeschützten Festplatte lesbar zu machen.

Es ist daher sinnvoll, das BIOS durch ein starkes Passwort zu sichern, damit kein unbefugter Zugriff möglich ist.

Eine weitere Maßnahme ist die Aktivierung der Chassis Intrusion Detection. Diese Überwachung meldet sich, wenn das Gehäuse eines Systems geöffnet wird. Hierbei handelt es sich um einen kleinen Kontaktschalter, der so im Inneren des Gehäuses angebracht ist, dass er mit dem abnehmbaren Gehäusedeckel in Kontakt kommt. Bei geschlossener Abdeckung ist der Schaltkreis des Schalters geschlossen. Beim Öffnen der Abdeckung drückt diese nicht mehr gegen den Schalter und der Schaltkreis wird dadurch unterbrochen. Das BIOS registriert dieses Ereignis und gibt bei jedem weiteren Start eine Warnung aus oder fährt das System unmittelbar nach dem Start wieder herunter, bis die Warnung zurückgesetzt wird. Die Warnung kann in den BIOS-Einstellungen zurückgesetzt werden.

### 14.3.2 Sicherheit durch TPM

Beim Trusted Platform Module (TPM) handelt es sich um einen Chip, der im System verbaut wird und dieses danach um verschiedene Sicherheitsfunktionen erweitert. Der Chip ist Bestandteil der TCG-Spezifikation der Trusted Computing Group (TCG). Wichtig: Dieser Chip ist nicht benutzergebunden, sondern maschinengebunden, d.h. an die konkrete Hardware, in der er verbaut wird.

TPM kann nicht nur in PCs und Notebooks, sondern auch in Smartphones oder Tablets integriert werden, ja sogar in Geräten der Unterhaltungselektronik.

Damit das Trusted Computing funktioniert, benötigt es ein TPM-Modul, eine entsprechende Unterstützung im BIOS sowie Software, die die jeweiligen Richtlinien verwaltet.

Eine auf diese Weise eingerichtete Plattform kann nicht mehr entgegen der Richtlinie des Administrators (bzw. Eigentümers) genutzt werden.

Der Chip selbst verhält sich passiv und kann weder den Bootvorgang noch den Betrieb direkt beeinflussen. Er enthält aber einen eindeutigen kryptografischen Schlüssel und kann damit zur Identifikation eines Systems genutzt werden. Das TPM-Modul kann im BIOS aktiviert oder auch gänzlich deaktiviert werden.

Um den Nutzen von TPM zu gewähren, gibt es Anwendungen wie z.B. das Sicherheitscenter bei HP-Systemen oder die Thinkvantage Client Security von IBM/Lenovo, die ein aktiviertes TPM-Modul voraussetzen. Mit dieser Software kann dann eine Richtlinie eingerichtet werden, die bestimmt, welche Aktionen am System selbst zulässig sind und was geschieht, wenn diese Richtlinie verletzt wird. So ist es z.B. möglich, in Zusammenhang mit TPM die Festplatte zu verschlüsseln.

Wird die Festplatte anschließend (unbefugt) ausgebaut, kann sie an einem anderen Systemboard nicht mehr entschlüsselt werden, weil die Verbindung zum »vertrauenswürdigen« System nicht mehr gewährleistet ist.

### 14.3.3 Full Disk Encryption

Eine weitere Sicherheitsmaßnahme sind die sogenannten Full Disk Encrypted Disks (FDE), auch Self Encrypting Devices (SED) genannt. Hierbei handelt es sich um eine rein hardwarebasierte symmetrische Verschlüsselung, die in der Disk selbst angelegt ist und vor allem bei schnellen Solid State Disks (SSDs) zum Einsatz kommt. Neuere SED-Verfahren beruhen auf dem OPAL-Standard 2.0. OPAL oder genauer TCG Opal, was für Trusted computing Group steht. Diese Organisation entwickelt offene Standards für sichere Computerplattformen und verabschiedet diese in Spezifikationen für Speichergeräte. Der aktuelle Standard 2.0 schreibt z.B. vor, dass die Verschlüsselung auf der Disk »always on«, also dauerhaft aktiviert ist.

Im Unterschied zu softwarebasierten Verschlüsselungsverfahren, bei denen irgendwo die Software selbst Platz finden muss – sei es auf einer unverschlüsselten Partition oder einem externen Datenträger –, wird bei der hardwarebasierten Verschlüsselung die Verschlüsselung selbst direkt durch die Firmware auf dem Diskcontroller übernommen und selbstständig verwaltet.

Zudem können weitere Funktionen implementiert werden, wie etwa aktuell die von verschiedenen Herstellern beworbene eingebaute Plattenlöschung, die bei

Bedarf direkt durch deren Integration im UEFI-Bios ausgelöst werden kann und eine sichere Löschung der Platte garantiert.

### 14.3.4 Softwarebasierte Laufwerksverschlüsselung

Es gibt auch verschiedene Software-Lösungen, um die gesamte Festplatte zu verschlüsseln. Microsoft bietet in den meisten neuen Windows-Versionen die Verschlüsselung mit Bitlocker an. Dabei kann zusätzlich das TPM-Modul zur höheren Sicherheit genutzt werden. Es gibt auch Lösungen diverser Hersteller von Endpoint-Protection-Lösungen, die den Verschlüsselungsteil mit anbieten. Wichtig ist dabei, bei allen Lösungen auf eine Preboot-Sequenz zu setzen. Damit können diverse lokale Angriffe auf die Laufwerksverschlüsselung wie die Kaltstartattacke (Cold Boot Attack) oder der Angriff über die FireWire- respektive Thunderbolt-Schnittstelle verhindert werden. Bei all diesen Angriffen werden Inhalte aus dem RAM benötigt. Wenn eine Pre-Boot Authentication (PBA) genutzt wird, sind diese gesuchten Inhalte vor der Eingabe des entsprechenden Passworts noch nicht im RAM vorhanden. Eine Pre-Boot Authentication wird, wie das Wort andeutet, direkt nach dem Start angezeigt. Der MBR verweist also auf diesen Startteil. Ohne eine entsprechende Authentifizierung dort kann das System nicht gestartet werden.

### 14.3.5 Hardware-Sicherheitsmodul

Ein Hardware-Sicherheitsmodul (HSM) ist ein internes oder externes Gerät, das an ein System angeschlossen werden kann und eine sichere Ausführung von kryptografischen Operationen ermöglicht. Alternativ gibt es auch HSM-Systeme, die eigene Systemhardware mitbringen. Ein HSM kommt überall dort zum Einsatz, wo eine besonders sichere Ausführung der Datenverarbeitung erforderlich ist, z.B. beim Erstellen von Personalisierungsdaten für Debit- und Kreditkarten, Personalausweisen und Führerscheinen oder beim Erstellen von personalisierten Schließsystemen.

HSM werden nach internationalen Standards wie FIPS oder den Common Criteria zertifiziert und beinhalten neben der Hardware ausführliche Managementsoftware zur sicheren Verwaltung von Gerät und Schlüsseln.

## 14.4 Sichere Software: Vom Hotfix zum Upgrade

Je nach Hersteller unterscheiden sich die Begriffe, welche in der Software-Maintenance verwendet werden. Das Prinzip dahinter ist aber immer dasselbe.

Man sollte unterscheiden:

- Sicherheitskritische Fehler
- Kritische Fehler

- Nichtkritische Fehler
- Verbesserungen
- Neue Funktionalitäten

Diese Unterscheidung gilt genauso für Betriebssysteme wie auch für Anwendungssoftware, und in der Serverwartung ist nicht nur die Betriebssystemwartung, sondern auch die Anwendungswartung sehr wichtig. Dies zeigte z.B. der Virus w32.slammer, welcher innerhalb kürzester Zeit eine riesige Anzahl von Microsoft SQL-Servern infizierte.

### 14.4.1 Problemkategorien

#### Sicherheitskritische Fehler

Ein sicherheitskritischer Fehler in Betriebssystemen oder Anwendungen bedroht die Vertraulichkeit oder die Integrität der Unternehmensdaten und kann direkt oder indirekt großen Schaden verursachen.

#### Kritische Fehler

Kritische Fehler können zu Anwendungs- oder Systemversagen führen, ohne dass die Sicherheit oder Integrität der IT-Infrastruktur gefährdet wird.

#### Nichtkritische Fehler

Nichtkritische Fehler stellen zwar ein Ärgernis dar, verursachen aber keinen unmittelbaren Schaden.

#### Verbesserungen

Verbesserungen sind kleinere Modifikationen, welche die Funktionalität nicht in großem Stil verändern.

### 14.4.2 Maintenance-Produkte

Entsprechend werden von den Software-Herstellern auch unterschiedliche Produkte zur Software-Maintenance bereitgestellt.

#### Patch, Fix

Ein Patch ist ein »Flicken«, der zumeist einen sicherheitskritischen Fehler oder einen kritischen Anwendungsfehler behebt. Sicherheitskritische Patches und Fixes sollten möglichst schnell getestet und installiert werden. Nur so kann die Systemintegrität sichergestellt werden.

## Hotfix

Ein Hotfix behebt zumeist einen Anwendungsfehler, der zu wenig kritisch ist, um als Patch verteilt zu werden. Hotfixes werden meistens nur bei Bedarf auf Anforderung bereitgestellt.

Hotfixes werden in der Regel nur dann installiert, wenn ein akutes Problem aufgetreten ist.

## Rollups

Patches oder Fixes werden zum Teil als Pakete oder Gruppen bereitgestellt. Rollups sollten Sie nach den Empfehlungen der Hersteller und eingehenden Tests installieren.

## Service Packs

Service Packs sind die Sammlungen der Patches, Fixes und Hotfixes, welche in einem Zeitraum aufgelaufen sind und in der Zwischenzeit auch eingehend getestet wurden. Häufig fließen in ein Service Pack auch kleinere Verbesserungen ein.

Da die Service Packs neben den funktionalen Erweiterungen auch sicherheitskritische Features beinhalten können, sollten diese nach der Verfügbarkeit getestet und flächendeckend verteilt werden. Es ist aber darauf zu achten, dass insbesondere Sicherheitsverbesserungen auch dazu führen können, dass ältere Anwendungsprogramme Probleme bekommen

## Update

Updates umfassen meist punktuelle Verbesserungen in der Funktionalität. Updates sind bei den meisten Herstellern nicht kostenpflichtig.

Updates sollten nur bei Bedarf installiert werden.

## Upgrade

Bei den Upgrades handelt es sich zumeist um kostenpflichtige neue Punkt- oder auch Hauptversionen. Man spricht auch von Minor Versions (4.3 auf 4.4) oder Major Versions (4.0 auf 5.0).

Upgrades können aufgrund verschiedener Faktoren notwendig sein (Kompatibilität, Supportlebenszeit etc.). Sie sollten aber in jedem Falle genau geplant und ausgiebig getestet werden. Da meistens auch die Funktionalität und die Bedienoberfläche von Updates betroffen sind, kann dabei auch eine Benutzerschulung notwendig werden.

### Testen/Systemintegration

Egal welcher Art das Maintenance-Produkt ist, der Software-Hersteller kann nie alle möglichen Szenarien testen. Der Server- oder Anwendungsverantwortliche muss in seiner eigenen Umgebung erst testen, ob der Produktionsbetrieb durch die Ausbreitung eines Patches, Service Packs oder Updates gefährdet werden kann.

Am problematischsten sind die sicherheitsrelevanten Patches. Im Extremfall werden Systeme so lange heruntergefahren, bis der Sicherheits-Patch getestet und verteilt ist.

## 14.5 Software nachinstallieren unter *nix

Das System ist installiert und läuft soweit. Doch es kommt immer wieder vor, dass auch nachträglich Software installiert werden muss. Folglich stellt sich die Frage: Wie kann zusätzliche Software nachträglich korrekt installiert werden?

Neben der Standardsoftware, welche mit einer Distribution mitgeliefert wird, gibt es zahlreiche Anbieter, die Software zur freien Verfügung bzw. zum Herunterladen anbieten. Das können kleinere Tools sein, jedoch auch umfangreiche Produkte.

Unter Linux und Unix kann man Software entweder vom Sourcecode aus übersetzen und installieren oder ein vorgefertigtes binäres Software-Paket mit einem Paketmanagement-Tool installieren.

### 14.5.1 Kompilieren ab Sourcecode

Wieso kann man sich für die Installation ab dem Sourcecode entscheiden? Es gibt verschiedene Gründe, welche zu diesem Schluss führen können:

1. Aktualität: Oft ist ein Paket in der Distribution nicht auf dem gleichen Stand wie die aktuelle Version. Wenn ein Sicherheitsloch bekannt wird, muss der Hersteller, z.B. Red Hat, zuerst ein Paket machen, dieses testen und dann zum Download verfügbar machen. Wer Bleeding Edge sein möchte oder dies braucht, um Löcher zu schließen und oder neue Features einzusetzen, kann den Weg »Kompilieren ab Sourcecode« wählen.

2. Features: Die vorkompilierten Pakete einer Distribution weisen oft zu viele Features auf, die nicht gebraucht werden. Wenn man beispielsweise noch kein IPv6 benutzt, muss dies von der Software auch nicht unterstützt sein. Das Installieren ab Sourcecode ermöglicht es somit, schlankere Installationen zu erstellen.

3. Installationspfade: Wenn von der Source kompiliert wird, ist es möglich, andere Installationspfade für die Software anzugeben. Dies beginnt damit, dass ein Benutzer in seinem Home-Verzeichnis installieren kann, was durchaus prak-

tisch ist, ohne das System zu tangieren oder wenn es gewünscht ist, beispielsweise zwei Versionen von Apache installiert zu haben. So wird Apache 2.2 ins Verzeichnis /usr/local/apache2.2 installiert und Apache 2.4 ins Verzeichnis /usr/local/apache2.4.

4. Ein Nachteil dieser Installationsvariante ab Sourcecode ist, dass sie am Paketmanagementmechanismus für diese Maschine vorbeigeht. Im Vergleich zu Windows könnte man sagen, die Software wird dann nicht unter Add/Remove Programs aufgeführt. Im Gegenzug ist es allerdings möglich, dass man selbst ein binäres Paket zusammenstellt, welches wiederum in den Paketierungsmechanismus des Systems einfließt und auch wieder darüber deinstalliert oder gar auf andere Systeme verteilt werden kann.

Voraussetzung dafür, dass kompiliert werden kann, ist die Installation von Software-Entwicklungstools. Es erfordert einen Compiler (GCC) und die entsprechenden Bibliotheken und Zusatz-Tools wie make. Bei einer normalen Linux-Installation sind diese Programme dabei – eventuell wird bei der Installation Software Development ausgewählt, sodass diese Voraussetzungen erfüllt sind.

Die Installation ab Sourcecode funktioniert fast immer gleich:

1. Download der Software (oft ein Tarball mit Endung .tar.gz – ein gezipptes Tar-Archiv)
2. Entpacken der Software, z.B.:

```
# tar xvfz softwarepacket-version.tar.gz
```

x steht für extract
v für verbose (gesprächig)
f für file und
z für gzip

3. Wechsel ins Verzeichnis der ausgepackten Software-Sources:

```
# cd software-version
```

4. In jedem Fall sollte das Readme- und/oder Install-Dokument gelesen werden (ehrlich gesagt wird dies oft erst getan, wenn sich das Packet nicht so einfach installieren lässt ...).
5. Konfigurieren der Software und Abstimmen auf das System

```
# ./configure
```

Hier können zusätzliche Optionen angeben werden:
--help für die Liste aller Optionen

```
--prefix=Installationspfad
usw.
```

6. Nun kann kompiliert werden, dies übernimmt das Tool make:

```
# make
```

7. Bis zu diesem Schritt sind keine Änderungen am System vorgenommen worden, erst mit diesem Installationsschritt erfolgt die Kopie der Software auf das Filesystem:

```
# make install
```

Nach diesen Schritten ist die Software installiert und bereit für die Nutzung. Je nachdem muss nun die Konfiguration angepasst bzw. erstellt werden (was sich bei einem binären Packet auch anbietet). Je nachdem sollte ein Start-/Stop-Skript (oder Systemd-Unit) generiert werden, falls es sich um einen Systemdienst handelt, welcher beim Start der Maschine hochgefahren werden soll.

Wie erwähnt kann von einer kompilierten Applikation ein Software-Paket für das Packetmanagement erstellt werden. Dafür gibt es verschiedene Hilfetools, welche zum Komfort hinzugezogen werden können.

Selbst kompilierte Software sollte getrennt sein von jener, welche durch das distributionseigene Packetsystem geliefert worden ist. Der Standard dafür ist das Verzeichnis »/usr/local«, »lokal« installierte Software, welche nicht von der Distribution stammt.

Unter »/usr/local«, wenn man das nutzt, wird dann auch eine ähnliche Ordnerstruktur zu finden sein wie unter »/usr«, z.B. »bin«, »sbin«, »lib« usw.

### 14.5.2 Vorgefertigte Pakete

Fast jedes Unix und Linux verfügt über einen Paketmanager. Mit diesem kann man einfach Software-Pakete installieren, erneuern oder entfernen.

RPM (Red Hat Packet Manager) ist weitverbreitet, diese Dateien enden auf .rpm. SuSE, Red Hat, Rocky und andere verwenden diesen Paketmanager. Das Commandline-Tool dazu heißt einfach rpm oder auch rpmbuild, um selbst RPMs zu erstellen. Man kann RPMS direkt mit »rpm« verwalten, in der Regel nimmt man jedoch ein Frontend dafür, z.B. yum. Der Vorteil von Letzterem ist, dass die Pakete automatisch vom Netz/Internet heruntergeladen werden und die Abhängigkeiten aufgelöst werden. Die RPMS, welche den Sourcecode und die Installationsskripts enthalten, heißen SRPM.

DEB (Debian Packages) sind die Software-Pakete, welche für debianbasierte Systeme wie Ubuntu, Raspian oder eben Debian verwendet werden. Diese haben die

Endung .deb. Das Tool dpkg verwaltet in der Kommandozeile die Pakete, welche zu löschen, zu installieren oder zu erneuern sind.

Solaris, als Unix-Beispiel, verwendet Solaris-Packages pkg, auch mit dieser Endung, wenn auch oft als pkg.gz zum Download angeboten wird. Die Tools pkgadd, pkgrm und pkginfo dienen zum Hinzufügen von Software, zum Löschen (rm wie remove) und um Informationen zu erhalten.

RPMs können heruntergeladen und installiert werden. Doch die meisten haben auch schon Erfahrungen damit gemacht, dass Abhängigkeiten zu anderen Paketen und Versionen bestehen, was die Installation sehr nervenaufreibend gestalten kann. Kaum hat man das zusätzlich geforderte Paket gefunden, kreiert dieses wieder neue Abhängigkeiten, welche befriedigt werden müssen.

Sie lernen kurz die Installation von RPM-Paketen kennen. Die Debian-Packages mit dem Tool dpkg zu installieren, funktioniert analog, außer dass die Optionen variieren.

### 14.5.3 RPMs managen

**Installieren von RPMs**

```
# rpm -i zsh-5.8.9.el9.x86_64.rpm
```

Die Pakete sind immer nach dem gleichen Schema benannt:

Paketname-Version.Architektur.rpm

Der Paketname ist der Name der Applikation, Version die entsprechende Release-Nummer der Software selbst und je nachdem als Zusatz eine Distributoren-Paketierungsversion. Im Beispiel oben erscheint »el9« nach der Version, das steht für Enterprise Linux 9 von Red Hat. Nach der Version wird die Architektur vermerkt, x86_64 steht für Intel (oder AMD) Architektur, 64bit. Andere Bezeichnungen für Alpha-Server oder Ultrasparc-Maschinen wären alpha oder sparc.

Zu den Optionen:

- -i    bedeutet so viel wie install, das Paket wird installiert.
- -Uvh  zum Paketinstallieren ist etwas komfortabler.
- U     heißt Update, d.h., das Packet wird frisch installiert, wenn es noch nicht vorhanden ist, oder es wird gleich ein Update gemacht.
- v     steht für verbose (gesprächig); rpm soll also mitteilen, welches Paket gerade installiert wird.
- h     heißt hashes, der Installationsfortschritt wird mit # dargestellt.

### Deinstallieren von RPMs

```
# rpm -e zsh
```

Die Option -e heißt so viel wie erase, das Paket wird vom System entfernt. Die Konfigurationsdateien, welche erarbeitet wurden, bleiben jedoch auf dem System bestehen. Bei der Deinstallation wird nur der Paketname angegeben.

### RPM-Abfragen

```
# rpm -qa |grep zsh
```

Mit rpm -qa wird ein Query all gemacht, d.h., alle RPM-Pakete, welche installiert sind, werden aufgelistet. Mit dem grep wird verhindert, dass eine Riesenliste auf dem Bildschirm erscheint, und es werden nur die Pakete angezeigt, welche als Stichwort zsh beinhalten.

```
# rpm -qf /bin/zsh
```

Öfters kommt es vor, dass auf einem System A die Software vorhanden ist, jedoch auf dem System B nicht. Mit Query File kann eruiert werden, aus welchem Paket eine Datei stammt. Oder umgekehrt, wenn man wissen möchte, welche Dateien durch das Paket zur Verfügung gestellt wurden (und wo diese liegen) geht, das mit »-ql«:

```
# rpm -ql zsh
```

Hin und wieder möchte man nähere Informationen über ein RPM-Paket, diese erhält man durch »-qi«, query info:

```
# rpm -qi zsh
```

### 14.5.4 DEB-Pakete managen

Neben RPMS sind die DEB, Debian-Pakete, weitverbreitet. Debian, die Xbuntu Varianten, raspian, aber auch andere verwenden dieses Package-Management-System. Grundsätzlich kann es genau dasselbe wie RPM, sprich Distributions- oder Dritthersteller-Software-Pakete installieren.

### Installation von Debian-Paketen

```
# dpkg -i zsh_5.8-6+deb11u1_amd64.deb
```

Wie bei RPMS ist der Dateiname mit verschiedenen Informationen ausgestattet:

Paketname_Version+Distribution_Architektur.deb

Der Dateiname des .deb-Pakets ist zusammengesetzt aus dem Namen, der Version der Software, der Distribution, wofür es gedacht ist, und schließlich aus der Architektur. Deb11u1 steht für Debian 11 Update 1, und amd64 will heißen, dass es für Intel und AMD in der 64bit Variante gefertigt wurde.

## Entfernen von Debian-Paketen

```
# dpkg -r zsh
```

deinstalliert das Paket »zsh«. »-r« steht für remove, die Software wird entfernt und die Package-Management-Datenbank entsprechend aktualisiert.

Es wird nicht der volle Dateiname des ursprünglichen Pakets gebraucht, nur der Name.

## Abfragen ans Debian-Package-Management

```
# dpkg -l
```

listet alle installierten Debian-Pakete auf. Name und Version, Architektur und die Beschreibung dazu. Auf modernen Debian-Systemen wird das auch gleich mit less angezeigt, dass man bequem blättern kann.

```
# dpkg -l | grep zsh
```

ist praktisch, wenn man nach einem bestimmten Paketname oder String in der Beschreibung sucht.

```
# dpkg -s zsh
```

»-s« wie Status gibt Informationen über das installierte Paket an.

```
# dpkg -L zsh
```

listet alle Dateien auf, welche durch dieses Paket auf das System installiert wurden.

```
# dpkg -l /bin/zsh
```

Das umgekehrte wie oben, welches Paket hat diese Datei auf das System gebracht?

Neben Debian- und RPM-Paketen gibt es weitere Paketsysteme für Linux-Distributionen. Gentoo bedient sich sogenannter »ebuilds«, diese beinhalten, wie das Gentoo-Paket kompiliert werden soll, oder slackwareähnliche Distributionen nutzen ».tgz«-Pakete. Auch bei diesen Paketen hat man wie bei RPM- und DEB-Tools, welche die Administration ermöglichen.

### 14.5.5 Yum und Apt

Yum für Red-Hat-Maschinen, Apt für debianbasierte Distributionen und pkg-get für Solaris vereinfachen die Software-Nachinstallation erheblich und sind heute kaum noch wegzudenken. Dies sind Frontends für die Commandline-Utils rpm, dpkg und pkgadd. Einzig und alleine eine Verbindung ins Internet oder zu einem internem Repository ist erforderlich. Diese Tools holen die Pakete direkt vom Mirror-Server auf dem Internet (oder Intranet), erledigen die Abhängigkeiten und fragen lediglich nach, ob installiert werden soll. Sogar System-Updates und -Upgrades sind möglich. Herrliche Welt der Automatisierung!

Alle drei Tools lassen sich sehr ähnlich benutzen. Beispielsweise wird hiermit ein Paket namens mtr installiert (My Traceroute):

```
# yum install mtr
```

oder unter Debian:

```
# apt install mtr
```

Yum und Apt bieten aber noch viel mehr.

System updaten:

```
# yum update
# apt update; apt upgrade
```

Die konfigurierten Software-Repositories werden konsultiert und es wird nachgeschaut, was es für Neuerungen gibt. »yum update« fragt dann auch gleich, ob diese Neuerungen installiert werden sollten. Mit »apt« ist ein zweiter Schritt nötig, »update« holt nur die Liste mit den aktuellen Paketen, »upgrade« führt dann effektiv die Aktualisierung durch. Je nachdem braucht es zusätzlich ein »apt dist-upgrade« für System kritische Pakete.

Suchen:

```
# yum search suchbegriff
# apt search suchbegriff
```

Konsultiert die Packetlisten und sucht nach dem Stichwort »suchbegriff«. Dies kann der Packetname aber auch ein Wort aus der Beschreibung sein.

Heute wird in der Regel Apt oder Yum verwendet, es kann aber auch mal sein, dass ein Software-Hersteller einfach nur ein RPM- oder DEB-Paket zur Verfügung stellt und dies nicht in den Repositories zu finden ist. Dann kann man die Tools rpm und dpkg verwenden.

## 14.6 Software-Maintenance für Windows-Server

Die Tatsache, dass Microsoft Windows im PC- und Serverbereich in vielen Bereichen sowohl client- als auch serverseitig das am weitesten verbreitete Betriebssystem ist, macht es zu einem sehr beliebten Angriffsziel für Virenattacken und Hacker.

Insbesondere wird von Microsoft erwartet, dass bekannte Probleme und Sicherheitslöcher so schnell wie möglich bekanntgegeben werden. Die geschieht jeweils, wenn Microsoft auch den entsprechenden Sicherheits-Patch zur Verfügung stellen kann. Da aber auch die Programmierer der Malware Zugriff auf diese Informationen haben, ist es jeweils nur eine Frage von Tagen oder sogar Stunden, bis auch die entsprechenden Schädlinge auftreten. Eine schnelle und möglichst automatisierte Ausbreitung der Patches ist also in einer Microsoft Windows-Systemumgebung eminent wichtig.

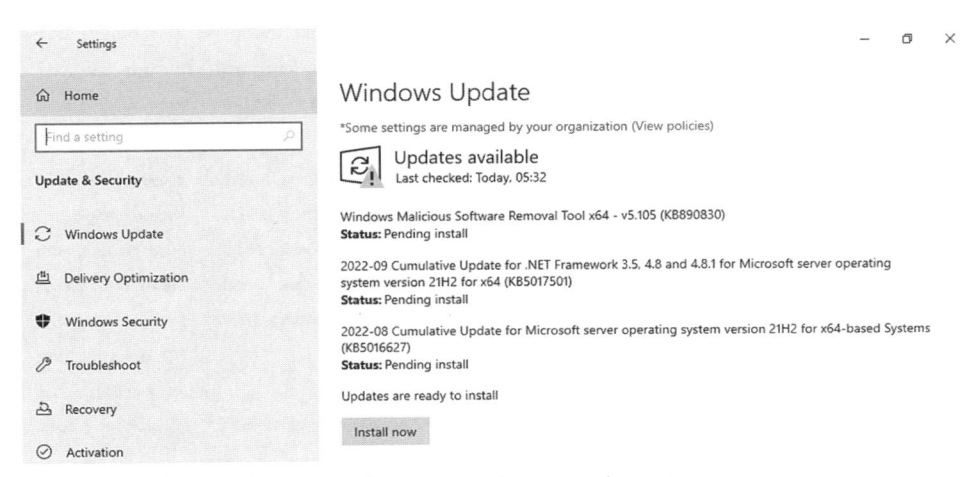

**Abb. 14.3:** Der browserbasierte Update-Client früherer Windows-Versionen

### 14.6.1 Update- und Patch-Philosophie von Microsoft

Schon geraume Zeit unternimmt Microsoft große Anstrengungen, seinen Kunden möglichst sichere Betriebssysteme zur Verfügung zu stellen. Dies geschieht sowohl über technische Maßnahmen wie die Benutzerzugriffskontrolle (User Account Control), organisatorische Maßnahmen wie der Notwendigkeit, dass Administratoren Dienste bewusst installieren und konfigurieren müssen, aber auch in sehr starkem Maße durch die Mechanismen, welche im Bereich der Update-Services zur Verfügung gestellt werden.

Einige wichtige Komponenten sind die Security-Bulletins von Microsoft, welche regelmäßig über Sicherheitsthemen informieren, und die Knowledge-Base-Artikel, welche die technischen Details zu Patches und Sicherheitsproblemen enthalten.

Der Produktlebenszyklus sieht bei Microsoft vier Jahre für einen Major Release (Windows Server 2012) vor, dazwischen können alle zwei Jahre kostenpflichtige Minor Releases erscheinen (Windows Server 2012/R2). Seit dem Server 2016 sind allerdings keine R2 Releases mehr erschienen, der zeitliche Abstand wurde auf drei Jahre verkürzt (2016/2019/2022). Dafür werden in einem Halbjahresrhythmus Feature-Updates zur Verfügung gestellt.

Zwischen den Releases erscheinen Patches (neuerdings generell als Updates bezeichnet), welche in mehreren »Cumulative Updates« zusammengefasst werden können.

| | | | | |
|---|---|---|---|---|
| ● | 🛡 | - | Security Intelligence Update for Microsoft Defender Antivirus - KB2267... | Microsoft Defender Ant... |
| ● | 🛡 | Mäßig | Chrome (x86) 105.0.5195.127 | Chrome |
| ⊟ In Arbeit (3 Elemente) | | | | |
| ● | ☑ | - | Windows Malicious Software Removal Tool x64 - v5.105 (KB890830) | Windows Server 2012 ... |
| ● | ☑ | - | 2022-09 Cumulative Update for Microsoft server operating system versi... | Windows |
| ● | ☑ | Wichtig | 2022-09 Cumulative Update for .NET Framework 3.5, 4.8 and 4.8.1 for ... | Microsoft Server opera... |
| ⊟ Installiert (8 Elemente) | | | | |
| ● | ☑ | - | Update for Windows Defender Antivirus antimalware platform - KB4052... | Windows Defender, Mi... |
| ● | ☑ | - | Update for Microsoft Defender Antivirus antimalware platform - KB4052... | Microsoft Defender Ant... |
| ● | ☑ | Wichtig | Sicherheitsupdate für Microsoft Visual C++ 2010 Service Pack 1 Redistr... | Developer Tools, Visua... |
| ● | ☑ | Wichtig | Sicherheitsupdate für Microsoft Visual C++ 2008 Service Pack 1 Redistr... | Developer Tools, Visua... |
| ● | ☑ | Wichtig | Sicherheitsupdate für Microsoft Visual C++ 2005 Service Pack 1 Redistr... | Developer Tools, Visua... |
| ● | ☑ | Kritisch | MSXML 6.0 RTM Sicherheitsupdate (925673) | SQL Server, SQL Serve... |
| ● | ☑ | Mäßig | Microsoft Edge (x64) 105.0.1343.33 | Microsoft Edge |
| ● | ☑ | Kritisch | 2022-08 Security Update for Microsoft server operating system version ... | Microsoft Server opera... |

**Abb. 14.4:** Verschiedene Update-Typen für Windows. Ansicht in einem Drittherstellen Cloud-Werkzeug

Es gibt verschiedene Arten von Updates, diese werden in der Regel mit einer KB-Nummer identifiziert. Über diese KB-Nummer sind sie am einfachsten und eindeutigsten zu identifizieren.

## Updates

Einzelner Patch, welcher für das Betriebssystem, aber auch Betriebssystemkomponenten und Anwendungen zur Verfügung gestellt wird.

## Cumulative Updates

Zusammengefasste Updates, welche in der Regel einmal im Monat (Patch Dienstag) veröffentlicht werden.

## Sicherheitsupdates

Sicherheitsupdates adressieren spezifische Sicherheitsprobleme und werden ebenfalls für das Betriebssystem, Betriebssystemkomponenten oder Anwendungen zur Verfügung gestellt.

## Feature Update

In den halbjährlichen Feature-Updates fasst Microsoft die funktionellen Updates zusammen. Nachdem anfänglich den Feature-Updates, primär von Windows, Namen wie »Anniversay Update« gegeben wurde, verwendet Microsoft aktuell das System mit Jahreszahl und Halbjahr (21H2). Diese haben zwar ebenfalls eine Build-Nummer, aber für die Versionsidentifikation wird in der Regel dieses System verwendet. Zwischendurch wurde mal die Konvention Jahr/Monat (1809) verwendet.

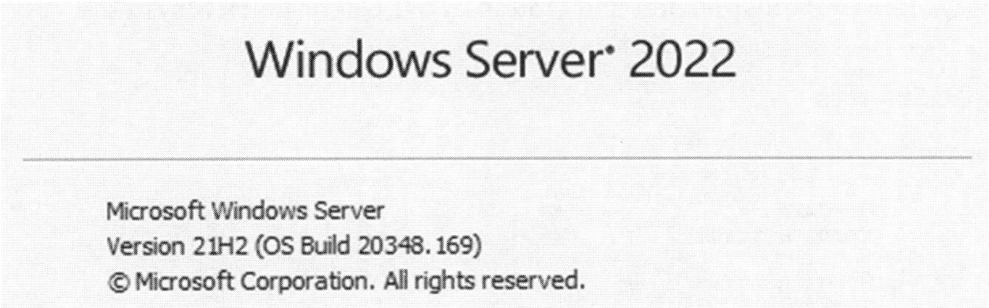

```
Windows Server® 2022

Microsoft Windows Server
Version 21H2 (OS Build 20348.169)
© Microsoft Corporation. All rights reserved.
```

**Abb. 14.5:** Windows-Server-Versionsidentifikation (winver.exe): Version 2021 Halbjahr 2

Für lizenzierte Produkte sind Updates, auch Feature-Updates, gratis, solange die Produkte offiziell unterstützt werden. Wenn ein Produkt nicht mehr unterstützt wird, werden nur noch die wichtigsten Sicherheitsupdates dafür entwickelt und angeboten.

Es gibt verschiedene Möglichkeiten die Windows-Server-Updates zu konfigurieren.

### 14.6.2 Windows-Updates über »Einstellungen«

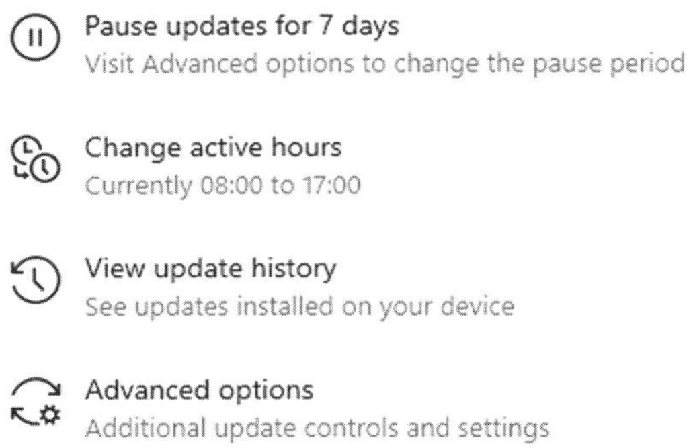

**Pause updates for 7 days**
Visit Advanced options to change the pause period

**Change active hours**
Currently 08:00 to 17:00

**View update history**
See updates installed on your device

**Advanced options**
Additional update controls and settings

**Abb. 14.6:** Optionen Einstellungen Windows-Update

Wie auch bei den Client-Betriebssystemen können über die Einstellungen des Windows GUI die Updates verwaltet werden.

- Suchen und Anzeigen aktuell benötigter Updates
- Pausieren der Update-Installationen
- Festlegen der Sperrzeiten (active hours) während derer keine Updates installiert werden
- Anzeigen der Update-Historie
- Konfigurieren der Update-Einstellungen. Diese Möglichkeiten sind sehr einfach gehalten und entsprechen den Optionen der Client-Betriebssysteme.

**Download Statistics**

Since 01.09.2022

From Microsoft
100.00% (793.1 MB)

From Microsoft cache server
0.00% (N/A)

From PCs on your local network
0.00% (N/A)

From PCs on the Internet
0.00% (N/A)

Average download speed (user initiated): N/A
Average download speed (background): 7.3 Mbps

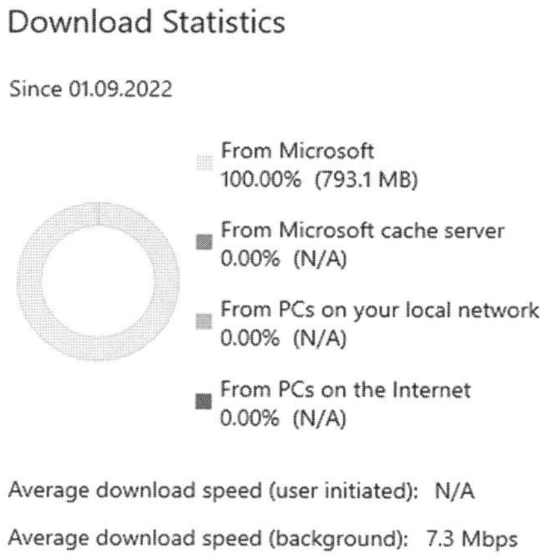

**Abb. 14.7:** Einstellungen – Windows-Updates – Activity Monitor

Eine interessante Information, insbesondere bei Problemen mit den Updates, können die Downloadstatistiken sein. Diese zeigen an, wie viele Updates manuell, respektive automatisch initiiert wurden und woher die Updates heruntergeladen worden sind.

### 14.6.3 Windows Update Service (WSUS)

Lange Zeit bildete der 2003 veröffentlichte Windows Update Service (WSUS, ehemals SUS) als zentralisierte Verwaltungsstelle für das Update- und Patch-Management das wichtigste Werkzeug für das Updatemanagement in kleineren und mittleren Netzwerken.

Mit dem WSUS können Updates sowohl für Client- als auch Serverbetriebssysteme verwaltete werden.

Der WSUS aktualisiert sich regelmäßig beim Microsoft-Update-Dienst oder bei einem übergeordneten WSUS. Auf dem WSUS können nun Updates nach dem Testen freigegeben werden. Der WSUS erlaubt es, Updates nur für bestimmte Computergruppen freizugeben und bildet somit ein sehr flexibles Mittel für das Patch-Management sowohl der Clients wie auch der Serverbetriebssysteme.

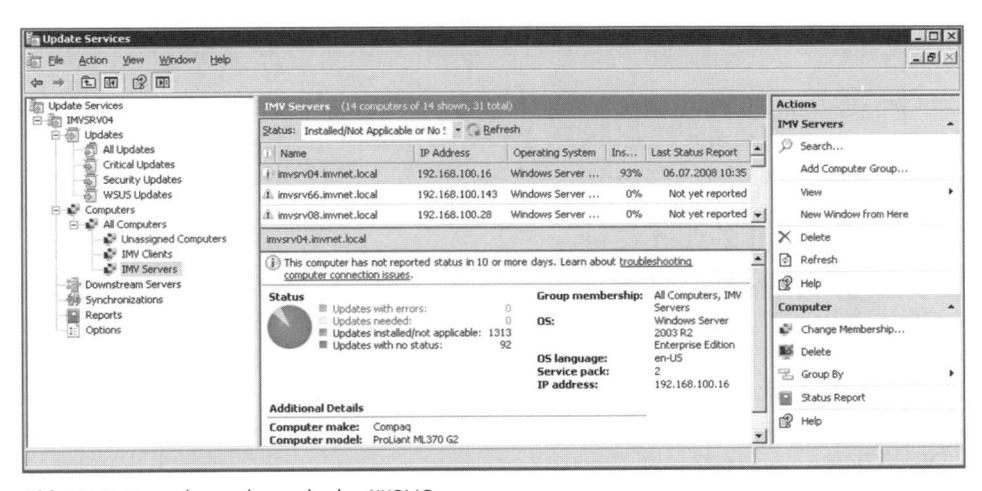

**Abb. 14.8:** Verwaltungskonsole des WSUS

Die Clients werden über Gruppenrichtlinien so konfiguriert, dass der Update Client (wuauclt) sich nicht mehr beim Microsoft Update Service, sondern beim firmeninternen WSUS aktualisiert. Die Update-Clients, das sind auch die Windows-Server, bekommen die Liste der für sie freigegebenen Updates und installieren diese automatisch. Die Kommunikation zwischen Update-Clients und WSUS erfolgt über HTTP, diejenige zwischen WSUS und übergeordnetem Update-Service mittels HTTP und BITS.

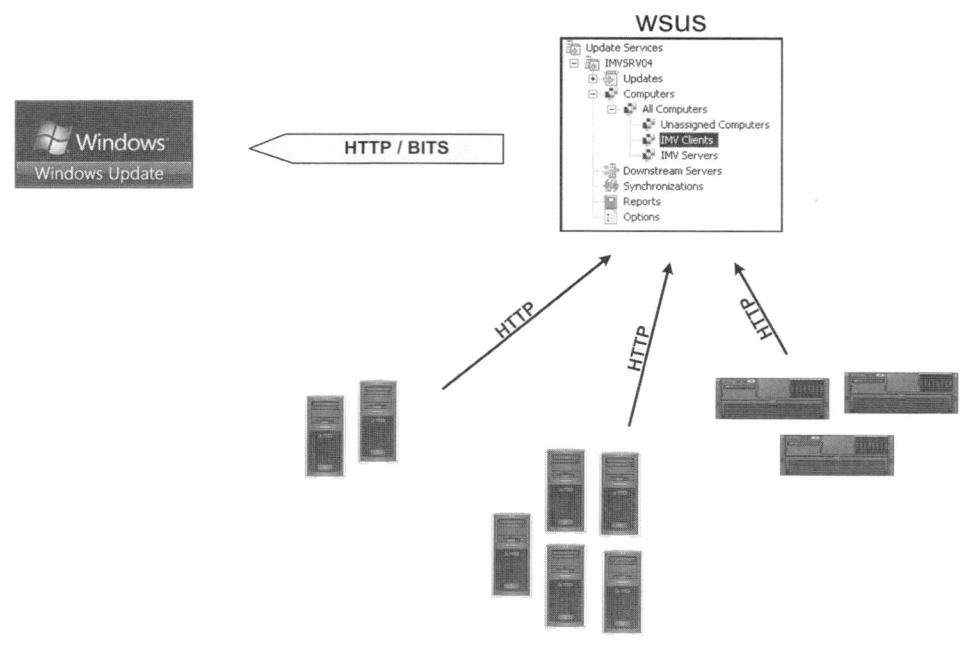

**Abb. 14.9:** Kommunikation zwischen WSUS und Clients

Der WSUS hat heute an Bedeutung verloren, da in kleineren und auch mittleren Netzwerken direkt mit den integrierten Funktionen (Einstellungen) gearbeitet wird oder dann System Center oder ein Cloud-Managementtool verwendet wird.

### 14.6.4 Microsoft System Center

In großen Umgebungen gehen die Anforderungen des Betriebssystemmanagements weit über das Patchmanagement hinaus. Microsoft hat diese Produkte im Microsoft System Center zusammengefasst. Neben dem SC CM umfasst das System Center aber auch viele weitere Funktionalitäten wir SC VMM (Virtual Machine Manager), SC DPM (Data Protection Manager) oder SC OM (Operations Manager).

**Abb. 14.10:** Microsoft System Center Configuration Manager (SCCM)

Der System Center Configuration Manager (SC CM) umfasst Funktionen zur Patch- und Update-Verwaltung und erlaubt es, neben der Einbindung von WSUS-Servern auch Anwendungssoftwarepakete und deren Patches und Updates zu verwalten und auf die Clients zu verteilen.

Da das System Center nicht nur die Serververwaltung, sondern auch die Clientverwaltung, auch von Nicht-Microsoft-Betriebssystemen und Mobiles, umfasst, hat Microsoft schon früh die cloudbasierte Update-Verwaltung Windows Intune mit SC CM integriert.

Die Zusammenführung dieser beiden Produkte erfolgt im Moment und Microsoft Endpoint Manager. Gerade im unternehmensinternen Umfeld wird sich der SC CM aber noch lange halten.

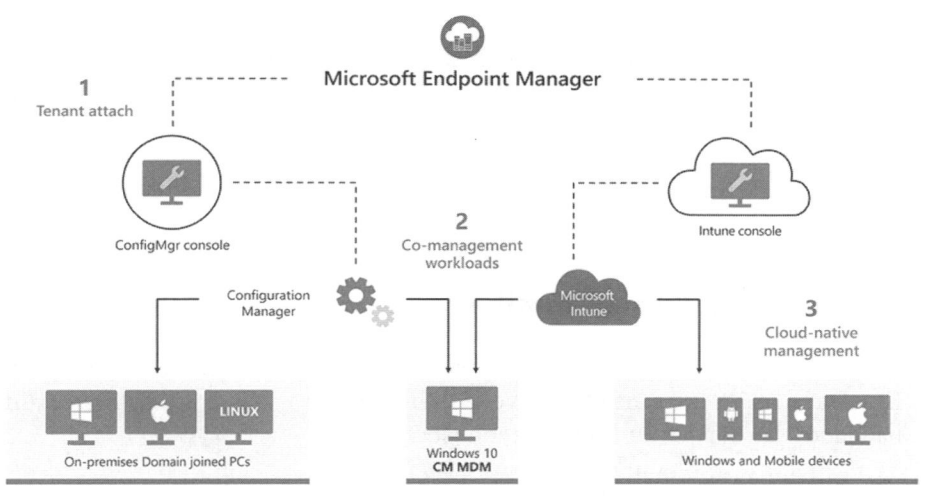

**Abb. 14.11:** Microsoft Endpoint Manager – Integration Intune und SC CM

## 14.7 Dekomissionierung

Wenn schon von der sicheren Datenhaltung die Rede ist, soll zum Schluss dieses Kapitels auch die sichere Datenvernichtung (Disposal-Management) nicht vergessen werden.

Wenn Systeme nicht mehr benötigt werden, werden sie dekommissioniert und außer Betrieb genommen. Dadurch wird das System selbst geordnet aus den Betriebsabläufen entfernt, den Datensicherungszyklen, den Disaster-Recovery-Plänen etc.

Doch die Daten, die sind immer noch drauf. Und eine saubere Dekommissionierung enthält darum auch einen Plan, wie die Daten selbst sicher vernichtet werden.

Ein Weg ist die physische Vernichtung des Systems, zumindest aber der enthaltenen Datenträger. Eine sichere Entsorgung ist ein metallischer Reißwolf, die elektronische Zerstörung (dazu gehört Formatieren nicht!) oder die Zerstörung durch Walzen.

Ein anderer Ansatz ist das Refurbishment, d.h. die Wiederaufbereitung von Systemen und Datenträgern. Dies ist aber a) nur beim Einsatz von nicht geheimen Datenträgern oder Systemen in Betracht zu ziehen und erfordert b) einen erhöhten Aufwand, da durch das sichere Löschen (Safe Erase) eine Software zum Einsatz kommt, die den Datenträger nach der Formatierung mehrfach mit Zufallsdaten überschreibt.

Auch das »Degaussing«, d.h., das Löschen von Datenträgern durch Entmagnetisierung ist eine Möglichkeit. Hierbei werden durch den Degausser alle magnetischen Felder auf den Festplatten-Tracks, Sektoren und alle gespeicherten Daten gelöscht. Dazu reicht aber ein einfacher Magnet nicht, sondern es bedarf eines Permanent- oder Impuls-Degaussers, um die regulatorischen Anforderungen an eine Löschung zu erfüllen.

## 14.8 Fragen zu diesem Kapitel

1. Der Hersteller des Betriebssystems bringt ein neues Service Pack für die bei Ihnen auf dem Server installierte Version heraus. Was sollten Sie als Erstes tun, nachdem das Service Pack erschienen ist?

    A) Es über das automatische Update-System sofort installieren

    B) Die Voraussetzungen für die Installation lesen und den Bedarf klären

    C) Das Service Pack auf einem Testsystem einsetzen

    D) Die Verträglichkeit mit den anderen Systemen im Betrieb abklären

2. Die Fileserver in Ihrem Unternehmen sollen die Definitionen für die Antivirensoftware automatisch herunterladen. Welchen Aktualisierungsrhythmus werden Sie dafür einstellen?

    A) Einmal wöchentlich

    B) Einmal pro Monat

    C) Regelmäßig mehrmals pro Tag

    D) Gemäß den Angaben des Herstellers über die Aktualisierungshäufigkeit der Updates

3. Sie müssen einen Server mit verschiedenen Software-Aktualisierungen versehen. Was ist eines der ersten Dinge, die Sie dabei tun?

    A) Sie installieren die Aktualisierungen, um zu sehen, ob sie funktionieren.

    B) Sie dokumentieren die Serverkonfiguration.

    C) Sie nehmen den Server vom Netzwerk.

    D) Sie führen eine Sicherung des Servers durch.

4. Treiber für Betriebssysteme können eine digitale Signatur aufweisen. Wozu dient diese Signatur?

    A) Sie beweist, dass der Treiber mit diesem Betriebssystem zusammenarbeiten wird.

    B) Sie belegt, dass der Treiber nicht nachträglich verändert wurde.

    C) Sie bezeugt, dass der Treiber erfolgreich installiert worden ist.

    D) Sie dient als rechtlicher Hinweis auf den Autor des Treibers.

5. Wie nennt man eine Zusammenfassung von Patches, die auf einmal auf ein System aufgespielt werden kann?

    A) Upgrade

    B) Cumulative Update

    C) Rollupfix

    D) Patch-Pack

6. Wann sollten Sie aus Sicht der Systemsicherheit ein Service Pack installieren?

    A) Sobald es erschienen ist

    B) Wenn es einen bekannten Fehler behebt

    C) Wenn Sie von neuen Funktionserweiterungen profitieren wollen

    D) Gar nicht

7. Was ist der sicherste Weg, um Daten zu löschen, bevor Sie eine Harddisk entsorgen?

    A) Formatieren

    B) Partitionen aufheben

    C) Löschen

    D) Entmagnetisierung

8. Eine Angestellte ruft den Helpdesk an und bittet darum, dass ihr Passwort zurückgesetzt wird. Was unternimmt der Helpdesk-Mitarbeiter, bevor er den Reset initiiert?

    A) Er gibt der Anruferin ein vorläufiges Passwort, damit sie arbeiten kann.

    B) Er setzt den Vorgesetzten des Angestellten in Kenntnis.

C) Er deaktiviert das Benutzerkonto umgehend.

D) Er stellt die Identität der Anruferin eindeutig fest.

9. Bei der Firma myHandel AG wird Martin als neuer Buchhalter eingestellt. An seinem ersten Arbeitstag benötigt er Zugriff auf alle Daten für die Mitarbeitenden der Buchhaltung. Wie erteilt der Systemadministrator den korrekten Zugriff?

    A) Er erstellt ein Benutzerkonto für Martin und fügt dieses allen betroffenen Ordnern mit den entsprechenden Rechten hinzu.

    B) Er erstellt ein zweites Buchhaltungskonto und gibt diesem Rechte über alle Ordner in der Buchhaltung.

    C) Er erstellt ein Benutzerkonto für Martin und fügt ihn der Gruppe Buchhaltung zu.

    D) Er gibt Martin das Passwort des bisherigen Buchhalters, so hat er sofort Zugriff.

10. Eine Administratorin versucht, ein Netzwerk vor Bedrohungen zu sichern, die außerhalb des Netzwerks entstehen. Welches der folgenden Geräte stellt einen Schutz für die DMZ vor vom Internet aus ergriffenen Offensiven zur Verfügung?

    A) Antiviruslösung

    B) Proxyserver

    C) Honeypot

    D) Firewall

**Kapitel 15**

# Datensicherung ist nichts für Feiglinge

Wo Server im Einsatz sind, sind immer auch Daten mit im Spiel. Sei es der klassische Fileserver, ein Datenbankserver mit entsprechenden Datensätzen, ein Web- oder Mailserver. Immer sind auf diesen Systemen Daten involviert, und darum dreht sich letztlich das ganze Aufbauen und Betreuen von Serverstrukturen: um Daten zu erhalten und zu verarbeiten, welche für das Unternehmen wichtig sind.

Doch Daten auf elektronischen Medien können verloren gehen, durch Unachtsamkeit, durch Verlust oder andere Einflüsse.

> Sie lernen in diesem Kapitel:
> - Die Grundlagen der Datensicherung kennen
> - Unterschiedliche Sicherungstechnologien verstehen und differenzieren
> - Ein Datensicherungskonzept aufbauen
> - Methoden zur Datensicherung auswählen
> - Unterschiedliche Sicherungsziele effizient einsetzen
> - Verschiedene Programme zur Datensicherung kennen

## 15.1 Grundlagen der Datensicherungstechnologien

Verschiedene Untersuchungen der letzten Jahre ergeben dabei ein eindeutiges Bild:

- Ein Unternehmen, welches länger als 15 Arbeitstage ohne funktionierende EDV auskommen muss, hat eine Überlebenschance von 25 %.
- Eine durchschnittliche Firma, die einen Computerausfall erleidet, der länger als 10 Tage dauert, kann sich zu 50 % nie mehr ganz erholen. Die Hälfte dieser Firmen gibt innerhalb von 5 Jahren den Betrieb auf.
- Die Chancen, ein Desaster zu überleben, welches das Datenverarbeitungszentrum der Firma betrifft, stehen 7:100. Die Chancen, einen solchen Fall zu erleben, stehen 1:100.

# Kapitel 15
## Datensicherung ist nichts für Feiglinge

Das sind nur ein paar Ergebnisse unterschiedlicher Studien zum Thema Datenverlust in den letzten Jahren (Quelle: Egbert Wald, *Backup und Disaster Recovery* sowie Computerworld). Und Sie finden leicht mehr solcher, durchaus seriös erarbeiteten Analysen zu diesem Thema.

Daten sind somit mithin das wichtigste Gut von Firmen (das war übrigens auch vor der elektronischen Form schon so!). Daher müssen sie auch entsprechend gegen Verlust geschützt werden. Dabei ist es unerheblich, ob die Daten gelöscht wurden oder ein physischer Schaden wie der Ausfall einer Harddisk vorliegen. Darum benötigt jedes Datennetzwerk ein entsprechendes Datensicherungskonzept.

Die Datensicherung als eigene Disziplin entwickelte sich deutlich später als die PC-Technik bzw. deren Speicher, und es war die Firma Exabyte, die 1987 die erste Sicherung auf Bandkassetten vorstellte. Bis dahin bestand das »Sichern« meist darin, dass man Daten von einer Diskette auf eine zweite oder von einem Speicherband auf ein anderes kopierte.

Später kamen Sicherungsautomaten mit mehreren Laufwerken und Kassetten hinzu. Zum einen sind dies Autoloader, d.h. Gehäuse mit einem oder zwei Sicherungslaufwerken und einer Anzahl Bändern, die sich in Schubladen befinden und mechanisch zugeführt werden können.

Von Libraries (Bandbibliotheken) ist die Rede, wenn ein Taperoboter mit mehreren Sicherungslaufwerken einen oder mehrere Schränke von Sicherungsbändern verwalten kann. Ein Beispiel hierfür ist die nachfolgende LTO-Library mit maximal 12.000 Bandkassetten vom Hersteller Quantum. Sie wird denn auch nicht als »Datensicherung XL« beworben, sondern zur Unternehmensarchivierung, Disaster Recovery und konzipiert als hochverfügbare Anlage.

**Abb. 15.1:** Datensicherung extrem: LTO-7-Library-Anlage mit bis zu 192 PB Speicherkapazität (© Quantum)

## 15.1 Grundlagen der Datensicherungstechnologien

Weitere Entwicklungen sind Sicherungsmethoden über das Netzwerk bis hin zu ganzen Speicher- und Sicherungsnetzwerken – entsprechend der stetig steigenden Anforderungen an die Mengen von Daten.

Im LAN-Bereich sind oder waren zumindest bis vor Kurzem die Bandtechniken die vorherrschende Technologie zur Sicherung. Sie verfügen über eine große Speicherkapazität, die Daten können auf verschiedenen Bändern gesichert und so über längere Zeit aufbewahrt werden.

Die Vorteile der Bandsicherung als Ganzes betrachtet sind:

- Lesemechanismus (das Laufwerk) und der Datenträger sind getrennt, dadurch können mit einem Laufwerk mehrere Medien beschrieben werden.
- Bänder können mehrmals beschrieben und eingesetzt werden.
- Lange Haltbarkeit der Daten bei korrekter Lagerung
- Automatisierte Abläufe der Backups mit automatischen Medienwechseln (Autoloader, Taperoboter).
- Dank Roboter und Libraries können sehr große Datenmengen gesichert werden, aktuell bis in den Bereich von Dutzenden von Petabytes.
- Verschiedenste Technologien sind verfügbar; dadurch existieren Lösungen für sämtliche Ansprüche in Preis und Umfang, realisierbar vom USB-Laufwerk bis zur Rack-Library.

Es gibt natürlich auch verschiedene Nachteile:

- Die eher niedrige Lese- bzw. Schreibgeschwindigkeit gegenüber auf Disks basierenden Sicherungssystemen
- Es wird ein spezielles Backup-Programm benötigt, das Betriebssystem kopiert die Daten nicht einfach auf ein Band wie auf eine Disk.
- Die sequenzielle Schreibweise verlangt auch ein entsprechendes Lesen und Suchen von Daten, was viel Zeit benötigt.
- Versehentliches Löschen der magnetischen Spur oder Überschreiben der Bänder ist möglich.
- Verwicklungen im Gehäuse
- Lagerdauer und Nutzungsdauer sind zu unterscheiden. Ein Band kann zwar je nach Technologie bis zu 30 Jahre gelagert und gelesen werden, aber es kann nicht wöchentlich 30 Jahre lang beschrieben werden, d.h., die effektive Nutzungsdauer ist deutlich kürzer als die mögliche Aufbewahrungsdauer.
- Es ist nur eine bedingte Kompatibilität innerhalb derselben Standardfamilie vorhanden (z.B. bei dem Standard LTO).

Bei der Bandsicherungstechnologie werden zwei grundlegende Verfahren unterschieden, bezeichnet nach ihrer Aufzeichnungsart:

- Helical Scan (Schrägspuraufzeichnung)
  - Technologie: 8 mm, AIT, DAT, VXA
  - Bis zu 50.000 Fehler pro Laufstunde
  - Aufwendige Cartridge, hoher Verschleiß
  - Medien und zum Teil auch Laufwerke halten bei täglicher Nutzung nur 1-3 Jahre
  - Einzellaufwerke oder Autoloader vorhanden
  - Günstig in der Anschaffung im Verhältnis zu den Linear-Scan-Laufwerken und -bändern
- Linear Scan (lineare Aufzeichnung)
  - Technologie: DLT, LTO
  - Bis zu 100 Fehler pro Laufstunde
  - Einfaches Einzugsverfahren, geringer Verschleiß der Medien
  - Medien halten bei korrekter Lagerung bis zu 30 Jahre
  - Teurer in der Anschaffung als Helical-Systeme
  - Autoloader bis hin zu großen Lösungen inklusive Taperoboter

Beim Schrägspurverfahren werden ein oder zwei Leseköpfe sowie ein oder zwei Schreibköpfe eingesetzt. Diese werden nach Einschub der Kassette an die richtige Position gesetzt und sind beweglich. Das Band wird um die Mechanik im Laufwerk herum wieder in die Kassette geführt und unterliegt komplexen Führungsmechanismen, was den Abrieb des Bands und die Fehleranfälligkeit erhöht.

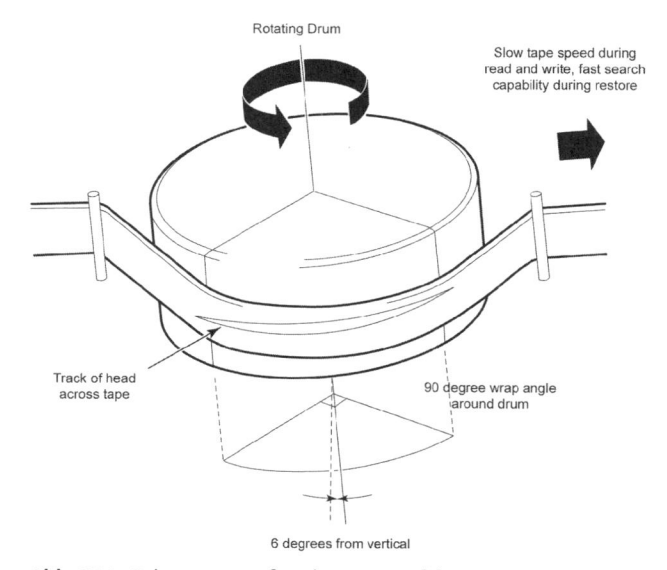

**Abb. 15.2:** Schrägspuraufzeichnungsverfahren (Quelle: HP)

## 15.1 Grundlagen der Datensicherungstechnologien

Bei der linearen Technik wird das Band am Schreib-/Lesekopf des Laufwerks vorbeigeführt, wobei der Schreib-/Lesekopf fix befestigt ist. Das Band wird aus der Kassette heraus in das Laufwerk hineingeführt und durch Rückspulen wieder auf die Kassette aufgespult. Dies reduziert die Führung des Bands und den Abrieb, erhöht dafür das Risiko des »verlorenen« Bands, weil es vom Laufwerk übernommen werden muss.

**Abb. 15.3:** Offenes DLT-Laufwerk zur Darstellung des Linear-Tape-Verfahrens

Bei allen Laufwerken werden Bänder aus einem dünnen Band aus Polyester mit einer magnetisierbaren Schicht eingesetzt. Diese Bänder werden in Kassetten aufbewahrt, die in Form, Größe und Technik verschieden sind.

Durch die zunehmenden Datenmengen und die fallenden Preise für Plattensysteme werden aber gerade in Netzwerken zunehmend auch plattenbasierte Systeme, sogenannte Storage-Server, für die Datensicherung eingesetzt. Diese sind in der Regel wesentlich schneller als Bandlaufwerke und können größere Datenmengen speichern. Dafür sind die Einrichtung von Generationen und die Lagerung nicht ganz so einfach wie bei Bandsicherungen. Auch Network Attached Storages (NAS) werden als Sicherungslaufwerke eingesetzt, wobei die dadurch entstehende Netzwerkbelastung nicht unterschätzt werden darf. Aber dazu später in diesem Kapitel mehr.

### 15.1.1 DAT-/DDS-Laufwerke

Das DAT-Verfahren (Digital Audio Tape) stammt aus dem Audiobereich und wurde erst später für die Datensicherung nutzbar gemacht. Unter dem Begriff DDS (Digital Data Storage) wurden von HP und Sony 1989 ein aus dem DAT abgeleitetes Verfahren zur Speicherung von Daten entwickelt. Es gehört zu den Helical-Scan-Technologien und arbeitet mit 4-mm-Bändern (Bandbreite), seit DAT72 sind es 8-mm-Bänder. Heute vertreibt man DDS wieder unter dem Begriff DAT oder Open-DAT (um zu zeigen, dass es sich mittlerweile um einen offenen Standard handelt), und zwar gezielt als Low-End-Sicherungstechnik für kleine Unternehmen.

**Abb. 15.4:** Externes DAT-320-Laufwerk

Typische Merkmale der DAT-Technologie sind:

- Helical-Scan-Verfahren mit Hardware-Komprimierung im Laufwerk
- Komprimierung bis 2:1
- Theoretische Abwärtskompatibilität beim Lesen der Bänder, oftmals durch die Hersteller nicht umgesetzt
- Tape-Alert-Funktion: Hardware meldet, wenn ein Band beim Schreiben zu viele Fehler erzeugt
- Sehr günstige Bänder (unter 20 Franken)
- 25 bis maximal 100 Benutzungszyklen
- Lagerung bis höchstens 10 Jahre empfohlen

Die DAT-Technologie hat verschiedene Generationen erlebt, jeweils mit dem Signet DDS abgekürzt (Digital Data Storage), von DDS1 bis DDS4. Anschließend wurde die Bezeichnung wieder ans ursprüngliche Verfahren anlehnend nach DAT und der Kapazität benannt, also DAT72 oder DAT320.

Die folgende Tabelle zeigt Ihnen die Entwicklung seit 30 Jahren. Beachten Sie dabei, dass die Kapazitätssteigerungen nicht in Relation zur Bandlänge stehen müssen. Durch neue Schreibverfahren und Komprimierungsalgorithmen konnte die Kapazität stark erweitert werden, obwohl die Bänder selber sich seit dem ersten DDS-Band lediglich um den Faktor 3 verändert haben.

## 15.1 Grundlagen der Datensicherungstechnologien

| Standard | Kapazität nativ* | Bandlänge | Besonderes |
|---|---|---|---|
| DDS | 1,3 GB | 60 m | |
| DDS-1 | 2 GB/4 GB | 90 m | Eigentlich DDS-DC |
| DDS-2 | 4 GB/8 GB | 120 m | |
| DDS-3 | 12 GB/24 GB | 125 m | |
| DDS-4 | 24 GB/36 GB/48 GB | 150 m | |
| DAT72** | 36 GB/72 GB | 170 m | Auch DDS-5 genannt |
| DAT160 | 80 GB/160 GB | 150 m | |
| DAT320 | 160/320 GB | 153 m | |

\* Nativ = Unkomprimiert/= Komprimiert (bei maximaler Komprimierung)
\*\* Wechsel von 4 auf 8 mm breite Bänder

**Tabelle 15.1:** DDS- und DAT-Standards

Die Laufwerke werden heute faktisch nur noch von HP und Quantum hergestellt und vertrieben. Eine aktuelle offizielle Roadmap existiert nicht mehr.

**Abb. 15.5:** HP-DAT-160-Autoloader

### 15.1.2 AIT und S-AIT

Sony hat Ende der 1990er-Jahre AIT (Advanced Intelligent Tape) als Nachfolger von DDS portiert (oder portieren wollen). Auch dieses Band stammt nicht originär aus dem Computersektor, sondern aus der Videotechnik (Video8). Der Vorteil von AIT gegenüber DDS war von Beginn an die höhere Schreib- und Lesegeschwindigkeit sowie der in der Bandkassette integrierte Chip, der einen Katalog der Sicherungen enthält und damit den Zugriff auf die Daten für die Wiederherstellung wesentlich beschleunigt.

Technische Merkmale von AIT und S-AIT sind:

- Helical-Scan-Verfahren mit Hardware-Komprimierung bis zu 2,6:1
- 8-mm-Tapes unterschiedlicher Länge (AIT-1 bis AIT-6)
- Selbstreinigungsfunktion zur Reduzierung der Bandverschmutzung
- MIC (Memory in Cassette)
- Als Einzellaufwerke oder als Bibliotheken (Libraries)
- SCSI-Anschluss, vereinzelt auch mit IEEE1394/USB

| Standard | Kapazität nativ | Bandlänge | Besonderes |
|---|---|---|---|
| AIT-1 | 25 und 35 GB | 170 bzw. 230 m | Auch als Turbovariante |
| AIT-2 | 35 und 50 GB | 170 bzw. 230 m | WORM-tauglich |
| AIT-3 | 100 GB | 230 m | Schneller als AIT-2 |
| AIT-4 | 200 GB | 246 m | Nicht abwärtskompatibel |
| AIT-5 | 400 GB | 246 m | |
| S-AIT-1 | 500 GB | 400 m | |
| S-AIT-2 | 800 GB | 640 m | Nur für Libraries |

**Tabelle 15.2:** AIT-Standards

Doch AIT hat sich langfristig nicht durchsetzen können. Es wurde zwar eine Zeit lang eingesetzt und insbesondere von HP auch in den ProLiant-Servern verbaut, aber die Entwicklung anderer Technologien wie LTO und der Rückzug von Sony aus dem Backup-Technologie-Sektor haben den Lebenszyklus auf »Historic« gesetzt. Im Jahr 2010 wurde AIT dann als Projekt eingestellt, AIT-6 und S-AIT-3 und -4 auch offiziell abgekündigt, auch wenn Sie unter Umständen in großen Installationen noch auf einzelne, insbesondere S-AIT-Laufwerke stoßen können.

### 15.1.3 VXA

VXA (Variable Speed Architecture) ist der dritte Kandidat im Bunde der Schrägspurverfahren, die Sie hier kennenlernen. Die Firma Ecrix (von einem Mitbegründer von Exabyte gegründet und 2001 wieder mit Exabyte fusioniert), welche diese Technologie entwickelt hat, befasste sich ausführlich mit der Problematik der Schrägspur, nämlich den Problemen mit konstanter Geschwindigkeit am rotierenden Band und der Abnutzung der Bandköpfe und der Bänder (sogenanntes Batch Hicking durch verzogene Schreibspuren). Daraus resultierte die VXA genannte Technologie, welche mit variablen Geschwindigkeiten und Fehlerkorrektur arbeitet, um so die Qualität der Sicherung massiv zu erhöhen. Zudem schreibt VXA die Daten nicht in Spuren, sondern in in sich geschlossenen Datenpaketen.

Technische Merkmale von VXA sind:

- Helical-Scan-Verfahren mit Hardware-Komprimierung bis 2:1
- 8-mm-Tapes unterschiedlicher Länge
- Integrierte mehrstufige Fehlerkorrektur (mehrfaches ECC)
- OSO (Over Scan Operation) zum Lesen beschädigter Bänder
- VSO (Variable Speed Operation) für konstante Schreibqualität, unabhängig davon, wie schnell die Daten ans Laufwerk und aufs Band geliefert werden
- Hohe Resistenz gegen Einflüsse wie Hitze, Kälte oder Flüssigkeiten

- Als Einzellaufwerke oder als Autoloader oder Libraries
- SCSI-Anschluss, vereinzelt auch mit IEEE1394/USB

| Standard | Kapazität nativ | Bandlänge | Besonderes |
|---|---|---|---|
| VXA-1 | 33 GB | Je nach Band | |
| VXA-2 | 80 GB | Je nach Band | |
| VXA-320 | 160 GB | Je nach Band | (Ehemals VXA-3) |
| VXA-172 | 86 GB | Je nach Band | »Gekröpfte« VXA-320er |

**Tabelle 15.3:** VXA-Standards

Auch VXA wurde nicht zum großen Massenprodukt, hatte sich aber im rauen Umfeld zahlreicher extremer Umgebungen wie Bau, Polarforschung, Ölbohrfelder und dergleichen mehr einen festen Platz erobert und wurde erst vor einem Jahr von Tandem endgültig aus dem Verkehr gezogen, wobei die Bänder nach wie vor erhältlich sind.

**Abb. 15.6:** Letztes, aktiv verkauftes externes VXA-320-Laufwerk (Quelle ©: Tandberg Data)

### 15.1.4 DLT und SDLT

Sie wechseln jetzt den Fokus zu den linearen Aufzeichnungsverfahren. Abgesehen vom – heute nicht mehr existierenden – QIC (Quarter Inch Cartridge) und seinem Nachfolger Travan als Sicherung für kleine Rechner ist das DLT (Digital Linear Tape) der bekannteste Vertreter der älteren Generation von linearen Systemen. Ursprünglich von DEC entwickelt, gingen die weitere Entwicklung und Vermarktung 1994 an Quantum über, die aber als OEM-Hersteller für viele Marken Laufwerke bauten, z.B. auch die Compaq-/HP-Laufwerke. Ende des Jahres 2007 wurde die weitere Entwick-

**Kapitel 15**
Datensicherung ist nichts für Feiglinge

lung zugunsten der LTO-Technologie eingestellt. Aufgrund der hohen Verbreitung werden die Laufwerke aber als Ersatzteile noch lange erhältlich sein.

**Abb. 15.7:** Externes HP-SDLT-Laufwerk

Im Unterschied zum Schrägspurverfahren rotiert beim linearen Verfahren der Schreib- und Lesekopf nicht, sondern das Band wird an einem stationären Kopf vorbeigezogen. Dazu werden die Bänder aus dem Gehäuse herausgezogen und ins Laufwerk hinübergespult. Vor dem Entfernen der Kassette muss das Band entsprechend wieder herausgespult werden.

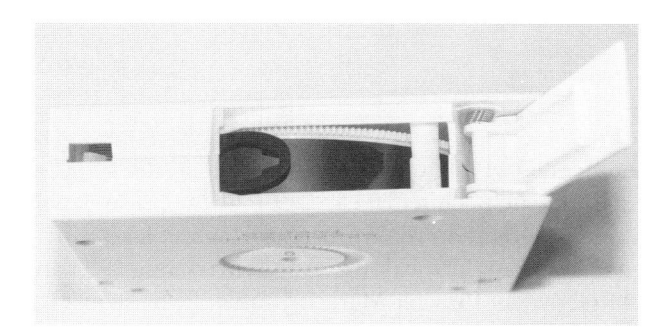

**Abb. 15.8:** Geöffnetes DLT-Band mit Einzugslasche

Der Vorteil von DLT und seinen Nachfolgern liegt in der Einfachheit und daher deutlich geringeren Verschleißanfälligkeit von Laufwerk und Bändern.

Technische Merkmale von DLT sind:

- Linear-Scan-Verfahren mit Hardware-Komprimierung bis 2:1
- Stationärer Schreib-/Lesekopf
- 12,7 mm breites Band
- Band mit nur einer Spule
- WORM-tauglich (für unveränderbare Sicherungen!)
- Bis 30 Jahre lagerfähig bei korrekter Behandlung
- Einzellaufwerke, Autoloader oder Libraries
- SCSI-Anschluss, intern oder extern

Es gab zahlreiche unterschiedliche Standards, zudem wurden die Business-Line-DLTs und die Value-Line-DLTs unterschieden. Die wichtigsten Begriffe finden Sie in der folgenden Tabelle.

| Standard | Kapazität nativ | Medien | Besonderes |
|---|---|---|---|
| *Business* | | | |
| DLT2000 | 10 GB | DLT III | Auch als XT mit 15 GB |
| DLT4000 | 20 GB | DLT IV | Liest DLT III-Medien) |
| DLT7000 | 35 GB | DLT IV | (Liest DLT III-Medien) |
| DLT8000 | 40 GB | DLT IV | |
| SDLT220 | 110 GB | SDLT I | (Liest DLT IV-Medien) |
| SDLT320 | 160 GB | SDLT I | (Liest DLT IV-Medien) |
| SDLT600 | 300 GB | SDLT II | |
| DLT-S4 | 800 GB | S4 | |
| *Value* | | | |
| DLT-1 | 40 GB | DLT IV | |
| DLT-VS80 | 40 GB | DLT IV | |
| DLT-VS160 | 80 GB | VS1 | |
| DLT-v4 | 160 GB | VS1 | |

**Tabelle 15.4:** DLT-Laufwerk- und -Medienstandards

### 15.1.5 LTO/Ultrium

Und damit kommen Sie zum letzten und aktuell wichtigsten Vertreter der Bandsicherungen: LTO (Linear Tape Open), wobei Open als Gegenentwurf zur proprietären DLT-Technik verstanden werden will. Die Entwicklung erfolgte denn auch von HP, IBM und Quantum ab dem Jahr 2000.

**Abb. 15.9:** Internes LTO6-Laufwerk mit bis zu 2500 GB/6,25 TB Kapazität

Die LTO-Technologie wurde in zwei unterschiedlichen Formaten entwickelt, Accelis und Ultrium genannt. Accelis war als Konkurrenz zu Sonys AIT gedacht, kam aber nie auf Touren. Ultrium dagegen hat sich am Markt durchsetzen können, daher wird dieses Format im Folgenden genauer beschrieben.

Die Eckpunkte zu LTO lauten:

- Linear-Scan-Verfahren mit LTO-DC-Hardware-Komprimierung bis 2,5:1
- Stationärer Schreib-/Lesekopf
- 12,7 mm breites Band (1/2 Inch)
- Band mit nur einer Spule
- Mit integriertem Chip zur Bandidentifikation und für Sicherungsinformationen wie Bandgeneration oder Einsatzdatum (4 KB groß)
- WORM-tauglich (für unveränderbare Sicherungen!)
- Kann Tausende Male wiederverwendet werden
- Bis 30 Jahre lagerfähig bei korrekter Behandlung
- Einzellaufwerke, Autoloader oder Libraries
- SAS-Anschluss, intern oder extern

Die aktuellen Standards reichen produktseitig bis LTO-6, das ergibt vor allem in Zusammenhang mit Autoloadern bereits ansehnliche Speicherkapazitäten. Die Standards bis LTO-10 sind zwar offiziell verabschiedet, wurden aber bislang noch nicht in Produkte umgesetzt (Stand Herbst 2022).

## 15.1 Grundlagen der Datensicherungstechnologien

| Standard | Kapazität nativ | Bandlänge | Besonderes |
|---|---|---|---|
| LTO-1 | 100 GB | 609 m | |
| LTO-2 | 200 GB | 609 m | |
| LTO-3 | 400 GB | 680 m | WORM-tauglich |
| LTO-4 | 800 GB | 820 m | WORM-tauglich |
| LTO-5 | 1500 GB | 846 m | WORM-tauglich, Einführung von LTFS |
| LTO-6 | 2500 GB | 846 m | Komprimierung 2,5:1! |
| LTO-7 | 6400 GB | 960 m | Ende 2015 eingeführt |
| LTO-8 | 12800 GB | 960 m | |
| LTO-9 | 25000 GB | 960 m | Seit 2021 im Einsatz |
| LTO-10 | 48000 GB | | Tba |
| LTO-11 | 96000 GB (96 TB!) | | Tbd |

**Tabelle 15.5:** LTO-Standardkapazitäten

LTFS nennt sich das mit LTO-5 eingeführte Format Linear Tape File System. Mit LTFS formatierte Bänder verhalten sich wie eine Disk im System, d.h., Sie benötigen plötzlich keine spezielle Sicherungssoftware mehr, sondern können die Daten auch im »normalen« Explorer ansehen und beschreiben. Noch ist LTFS recht komplex aufgebaut, gewinnt aber immer mehr an Bedeutung, gerade im Zusammenhang mit großen Speichermengen, sprich mit Libraries.

Vorsichtig sein muss man bei LTO mit den Komprimierungsraten von bis zu 2,5:1. So wirbt man bei der LTO-Roadmap für LTO-9 nicht etwa mit der nativen Kapazität, sondern schreibt großzügig hin: »62,5 TB Speicher«.

Doch passen Sie auf: In der Praxis sind solche Werte selten erreichbar. Viele Daten wie z.B. JPG, PDF oder Filmdaten sind bereits komprimiert und benötigen daher den Platz auf dem Band fast 1:1. Und ob Sie dann mit 25 TB oder mit 62,5 TB rechnen, ist für die Planung einer neuen Datensicherungslösung ein großer Unterschied.

Nachfolgend ein Beispiel eines solchen Autoloaders mit einer Kapazität von immerhin 144 TB Speicher unkomprimiert. Dabei soll allerdings auch nicht verschwiegen werden, dass hier von einer Größenordnung von rund CHF 10.000 (10.000 €) und mehr die Rede ist – ohne die Bänder.

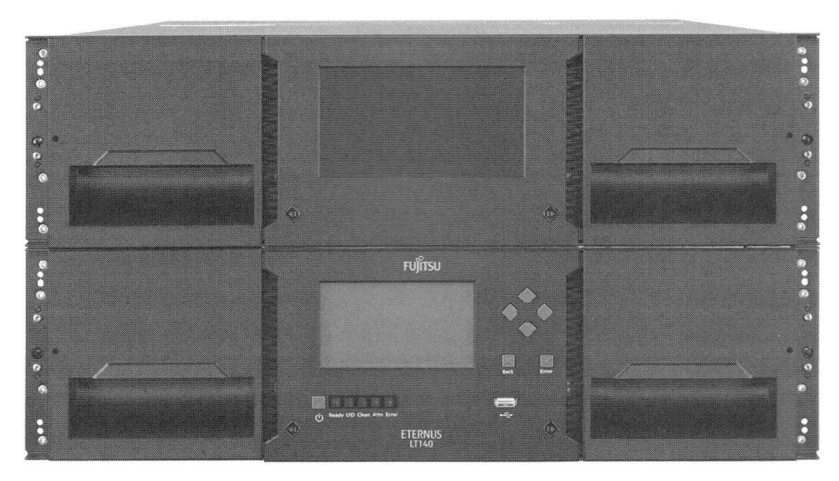

**Abb. 15.10:** LTO-8 Autoloader mit vier Laufwerken von Fujitsu

### 15.1.6 RDX – Fast wie Band, aber Disk

Der Versuch, Daten über andere Wechselmedien als Disks zu sichern, ist geprägt von verschiedenen Anläufen, angefangen von den Syquest-Disks mit 44 MB aus den 1980er-Jahren über Technologien wie ZIP, Jazz oder zuletzt REV, welche alle mangels Entwicklung der Kapazität wieder vom Markt verschwunden sind.

Mit der Initiative Removable Disk Storage Solutions (RDX) ist seit 2009 eine neue Vereinigung am Start, welche mit Unterstützung verschiedener Hersteller wie Tandberg als Besitzer der Technologie, aber auch OEMs wie Imation oder auch HP versuchen, sich am Markt zu etablieren.

Das RDX-Laufwerk ist ein externes, über USB 3.0/3.1 oder S-ATA anschließbares Wechselplattengehäuse (ähnlich den früheren Iomega REV), in welches man die einzelnen Datenträger einschieben kann. Alternativ gibt es die Laufwerke auch intern via S-ATA oder USB zum Anschließen.

**Abb. 15.11:** Externes RDX-Laufwerk (Quelle ©: Tandberg Data)

## 15.1 Grundlagen der Datensicherungstechnologien

Bei den Datenträgern selber handelt es sich um 2,5"-S-ATA-Disks mit Kapazitäten bis 8000 GB (SSD!). Dem Laufwerk selber ist es dabei egal, welche Datenträger man verwendet. Da es sich um Disks handelt, ist das Laufwerk nicht abhängig von der gewählten Datenträgergröße. Daher kann auch die Kapazität laufend erweitert werden, aktuell bis 5 TB pro Disk bzw. 8 TB bei Einsatz einer SSD.

Softwareseitig werden bei Einsatz von Quickstore-Kompressionsraten bis 2:1 unterstützt, hardwareseitig wird keine Kompression durchgeführt.

Die Kassetten sind gegen ESD (Electrostatic Discharge) geschützt, staubdicht und fallsicher bis zu 1 m. Sie verfügen über einen mechanischen Schreibschutz und sind nicht nur als HDD, sondern auch als SSD- und als WORM-Medien erhältlich.

**Abb. 15.12:** RDX-Kassette mit einer Kapazität von 500 GB (Quelle ©: Tandberg Data)

Die Datentransferrate wird aktuell mit bis zu 45 MB/s angegeben, idealerweise dann an S-ATA oder über USB 3.0.

RDX benötigt keine spezielle Software, sondern kann mit jeder Backup-to-Disk-Anwendung (B2D) eingesetzt werden.

Die Lagerfähigkeit wird mit bis zu 30 Jahren angegeben, die Wiederverwendbarkeit mit mindestens 5.000 Ladevorgängen.

Es handelt sich hierbei sicher um ein Entry-System, doch gibt es mittlerweile auch Autoloader (etwa von Tandberg oder Imation), welche mit bis zu acht Laufwerken bestückt sind und damit mittlerweile auf 64 TB Kapazität kommen.

Durch die einfache Handhabung und die Möglichkeit der Wechselmedien handelt es sich sicher um einen interessanten Ansatz für die Datensicherung, kombiniert er doch die Schnelligkeit von Disks mit der Variabilität von Bändern und der einfachen Möglichkeit der externen Medienlagerung.

**Kapitel 15**
Datensicherung ist nichts für Feiglinge

**Abb. 15.13:** RDX-Autoloader für den Rack-Einbau (Quelle ©: Tandberg Data)

## 15.1.7 Datensicherung auf Disks

Der Traum jedes Serveradministrators für den Schadensfall lautet: funktionierende Disaster Recovery. Das bedeutet: Nicht nur die Daten sind gesichert, sondern das ganze System mit allen Konfigurationen ist in einem Zustand vorhanden, dass es auch auf einem neuen, leeren Server wiederhergestellt werden kann.

Damit wird ein bestimmter Punkt angesprochen: Das System wird als Ganzes gesehen. Eine vollständige Windows Server Implementation mit File-, Web-, AD-, Mail- und Datenbankserver ist aufwendig zu installieren und zu konfigurieren. Es ist im Schadensfall nicht damit getan, dass auf einer Bandkassette die Daten vorhanden sind – denn leider benötigen Sie zuerst drei Tage, bis das System so weit installiert ist, dass es die Daten wieder verarbeiten kann ... Hier setzt die Disaster Recovery ein. Sie ermöglicht es, neben den Daten auch ganze Systeme wiederherzustellen.

Und hier gerät die Bandsicherung etwas ins Hintertreffen. Zwar ist es möglich, Systeme mit CD und Bandlaufwerk zu starten, aber moderne Recovery-Systeme sind in der Lage, ein ganzes System auf ein zweites Plattensystem zu kopieren und so den Wiederanlauf entscheidend zu verkürzen.

**Abb. 15.14:** Plattensicherungssystem von HP (D2D4000)

Daher treffen Sie verschiedene diskbasierte Lösungen für die Datensicherung an: von den einfachen NAS-Lösungen (Network Attached Storage) über die RDX-Wechseldisks bis hin zu ganzen Storage-Servern für Backups, genannt Disk-to-Disk-Backup (D2D). Verbunden mit den immer größer werdenden Kapazitäten und der hohen Geschwindigkeit von Plattensystemen ergeben sich damit neue Möglichkeiten der Sicherung.

Hierzu ein Zitat aus der 1. Auflage des CompTIA Server+-Buchs von 2008:

*Bedenken Sie nur einmal, dass eine einzelne externe Sicherungsplatte mit Netzwerkanschluss und 1 Terabyte Kapazität schon heute kaum mehr als CHF 500 kostet (Stand 2008).*

Aktuell: 1 TB liegt mittlerweile noch bei rund 50 Franken, Tendenz sinkend. Sie finden bereits externe Disks mit 16 TB Kapazität um CHF 200 (200 €) auf dem Markt (Stand Sommer 2022). Oder wie man so schön sagt: *to be continued ...*

Diese Entwicklung bringt auch eine neue Generation Software mit sich, die lange ihr Dasein als sogenannte Image-Software gepflegt hat, heute aber zunehmend im Bereich der Sicherung eingesetzt wird, weil es durch verschiedene Methoden möglich ist, schnell und zuverlässig aktuelle Abbilder von Systemen und Servern zu erzeugen und so den Wiederanlauf zu beschleunigen.

Externe Festplatten werden insbesondere im Umfeld von Workstations oder einzelner Server als Sicherungsziele eingesetzt. Sie sind von ihrer Anschlussart über USB oder FireWire aber eigentlich nicht für den Einsatz im Serverraum vorgesehen. Zum einen, weil sie (etwa im Unterschied zu RDX) nicht für den Wechsel im laufenden Betrieb ohne Eingriff am Server (sprich auswerfen über die Systemsteuerung) vorgesehen sind, und zum anderen, weil für den Wechsel jedes Mal jemand in den Serverraum hineinmuss (es gibt keine USB-Disk-Autoloader).

Als Speichermedien sind sie auch aus Sicherheitsgründen (einfach abziehen und wegtragen) nicht zu bevorzugen.

### 15.1.8 DVD und Blu-ray im Server?

CD- und DVD-Laufwerke werden bei Servern vor allem für die Installation von Software eingesetzt, weniger für die Speicherung von Daten. Aber diese Laufwerke werden natürlich für die Installation häufig vorausgesetzt. CD-RW und DVD-RW dürften als Speichermedien aber eher die Ausnahmen denn die Regel sein, um Daten von Servern zu speichern, auch nicht für Datensicherungen.

Etwas anders kann dies bei Blu-ray aussehen. Die Standarddisk hat 12 cm Durchmesser und kann als Single-Layer- oder Dual-Layer-Disk erworben werden.

Die Kapazität der Single-Layer-Disk beträgt 25 GB, die Kapazität der Dual-Layer-Disk 50 GB. Als Minidisk hat die Blu-ray-Disk einen Durchmesser von 8 cm und kann bis 7,8 (Single Layer) bzw. 15,6 GB (Dual Layer) Daten speichern.

Die Schreibgeschwindigkeiten liegen bei 4,5 MB/s bei 1x und gehen zurzeit bis 12x-Geschwindigkeit, d.h. 54 MB/s. Eine Single-Layer-Disk kann damit in 7,5 min, eine Dual-Layer-Disk in 15 min beschrieben werden.

Zudem wurde bei der Blu-ray-Entwicklung darauf geachtet, dass die Oberfläche kratzresistent ist, ein großer Vorteil gegenüber der normalen DVD.

Von daher kann die Blu-ray-Disk aufgrund ihrer Beschaffenheit und Kapazitäten im Bereich der Datensicherung durchaus eine gewisse Verwendung finden.

Auch sogenannte Juke-Boxen für optische Laufwerke werden bei Servern eingesetzt. Hierbei handelt es sich um Laufwerke, welche zahlreiche CDs, DVDs oder Blu-ray-Disks aufnehmen können und die vor allem zum Lesen von Informationen eingesetzt bzw. deren Informationen via Netzwerk den Benutzern zur Verfügung gestellt werden.

## 15.2 Sicherung im Netzwerk

### 15.2.1 Das LAN-Backup

Der Begriff LAN-Backup wurde Ende der 1990er-Jahre geprägt. Dazu führte der Umstand, dass immer häufiger nicht mehr einzelne Server ein Netzwerk verwalten, sondern verschiedene Rollen auf mehrere Server verteilt werden. Damit kommt auch das vorgängig eingesetzte Einzelplatz-Backup mit einem Sicherungslaufwerk pro Server an seine Grenzen, denn es wird schlicht zu teuer, bei acht Servern ebenso achtmal ein DLT- oder LTO-Laufwerk einzubauen.

Seine Bedeutung gewinnt das LAN-Backup aber vor allem dank des Einsatzes von NAS und Storage-Systemen zur Sicherung. Wie bereits erwähnt, können diese Speicher im Arbeits-LAN zu einer hohen Belastung des lokalen Netzwerks führen, was ein durchaus unerwünschter Nebeneffekt dieser Sicherungstechnologie ist.

Das LAN-Backup schafft hier Abhilfe. Denn es bezeichnet nicht etwa die Sicherung über das LAN, sondern den Bau eines eigenen LANs für die Sicherung. LAN-Backup meint somit, dass ausgehend von den Servern rückwärtig ein zweites, separates Netzwerk aufgebaut wird, auf welchem die Sicherung durchgeführt wird. Damit können Clients und Server wie gewohnt im LAN arbeiten, und der Sicherungsrhythmus ist auch nicht abhängig von Arbeits- und Ruhezeiten im LAN.

Die Anforderung an ein LAN-Backup besteht darin, dass die Server mit einer separaten Netzwerkkarte ausgestattet werden, welche ein separates LAN aufbauen. In diesem Sinne ist das LAN-Backup eine Vorstufe zum SAN.

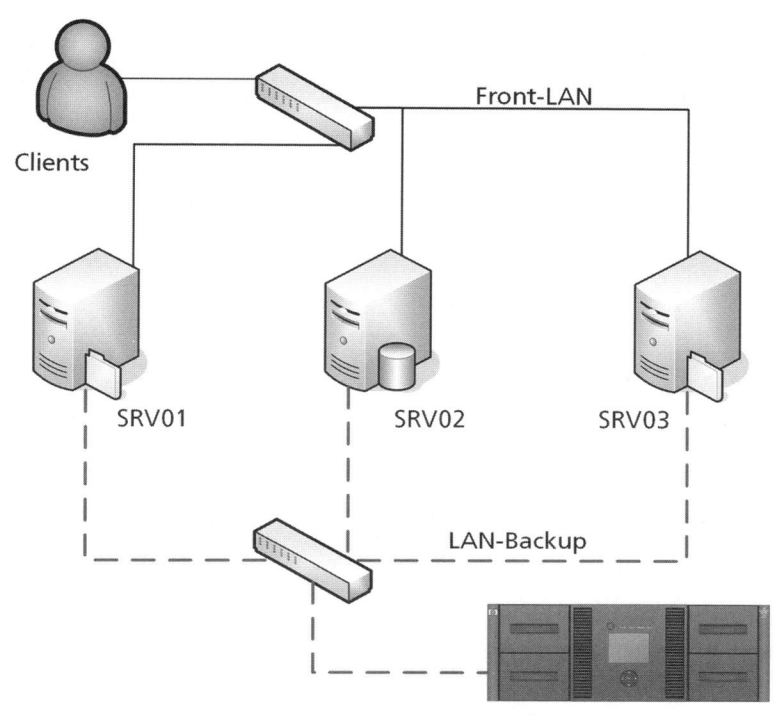

**Abb. 15.15:** Aufbau für das LAN-Backup

## 15.2.2 Das hierarchische Speichermanagement

Mit einem hierarchischen Speichermanagementsystem (HSM) bezeichnet man eine Sicherungs- und Speicherstrategie mit unterschiedlichen Medien und Speicherzielen, abhängig von der Zugriffsdringlichkeit der Daten.

Häufig benötigte Daten werden auf Plattenspeichern wie z.B. Wechselplatten oder Storage-Systemen gespeichert, selten benötigte Daten auf Bändern. Ein System wie IBM Tivoli kann diese Speicherungen verwalten, sodass der Benutzer im Bedarfsfall von dieser Organisation nichts merkt, außer dass er etwas länger warten muss, wenn eine angeforderte Datei bereits auf Bänder ausgelagert ist, als wenn sie direkt vom Storage-System zurückgespielt wird.

Hier ein Beispiel für die Organisation der Daten aufgrund eines HSM.

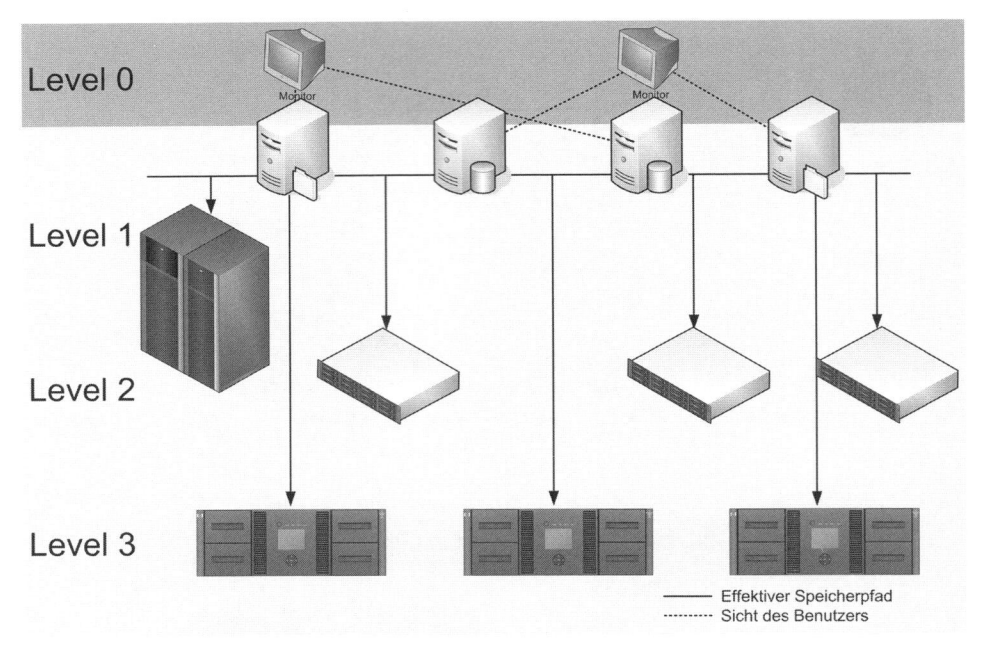

**Abb. 15.16:** Sicht des HSM auf das Filesystem- und Speichermanagement

- Level 0 sind die aktuell in der Bearbeitung begriffenen und daher direkt auf den Systemen (Servern) gespeicherten Daten.
- Level 1 stellt eine laufende oder häufige Sicherung auf einem Near-System-Sicherungssystem dar, z.B. ein Storage-System.
- Level 2 sind Datensicherungen auf Wechselplatten oder kleinen Storage-Servern.
- Level 3 sind Daten, die auf Bänder ausgelagert werden – das bedeutet auch, sie werden vom System gelöscht und sind *nur noch* auf diesen Medien verfügbar.

### 15.2.3 Sicherung in die Cloud

Eine weitere Möglichkeit ergibt sich im Zuge der immer schnelleren Internetanbindungen von Unternehmen: das Online-Backup. Hierbei werden die Daten oder Systeme (je nach Anbieter) mit einer vom Hersteller zur Verfügung gestellten Software über eine verschlüsselte Datenleitung an einen entfernten Ort kopiert und dort gespeichert. Dabei wird zwischen Sicherung und Archivierung unterschieden.

Der Vorteil dieser Technologie ist der hohe Sicherheitsstandard bei der Sicherung bzw. Archivierung der Daten, da diese Anbieter über gut ausgerüstete Rechenzentren verfügen. Zudem ist durch die räumliche Distanz auch bei größeren lokalen Ereignissen eine hohe Datensicherheit gegeben. Nicht zuletzt entfällt bei einer reinen Onlinelösung der Aufwand für eine *eigene* Sicherungs- und/oder Archivierungsinfrastruktur, da die Software im Preis inbegriffen und keine eigene Hardware notwendig ist.

Diesbezüglich sind heute zahlreiche Angebote als BaaS (Backup as a Service) auf dem Markt, welche eine gut organisierte Sicherungslösung ermöglichen.

Ein gewisser Nachteil ist die Beschränkung der Datenmengen, welche in der Regel über eine solche Datenleitung gesichert oder archiviert werden können – und insbesondere die Zeit, welche ein Restore dieser Daten benötigt. Ein weiterer möglicher Nachteil kann die Abhängigkeit sein, da man auf den externen Anbieter angewiesen ist, um die Daten wiederherstellen zu können.

Aufgrund der Datenmengenbeschränkung bzw. der langen Zeit, die für eine erste Vollsicherung über eine Datenleitung notwendig wäre, findet die sogenannte Initialsicherung bei vielen Anbietern über eine D2D-Sicherung statt. Diese Disk wird anschließend ins Rechenzentrum übersandt und dort auf das Benutzerkonto eingespielt. Die weiteren Sicherungen oder Archivierungen erfolgen anschließend online und inkrementell. Beispiele dieser Technologie sind DataTrust, Acronis oder MountTen.

Auch für den Restore werden entsprechende Dienstleistungen angeboten. Das bedeutet in der Regel, dass einzelne Dateien online zurückgespielt werden, für vollständige Systeme aber auch ein ganzer Disk angefordert werden kann, welcher dann zugestellt wird.

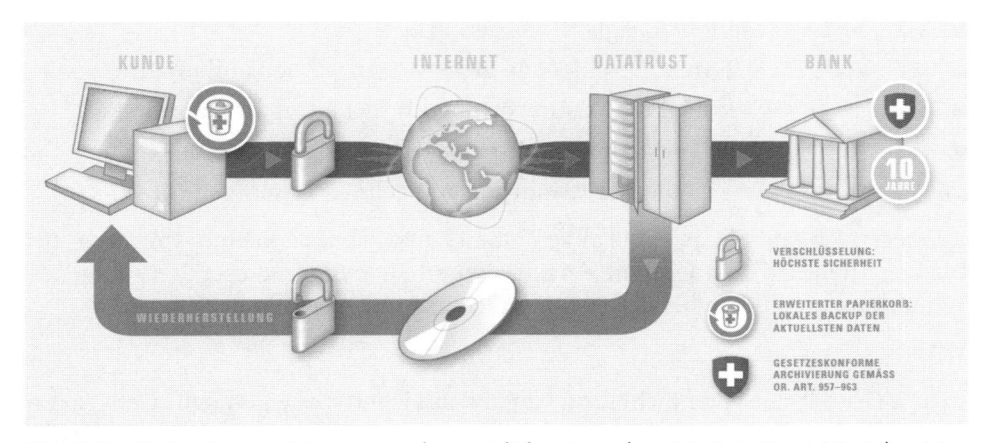

**Abb. 15.17:** Onlinedatenarchivierung nach gesetzlichen Vorgaben (© Data Trust AG, Schweiz)

Im Falle einer reinen Onlinedatensicherung werden die Daten in einem Rechenzentrum gesichert und dort je nach Vertragsvorgabe über Monate oder Jahre aufbewahrt und für eine Wiederherstellung gelagert.

Im Falle einer Onlinearchivierung ist es zudem notwendig, dass die Daten nach den jeweils gültigen gesetzlichen Vorgaben gelagert werden. Im obigen Beispiel heißt das konkret, dass die Daten auf den Servern in zwei Rechenzentren gespeichert, von dort auf Festplatten ausgelagert und diese wiederum in einer Schweizer Bank eingelagert werden. Die Datenträger selber werden jährlich von dort entnommen, überprüft und bei Bedarf umkopiert, damit sie garantiert zehn Jahre lang lesbar sind.

Die Wiederherstellung der Daten erfolgt je nach Menge entweder ebenfalls online, per Datenversand oder bei der Wiederherstellung ganzer Systeme ebenfalls wieder über eine Copy-to-Disk-Wiederherstellung und die Rücksendung des Datenträgers an den Kunden.

Achten Sie beim Vergleich dieser Angebote auf die stark unterschiedlichen Leistungen, sowohl was Datenmengen und Kosten, aber auch die Aufbewahrungssicherheit anbelangt. Hier gibt es große Differenzen.

## 15.3 Das Datensicherungskonzept

Eine Datensicherung ist weit mehr als nur das Kaufen eines Laufwerks und das Wechseln eines Bands. Es gibt wichtige Fragen zu klären, bevor ein Datensicherungskonzept umgesetzt wird. Dazu gehören die sogenannten sieben W-Fragen:

- WAS        Welche Daten werden gesichert?
- WANN       Tagsüber, in der Nacht, online oder offline (Datenbanken)
- WIE OFT    Stündlich, täglich, wöchentlich
- WIE VIEL   Wie viele verschiedene Sicherungen werden aufbewahrt?
- WER        Wer trägt die Verantwortung für Sicherung und Kontrolle?
- WIE        Welches Medium wird eingesetzt, welche Software?
- WO         Wie ist die Aufbewahrung geregelt?

Zu diesen Fragen gibt es keine allgemeinen Antworten, da Sie die Antworten für Ihr Unternehmen definieren müssen. Daher erhalten Sie an dieser Stelle folgende Anmerkungen, um Sie bei der Definition Ihres Konzepts zu unterstützen.

WAS

> Die Grundfrage jeder Sicherung lautet: Was sichern Sie eigentlich? Geht es um »einfache« Daten wie Dokumente oder auch um Datenbanken, um E-Mails, um Webseiten und dergleichen mehr? Oder sollen auch die Systemeinstellungen, die Konfigurationen oder gar das ganze System gesichert werden? Anhaltspunkte zur Beantwortung dieser Fragen bieten nur zuverlässige Betriebs- und Aufwandsanalysen sowie das Datenhaltungskonzept, das Ihnen sagen kann, welche Daten und Systeme im Unternehmen tatsächlich vorhanden sind und mit welcher Priorität man diese zu behandeln und zu sichern hat.

## 15.3 Das Datensicherungskonzept

Eine weitere Frage ist die nach dem Aufwand für Konfiguration und Installation. Wenn Sie ein System auch ohne Backup in einer Stunde wiederherstellen können, ist eine Vollsicherung kaum notwendig. Wenn die Neukonfiguration aber 8 oder 12 h in Anspruch nimmt, ist die Systemsicherung wohl eine sinnvolle Alternative, um den Betrieb innerhalb einer nützlichen Frist wieder aufnehmen zu können.

In diesen Überlegungen spielen natürlich neuerdings nebst dem klassischen Sicherungsvorgehen auch die Virtualisierung und die damit verbundenen Möglichkeiten eine immer wichtigere Rolle. Sie haben diese Thematik etwas weiter vorne bereits ausführlich lesen können, aber sie gehört auch an diese Stelle und soll mit in die Sicherungsthematik einbezogen werden.

### WANN

Wann können die Daten gesichert werden? Diese Frage hängt mit der nächsten zusammen, denn die Frage der Häufigkeit hängt natürlich auch meist mit der nach dem Wann zusammen. Spezifisch sind hier aber die Zeiten zu berücksichtigen, die durch eine Sicherung zu erhöhter Last im Netz führen oder bei der z.B. Datenbanken für eine Sicherung geschlossen werden können. Diese Rahmenbedingungen werden durch Arbeitszeiten, Netzauslastungen und Sicherungsbedarf definiert und ergeben ein Zeitfenster für die Sicherungen.

### WIE OFT

Wie oft müssen die Daten (oder Systeme) gesichert werden? Reicht es aus, wenn einmal pro Nacht die Sicherung läuft? Wie viele Daten und Ergebnisse gehen verloren? Besonders heikel ist diese Frage bei Datenbanken und Onlinedaten, die permanent der Veränderung unterliegen. Stellen Sie sich einmal vor, Sie betreiben einen Versandhandel mit Tausenden von Kunden, die täglich bei Ihnen bestellen. Wie sähe das wohl aus, wenn Sie jeden Abend um 22 Uhr eine Datensicherung machen – und der Server sich eines Tags um 20 Uhr verabschiedet? Es müssen daher unter Umständen andere Lösungen wie Onlinesicherung (permanent oder in Intervallen) oder stündliche Änderungssicherungen ins Auge gefasst werden, um den Anforderungen an die Verfügbarkeit der Daten gerecht zu werden.

### WIE VIEL

Hier geht es um die Frage, wie lange wie viele Sicherungen aufbewahrt werden sollen. Verwechseln Sie auch hier die Sicherung nicht mit der Archivierung, für die es oftmals gesetzliche Regelungen gibt. Die Frage der Aufbewahrung von Sicherungen ist aber Ihnen überlassen. Hier stellen sich mehr Fragen wie: Wie lange möchten Sie auf welchen Datenstand zurückgreifen können? Wie viel Speicherkapazität steht uns zur Verfügung? Was ist die Vorgabe aus dem Datenhaltungskonzept?

**Kapitel 15**
Datensicherung ist nichts für Feiglinge

WER

In einem Krankenhaus hatte ich vor einigen Jahren die Aufgabe einer Bestandsanalyse der Serverlandschaft. Dabei kamen wir auch auf die Sicherungen zu sprechen. Stolz erklärte mir der dortige Informatiker, dass er einen Verantwortlichen für die tägliche Bandkontrolle und den Bandwechsel hatte. Die Bänder waren zwar alle im Serverraum, aber dieser immer abgeschlossen. Auf die Frage, wer denn bei Ferien oder Krankheit dieses Mitarbeiters zuständig für den Wechsel sei, kam die etwas überraschende Antwort: Das macht die Putzfrau des Krankenhauses, die hat auch einen Schlüssel. Das an sich war auch kein Problem, aber vor einiger Zeit wurde der Reinigungsdienst extern vergeben, und somit wusste niemand mehr, wer genau Zutritt zu diesem Raum hatte ...

Klären Sie die Verantwortlichkeiten, nicht nur für den Bandwechsel, sondern auch dafür, wer Sicherungen auf ihren Erfolg überprüft, wer kundig ist im Umgang mit der Software und im Ernstfall Daten auch zurückspielen kann – und wer als Ersatz oder Vertretung diese Rolle übernehmen kann.

WIE

Der Entscheid für die richtige Medienwahl hängt von verschiedenen Faktoren ab. Hierzu gehören:

– Datenmenge und Medienkapazität

– Aufbewahrungsfristen für die Sicherungen

– Zeitfenster für die Sicherungen (Durchsatz, Geschwindigkeit)

Auch die Wahl der Software unterliegt entsprechend unterschiedlichen Kriterien, von der Eignung für die gewählten Daten (nur Dokumente oder z.B. auch Datenbanken) über die Möglichkeiten der zentralisierten Sicherung über mehrere Systeme bis hin zu Fragen nach der Unterstützung unterschiedlicher Betriebssysteme und Disaster Recovery.

Wichtig ist auch die Frage nach dem Grad der Automatisierung: Können tägliche Abläufe zeitgenau gesteuert werden, können mehrere Generationen von Sicherungen geplant werden – und wie reagiert das System bei Fehlern? Erstellt es Warnungen und verfügt es über Meldesysteme bei Fehlern? Ganz gemein: Was geschieht, wenn eine Sicherung nicht durchläuft? Gibt es dann eine Warteschlange, in der alle anschließenden Sicherungen auch stehen bleiben?

WO

Die Aufbewahrung von Sicherungsmedien unterliegt dem Streit zweier Interessen: »möglichst sicher« gegen »möglichst rasch im Zugriff«. Angesichts der Wichtigkeit von Daten muss hier aber dem »möglichst sicher« unbedingt der Vorzug gegeben werden, damit die Sicherungen sowohl im einfachen Verlustfall von Daten wie im Katastrophenfall (Brand oder Überschwemmung etc.) in jedem Fall zur Verfügung stehen. Für die Aufbewahrung von Bändern oder Disks bedeutet dies:

– Aufbewahrung in einem geschlossenen Schrank (Tresor)

– Aufbewahrung an einem von der Firma entfernten Ort

Dies bedeutet z.B., dass man unterschiedliche Generationen von Sicherungen erstellt. Tagessicherungen lagern firmenintern im Safe, Wochensicherungen werden in sicherer Distanz in einer Filiale oder in einer Bank gelagert. Gerade angesichts wiederkehrender Naturkatastrophen wird die angemessene Lagerung von Datensicherungen auch bei uns an Bedeutung gewinnen. In den USA ist dies bereits lange ein großes Thema, z.B.: »Wie weit weg muss eine Datensicherung sein, damit sie nach einem Tornado noch vorhanden ist?«

Bei uns sind Überschwemmungen eine häufige Thematik. Nie werde ich vergessen, wie der Inhaber eines Schuhgeschäfts nach einem Unwetter im Kanton Bern in der Tagesschau das überschwemmte Ladengeschäft zeigte und sichtlich enttäuscht sagte, dass er doch seine Kunden- und Bestelldaten alle auf einem Band gesichert habe – im Keller des Hauses ...

Nebst diesen Punkten ist das Konzept im Hinblick auf die Wiederherstellungsmaßnahmen ebenfalls zu überprüfen. Was nützt Ihnen die schönste Sicherungsmethode inklusive externer Lagerung, wenn Sie anschließend bei Bedarf nicht in der Lage sind, die Daten binnen nützlicher Frist wiederherzustellen? Somit muss auch der Faktor Restore aktiv in das Konzept miteinbezogen werden.

Zum Schluss noch zwei Anmerkungen zur Thematik der Lagerung. Der Lagerung der Datensicherungen muss auf jeden Fall erhöhte Aufmerksamkeit geschenkt werden. Zu viele Sicherungsmedien liegen frei zugänglich in Serverräumen herum. Dies ist nicht nur bei Ereignissen wie Feuer oder Wasser ein Problem, sondern auch aus sicherheitstechnischen Gründen nicht zu empfehlen. So schwierig ist es nicht, Daten von einem Band zu lesen und bei sich zu Hause die Buchhaltung der Firma in Ruhe anzuschauen – ob das in deren Interesse ist, darf hier bezweifelt werden.

Eine Minimallösung ist demzufolge die Ablage der Medien zwar im Serverraum, aber in einem abgeschlossenen Schrank.

Eine bessere Lösung ist es, Wochen- und Monatsbänder außerhalb der Firma zu lagern, ebenfalls abgeschlossen – und nicht im Putzschrank zu Hause beim Abteilungsleiter, weil »dort ja eh niemand sucht ...«.

Sicherungsschränke sollten in jedem Fall feuerfest sein – und zwar datenträgerfeuerfest. Das ist nicht dasselbe wie Feuerfestigkeit für Papier, denn Papier vermag ungleich mehr Hitze zu ertragen, bis es sich entzündet – Datenträger fangen bei weit geringeren Temperaturen an, sich zu verformen oder zu schmelzen. Legen Sie also Wert darauf, dass Ihr Sicherheitsschrank auch für Datenträger feuersicher ist!

Bei der Bemessung von »entfernter« Lagerung ist zudem zu berücksichtigen, dass der Aufwand und der Nutzen im Verhältnis bleiben. Es ist sicherlich auch bei größeren Bränden oder Überschwemmungen weit entfernt genug, wenn eine Firma in der Schweiz ihre Monatsbänder jeden 5. des Monats nach Indien zur Einlagerung fliegt – doch sind die bis zu 24 h, die es dauert, die Bänder zurückzuholen, auch noch zeitig genug, wenn man die Daten braucht?

Post und Banken bieten hier vermutlich mit ihren Schließfächern einen näheren und doch besser geeigneten Schutz an.

### 15.3.1 Mehrstufige Sicherungskonzepte

Um sowohl die Sicherungs- als auf die Wiederherstellleistung zu optimieren, wird häufig für eine erste Phase eine Backup-to-Disk-Sicherung auf ein günstiges NAS verwendet. Damit wird die Zeit, in welcher das Backup das lokale Netzwerk oder die Server beeinflusst, optimiert und Daten können im Verlustfall schnell lokal wiederhergestellt werden.

Sobald die To-Disk-Sicherung abgeschlossen ist, funktioniert die Infrastruktur wieder normal.

### 15.3.2 Anmerkung zum Einfluss der Sicherung

Moderne ICT-Systeme laufen auch während einer Sicherung normal weiter und auch die Leistung wird kaum beeinflusst. Bei virtuellen Servern wird die VM konsistent (alle Anwendungen und Datenbanken in einem stabilen Zustand) eingefroren. Dies wird auch als Snapshot bezeichnet. Während nun die Sicherung läuft, werden die laufenden Änderungen an Betriebssystem, Daten und Anwendungen in einen sogenannten »differenziellen« virtuellen Datenträger geschrieben, welche, nach erfolgreichem Abschluss der To-Disk-Sicherung, wieder mit dem eingefrorenen Datenträger zusammengeführt wird.

Wenn die Sicherung nicht korrekt abgeschlossen werden kann, kann es sein, dass diese differenziellen Datenträger nicht zusammengeführt werden können. Dies kann dazu führen, dass sich der Speicherplatz im Virtualisierungsnetzwerk schnell füllt und zu einem Teil- oder sogar Komplettausfall der Systeme führen kann.

Das ist ein weiterer Grund, warum die Datensicherung regelmäßig überprüft werden muss.

Von dieser ersten Sicherungsstufe aus, dem NAS im lokalen System, kann nun ohne direkten Zusammenhang mit der produktiven Umgebung die Sicherung in die Cloud geschehen.

Um die Anforderungen an das Backup-System weiter zu minimieren, werden die Daten häufig dedupliziert. D.h., Daten, welche mehrfach vorhanden sind, werden nur einmal abgespeichert. Erfolgte diese Deduplizierung früher auf Dateiebene, deduplizieren moderne Systeme auf Blockebene (englisch chunks), was nochmals viel effizienter ist, weil z.B. ein Firmenlogo, welches in verschiedenen Dateien verwendet wird, ebenfalls dedupliziert werden kann.

### 15.3.3 Datensicherung und Archivierung

Häufig werden diese beiden Begriffe in einen Topf geworfen, die haben aber außer den dahinterstehenden technischen Mechanismen wenig miteinander zu tun.

Bei der Datensicherung geht es darum, dass bei einem Systemausfall oder einem Hardware-Defekt die möglichst aktuellen Daten wiederhergestellt werden können.

Bei der Archivierung handelt es sich um organisatorische Anforderungen, dass Informationen über einen längeren Zeitraum hinweg wiederauffindbar sind. Bei der Archivierung muss insbesondere beachtet werden:

- Welche Daten müssen archiviert werden?
- Wie lange müssen diese Daten archiviert werden?
- Wie wird sichergestellt, dass diese Daten in Zukunft noch gelesen werden können (Datenbanken, Datenformate)?

Ein weiterer wichtiger Unterschied ist der Sicherungs- oder Archivierungszeitpunkt. Eine Sicherung erfolgt in der Regel zeitgesteuert, während die Archivierung versionsgesteuert ist. In einem Archiv interessiert nicht der Zustand eines Vertrags um 12 Uhr, es interessiert die unterschriebene Version.

Es gibt heute Cloud-Backup-Provider, welche neben der Datensicherung auch rechtsgültige Archivierung anbieten. Das ist aber bei den wenigsten der Fall.

## 15.4 Methoden der Datensicherung

Wenn die Rede von Methoden ist, dann geht es um zwei Bereiche: Zum einen gibt es unterschiedliche technische Verfahren wie Vollsicherung oder Differenzialsicherung. Zum anderen gibt es unterschiedliche organisatorische Methoden, wie Sicherungen aufgebaut werden können.

### 15.4.1 Klassische technische Verfahren

Es gibt drei Verfahren zur Sicherung, die seit Langem im Einsatz sind und es ermöglichen, die Datenmenge, aber auch den Zeitaufwand für Sicherung und Wiederherstellung zu steuern.

Vollsicherung: Bei der Vollsicherung werden alle ausgewählten Dateien kopiert und als gesichert markiert (das Archivattribut* wird gelöscht). Dieses Sicherungsverfahren benötigt am meisten Zeit und am meisten Speicher, da alle Daten gesichert werden. Dafür benötigen Sie nur die aktuellste Kopie der Sicherungsdatei oder des Bands, um sämtliche Dateien wiederherzustellen.

Differenziell: Bei der differenziellen Sicherung werden Dateien kopiert, die seit der letzten Sicherung des Typs Voll oder Inkrementell erstellt bzw. geändert wurden. Dateien werden nicht als gesichert gekennzeichnet (d.h. das Archivattribut* wird nicht gelöscht). Wenn Sie eine Kombination aus voller und differenzieller Sicherung durchführen, benötigen Sie zur Wiederherstellung der Daten den letzten vollen sowie den letzten differenziellen Sicherungssatz.

Inkrementell: Bei einer inkrementellen Sicherung werden nur die Dateien gesichert, die seit der letzten Sicherung des Typs Voll oder Inkrementell erstellt bzw. geändert wurden. Dabei werden die gesicherten Dateien als solche markiert (d.h., das Archivattribut* wird deaktiviert). Wenn Sie eine Kombination aus vollen und inkrementellen Sicherungen verwenden, benötigen Sie zum Wiederherstellen Ihrer Daten zum einen den letzten vollen und zum anderen alle inkrementellen Sicherungssätze.

Die Sicherung der Daten in der Kombination von vollen und inkrementellen Sicherungen belegt den wenigsten Speicherplatz und stellt daher auch die schnellste Sicherungsmethode dar. Die Wiederherstellung der Dateien nimmt jedoch mehr Zeit in Anspruch, da der vollständige Sicherungssatz auf mehrere Datenträger verteilt ist.

> \* Anmerkung zum Archivattribut: Dieses Attribut kennen nur DOS-basierte oder windowsbasierte Systeme als effektives Dateiattribut. Dennoch haben sich die Bezeichnungen übergreifend durchgesetzt, nur müssen Sie die Begriffe allgemeiner auffassen, und die einzelnen Programme und Dateisysteme merken sich den Unterschied der Sicherungsarten auf eigene Weise.

Bei einigen Programmen gibt es zudem den Punkt Kopieren als Methode. Dabei werden die Daten nicht im obigen Sinne gesichert (mit oder ohne Archivbit), sondern sie werden als Ganzes kopiert. Dieses Verfahren ermöglicht natürlich zum einen eine – wie es der Name sagt – vollständige Kopie, verlangt aber auch den vollständigen Platz und muss sich mit den im Betriebssystem hinterlegten Rechten abfinden, da das Kopieren einen direkten Zugriff unter Berücksichtigung der Datei- und Ordnerrechte darstellt. Kopieren gehört darum nicht im engeren Sinn zu den Methoden der Datensicherung.

Nicht zu vergessen ist bei jeder dateisystembasierten Lösung, dass sich längst nicht alle Daten auf diese Weise »einfach« so zuverlässig sichern lassen. Beispiele dafür sind Datenbanken, die nicht konsistent bleiben, wenn sie im Betrieb gesichert werden. Oder auch Exchange-Postfächer oder SharePoint-Server und dergleichen mehr.

Für diese Sonderfälle führen die meisten Hersteller entsprechend spezielle AddOns, meist Agents oder auch Features genannt, welche sich innerhalb der Sicherung speziell um diese Thematik kümmern. Und ja, dieses Agents oder Features müssen in aller Regel zusätzlich bezahlt werden.

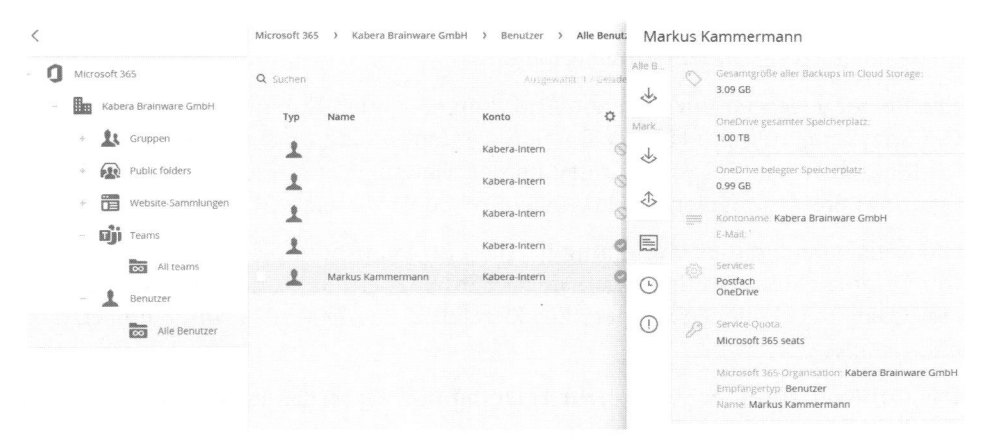

**Abb. 15.18:** Sicherung der Microsoft-365-Postfächer mittels spezieller Funktionen (© Acronis 2022)

## 15.4.2 Blockbasierter Ansatz mit SnapShots

Entsprechend zu den erwähnten blockbasierten Speichern gibt es auch ein blockbasiertes Backup. Wie bei der normalen Speicherung gilt auch hier, dass die Datenblöcke auf einem System oder verteilt auf mehrere Systeme abgelegt werden. Jeder Block ist für sich unabhängig und wird mit einer eindeutigen Adresse versehen, mit der er wieder aufgefunden wird.

Für die blockbasierte Sicherung wird nach einer ersten Sicherung nur noch die Änderung der Blöcke geschrieben, d.h., es wird ein momentaner Änderungsstand gesichert, auch SnapShot genannt.

Dies spart sowohl Zeit als auch Platz. Bei einer Wiederherstellung wird dann entsprechend inkrementell der Zustand des gewünschten Blocks durch die verschiedenen SnapShots wiederhergestellt.

Bei den Verfahren selber werden zwei Möglichkeiten unterschieden:

- Copy-on-Write (CoW)
- Redirect-on-Write (RoW)

Beim CoW-Verfahren werden beim Schreiben von Datenblöcken Kopien der Änderungen angelegt. Nach dem erstmaligen Aufzeichnen der Blockstruktur werden nur noch die Änderungen der Datenblöcke nachgeführt. Es werden keine Datensätze überschrieben, sondern immer neu erzeugt. Die Speicherung des Snapshots und der History-Daten erfolgt nacheinander auf getrennten Speicherbereichen.

Das RoW-Verfahren erstellt beim ersten Snapshot lediglich eine Liste aller auf dem Datenträger gespeicherten Datenblöcke und erfasst die Metadaten über die belegten Blöcke. Die Daten selber bleiben unangetastet. Daher kann ein solcher Snapshot auch sekundenschnell erfolgen.

Nachfolgend werden nur noch die Änderungen an den Datenblöcken gespeichert. Die Snapshots und die History-Dateien werden in einen reservierten Speicherbereich geschrieben. Bei Änderungen an den Datenblöcken werden diese in diesen Speicherbereich umgeleitet, sodass sie direkt dort verzeichnet sind.

Die Konsequenz dieser Umleitung ist, dass im Snapshot-Speicherbereich ein Mix von Originaldaten und Snapshots liegt. Wird jetzt ein Snapshot gelöscht, müssen diese Daten abgeglichen werden. Ein Hersteller, der dieses Verfahren einsetzt, ist z.B. Netapp.

Das CoW-Verfahren benötigt mehr Leistung und Platz, das RoW-Verfahren bietet demgegenüber weniger Sicherheit.

In der Praxis wird klassische Datensicherung und SnapShots oft kombiniert, z.B. mittels SnapShots tagsüber und einem klassischen Backup nachts.

### 15.4.3 Deduplizierung

Die Deduplizierung bzw. Deduplikation beschreibt ein Verfahren, um mehrfach gespeicherte Daten, die sich sehr ähnlich oder identisch sind, zu analysieren und Redundanzen zu beseitigen. Dadurch kann Speicherplatz eingespart werden, da die mehrfach vorhandenen Daten durch Platzhalter in Form von Referenzadressen ersetzt werden.

Beim einfachsten Verfahren werden dabei die Dateien selber verglichen. Identische Dateien werden dabei nach ihrer Speicherung anhand ihres gleichen Hash-Werts erkannt. Eine Datei wird dann vollwertig gespeichert. Für alle anderen identischen Dateien werden lediglich Referenzen angelegt. Single Instance Storage (SIS) ist ein Vertreter dieser Form und wurde z.B. von Windows bis Server 2012 eingesetzt.

Komplexere Verfahren organisieren die Deduplikation dagegen auf Block-, Segment- oder gar Bit-Ebene.

Dabei kann die Deduplizierung entweder während des Speicherns (Inline Processing genannt) nachträglich erfolgen, d.h. nach der ersten Speicherung (Post Processing).

Während das erste Verfahren mehr Zeit zum Speichern benötigt wegen der Berechnung der Datenwerte, braucht das zweite Verfahren deutlich mehr Speicherplatz, weil die Daten zuerst als Ganzes und erst später dedupliziert gespeichert werden.

Beide Verfahren arbeiten dabei auf Block-Ebene, es werden also grundsätzlich nicht Dateien untersucht, sondern Datenblöcke und entsprechend auch Blöcke dedupliziert.

Eine Tracking-Datenbank fungiert hierbei als Kontrollinstanz. Diese enthält die Informationen darüber, welche Blöcke sich bereits auf dem System (Storage oder Backup) befinden und welche Daten erstmalig gespeichert werden. Ebenso werden alle Veränderungen an Datenblöcken protokolliert. Für eine Wiederherstellung erfolgt die Rekonstruktion der konkreten Daten dann anhand der Informationen in dieser Tracking-Datenbank.

Die Unterschiede zwischen den Herstellern bestehen in den Algorithmen, welche eingesetzt werden, darunter Komprimierungsalgorithmen und Verfahren zur Entfernung von Redundanzen. Am häufigsten zum Einsatz kommen blockbasierte Methoden bzw. Methoden, die auf Datensegmenten fester oder variabler Länge basieren (EMC, Hitachi, NetApp, Quantum, Veritas etc.).

Die Deduplizierung wurde durch die Hersteller von Datensicherungen eingeführt, um auch bei ausgefeilten Datensicherungskonzepten die Datenflut im Griff zu haben.

Mittlerweile findet sich »Dedup«, wie das Verfahren abgekürzt wird, aber in der Werbebeschreibung jedes größeren Speichersystems. Ich zitiere aus einer aktuellen Werbung des Speichersystemherstellers Dell-EMC:

*Die EMC Data Domain: Deduplizierungsspeichersysteme für Backup und Recovery der nächsten Generation. Die skalierbaren Data Domain-Systeme zeichnen sich durch High-Speed-Inline-Deduplizierung und netzwerkeffiziente Replikation aus. Ein einziges System kann die Speicheranforderungen um das 10- bis 30-fache reduzieren und bis zu 28,5 Petabyte logische Kapazität schützen.*

Dabei erhält die Deduplizierung überall dort den Vorrang, wo Platz vor Performance geht, und das ist insbesondere in Zusammenhang mit Cloud-Angeboten von Bedeutung. Denn wer in die Cloud speichert, benötigt Bandbreite – je weniger Daten er also über das Internet senden muss, umso weniger Bandbreite und Zeit benötigt er. Dadurch wird die Deduplizierung auch zu einem wichtigen Faktor bei der Replizierung von Datenbeständen über mehrere Standorte.

Eines haben aber alle Algorithmen zur Datenreduzierung gemeinsam: Sie benötigen Rechenkapazität, um den Algorithmus auszuführen und die einzelnen Daten-Bits zu verfolgen. Der Gewinn an Platz geht also immer einher mit einem Einsatz von Performance, und das führt oft zur Auslagerung der Deduplizierung von den primären Speichersystemen im Arbeitsnetzwerk auf spezialisierte Systeme, d.h.

Appliances, eine Kombination von Hard- und Software. Diese sind heute dank Flash-Technologie auch unter dem Begriff All-Flash-Systeme bekannt und bieten Kapazitäten im Bereich von mehreren Petabytes, ohne deswegen ganze Rackschränke zu füllen.

Und hier liegt denn auch die Krux der Deduplikation: Sie ist in keiner Weise normiert oder zwischen den Herstellern kompatibel. Wer also mit einem Hersteller seine Daten verwaltet und dedupliziert, muss alle diese Daten zuerst wieder duplizieren, bevor er sie auf ein anderes System umziehen kann – wenn Sie jetzt 80 TB auf Ihrem Speichersystem haben und 80 % Deduplizierungsrate – dann sind das rasch 400 TB Platz, die Sie so eben mal benötigen, um die Daten auf eine Migration vorzubereiten.

### 15.4.4 Imaging und Sicherung virtueller Umgebungen

Als Imaging oder Abbilderstellung bezeichnet man gemeinhin das Erzeugen eines exakten Abbilds von einer Konfiguration, einer Platte oder eines ganzen Systems. Was bei einem PC am Feierabend mit zwei, drei Klicks bequem erledigt werden kann, stellt bei Serversystemen ganz andere Anforderungen.

Das fängt schon damit an, dass nicht eine einzelne Platte im System steckt, sondern wahrscheinlich ein ganzes RAID oder dass sogar noch ein zusätzliches externes RAID dranhängt. Das geht weiter über die Frage, was mit zur Sicherungszeit offenen Dateien geschieht oder mit laufenden Datenbanken und endet mit der Frage: »Und wie hole ich eine einzelne E-Mail wieder aus dem Image?« Aber auch der Zeitfaktor spielt eine wichtige Rolle, da die Zeitfenster für die Sicherung oft eng begrenzt sind.

Um all diese Fragen kümmern sich die Hersteller dieser Programme wie z.B. Acronis True Image Server gründlich und bieten Lösungen an, die es Ihnen ermöglichen, ganze Server komplett und korrekt zu sichern.

Moderne Imaging-Software ist daher in der Lage:

- RAID-Systeme zu sichern und wiederherzustellen,
- Bare-Metal-Wiederherstellungen zu realisieren,
- Konfigurationen zu sichern,
- Mit Datenbank-Agents offene Datenbanken zu sichern,
- Sicherungen von Mailservern und Postfächern zu erstellen,
- Zuwachssicherungen zu erstellen.

All diese Möglichkeiten ergeben zusammen ein zwar anderes, aber dennoch vollständiges Sicherungskonzept.

Besondere Beachtung muss bei einer solchen Lösung, gerade im Zusammenhang mit Plattensystemen, aber auf jeden Fall der Lagerung und dem Katastrophenschutz (entfernte Aufbewahrung) geschenkt werden. Denn es nützt die schönste 3-Jahres-Sicherungsbibliothek nichts, wenn sie mit dem Server im gleichen Rack bei der nächsten Überschwemmung untergeht ...

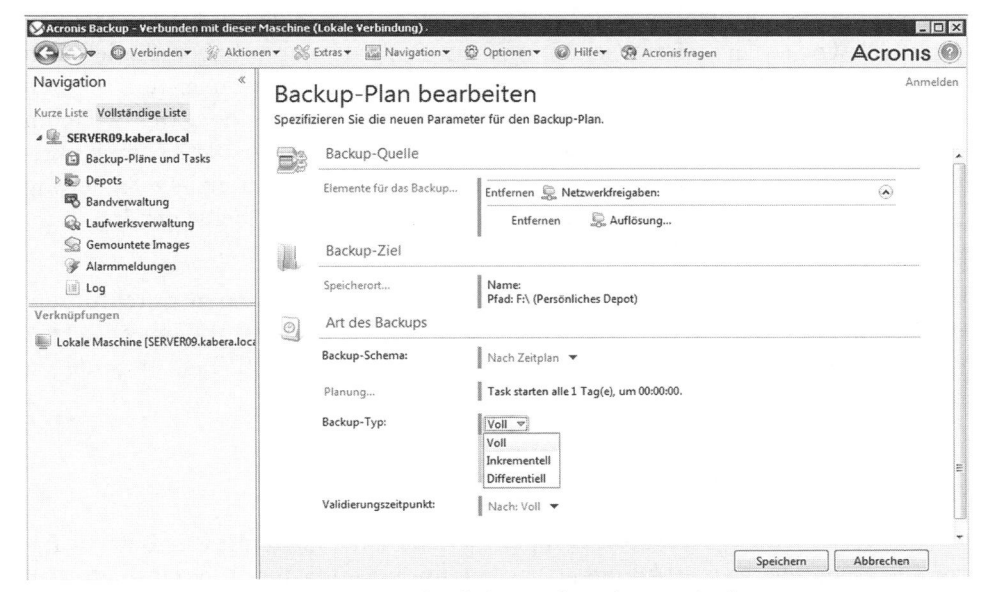

**Abb. 15.19:** Backup-Plan mit den unterschiedlichen technischen Methoden

### 15.4.5 Organisatorische Methoden

Wie schon angesprochen, gehört auch die Frage nach der Aufbewahrung der Sicherungen zum Konzept. Was nützt Ihnen eine tägliche Datensicherung, wenn Ihre Mitarbeiterin die Daten am Montag löscht und es erst am Donnerstag bemerkt, Sie aber nur eine Generation Sicherung haben – also die vom Mittwoch?

Es gibt vor allem ein Konzept, das in dieser Hinsicht eingesetzt wird: das Generationenprinzip, auch Großvater-Vater-Sohn-Prinzip (GVS) genannt. Mit ihm lassen sich über eine beliebige Zeit die Daten auf mehreren Generationen von Bändern sichern.

| Mo | Di | Mi | Do | Fr | Sa |
|---|---|---|---|---|---|
| Tag 1 | Tag 2 | Tag 3 | Tag 4 | Tag 5 | Woche 1 |
| Tag 1 | Tag 2 | Tag 3 | Tag 4 | Tag 5 | Woche 2 |
| Tag 1 | Tag 2 | Tag 3 | Tag 4 | Tag 5 | Woche 3 |
| Tag 1 | Tag 2 | Tag 3 | Tag 4 | Tag 5 | Monat 1 |
| .... | | | | | Woche 1 |

**Tabelle 15.6:** Tabelle mit einem GVS-Rotationsschema

Beim oben abgebildeten Beispiel verwenden Sie einen Satz Bänder (Mediensatz genannt) für Montag bis Freitag, am Samstag verwenden Sie einen Mediensatz für die Vollsicherung. Da jetzt die Daten inklusive Veränderungen der Woche auf dem Mediensatz vom Freitag vorhanden sind, können Sie die Mediensätze der einzelnen Tage in der nächsten Woche wieder einsetzen. Dasselbe gilt für die Mediensätze der Woche nach vier Wochen, und am Ende des Jahrs haben Sie letztlich zwölf Monatsmediensätze, die Sie dann aufbewahren können oder durch einen Jahr1-Mediensatz ersetzen und ebenfalls wieder einsetzen können. Des Weiteren können Sie das Schema natürlich auch erweitern, z.B. tagsüber alle 2 h eine inkrementelle Sicherung, abends von Montag bis Freitag eine differenzielle Sicherung und am Samstag eine Vollsicherung laufen lassen und so die Dichte der Sicherungen erhöhen.

Dasselbe Prinzip lässt sich natürlich auch mit Disksicherungen durchführen, indem Sie entweder die entsprechende Anzahl Disks oder Partitionen einsetzen (aufwendig) oder für die Sicherung entsprechende Ordner Tag1, Tag2 etc. anlegen und so sichern.

## 15.5 Datensicherung in der Praxis

Es gibt verschiedene Software-Lösungen, welche zur Erstellung von Datensicherungen eingesetzt werden können. Dies beginnt bei einfachen Programmen, welche ISO-Dateien erzeugen (die auf mobile Datenträger kopiert werden können), oder Tools wie WinZip oder WinRar, welche Archive kreieren können. Darüber hinaus gibt es spezialisierte Software, von den betriebssystemeigenen Sicherungsprogrammen bis hin zu Sicherungssoftware wie Veritas BackupExec oder CA Arcserve und anderen.

Wichtig ist bei jeder Software, dass sie folgende Anforderungen auf jeden Fall erfüllt, um für Sicherungszwecke eingesetzt werden zu können:

Essenzielle Anforderungen:

- Timestamps müssen erhalten bleiben, und dies sind in der Regel drei:
  - Erstellungsdatum (Creation Time)
  - Datum der letzten Änderung (Modification Time)
  - Letzter Lesezugriff (Access Time)
- Besitzer und Zugriffsrechte (auch ACLs) müssen im Backup übernommen werden
- Datenformate wie SQL, Postfächer oder Online-Inhalte müssen gesichert werden

Zusätzliche Anforderungen:

- Verschlüsselung der Daten während der Sicherung
- Virensicherheit durch integrierten Scanner
- Dezentralisierte Sicherung (z.B. mit Agents, die auf verschiedenen Systemen die Sicherung durchführen)
- Plattformunabhängigkeit, damit unterschiedliche Betriebssysteme gesichert werden können

Zumindest die grundsätzlichen Anforderungen erfüllen alle im Folgenden erläuterten Tools einwandfrei. Je nach Umfang der Software werden darüber hinaus auch die zusätzlichen Anforderungen erfüllt.

### 15.5.1 Windowsinterne Datensicherung

Ein spezieller Aspekt der Datensicherung und der Disaster Recovery in der Windows-Welt ist der sogenannte Systemstate, die Systemstatusinformationen. Das Windows-interne Sicherungswerkzeug (Ntbackup) und die für Windows entwickelten Drittherstellerprodukte zur Datensicherung sichern den Systemstatus als Ganzes. Der Systemstatus beinhaltet insbesondere:

- Die Startdateien für das Betriebssystem
- Die Registry-Hives
- COM+-Klassenbibliothek

Je nach Serverrolle werden mit dem Systemstatus auch folgende Daten gesichert:

- Active-Directory-Datenbank (auf Domänen-Controllern)
- Sysvol-Verzeichnis (auf Domänen-Controllern)
- Zertifikatsdatenbank (auf CA-Servern)
- IIS Metabase (auf Webservern)

Ab den Windows-Versionen 6.0 (Vista, Server 2008 und 2012) wurde Ntbackup nicht mehr unterstützt. Windows Server Backup wird stattdessen als Feature auf dem Windows-Server installiert und erlaubt es, das gesamte System regelmäßig zu sichern.

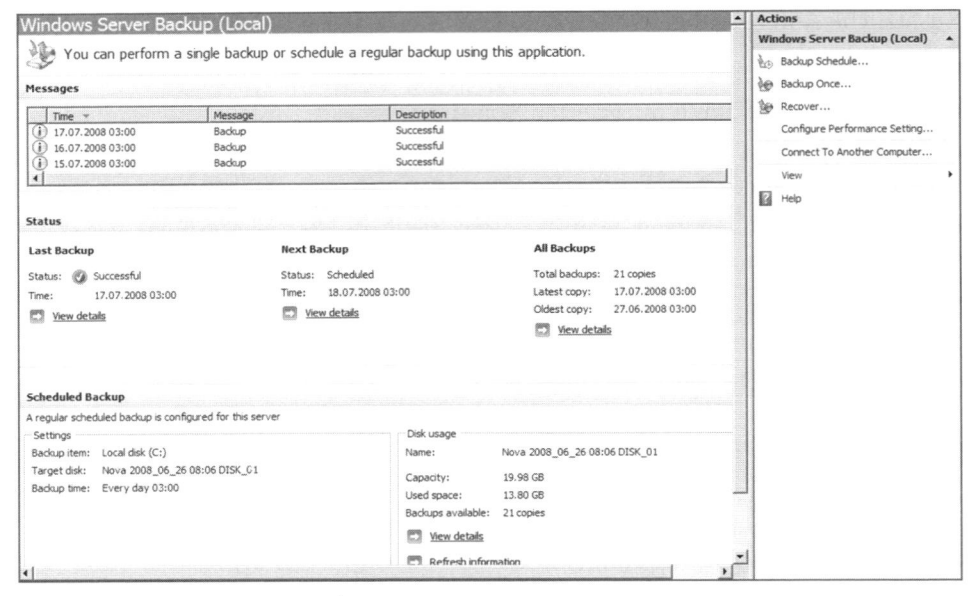

**Kapitel 15**
Datensicherung ist nichts für Feiglinge

**Abb. 15.20:** Windows-Server-Backup (Server 2016)

Windows-Server-Backup basiert auf einem Volume-Shadow-Copy-Mechanismus und erlaubt es nur, ganze Volumes (Partitionen) zu sichern. Die Sicherung erfolgt ebenfalls auf ein Volume (Shadow Volume).

Die Wiederherstellung kann nun wieder volumenspezifisch oder aber auch auf Dateiebene, wie bei Ntbackup, geschehen.

Die Lösung beinhaltet die Sicherung sowohl auf externen Datenträgern wie auch auf Netzwerklaufwerken.

### 15.5.2 Standard-Unix-Tools

Die Commandline-Utilities, die bei praktisch jedem Unix oder Linux mitgeliefert werden, unterstützen alle Funktionalitäten, welche ein Backup haben muss. Lokal kann man unter Unix bedenkenlos die GNU-Utilities verwenden.

Wenn Netzwerk-Backups gemacht werden sollen, und dies eventuell auch noch von verschiedenen Betriebssystemen (in heterogenen Netzen), eignet sich eine kommerzielle Lösung oft besser. Neben der Heterogenität sprechen in diesem Fall auch die Handhabung von größeren Sicherungsbeständen und die Medienverwaltung für eine solche Lösung. Es gibt viele Lösungen, Veritas, SEP Sesam, VMWare Veeam etc. bieten praktische grafische Tools, wo man sich »nur durchklicken« muss.

## 15.5 Datensicherung in der Praxis

Von den zeilenbasierten unter *nix-Systemen vorhandenen Tools seien hier exemplarisch tar, cpio, dd und rsync erwähnt.

Grundsätzlich wichtig ist, dass man keine Backups mit absoluten Pfadnamen macht, d.h. mit einem »/« vorne. Wenn das Archiv, das Backup, mit einem absoluten Pfadnamen versehen wurde, kann man dies nicht in einen »Rücksicherungsordner« stellen, sondern es wird immer nach dem absoluten Pfad dort hingestellt, wo es ursprünglich war. D.h.:

Beispielsweise machen wir mit »Backuptool« ein »Backupfile« vom Verzeichnis »home«.

Nicht so:

```
# backuptool backupfile /home
```

Sondern so:

```
# cd /
# backuptool backupfile home
```

Des Weiteren sollte darauf geachtet werden, dass Backups in einen »sicheren« Bereich auf einem System angelegt werden. Normalerweise kommen diese auf ein NAS, Backup-Server, bzw. werden von der ursprünglichen Maschine entfernt und woanders abgespeichert. Es sollte immer darauf geachtet werden, dass niemand als nur der Administrator auf diese Backups zugreifen kann – falls jemand anderes ein Backup-File wegkopieren kann, dann kann er in Besitz von privaten, sensiblen Daten unter anderem auch Passwort-Dateien kommen!

### Tar

Tar, ursprünglich »Tape Archiver«, Nachfolger von »r«« (archiver), ist das bekannteste Tool, um »rasch« ein Archiv eines Ordners, eines ganzen Verzeichnisbaums oder Filesystems zu erstellen. Zudem werden viele Programme und Tools als Tarball geliefert, und auch darum macht es Sinn, diese Commandline-Utility kurz zu erklären. Tar ist DAS Backup-Tool unter Linux schlechthin.

Archiv erstellen mit tar im Terminal:

```
# tar cvf /backup/backup1.tar \
home \
etc \
boot \
...
```

Mit den Optionen cvf wird ein Tar-Archiv generiert, c steht für Create, v steht für Verbose (soll ausgeben, welche Dateien ins Archiv geschrieben werden), und f steht für den Dateinamen, dieser ist hier als /backup/backup1.tar angegeben.

Mit dem Linux-tar-Befehl kann im gleichen Schritt dieses Archiv gleich komprimiert werden, dies wird mit der Option z für gzip oder j für bzip gemacht. Die Dateiendung muss, wenn diese Optionen verwendet werden, geändert sein: Anstelle von .tar wird es ein .tar.gz (klassischer Tarball) oder .tar.bz2 (für die Bzip-Komprimierung). Jedoch Vorsicht bei der Komprimierung. Grundsätzlich sollten Backups nicht komprimiert werden. Falls es irgendwo im Archiv einen Bit-Fehler gibt, ist das ganze Archiv defekt. In der unkomprimierten Variante ist dann allenfalls nur eine Datei korrupt, jene an der Stelle des Fehlers oder kann gar korrigiert werden. Komprimierung ist ähnlich wie die Verschlüsselung, ein Fehler und das Ursprüngliche kann nicht rekonstruiert werden. Wenn man ein Tar-Archiv übers Netz kopieren möchte, dann kann eine Komprimierung Sinn machen. Je nach Daten kann ein bz2 oder gz das Archiv um 10- bis 12-mal verkleinern, was dann heißt, dass es 10- bis 12-mal schneller übers Netz kopiert wird (und damit das Netz weniger belastet).

Der Begriff Tape Archiver kommt nicht von ungefähr, denn mit Tar kann direkt auf ein Bandgerät geschrieben werden. Dies geht sogar mit Bandlaufwerken, welche nicht an der lokalen Maschine angeschlossen sind, sondern an einem anderen System im Netz hängen.

```
# tar cvf /dev/st0 home
```

würde nun das Home-Verzeichnis aufs erste Bandlaufwerk schreiben (st0 für Standard Tape Device Nr 0, also das »Erste«)

Bevor man ein Archiv entpackt bzw. einen Restore vornimmt, kann man dieses ansehen. So ist man sich gewiss, wie die Verzeichnisstruktur auf dem Archiv aussieht und welche Besitzrechte etc. vergeben sind.

```
# tar tvf /backup/backup1.tar
```

Nachdem das Archiv mit der Option t geprüft wurde, kann es ausgepackt werden. Dieser Schritt ist nicht zwingend, aber sinnvoll, wenn man sich vergewissern möchte, was genau für Dateien sich in diesem Archiv befinden.

```
# tar xvf /backup/backup1.tar.gz -C /restore
```

Mit der Option x (extract) wird das Archiv extrahiert. In diesem Beispiel werden alle Dateien vom Archiv in das Verzeichnis /restore gestellt, dies wird durch die Option -C am Ende zurechtgedreht.

Wenn die Option -C weggelassen wird, dann wird dort hin extrahiert, wo man sich befindet.

Die Bezeichnung der Backup-Dateien kann man mit einem kleinen Trick für Skripte automatisieren:

`date sperren` gibt 202209121412 aus, also Y für Jahr 4stellig, m für Monat, d für Tag, h für Stunde und m für Minute.

Das Backup oben könnte dann folgendermaßen erstellt werden:

```
# tar cvf /backup/backup-$(date +%Y%m%d%h%m).tar \
home \
etc \
boot \
…
```

Der Dateiname wäre dann »backup-202209121413.tar«.

## Cpio

Cpio ist ebenfalls ein Standard-Unix-Tool, welches zum Erstellen von Backups gebraucht wird. Die Funktion ist dieselbe wie Tar, nur ist die Verwendung auf der Kommandozeile etwas anders. Cpio hat gegenüber Tar den Vorteil der Fehlertoleranz. Wenn ein Tar-File in der Mitte einen Fehler aufweist (CRC), dann kann dieses Archiv je nachdem nur noch bis zu jenem Punkt wiederhergestellt werden. Bei Cpio ist dies anders. Im schlimmsten Fall ist das File an dieser Stelle im Archiv defekt, der Rest vor und nach dem Fehler jedoch rekonstruierbar. Für Backups auf Bändern sollte Cpio Tar aus diesem Grund vorgezogen werden.

Auf einem Solaris-System kann es zudem passieren, dass Tar der Tiefe der Verzeichnisse nicht mehr gewachsen ist (Path too deep), cpio kann damit umgehen.

Cpio wird mit dem Kommando find gebraucht. Find erstellt eine Liste mit den zu sichernden Dateien und Verzeichnissen und übergibt diese Cpio. Find kann nicht nur nach Dateinamen suchen, sondern auch nach den Zeitstempeln wie modified, created oder accessed, was praktisch ist für Backups. Beispielsweise möchte man jede Nacht nur das im Backup haben, was an diesem Tag geändert wurde. Man könnte auch eine Sicherung nach Benutzernamen machen, d.h. alle Dateien eines Benutzers suchen und diese ins Backup werfen, und nur diese.

Archiv mit cpio erstellen

```
# find home | cpio -ov > /backup/backup-202209121414.cpio
```

Verifizieren, was ins Archiv genommen wurde

```
# cpio -tv < /backup/backup-202209121414.cpio
```

und das Archiv wiederum extrahieren

```
# mkdir restore
# cd restore
# cpio -iv < /backup/backup-202209121414.cpio
```

»o« steht für »out«, es wird ein Archiv auf Standard Out geschickt, »i« steht für »in«, es wird ein Archiv über Standard in als »input« geliefert, und »t« steht für Table of Contents, Inhalt des Archivs anzeigen. »v« ist optional und bedeutet »verbose«, d.h. gesprächig, es wird ausgegeben, was gerade gemacht wird bzw. welche Datei archiviert wird.

### dd

dd heißt »Convert and Copy a File« – Convert und Copy, also eigentlich cc. Das Kommando cc war aber schon durch den C-Compiler besetzt, also wurde der Folgebuchstabe des Alphabets gewählt. Obwohl der Ausdruck Disk Dump nicht ganz richtig ist, passt er auch auf dieses Tool.

dd kann ganze Partitionen und auch ganze Disks auslesen. Man muss aber wissen, dass dieses Tool nicht unterscheiden kann, ob auf einer Partition freier Platz besteht: Es kopiert Bit für Bit die ganze Partition. So können Sie Disk-to-Disk-Kopien erzeugen oder wie erwähnt Partitionen spiegeln. Daher kommt es nicht nur in der Datensicherung, sondern z.B. auch als forensisches Tool zum Einsatz.

```
# dd if=/dev/vda1 of=/backup/vda1.dd
```

Das schreibt nun die ganze erste Partition in die Datei »/backup/vda1.dd«. Da diese Dateien effektiv ein Dump von allem sind, dann muss die Datei wie ein »iso« montiert werden:

```
# mkdir /mnt/vda1
# mount -o loop -t ext4 /backup/vda1.dd /mnt/vda1
```

Die Option »-o loop« braucht es, da mount ein Blockgerät haben möchte und nicht eine Datei. Mit »loop« wird ein »Loop-Device« dazwischengeschaltet und mount bekommt nun dieses vorgegaukelte (Loop)-Gerät zum Einbinden angeboten.

## rsync

Weiter oben, unter dem Abschnitt SSH, wurde rsync schon erwähnt. Um Netzwerk-Backups zu erstellen, ist das Tool optimal. Es können ganze Systeme »gesynct« werden. Praktisch an rsync ist, dass es jeweils nur die Differenz kopiert, d.h., wenn ich in einen Ordner schon mal einen rsync abgelegt habe, wird er nur die Neuerungen übernehmen. Mittels der Option »--delete« werden ehemals existente Dateien auf dem Zielordner wieder entfernt, falls man das möchte:

```
# rsync -av home/ rootbackupuser@nasserver:/backup/server1/home
```

würde nun das lokale Home-Verzeichnis auf den entfernten »nasserver« spiegeln. Auf dem Nassserver braucht es das Verzeichnis /backup/server1/home, einen laufenden sshd-Dienst und rsync installiert.

Wenn beispielsweise durch Audioaufnahmen tagsüber viele Daten anfallen, welche aber erst in der Nacht gebackupt werden können, könnte man einen 1/4-stündlichen rsync-Job aufsetzen, welcher die Daten auf einen Backup-Server transferiert. So kann auch, im Falle eines Datenverlusts durch »Fehlmanipulation«, tagsüber auf die produzierten, gesyncten Daten zurückgegriffen werden (siehe auch im Internet, rsync Backup mit Hardlinks).

### 15.5.3 Open-Source-Programme

Lokal oder in kleinen Unix- und Linux-Umgebungen mögen selbst erstellte Skripts genügen und das Backup sicher halten. Wenn die Umgebung größer wird und verschiedene Betriebssysteme und erhöhte Anforderungen ins Spiel kommen, reichen die Standard-Tools nicht mehr aus.

Bacula und Amanda (Advanced Maryland Automatic Network Disk Archiver) sind zwei bekannte Sicherungsprogramme. Für Bacula und Amanda gibt es Client-Software für die bekanntesten Betriebssysteme inklusive Windows und MacOS.

Bacula (ohne Amanda schlecht zu machen!) kann man als sehr ausgereift betrachten, und es ist eine vielversprechende Alternative zu den Commandline-Tools oder einer kommerziellen Backup-Lösung.

Das Bacula-Backup-System besteht aus mehreren Komponenten, die für die Sicherungserstellung und -verwaltung zusammenarbeiten:

- Backup-Server: Koordiniert das Backup-System
- Database-Server: Verwaltet die Backup-Datenbank
- Storage-Server: Nimmt die Backup-Daten entgegen und speichert sie auf Disk, Tape, CDs etc.
- Admin-Workstation: Für die Administration des Backup-Systems
- Fileserver: Der eigentliche Client des Systems

Backup-, Datenbank- und Storage-Server werden oft auf einer Maschine konsolidiert. Je nach Umgebung kann es aber auch sinnvoll sein, die Dienste effektiv auf dedizierte Maschinen zu verteilen, abhängig von der Last und der verfügbaren Hardware.

Diese Lösung bringt diverse Vorteile wie Wartbarkeit, Effizienz, Unterstützung (OS, unterschiedliche Sicherungsgeräte). Praktisch ist zudem, dass die Umgebung zentral über eine Administrationskonsole verwaltbar ist, und dies nicht nur mit der Kommandozeile, sondern auch als grafische Applikationen für Unix und Windows.

Nähere Informationen zu dieser Software finden Sie direkt unter www.bacula.org. Als Enterprise-Lösung besteht Bacula auch als kommerzielle Lösung.

### 15.5.4 Kommerzielle Sicherungsprogramme

Es gibt wie erwähnt auch kommerzielle Software. Bei größeren Systemen wie Tape-Libraries kommen oft maßgeschneiderte Lösungen zum Einsatz. Die hier kurz angesprochenen Programme sind daher eher in kleinen und mittleren Unternehmen mit standardisierten Sicherungsmethoden im Einsatz, also z.B. Band- oder Plattensicherungen, eventuell auch Autoloader.

#### Arcserve

Computer Associates hat mit Arcserve (zwischenzeitlich hieß es auch mal Brightstor) eine umfassende Sicherungslösung auf dem Markt, die mittlerweile in die zwölfte Version geht und seit Kurzem unter »Arcserve« gar ein eigenständiges Unternehmen geworden ist.

Arcserve kann unter Linux, Unix und Windows betrieben werden, sowohl was die Server als auch die Clients betrifft.

Arcserve bietet verschiedene zentrale Merkmale für die Sicherung und Sicherungsverwaltung an, die die tägliche Arbeit unterstützen.

Arcserve Backup verfügt über eine mehrschichtige Architektur. Diese stellt eine zentrale Verwaltungskonsole zur Verfügung, die Administratoren die Verwaltung, das Ändern und die Steuerung von Backup- und Wiederherstellungstransaktionen erlaubt. Sie ermöglicht zudem die Verwaltung von Mediengeräten und -katalogen, Protokollen und Warnungen und sogar die Lizenzverwaltung einschließlich lokaler und dezentraler Server und Büros.

Arcserve Backup nutzt unterschiedliche Verfahren zur Sicherung, einschließlich Backup auf Disk und Band, Unterstützung virtueller Bandwechsler, VSS-Snapshot-Unterstützung und Hardware-Snapshot-Unterstützung. Zudem unterstützt Arcserve auch den Betrieb in virtualisierten Umgebungen, namentlich VMWare ESX-Server.

Zur Verwaltung der Sicherungen setzt Arcserve wie alle modernen Programme auf eine SQL-basierte Datenbank.

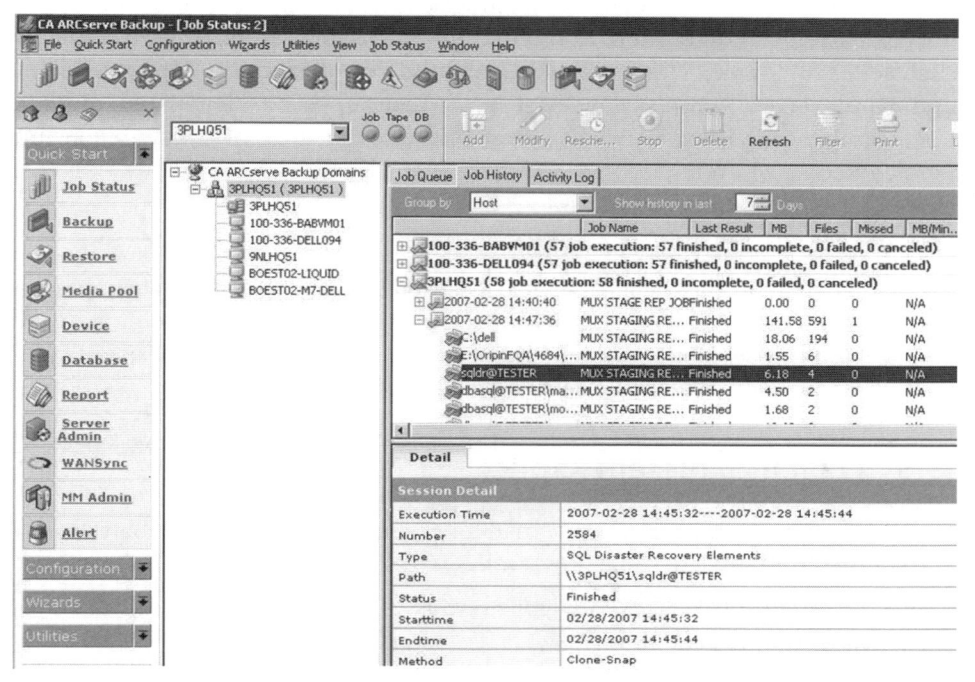

**Abb. 15.21:** CA-Arcserve-Verwaltungskonsole (Quelle: Computer Associates CA)

## Backup Exec

In einer ähnlichen Liga wie Arcserve spielt das Programm BackupExec. Lange Zeit von Veritas entwickelt und vertrieben, wurde es durch deren Fusion mit Symantec zu Symantec BackupExec, mittlerweile heißt es wieder Veritas Backup Exec. Auch diese Lösung existiert für verschiedene Betriebssysteme, und fast alles, was für Arcserve gilt, könnte hier auch noch einmal geschrieben werden – mit dem Unterschied, dass sich Symantec stärker an Windows ausrichtet.

## SEP-Sesam

https://www.sep.de ist eine Software, welche in Deutschland hergestellt wird. Sie ist relativ günstig (für kommerzielle Backup-Software) und unterstützt alle Betriebssysteme. Der Backup-Server selbst wird unter Linux betrieben, kann mit Tape-Libraries umgehen, aber auch mit »virtuellen Libraries«, sprich Festplattenspeicher.

Sesam ist einfach zu bedienen und hat so ziemlich alle Features, welche man sich wünscht.

### Acronis

Acronis ist ein Vertreter der imagebasierten Datensicherung. Hierbei werden nicht die Daten »auf« dem Betriebssystem gelesen, sondern die ganze Datenstruktur, inklusive der Programme, Konfiguration und Daten. Acronis Backup gibt es clientseitig für Apple, Windows und Linux und serverseitig für Windows-Server und Linux-Server. Acronis wendet sich als Zielgruppe an kleine und mittlere Umgebungen mit Schwergewicht Server und Clients, auch virtualisiert, aber im Bereich Rechenzentren.

### Veeam

Veeam hat sich auf die Sicherung virtualisierter Umgebungen spezialisiert, auch Umgebungen mit Hunderten VMs oder mehr. Das Verfahren bietet eine schnelle und agentenfreie Wiederherstellung auf Objektebene für MS Exchange oder SharePoint, aber auch auf Transaktionsebene für SQL-Datenbanken.

## 15.6 Fragen zu diesem Kapitel

1. Was kann der Vorteil sein, wenn man die Sicherung mit einem im Betriebssystem integrierten Sicherungsprogramm durchführt?

    A) Die Sicherungsgeschwindigkeit ist höher.

    B) Die Verfügbarkeit der Medien

    C) Die Kompatibilität mit dem Betriebssystem

    D) Drittherstellerprogramme bieten weniger Funktionen.

2. Wird bei der Differenzialsicherung das Archivbit zurückgesetzt?

    A) Ja

    B) Nein

    C) Das hängt von der verwendeten Software ab.

    D) Nur wenn das Differenzial-Backup als Teil eines Rotationsschemas verwendet wird

3. Nach einer Überschwemmung müssen alle fünf Server neu aufgesetzt werden. Zum Glück gibt es von jedem Server ein brauchbares Voll-Backup. Dennoch laufen die Server nach der Wiederherstellung nicht richtig, weil nicht die richtigen Sicherungssätze auf dem richtigen Server installiert worden sind. Was wurde hier vergessen?

    A) Die Bänder zu testen

    B) Die Bänder zu beschriften

    C) Die Server zu beschriften

    D) Die Vollsicherung für alle Server auf ein Medium zu packen

4. Welche Funktion kann ein Sicherungsprogramm neben der eigentlichen Datensicherung auch noch übernehmen?

   A) Virenprüfung

   B) Verschlüsselung

   C) Sicherungsdatenbank zur Jobverwaltung

   D) Alle obigen

5. Sie benötigen zur Sicherung Ihrer wichtigen Datenbestände mehr Platz, als auf einem einzelnen Sicherungsmedium bewältigt werden kann. Was werden Sie am ehesten anschaffen, um die Datenmenge dennoch sichern zu können?

   A) Einen Autoloader

   B) Ein zweites Laufwerk

   C) Größere Bänder

   D) Software, um die Datenbestände auf dem Server zu komprimieren.

6. Sie sichern Ihre Daten regelmäßig mit einer spezifischen Software und legen diese Sicherungen in einem feuersicheren Schrank ab. Was müssen Sie noch feuersicher aufbewahren, um im Notfall schnell und problemlos zurücksichern zu können?

   A) Eine Liste der gesicherten Daten

   B) Leere Bänder

   C) Nichts, das reicht aus

   D) Eine Kopie des Sicherungsprogramms

7. Ein Unternehmen lagert alle seine Sicherungsbänder in einem Schrank im Serverraum. Die Unternehmensleitung beschließt im Rahmen der Katastrophenvorsorge, diese Situation zu ändern und bestimmt, dass die Bänder zukünftig sicher gelagert werden müssen. Um im Bedarfsfall dennoch schnell genug reagieren zu können, muss es möglich sein, die Bänder innerhalb von 6 h zu erhalten. Was ist in dieser Situation die optimale Lösung für das Unternehmen?

   A) Die Bänder in einem feuersicheren Safe im Unternehmen zu lagern

   B) Die Bänder beim Administrator zu lagern, der nur 10 min entfernt von der Firma wohnt

   C) Die Bänder in der Filiale zu lagern, die rund 6 h entfernt ist

   D) Die Bänder in einem feuerfesten Safe an einem Ort zu lagern, der in 3 h zu erreichen ist

**Kapitel 15**
Datensicherung ist nichts für Feiglinge

8. Ein Kunde nutzt für seine Datensicherung ein DAT-Laufwerk. Das Laufwerk sichert mit Unterbrechungen, für gewöhnlich stoppt es gegen Ende des Sicherungsjobs. Der Kunde sagt, er habe das Laufwerk erst zwei Tage zuvor gereinigt, doch das Problem lasse sich dadurch nicht beseitigen. Was ist der nächste Schritt, um dieses Problem zu lösen?

   A) Den Kunden bitten, die Bänder zu ersetzen

   B) Den Kunden bitten, die Sicherungssoftware neu zu installieren

   C) Das Laufwerk durch ein funktionstüchtiges Laufwerk ersetzen

   D) Den Controller durch einen neuen Controller ersetzen

9. Der Server zeichnet jeden Freitag um 20.00 Uhr ein Voll-Backup auf und von Montag bis Donnerstag um dieselbe Zeit ein Differential-Backup. Jede Sicherung erfolgt auf einem eigenen Band. Der Server stürzt daraufhin an einem Mittwoch um 14.00 Uhr ab. Wie viele Bänder werden zur Wiederherstellung benötigt?

   A) 1

   B) 2

   C) 3

   D) 4

10. Die Technikerin im Unternehmen führt täglich eine Datensicherung durch. Das Sicherungsprogramm enthält auch eine Funktion zur Verifikation der Sicherung. Eines Tages erleidet der Server einen kapitalen Absturz und muss neu installiert werden. Die Wiederherstellung von den Sicherungsbändern scheitert jedoch. Was hätte die Technikerin vorher unternehmen können, um dieses Risiko zu verringern?

    A) Eine USV installieren

    B) Das Verifikationsmodul durch ein besseres ersetzen

    C) Einen Plan zum Test der Sicherungen entwickeln und umsetzen

    D) Die Sicherungen zweimal täglich durchführen

# Kapitel 16

# Disaster Recovery

Im Rahmen des Servermanagements müssen auch die vorhersehbaren und somit einigermaßen planbaren Ausfälle berücksichtigt werden. Hierbei können sowohl technische (z.B. RAID) als auch organisatorische (Ablösungsplanung, Wartungen etc.) Mittel eingesetzt werden. Diese Themen wurden in diesem Buch ja bereits behandelt. Doch das allein ist nicht genug.

Im Rahmen der Disaster-Recovery-Planung (DRP) geht es darum, die *nicht* zu erwartenden IT-Systemunterbrechungen zu analysieren und entsprechende Vorkehrungen zu treffen. Das beginnt beim Wissen um die betriebswichtigen Prozesse und geht über die Analyse möglicher Schadensszenarien bis hin zur Implementation einer entsprechenden Sicherheitsstrategie – und deren regelmäßigem Test, damit die Strategie im Ernstfall auch funktioniert.

> Sie lernen in diesem Kapitel:
> - Was Disaster Recovery und Business Continuity Management für Ziele haben
> - Das Thema Server in die Thematik Disaster Recovery einordnen
> - Verstehen, wie eine Analyse vor sich geht
> - Wie Sie Maßnahmen umsetzen, die aus der Analyse folgen
> - Die Bedeutung von Tests der DRP erkennen
> - Wichtige Merkpunkte zu DRP

## 16.1 Übersicht zur Disaster-Recovery-Planung

Die Disaster-Recovery-Planung (DRP, vom Englischen Disaster Recovery Planning) sollte ein Teil des IT-übergreifenden Business Continuity Management (BCM) sein. An dieser Stelle fokussieren Sie daher auf einen Teilbereich des BCM und bleiben sich dessen bewusst, dass BCM und DRP weiterführender sind als nur gerade die Aufgabe »Server fällt aus«.

# Kapitel 16
## Disaster Recovery

**Abb. 16.1:** Durch eine Klimaanlage verursachter Wasserschaden in einem Rechenzentrum

Die Disaster-Recovery-Planung ist nicht ein rein IT-technisches Thema, sondern bezieht das ganze Unternehmen mit ein, da es primär um den Schutz der betriebswichtigen Prozesse geht. Denn es ist natürlich schlimm genug, wenn durch ein Unwetter der Serverraum unter Wasser steht. Aber das eigentliche Problem ist nicht der Serverraum oder die Informatik an sich, sondern die Tatsache, dass das Unternehmen jetzt nicht mehr arbeiten kann – und dieser Schaden geht sehr schnell in weit höhere Dimensionen als der Verlust der eigentlichen Infrastruktur.

Für den Desasterfall ist daher eine umfassende und von allen Beteiligten aktiv zu verfolgende Planung vorzunehmen, damit die Firma auch im Schadensfall vorbereitet und möglichst rasch wieder einsatzbereit ist.

Folgende Grafik stellt die Schritte für das Erstellen eines Disaster-Recovery-Plans übersichtlich dar:

**Analyse** • Ausfallszenarien ermitteln

**Analyse** • Impact ermitteln

**Entscheid** • Disaster Recovery Strategie

**Umsetzen** • Disaster Recovery planen

**Testen** • Disaster Recovery Plan testen

**Wartung** • Regelmässiges Testen und Überprüfen der Massnahmen

**Abb. 16.2:** Abfolge einer Disaster-Recovery-Planung

## 16.2 Analyse

Zu Beginn jeder Planung steht die Analyse – das gilt auch bei der Disaster-Recovery-Planung. Die Analyse umfasst zwei Bereiche, nämlich die Frage nach den gefährdeten Firmenbereichen (Was kann ausfallen?) und die Frage nach den Auswirkungen (Was passiert bei einem Ausfall?).

### 16.2.1 Ausfallszenarien

Der erste Schritt zu einem Disaster-Recovery-Plan muss eine Analyse der möglichen Desasterszenarien sein. Dabei sollte der Bereich der Analyse möglichst breit gefasst werden. Die Ausfallszenarien können mit dem Ausfall einzelner, nicht redundanter Komponenten (SPOF, Single Point of Failure) beginnen und bei den eigentlichen Katastrophen wie Brand oder Wassereinbruch aufhören. Folgende Liste gibt einen nicht abschließenden Eindruck, was alles berücksichtigt werden könnte:

- Ausfälle von SPOF:
    - Hardware: Switch, Modem/Router, Drucker
    - Services: Fileserver, DNS-Server

- Stromausfälle
- Diebstahl
- Attacken und Angriffe
- Brände
  - Gehäusebrand in einem einzelnen Server
  - Brand im Rechenzentrum/Serverraum
  - Gebäudebrand
  - Brand im Lagerraum (Software, Lizenzen etc.)
- Gebäudeschäden, Erdbeben
- Wassereinbrüche (Serverraum, Lagerraum)

### 16.2.2 Impact-Analyse

Nachdem die möglichen Ausfallszenarien ermittelt oder im Zuge der regelmäßigen Überprüfung der Disaster-Recovery-Planung überprüft worden sind, müssen für jeden ermittelten Fall folgende Punkte ermittelt werden:

- Eintrittswahrscheinlichkeit
- Business Impact (Auswirkungen auf die Geschäftstätigkeit)

**Eintrittswahrscheinlichkeit**

Wie wahrscheinlich ist das Eintreten des Ereignisses?

**Business Impact (Auswirkungen auf die Geschäftstätigkeit, Schadensausmaß)**

Wie groß ist der Einfluss eines Ereignisses auf die Geschäftstätigkeit des Betriebs?

### 16.2.3 Die Rolle des Risiko-Managements

Die Prinzipien der Risikobewertungen sind Bestandteil zahlreicher Prozesse unter anderem des Projektmanagements. Sie spielen aber auch beim Disaster Recovery eine wichtige Rolle und werden daher an dieser Stelle ausgeführt.

Die Risikobewertung ermittelt anhand zweier Vektoren, wie hoch der effektive Wert des Risikos ist. Die Logik dahinter: Je mehr das Risiko wert ist, desto eher wird für Gegenmaßnahmen Geld ausgegeben, um diesen Wert zu schützen, also Maßnahmen dagegen zu ergreifen.

Ein Ansatz der Risikobewertung ist der Einsatz der zwei Faktoren »Wahrscheinlichkeit« und »Schadensausmaß«. Daraus lässt sich ein Wert berechnen, der das gesamte Risiko (Einzelfall mal Menge) bezeichnet.

Im CompTIA-Jargon und somit natürlich auf Englisch heißt das dann: Sie berechnen aufgrund von EF und AV den SLE, multiplizieren anhand des gesamten Risikos den ARO, und daraus ergibt sich in Franken und Euro der ALE.

Zu Deutsch: EF ist der Exposure Factor (Wahrscheinlichkeit) pro Gerät, AV der Asset Value, also der Wert des betroffenen Geräts, SLE ist das Schadensausmaß pro Ereignis (Single Loss Expectancy) und ARO die Annualized Rate of Occurrence (Eintrittswahrscheinlichkeit des Ereignisses pro Jahr), woraus sich die »Annual Loss Expectancy«, kurz ALE, errechnen lässt.

Als »Schadensausmaß« können Sie aber nicht nur Beträge wie Euro oder CHF einsetzen, sondern auch qualitative Werte wie »1 = selten« und »5 = sehr häufig«, wobei Sie die relativen Begriffe für eine sinnvolle Bewertung »eichen« sollten, also zu einem bekannten Wert in Bezug setzen. So wird dies dann greifbar, wenn »1 = selten, weniger als einmal pro 5 Jahre« und »5 = sehr häufig, mehr als einmal pro Jahr« bedeutet, und es erlaubt damit auch eine Skala zwischen 1 und 5, die abgebildet werden kann.

Wenn Sie als Beispiel das »Smartphone-Problem Nummer 1« aufnehmen, lautet dies dann:

Quantifizierte Wahrscheinlichkeit:   Diebstahl eines Smartphones tritt alle 2 Jahre auf (Wahrscheinlichkeit pro Jahr: 50 %)

Qualitative Wahrscheinlichkeit:   Die Wahrscheinlichkeit des Diebstahls eines Smartphones liegt bei 3 (= relativ häufig, alle zwei Jahre)

Über den SLE/ALE-Ansatz können Sie jetzt das Risiko bewerten. Der Preis eines Smartphones liegt bei CHF/Euro 700, die Wahrscheinlichkeit pro Jahr bei 50 % – das ist aber erst ein Teil der Geschichte. Denn ein neues Smartphone muss nicht nur gekauft, sondern auch eingerichtet werden. Und dies braucht wiederum eine Stunde Aufwand zu CHF/Euro 200. Damit erhalten Sie:

Schadensausmaß:   CHF/Euro 900 pro Ereignis

Bei einer Wahrscheinlichkeit von 50 % und einem Ausmaß von CHF/Euro 900 erhalten Sie jetzt:

Risikowert:   CHF/Euro 450

Das wäre somit ein teures Problem für ein Unternehmen, das 2000 Smartphones bei seinen mobilen Mitarbeitenden im Außendienst im Einsatz hat, denn der ALE hat einen Wert von CHF/Euro 900.000 in diesem Fall. Infolgedessen wird das Unternehmen sich überlegen, im Betrag von unter CHF/Euro 900 pro Smartphone eine Maßnahme zu treffen, um diesen Risikowert zu minimieren, denn diese Summe wäre wirklich sehr hoch.

Höchste Zeit also für eine Risikostrategie, die sich um diese Probleme kümmert. Nun, die Strategie ist nicht Ihre Verantwortung, diese wird Ihnen vom Management vorgegeben und kann dann wie folgt aussehen:

1. Risiko vermeiden – mit (präventiven) Maßnahmen dafür sorgen, dass ein Risiko nicht eintreten sollte. Bedingt meist die Eliminierung von Gefahr oder Schwachstelle und ist in der Praxis in den meisten Fällen fast nicht erreichbar. Das würde hier konkret heißen: Sie geben an die Mitarbeitenden keine Smartphones mehr aus, dann können sie auch nicht verloren gehen oder gestohlen werden.

2. Risiko durch korrektive Maßnahmen minimieren – mit Maßnahmen den Risikowert auf ein akzeptables Maß verringern. Dazu gibt es verschiedene Möglichkeiten, die gleich erläutert werden.

3. Risiko transferieren – mit Maßnahmen dafür sorgen, dass bei Eintritt des Risikos der Schaden von einer anderen Partei getragen wird. Sie können also Ihre Smartphones gegen Verlust versichern – einzige Voraussetzung: Die Versicherungssumme darf den ALE nicht übersteigen, sonst ist die Maßnahme für das Unternehmen kontraproduktiv. Cyber-Risk-Versicherungen sind dafür ein konkretes Beispiel, aber auch Sach- und Geschäftsversicherungen, die Risiken übernehmen.

4. Risiko akzeptieren – keine Maßnahmen umsetzen, sondern das Risiko zur Kenntnis nehmen. Die zumindest ohne dessen Eintritt günstigste Variante lautet: »Wir leben mit dem Risiko.« Das kann dann sinnvoll sein, wenn die Eintrittswahrscheinlichkeit sehr klein ist, das Risiko keinen wesentlichen Impact hat oder wenn die Rahmenbedingungen die ersten Varianten nicht zulassen. Dann verlieren die das Teil eben – Sie sehen, Fatalismus ist auch eine Methode!

Je nach Risiko und Möglichkeiten sowie verfügbaren Ressourcen für Sicherheitsmaßnahmen muss Ihr Management sich für eine der vier Strategien entscheiden. Mehr zu diesem Thema der Risikoanalyse finden Sie zudem im BSI-Standard 200-3 unter dem Thema »Risikoanalyse auf der Basis des IT-Grundschutzes«.

Bei den Maßnahmen unterscheiden Sie zwischen:

- Präventiven Maßnahmen: Diese Maßnahmen werden vorbeugend eingesetzt und sorgen im Bestfall dafür, dass das Risiko nicht eintreten wird. Damit eine solche Maßnahme sinnvoll ist, muss sie sich auf die Ursache des Risikos beziehen. Nur so kann der Risikoanteil verringert oder eliminiert werden.

- Detektiven Maßnahmen: Sie stellen eigentlich eine Untergruppe der präventiven Maßnahmen, da sie aber proaktiv durch das Erkennen möglicher Probleme frühzeitig ein Eingreifen ermöglichen, werden sie oftmals auch separat genannt. Detektierende Maßnahmen sind Kontrollen und Überwachungen aller Art, die Diskrepanzen vom Ideal- und Ist-Zustand möglichst frühzeitig aufzeigen sollen.

- Korrektiven Maßnahmen: Diese Maßnahmen greifen im Gegenzug erst dann, wenn das Risiko eingetreten ist. Es geht somit darum, die Auswirkungen und den Schaden des eingetretenen Risikos zu minimieren. Hierzu gehören z.B. auch Versicherungen, denn sie wirken nicht präventiv, obwohl sie vorher abgeschlossen werden. Sie wirken dagegen korrektiv, denn sie mindern im Risikofall die Auswirkungen!

Die Risiken werden somit insgesamt durch Maßnahmen so weit wie möglich verkleinert (technische und organisatorische Maßnahmen, hohe Sicherheitsanforderungen etc.). Des Weiteren werden Versicherungen für den unwahrscheinlichen Fall eines Unfalls abgeschlossen, und das, was übrig bleibt, nennen wir dann – auch umgangssprachlich – das Restrisiko.

### 16.2.4 Von MTTF bis MTO – Hauptsache, es läuft wieder

Wie lange würde es zum jetzigen Zeitpunkt dauern, den Soll-Zustand (= Kunden können arbeiten) wieder herzustellen?

Diese Betrachtungen bilden die Grundlage für die Umsetzungsplanung und die entsprechenden Entscheidungen, die meist auch finanzielle Folgen haben.

Damit diese Betrachtungen handfeste Grundlagen haben, um einen gesicherten Betrieb aufrechtzuerhalten, benötigen Sie entsprechende Kennzahlen für folgende Fragen:

- MTTF – mean time to failure: Wie lange dauert es durchschnittlich, bis ein Fehler auftritt?
- MTTR – mean time to repair: Wie lange dauert es nach Entdecken eines Fehlers, bis der Betrieb wiederhergestellt ist?
- MTBF – mean time between failure: Zeitdauer zwischen zwei (kritischen) Fehlern, nicht zu verwechseln mit MTTF (ein »failure« bedeutet nicht zwingend, dass ein Gerät/Dienst unbrauchbar ist).
- Dazu können verschiedene Parameter definiert werden, unter anderem der RPO (Recovery Point Objective) genannte Zeitraum, der RTO (Recovery Time Objective) und die MTO (Maximum Tolerable Outage), die maximal tolerierbare Ausfallzeit.

Der RPO gibt an, wie viel Zeit zwischen einzelnen Datensicherungen liegen darf, damit ein bestimmter vordefinierter Zeitrahmen für die Wiederherstellung der Daten oder der Dienstleistung nach einem Ausfall nicht überschritten wird. Wiederherstellung meint hierbei Beschaffung durch »Wieder-Erstellen«, da zwischen den Datensicherungen ja keine Verlustsicherung erfolgt. Faktisch heißt RPO somit: Wie groß darf der zeitliche Abstand zweier Datensicherungen sein, damit der Datenverlust, der entstehen kann, nicht unwiederbringlich oder schädigend ist?

Die Berechnung des RPO für die Auswahl von Sicherungsverfahren und -abläufen wird hierbei vom Geschäftsprozess vorgegeben. Dazu müssen die kritischen Geschäftsprozesse und Systeme für das Unternehmen vorher definiert und dokumentiert werden.

Ergänzend dazu wird für die Sicherstellung des Betriebs der RTO definiert. Das ist aus Sicht des Geschäftsprozesses die maximal tolerierbare Dauer, in der ein bestimmtes System oder eine definierte Anwendung nicht zur Verfügung stehen darf, auch *Wiederanlauf* genannt. Ist der RTO einmal definiert, lassen sich daraus die passenden Sicherungsverfahren, die Sicherungskadenz und die begleitenden Maßnahmen ableiten, damit durch den Sicherungsprozess und die Maßnahmen der Wiederherstellung dieser RTO eingehalten werden kann.

Im Zusammenhang damit wird auch die MTO (Maximum Tolerable Outage) definiert. Dies ist die maximale Ausfalldauer, die überhaupt eintreten darf, damit das Unternehmen noch überleben kann. Daraus ergeben sich die Eckdaten für Maßnahmen zur Umsetzung der Disaster-Recovery-Strategie.

## 16.3 Umsetzung eines DRP

### 16.3.1 Strategie und Planung

Aufgrund der Impact-Analyse kann nun eine Disaster-Recovery-Strategie erstellt werden. Die IT-Disaster-Recovery-Strategie liegt in der Verantwortung der Geschäftsleitung und muss die Anforderungen der über den IT-Bereich hinausgehenden Business-Continuity-Strategie abdecken.

In der Strategie müssen insbesondere die Recovery-Zeiten auf der Ebene der geschäftsrelevanten IT-Leistungen definiert werden.

Die IT-Strategie liefert dann die Basis für eine konkrete Umsetzungsplanung, d.h., die Planung definiert, wie die Ziele der Business-Continuity-Strategie genau erreicht werden sollen. Die IT-Disaster-Recovery-Planung umfasst insbesondere Folgendes:

- Datensicherungs- und Wiederherstellungskonzepte (siehe Kapitel 15)
- Technische Konzepte wie:
  - Umfang der Redundanz von Vollredundanz über Hot Site bis Cold Site
  - Absicherungen durch Garantie und Ersatzmateriallieferungen
  - Stromversorgung und Ersatzstromversorgung
  - Allenfalls extern gemietete Infrastruktur auf »Stand-by«
- Reorganisation der Infrastruktur
- Definition der Disaster-Recovery-Prozesse

- Listen von Lieferanten, Ansprechpersonen, Verträge
- Regelmäßige Ausbildung der Mitarbeiter

Natürlich lassen sich Strategie und Planung nicht komplett trennen. Für die Entscheidungen in der Strategiephase müssen meist technische Umsetzungskonzepte als Varianten zumindest in einer groben Detaillierung ausgearbeitet werden. Die Vorgaben der Strategie wiederum bestimmen die Umsetzungskonzepte, welche anschließend die Kosten verursachen.

Bei der Bestimmung der Strategie geht es darum, den Mittelweg zwischen Risiko und Kosten zu ermitteln. Je mehr Sicherheit umgesetzt wird, umso höher werden die Kosten; je weniger in das Disaster Recovery investiert wird, umso höher bleibt das Risiko.

Die Kunst besteht darin, das für das Unternehmen optimale Verhältnis zu finden.

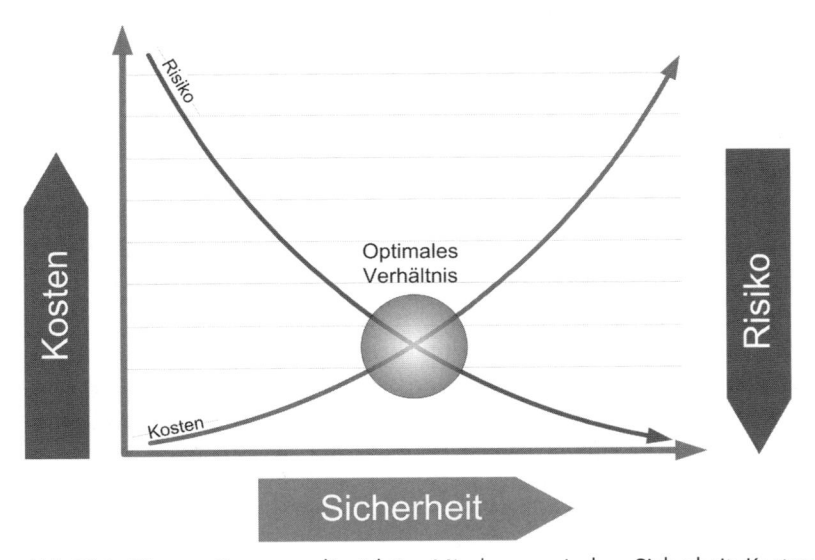

**Abb. 16.3:** Disaster Recovery: die richtige Mischung zwischen Sicherheit, Kosten und Risiko

Für die Umsetzung eines Notfallplans gibt es unterschiedliche Mittel. Die Schlüsselfrage hier ist, wie lange dauert es im Desasterfall, bis der normale Betriebszustand oder eventuell auch ein Notbetrieb wiederhergestellt ist.

In der Regel gilt auch hier: Je schneller die Recovery-Zeit, umso teurer die Implementation der Lösung.

### 16.3.2 Verschiedene Implementationsansätze

Es gibt unterschiedliche Implementationsansätze, die Sie im Folgenden betrachten.

# Kapitel 16
Disaster Recovery

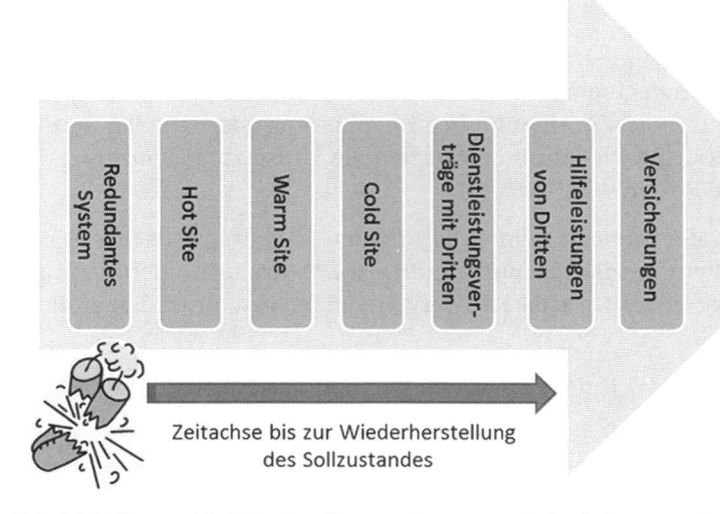

**Abb. 16.4:** Unterschiedliche Implementationen von Sicherheitsstrategien

## Redundante Systeme

Redundanz kann auf verschiedenen Ebenen realisiert werden, wie Sie bereits in Kapitel 5 gesehen haben. Hier sprechen Sie von einer vollständigen Redundanz. Das bedeutet, die gesamte Systemumgebung läuft im Parallelbetrieb. Dies umfasst die Systeme, die Netzwerkverbindungen und das Personal. Damit ist im Katastrophenfall ein Weiterarbeiten ohne Unterbrechung möglich, da durch das Umschalten auf den redundanten Standort der Betrieb sofort weitergeführt werden kann. Eine solche Umgebung bietet sich für große Banken und Versicherungen an; in der Schweiz gibt es beispielsweise Bereiche der Nationalbank, welche so gesichert sind.

Als »schwächere Variante« gibt es auch die Möglichkeit, die Systemumgebung mit reduziertem Personal zu betreiben, d.h. ohne eigentlichen Parallelbetrieb, sondern lediglich mit kontinuierlich replizierten Datenbeständen. Dies senkt die Kosten und ermöglicht dennoch einen fast unterbrechungsfreien Betrieb mit kurzer Ausfallzeit.

## Hot Site

Eine sehr gute Leistung beim Eintreten von größeren Schadensfällen bieten Ersatzrechenzentren, welche jederzeit den IT-Betrieb übernehmen könnten (Hot Site). Die Systeme im Ersatzrechenzentrum sind betriebsbereit und die Datenbestände aktuell. Aber im Unterschied zu obiger Lösung verfügt die Hot Site über kein eigenes Personal aus dem Tagesbetrieb der Firma.

## Warm Site

Ein Standort mit derselben Beschreibung, aber ohne Livedaten wird demgegenüber auch als Warm Site bezeichnet. Hierbei werden die Daten im Bedarfsfall zuerst eingespielt, und danach kann der Betrieb wieder aufgenommen werden. Das kann z.B. bedeuten, dass zuerst von einem Backup aktuelle Daten in das System zurückgeholt werden müssen. Durch diese Verzögerung wird der Begriff Warm Site von dem der Hot Site abgegrenzt.

## Cold Site

Eine etwas längere Recovery-Zeit bieten Cold Sites. Diese Ersatzrechenzentren sind für den Notbetrieb vorbereitet und beinhalten die notwendige Infrastruktur, brauchen aber eine gewisse Zeit, bis sie den Betrieb aufnehmen können. Eventuell müssen Datenbestände erst aktualisiert werden.

## Dienstleistungsverträge

Verschiedene Hardware- und Systemhersteller bieten Dienstleistungen im Disaster-Recovery-Bereich an. Darunter fallen beispielsweise:

- Wartungsverträge mit garantierter Lieferzeit für Ersatzhardware
- Verträge über die Nutzung mobiler Rechenzentren im Schadensfall
- Verträge über das Zurverfügungstellen personeller Ressourcen

Solche Verträge sind normalerweise kostenpflichtig, auch wenn kein Ereignis eintritt.

## Hilfeleistungen von Dritten

Vorbereitete Pläne für die Beschaffung von Ressourcen im Schadensfall, allerdings ohne die Garantien der Lieferanten. Insbesondere diese Kontakte und Ansprechpersonen müssen regelmäßig überprüft und verifiziert werden, da für die Lieferanten keine Verpflichtungen bestehen und Angebote, Lagerbestände und Produkte sich laufend ändern können.

## Versicherungen

Eine weitere Möglichkeit ist das Abschließen von Versicherungen, dies ist aber zumeist nur begleitend zu anderen Maßnahmen sinnvoll, um die Kosten im Schadensfall in Grenzen halten zu können.

### 16.3.3 Incident-Response-Prozesse und Incident-Response-Plan

Für eine möglichst rasche und präzise Reaktion sind entsprechende Prozesse zu beschreiben, und zwar vor einem Ereignis. Das Incident-Management sollte natürlich nicht alles neu erfinden müssen, sondern z.B. auf dokumentierte Prozesse und Informationen zurückgreifen können (englisch sogenannte Playbooks). Die eigentliche Aufgabe an diesem Punkt sollte also darin bestehen, das Vorgehen im Bedarfsfall präzise und nachvollziehbar zu beschreiben, um die Reaktion zu beschleunigen.

Ein Team wird bestimmt, das für die Reaktion primär zuständig ist, auch als First Responder oder Incident-Response-Team bezeichnet. Hierbei werden über alle Bereiche die Rollen und Verantwortlichkeiten festgelegt, nach denen im Bedarfsfall vorgegangen werden kann.

Vor Incidents, d.h. betrieblichen Vorfällen, die den ordentlichen Ablauf stören oder unterbrechen können, ist kein Unternehmen sicher. Umso wichtiger ist es, eine angemessene Reaktionsplanung zu haben, um einer solchen Bedrohung angemessen zu begegnen.

Eine solche Planung umfasst sechs Phasen:

1. Vorbereitung: Alle Betroffenen, Mitarbeitende wie IT-Personal, müssen auf die Möglichkeit solcher Vorfälle geschult werden.
2. Identifizierung: Anhand von Kategorien, Messungen oder Vorfällen muss geklärt werden, ob es sich bei einem ungewöhnlichen Ereignis um einen entsprechenden Störfall handelt oder nicht.
3. Eindämmung: Der Schaden muss so schnell wie möglich durch geeignete Maßnahmen begrenzt werden oder es muss auf andere Standorte ausgewichen werden.
4. Ausmerzung: Jetzt geht es darum, die Ursache des Ereignisses zu finden, um so eine weitere Beeinflussung zu unterbinden. Entsprechende Systeme müssen gegebenenfalls neu aufgesetzt oder entfernt werden.
5. Wiederherstellung: Im nächsten Schritt wird die Funktionalität auf den betroffenen Systemen wiederhergestellt und diese wieder in ihre Umgebung aufgenommen. Wenn vorübergehend auswärts (Hot Site, Warm Site) gearbeitet wird, muss der Prozess der Rückkehr organisiert werden.
6. Gewonnene Erkenntnisse: Der Vorfall wird dokumentiert. Zudem muss durch eine gründliche Analyse festgehalten werden, was aus dem Ereignis gelernt und demnach verbessert werden kann.

Ein solcher Plan unterliegt dem kontinuierlichen Verbesserungsprozess und kann so dem Unternehmen helfen, gezielter und rascher auf Ereignisse zu reagieren.

Der Plan enthält überdies auch eine Übersicht über die Rollen und Verantwortlichkeiten, sowohl was die sechs Phasen anbelangt und darüber hinaus, wie nach innen und außen informiert wird, sodass Kunden und weitere Stakeholder (Lieferanten, Aktionäre etc.) jederzeit ihre positive Einstellung zum Unternehmen behalten können.

Sie erstellen also im Rahmen des Incident-Response-Management (oder besser innerhalb der übergeordneten Notfallplanung):

- Einen Plan für das Stakeholder-Management (Interesse- und Einflussmatrix)
- Einen Kommunikationsplan (wer muss wann was wie wissen)
- Einen technischen Disaster-Recovery-Plan
- Ein aktualisiertes Organigramm der First Responder
- Einen Plan zur Fortführung unternehmenswichtiger Prozesse (auch continuity of operations planning, COOP, genannt) bzw. im deutschen Sprachraum eine BCP-Dokumentation
- Testdokumentationen

Denn ja, auch dieser Plan muss getestet werden und in die Konzeption von Disaster-Recovery- und Business-Continuity-Planung integriert werden.

## 16.4 Disaster-Recovery-Plan testen und warten

Während der Entwicklung einer Disaster-Recovery-Planung werden die getroffenen Maßnahmen auf ihre Funktionalität überprüft.

Dabei sollten mögliche Auswirkungen von Katastrophenfällen gemäß Impact-Analyse simuliert und die Einhaltung der Vorgaben der Disaster-Recovery-Strategie überprüft werden. Es ist wichtig, dass bei diesem Test nicht nur die technischen, sondern auch die personellen Aspekte berücksichtigt werden. Sinnvoll ist beispielsweise, wenn beim Test nicht nur die Hauptfunktionsträger, sondern regelmäßig auch die Stellvertreter einbezogen werden.

### 16.4.1 Wartung des Disaster Recovery

Nachdem ein Disaster Recovery implementiert wurde, muss dieses auch gepflegt werden. In der Wartung sollten zwei Auslöser berücksichtigt werden:

- Einführung neuer Systeme oder Dienstleistungen oder größere Änderungen an bestehenden Systemen
- Regelmäßige Überprüfung

### 16.4.2 Punktuelle Anpassungen

Wenn neue Systeme eingeführt oder auch bestehende Systeme durch andere oder neuere Technologien abgelöst werden, können sich Anpassungen am Disaster-Recovery-Plan ergeben. Insbesondere zu berücksichtigen sind:

- Der erhöhte Energiebedarf bei Ausbau der Infrastruktur
- Anpassen der Prozesse an neue Technologien oder Software-Versionen, zum Teil können schon Service Packs die Funktionalität und die davon abhängigen Abläufe beeinflussen.

- Ansteigen der minimalen Leistungsfaktoren wie Speicherplatz, Rechenleistung oder Netzwerkleistung für einen Notbetrieb. Dies sollte normalerweise über ein SLA definiert sein.
- Vertrags-, Technologie- und Leistungsänderungen von Drittanbietern. Hierzu gehört beispielsweise auch das Anpassen der Kommunikationsparameter wie Telefonnummern, Ansprechpersonen oder der Standorte von Ersatzsystemen.

Sofern nicht ein sehr grundsätzlicher Wandel der Technologien ansteht, wird die Disaster-Recovery-Strategie in der Regel nicht betroffen sein, kann aber aufgrund neuer Anforderungen (d.h. einer neuen Strategie) ebenfalls die Anpassung der eingesetzten Technologien und dementsprechend der Disaster-Recovery-Planung auslösen.

### 16.4.3 Regelmäßige Überprüfung

Bedrohungen, allgemeine Anforderungen, Möglichkeiten für Maßnahmen, aber auch die beteiligten Mitarbeiter und deren Ausbildungsstand ändern sich dauernd. Darum ist eine regelmäßige Überprüfung nicht nur der technischen, sondern auch der organisatorischen Maßnahmen essenziell wichtig für eine Disaster-Recovery-Planung, welche im Katastrophenfall auch wirklich funktioniert.

Dies sind einige der Punkte, welche regelmäßig überprüft werden sollten:

- Wissen die Mitarbeiter, wo die Disaster-Recovery-Pläne physikalisch verfügbar sind (unter Umständen sind die elektronischen Systeme ja nicht mehr verfügbar!)?
- Kennen die Mitarbeiter die Prozesse?
- Sind die Wartungsverträge noch aktuell?
- Stimmen Adressen, Namen und Telefonnummern der Notfallpläne noch?
- Wann wurde der Disaster-Recovery-Plan das letzte Mal getestet?

## 16.5 Merkpunkte zum Disaster Recovery

Stellen Sie sich folgende Fragen:

- Ist der Disaster-Recovery-Plan auch wirklich zugänglich, wenn ein Notfall auftritt und ich beispielsweise nicht mehr in mein Büro komme und die IT-Systeme nicht mehr laufen?
- Kann ich meine alten Sicherungsbänder auch bei der Beschaffung von Ersatzhardware wieder einspielen? Habe ich die passenden Bandstationen? Habe ich die passende Sicherungssoftware auch für alte Sicherungen?
- Wie lange dauert ein Restore, wenn Sie die Daten in der Cloud gesichert haben? Ist ein Bare Metal Restore aus der Cloud überhaupt möglich?
- Was kostet es und wie lange dauert es, wenn Sie ganze Speicher oder Disks aus der Cloud zurückholen und gibt es einen solchen Service (Diskversand) überhaupt?

- Kann ich meine gesicherten Anwendungsdaten mit der aktuellen vorhandenen Anwendungssoftware auch wieder lesen oder muss ich eventuell auch eine Sicherung der Anwendungssoftware anlegen, damit ich den gesicherten Datenstand wiederverwenden kann?
- Wie lange sind die Lieferfristen für Ersatzhardware? Wie lange kann meine Firma den Betrieb *ohne* die entsprechende IT-Infrastruktur aufrechterhalten?
- Habe ich meine Sicherungsmedien an einem sicheren externen Standort gelagert? Kann ich auch darauf zugreifen, wenn der Verantwortliche abwesend ist (Ferien, Unfall)?
- Wie lange ist mein feuersicherer Tresor für Datensicherungsmedien sicher?

## 16.6 Fragen zu diesem Kapitel

1. Was ist der Hauptgrund für ein Unternehmen, einen Disaster-Recovery-Plan zu erstellen und zu implementieren?
   A) Ein Unternehmen zu schaffen, das keine Schadensereignisse mehr erfährt und davor geschützt ist
   B) Gegenüber der Konkurrenz nicht benachteiligt zu sein
   C) Vorbereitet zu sein für den Fall, dass ein Schadensereignis eintritt
   D) Um im Schadensfall möglichst rasch nachlesen zu können, wo man Ersatzmaterial erhält

2. Was ist ein Disaster-Recovery-Plan?
   A) Ein Dokument mit möglichen Problemen in der Firma
   B) Ein unter Verschluss gehaltener Plan, in dem erläutert ist, wie man Probleme im Notfall lösen kann
   C) Ein einmal erstelltes Dokument mit möglichen Schwachstellen und Reaktionsmöglichkeiten bei Schadensereignissen
   D) Eine regelmäßig nachgeführte Strategie mit konkreten Schritten, um im Schadensfall möglichst rasch wieder handlungsfähig zu sein

3. Während einer Risikobewertung wird festgestellt, dass für mehrere Aufgaben, die für den laufenden Betrieb kritisch sind, nur ein einziger Administrator zugeteilt ist. Es wird empfohlen, andere Administratoren ebenfalls diesen Aufgaben zuzuordnen – um welches Risiko zu minimieren?
   A) Distributed Denial of Service
   B) Privilege Escalation
   C) Datensicherheit
   D) Single Point of Failure

4. Sie sind Betriebsleiterin einer IT-Abteilung und haben eine neue Sicherheitsrichtlinie entworfen, die sowohl das IT-Personal als auch die Benutzer, die Daten und die Ausrüstung umfasst. Sie behandelt Themen wie die regelmäßige Datensicherung, Netzwerksicherheit sowie Kontrollen der Daten. Die Richtlinie ist jetzt fertig verfasst, was tun Sie als Nächstes? Wählen Sie zwei zutreffende Antworten aus.

   A) Veröffentlichen Sie die Richtlinie und machen Sie diese für alle Benutzer verfügbar.

   B) Lassen Sie die Richtlinie von anderen IT-Mitarbeitern prüfen.

   C) Lassen Sie die Richtlinie vom Management der Firma freigeben.

   D) Stellen Sie eine Kopie der Sicherheitsrichtlinie dem Anwalt zur Verfügung und lassen Sie Inhalt und Formulierung auf ihre Korrektheit nachprüfen.

5. Ein Administrator muss für eine bald folgende Disaster-Recovery-Übung am Standort der Cold Site eine Sicherung aller Server ausführen. Welche der folgenden Arten von Datensicherung sollte er durchführen?

   A) Snapshot

   B) Inkrementell

   C) Differential

   D) Vollsicherung

6. Wie lautet der erste Schritt bei der Erstellung einer Disaster-Recovery-Planung?

   A) Risiken analysieren

   B) Verschiedene Szenarien für die Planung ausarbeiten

   C) Strategien entwickeln

   D) Alarmierungspläne erstellen

7. Ihr Unternehmen hat soeben eine Disaster-Recovery-Planung implementiert. Was ist als Nächstes zu tun, um die Effizienz dieses Plans zu belegen?

   A) Auf den nächsten Notfall warten und sehen, was geschieht

   B) Die Planung jeden Monat neu beurteilen und eventuell anpassen

   C) Die Planung testen, um zu sehen, ob und wie gut sie funktioniert

   D) Die Planung der Geschäftsleitung zur Genehmigung vorstellen

8. Was ist das wichtigste Element eines Disaster-Recovery-Plans?

   A) Eine klare Zielsetzung zur Reduktion der Auswirkungen einer Katastrophe

   B) Das richtige Personal zur Umsetzung eines Disaster-Recovery-Plans

   C) Eine zuverlässige Liste aller Hersteller der eingesetzten Server

   D) Ein fertiger und funktionierender Plan, der ausgedruckt sicher gelagert ist

9. Die Technikerin Katja reist zur alternativen Rechenzentrale der Firma, um verschiedene Arbeiten an der aktuellen Netzwerkinfrastruktur zu überwachen. Anschließend informiert sie das Management, dass alles gut funktioniert inklusive Updates, Applikationen und replizierten Daten. Welchen Typ von alternativem Standort hat dieses Unternehmen am ehesten?

    A) Warm Site

    B) Cold Site

    C) Hot Site

    D) Remote Site

10. Wie wird der Disaster-Recovery-Plan aufbewahrt, damit er auch bei größeren Katastrophen möglichst rasch griffbereit ist?

    A) Auf mehreren Servern gespeichert

    B) Auf Servern und Backup-Bändern gespeichert

    C) Auf einem Wechseldatenträger

    D) Ausgedruckt und an einem sicheren Ort verwahrt

Kapitel 17

# Unterhalt und Support

Der Unterhalt eines Servers ist nicht nur eine technische, sondern auch eine organisatorische Angelegenheit. Zudem arbeiten häufig Menschen zusammen, seien es Techniker und Kunden oder verschiedene Abteilungen untereinander. Dieses Kapitel widmet sich daher der Frage, wie Sie Support leisten – und zwar in persönlicher Hinsicht (Wie treten Sie auf?) wie auch in organisatorischer Hinsicht (Wie gehen Sie vor?).

> Sie lernen in diesem Kapitel:
> 
> - Die Inhalte des IT Asset Management kennen
> - Die Wichtigkeit des Dokument-Managements schätzen
> - Wie Sie als Techniker auftreten können
> - Wie Sie mit Kunden korrekt kommunizieren können
> - Was Sie in organisatorischer Hinsicht berücksichtigen sollten

## 17.1 IT Asset Management

Das Asset Management, zu Deutsch die Verwaltung der Vermögenswerte, bezeichnet in der Informatik die geordnete Verwaltung von Hard- und Software während ihres gesamten Lebenszyklus. Früher wurde dies im Rahmen des Konfigurationsmanagements gehandhabt, strategisch ist es aber heute ein eigenes Thema.

Die Thematik umfasst verschiedene Bereiche:

- Die Garantieleistungen von Hardware überwachen
- Nachweis über Kauf oder Leasing von Hard- und Software
- Verwaltung von Dienstleistungsverträgen (SLA, Cloudverträge)
- Das Inventar der Geräte (Seriennummern, Asset-Tags, Gerätetyp)
- Das Lifecycle-Management (Zuteilung, Nutzung, Ersatz, Entsorgung)
- Die Lizenzierung von Software

Abgekürzt ITAM (IT-Asset-Management) kümmert sich dieser Zweig des Managements somit um alle relevanten Fragen rund um den Einsatz und Ersatz von Informatikmitteln.

Mit dem ITAM werden verschiedene Ziele in den Bereichen der Nachverfolgbarkeit, Konformität und Produktivität verfolgt, die hier erläutert werden sollen.

Das Lifecycle-Management kümmert sich um die Zuteilung der IT-Mittel zu den betrieblichen Anforderungen und stellt sicher, dass die einzelnen Abteilungen und Prozesse mit den entsprechenden Werkzeugen ausgestattet sind. Es kümmert sich um die Nutzung, misst die Zuverlässigkeit (Support, Ausfall) und hält rechtzeitig die Ersatzzeitpunkte für auslaufende Modelle fest. Zudem kümmert sich das ITAM um eine korrekte Entsorgung oder das sichere Recycling von ausgemusterten Geräten oder Software-Lizenzen.

Durch ITAM ist es möglich, die Lizenz- und Supportkosten im Blick zu behalten. Nicht genutzte Lizenzen können umverteilt, nicht genutzte Programme nicht erneut beschafft werden. Bei der Hardware kann die Qualität der eingesetzten Ware durch die Registrierung der Supportfälle eingeschätzt und bei künftigen Beschaffungen in die Betrachtung mit einbezogen werden.

Aufgrund derselben Tätigkeiten kann auch die Produktivität gesteigert werden, da Benutzer- und Geschäftsanforderungen präziser mit den eingesetzten Lösungen abgeglichen werden. Hier spielt auch der TCO-Ansatz hinein. TCO (Total Cost of Ownership) misst die Gesamtkosten und den Betrieb eines Assets, sei es Hardware, Software oder eine Dienstleistung. Die Verwaltung der TCO mittels ITAM hilft konkret, die Kosten für die Überprovisionierung von Assets oder für deren Nichtnutzung nach dem Kauf zu eliminieren.

Auch die Standardisierung wird durch ITAM begünstigt. Einzellösungen von Abteilungen oder Mitarbeitenden können ein Unternehmen viel Geld kosten, nicht nur im Betrieb, sondern insbesondere auch bei Migrationen. Nicht standardisierte Umgebungen führen unter anderem dazu, dass die Produktivität der Mitarbeitenden sinkt, Ferienvertretungen oder Rollenwechsel werden erschwert, das Know-how fehlt. Jede Änderung mutiert zum Lernprozess und hindert damit eine kontinuierliche Effizienz. ITAM kann hier durch die Förderung von konzisen Standards sowohl die Effizienz fördern wie auch die laufenden Kosten wirkungsvoll eindämmen.

Nicht zuletzt gewinnt ITAM auch zunehmende Bedeutung durch die Notwendigkeit zur Einhaltung von Unternehmensrichtlinien und gesetzlichen Anforderungen. Hier seien exemplarisch die Verpflichtung zu einem korrekten Lizenzmanagement oder die Auswirkungen der Datenschutzrichtlinien auf die Informatikverwaltung genannt.

ITAM ist somit weit mehr als das nach den Lizenzformen folgende Dokumentmanagement, es ist ein proaktiver Akt zum effizienten und konformen Betrieb der Informatik.

## 17.2 Lizenzformen verstehen

Während Sie bei der Hardware ein Gerät kaufen und aufstellen können, sind Lizenzen eine digitale Anschaffung, ihr Wert ist nicht in Kilo oder Komponenten zu messen.

Lizenzen sind somit digitale Güter, früher oft noch an physische Datenträger gebunden, heute oft auch in der Beschaffung immaterieller Art (Download). Dennoch ist deren Benutzung nicht per se frei oder gratis, sondern an eine bestimmte Lizenzform gebunden.

Die folgenden Ausführungen behandeln verschiedene Lizenzformen und -modelle und behandeln auch die Thematik der Miete von Software (Subscription) einem Modell, das aus Anbietersicht immer stärker bevorzugt wird.

Zu beachten ist bei allen Lizenzformen, dass diese die Nutzungsrechte und deren Umfang beschreiben – nicht die Besitzverhältnisse als solches. Denn Software ist geistiges Eigentum. Lizenzen räumen lediglich das Nutzungsrecht an einer Software ein und definieren die Nutzungsbedingungen und die vertraglichen Gewährleistungspflichten beider Parteien.

Eine Ausnahme hiervon bildet – auch das sei erwähnt – die Entwicklung von Software im Werkvertrag. Diese Entwicklung geht auch im Eigentum an den Auftraggeber über, da er sie bezahlt und beauftragt hat.

### 17.2.1 Von Open Source bis kommerziell

Software wird unter einer bestimmten Lizenzform veröffentlicht. Diese haben sehr unterschiedliche Inhalte und Auswirkungen.

Für Anwendungen gibt es unterschiedliche Lizenzformen. Die »normale« Lizenz nennt sich kommerzielle Lizenz. Das bedeutet, dass Sie sich durch den Kauf der Software das Recht zur Nutzung erwerben. Damit dies gewährleistet ist, setzen die meisten Hersteller sogenannte Lizenzschlüssel ein, die Sie mit der Software erwerben und bei der Installation dann eintippen müssen. Damit stellt der Hersteller sicher, dass Sie das Programm auch wirklich erworben haben. Der Versuch, kommerzielle Software ohne legal erworbene Lizenz einzusetzen, gehört ins Kapitel »Raubkopieren«, ist illegal und wird auch rechtlich verfolgt – kurz: Lassen Sie's bleiben, es hilft niemandem. Die meisten kommerziellen Lizenzen werden heute über eine Internetverbindung geprüft, oftmals in Intervallen, um so eine Doppel- oder Mehrfachinstallation zu erkennen – mit der Konsequenz, dass eine nicht berechtigte Installation wieder deaktiviert wird.

Es gibt aber auch andere Lizenzformen als die kommerzielle Lizenz. Eine Version nennt sich Shareware. Das ist Software, die Sie zuerst einmal kostenlos beziehen können, um sie zu installieren und zu testen. Erst wenn Sie das Programm auch wirklich behalten möchten, wird ein Betrag fällig, den Sie einzahlen müssen. Ein bekannter Vertreter von Shareware ist etwa das beliebte Programm »WinZip« zum Komprimieren von Daten.

| Version: | Sprache: | Dateigröße: |
|---|---|---|
| 16.5 (Build 10095) | Deutsch | ca. 50MB |

WinZip jetzt bestellen    WinZip jetzt herunterladen

**Bitte beachten Sie:**

1. Sie dürfen die Testversion von WinZip kostenlos testen. Die Gültigkeit der Testlizenz beträgt 45 Tage.
2. Nach Ablauf der 45-tägigen Testphase müssen Sie eine Lizenzgebühr entrichten, wenn Sie das Programm weiterhin nutzen möchten.

**Abb. 17.1:** Lizenzvereinbarung für eine Shareware-Anwendung

Noch einmal anders verhält es sich mit Freeware. Freeware, freie Software, wird von den Entwicklern kostenlos zur Verfügung gestellt. Sie dürfen das Programm also herunterladen, installieren und nutzen. Einige Hersteller machen dabei einen Mix, indem sie die Software für privaten Gebrauch als Freeware zur Verfügung stellen. Wenn Sie dasselbe Programm aber für ein Unternehmen nutzen möchten, geht es unter Shareware und ist kostenpflichtig.

Unter Freeware können Sie heute fast alles finden, von einfachen Anwendungen wie einem Bildbetrachter bis hin zu ganzen Office-Paketen, Grafikanwendungen oder Medienverwaltungen.

Freie Software wird auch unter dem Begriff Open Source geführt. Das ist aber nicht dasselbe, denn Begriffe wie Shareware oder Freeware beziehen sich auf den Bezug der Software. Open Source bezieht sich dagegen auf das Recht der Nutzung am Code selber. Open-Source-Programme dürfen Sie nicht nur installieren, sondern Sie können auch Zugriff auf den Code nehmen, ihn z.B. verändern oder weiterentwickeln. Deshalb ist Open Source für viele eine sehr geeignete Option des Software-Einsatzes, weil dadurch die Abhängigkeit von einem bestimmten Hersteller wegfallen kann – vorausgesetzt, Sie sind in der Lage, die Veränderungen vorzunehmen.

Gerade im Bereich der Internetsoftware treffen Sie häufig auf Open-Source-Programme. So sind etwa Systeme wie Wordpress oder Joomla, aber auch die meistgenutzte Software für Webserver, die auf den Namen Apache hört, Open Source. Die Problematik von Open Source sei aber auch erwähnt: Da jeder mitentwickeln kann, gibt es oft verschiedene Versionen einer Software. Und wenn deren Entwickler keine Zeit oder kein Interesse mehr an der Fortführung hat, dann stehen Sie mit Ihrer konkreten Anwendung unter Umständen im Regen.

## 17.2.2 Lizenz ist nicht einfach Lizenz

Wenn Sie eine kommerzielle Lizenz einsetzen, ist es damit nicht getan. Denn es gibt sehr unterschiedliche Formen von Lizenzen.

Die häufigsten sind:

- Per Instanz
  Dies bezieht sich auf die Installation, z.B. bei einer Datenbank. So können bei SQL mehrere Instanzen installiert werden, je nach Produkt muss dann aber pro installierte Instanz auch eine eigene Lizenz vorhanden sein.
- Pro gleichzeitigen Nutzer
  Hier werden pro Lizenz Nutzer registriert. Wenn Sie also 15 Lizenzen einer Software einsetzen, dann können 15 Nutzer gleichzeitig diese Software nutzen (installieren können sie auch 25 – aber nach 15 eingeloggten Benutzer sperrt das System weitere aus).
- Pro Server
  Hier wird eine Lizenz physisch oder virtuell einer Maschine zugeordnet und kann auf dieser genutzt werden.
- Pro (physische) CPU bzw. pro Sockel
  Hier orientiert sich die Lizenzierung an der Anzahl physischer Prozessoren.
- Pro Core (Gruß von den 48-Kern-Prozessoren)
  Hier werden die Lizenzen an der Anzahl Kerne gemessen, wie z.B. Oracle oder VMWare, aber auch Microsoft Server. Zum Teil werden hierbei auch CPU- und Core-Ansatz gemischt.

Zudem unterscheiden sich auch die Nutzungsrechte unter Umständen:

- Pro Site
  Beschränkung der Nutzung auf eine physische Site, Sie können die Lizenz nur innerhalb dieses Standorts nutzen.
- Physische und virtuelle Nutzung
  Viele Hersteller erlauben für physische und virtuelle Maschinen unterschiedliche Lizenznutzung. So können Sie etwa einen Windows 2022 Standard Server mit der gleichen Lizenz auf 1 physischen und 2 virtuellen Instanzen installieren.
- Node locked oder floating
  Als Floating wird eine Software bezeichnet, die über das Netzwerk von mehreren Nutzern eingesetzt werden kann (z.B. im Rahmen einer »Pro-Nutzer«-Lizenz). Bei einer Node-locked-Lizenz ist die Nutzung auf den Host beschränkt, auf dem die Software installiert worden ist.

## 17.2.3 Einzel- und Volumenlizenzen

Auch für die Menge eingesetzter Lizenzen gibt es unterschiedliche Servicemodelle. So gibt es neben den für Kleinmengen existierenden Einzellizenzen auch Corporate Licences und Volumenlizenzen.

Corporate Licences bilden einen einheitlichen Nutzungsvertrag für kleine und mittlere Unternehmen. Sie enthalten eine festgelegte Anzahl Lizenzen einer bestimmten Software und für einen bestimmten Nutzerkreis. Ab einer bestimmten Anzahl von Einzellizenzen wird es oft günstiger, eine Corporate Lizence zu lösen, zumal sich das Management dieser Lizenz meist einfacher gestaltet als die Verwaltung von 25 Einzellizenzen.

Volumenlizenzen richten sich an mittlere und größere Unternehmen und beinhalten im Kern einen Nutzungsvertrag über Software und Dienstleistungen über einen gewissen Zeitraum, z.B. ein oder drei Jahre. Es gibt auch unbefristete Volumenlizenzen, d.h., die Software ist nicht mit einem Ablaufdatum der Nutzung versehen.

Volumenlizenzen erlauben es, das Lizenzmanagement zentral zu organisieren. Zudem enthalten sie meist auch eine Updategarantie für die Laufzeit, sodass man sich keine Gedanken über allenfalls fällige Aktualisierungen machen muss. Nicht zuletzt bieten Volumenlizenzen ein attraktiveres Preismodell mit deutlichen Nachlässen gegenüber Einzellizenzen. Sonderformen wie »Schullizenzen«" oder »Regierung und Verwaltungen« ergänzen diese Programme mit weiteren Vergünstigungen.

### 17.2.4 Subscription statt Kauf

Gerade im Zusammenhang mit der stetig wachsenden Nutzung von Cloud-Diensten gewinnt die Subscription, also das Abonnieren von Software, zunehmend an Bedeutung. Was vom Cloud-System her Wesen der Nutzung ist, nämlich die beliebige kurzfristige Möglichkeit des Hinzufügens zusätzlicher Ressourcen oder das Entfernen nicht mehr benötigter Dienste, das weitet sich immer mehr auch auf andere Programme aus.

So können Sie z.B. seit Jahren Adobe-Programme nur noch pro Monat oder Jahr abonnieren, aber nicht mehr als Dauerlizenz erwerben – Microsoft 365 wäre ein anderes berühmtes Beispiel. Und die Liste der Anbieter, welche auf ein Abo-Modell wechseln, wird immer länger.

Das hat für den Kunden sicher auch Vorteile. Die Updates sind immer Teil dieser Abonnements, die Bezahlung erfolgt mehr oder weniger parallel zur Nutzung und erfordert keine großen Vorabinvestitionen mehr und das Lizenzmanagement vereinfacht sich.

Das darf nicht darüber hinwegtäuschen, dass diese Modelle vor allem für die Hersteller ein hervorragendes Instrument bilden, den Kunden langfristig zu binden und mehr Einnahmen zu generieren. Auch wenn eine Lizenz auf den ersten Blick pro Jahr wesentlich günstiger ist als eine Kaufversion, so summieren sich die Kosten über die Jahre doch oft deutlich über dem Wert vergleichbarer Einkäufe von Dauerlizenzen.

Was aber die Kurzfristigkeit der Verfügbarkeit und die Variabilität in der Nutzung angeht, sind Subscriptions immer eine sehr interessante Alternative.

## 17.3 Dokument-Management

Dokumente gibt es unendlich viele, das ist so. Im Rahmen des ITAM (siehe im selben Kapitel weiter vorne) werden zahlreiche dieser Dokumente zentral verwaltet und abgelegt – das vereinfacht die Organisation und den Zugriff.

Einige Dokumenttypen sollen an dieser Stelle aufgrund ihrer Bedeutung hervorgehoben werden, und zwar unabhängig davon, ob Sie diese innerhalb eines ITAM, eines anderen Managementprozesses oder als einzelne Daten verwalten.

### 17.3.1 Inventar- und Konfigurationsdokumentation

Zentrales Element im Konfigurations-, aber auch Change- oder Servicemanagement ist der Zugriff auf eine effiziente Konfigurationsverwaltung.

Je nachdem welche Art von Dokumentation Sie in Ihrem Unternehmen pflegen, sind diese Inventurangaben unter Umständen bereits Teil der allgemeinen ICT-Betriebsdokumentation, und das darf auch so sein.

Für die Hardware sei an dieser Stelle noch einmal auf Abschnitt 6.2.2 »Dokumentation« verwiesen, ohne das dort Gesagte zu wiederholen.

Im Umfeld reiner Systeme gehören auch alle Netzwerk- und Peripheriegeräte entsprechend inventarisiert und nachgeführt.

Das kann in einer einfachen Form etwa so aussehen:

| Access Point LAN1 | | | |
|---|---|---|---|
| Modell | ZyXEL WAX610D | Name | COMSAL-086 |
| Seriennummer | S21203D45S22 | Installation | 18.04.2021 |
| Firmware | ABEL 6.25 B1 | Aktualisierung | 25.04.2022 |
| WAN-IP | -kein- (Bridge) | LAN-IP-Adresse | 192.168.4.14 |
| SSID 2.4GHz/5 GHz | COM-NET-LW01 | SSID Broadcast | Aktiviert |
| Kanal | DCS | MAC-Kontrolle | Nein |
| Encryption | WPA3-PSK | WPA2-Schlüssel | xxxxx (separat) |

**Tabelle 17.1:** Einträge für Netzwerkkomponenten in einer Konfigurationsdokumentation

Etwas umstritten ist hierbei die Frage, inwieweit Zugangsdaten in eine solche Dokumentation gehören. Ich bin der Ansicht, sie gehören in ein separates Dokument, damit sie nicht zusammen mit anderen Informationen zugänglich sind. In der Praxis weiß ich aber, dass gerade Gerätezugänge oftmals in dieser Dokumentation enthalten sind, um sie schnell griffbereit zu halten. Aber aus Sicht all dessen, was Sie über Sicherheit und Schwachstellen wissen, ist davon eindeutig abzuraten.

Legen Sie stattdessen ein eigenes Passwortdokument an und lagern Sie dieses verschlossen (oder elektronisch verschlüsselt) an einem sicheren, aber im Ernstfall zugänglichen Ort.

### 17.3.2 Erfassungsschemata für die Planung

Wichtig ist bei Konfigurationsdokumentationen auch die Eintragung der eingesetzten Adress- und Namensschemata. Sie möchten ja nach der Ersteinrichtung sicherstellen, dass weitere Anpassungen im selben Stil erfolgen, um die Verwaltung einheitlich und übersichtlich zu gestalten.

Im Fall eines IP-Adressschemas heißt das beispielsweise, dass Sie Bereiche für bestimmte Geräteklassen festlegen und dokumentieren. So erhalten alle Drucker im Netzwerk 192.168.10.0 /24 eine Adresse aus dem Bereich 21 bis 40 (4. Byte) und entsprechend können auch die Reservierungen im DHCP-Server einheitlich vorgenommen werden.

Bei einem Namensschema wiederum legen Sie fest, dass z.B. alle Access Points nach dem Schema KDAP-YY-nn nach Einsatzjahr und danach nummeriert benannt werden. Bei einer Alarmmeldung des Geräts ersehen Sie somit sofort, von welchem Gerät die Meldung stammt, oder wenn ein Benutzer mit einem Gerät ein Problem hat, kann er Ihnen (den hoffentlich auch als Etikett aufgedruckten) Namen dieser Komponente nennen und Sie sind schneller in deren Zuordnung.

Auch hierfür möchte ich Ihnen ein Beispiel aus einem unserer Kundennetze zeigen, bei dem wir sowohl zwei lokale Netze als auch eine DMZ entsprechend verwalten. Entsprechend diesem Adressschema werden jeweils alle neuen Geräte in das Netzwerk eingebunden.

| Adressschema | | | |
|---|---|---|---|
| | LAN-01 EG | LAN-02 OG | DMZ-Netzwerk |
| Netzwerk | 192.168.2.0 /24 | 192.168.4.0 /24 | 192.168.20.0 /24 |
| Kommunikation | 1–20 | 1–20 | 1–20 |
| Drucker | 21–40 | 21–40 | 21–40 |
| Server | 41–60 | 41–60 | 41–60 |
| Clients | 101–150 | 101–150 | 101–150 |

**Tabelle 17.2:** Adressschema für ein Netzwerk

| Adressschema | | | |
|---|---|---|---|
| Reservebereiche | 61–100 | 61–100 | 61–100 |
| | 151–254 | 151–254 | 151–254 |
| Gateway | 192.168.2.1 | 192.168.4.1 | 192.168.20.1 |

**Tabelle 17.2:** Adressschema für ein Netzwerk (Forts.)

Eine Anmerkung sei mir an dieser Stelle erlaubt: So schön das alles mit IPv4 auch aussieht, durch die Länge von IPv6-Adressen und deren Notation sowie die Autokonfiguration lokaler Geräte unter IPv6 wird sich der Teil der Dokumentation in Zukunft ganz sicher verändern – denn das schreibt in der Weise kaum mehr jemand in der Ausführlichkeit auf, ist zumindest zu vermuten.

Das Namensschema umfasst zwei Kategorien: zum einen das Schema für die Erfassung der Benutzernamen, zum anderen das Schema für die Registrierung der Hardware. Letzteres ist besonders dann von Nutzen, wenn Sie die Geräte auch so beschriften (ja wirklich, beschriften, mit Etiketten), das erleichtert den Support um einiges, weil der betroffene Anwender Ihnen sagen kann, welches Gerät z.B. keine Anzeige mehr hat. Anstelle von »der Switch in dem Büro dort rechts von mir« wäre das dann »COM-ADM-14« – und Sie wissen sofort, welches Gerät dies ist, da Sie ja eine Konfigurationsdokumentation haben!

| Namensschema zur Benutzererfassung | |
|---|---|
| Aufbau | vnachname (1. Buchstabe Vorname, ganzer Nachname, alles klein) *oder* |
| | vorname.nachname *oder* |
| | ZufallsID (achtstellige Nummer) |

| Namensschema zur Hardware-Erfassung | | | |
|---|---|---|---|
| Aufbau | MODELL-ABTEILUNG-LAUFNUMMER (Beispiel: SYS-ADM-085) | | |
| Modell | Systeme   SYS | Nächste Laufnummer | 142 |
| | Drucker   PRN | | |
| | Server    SRV | | |
| | Kommunikation   COM | | |
| Abteilungen | Administration   ADM | | |
| | Entwicklung   DEV | | |
| | Finanzen   FIN | | |
| | Technik   TEC | | |
| | Verkauf   SAL | | |

**Tabelle 17.3:** Namens- und Adressschema für ein Netzwerk

### 17.3.3 Infrastruktur- und Prozessdiagramme

In die Dokumentation werden Sie auch einen Link ins Netzwerkmanagement aufnehmen und von dort Netzwerk- und Infrastrukturdokumente verbinden. Achten Sie dabei darauf, dass Sie diese nicht redundant führen (gilt für alle Dokumentationen), sondern mit Verweisen und Zugriffen arbeiten. Klären Sie aber auch, wer in diesem Zusammenhang Lese- und Schreibrechte auf diese Dokumentationen hat.

### 17.3.4 Messdiagramme und Protokolle

Ein weiterer Teil der Dokumentation hängt direkt mit dem Betrieb des Netzwerks zusammen. Sie haben bereits von Baseline-Messungen gelesen, z.B. im Zusammenhang mit der Verteidigung des Netzwerks. Schauen Sie sich daher regelmäßig die Log-Dateien und Messdiagramme von Netzwerkgeräten oder auch Servern im Netzwerk an. Sie erhalten auch Messprotokolle mit der ausgewiesenen Leistung der installierten Leitungen bei der Abnahme vom Elektriker.

Diese konkreten Messdokumente (Systemlogs, allgemeine Protokolle in Netzwerkgeräten, auch History Logs) bieten Ihnen einen sicheren Informationswert, um etwaige Veränderungen oder sich anbahnende Engpässe zu identifizieren. Legen Sie zudem fest, wer diese Protokolle ausliest und wie gegebenenfalls Meldungen von Protokollen versandt und kontrolliert werden.

### 17.3.5 Änderungsdokumentation und Updates

Die Änderungsdokumentation dient vor allem der Nachvollziehbarkeit und ist ein wichtiger Informationspunkt, wenn etwas nicht mehr funktioniert oder sich Probleme ergeben, weil man aus ihr ersehen kann, was als Letztes verändert worden ist.

Die Änderungsdokumentation ist eine Art Logbuch, in dem alles aufgelistet wird, was sich in der Konfiguration oder dem Auf- oder Abbau von Komponenten und Verbindungen ergeben hat.

Das Logbuch wird häufig als Tabelle geführt, in der Zeit und Datum, die betroffene Komponente und die durchgeführte Änderung aufgeführt sind.

Auch das Update-Management trägt seinen Teil zur Dokumentation bei. Wann wurde wo was aktualisiert? Auch das gehört dokumentiert.

Aus all diesen zahlreichen Dokumenten und Konfigurationen sehen Sie vermutlich auch, weshalb die Bestrebungen, all das eines Systems wie z.B. ITAM zu erfassen, laufend zunehmen.

## 17.3.6 Dienstleistungsverträge

Wenn Sie bestimmte Dienstleistungen von externen Partnern beziehen möchten, liegt die Überwachung und Dokumentation in der Regel nicht bei Ihnen.

Dennoch ist es für Sie wichtig, dass Sie den eingekauften Service zuverlässig nutzen können. Hier greift das SLA, das Service Level Agreement. Ein SLA beschreibt eine vertragliche Leistung. Es regelt die Verbindlichkeiten von Dienstbringer und Dienstleistungsnehmer.

Damit diese Leistung nachprüfbar und damit auch messbar wird, muss sie verbindliche Angaben enthalten zum Service in Form einer Leistungsbeschreibung wie z.B.:

- Verfügbarkeit
- Fehlerraten
- Durchsatz
- Antwortzeiten

Das SLA regelt darüber hinaus auch die Aktion des Vertragsnehmers, falls diese Leistung nicht eingehalten wird:

- Reaktionsbereitschaft
- Ersatz und/oder Reparatur

Der letzte Teil – und für die Einhaltung nicht unwichtig – ist die Beschreibung, was bei Nichterfüllung zu geschehen hat, die Sanktionen bzw. Strafzahlungen, die zu erfolgen haben.

Ein SLA ohne Sanktionen ist damit kein SLA, denn es hat für den Leistungserbringer keine Konsequenzen, wenn das SLA nicht erfüllt wird.

Ein typisches SLA für eine Internetverbindung kann z.B. lauten:

*Die Leitung erbringt einen Durchsatz von 25 Mbps, welcher an nicht mehr als 1 Stunde pro Tag unterschritten werden darf. Die Ausfallrate beträgt maximal 0.1 % pro Jahr (24/7) und der Anbieter gewährt eine Reaktionszeit von 60 Minuten nach einer Ausfallmeldung.*

Wenn Sie die Vereinbarung innerhalb Ihrer Firma zwischen einzelnen Abteilungen treffen möchten, spricht man dagegen nicht von einem SLA, sondern von einem Operational Level Agreement (OLA). Dieses entspricht seinem Wesen nach im Unterschied zu einem SLA nicht einem juristischen Vertrag.

Beide Typen, SLA und OLA, verwenden allerdings die gleichen Strukturen und enthalten vergleichbare Details zu den zu erbringenden Leistungen und den definierten Dienstleistungen im Netzwerk- oder IT-Bereich.

Übrigens: Da die SLA oft vertrauliche Informationen enthalten, wird nicht selten zu deren Absicherung auch ein NDA (Non Disclosure Agreement) abgeschlossen. Zu Deutsch ist das ein Geheimhaltungsvertrag, der die unterschreibenden Parteien dazu verpflichtet, nach außen Stillschweigen über die getroffenen Vereinbarungen zu wahren. Und wie im SLA selber können auch im NDA ansonsten Sanktionen definiert werden. Sie finden NDAs häufig bei Kunden-Lieferanten-Verträgen, Arbeitgeber-Arbeitnehmer-Verträgen, Auftraggebern und Entwicklern bzw. Testern etc. vor.

## 17.4 Wie treten Sie auf?

Sie sehen sich zuerst die persönliche Seite an: Wie treten Techniker und Serverbetreuer auf? Was erwarten Kunden von Technikern, die bei ihnen vorbeikommen?

Beginnen Sie daher mit folgender Frage: Welche Erwartungen stellen die Kunden an eine Person im Netzwerkunterhalt oder bei Supportfällen?

Die Antworten darauf lauten in etwa:

- Fachliche Kompetenz
- Freundliches Auftreten und Hilfsbereitschaft
- Gute Umgangsformen
- Passende Kleidung und Sauberkeit
- Rasche Reaktionsfähigkeit
- Servicebereitschaft
- Sozialkompetenz
- Verantwortungsbewusstsein
- Verständliche, dem Kunden angepasste Sprache
- Zuverlässigkeit und Pünktlichkeit

Die sozialen Aspekte sind für viele Kunden genauso wichtig wie die fachlichen. Bedenken Sie, dass ein Kunde Ihre fachlichen Qualitäten weniger beurteilen kann als Ihre Umgangsformen und Ihre Dienstleistungsbereitschaft. Dementsprechend wird er Sie auch nach diesen Kriterien beurteilen. Support fängt nicht erst beim Schrauben am Gehäuse an oder beim Einspielen eines Updates, sondern lange vorher: beim Betreten des Gebäudes, bei der Pünktlichkeit, mit der man beim Kunden eintrifft, oder bei der Art, wie man dem Kunden seinen Einsatz kurz beschreibt.

Wenn Sie aber unterwegs in einen Stau geraten und merken, dass Sie sich verspäten, aber den Kunden nicht informieren, dafür alle Erklärungen weglassen und dem Kunden sagen, Sie schaffen das alles auch in der halben Zeit, weil Sie ein paar Tricks auf Lager haben, wird dies das Vertrauen des Kunden nicht fördern – und die Qualität Ihrer Arbeit vermutlich auch nicht.

Die Kommunikation mit Kunden ist ein **wesentlicher Punkt für die Qualifikation** eines Technikers, denn gerade Sie als technischer Spezialist haben häufig Umgang entweder mit Ihren direkten Kunden, deren Systeme Sie betreuen, oder mit anderen Abteilungen und Vorgesetzten, die auf Ihre Dienste angewiesen sind.

Es ist daher für Ihren Erfolg wesentlich, dass Sie:

- mit den Gesprächspartnern stets freundlich und verständnisvoll umgehen.
- die Sprache des Gesprächspartners wählen (Fachwörter vermeiden).
- nötige Abweisungen freundlich, aber konsequent mitteilen.
- Kunden informieren, wie das konkrete Problem angegangen wird.
- den Kunden informieren und nach Lösung der Störung rückfragen, ob alles in Ordnung ist (vielleicht wartet der Kunde immer noch).

Wichtig zu merken: Zu Beginn eines Gesprächs sind Sie oftmals der Zuhörer. Ihre Kunst besteht nicht darin, den Gesprächspartner möglichst schnell zu unterbrechen, sondern sein Anliegen möglichst präzise aufzunehmen und so eine Lösung für das von ihm geschilderte Problem zu finden.

Nehmen Sie dazu ein Beispiel:

Herr K. aus C. ruft die Hotline eines Serverherstellers an und sagt dann etwas verzweifelt: »Guten Tag, wir haben von Ihnen einen Server gekauft und letzte Woche installiert. Und heute startet er nicht mehr auf.«

Der Techniker am anderen Ende antwortet darauf: »Ja, dann geben Sie mir bitte die Seriennummer ... ja, haben Sie denn alle Updates gemacht? Und ist das BIOS auf dem letzten Stand?«

Hat der Techniker am Telefon das Anliegen geklärt? Nein, natürlich nicht, er hat lediglich einen vorgegebenen und folglich am einfachsten zu beschreitenden Weg gewählt, ohne den Kunden wirklich wahrzunehmen.

Er hätte aber an dieser Stelle fragen können:

- Seit wann startet der Server nicht mehr?
- Haben Sie Stecker und Kabel schon kontrolliert?
- Gibt es noch aufleuchtende Kontrolllampen am Gehäuse oder hören Sie noch einen Lüfter oder andere Geräusche?
- Wie lange arbeiten Sie heute schon damit? Hatten Sie Stromausfall oder Gewitter?
- Wurde etwas an Ihrem System kürzlich verändert?

usw.

Auf diese Weise könnte der Techniker bereits in kurzer Zeit klären, in welcher Richtung das Problem zu suchen und eventuell auch telefonisch zu lösen ist.

In jedem Fall ist es wichtig, dass Sie

- dem Kunden wirklich zuhören.
- seine Anliegen und Bedenken ernst nehmen.
- den Kunden ausreden lassen.
- dem Kunden wo möglich zustimmen und ihn unterstützen.
- Feedback geben: Wichtiges wiederholen, am Ende zusammenfassen, nicht Verstandenes nachfragen.
- wichtige Fakten notieren.

Nur wer wirklich zuhört, kann auf das Bedürfnis des Kunden eingehen und seinen Supportfall auch wirklich zu seiner *besten* Zufriedenheit lösen.

Im Bereich Server kommt zudem häufig einiges hinzu: Sie müssen in gesicherten Umgebungen antreten; es gibt Vorschriften, die zu beachten sind, eventuell Ein- und Austrittsprotokolle, die zu erfüllen und unterzeichnen sind, oder es gibt nur feste Wartungsfenster, innerhalb derer ein Arbeiten am Server möglich ist. Zeigen Sie Ihren Einsatz auch darin, dass Sie sich diesen Vorschriften gemäß verhalten und weder sich noch die Systemumgebung durch unbedachtes Handeln gefährden.

## 17.5 Wie gehen Sie vor?

Je komplexer eine Infrastruktur ist, umso größer die Anzahl Fehlerquellen, die auftreten können und beseitigt werden müssen. Als Servertechniker sind Sie weit über das Stadium »Such mal im Internet« hinaus und wissen um die Wichtigkeit eines strukturierten und systematischen Vorgehens zur Fehlerbehebung.

Es ist hilfreich, einen logischen Lösungsansatz für ein Problem zu wählen, um den Fehler finden und beheben zu können. Dazu dienen Fragen wie:

- Was genau funktioniert?
- Was genau funktioniert nicht?
- Wie hängen die funktionierenden und die nicht funktionierenden Elemente zusammen?
- Haben die jetzt nicht funktionierenden Elemente zu irgendeinem früheren Zeitpunkt auf diesem Server und in diesem Netzwerk funktioniert?
- Falls dies der Fall ist, fragen Sie sich, was sich seitdem geändert hat.

Eine Serverinfrastruktur besteht aus vielen Komponenten und Verbindungen; es können an allen Punkten prinzipiell Fehler auftreten. Die Fehlersuche wird dadurch erschwert, dass die Ursachen mehrfacher Art sein können. Kann ein Benutzer beispielsweise nicht auf eine Freigabe zugreifen, so kann das ein Berechtigungsproblem oder ein defekter Stecker irgendwo zwischen dem Rechner des Benutzers und dem Server sein oder eine Änderung der Richtlinien für Zugriffsrechte.

Die erfolgreiche Fehlersuche besteht daher grundsätzlich aus vier Bereichen:

- Symptome: Welches sind die erkennbaren Auswirkungen des Fehlers? Was kann an Fehlermeldungen oder anderen Auswirkungen beschrieben werden? Eine gute Beschreibung der Symptome und wo immer möglich eine getestete Reproduzierbarkeit ist ein großer Schritt in Richtung Fehlerbehebung. Notieren Sie sich die Ergebnisse, halten Sie wo immer möglich Fehlermeldungen und Symptombeschreibungen schriftlich fest.

- Ursachen der Probleme feststellen: Basierend auf den vorliegenden Symptomen sollte versucht werden, die Ursachen für den Fehler festzustellen. Oft erfordert diese Phase auch weitere Untersuchungen. Beginnen Sie nicht mit der Lösung, bevor Sie die Ursache nicht eindeutig bestimmt haben. Tausende Maschinen werden jedes Jahr neu aufgesetzt nach dem Motto »Das muss es doch einfach sein!« – ohne dass der Fehler geklärt worden ist! Ganz zu schweigen von möglichen Folgefehlern, die entstehen können, wenn z.B. ein Server neu aufgesetzt wird, ohne dass seine Rolle vorher auf einen anderen Server übertragen wurde – und Sie danach für tausend Mitarbeiter z.B. keinen DHCP-Server mehr haben oder keinen Schema-Master mehr, weil genau *dieser* Server diese Rolle hatte.

- Lösung der auftretenden Probleme: Der Einsatz der Kenntnisse über das jeweilige Betriebssystem, die einzelnen Komponenten und die Erfahrung verhelfen zusammen zu einer erfolgreichen Lösung. Halten Sie sich wo immer möglich an Leitlinien der Hersteller und deren originale Dokumentationen.

- Dokumentation der Lösung: Dokumentieren Sie die Lösung, eventuell auch den Lösungsweg, und informieren Sie gemäß den Vorgaben das Konfigurationsmanagement und eventuell auch das Change Management, wenn die Lösung zu dauerhaften Veränderungen führt: sei es durch den Ersatz von Teilen, die Installation neuer Komponenten oder Veränderungen in der Konfiguration.

Aus diesen vier Elementen lässt sich folgende Checkliste bilden, wie zur Fehlersuche vorgegangen werden kann:

- Feststellen und Beschreibung der auftretenden Symptome
- Feststellen der betroffenen Bereiche (Systeme, Netzwerke, Komponenten ...)
- Feststellen, was am System kürzlich geändert wurde
- Feststellen der Ursache für das Problem
- Formulieren einer Lösung
- Implementieren der Lösung

- Testen der Lösung und überprüfen, ob die Lösung Nebeneffekte besitzt
- Freigabe der Lösung
- Dokumentation des Problems und dessen Lösung
- Rückmeldung an die Anwender und die zuständigen Stellen

Bei der Suche von den Symptomen hin zu den Fehlern gibt es einen einfachen Grundsatz: Nehmen Sie immer zuerst das Einfache an. Arbeiten Sie sich also vom Naheliegenden zu spezielleren Fehlerursachen durch und nicht umgekehrt. Gehen Sie systematisch vor, d.h., dokumentieren Sie ausgeschlossene Fehler und Ihre Schritte, damit Sie bei einer längeren Fehlersuche nicht im Kreis herumgehen.

Die Hersteller von Betriebssystemen, Applikationen wie auch von Hardware-Geräten liefern umfangreiche und oft sehr nützliche entsprechende Fehlermeldungen. In vielen Fällen kann aufgrund der Meldung und der Wissensdatenbank von Herstellern die Ursache aufgespürt werden. Wichtige Quellen sind daher in erster Linie immer die Knowledge Bases der Hersteller!

Eine weitere wichtige Hilfe stellt die Ereignisanzeige des Betriebssystems dar. Sie können damit Fehlerprotokolle verwalten und Einblick in alle Vorgänge haben, die nicht direkt Fehlermeldungen im Benutzer-Interface anzeigen, sondern im Protokoll eintragen. Auch viele Fehlermeldungen, welche die Benutzer jeweils »wegklicken«, finden sich in der Ereignisanzeige wieder und können so nachvollzogen werden.

Nicht zuletzt: Es sind die Systeme Ihrer Kunden, also lassen Sie sich nach der Analyse das O.K. des Auftraggebers geben für die Aktionen, die Sie durchführen wollen, und sichern Sie den erfolgreichen Abschluss der Arbeiten wiederum durch das Einverständnis des Kunden ab.

## 17.6 Fragen zu diesem Kapitel

1. Für ein Upgrade muss der Firmenserver heruntergefahren werden. Welches ist die beste Reihenfolge, um den Server vom Netz zu nehmen?
   A) Sorgen Sie dafür, dass alle Benutzer ausgeloggt sind. Schließen Sie alle Applikationen, sichern Sie den Server mit einem Voll-Backup, fahren Sie den Server herunter.
   B) Führen Sie ein Voll-Backup durch, benachrichtigen Sie die Benutzer vor dem Herunterfahren, dann fahren Sie den Server herunter.
   C) Führen Sie ein Voll-Backup durch, danach warten Sie bis Arbeitsende und fahren den Server herunter.
   D) Sperren Sie den Zugang für die Benutzer, schließen Sie Applikationen und fahren Sie danach den Server herunter.

## 17.6 Fragen zu diesem Kapitel

2. In den Server wurde ein neuer RAID-Controller eingebaut, aber das BIOS des Servers erkennt ihn nicht. Wo findet der Techniker am ehesten Hilfe für dieses Problem?

   A) Im Internetforum für Servertechniker
   B) Beim technischen Support des Verkäufers vom RAID-Controller
   C) Beim Hersteller des Serversystems oder des Controllers
   D) Auf der Webseite des Betriebssystemherstellers

3. Was stellt eine typische Lizenzform für Betriebssysteme-Server dar?

   A) Per second
   B) Per site
   C) Per socket
   D) Per GB RAM

4. Sie arbeiten als Techniker bei einem Supportunternehmen und werden von einem Kunden angerufen, weil sein Server ausgestiegen ist. Nachdem Sie am Ort eintreffen, merken Sie rasch, dass das vorliegende Problem außerhalb Ihrer technischen Kenntnisse liegt. Was müssen Sie jetzt tun?

   A) Sie rufen einen Kollegen an, der Ihnen helfen soll.
   B) Sie verständigen Ihren zuständigen Vorgesetzten und informieren den Kunden.
   C) Sie arbeiten weiter am Problem, meistens findet sich eine Lösung.
   D) Sie teilen dem Kunden mit, dass das System jetzt für einen Tag offline sein wird.

5. Einige Benutzer in Ihrem lokalen Netzwerk beschweren sich, dass sie einige Server nicht mehr erreichen können. Welches ist die Frage, die Ihnen an diesem Punkt *am wenigsten* weiterhilft?

   A) Welche Server sind nicht erreichbar?
   B) Wann wurden die Server zuletzt neu gestartet?
   C) Welche Benutzer haben Zugriffsprobleme?
   D) Gibt es andere Benutzer, die gleichzeitig Zugang zu den unerreichbaren Servern haben?

6. Für eine unternehmenskritische Software wird ein wichtiges Update angekündigt. Die neue Version wird zusätzliche Funktionen enthalten, die dringend erwartet werden. Aber das Update benötigt auch eine neue Version des bisherigen SQL-Servers. Was sollte die Administratorin Katja daher *als Erstes* tun?

   A) Einen Plan für einen Testserver erstellen
   B) Die neue Version möglichst umgehend herunterladen
   C) Die Downtime für den Server einplanen
   D) Nachfragen, ob dieses Update wirklich nötig ist

7. Der Kunde meldet sich bei Ihnen, weil der Webserver während des letzten Vormittags sporadisch ausgefallen ist. Ein Administrator hat während dieser Zeit verschiedene Updates eingespielt und dazu auch die Webserver neu gestartet. Was hat der Administrator damit unter Umständen *am ehesten* missachtet?

    A) Das Service Level Agreement

    B) Die Mean Time Before Failure

    C) Das Recovery Point Object

    D) Den Request for Proposal

8. Ein Unternehmen plant, alte Hardware zu ersetzen und muss entsprechend budgetieren. An welchem der folgenden Orte ist vermutlich eine Liste mit den Daten des End of Life dieser Server vorhanden?

    A) Garantiebestimmungen der Server

    B) Server Life Cycle Plan

    C) Asset-Management-Datenbank

    D) Performance-Management-Datenbank

9. Bei einem remote verwalteten Server wurde für den Alarmfall eine E-Mail-Benachrichtigung an die beiden Administratoren eingerichtet. Bei der Überprüfung der Ereignisanzeige wird jedoch ersichtlich, dass nur einer der beiden Administratoren die Meldung erhalten hat, der andere nicht. Was ist die wahrscheinlichste Erklärung dafür?

    A) Der Mailserver konnte nicht zwei Mails versenden.

    B) Der zweite Administrator war nicht da, als die Meldung versandt wurde.

    C) Die E-Mail-Adresse des zweiten Administrators war falsch geschrieben.

    D) Der zweite Administrator war nicht am Remotesystem angemeldet.

10. Sie werden als Techniker gebeten, bei einem defekten Server den Arbeitsspeicher auszutauschen. Welches Vorgehen werden Sie vor Ort anwenden, um den Speicher sicher und effizient zu tauschen?

    A) Server öffnen, alten Speicher durch den neuen ersetzen und danach den Server neu starten (Reboot), um die Änderung zu übernehmen

    B) Server herunterfahren, ausschalten, ESD-Band anziehen, Server öffnen, alten Speicher entfernen, neuen Speicher einbauen, Server schließen, ESD-Band abnehmen, Server starten, im BIOS die Konfiguration überprüfen

    C) Server ausschalten, ESD-Band anziehen, Server öffnen, alten Speicher entfernen, Server schließen und erneut starten, im BIOS die Konfiguration überprüfen, danach neuen Speicher einbauen und wieder starten.

    D) Server herunterfahren, ausschalten, öffnen, alten Speicher entfernen und neuen einsetzen, Server schließen, Server starten, im BIOS die Konfiguration überprüfen

**Kapitel 18**

# Troubleshooting in der Praxis

Nachdem Sie sich im letzten Kapitel mit der Herangehensweise an Supportfälle auseinandergesetzt haben, steht in diesem Kapitel die Technik zur Problemlösung im Vordergrund.

Wenn Probleme entstehen, beispielsweise E-Mails nicht geliefert werden, muss geprüft werden, ob diese ihren korrekten Weg durch die Mail-Queues gehen (Protokolldateien ansehen und durchsuchen) und eventuell festgestellt werden, wie die genaue Fehlermeldung lautet. Vielleicht ist der entfernte Mailserver nicht erreichbar? Vielleicht wurde die E-Mail-Auslieferung wegen einer vollen Mail-Queue unterbrochen oder ist wegen Viren ins Stocken geraten?

> In diesem Kapitel lernen Sie:
>
> - Wie Sie in einer Infrastruktur mit Servern und Netzwerken Fehler suchen
> - Welche Tools Ihnen zur Fehlersuche im Netzwerk und an den Systemen zur Verfügung stehen und wie Sie diese einsetzen
> - Welche lokalen Mittel Ihnen bei der Fehlersuche an Servern zur Verfügung stehen
> - Startprobleme unterscheiden und beheben
> - Performanceprobleme beheben
> - Datenträger pflegen

## 18.1 Netzwerkfehlersuche

Beginnen Sie mit einem Beispiel:

Sie arbeiten als Servertechniker in der IT-Abteilung. Eines Morgens kommt aus dem Customer-Care-Team der Anruf, dass der Server DATO04 nicht erreichbar sei. Und Sie müssen jetzt die Lösung finden, damit alle wieder arbeiten können.

Gemäß dem besprochenen Vorgehen im letzten Kapitel können Sie bereits zu Beginn drei Abgrenzungen vornehmen, innerhalb derer Sie weiterarbeiten können:

### 1. Abgrenzung: Client

Liegt es an der Software? Oder gar an dem Benutzer selbst? Oder ist es die Client-Maschine, welche nicht richtig am Netzwerk ist oder gar Hardware-Probleme hat?

### 2. Abgrenzung: Netzwerk/Backbone

Wenn es nicht am Client liegt, ist der nächste Anhaltspunkt das Netzwerk. Liegt das Problem am lokalen Switch, an der Verkabelung oder hängt es im WAN, an der Standleitung oder VPN-Verbindung? Ist der Server prinzipiell erreichbar (dann kann dies ausgeschlossen werden) und geht nur die spezifische Applikation nicht? Wurden Änderungen gemacht, sodass bestimmte Ports oder Protokolle nun nicht mehr über die Firewall durchgelassen werden?

### 3. Abgrenzung: Server

Ist der Server »normal« am Netz? Hat er die nötigen Dienste gestartet, welche der Client gerne möchte? Sind diese vom Server selbst aus erreichbar oder nicht? Vielleicht ist der Server sehr ausgelastet und kann nicht mehr Clients bedienen?

Damit Sie diese Abgrenzungen zuverlässig vornehmen können, gilt es, nicht Vermutungen anzustellen, sondern zuverlässige Abklärungen zu treffen. Dies können Sie mit unterschiedlichen Tools und Methoden machen, die Sie sich im Folgenden genauer ansehen werden.

## 18.2 Programme zur Fehlersuche im Netzwerk

### 18.2.1 ipconfig

Wenn Sie versuchen, in TCP/IP ein Netzwerkproblem zu beheben, sollten Sie als Erstes die TCP-/IP-Konfiguration des Computers überprüfen, auf dem das Problem auftaucht. Verwenden Sie den Befehl *ipconfig* (unter Linux: *ip*, ehemals *ifconfig*), um die Konfigurationsinformationen des lokalen Rechners zu erhalten. Dies beinhaltet die IP-Adresse, die Subnetzmaske und das Standard-Gateway, aber auch den oder die Name Server. Bei *ipconfig* handelt es sich um ein Befehlszeilendienstprogramm, das die TCP-/IP-Konfiguration des lokalen Computers ausdruckt.

Wird *ipconfig* zusammen mit dem Parameter */all* verwendet, wird ein detaillierter Konfigurationsbericht für alle Schnittstellen angezeigt, einschließlich aller konfigurierten seriellen Anschlüsse. Diese von *ipconfig* ausgegebenen Daten können auf Probleme in der Netzwerkkonfiguration des Computers überprüft werden.

Weitere wichtige Parameter, welche mit *ipconfig* verwendet werden können, lauten:

| | | |
|---|---|---|
| ipconfig | /release | Gibt die IP-Adresse für die angegebene NIC frei |
| | /renew | Erneuert den Bezug für eine IP-Adresse |

/displaydns    Zeigt den Inhalt des DNS-Auflösungs-Cache an

/flushdns      Leert den DNS-Auflösungs-Cache

Werden bei /release und /renew keine Adapternamen angegeben, wirkt sich der Befehl auf alle lokalen Adapter aus.

```
C:\WINDOWS\system32\cmd.exe

C:\>ipconfig
Windows-IP-Konfiguration

Ethernetadapter LAN-Verbindung:

        Verbindungsspezifisches DNS-Suffix: kabera.ch
        IP-Adresse. . . . . . . . . . . . : 192.168.2.68
        Subnetzmaske. . . . . . . . . . . : 255.255.255.0
        Standardgateway . . . . . . . . . : 192.168.2.36
C:\>ipconfig /all
Windows-IP-Konfiguration

        Hostname. . . . . . . . . . . . . : mkxw4200
        Primäres DNS-Suffix . . . . . . . : kabera.ch
        Knotentyp . . . . . . . . . . . . : Hybrid
        IP-Routing aktiviert. . . . . . . : Nein
        WINS-Proxy aktiviert. . . . . . . : Nein
        DNS-Suffixsuchliste . . . . . . . : kabera.ch
                                            kabera.ch

Ethernetadapter LAN-Verbindung:

        Verbindungsspezifisches DNS-Suffix: kabera.ch
        Beschreibung. . . . . . . . . . . : Broadcom NetXtreme Gigabit Ethernet
        Physikalische Adresse . . . . . . : 00-1A-4B-B6-FF-18
        DHCP aktiviert. . . . . . . . . . : Ja
        Autokonfiguration aktiviert . . . : Ja
        IP-Adresse. . . . . . . . . . . . : 192.168.2.68
        Subnetzmaske. . . . . . . . . . . : 255.255.255.0
        Standardgateway . . . . . . . . . : 192.168.2.36
        DHCP-Server . . . . . . . . . . . : 192.168.2.35
        DNS-Server. . . . . . . . . . . . : 192.168.2.37
        Primärer WINS-Server. . . . . . . : 192.168.2.37
        Lease erhalten. . . . . . . . . . : Montag, 31. Dezember 2007 09:20:19
        Lease läuft ab. . . . . . . . . . : Donnerstag, 3. Januar 2008 09:20:19
C:\>
```

**Abb. 18.1:** Die Ausgabe von *ipconfig* mit und ohne den Parameter /all

### 18.2.2 ifconfig/ip

Unter Linux ist das Tool »ifconfig« verbreitet für die Netzwerkschnittstellenkonfiguration auszugeben (aber auch zu konfigurieren). Das Tool »ip« versucht seit geraumer Zeit, »ifconfig« zu ersetzen. So weit ist man aber noch nicht.

Wie »ifconfig« zum Ausdruck bringt, wird dadurch das Interface konfiguriert. Dies betrifft nicht nur eine IP-Adresse, sondern auch tiefer liegend etwa die MAC-Adresse.

```
# ifconfig enp1s0 hw ether AB:CD:EF:01:23:45
```

würde temporär die Hardware-Adresse ändern. In gewissen Cluster-Umgebungen kann dies zum Einsatz kommen. Ist jedoch schon eher eine Spezialität. Mittels

»ifconfig« werden alle Netzwerkschnittstellen ausgegeben, »ifconfig [interfacenamen]« nur jene der angegebenen Netzwerkkarte.

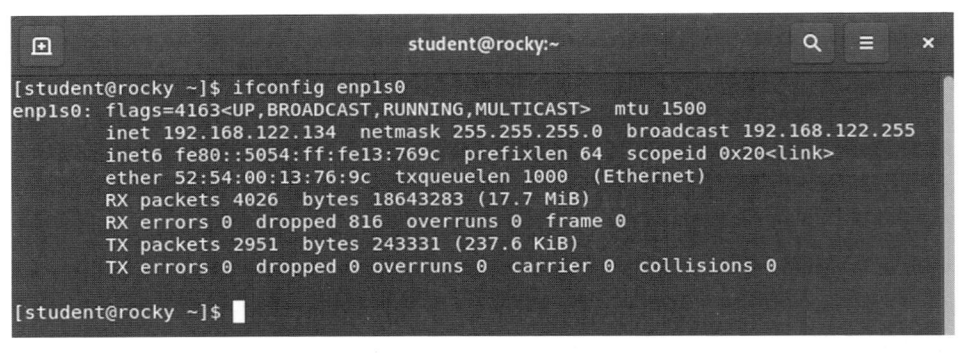

```
[student@rocky ~]$ ifconfig enp1s0
enp1s0: flags=4163<UP,BROADCAST,RUNNING,MULTICAST>  mtu 1500
        inet 192.168.122.134  netmask 255.255.255.0  broadcast 192.168.122.255
        inet6 fe80::5054:ff:fe13:769c  prefixlen 64  scopeid 0x20<link>
        ether 52:54:00:13:76:9c  txqueuelen 1000  (Ethernet)
        RX packets 4026  bytes 18643283 (17.7 MiB)
        RX errors 0  dropped 816  overruns 0  frame 0
        TX packets 2951  bytes 243331 (237.6 KiB)
        TX errors 0  dropped 0 overruns 0  carrier 0  collisions 0

[student@rocky ~]$
```

**Abb. 18.2:** ifconfig-Ausgabe

Rein um Informationen wie hier, IP-Adresse, Subnetmaske, Broadcast, IPv6, Hardware-Adresse, empfangene und gesendete Pakete zu erhalten, braucht es keine Root-Rechte. Erst wenn Änderungen vorgenommen werden.

Mittels »netstart -rn«, »-r« für Kernel-Routing-Tabelle und »-n« für numerisch (nicht via DNS auflösen« kann eruiert werden, welche Routen gesetzt sind, unter anderem die »Default-Route«, der Weg ins Internet.

```
[student@rocky ~]$ netstat -rn
Kernel IP routing table
Destination     Gateway         Genmask         Flags   MSS Window  irtt Iface
0.0.0.0         192.168.122.1   0.0.0.0         UG        0 0          0 enp1s0
192.168.122.0   0.0.0.0         255.255.255.0   U         0 0          0 enp1s0
[student@rocky ~]$
```

**Abb. 18.3:** netstat

Beides, das »ifconfig enp1s0« und »netstat -rn«, kann auch mit dem Kommando »ip« ausgegeben werden (ip lehnt sich etwas an die Cisco-Syntax an).

```
[student@rocky ~]$ ip a s enp1s0
2: enp1s0: <BROADCAST,MULTICAST,UP,LOWER_UP> mtu 1500 qdisc fq_codel state UP group default qlen 1000
    link/ether 52:54:00:13:76:9c brd ff:ff:ff:ff:ff:ff
    inet 192.168.122.134/24 brd 192.168.122.255 scope global dynamic noprefixroute enp1s0
       valid_lft 3403sec preferred_lft 3403sec
    inet6 fe80::5054:ff:fe13:769c/64 scope link noprefixroute
       valid_lft forever preferred_lft forever
[student@rocky ~]$ ip r
default via 192.168.122.1 dev enp1s0 proto dhcp metric 100
192.168.122.0/24 dev enp1s0 proto kernel scope link src 192.168.122.134 metric 100
[student@rocky ~]$
```

**Abb. 18.4:** ip-Kommando

Die gewonnenen Informationen sind dieselben. »ip a s« heißt ausgeschrieben »ip address show« und »ip r« »ip route« für die Routing-Tabelle. Das Standard-Gateway ist hier unter der Zeile »default« zu finden.

### 18.2.3 Ping

Wenn ein Server nicht erreichbar ist, lässt man häufig zuerst einen Ping laufen, um die Verbindung zu testen. Wenn der Server antwortet, gibt man sich normalerweise bereits zufrieden, denn das Antworten bedeutet ja, dass der Server im Netz erreichbar ist. Doch der Schein trügt. Diese Aussage ist so weit richtig, ja, der Server ist am Netz, doch wie steht es mit der Verbindung zu diesem? Je nach Applikationen muss der Server schnell antworten können oder verträgt etwas mehr an Verzögerung. VoIP beispielsweise beginnt ab 100–200 ms Response Time, Probleme zu verursachen. Eine HTTP-Verbindung oder ein Druckjob vertragen dagegen mehr an Latenz.

Für den Einsatz von Ping gibt es darum interessante Optionen, um sich nicht einfach mit »Ja« oder »Nein« zufrieden geben zu müssen. Die Paketgröße zu variieren, kann Aufschluss über die Netzwerkverbindungen geben. Kommen nur kleine Pakete durch oder auch größere? Ab wann kommen die Pakete nicht mehr durch?

Im folgenden Beispiel werden zuerst große Pakete verschickt (64 KB), danach kleine (64 B). Beide Paketgrößen kommen durch; auffällig ist, dass die Antwortzeit größer ist, was nicht groß verwundert: Die Pakete sind auch um den Faktor 1000 größer.

```
[student@rocky ~]$ ping -s 64000 -c 4 192.168.122.1
PING 192.168.122.1 (192.168.122.1) 64000(64028) bytes of data.
64008 bytes from 192.168.122.1: icmp_seq=1 ttl=64 time=1.08 ms
64008 bytes from 192.168.122.1: icmp_seq=2 ttl=64 time=1.23 ms
64008 bytes from 192.168.122.1: icmp_seq=3 ttl=64 time=1.22 ms
64008 bytes from 192.168.122.1: icmp_seq=4 ttl=64 time=0.519 ms

--- 192.168.122.1 ping statistics ---
4 packets transmitted, 4 received, 0% packet loss, time 3005ms
rtt min/avg/max/mdev = 0.519/1.012/1.232/0.290 ms
[student@rocky ~]$ ping -c 4 192.168.122.1
PING 192.168.122.1 (192.168.122.1) 56(84) bytes of data.
64 bytes from 192.168.122.1: icmp_seq=1 ttl=64 time=0.605 ms
64 bytes from 192.168.122.1: icmp_seq=2 ttl=64 time=0.475 ms
64 bytes from 192.168.122.1: icmp_seq=3 ttl=64 time=0.485 ms
64 bytes from 192.168.122.1: icmp_seq=4 ttl=64 time=0.430 ms

--- 192.168.122.1 ping statistics ---
4 packets transmitted, 4 received, 0% packet loss, time 3097ms
rtt min/avg/max/mdev = 0.430/0.498/0.605/0.064 ms
[student@rocky ~]$
```

**Abb. 18.5:** Ping auf das Standard-Gateway

Hier wird ein »ping -c4« verwendet, d.h., es werden Pings verschickt, so wie es unter Windows standardmäßig gemacht wird. Während der Befehl für die Mitgabe von Paketen unter Linux mit ping –s abgesetzt wird, lautet er unter Windows ping –l. Möglich ist es aber bei beiden Systemen.

Anmerkung: Normalerweise dürfen Pakete fragmentiert werden, d.h., dass große Pakete (i.d.R. größer 1500 B (Standard MTU)) problemlos das Gateway passieren und korrekt ankommen. Die Regel hat jedoch Ausnahmen. Beispielsweise können verschlüsselte Pakete (IPSEC) nicht fragmentiert werden. Wenn diese zu groß auf einen Router zukommen und der diese zerstückelt, können diese nicht wieder zusammengesetzt werden! Es ist also wichtig, dass in diesem Fall der VPN-Gateway auf der Netzwerkkarte eine korrekte, kleinere MTU konfiguriert hat. VDSL beispielsweise braucht für die Enkapsulierung von Paketen ein paar Bytes mehr, damit sinkt die MTU auf rund 1470. Mit Ping und der Angabe der Paketgröße können solche Probleme eruiert und anschließend behoben werden.

### 18.2.4 Routenverfolgungsprogramme

Mit der Applikation MTR (My Traceroute) oder Traceroute bzw. Tracert (Windows) kann die Qualität der Verbindung besser gemessen werden als mit einem Ping. Der ganze Weg wird analysiert, d.h., jeder Punkt, an dem das Paket weiter geroutet wird, wird einer Messung unterzogen. So kann man feststellen, wo das Paket überhaupt hingeht. Ein Routing-Loop wird schnell erkannt oder weite Wege, die prinzipiell nicht nötig wären.

MTR stellt eine Messung mit Ping über ein Zeitintervall her. Dies kann beliebig definiert werden, bis abgebrochen wird. Anhand dieser Messung kann festgestellt werden, ob eine Leitung zwischendrin höhere Latenzzeiten aufweist. Dies gibt Aufschluss über Engpässe im Netzwerk.

MTR (und auch Traceroute, siehe folgender Abschnitt) sind sehr nützlich, um zu sehen, wo es im Netzwerk nicht weitergeht, sprich für die Analyse der Routen. Ist es schon mein Standard-Gateway, welches nicht passiert werden kann (»netstat –rn« – der unterste Eintrag) oder klemmt es irgendwo später? Bei welchem Provider?

Neben den Ping-Zeiten (letzte, durchschnittliche, beste und schlechteste Zeit) erhält man den prozentualen Paketverlust der Verbindung. Paketverlust (Packetloss) ist normalerweise ungesund, daher kann es Ursache verschiedener Probleme sein. Packetloss kann von vielen Faktoren beeinflusst sein, von schlechten oder defekten Kabeln und Steckern mit ungenügendem Kontakt bis zu überlasteten Netzwerkkomponenten und Leitungen. Packetloss macht die Netzwerkverbindungen merklich langsamer – Pakete müssen immer wieder neu angefordert werden, was Zeit kostet und die Auslastung steigert.

```
[student@rocky ~]$ mtr -r 1.1.1.1
Start: 2022-09-14T17:39:23+0200
HOST: rocky.educomp.lan             Loss%   Snt   Last    Avg   Best   Wrst  StDev
  1.|-- kaahn2                       0.0%    10    0.3    0.5    0.2    0.8    0.2
  2.|-- _gateway                     0.0%    10    3.5    4.6    3.5    7.1    1.1
  3.|-- ???                        100.0     10    0.0    0.0    0.0    0.0    0.0
  4.|-- ???                        100.0     10    0.0    0.0    0.0    0.0    0.0
  5.|-- 194.230.86.227               0.0%    10   27.2   33.6   27.2   42.8    4.5
  6.|-- ???                        100.0     10    0.0    0.0    0.0    0.0    0.0
  7.|-- zur01pe20.100ge2-0-0.bb.s    0.0%    10   23.8   36.5   23.5   91.5   20.3
  8.|-- as13335.swissix.ch          10.0%    10   32.1   25.6   19.8   33.5    5.1
  9.|-- one.one.one.one              0.0%    10   19.7   36.0   19.7  103.1   24.1
[student@rocky ~]$
```

**Abb. 18.6:** Tracing mit MTR auf die IP-Adresse 1.1.1.1

Traceroute arbeitet ähnlich wie MTR. Es wird festgestellt, wo das Paket genau durchgeht und pro Messpunkt (Hop) werden drei Messungen erstellt. Traceroute (oder Tracert unter Windows) arbeitet allerdings mit UDP-Paketen (im Unterschied zu MTR oder Ping).

Dies kann Probleme verursachen, wenn diese nicht erlaubt sind, sprich durch Paketfilter (Firewall, Router) geblockt werden.

```
[student@rocky ~]$ traceroute 1.1.1.1
traceroute to 1.1.1.1 (1.1.1.1), 30 hops max, 60 byte packets
 1  kaahn2 (192.168.122.1)  0.544 ms  0.469 ms  0.440 ms
 2  _gateway (192.168.43.179)  6.263 ms  6.303 ms  11.080 ms
 3  * * *
 4  * * *
 5  194.230.86.227 (194.230.86.227)  53.111 ms  53.081 ms  53.049 ms
 6  * * *
 7  zur01pe20.100ge2-0-0.bb.sunrise.net (212.161.247.129)  35.295 ms  43.208 ms  43.149 ms
 8  as13335.swissix.ch (91.206.52.192)  43.618 ms  32.074 ms  32.123 ms
 9  one.one.one.one (1.1.1.1)  32.080 ms  26.906 ms  17.984 ms
```

**Abb. 18.7:** Tracing mit Traceroute (ohne Namensauflösung)

Ping-Latenzen sind ein praktisches Indiz, um die Verfügbarkeit von Servern und Leitungen zu messen. Im folgenden Beispiel ist ersichtlich, dass die Webseite in der letzten Woche immer verfügbar war und sich die normalen Ping-Zeiten bei etwa 20 ms bewegen. In der Nacht, wo vermutlich Sicherungen oder Wartungsarbeiten laufen, sind die Zeiten etwas höher und steigen auf etwa 40 ms an. Am Donnerstag gab es einen Peak bei rund 100 ms, dies deutet auf mehr Last im Netz oder beim Provider hin.

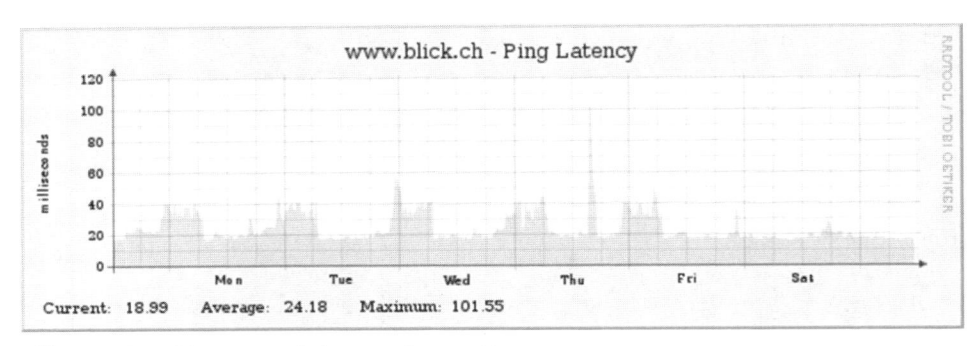

**Abb. 18.8:** Ping-Messung auf einen entfernten Host

Damit wissen Sie jetzt, wie Sie die Qualität einer Leitung oder die Antwortzeit eines Servers messen können. Aber ein Ping sagt eigentlich noch nichts aus über die Verfügbarkeit der Dienste, welche auf dem Server laufen. Wenn alles in Ordnung ist, werden diese wohl schon laufen – sprich, wenn ein Server neu gestartet wird und er danach wieder Antwort auf Ping gibt, geht man davon aus, dass auch die Dienste wieder verfügbar sind. Aber eben damit sind wir schon wieder bei den Annahmen – und dort wollen Sie nicht hin!

Daher muss man die Dienstüberprüfung nicht mit einem Ping abhandeln, sondern mit anderen Tools.

### 18.2.5 Nmap

Nmap ist geeignet, um zu sehen, ob der Server die Ports auch offen hat, hinter welchen er Dienste anbietet. Somit verschafft man sich Klarheit, ob die Dienste auch gestartet wurden. Wenn der Webserver-Task gar nicht starten kann, wird man dies leicht mit Nmap feststellen können. Nun, ist denn auch eine Webseite abrufbar hinter dem Port 80? Erst dies schafft die Gewissheit, dass der Dienst auch korrekt läuft.

Eine automatisierte Serverüberwachung könnte diese Überprüfung sicherstellen. D.h. so viel, dass eine Maschine alle x Minuten den Serverdienst abfragt, um seine Funktionalität zu überprüfen.

Nmap kann mit den Optionen »-sP« einen »Ping-Scan« machen, was für Maschinen sind im Netzwerk verfügbar, kann mit »-sT« einen TCP-Scan machen und mit »-O« gar eine Betriebssystem-Detektierung durchführen. Nmap ist sehr stark und hat enorm viele Optionen.

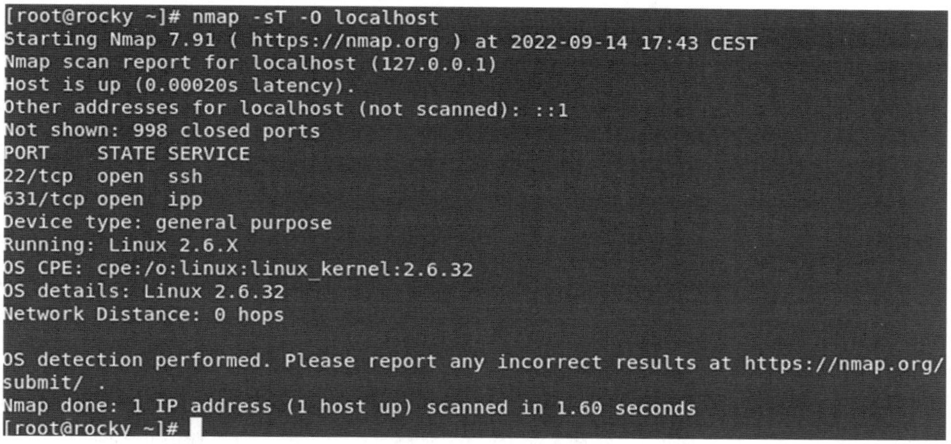

```
[root@rocky ~]# nmap -sT -O localhost
Starting Nmap 7.91 ( https://nmap.org ) at 2022-09-14 17:43 CEST
Nmap scan report for localhost (127.0.0.1)
Host is up (0.00020s latency).
Other addresses for localhost (not scanned): ::1
Not shown: 998 closed ports
PORT     STATE SERVICE
22/tcp   open  ssh
631/tcp  open  ipp
Device type: general purpose
Running: Linux 2.6.X
OS CPE: cpe:/o:linux:linux_kernel:2.6.32
OS details: Linux 2.6.32
Network Distance: 0 hops

OS detection performed. Please report any incorrect results at https://nmap.org/
submit/ .
Nmap done: 1 IP address (1 host up) scanned in 1.60 seconds
[root@rocky ~]#
```

**Abb. 18.9:** Nmap mit OS-Detection auf localhost

### 18.2.6 Nslookup und Kollegen

DNS ist ebenfalls ein gutes Beispiel für den Einsatz weiterer Tools. Es ist möglich, dass der DNS-Server den Port 53/udp oder 53/tcp offen hat, jedoch die Abfragen nicht korrekt behandelt. Um dies zu überprüfen, werden am besten `dig` oder `nslookup` eingesetzt, um die Eingaben inhaltlich zu überprüfen.

Wenn Sie nslookup mit dem gesuchten Servernamen angeben:

`nslookup mitp.de`

wird der Nameserver der angefragten Adresse antworten. Daher ist dies dann auch eine nicht autoritative Antwort.

```
C:\>nslookup mitp.de
Server:   server07.kabera.ch
Address:  192.168.2.37

Name:     mitp.de
Address:  62.24.24.10

C:\>
```

**Abb. 18.10:** Überprüfung von Nameserver-Antworten mit nslookup

Im interaktiven Modus rufen Sie das Kommando zuerst auf und nehmen Verbindung mit dem gewünschten DNS-Server auf. Anschließend können Sie mit verschiedenen Optionen und Parametern arbeiten. So lassen sich nicht nur IP-Adressen von Webservern erfragen, sondern auch Mailserver und weitere Dienste.

**Kapitel 18**
Troubleshooting in der Praxis

```
V:\>nslookup
Standardserver:  server07.kabera.ch
Address:   192.168.2.37
> set domain=educomp.ch
> mail
Server:    server07.kabera.ch
Address:   192.168.2.37

Nicht autorisierte Antwort:
Name:     mail.educomp.ch
Address:  194.209.78.137

> exit
V:\>
```

**Abb. 18.11:** nslookup im interaktiven Modus gestartet

In oben stehendem Beispiel sehen Sie, wie »nslookup« zuerst im interaktiven Modus gestartet, anschließend der Standardserver geändert und danach nach dem Mailserver dieser Domäne gefragt wird.

Mit Exit können Sie den interaktiven Modus wieder verlassen.

Unter Linux und MacOS existiert als modernere Entwicklung auch das Programm DIG (Domain Information Groper) (oder aber auch englisch »dig«, graben im DNS). Bei einer Abfrage mit DIG erhält man mehr Informationen als beim einfacheren »nslookup«. Speziell bei DIG ist, dass die Abfrage bzw. Antwort gleich so daherkommt, wie die Zonen-Dateien für Nameserver die Records gespeichert haben.

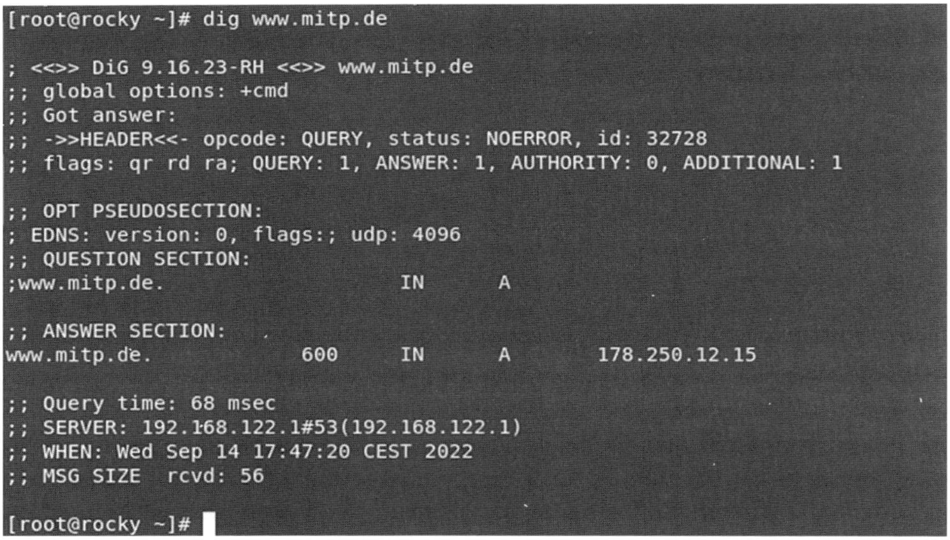

```
[root@rocky ~]# dig www.mitp.de

; <<>> DiG 9.16.23-RH <<>> www.mitp.de
;; global options: +cmd
;; Got answer:
;; ->>HEADER<<- opcode: QUERY, status: NOERROR, id: 32728
;; flags: qr rd ra; QUERY: 1, ANSWER: 1, AUTHORITY: 0, ADDITIONAL: 1

;; OPT PSEUDOSECTION:
; EDNS: version: 0, flags:; udp: 4096
;; QUESTION SECTION:
;www.mitp.de.                   IN      A

;; ANSWER SECTION:
www.mitp.de.            600     IN      A       178.250.12.15

;; Query time: 68 msec
;; SERVER: 192.168.122.1#53(192.168.122.1)
;; WHEN: Wed Sep 14 17:47:20 CEST 2022
;; MSG SIZE  rcvd: 56

[root@rocky ~]#
```

**Abb. 18.12:** DIG auf den A-Record von www.mitp.de

Das einfachste Tool, auch gut geeignet für Skripts, ist »host«.

```
[root@rocky ~]# host www.mitp.de
www.mitp.de has address 178.250.12.15
```

**Abb. 18.13:** Host auf www.mitp.de

Host kann auch IP zum Namen auflösen, also eigentlich fast gleich viel wie »nslookup«.

DNS-Probleme können als Ursprung aber auch Fehleinstellungen im alten Host-File haben oder falsche Parameter, welche durch den DHCP-Server mitgeteilt werden. Überprüfen Sie daher auch diese Möglichkeiten.

### 18.2.7 nbtstat

nbtstat ist ein hilfreiches Dienstprogramm zur Fehlerbehebung bei Problemen bezüglich der NetBIOS-Namensauswertung. Wenn das Netzwerk normal funktioniert, löst NetBIOS über TCP/IP (NetBT) die NetBIOS-Namen in IP-Adressen auf. Dabei werden unter anderem ein lokaler Cache, Anfragen an vorhandene WINS-Server oder die Suche in LMHOSTS und DNS-Abfragen eingesetzt. Der NetBIOS-Namenscache enthält die NetBIOS-Namen, die kürzlich von diesem Computer aufgelöst wurden, und die Suchergebnisse. Diese Art der Auflösung ist sehr schnell, aber auf die Namen im Cache limitiert.

Mit nbtstat können die Einträge der Verbindungen und des Cache angezeigt und nötigenfalls berichtigt werden.

- nbtstat -n zeigt Namen an, die von Anwendungen wie beispielsweise Server und Redirector lokal im System registriert worden sind. Dabei können Sie aufgrund der unterschiedlichen Dienste, welche registriert werden, einen Computernamen auch mehrere Male sehen. So sehen Sie z.B. in Abbildung 20.8 den NetBIOS-Namen SERVER09 einmal als Arbeitsstation (<00>) und einmal als Dateidienst (<20>) registriert.

- nbtstat -c zeigt den NetBIOS-Namen-Cache an, in dem Adresszuordnungen für andere Computer enthalten sind.

- nbtstat -R lädt die Datei LMHOSTS neu, nachdem alle Namen aus dem Net-BIOS-Namen-Cache geräumt wurden.

- nbtstat -a <Name> führt einen NetBIOS-Adapterstatusbefehl gegen den mit Name angegebenen Computer aus. Der Adapterstatusbefehl bewirkt die Rückgabe der lokalen NetBIOS-Namenstabelle des betreffenden Computers und der MAC-Adresse der Netzwerkadapterkarte.

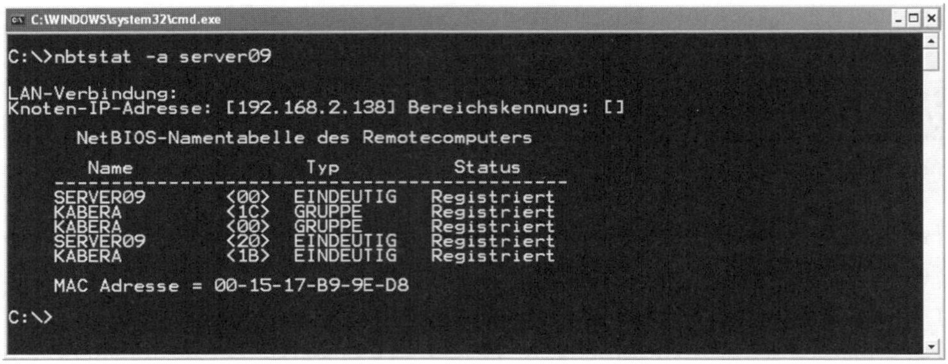

```
C:\>nbtstat -a server09

LAN-Verbindung:
Knoten-IP-Adresse: [192.168.2.138] Bereichskennung: []

    NetBIOS-Namentabelle des Remotecomputers

       Name              Typ         Status
    ---------------------------------------------
    SERVER09         <00>  EINDEUTIG  Registriert
    KABERA           <1C>  GRUPPE     Registriert
    KABERA           <00>  GRUPPE     Registriert
    SERVER09         <20>  EINDEUTIG  Registriert
    KABERA           <1B>  EINDEUTIG  Registriert

    MAC Adresse = 00-15-17-B9-9E-D8

C:\>
```

**Abb. 18.14:** Ausgabe des Kommandos nbtstat -a für den Rechner Server09

### 18.2.8 net use

net use ist der am häufigsten eingesetzte NET-Befehl. Er wird verwendet, um eine Ressource, z.B. einen Server oder ein Laufwerk, mit dem lokalen Rechner zu verbinden. Der einfache Befehl net use zeigt an, welche Verzeichnisse und Ressourcen zurzeit mit dem lokalen Rechner verbunden sind.

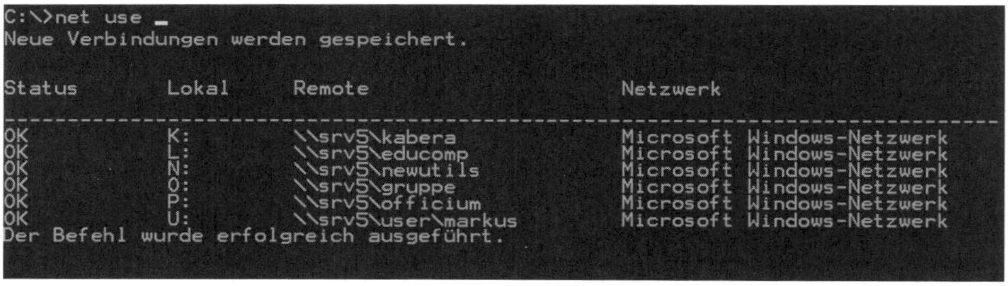

```
C:\>net use
Neue Verbindungen werden gespeichert.

Status    Lokal    Remote              Netzwerk
-------------------------------------------------------------------
OK        K:       \\srv5\kabera       Microsoft Windows-Netzwerk
OK        L:       \\srv5\educomp      Microsoft Windows-Netzwerk
OK        N:       \\srv5\newutils     Microsoft Windows-Netzwerk
OK        O:       \\srv5\gruppe       Microsoft Windows-Netzwerk
OK        P:       \\srv5\officium     Microsoft Windows-Netzwerk
OK        U:       \\srv5\user\markus  Microsoft Windows-Netzwerk
Der Befehl wurde erfolgreich ausgeführt.
```

**Abb. 18.15:** Die Ausgabe des Befehls *net use*

Der Befehl net use t: \\server01\daten bindet von Server01 den Freigabeordner *Daten* als lokales Laufwerk T: ein.

Die Syntax zum Verbinden von Ressourcen lautet demnach:

net use laufwerk: \\rechnername\ordnername

Mit dem Optionsschalter /delete lösen Sie diese Verbindung wieder auf:

net use laufwerk: /delete       Löst das angesprochene Laufwerk

net use */delete /y             Löst alle verbundenen Laufwerke

Es gibt noch mehr interessante Befehle:

| `net use * /home` | Verbindet das nächste freie Laufwerk mit dem %homeshare% des Benutzers |
| `net use t: \\srv1\data /Persistent: NO` | Erstellt eine Verbindung, die bei der nächsten Anmeldung wieder gelöst wird |

### 18.2.9 smbclient

Der »smbclient« unter Linux eignet sich, um Netzwerk-Shares von Samba oder Windows zu testen.

```
$ smbclient -L servername -U username@hostname
```

zeigt alle Freigaben und weitere Informationen an.

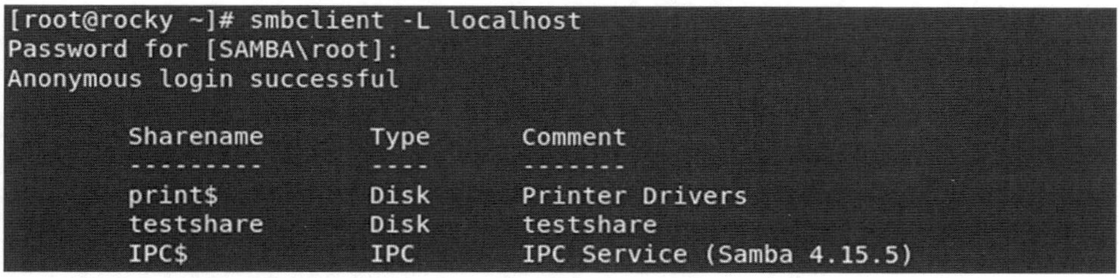

```
[root@rocky ~]# smbclient -L localhost
Password for [SAMBA\root]:
Anonymous login successful

        Sharename       Type      Comment
        ---------       ----      -------
        print$          Disk      Printer Drivers
        testshare       Disk      testshare
        IPC$            IPC       IPC Service (Samba 4.15.5)
```

**Abb. 18.16:** smbclient auf localhost

Wenn bei »smbclient« kein Benutzername angegeben wird, dann nimmt er den lokalen (hier root), mit enter, ohne Passworteingabe, wird dann auf den »guest«- oder »anonymous«-User gewechselt. Mit

```
$ smbclient //servername/sharename -U username@hostname
```

kann wie bei einem ftp-Client auf den Samba-/Windows-Server Share zugegriffen werden. Cd, um in Verzeichnisse zu wechseln, put und get, um Dateien hoch- oder runterzuladen. So kann man verifizieren, ob das Passwort stimmt und die Zugriffsrechte so gesetzt sind, wie man das haben möchte.

## 18.3 Lokale Fehlersuche am Server

Nun haben Sie sich also mit den ersten beiden Abgrenzungen, dem Client und dem Netzwerk, befasst. Wenn das Problem aber nicht am Netzwerk und den Client-Maschinen liegt, gibt es ein Problem mit dem Server. Auf dem Server selbst kann die Hardware einen Strich durch die Rechnung machen oder die Software Probleme verursachen.

Wenn die Hardware so weit funktioniert, dass das BIOS durchgestartet wird, die Platten erkannt werden und der Bootloader erscheint, hat man in der Regel gewonnen, d.h., das Betriebssystem wird aufstarten. Natürlich können auftretende Fehler immer noch von der Hardware verursacht werden, doch startet das System dann zumindest, was die Fehlersuche vereinfacht.

### 18.3.1 Vorbereitung

Bevor Sie an der Hardware arbeiten, bereiten Sie sich entsprechend sorgfältig vor. Lesen Sie die Installationshandbücher und Bedienungsanleitungen durch. Fehlen diese Unterlagen, besorgen Sie sich die entsprechenden Dokumente. Viele Hersteller bieten dazu Hilfe auf ihren Internetseiten, wo Handbücher und Anleitungen zur Verfügung stehen.

Sie besorgen sich zudem alle verfügbaren Dokumentationen zur aktuell vorhandenen Konfiguration inklusive einer Inventarliste, aus welcher ersichtlich ist, was genau in diesem System alles vorhanden ist.

Zum anderen stellen Sie sicher, dass Sie über die Treiberkonfiguration und bestehende Systemeinstellungen so weit wie möglich im Bild sind. Dazu gehört auch, dass eventuelle BIOS-Konfigurationseinstellungen bekannt und zugänglich sind. Dies verhindert spätere Überraschungen.

Komponenten, welche Sie einbauen möchten, müssen inklusive Dokumentation, Treiber und sämtliche Kabel und Anschlüsse vollständig vorhanden sein. Nur so ist überhaupt ein professioneller Umbau vorzunehmen. Bereiten Sie alles immer vor, sodass Sie während der Arbeit keine Unordnung erzeugen.

Sorgen Sie bei einer Reparatur oder einem Umbau von Hardware dafür, dass Sie über einen eingerichteten Arbeitsplatz und das notwendige Werkzeug verfügen. Ein Techniker repariert keinen Server mit Taschenmesser und Klebeband! Stattdessen haben Sie für elektronische Arbeiten geeignete Schraubendreher, Pinzette, Kleinzange und möglicherweise einen magnetischen Verlängerungsstab zur Hand, um Schrauben oder metallische Kleinteile aus dem Gehäuse zu entfernen. Für die Messung elektrischer Ströme verfügen Sie zudem über ein Multimeter.

Elektronische Bauteile wie Arbeitsspeicher, Festplattenlaufwerke oder DVD-Laufwerke müssen zur Aufrechterhaltung der Antistatik in entsprechenden Beuteln und Behältern aufbewahrt werden.

Bewahren Sie Schrauben und Zubehörteile während einer Umrüstung oder Reparatur in separaten Behältnissen auf. Machen Sie auf diesen Behältnissen Notizen, damit Sie sicher wieder alles korrekt montieren können. Achten Sie zudem immer auf eine sachgerechte Montage und Demontage – Gewalt ist selten der richtige Ansatz.

Nicht mehr benötigte Bauteile entsorgen Sie anschließend fachgerecht.

### 18.3.2 Startprobleme der Hardware

Wenn der Power-Knopf gedrückt wurde und es geschieht nicht viel, muss wohl die Hardware genauer angesehen werden. Vom Netzkabel, das ausgesteckt worden ist, über ein defektes Netzteil (oder die USV?) bis hin zu einem Schaden auf dem Mainboard gibt es hier verschiedene Möglichkeiten. Und gemäß unserem Grundsatz »Vom Einfachen zum Komplizierten« werden Sie zuerst das Netzkabel und die Leistung der USV überprüfen, bevor Sie »eben mal« das Mainboard austauschen!

Wenn die Maschine startet und das BIOS geladen wird, kann die nächste Problemstellung im Zusammenspiel mit eingesteckten und verbundenen Karten und Geräten bestehen. Arbeitsspeicher muss richtig eingebaut sein, alle Karten müssen »sitzen« und Laufwerke korrekt angeschlossen sein. Der Master-/Slave-Betrieb bei IDE muss korrekt konfiguriert und SCSI-IDs ohne Konflikte vergeben sein. Auch die Terminierungen müssen korrekt gesteckt bzw. konfiguriert sein.

Oftmals geben Controller oder das BIOS hier bereits erste Hinweise, wenn etwas nicht stimmt, z.B. durch Fehlercodes oder entsprechende Pfeif- und Piepstöne. Überprüfen Sie solche Meldungen anhand der Herstellerangaben sorgfältig – damit finden Sie den Fehler meistens rasch und können ihn beheben.

### 18.3.3 Start-Skripts als Problemquelle

Ein weiteres mögliches Problem kann sein, dass ein selbst geschriebenes Startup-Skript fehlerhaft ist. Je nach Fehler bleibt die Maschine bei dessen Ausführung »hängen« und macht nicht mehr weiter. Am einfachsten behebt man diesen Fehler, indem man in den Single User Mode (Runlevel 1) startet (bzw. unter Windows im abgesicherten Modus) und den Fehler dort behebt oder das Skript von der Startkonfiguration erst mal entfernt. Eigentlich sollte ja dieser Fehler nicht auftreten, da Sie alle Ihre Skripts zuerst testen!

## 18.4 Startprozess und Startprobleme

### 18.4.1 Die Übersicht über den Startprozess

Bei Aufstarten des Betriebssystems werden erst die hardwarespezifischen Initialisierungen und Überprüfungen ausgeführt. Dabei unterscheiden sich die Prozesse zwischen dem früher hauptsächlich verwendeten BIOS-Start (Basic Input Output System) vom moderneren, heute immer häufiger verwendeten EFI-/UEFI-Verfahren.

Der BIOS-Prozess wurde in den späteren 1970er-Jahren für die X86-Prozessoren entwickelt und hat sich bei Rechnern mit x86er-Architektur zum Teil bis heute gehalten, auch wenn seit 2014 hauptsächlich UEFI verwendet wird. Die für den Startprozess notwendigen Informationen werden in einem nichtflüchtigen Speicher auf dem Mainboard abgelegt und beim Einschalten des Stroms ausgeführt.

EFI (Enhanced Firmware Interface) wurde entwickelt, um die Probleme zu lösen, welche sich durch Verwendung des BIOS bei neuerer Hardware, insbesondere bei 64-Bit-Architekturen ergaben. Mit der Entwicklung von EFI wurde 1998 unter der Führung von Intel begonnen, 2005 wurde die Basis auf weitere Hardware-Hersteller ausgeweitet und der Begriff Unified EFI eingeführt.

Beide Prozessvarianten initialisieren nach dem Abschluss der prozessspezifischen Aufgaben den Bootloader, eine Software-Komponente auf der Startpartition der Festplatte.

Der Bootloader wird in der Regel vom Hersteller des Betriebssystems geliefert, sollte aber in der Lage sein, auch nicht von diesem Hersteller gelieferte Betriebssysteme starten zu können, vor allem bei Dual- oder Mehrfach-Bootsystemen. In der Regel kommen die neueren Bootloader mit den älteren Betriebssystemen besser zurecht als umgekehrt, es empfiehlt sich also, erst das neuere Betriebssystem zu installieren.

### 18.4.2 Startprozess mit NTLDR

Der NT-Loader (NTLDR) liegt im Stammverzeichnis der Startpartition, in vielen Fällen wird das dieselbe Partition sein wie die Boot-Partition, also im Pfad Laufwerk C:\.

Nach einigen hardwareabhängigen Initialisierungen liest der NTLDR die textbasierte Datei Boot.ini.

```
[boot loader]
timeout=30
default=multi(0)disk(0)rdisk(0)partition(1)\Windows
[operating systems]
multi(0)disk(0)rdisk(0)partition(1)\Windows="Windows"
multi(0)disk(0)rdisk(0)partition(1)\Windows="Safe" /SAFEBOOT:MINIMAL
multi(0)disk(0)rdisk(0)partition(1)\WinSrv="Windows Server"
```

Die Boot.ini beinhaltet folgende Informationen:

Das standardmäßig zu startende Betriebssystem und wie lange auf eine Betriebssystemauswahl (default) gewartet werden soll. Nach dieser Zeit (timeout) wird das Standardbetriebssystem gestartet.

Über die Einträge mit einem ARC-Pfad (Advanced RISC Computing) werden die verschiedenen Betriebssysteme definiert, eventuell mit Startparametern.

Der ARC-Pfad definiert die Nummer und den Typ des Festplattencontrollers (IDE oder SCSI), die Nummer der Disk am Controller, die Nummer der Partition auf der Disk und den Pfad im Stammverzeichnis.

Zusätzlich können noch Startparameter wie /SAFEBOOT oder /BASEVIDEO oder /BOOTLOG definiert werden.

### 18.4.3 Startprozess mit BOOTMGR

Mit dem Server 2008 (OS Version 6.0) hat Microsoft den alten Bootloader durch den Bootmanager Bootmgr ersetzt. Der Bootmgr unterstützt sowohl den BIOS- als auch den UEFI-Startprozess.

Die bootmgr-Datei befindet sich im Stammverzeichnis der Startpartition, ebenfalls in der Startpartition befindet sich als \boot\BCD der Boot Configuration Data Store (BCD). Im Gegensatz zur Boot.ini ist dies aber keine Textdatei mehr, sondern eine binäre Datei, sie lässt sich somit nicht mit einem Texteditor bearbeiten. Zur Bearbeitung wird das Eingabezeilenkommando BCDedit.exe (Boot Configuration Data Editor) verwendet.

```
Windows-Start-Manager
--------------------
Bezeichner              {bootmgr}
device                  unknown
description             Windows Boot Manager
locale                  de-DE
inherit                 {globalsettings}
default                 {current}
resumeobject            {c4785bc8-7fbb-11e0-b625-b63e1183fe18}
displayorder            {c4785bc9-7fbb-11e0-b625-b63e1183fe18}
                        {current}
toolsdisplayorder       {memdiag}
timeout                 30
Windows-Startladeprogramm
-------------------------
Bezeichner              {c4785bc9-7fbb-11e0-b625-b63e1183fe18}
device                  unknown
path                    \Windows\system32\winload.exe
```

```
    description             Windows Server 2016 R2
    locale                  de-DE
    inherit                 {bootloadersettings}
    recoverysequence        {c4785bca-7fbb-11e0-b625-b63e1183fe18}
    recoveryenabled         Yes
    osdevice                partition=D:
    systemroot              \Windows
    resumeobject            {c4785bc8-7fbb-11e0-b625-b63e1183fe18}
    nx                      OptIn
Windows-Startladeprogramm
-------------------------
    Bezeichner              {current}
    device                  partition=C:
    path                    \Windows\system32\winload.exe
    description             Windows Server 2019
    locale                  de-DE
    inherit                 {bootloadersettings}
    recoverysequence        {c4785bca-7fbb-11e0-b625-b63e1183fe18}
    recoveryenabled         Yes
    osdevice                partition=C:
    systemroot              \Windows
    resumeobject            {c4785bc8-7fbb-11e0-b625-b63e1183fe18}
    nx                      OptIn
```

Mittels `bcdedit /enum` kann der Inhalt des BCD-Speichers angezeigt werden.

Einer der auffallendsten Unterschiede dürfte darin liegen, dass die Betriebssysteme im BCD über eine GUID (Global Unique ID) und nicht mehr über einen ARC-Pfad identifiziert werden.

Der BCD-Speicher beinhaltet unter anderem folgende Informationen:

- Start-Wartezeit (timeout)
- Eingabesprache für den Startprozess (locale)
- Die Anzeigereihenfolge (displayorder)
- Standardbetriebssystem (default)

Für jedes Betriebssystem werden folgende Informationen verwaltet:

- GUID des jeweiligen Betriebssystems

- Speicherpartition Windows-Loader (device)
- Speicherverzeichnis Windows-Loader (path)
- Im Startmenü angezeigte Bezeichnung (description)
- Speicherpartition Betriebssystem (osdevice)
- Speicherverzeichnis Betriebssystem (systemroot)

Der BCD-Startspeicher bietet zusätzlich folgende Möglichkeiten:

- Secure Boot; beschränkt das Starten auf signierte OS-Loader
- Unterstützung der GUID Partition Table als Nachfolger
- PXE (Preboot Execution Environment), Netzwerkstartumgebung
- Hochauflösende Grafik während des Startprozesses
- Erweiterbarkeit, z.B. für DRM (Digital Rights Management)

## 18.5 Performance-Probleme

Performance-Probleme sind sehr vielschichtig und können von diversen Faktoren herrühren. Sicherlich ist es sinnvoll, wenn die Auslastung eines Servers gemessen wird. Auch hier eignet sich ein System wie MRTG, RRD bzw. Cacti sehr gut. In der Abbildung sieht man die Monatsstatistik.

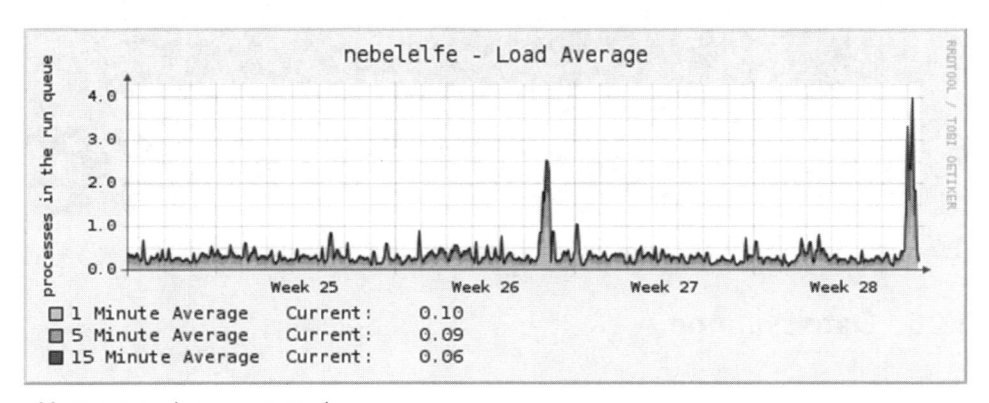

**Abb. 18.17:** Auslastungsstatistik

Die Auslastung ist hier relativ niedrig, außer zwei größere Spitzen, Letztere hat eine fast maximale Auslastung von 4 erreicht. Dies ist nicht weiter tragisch – ein Load von 4 heißt, es können vier Prozessoren ausgelastet werden. Bei einem Dual-Core- oder zwei CPU-Systemen entspricht dies einem Load von 200 %, bei einem herkömmlichen Single-Prozessor-System einer Auslastung von 400 %. Auf kurze Dauer macht dies nicht viel, wenn dieser Wert jedoch über Stunden nicht herunterkommt, dann hat man Performance-Probleme.

Die Auslastung (Load) kann klassisch von Prozessen stammen, welche viel Rechen-Power brauchen. Dies ist der normale und auch oft zu erwartende Fall. In diesem Fall muss verifiziert werden, welche Prozesse so viel Last generieren und ob dies nötig ist. Vielleicht handelt es sich nur um eine kurzfristige Geschichte, ein Benutzer kompiliert etwas oder Ähnliches.

Der andere Fall, der eintreffen kann und die Last in die Höhe bringt, ist viel I/O-Verkehr, beispielsweise viele Prozesse, welche auf der Harddisk schreiben und lesen wollen. Dies lässt andere Prozesse auf Diskzugriffe warten, und der sogenannte I/O Wait geht hinauf. Dieser Wert ist ersichtlich im Kommando top.

```
top - 07:43:45 up 41 min,  2 users,  load average: 0.18, 0.19, 0.17
Tasks:  82 total,   1 running,  81 sleeping,   0 stopped,   0 zombie
Cpu(s):  0.5%us,  0.8%sy,  0.0%ni, 97.8%id,  0.3%wa,  0.2%hi,  0.3%si,  0.0%st
Mem:   2065876k total,  1402736k used,   663140k free,    11468k buffers
Swap:  1004052k total,        0k used,  1004052k free,  1168016k cached

  PID USER      PR  NI  VIRT  RES  SHR S %CPU %MEM    TIME+  COMMAND
 7816 eis        5 -10  736m 659m 650m S    1 32.7   3:24.71 vmware-vmx
 6939 root      15   0  303m  29m 7764 S    1  1.4   0:35.11 X
 7511 eis       15   0  9012 6452  488 S    1  0.3   0:11.44 wineserver
 7515 eis       16   0  138m  47m  25m S    1  2.3   0:14.03 wineloader
 8259 eis       15   0  2260 1108  848 R    0  0.1   0:00.02 top
    1 root      15   0  1592  544  476 S    0  0.0   0:00.48 init
    2 root      RT   0     0    0    0 S    0  0.0   0:00.00 migration/0
    3 root      34  19     0    0    0 S    0  0.0   0:00.00 ksoftirqd/0
    4 root      RT   0     0    0    0 S    0  0.0   0:00.00 migration/1
    5 root      34  19     0    0    0 S    0  0.0   0:00.00 ksoftirqd/1
    6 root      10  -5     0    0    0 S    0  0.0   0:00.13 events/0
    7 root      10  -5     0    0    0 S    0  0.0   0:00.00 events/1
    8 root      10  -5     0    0    0 S    0  0.0   0:00.00 khelper
    9 root      10  -5     0    0    0 S    0  0.0   0:00.00 kthread
   60 root      10  -5     0    0    0 S    0  0.0   0:00.00 kblockd/0
   61 root      10  -5     0    0    0 S    0  0.0   0:00.00 kblockd/1
   62 root      20  -5     0    0    0 S    0  0.0   0:00.00 kacpid
```

**Abb. 18.18:** Abb 18.18: Steigende Auslastung bedeutet mehr Wartezeiten (I/O Wait).

## 18.6 Dateisysteme

Auch ein Dateisystem kann Probleme verursachen:

```
??????????  ? ?    ?         ?          ? mail
??????????  ? ?    ?         ?          ? mail-errors
??????????  ? ?    ?         ?          ? mail_old
??????????  ? ?    ?         ?          ? make.conf
```

**Abb. 18.19:** Zerstörte Dateistruktur auf einem ext3-Dateisystem

Damit es nicht so weit kommt, gibt es die Möglichkeit, die Dateistruktur zu überprüfen. Wenn etwa ein Dateisystem beim letzten Neustart nicht korrekt heruntergefahren wurde oder der letzte Check schon sehr lange her ist, kann eine Überprüfung des Dateisystems nötig werden.

Sowohl Windows wie Linux stellen dafür Bordmittel zur Verfügung, um einen Systemcheck des Dateisystems manuell durchzuführen und eventuelle Fehler zu beheben.

Unter Linux ist es wichtig zu wissen, dass dies nie auf montierte Filesysteme angewendet werden darf, ansonsten kann es noch größere Inkonsistenzen geben als zuvor. Wenn im laufenden Betrieb Probleme auftauchen und ein Filesystem-Check unvermeidlich wird, sollte in den Single User Mode gewechselt und dort der Check initiiert werden. Dies hat dann zur Folge, dass alle Netzwerkverbindungen gekappt werden und Dienste heruntergefahren sind – und damit keine Zugriffe von außen erfolgen können während der Überprüfung.

Wenn die Filesysteme eines Servers beim Start montiert werden, wird verifiziert, ob der letzte Shutdown bzw. das Demontieren der Filesysteme vollzogen worden ist oder nicht. Wenn die Partitionen nicht korrekt demontiert wurden, wird automatisch ein Filesystemcheck gestartet. Je nach Konfiguration der Dateisysteme bzw. der Partitionen wird aber auch nach dem »x-ten« Mal Montieren oder nach Verstreichen einer bestimmten Zeit ohne Dateisystemverifizierung forciert geprüft.

Diesen beiden Schranken muss Beachtung geschenkt werden! Falls es plötzlich erforderlich ist, einen Fileserver neu zu starten, und dieser ausgerechnet zu diesem Zeitpunkt seine Anzahl Montierungen oder das Zeitintervall erreicht hat und die Partition mit mehreren Terabyte beim Starten verifiziert, kann dies sehr lange dauern. Tipp: Mit `"tune2fs -l"` kann ausgelesen werden, wann wieder geprüft wird.

Die Dateisystemverifizierung prüft nicht etwa die Inhalte von Dateien, sondern verifiziert, ob die internen Strukturen im Filesystem korrekt sind. Das kann grundsätzlich bedeuten, dass korrupte Dateien (oder Verzeichnisse) wiederhergestellt werden könnten. Aber dies ist eher unwahrscheinlich – die Datei sieht vom Dateisystem her »korrekt aus«, weist aber inhaltliche Fehler auf.

Beispielsweise wird geprüft, ob auch jedes File einen Verzeichniseintrag hat. Falls dies nicht zutrifft und das Dateisystem damit den Ordner nicht bestimmen kann, wird dieses File ins Verzeichnis »lost+found« verschoben.

Falls das Filesystem gravierende Fehler aufweist, wird sogar interaktiv zum Bestätigen der Änderungen aufgefordert.

Der Befehl »ext2fsck« oder nur »fsck« leitet die Verifizierung des Filesystems ein. Dazu mehr weiter unten. Aber Achtung: Man sollte nie einen »fsck« über gemountete Filesysteme oder auch nur als read-only gemountete Filesysteme laufen lassen. Dies kann gravierende Folgen haben!

Mit dem Kommando »badblocks« kann nach defekten Blöcken im Filesystem gesucht werden, das ist praktisch das Gleiche wie »fsck -c«, nur dass beim fsck diese Blöcke gleich markiert, d.h. stillgelegt werden.

```
# badblocks -v /dev/sda3
Checking blocks 0 to 1020127
Checking for bad blocks (read-only test): done
Pass completed, 0 bad blocks found.
#
```

**Abb. 18.20:** Badblocks überprüfen

## 18.7 Datenträger – sicher halten, sicher löschen

Gerade im Zusammenhang mit der bereits angesprochenen Sicherheitslage ist es wichtig, dass nicht erst »nach« einem Problem oder Angriff gehandelt wird, sondern schon vorher alle relevanten Sicherheitsmaßnahmen getroffen werden. Dazu gehört auch die Behandlung von Datenträgern, egal ob Disks, SSDs oder Bänder.

### 18.7.1 Datenträger verschlüsseln

Eine wichtige Möglichkeit, Daten sicher zu halten, besteht in der verschlüsselten Speicherung dieser Daten. Zum einen bieten hier Betriebssysteme die Möglichkeit der Verschlüsselung an (z.B. EFS von Microsoft), zum anderen können die Datenträger auch ohne Umweg über ein Betriebssystem direkt verschlüsselt werden (Full Drive Encryption).

Eine wichtige Maßnahme ist daher die vollständige Verschlüsselung des Geräts mit einem korrekt implementierten Verschlüsselungsverfahren. Zumindest sollte eine getestete und bewährte Verschlüsselung wie AES zum Einsatz kommen, welche die Daten mit mindestens 128-Bit-Schlüssellänge, besser allerdings mit einer 256-Bit-Schlüssellänge verschlüsselt. Auf die vollständige Implementierung der Verschlüsselung durch den Gerätehersteller ist besonders Wert zu legen. Gerade bei Servern ist auf eine perfekte Unterstützung zu achten, sonst können sehr viele Daten verloren gehen. Unter Umständen werden Daten auf dem internen Datenträger korrekt verschlüsselt, die auf dem externen Speicher abgelegten Daten jedoch nicht.

Das gilt übrigens auch für Wechselmedien, die im Serverraum zum Einsatz kommen, seien es RDX oder Bänder. Auch hier besteht die Möglichkeit, diese zu verschlüsseln, meist hierbei nicht »Full Disk«, sondern durch die Software, d.h., das Sicherungsprogramm verschlüsselt die Daten während der Datensicherung beim Überspielen auf das Band oder die RDX-Disk.

## 18.7.2 Sicheres Löschen

Wenn schon von der sicheren Datenhaltung die Rede ist, soll zum Schluss dieses Kapitels auch die sichere Datenvernichtung nicht vergessen werden.

Wenn Systeme nicht mehr benötigt werden, werden sie dekommissioniert und außer Betrieb genommen. Dadurch wird das System selber geordnet aus den Betriebsabläufen, den Datensicherungszyklen, den Disaster-Recovery-Plänen etc. entfernt.

Doch die Daten, die sind immer noch drauf. Und eine saubere Dekommissionierung enthält darum auch einen Plan, wie die Daten selber sicher vernichtet werden.

Ein Weg ist die physische Vernichtung des Systems, zumindest aber der enthaltenen Datenträger. Eine sichere Entsorgung ist ein metallischer Reißwolf, die elektronische Zerstörung (dazu gehört Formatieren nicht!) oder die Zerstörung durch Walzen.

Ein anderer Ansatz ist das Refurbishment, d.h. die Wiederaufbereitung von Systemen und Datenträgern. Dies ist aber a) nur beim Einsatz von nicht geheimen Datenträgern oder Systemen in Betracht zu ziehen und erfordert b) einen erhöhten Aufwand, da durch das sichere Löschen (Safe Erase, Soft Wipe) eine Software zum Einsatz kommt, welche den Datenträger nach der Formatierung mehrfach mit Zufallsdaten überschreibt, bis er eine der folgenden Normen zur Datenlöschung einhält:

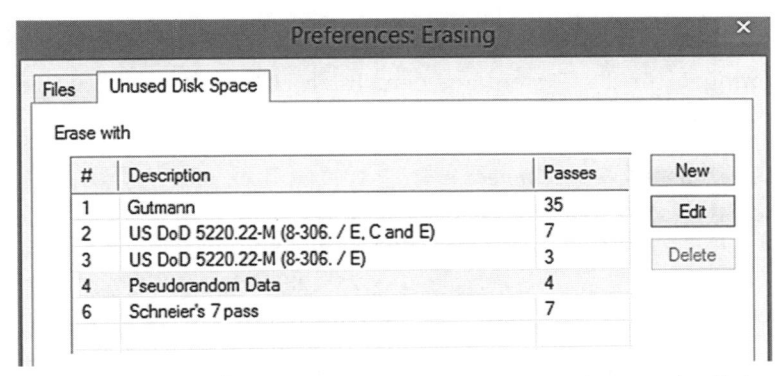

**Abb. 18.21:** Sicheres Überschreiben von Datenträgern nach unterschiedlichen Standards

Unter Linux bieten sich zwei Methoden an, sicher Daten zu löschen. Aber Achtung, es muss zwingend das richtige Gerät angegeben werden, sonst sind dann die falschen Daten weg! Falls das System eine Platte hat oder man einfach alle Datenträger dieses Systems löschen möchte, dann kann mit einer SystemRescueCD (bzw. Stick) gestartet werden.

Mehrmaliges Überschreiben des Datenträgers erfolgt mit dem Tool »dd« (siehe oben). Angenommen, »/dev/sdb« ist der USB-Stick oder eine Festplatte, die gelöscht werden sollte:

```
# dd if=/dev/zero of=/dev/sdb status=progress
```

Mit diesem Befehl wird die Platte mit Nullen überschrieben. Dieser Vorgang sollte mehrere Male (10) wiederholt werden.

```
# i=1; while [ "$i" -le 10 ]; do dd if=/dev/zero of=/dev/sdb status=progress; let i=i+1; done
```

Die »komfortablere« Variante ist das Tool »shred«:

```
[root@rocky ~]# shred -v -n 10 /dev/sdb
shred: /dev/sdb: pass 1/10 (random)...
shred: /dev/sdb: pass 1/10 (random)...26MiB/7.5GiB 0%
```

**Abb. 18.22:** Löschen mit shred

»Shred« nimmt nicht Nullen, sondern nutzt ein »random-Zeichen«. Hier im Beispiel, mit »-n 10«, wird zehnmal überschrieben.

## 18.8 Fragen zu diesem Kapitel

1. Die Technikerin überprüft einen Server, der nicht in der Lage ist, die benötigten Aktualisierungen für das System aus dem Internet herunterzuladen. Sie sieht folgende Angaben in der Konfiguration:

   ```
   Ethernet Adapter Local Area Connection:
   Verbindungsspezifisches DNS Suffix . : mitp.de
   IPv4 Adresse . . . . . . . . . . : 192.168.168.20
   Subnet Mask. . . . . . . . . . . : 255.255.255.128
   Default Gateway. . . . . . . . . : 192.168.168.128
   ```

   Wo liegt der Grund dafür, dass der Server keine Verbindung zum Internet aufbauen kann?

   A) Ungültige IP-Adresse

   B) Ungültige Subnetzmaske

   C) Ungültige Gateway-Adresse

   D) Ungültig konfiguriertes DNS-Suffix

2. Mehrere Benutzer haben Probleme, den Intranetserver der Firma zu erreichen, der sich INTSRV1 nennt. Die Technikerin versucht, den Server anzupingen und erhält folgende Meldung als Ausgabe:

   C:\> ping INTSRV1

   INTSRV1 Zeitüberschreitung der Anforderung

   Was muss die Technikerin als Nächstes tun?

   A) Den Server mit Tracert INTSRV1 ansprechen, um zu sehen, wo das Problem liegt

   B) Den Server INTSRV1 rebooten, da er nicht erreichbar ist

   C) Auf dem Intranetserver TCP/IP umkonfigurieren

   D) Den Intranetserver in die Hosts-Tabelle der betroffenen Benutzer aufnehmen, damit sie ihn erreichen können

3. In einem Serverumfeld mit mehreren Netzwerkprotokollen im Einsatz ist einer der internen Server zwar sichtbar im lokalen Netz, er kann sich aber nicht ins Internet verbinden. Mit welchem Diagnoseprogramm kann als erster Schritt eingegrenzt werden, wo das Problem eventuell besteht?

   A) Überprüfen Sie die Ereignisanzeige und deren Fehlermeldungen.

   B) Benutzen Sie das Kommando nslookup, um den notwendigen Servernamen für das Internet zu bestimmen.

   C) Installieren Sie eine zusätzliche Netzwerkkarte für die Internetverbindung.

   D) Führen Sie PING 127.0.0.1 aus, um zu überprüfen, ob der lokale TCP-/IP-Stack dieses Servers korrekt funktioniert.

4. Nachdem ein neuer Prozessor eingesetzt worden ist, bleibt der Bildschirm des Servers nach kurzem Einschalten dunkel und der POST-Prozess wird nicht durchlaufen. Was ist die wahrscheinlichste Ursache dafür?

   A) Der Prozessor wurde nicht korrekt in den Sockel eingesetzt.

   B) Das BIOS wurde nicht aktualisiert.

   C) Der Prozessor verwendet einen schnelleren Takt.

   D) Der Prozessor benötigt mehr RAM.

5. Katja installiert einen neuen Webserver und stellt fest, dass der Server mit einer Quad-Port NIC konfiguriert wurde. Wie sollte die NIC konfiguriert werden, um die Hardware-Ressourcen richtig zu nutzen?

   A) Sie teilt jedem Port mindestens eine eigene IP-Adresse zu.

   B) Sie teilt einem der Ports mindestens vier IP-Adressen zu.

   C) Sie gibt der Quad-NIC eine einzige IP-Adresse.

   D) Sie ordnet allen vier Ports dieselbe IP-Adresse zu.

**Kapitel 18**
Troubleshooting in der Praxis

6. Ein Techniker hat die Installation und Konfiguration des vierten E-Mail-Servers abgeschlossen. Er hat die Firewall konfiguriert, um E-Mail-Verkehr zu ermöglichen, aber die Post wird nur von den drei älteren Servern empfangen. Welche der folgenden Optionen sollte der Techniker konfigurieren, damit eingehende E-Mails von allen vier Mail-Servern verarbeitet werden?

   A) NTP auf allen Server aktivieren, damit sie synchron laufen
   B) Den MX-Datensatz in der DNS aktualisieren
   C) Den NS-Server im DHCP neu konfigurieren
   D) POP3 konfigurieren

7. Nach der Installation des Betriebssystems auf dem neuen Server können sich die Benutzer auf dem neuen Server anmelden, sie können ihn aber mit Ping nicht erreichen. Die folgenden Gründe können dafür verantwortlich sein, *außer*:

   A) Der Server hat keinen DNS-Eintrag.
   B) Der Server hat eine entsprechende Firewall-Regel.
   C) Es existiert kein Hosts-Eintrag für diesen Server.
   D) Der Ping-Dienst ist auf dem Server nicht installiert.

8. Im internen Netzwerk wurde ein neuer Server installiert. Vom Server aus kann das lokale Gateway erreicht werden, aber die Benutzer am Remotestandort können nicht auf den neuen Server zugreifen, obwohl sie auf alle anderen Server Zugriff haben. Der Techniker versucht daraufhin vom Server aus, den Remotestandort anzupingen, was nicht funktioniert, auch die Gegenseite kann den neuen Server nicht anpingen. Was muss an dieser Stelle vermutlich gemacht werden?

   A) DHCP-Server auf dem neuen Server aktivieren
   B) Regelmäßig einen Ping absetzen, bis die Router den neuen Server in die Tabellen aufgenommen haben
   C) Den neuen Server mit nslookup in die Servertabelle aufnehmen
   D) Den für die Router zuständigen Netzwerktechniker informieren

9. Mehrere Systeme der Finanzabteilung erleben Timeouts, während sie in ihrem Finanzprogramm arbeiten möchten. Das Programm wird nicht geöffnet oder geschlossen. Am Vortag lief aber alles noch einwandfrei. Was ist höchstwahrscheinlich die Ursache für dieses Problem?

   A) Dienstpriorität
   B) Firewall-Probleme
   C) Zu wenig zugeordnete CPU
   D) Unerlaubte Prozesse

10. Sie arbeiten als Systemtechniker in einer Windows-Serverumgebung. Aber im Serverraum steht auch ein Linux-Webserver. Als Probleme mit der Netzwerkverbindung auftreten, bittet Sie der Linux-Administrator, Ihnen doch kurz die Netzwerkverbindungsdaten des Linux-Servers mitzuteilen. Welches Kommando werden Sie dafür benötigen?

A) ipconfig /all
B) eth0
C) ifconfig
D) niconfig

**Kapitel 19**

# Die CompTIA-Server+-Prüfung

Wenden Sie sich zum Schluss des Buchs der aktuellen CompTIA-Server+-Prüfung zu. Diese besteht aus einer einzelnen computergestützten Multiple-Choice-Prüfung.

> Sie lernen in diesem Kapitel:
> - Die genauen Wissensgebiete der Prüfung noch einmal kennen
> - Die Prüfungsanforderungen verstehen
> - Wie Sie sich auf die Prüfung vorbereiten können
> - Eine Beispielprüfung bearbeiten, um Ihren Stand der Vorbereitung auf die erfolgreiche Zertifizierung zu überprüfen

Wie Sie früher in diesem Buch bereits gesehen haben, besteht die Prüfung (SK0-004) aus aktuell sieben Teilgebieten:

|          | Thema                                     | Prüfungsgewicht |
|----------|-------------------------------------------|-----------------|
| Domain 1 | Server Hardware Installation and Management | 18 %          |
| Domain 2 | Server Administration                     | 30 %            |
| Domain 3 | Sicherheit und Disaster Recovery          | 24 %            |
| Domain 4 | Fehlerbehebung                            | 28 %            |

**Tabelle 19.1:** Die Themen und deren Gewichtung an der Prüfung

Diese Gebiete sind unterschiedlich stark in der Prüfung vertreten. Wie Sie oben ersehen können, sind die Teile Serveradministration und Fehlersuche am stärksten gewichtet, d.h., Sie werden zu diesen Gebieten auch am meisten Fragen erhalten. Die Fragen sind allerdings nicht nach Gebieten gekennzeichnet, sondern folgen einfach eine nach der anderen, ohne bestimmte Reihenfolge.

Die einzelnen Gebiete sind in den sogenannten Objectives genau beschrieben. Von daher gilt: Gehen Sie auf die Webseite der CompTIA zur Server+-Zertifizierung und laden Sie sich diese Objectives herunter – und lesen Sie sie. Stellen Sie sicher, dass Sie sich unter den geforderten Stichworten konkrete Inhalte oder Standards vorstellen können, sodass Sie bereit sind für die Prüfung.

## 19.1 Was von Ihnen verlangt wird

Die Prüfung findet in einem offiziellen Prüfungscenter bei Pearson VUE statt.

Auf deren Webseiten können Sie sich online anmelden, ein eigenes Konto auf Ihren Namen eröffnen und danach die Prüfung planen.

Die Server+-Prüfung SK0-005 enthält folgende Eckwerte:

| Dauer der Prüfung | 90 min |
|---|---|
| Anzahl Fragen | Maximal 90 |
| Empfohlene Voraussetzungen | 24 Monate IT-Erfahrung im Serverumfeld **und** CompTIA A+-Kenntnisse empfohlen, aber nicht vorausgesetzt |
| Skala | Von 100 bis 900 |
| Anzahl Punkte fürs Bestehen | 750 |
| Verfügbare Sprachen | Englisch |
| Prüfungscode | SK0-005 |

Wichtig: Dies sind Angaben, die sich verändern können. Prüfen Sie daher unbedingt auf der Webseite von CompTIA (www.comptia.org) die aktuell gültigen Bedingungen für die Prüfung!

## 19.2 Wie Sie sich vorbereiten können

Folgende Ratschläge möchte ich Ihnen für Ihre Vorbereitung und die Prüfung noch mitgeben:

- Arbeiten Sie alle Unterlagen seriös durch, wenn möglich besuchen Sie ein Training für Servertechnologie und -betreuung.
- Unterschätzen Sie den Faktor Erfahrung nicht, Braindumps sind dafür kein Ersatz und helfen gerade bei supportorientierten Fragen wenig.
- Planen Sie Ihre Prüfung – das geht auch online (VUE).
- Sie müssen sich im Prüfungscenter doppelt ausweisen können, mindestens einer der beiden Ausweise muss ein Foto von Ihnen enthalten.
- Sie dürfen nichts in den Prüfungsraum mitnehmen.
- Sie haben exakt 90 min – der erste Teil besteht aber aus Informationen, die nicht zu den 90 min zählen (Präambel). Nach den 90 min wird die Prüfung beendet und ausgewertet.
- Wenn Sie als Nicht-Englischsprechende/r eine englische Prüfung ablegen wie im Fall von SK0-004, erhalten Sie bei einer Anmeldung in Ihrem Heimatland (also NICHT in den USA) einen Zeitbonus von 30 min automatisch hinzuge-

rechnet. Konkret heißt das für Sie aus der Schweiz, Deutschland oder Österreich: Die Prüfung SK0-004 dauert 120 min (90 + 30).
- Das Ergebnis sehen Sie kurze Zeit später direkt auf dem Bildschirm.
- Lassen Sie keine Frage unbeantwortet!
- Vergessen Sie nicht, den Prüfungsreport aus dem Center mitzunehmen, es ist Ihr rechtlicher Nachweis für das Absolvieren der Prüfung.

## 19.3 Wie eine Prüfung aussieht

Damit Sie sich von der konkreten Prüfung ein Bild machen können, stellen wir sie Ihnen anhand einiger Screenshots hier einmal vor. Die CompTIA Germany GmbH und Pearson VUE haben uns dafür freundlicherweise prüfungsnahe Abbildungen zur Verfügung gestellt.

Auf dem Begrüßungsbildschirm erhalten Sie alle wichtigen Informationen zum Ablauf der Prüfung noch einmal vorgestellt. Auch die Tatsache, dass nicht alle Fragen zwingend in die Wertung mit einfließen werden.

**Abb. 19.1:** Begrüßungsbildschirm zur Prüfung (Abbildungen © CompTIA und Pearson VUE, 2011)

Nach einigen Eingangsfragen startet der Test. Für diese Eingangsfragen haben Sie 15 min Zeit, danach beginnt der Test, halten Sie daher diese maximale Zeit ein.

**Kapitel 19**
Die CompTIA-Server+-Prüfung

Sie werden danach noch einmal auf die Zeit hingewiesen und können den Test anschließend manuell starten:

**Abb. 19.2:** Bildschirm mit wichtigen Hinweisen, bevor die Prüfung effektiv startet

Dabei gibt es zwei Sorten von Fragen: die Entscheidungsfragen und die Mehrfachauswahlfragen. Die Entscheidungsfragen erkennen Sie am runden Knopf, dem Radio-Button. Bei diesen Fragen können Sie nur eine Antwort auswählen, es ist immer nur die zuletzt gewählte Antwort aktiv.

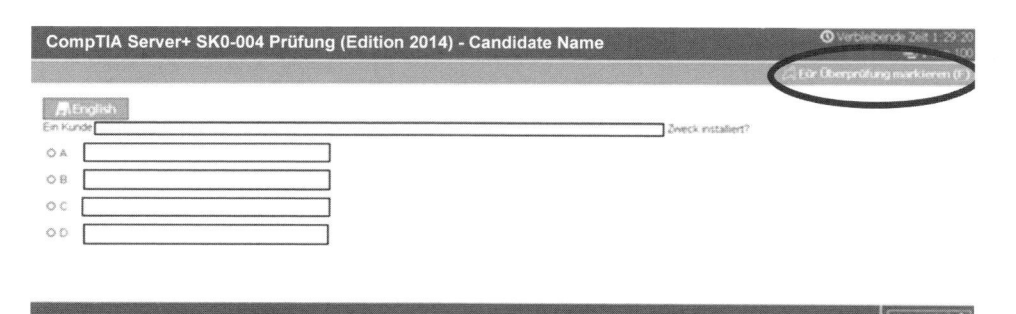

**Abb. 19.3:** Fragen mit Radio-Button

Zugleich sehen Sie auf dem eben gezeigten Bildschirmausschnitt oben rechts (eingekreist) auch die Auswahlmöglichkeit für die nachträgliche Überprüfung. Sie können also jede Frage, bei welcher Sie unsicher sind, markieren und später noch einmal anschauen. Den Übersichtsbildschirm dazu zeigen wir Ihnen gleich. Doch zuerst schauen Sie sich noch den zweiten Fragentyp an: die Mehrfachauswahlfragen (Check Box).

## 19.3 Wie eine Prüfung aussieht

**Abb. 19.4:** Fragen mit Mehrfachauswahl

Die Fragen mit den Check-Box-Antworten erlauben Ihnen im Unterschied zu den Radio-Buttons die Auswahl mehrerer Antworten. Hier ist es wichtig, dass Sie in der Frage genau lesen, wie viele Antworten gefragt sind, ob zwei oder drei oder »Alle, die richtig sind«.

Nachdem Sie mit allen Fragen fertig sind, erscheint der Review-Bildschirm. Hier sehen Sie, welche Fragen Sie unvollständig beantwortet haben und können diese noch einmal anwählen. Sie können auch genau die auswählen, welche Sie vorher für den Review markiert haben.

**Abb. 19.5:** Der Bildschirm mit der Übersicht zu allen Fragen

# Kapitel 19
Die CompTIA-Server+-Prüfung

Nach Beendigung der Prüfung sehen Sie den Bildschirm, der Ihnen anzeigt, ob Sie bestanden haben oder nicht.

**Abb. 19.6:** Bildschirm mit dem Prüfungsergebnis

Anschließend wird Ihnen der Punktebericht (Score Report) angezeigt inklusive der jeweils abgelegten Prüfungsversion. Lassen Sie sich im Prüfungszentrum auf jeden Fall den Score Report ausdrucken und mitgeben! Er ist Ihr Nachweis, dass Sie die Prüfung abgelegt haben. Sollten Sie nicht bestanden haben, gibt Ihnen der Bericht zudem wertvolle Hinweise darauf, in welchen Themen Sie sich verbessern können.

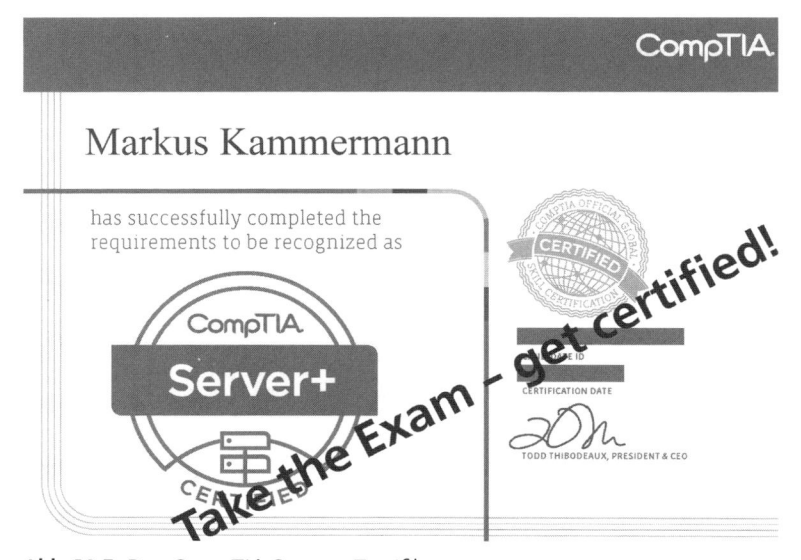

**Abb. 19.7:** Das CompTIA Server+-Zertifikat

Nach einer Bearbeitungszeit seitens der CompTIA erhalten Sie anschließend Ihr Zertifikat, das in etwa so aussehen wird wie das Beispiel in Abbildung 19.7. Achten Sie auch darauf, dass die Zertifikate für drei Jahre ihre Gültigkeit behalten, danach ist eine Re-Zertifizierung notwendig, wenn Sie sich weiterhin »CompTIA certified« nennen möchten.

## 19.4 Beispielprüfung zu CompTIA Server+

Im Folgenden haben wir Ihnen eine repräsentative Anzahl Fragen zusammengestellt, die Ihnen den Charakter der CompTIA Server+-Prüfung vorstellen und die Sie jetzt durcharbeiten können, um festzustellen, wie gut Sie für diese Prüfung vorbereitet sind. Da die Prüfung selber in englischer Sprache stattfinden wird, finden Sie auch diese Beispielprüfung in englischer Sprache vor – damit Sie sich nicht nur fachlich, sondern auch sprachlich an den Stil der Prüfung gewöhnen können.

- Question 1

    A server administrator must respond to tickets within a certain amount of time. The server administrator needs to adhere to the ____.

    A) BIA

    B) RTO

    C) MTTR

    D) SLA

- Question 2

    An administrator recently performed a NIC driver upgrade on several servers and now is seeing lost packets and some disconnected switches. Which of the following is the BEST course of action to resolve this issue?

    A) Restart the server and see if the issue still remains. If the issue still exists open a case with the OEM of the NIC.

    B) Call the OEM of the NIC and open a case with them to investigate the issue.

    C) Call the OEM of the NIC and open a case with them to investigate the issue. Roll back the NIC driver to the previous working revision.

    D) Go to the OEM's website and download another NIC driver to test.

- Question 3

    Which of the following is a benefit of hot-swappable parts?

    A) Ability to replace hardware without interrupting the server's power

    B) Ability to utilize logical unit numbers (LUNs)

    C) Ability to implement USB devices

    D) Ability to utilize flash memory

- Question 4

    Which of the following ways can a technician use to see if a server is under warranty?

    A) Contact the manufacturer to verify warranty status, and document the findings.

    B) Escalate the problem to upper management.

    C) Perform a root cause analysis.

    D) Assume the part is no longer under warranty, and order a replacement part.

- Question 5

    A technician needs to deploy an operating system that would optimize server resources. Which of the following server installation methods would BEST meet this requirement?

    A) Full version

    B) Bare metal

    C) Core

    D) GUI based

- Question 6

    Which of the following involves the copying off and removal of data from file servers?

    A) Backing up

    B) Archiving

    C) Replicating

    D) Recovery

- Question 7

    A server administrator needs to check remotely for unnecessary running services across twenty servers. Which of the following tools should the administrator use?

    A) DLP system

    B) A port scanner

    C) EndPoint protection

    D) A network sniffer

- Question 8

    Which of the following relates to how much data loss a company agrees to tolerate in the event of a disaster?

    A) RTO

    B) MTBF

    C) RPO

    D) MTTR

## 19.4 Beispielprüfung zu CompTIA Server+

- Question 9

  A systems administrator has noticed performance degradation on a company file server, and one of the disks on it has a solid amber light. The administrator logs on to the disk utility and sees the array is rebuilding. Which of the following should she do NEXT once the rebuild is finished?

  A) Restore the server from a snapshot

  B) Swap the drive and initialize the array

  C) Restore the server from backup.

  D) Swap the defective drive and initialize the disk

- Question 10

  Cate needs to configure a server on a network that will have no more than 30 available IP addresses. Which of the following subnet addresses will be the MOST efficient for this network she is choosing?

  A) 255.255.255.128

  B) 255.255.255.0

  C) 255.255.255.224

  D) 255.255.255.252

- Question 11

  A remote physical server is unable to communicate to the network through the available NICs, which were misconfigured. However, the server administrator is still able to configure the server remotely. Which of the following connection types is the server administrator using to access the server?

  A) Out-of-band management

  B) Direct Mainboard acess

  C) Local KVM setup

  D) Virtual administrator console

- Question 12

  Katja is performing maintenance on a couple of Windows servers that are in different racks at a remote datacenter. Which of the following would allow her to perform maintenance on all these servers without having to physically be at each server? (Choose two.)

  A) Remote drive access

  B) Remote desktop

  C) A console connection

  D) IP KVM

  E) Windows credentials

  F) A virtual administration console

- Question 13

  A global organization keeps personnel application servers that are local to each country. However, a security audit shows these application servers are accessible from sites in other countries. Which of the following hardening techniques should the organization use to restrict access to only sites that are in the same country?

  A) Configure a firewall

  B) Close the unneeded ports

  C) Install an HIDS

  D) Disable unneeded services

- Question 14

  A technician has been asked to check on a SAN. Upon arrival, the technician notices the red LED indicator shows a disk has failed. Which of the following should the technician do NEXT, given the disk is hot swappable?

  A) Stop sharing the volume

  B) Replace the disk

  C) Shut down the SAN

  D) Stop all connections to the volume

- Question 15

  A technician is configuring a server that requires secure remote access. Which of the following ports should the technician use?

  A) 1

  B) 22

  C) 23

  D) 443

- Question 16

  Which of the following actions should a server administrator take once a new backup scheme has been configured?

  A) Run a restore test

  B) Overwrite the backups

  C) Check the media integrity

  D) Clone the configuration

- Question 17

  Which of the following can be BEST described as the amount of data lost a company can afford to be down during recovery from an outage?

  A) SLA

  B) MTBF

  C) RPO

  D) MTTR

- Question 18

  The Chief Information Officer (CIO) of a datacenter is concerned that transmissions within the building can be detected from the outside. Which of the following would resolve this concern? (Choose two.)

  A) Signal blocking

  B) RFID

  C) Camouflage

  D) Proximity readers

  E) Reflective glass

  F) Bollards

- Question 19

  A server technician is deploying a server with eight hard drives. The server specifications call for a RAID configuration that can handle up to two drive failures but also allow for the least amount of drive space lost to RAID overhead. Which of the following RAID levels should the technician configure for this drive array?

  A) RAID 1

  B) RAID 51

  C) RAID 6

  D) RAID 10

- Question 20

  A server administrator mounted a new hard disk on a Linux system with a mount point of /newdisk. It was later determined that users were unable to create directories or files on the new mount point. Which of the following commands would successfully mount the drive with the required parameters?

  A) list /newdisk >> /etc/fstab

  B) net use /newdisk

  C) mount -o remount, rw /newdisk

  D) mount -a

- Question 21

  A company is running an application on a file server. A security scan reports the application has a known vulnerability. Which of the following would be the company's BEST course of action?

  A) Upgrade the application package

  B) Patch the server OS

  C) Tighten the rules on the firewall

  D) Install Endpoint Protection

- Question 22

  Which of the following should an administrator use to transfer log files from a Linux server to a Windows workstation?

  A) SCP

  B) Telnet

  C) XCOPY

  D) Robocopy

- Question 23

  Katja is configuring a new server. After using the RAID setup program to create a new RAID array, the OS installer is not able to find storage on which to write. Which of the following is the MOST likely reason this may happen?

  A) Katja did not provide drivers to support the controller.

  B) Katja did not allow time for the new array to initialize.

  C) Katja did not enable UEFI in the server BIOS.

  D) The OS is not supported on the server hardware.

- Question 24

  A user cannot save large files to a directory on a Linux server that was accepting smaller files a few minutes ago. Which of the following commands should a technician use to identify the issue?

  A) pvdisplay

  B) mount

  C) fdisk -l

  D) df -h

- Question 25

  Which of the following backup types only records changes to the data blocks on a virtual machine?

  A) Synthetic full

  B) Differential

  C) Incremental

  D) Snapshot

- Question 26

  A server in a remote datacenter is no longer responsive. Which of the following is the BEST solution to investigate this failure?

  A) Remote desktop

  B) Access via a crash cart

  C) Out-of-band management

  D) A Secure Shell connection

- Question 27

  Which of the following server types would benefit MOST from the use of a load balancer?

  A) Web server

  B) DNS server

  C) DHCP server

  D) File server

- Question 28

  Martin has received reports of database update errors. The technician checks the server logs and determines the database is experiencing synchronization errors. To attempt to correct the errors, Martin should FIRST ensure:

  A) The correct firewall zone is active.

  B) NTP is running on the database system.

  C) The correct dependencies are installed.

  D) The actual firmware update is applied.

- Question 29

    A technician is connecting a server's secondary NIC to a separate network. The technician connects the cable to the switch but then does not see any link lights on the NIC. The technician confirms there is nothing wrong on the network or with the physical connection. Which of the following should the technician perform NEXT?

    A) Configure the network on the server

    B) Check the DHCP configuration

    C) Enable the port on the server

    D) Restart the server

- Question 30

    A server administrator is experiencing difficulty configuring MySQL on a Linux server. The administrator issues the getenforce command and receives the following output:

    ># Enforcing

    Which of the following commands should the administrator issue to configure MySQL successfully?

    A) setenforce 0

    B) setenforce permissive

    C) setenforce 1

    D) setenforce disabled

- Question 31

    A server administrator was asked to build a storage array with the highest possible capacity. Which of the following RAID levels should the administrator choose?

    A) RAID 0

    B) RAID 1

    C) RAID 3

    D) RAID 5

# 19.4 Beispielprüfung zu CompTIA Server+

- Question 32

    A large number of connections to port 80 is discovered while reviewing the log files on a server.
    The server is not functioning as a web server. Which of the following represent the BEST immediate actions to prevent unauthorized server access? (Choose two.)

    A) Run a checksum tool against all the files on the server

    B) Initialize a port scan on the server to identify open ports

    C) Stop all unneeded services and block the ports on the firewall

    D) Enable port forwarding on port 80

    E) Audit all group privileges and permissions

    F) Install an NIDS on the server to prevent network intrusions

- Question 33

    An administrator has attached an old SCSI JBOD to a server to recover archival data. However, the array will not mount to the server. Which of the following should the administrator check FIRST?

    A) Terminators are installed on the controller card and the array.

    B) Disk drivers are not installed on the server.

    C) SCSI BIOS needs to be updates.

    D) Terminators are installed on each hard drive.

- Question 34

    Following a recent power outage, a server in the datacenter has been constantly going offline and losing its configuration. Users have been experiencing access issues while using the application on the server. The server technician notices the data and time are incorrect when the server is online. All other servers are working. Which of the following would MOST likely cause this issue? (Choose two.)

    A) The server has a CMOS battery failure.

    B) The servers do not have NTP configured.

    C) The time synchronization service is disabled on the servers.

    D) The server has a faulty power supply.

    E) The server requires OS updates.

    F) The server has a malfunctioning LED panel.

- Question 35

    Which of the following would a systems administrator implement to ensure all web traffic is secure?

    A) SSH

    B) SSL

    C) SMTP V3

    D) Radius

- Question 36

    A server administrator needs to deploy five VMs, all of which must have the same type of configuration. Which of the following would be the MOST efficient way to perform this task?

    A) Snapshot a VM

    B) Use a physical host

    C) Perform a P2V conversion

    D) Use a VM template

- Question 37

    Which of the following is the MOST appropriate scripting language to use for a logon script for a Linux box?

    A) VBS

    B) JavaScript

    C) Shell

    D) PowerShell

- Question 38

    A snapshot is a feature that can be used in hypervisors to _____.

    A) Roll back firmware updates

    B) Restore to a previous version

    C) Roll back application drivers

    D) Perform a backup restore

- Question 39

    A technician has been asked to check on a SAN. Upon arrival, the technician notices the red LED indicator shows a disk has failed. Which of the following should the technician do NEXT, given the disk is hot swappable?

    A) Replace the disk

    B) Stop the file services belonging to this disk

    C) Stop all connections to the volume

    D) Shut down the SAN

- Question 40

A server technician has been asked to upload a few files from the internal web server to the internal FTP server. The technician logs in to the web server using PuTTY, but the connection to the FTP server fails. However, the FTP connection from the technician's workstation is successful. To troubleshoot the issue, the technician executes the following command on both the web server and the workstation:

`ping ftp.mitp.local`

The IP address in the command output is different on each machine. Which of the following is the MOST likely reason for the connection failure?

A) A misconfigured hosts file

B) A misconfigured hosts.allow file

C) A misconfigured firewall

D) A misconfigured hosts.deny file

- Question 41

A server administrator is configuring a new server that will hold large amounts of information. The server will need to be accessed by multiple users at the same time. Which of the following server roles will the administrator MOST likely need to install?

A) Mail

B) Application

C) Print

D) Database

- Question 42

A technician is trying to determine the reason why a Linux server is not communicating in a network. The returned network configuration is as follows:

`eth0: flags=4163<UP, BROADCAST,RUNNING,MULTICAST > mtu 1500 inet 127.0.0.1 network 255.255.0.0 broadcast 127.0.0.1`

Which of the following BEST describes what is happening?

A) The server is configured to use DHCP in a network that does not have a DHCP server.

B) The server is configured to use DHCP in a network that has multiple scope options.

C) The server is configured to use DHCP, but the DHCP server is sending an incorrect subnet mask.

D) The server is configured to use DHCP, but the DHCP server is sending an incorrect MTU setting.

- Question 43

    A global organization keeps personnel application servers that are local to each country. However, a security audit shows these application servers are accessible from sites in other countries. Which of the following hardening techniques should the organization use to restrict access only to sites that are in the same country?

    A) Configure geofencing respectively geoblocking rules

    B) Close the unneeded ports for foreign countries

    C) Install a HIDS

    D) Disable the international access rules on the application server

- Question 44

    Users at a company work with highly sensitive data. The security department implemented an administrative and technical control to enforce least-privilege access assigned to files. However, the security department has discovered unauthorized data exfiltration. Which of the following is the BEST way to protect the data from leaking?

    A) Utilize privacy screens

    B) Implement disk quotas

    C) Install a DLP solution

    D) Enforce lock-screen on all systems

- Question 45

    A technician has received multiple reports of issues with a server. The server occasionally has a BSOD, powers off unexpectedly, and has fans that run continuously. Which of the following BEST represents what the technician should investigate during troubleshooting?

    A) Firmware incompatibility

    B) CPU overheating

    C) LOM issues

    D) ESD issues

- Question 46

    A server administrator needs to create a new folder on a file server that only specific users can access. Which of the following BEST describes how the server administrator can accomplish this task?

    A) Create a group that includes all users and assign it to an ACL.

    B) Assign individual permissions on the folder to each user.

    C) Create a group that includes all users and assign the proper permissions.

    D) Assign ownership on the folder for each user.

- Question 47

    A company uses a hot-site, disaster-recovery model. Which of the following types of data replication is required?

    A) Asynchronous

    B) constantly

    C) Incremental

    D) Symmetric

- Question 48

    When configuring networking on a VM, which of the following methods would allow multiple VMs to share the same host IP address?

    A) Bridged

    B) NAT

    C) Host only

    D) vSwitch

- Question 49

    Which of the following backup types only records the momentanous state on a machine?

    A) Differential

    B) Snapshot

    C) Incremental

    D) Synthetic full

- Question 50

    Which of the following server types would benefit MOST from the use of a load balancer?

    A) DNS server

    B) Print server

    C) DHCP server

    D) Login server

- Question 51

    Which of the following file systems is native to an ESX server?

    A) NTFS

    B) EXT4

    C) FAT32

    D) VMFS

- Question 52

  Which of the following would MOST likely be part of the user authentication process when implementing SAML across multiple applications?

  A) SSO

  B) LDAP

  C) TACACS

  D) MFA

- Question 53

  Which of the following should an administrator utilize when installing a new server to ensure that best practices are followed?

  A) Service Level Agreement (SLA)

  B) Warranty regulations

  C) Vendor support documentation

  D) Equipment disposal policies

- Question 54

  Cate, an administrator, is configuring a two-node cluster that will be deployed. To check the cluster's functionality, she shuts down the active node. Cluster behavior is as expected, and the passive node is now active. Cate powers on the server again and wants to return to the original configuration. Which of the following cluster features will allow Cate to complete this task?

  A) Heartbeat

  B) Failback

  C) Redundancy

  D) Load balancing

- Question 55

  A storage administrator is investigating an issue with a failed hard drive. A technician replaced the drive in the storage array; however, there is still an issue with the logical volume. Which of the following best describes the NEXT step that should be completed to restore the volume?

  A) Replace the volume

  B) Format the volume

  C) Rebuild the volume

  D) Initialize the volume

## 19.4 Beispielprüfung zu CompTIA Server+

- Question 56

    Michael needs to provide a VM with high availability. Which of the following actions should he take to complete this task as efficiently as possible?

    A) Take a snapshot of the original VM

    B) Clone the original VM

    C) Convert the original VM to use dynamic disks

    D) Perform a P2V of the original VM

- Question 57

    Which of the following would be BEST to help protect an organization against social engineering?

    A) Security guidelines compliant complex passwords

    B) Recurring training and support

    C) An updated code of conduct to enforce social media

    D) Single sign-on on core systems

- Question 58

    A company deploys antivirus, anti-malware, and firewalls that can be assumed to be functioning properly. Which of the following is the MOST likely system vulnerability?

    A) Insider threat

    B) Open Ports

    C) Ransomware

    D) Wormbased Malware

- Question 59

    A technician needs to install a Type 1 hypervisor on a server. The server has two SD card slots, an external USB-controller, a SATA controller, and it is attached to a NAS. On which of the following drive types should the technician install the hypervisor?

    A) SD card

    B) NAS drive

    C) SATA drive

    D) USB drive

■ Question 60

Which of the following steps in the troubleshooting theory should be performed after a solution has been implemented? (Choose two.)

A) Perform a root cause analysis

B) Develop a plan of action

C) Document the findings

D) Escalate the issue

E) Scope the issue

F) Notify the users

■ Question 61

Which of the following policies would be BEST to deter a brute-force login attack?

A) Password complexity

B) Password reuse

C) Account age threshold

D) Account lockout threshold

■ Question 62

A security analyst suspects a remote server is running vulnerable network applications. The analyst does not have administrative credentials for the server. Which of the following would MOST likely help the analyst determine if the applications are running?

A) User account control

B) Anti-malware

C) A sniffer

D) A port scanner

■ Question 63

A technician is connecting a Linux server to a share on a NAS. Which of the following is the MOST appropriate native protocol to use for this task?

A) CIFS

B) FTP

C) SFTP

D) NFS

## 19.4 Beispielprüfung zu CompTIA Server+

- Question 64

    A server administrator has been creating new VMs one by one. The administrator notices the system requirements are very similar, even with different applications. Which of the following would help the administrator accomplish this task in the SHORTEST amount of time and meet the system requirements?

    A) Deduplication

    B) System Restore

    C) Snapshot

    D) Template

- Question 65

    Which of the following tools will analyze network logs in real time to report on suspicious log events?

    A) Syslog

    B) DLP

    C) SIEM

    D) HIPS

- Question 66

    A technician is attempting to update a server's firmware. After inserting the media for the firmware and restarting the server, the machine starts normally into the OS. Which of the following should the technician do NEXT to install the firmware?

    A) Enable HIDS on the server

    B) Boot from the media

    C) Log in with an administrative account

    D) Press F8 to enter safe mode

- Question 67

    Which of the following documents would be useful when trying to restore IT infrastructure operations after a non-planned interruption?

    A) Business impact analysis

    B) Service-level agreement

    C) Business continuity plan

    D) Disaster recovery plan

- Question 68

  Users at a company work with highly sensitive data. The security department implemented an administrative and technical control to enforce least-privilege access assigned to files. However, the security department has concerns about the use of notebooks in this environement. Which of the following is the BEST way to protect the mobile devices?

  A) Utilize privacy screens

  B) Implement disk quotas

  C) Use only VPN connections

  D) Enforce the lock-screen feature

- Question 69

  A server technician is installing a new server and configuring the newly installed OS. Which of the following steps should be performed FIRST after booting the OS?

  A) Create a backup.

  B) Address security concerns.

  C) Connect to the network.

  D) Join the domain.

- Question 70

  Which of the following BEST describes the concept of right to downgrade?

  A) It allows for the return of a new OS license if the newer OS is not compatible with the currently installed software and is returning to the previously used OS.

  B) It allows a previous version of an OS to be installed and covered by the same license as the newer version.

  C) It allows for a previous version of an OS to be deployed in a test environment for each current license that is purchased.

  D) It allows a server to run on fewer resources than what is outlined in the minimum requirements document without purchasing a license.

- Question 71

  A syslog server is configured to use UDP port 514. The administrator uses Telnet to check port 514 against the syslog server. However, the syslog server is not responding. Which of the following is the MOST likely reason why the syslog server is not responding?

  A) The syslog server is down.

  B) Telnet does not work on UDP.

  C) The firewall is blocking UDP port 514.

  D) The log is full on the syslog server.

## Question 72

A server administrator recently replaced an overheating CPU in a server at a datacenter. Following the CPU replacement, the server logs indicate the server continues to overheat. Which of the following could help mitigate this issue?

A) The UEFI/BIOS should be updated.

B) The CPU should be replaced with a newer model.

C) The RAID controller should be replaced.

D) An additional fan should be installed in the server.

## Question 73

After identifying a problem, but before applying a system change, which of the following is the MOST important task that needs to be completed?

A) Perform a system backup

B) Collect log data

C) Question the users/stakeholders

D) Establish a theory of probable cause

## Question 74

A server technician is troubleshooting an issue regarding users who are not able to access a reporting server. The reporting server has a static IP address and is connected to a Windows domain. The technician attempts steps to narrow down the issue:

- Pings the hostname but is not successful
- Pings the IP address and is successful
- Verifies the IP and DNS settings on the NIC card are okay

Which of the following should the technician do NEXT?

A) Perform a tracert to the hostname and IP address.

B) Reboot the computer to apply security updates to the system.

C) Verify the DNS A record for the hostname of the server.

D) Update the DNS configuration on the host NIC card to localhost for lookups.

## Question 75

A server in a remote datacenter is no longer responsive. Which of the following is the BEST solution to investigate this failure?

A) Remote desktop

B) Access via a crash cart

C) Out-of-band management

D) A Secure Shell connection

- Question 76

    An administrator was tasked to enforce disk quotas on the Windows file server. The administrator allocated 5 GB of space to each user. A month later, the users were still able to save beyond this 5 GB. Which of the following check boxes should have been selected?

    A) Deny access if limit is reached

    B) Enable compression

    C) Prohibit read/write if limit is reached

    D) Log an event if disk space is reached

- Question 77

    Which of the following is an example of the principle of least privilege and is the MOST secure when granting access to a shared network drive used by the Accounting department?

    A) Grant all users full control permissions for the share only

    B) Grant appropriate permissions to only users in the Accounting department for both the share and NTFS

    C) Grant the Accounting department full control for the share and appropriate NTFS permissions

    D) Grant modify permissions to the Accounting department and deny NTFS permissions to all other users

- Question 78

    A systems administrator is attempting to connect via RDP to a server that is running Windows. However, the systems administrator cannot connect to the machine via RDP to reboot it and apply updates. Which of the following methods should be used to access the machine and perform a reboot if the server is not physically accessible?

    A) SSH/SCP

    B) ILO/Idrac

    C) TCP/IP

    D) VNC/VPN

- Question 79

  A technician is asked to troubleshoot a hardware alert on a server. The server is up and running and all users can access their data. Which of the following could the technician use to find the failed component? (Select TWO).

  A) LEDs

  B) Dataflow diagram

  C) Power supply tester

  D) LCD messages

  E) Cabling diagram

- Question 80

  During monthly security scans, a new server is found on the network. It is determined the server in question is listening on the following TCP ports: 465, 993, 995, 443, and 587. Which of the following roles is this server MOST likely fulfilling?

  A) Web server

  B) Database server

  C) Mail server

  D) Directory server

- Question 81

  Network connectivity to a server was lost when it was pulled from the rack during maintenance. Which of the following should the server administrator use to prevent this situation in the future?

  A) Cable management

  B) Rail kits

  C) A wireless connection

  D) A power distribution unit

- Question 82

  A company is building a new datacenter next to a busy parking lot. Which of the following is the BEST strategy to ensure wayward vehicle traffic does not interfere with datacenter operations?

  A) Install security cameras

  B) Utilize security guards

  C) Install bollards

  D) Install a mantrap

- Question 83

  An administrator is configuring a server that will host a high-performance financial application. Which of the following disk types will serve this purpose?

  A) SAS SSD

  B) SATA SSD

  C) SAS drive with 10000rpm

  D) SATA drive with 15000rpm

- Question 84

  A technician is upgrading the memory in a server. The server requires DDR3 Registered DIMMs. The server has four banks of three slots for memory and currently there is one 2 GB module in each bank. When the technician attempts to add eight more 4 GB modules of DDR3 unbuffered ECC memory, the memory does not fit in the slots. Which of the following is the cause of this issue?

  A) In a bank, 2 GB and 4 GB memory cannot be mixed

  B) The server cannot use ECC memory.

  C) The server requires fully buffered memory

  D) The total memory on the server cannot exceed 24 GB of RAM

- Question 85

  A server is performing slowly, and users are reporting issues connecting to the application on that server. Upon investigation, the server administrator notices several unauthorized services running on that server that are successfully communicating to an external site. Which of the following are MOST likely causing the issue?

  A) Unnecessary services are disabled on the server

  B) Adware is installed on the users\\' devices

  C) SELinux is enabled on the server

  D) The server is infected with a virus

  E) The firewall rule for the server is misconfigured

  F) Intrusion detection is enabled on the network

- Question 86

  Which of the following access control methodologies can be described BEST as allowing a user the least access based on the jobs the user needs to perform?

  A) Scope-based

  B) Role-based

  C) Location-based

  D) Rule-based

- Question 87

A datacenter technician is attempting to troubleshoot a server that keeps crashing. The server runs normally for approximately five minutes, but then it crashes. After restoring the server to operation, the same cycle repeats. The technician confirms none of the configurations have changed, and the load on the server is steady from power-on until the crash. Which of the following will MOST likely resolve the issue?

A) Reseating any expansion cards in the server

B) Replacing the failing hard drive

C) Reinstalling the heat sink with new thermal paste

D) Restoring the server from the latest full backup

- Question 88

A system administrator is tasked to set up a file server. The file server must be able to support access control lists and logging for auditing purposes. To meet these requirements, with which of the following file system types should the administrator format the file system?

A) SMB

B) NTFS

C) VMFS

D) CIFS

- Question 89

Roland is asked to create a test environment that will consist of around 80 computers and a file server. Which of the following types of servers is BEST suited for IP management in the lab network?

A) Domain Name Service

B) Window Internet Naming Services

C) Dynamic Host Configuration Protocol

D) Routing and Remote Access

- Question 90

A technician was assigned new storage for the server from the storage administrator. The technician is unable to see the storage on the server, but the previously assigned storage is visible and working properly. Which of the following should the technician do FIRST in order to see the storage on the server?

A) Perform a rescan of the disk

B) Install the storage device drivers

C) Assign a drive letter to the new storage

D) Format the new storage

# Anhang A

# Anhänge

Im Folgenden finden Sie die Antworten zum Vorbereitungstest, die Antworten zu den Fragen, die am Ende der Kapitel standen, sowie zur Beispielprüfung im vorhergehenden Kapitel.

## A.1 Antworten auf den Vorbereitungstest

| Frage 1 | A | | Frage 14 | B |
| --- | --- | --- | --- | --- |
| Frage 2 | A | | Frage 15 | C |
| Frage 3 | B | | Frage 16 | B |
| Frage 4 | D | | Frage 17 | C |
| Frage 5 | A | | Frage 18 | B |
| Frage 6 | B | | Frage 19 | A |
| Frage 7 | A | | Frage 20 | B |
| Frage 8 | D | | Frage 21 | A |
| Frage 9 | B | | Frage 22 | D |
| Frage 10 | C | | Frage 23 | A D |
| Frage 11 | D | | Frage 24 | D |
| Frage 12 | D | | Frage 25 | D |
| Frage 13 | C | | | |

## A.2 Antworten zu den Kapitelfragen

| Kapitel 2 | | | | |
| --- | --- | --- | --- | --- |
| Frage 1 | C | | Frage 6 | B |
| Frage 2 | C | | Frage 7 | B |
| Frage 3 | C | | Frage 8 | B |
| Frage 4 | C | | Frage 9 | A |
| Frage 5 | D | | Frage 10 | D |

## Kapitel 3

| | |
|---|---|
| Frage 1 | B |
| Frage 2 | B |
| Frage 3 | D |
| Frage 4 | B |
| Frage 5 | C |
| Frage 6 | C |
| Frage 7 | C |
| Frage 8 | B |
| Frage 9 | A |
| Frage 10 | D |

## Kapitel 4

| | |
|---|---|
| Frage 1 | D |
| Frage 2 | A |
| Frage 3 | C |
| Frage 4 | B |
| Frage 5 | D |
| Frage 6 | A |
| Frage 7 | C |
| Frage 8 | A |
| Frage 9 | A |
| Frage 10 | B |

## Kapitel 5

| | |
|---|---|
| Frage 1 | C |
| Frage 2 | C |
| Frage 3 | B |
| Frage 4 | B |
| Frage 5 | D |
| Frage 6 | D |
| Frage 7 | A |
| Frage 8 | B |
| Frage 9 | C |
| Frage 10 | C |

## Kapitel 6

| | |
|---|---|
| Frage 1 | B |
| Frage 2 | C |
| Frage 3 | D |
| Frage 4 | D |
| Frage 5 | C |
| Frage 6 | B |
| Frage 7 | D |
| Frage 8 | D |
| Frage 9 | B |
| Frage 10 | B D |

## Kapitel 7

| | |
|---|---|
| Frage 1 | C |
| Frage 2 | C |
| Frage 3 | A |
| Frage 4 | D |
| Frage 5 | D |
| Frage 6 | B |
| Frage 7 | D |
| Frage 8 | C |
| Frage 9 | D |
| Frage 10 | B |

## Kapitel 8

| | |
|---|---|
| Frage 1 | C |
| Frage 2 | B |
| Frage 3 | A 4   B 3   C 1   D 2 |
| Frage 4 | D |
| Frage 5 | D |
| Frage 6 | D |
| Frage 7 | B |
| Frage 8 | C |
| Frage 9 | C |
| Frage 10 | A |

## A.2 Antworten zu den Kapitelfragen

| Kapitel 9 | |
|---|---|
| Frage 1 | C |
| Frage 2 | B |
| Frage 3 | D |
| Frage 4 | C |
| Frage 5 | A |
| Frage 6 | D |
| Frage 7 | D |
| Frage 8 | A |
| Frage 9 | A |
| Frage 10 | C |

| Kapitel 10 | |
|---|---|
| Frage 1 | A  D |
| Frage 2 | B |
| Frage 3 | D |
| Frage 4 | B |
| Frage 5 | A |
| Frage 6 | C |
| Frage 7 | C |
| Frage 8 | B |
| Frage 9 | B |
| Frage 10 | D |

| Kapitel 11 | |
|---|---|
| Frage 1 | B |
| Frage 2 | B |
| Frage 3 | B |
| Frage 4 | D |
| Frage 5 | C |
| Frage 6 | C |
| Frage 7 | D |
| Frage 8 | D |
| Frage 9 | B |
| Frage 10 | A |

| Kapitel 12 | |
|---|---|
| Frage 1 | A |
| Frage 2 | C |
| Frage 3 | B |
| Frage 4 | D |
| Frage 5 | B |
| Frage 6 | D |
| Frage 7 | C |
| Frage 8 | C |
| Frage 9 | D |
| Frage 10 | B |

| Kapitel 13 | |
|---|---|
| Frage 1 | D |
| Frage 2 | B |
| Frage 3 | C |
| Frage 4 | C |
| Frage 5 | A |
| Frage 6 | B |
| Frage 7 | D |
| Frage 8 | D |
| Frage 9 | B |
| Frage 10 | D |

| Kapitel 14 | |
|---|---|
| Frage 1 | B |
| Frage 2 | D |
| Frage 3 | D |
| Frage 4 | B |
| Frage 5 | B |
| Frage 6 | A |
| Frage 7 | D |
| Frage 8 | D |
| Frage 9 | C |
| Frage 10 | D |

## Kapitel 15

| | |
|---|---|
| Frage 1 | C |
| Frage 2 | B |
| Frage 3 | B |
| Frage 4 | D |
| Frage 5 | A |
| Frage 6 | D |
| Frage 7 | D |
| Frage 8 | A |
| Frage 9 | B |
| Frage 10 | C |

## Kapitel 16

| | |
|---|---|
| Frage 1 | C |
| Frage 2 | D |
| Frage 3 | D |
| Frage 4 | A C |
| Frage 5 | D |
| Frage 6 | A |
| Frage 7 | C |
| Frage 8 | D |
| Frage 9 | C |
| Frage 10 | D |

## Kapitel 17

| | |
|---|---|
| Frage 1 | A |
| Frage 2 | C |
| Frage 3 | C |
| Frage 4 | B |
| Frage 5 | B |
| Frage 6 | A |
| Frage 7 | A |
| Frage 8 | C |
| Frage 9 | C |
| Frage 10 | B |

## Kapitel 18

| | |
|---|---|
| Frage 1 | C |
| Frage 2 | A |
| Frage 3 | D |
| Frage 4 | A |
| Frage 5 | A |
| Frage 6 | B |
| Frage 7 | D |
| Frage 8 | D |
| Frage 9 | D |
| Frage 10 | C |

# A.3 Antworten zur Beispielprüfung

| Frage | Antwort | Frage | Antwort | Frage | Antwort |
|---|---|---|---|---|---|
| 1 | D | 31 | A | 61 | A |
| 2 | C | 32 | B E | 62 | A |
| 3 | A | 33 | B | 63 | A |
| 4 | A | 34 | C E | 64 | D |
| 5 | C | 35 | B | 65 | C |
| 6 | C | 36 | D | 66 | B |
| 7 | B | 37 | A | 67 | D |
| 8 | A | 38 | D | 68 | A |
| 9 | D | 39 | A | 69 | B |
| 10 | C | 40 | B | 70 | D |
| 11 | A | 41 | D | 71 | B |
| 12 | B D | 42 | C | 72 | D |
| 13 | A | 43 | A | 73 | D |
| 14 | B | 44 | C | 74 | C |
| 15 | D | 45 | B | 75 | D |
| 16 | C | 46 | C | 76 | A |
| 17 | C | 47 | C | 77 | B |
| 18 | B D | 48 | B | 78 | B |
| 19 | C | 49 | B | 79 | A D |
| 20 | C | 50 | D | 80 | C |
| 21 | B | 51 | D | 81 | A |
| 22 | A | 52 | A | 82 | C |
| 23 | B | 53 | C | 83 | A |
| 24 | D | 54 | B | 84 | C |
| 25 | C | 55 | C | 85 | B D |
| 26 | C | 56 | A | 86 | B |
| 27 | A | 57 | C | 87 | C |
| 28 | B | 58 | A | 88 | B |
| 29 | C | 59 | C | 89 | C |
| 30 | A | 60 | C F | 90 | A |

## Anhang B

# Abkürzungsverzeichnis

| ACL | Access Control List (zentrale Benutzerliste) |
|---|---|
| ACPI | Advanced Configuration and Power Management Interface |
| AD, ADS | Active Directory |
| ADSL | Asymmetric Digital Subscriber Line |
| AFP | Apple File Protocol |
| AH | Authentication Header |
| AIT | Advanced Intelligent Tape (Bandsicherungstechnik) |
| API | Application Program Interface |
| APIPA | Automatic Private Internet Protocol Addressing |
| ARP | Address Resolution Protocol |
| ASP | Application Service Provider (Software gegen Miete) |
| ASP | Active Server Pages |
| ATA | Advanced Technology Attachment |
| ATM | Asynchronous Transfer Mode |
| ATP | AppleTalk Transaction Protocol |
| AV | Anti-Virus |
| BAN | Body Area Network |
| BDC | Backup Domain Controller (Sicherungsdomänen-Controller) |
| bdd | Business Desktop Deployment |
| BGA | Ball Grid Array |
| BIND | Berkeley Internet Name Domain |
| BNC | British Naval Connector/Bayonet Niell-Concelman |
| BootP | Boot Protocol/Bootstrap Protocol |
| BRI | Basic Rate Interface |
| BSD | Berkeley Software Distribution |
| CA | Certificate Authority |
| CAL | Client Access License |
| CAN | Campus Area Network |
| CCITT | Comité Consultatif International Téléphonique et Télégraphique |
| CDFS | CD-ROM File System |

| | | |
|---|---|---|
| CHAP | Challenge Handshake Authentication Protocol | |
| CIDR | Classless Inter-Domain Routing | |
| CIFS | Common Internet File System | |
| CMS | Content Management System (inhaltsbasierte Webseitenverwaltung) | |
| CNAME | Canonical Name | |
| CSMA/CA | Carrier Sense Multiple Access/Collision Avoidance | |
| CSMA/CD | Carrier Sense Multiple Access/Collision Detection | |
| CSNW | Client Services for NetWare | |
| CSU | Channel Service Unit | |
| CTI | Computer Telephony Integration | |
| DAP | Directory Access Protocol | |
| DAS | Direct Attached Storage | |
| DAT | Digital Audio Tape | |
| DC | Domain Controller | |
| DECT | Digital Enhanced Cordless Telecommunication | |
| DHCP | Dynamic Host Configuration Protocol | |
| DISM | Deployment Image Service and Management | |
| DLT | Digital Linear Tape | |
| DMS | Document Management System | |
| DNS | Domain Name Service/Domain Name System | |
| DOD | Department of Defense (DOD4-Modell) | |
| DRM | Digital Rights Management | |
| DSL | Digital Subscriber Line | |
| DSLAM | Digital Subscriber Line Access Multiplexer | |
| DSSS | Direct Sequence Spread Spectrum | |
| DSU | Data Service Unit | |
| EAP | Extensible Authentication Protocol | |
| EBF | Error Bug Fixes | |
| ECC | Error Correction Code | |
| EDI | Electronic Document Interchange | |
| EFI | Enhanced Firmware Interface | |
| EFS | Encrypting File System | |
| EMI | Elektromagnetische Interferenz | |
| FC | FibreChannel | |
| FCoE | FibreChannel over Ethernet | |
| FDDI | Fiber Distributed Data Interface | |

| | |
|---|---|
| FDM | Frequency Division Multiplexing |
| FHSS | Frequency Hopping Spread Spectrum |
| FM | Frequency Modulation (Frequenzmodulation) |
| FQDN | Fully Qualified Domain Name/Fully Qualified Distinguished Name |
| FSMO | Flexible Single Operations Master |
| FTP | File Transfer Protocol (Dienstprotokoll) |
| FTP | Foiled Twisted Pair (TP-Kabel) |
| GBIC | Gigabit Interface Converter |
| Gbps | Gigabits per second *auch*: Gbit/s |
| GC | Global Catalog |
| GNU | GNU is Not Unix |
| GPL | General Public License, Lizenzform z.B. für Linux-Software |
| GPO | Group Policy Object |
| GRE | Generic Encapsulation Protocol |
| GSNW | Gateway Services for NetWare |
| GUI | Graphical User Interface |
| GUID | Global Unique Identifier |
| HA | High Availability, High Availability Cluster |
| HAL | Hardware Abstraction Layer |
| HDD | Hard Disk Drive auch Hard Drive (HD) |
| HDLC | High-Level Data Link Control |
| HE | Höheneinheit (Maßeinheit (4,425 cm) für Server und Racks) |
| HID | Human Interaction Device (z.B. Maus oder USB-Tastatur) |
| HPC | High Performance Computing, High Performance Computing Cluster |
| HTTP | Hypertext Transfer Protocol |
| HTTPS | Hypertext Transfer Protocol Secure |
| IANA | Internet Assigned Numbers Authority |
| ICANN | Internet Corporation for assigned Names and Numbers |
| ICD | Imaging and Configuration Designer |
| ICMP | Internet Control Message Protocol |
| ICS | Internet Connection Sharing |
| IEEE | Institute of Electrical and Electronics Engineers |
| IETF | Internet Engineering Task Force |
| IGMP | Internet Group Multicast Protocol |
| IIS | Internet Information Server |
| IKE | Internet Key Exchange |

# Anhang B
Abkürzungsverzeichnis

| | |
|---|---|
| IMAP4 | Internet Message Access Protocol version 4 |
| Inode | Dateieintrag mit den Attributen einer Datei wie Zugriffsrechte, Besitzer, Größe und Adressen der Datenblöcke auf dem Filesystem |
| IP | Internet Protocol |
| IPP | Internet Printing Protocol |
| IPSec | Internet Protocol Security |
| IPv4 | Internet Protocol version 4 |
| IPv6 | Internet Protocol version 6 |
| IPX | Internetwork Packet Exchange |
| IPX/SPX | Internetwork Packet Exchange/Sequence Packet Exchange |
| IRC | Internet Relay Chat |
| iSCSI | Internet SCSI |
| ISDN | Integrated Services Digital Network |
| ISM | Industrial, Scientific, and Medical (ISM-Band) |
| ISP | Internet Service Provider |
| ITU-T | International Telecommunication Union – Telecom |
| Kbps | Kilobits per second |
| LAN | Local Area Network |
| LC | Local Connector (LWL-Stecker) |
| LDAP | Lightweight Directory Access Protocol (Verzeichnisdienstprotokoll) |
| LGA | Line Grid Array (Prozessorsockel) |
| LLC | Logical Link Control |
| LPD | Line Printing Daemon |
| LPIC | LPIC Linux Professional Institute Certification (http://www.lpi.org) |
| LPR | Line Printer Remote |
| LVM | Logical Volume Manager |
| MAC | Media Access Control/Medium Access Control |
| MAU | Multistation Access Unit |
| Mbps | Megabits per second |
| MCSE | Microsoft Certified System Engineer (Zertifizierung von Microsoft) |
| MCxx | Microsoft Certified – eine ganze Reihe von Microsoft-Zertifizierungen, aktuell vom MCDST (Desktop Technician) bis MCITP (IT-Professional) |
| MDI | Media Dependent Interface |
| MDIX | Media Dependent Interface Crossover |
| MDT | Microsoft Deployment Toolkit |
| MIB | Management Information Base |
| MIME | Multipurpose Internet Mail Extensions |

| | | |
|---|---|---|
| MMF | MultiMode Fiber | |
| MRTG | Multi Router Traffic Grapher | |
| MSAU | MultiStation Access Unit | |
| MS-CHAP | Microsoft Challenge Handshake Authentication Protocol | |
| MTA | Mail Transfer Agent | |
| MT-RJ | Mechanical Transfer-Registered Jack (LWL-Stecker) | |
| MX | Mail Exchanger | |
| NAC | Network Access Control (Netzwerkzugangskontrolle) | |
| NAPT | Network Address Port Translation | |
| NAP | Network Access Protection | |
| NAS | Network Attached Storage | |
| NAT | Network Address Translation | |
| NCP | NetWare Core Protocol | |
| NDS | NetWare Directory Services | |
| NetBEUI | Network Basic Input/Output Extended User Interface | |
| NetBIOS | Network Basic Input/Output System | |
| NFS | Network File System | |
| NIC | Network Interface Card | |
| NIS | Network Information Service | |
| NLB | Network Loadbalancing | |
| NLM | NetWare Loadable Module | |
| NNTP | Network News Transport Protocol | |
| NOS | Network Operating System | |
| NPS | Network Protection Server | |
| NTFS | New Technology File System | |
| NTP | Network Time Protocol | |
| NVP | Nominal Velocity of Propagation (Ausbreitungsgeschwindigkeit) | |
| OCL | Oracle Command Language | |
| OCx | Optical Carrier (x für eine Zahl, z.B. OC-12) | |
| OS | Operating System, Betriebssystem | |
| OSI | Open Systems Interconnect, OSI-Modell | |
| OSPF | Open Shortest Path First (Routing-Protokoll) | |
| OTDR | Optical Time Domain Reflectometer (Messgerät) | |
| OU | Organizational Unit (Begriff in Verzeichnisdiensten, z.B. LDAP) | |
| PAP | Password Authentication Protocol | |
| PDC | Primary Domain Controller (Windows NT) | |

**Anhang B**
Abkürzungsverzeichnis

| | |
|---|---|
| PE | Pre-Installation Environment |
| PGA | Pin Grid Array (Prozessorsockel) |
| PGP | Pretty Good Privacy (Verschlüsselungsalgorithmus) |
| PKI | Public Key Infrastructure |
| PoE | Power over Ethernet |
| POP3 | Post Office Protocol version 3 |
| POTS | Plain Old Telephone System |
| PPP | Point-to-Point Protocol |
| PPPoE | Point-to-Point Protocol over Ethernet (PPPoA = ... over ATM) |
| PPTP | Point-to-Point Tunneling Protocol |
| PRI | Primary Rate Interface |
| PSTN | Public Switched Telephone Network |
| PXE | Preboot Execution Environment |
| QiC | Quarter Inch Cartridge (Bandsicherungstechnik) |
| QoS | Quality of Service |
| RADIUS | Remote Authentication Dial-In User Service |
| RAID | Redundant Array of Independent Disks oder ... of Inexpensive Disks |
| RAM | Random Access Memory |
| RARP | Reverse Address Resolution Protocol |
| RAS | Remote Access Service |
| RDP | Remote Desktop Protocol |
| RDS | Remote Desktop Service |
| RDX | Removable Disk Storage Technology |
| RFC | Request for Comment |
| RFI | Radio Frequency Interface |
| RG | Radio Grade |
| RJ | Registered Jack |
| RMON | Remote Monitoring (Überwachungsprotokoll) |
| RPM | Red Hat Packet Manager (vorkompilierte Software-Pakete, welche viele Linux-Distributionen wie Fedora, SuSE, Red Hat etc. verwenden) |
| RU | Rack Unit (= Höheneinheit) |
| S/MIME | Secure Multipurpose Internet Mail Extensions |
| S/STP | Screened STP-Kabel |
| SAIT | Super Audio Intelligent Tape |
| SAN | Storage Area Network |
| SAS | Serial Attached SCSI |

| | |
|---|---|
| SAS | Server Attached Storage |
| SASI | Shugart Associates System Interface, Vorläufer des SCSI |
| SAT | Source Address Table (Adresstabelle in Switching Hubs) |
| SATA | Serial ATA |
| SC | Standard Connector/Subscriber Connector (Glasfaseranschluss) |
| SCP | Secure Copy Protocol |
| SCSI | Small Computer System Interface |
| SCSI-HBA | SCSI Host Bus Adapter auch SCSI-Host-Adapter |
| SDAT | Super Digital Audio Technology |
| SDLT | Super Digital Linear Tape |
| SDSL | Symmetric Digital Subscriber Line |
| SFF | Small Form Factor |
| SFTP | Secure File Transfer Protocol |
| SHA | Secure Hash Algorithm |
| SIM | System Image Manager |
| SLD | Second Level Domain |
| SLIP | Serial Line Internet Protocol |
| SMART | Self-Monitoring, Analysis and Reporting Technology |
| SMB | Server Message Block |
| SMF | Single Mode Fiber |
| SMON | Switched Monitoring (Überwachungsprotokoll) |
| SMP | Symmetrical Multiprocessing |
| SMS | Storage Management Services |
| SMTP | Simple Mail Transfer Protocol |
| SNMP | Simple Network Management Protocol |
| SOA | Start of Authority |
| SOHO | Small Office/Home Office |
| SONET | Synchronous Optical Network |
| SQL | Structured Query Language |
| SPS | Standby Power Supply |
| SPX | Sequence Packet Exchange |
| SRPM | Sourcecode für die RPM inklusive Installationsroutinen |
| SSH | Secure Shell |
| SSID | Service Set Identifier |
| SSL | Secure Sockets Layer |
| ST | Straight Tip |

| | |
|---|---|
| STD | Synchronous Time Divison (Multiplexing) |
| STP | Shielded Twisted Pair |
| Stratum | Schichtbezeichnung im NTP-Protokoll |
| T1 | T-Carrier Level 1 |
| TA | Terminal Adaptor |
| TCL | Terminal Control Language |
| TCP/IP | Transmission Control Protocol/Internet Protocol |
| TDM | Time Division Multiplexing |
| TDR | Time Domain Reflectometer |
| TFTP | Trivial File Transfer Protocol |
| TLD | Top Level Domain |
| TTL | Time to Live |
| UDP | User Datagram Protocol |
| UEFI | Unified Enhanced Firmware Interface |
| UNC | Universal Naming Convention |
| UPS | Uninterruptible Power Supply |
| URL | Uniform Resource Locator (bestehend aus Protokoll://FQDN/VirtualDirectory/Ressource) |
| USB | Universal Serial Bus |
| USMT | User State Migration Tool |
| USV | Unterbrechungsfreie Stromversorgung |
| UTP | Unshielded Twisted Pair |
| UUID | Universal Unique Identifier |
| VDI | Virtual Desktop Infrastructure |
| VLAN | Virtual Local Area Network |
| VPN | Virtual Private Network |
| VRM | Voltage Regulation Module (Spannungsregelmodul, z.B. für CPUs) |
| W3C | World Wide Web Consortium |
| WADK | Windows Automated Deployment KIT |
| WAF | Web Application Firewall |
| WAIK | Windows Automated Installation Kit |
| WAN | Wide Area Network |
| WAP | Wireless Application Protocol/Wired Access Point |
| WDS | Windows Deployment Service |
| WEP | Wired Equivalent Privacy |
| WFE | Web Frontend |

| | | |
|---|---|---|
| WIF | Windows Imaging Format | |
| WinRM | Windows Remote Management | |
| WINS | Window Internet Name Service | |
| WOL | Wake on LAN, Funktion für das Starten eines Rechners via Netzwerk | |
| WPA | Wi-Fi Protected Access | |
| www | World Wide Web | |
| XFS | X-Filesystem (Unix-Dateisystem) | |
| XML | Extensible Markup Language | |
| Zeroconf | Zero Configuration | |
| ZFS | Z-Filesystem (Unix-Dateisystem) | |

# Stichwortverzeichnis

6in4 201
6to4 201

## A

AAA-Protokoll 439
Access Control List 323, 443
Active Directory 243, 346, 377
    Forest 347
    globaler Katalog 243
    PDC-Emulator 233, 244
    Standort 348
Adapter Teaming 96
Adernpaar 82
Adresse
    32 Bit 189
    Dienstadresse 187
    IPv4 189
    IPv6 196
    logische Adresse 187
    physische Adresse 187
    Subnetzmaske 190
ADSL-Router 232
AIT 491
AIX 265
AMD 57, 59
AMD-V 60
Änderungsdokumentation 558
Anonymer Zugriff 224
Anwendungsserver 247, 248, 365
Apache 222
Application Gateway 451
Arbeitsspeicher 63
ARP 204, 205
    ARP-Cache 204
    ARP-Reply 204
    NDP 205
    RARP 205
ARPANet 187
ASP 416
Ausbaubarkeit 35
Ausfallszenario 533
Authentifizierung 437
Authentifizierungsmethode 437

## B

Badge 431, 433
Baseline-Management 380
Bash 313
Bell La Padula 441
Benutzerkontensteuerung 262
Berechtigungskonzept 402
Biometrisches Erkennungssystem 433
BIOS 101, 171, 176
Blade-Server 38
Blu-ray 501
boot 283
Bootloader 285
Broadcast 202
BSD 265
Buffered 65
Bussystem
    Bussysteme im Vergleich 54

## C

Cache-Speicher 62
Cage 38
CATV 86
CENELEC 80
Certificate Authority 245
Chassis Intrusion 39
Chassis Intrusion Detection 463
Chipset 47, 48, 49, 55
CIDR 192
CISC 60
Cloud Computing
    IaaS 414
    PaaS 414
    SaaS 414
    XaaS 416
Cluster 158
Clustering 156
Cold Site 541
Common Criteria 465
Common Internet File System 218
CompTIA Server+ 595
COOP 543
Cpio 523

CPU 57
Crosskabel 83

## D

DAC
    Zugriffssteuerung 442
DAD-Prüfung 200
DAT 489
Dateikomprimierung 323
Datenbankserver 247, 248, 282, 485
Datenorganisation 401
Datensicherung 486, 506
Datensicherungskonzept 506
Datensicherungstechnik 487
Datentyp 313
Datenübertragung
    parallele 122
    SATA 122
    serielle 122
Dauerbetrieb 31, 35
dd-Backup 524
DDR3 66
DDR4 68
DDS 490
Dedizierte Firewall 450
Deduplikation 514
Defender 263
Degaussing 482
Desktop-Firewall 263
Diebstahlsicherung 463
Dienstadresse
    Port 208
Dienste 213, 307
DiffServ 198
Digital Rights Management 247
Direct Attached Storage 131
Disaster Recovery 519, 531
Disk
    Full Disk Encryption 464
    Opal 464
    SED 464
Disposal-Management 481
DLT 493, 495
DMZ 452
DNS 452
DNS-Server 227
DOD-4-Modell 186
DoD-Modell 187
Dokumentation 169
Domain Name System 225
Domäne 243
DRAM 63

Drehschleuse 435
Drucker 219
Druckerwarteschlange 219
Druckgeräte 219
Dual Channel 70
Dual Core 61
Duplexing 148
Dynamic Host Configuration Protocol 229

## E

ECC 64, 65, 178
ECN 198
EEPROM 101
EFI 104
EIA/TIA 80
    TIA 568B 80
    TIA-568A 80
EIA/TIA-568 80
EMI 78
Encrypted Filesystem 324
Energieversorgung 150
EPROM 101
Ereignisanzeige 376, 377
Ereignisprotokoll 376
Erweiterungskarte 180
ESD 165
ESD-Strip 166
eth0 305
EUI-64 199
ext2 328
ext4 335, 336
Extranet 250, 251

## F

F/FTP 85
F/STP 85
F/UTP 85
Far End Fault 97
Faser
    Monomode 88
    Multimode 87
    Singlemode 88
F-Connector 86
FDE 464
Fehlersuche 563
    Checkliste 563
Ferrule 89
    APC 90
    UPC 89
Festplatte 179
Fibre Channel 128
Fileserver 217
Filesystem 319, 330

Firewall 449
    dedizierte 450
    Hardware 450
    Personal Firewall 450
Firmware 462, 464
First Level Cache 62
Flash 63
Freeware 552
Front Side Bus 48
FSB 178
FTP/S 225
FTP-Server 224
Full Buffered 66

## G

Gastbetriebssystem 405
Gateway 191
GBIC 98
Generationenprinzip 517
GG45 83
Großrechner 32
Gruppenrichtlinie 350
GVS 517

## H

HAL 257
Hard Quota 339
Hardware-Sicherheitsmodul 465
HBA 118
HE 40
Header
    IPv4 195
    IPv6 197
Helical Scan 488
Höheneinheit 39
Host-Betriebssystem 405
Hot Plug 75
Hot Site 540
Hotfix 467
Hot-Plug-Funktion 52
HSM 465
HSM) 503
HTTP 452
Hybrid Cloud 416

## I

IaaS 414
ICT-Betriebsdokumentation 555
ID
    SCSI 118
Identifizierung 437
IDS 453, 454, 455

Ifconfig 568
IGMP 204
iLO 42
Imaging 516
IMAP4 238
Incident-Response-Team 542
Inode 329
Installationsplan 168
Intel 57
Intel VT 60
Internet 250
Internet Information Server 222, 224
Intranet 250, 251
IP 188
IP-Adresse 190, 230, 348
    Adressklassen 193
    IPv4 192
    IPv6 196
    private 194
    reservierte 193
Ipconfig 568
IPsec 263
IPv4
    Adressklassen 193
    Adressschema 556
    Ausnahmeadressen 194
    CIDR 192
    IP-Header 194
    Netz-Bits 193
    private Netzwerke 194
IPv6 192, 196
    Adressklassen 197
    Ausnahmeadressen 198
    EUI-64 199
    Header 197
    Multicast 200
    Payload 198
    Präfix 197
    reservierte Adresse 198
    Traffic Class 198
IRIX 265
iSCSI 120
ISO/IEC 11801 81

## J

JetDirect 356

## K

Kabel 78
    Ader 82
    AutoSense 83
    drahtlose 78
    EN 50288 82

Koaxialkabel 77
Lichtwellenleiter 77
Rollover 82
STP 77
UTP 77
Kapazität 31, 34
Kerberos 437
Kernelmodus 256
Keycard 432
Klimaanlage 428
Klimafaktor 428
Koaxialkabel 86
Kommunikation 561
Kritischer Fehler 466
Kühlkörper 72, 73
Kühlung 72
KVM 41

## L
LAN-Backup 502
Lastenausgleich 95
Lastwert 380
LDAP 341
Least Privilege 445
Leistungsbeschreibung 559
Leitblech 74
LGA 59
Lichtwellenleiter 87
Linear Scan 488
Linux 256, 266, 267, 281, 286, 358, 520
    swap 283
Lizenz 551
Loadbalancing 156
LOM 43
LoMAC 441
Loopback 97
Löschen 482
LTO 496
Lüfter 73
Luftfeuchtigkeit 430

## M
MAC
    Zugriffssteuerung 441
MAC-Adresse 92
Magic Packet 94
Mailserver 238
Mainboard 174
Man Trap 434
Mannschleuse 435
Master File Table 322
Medienkonverter 96
Medium
    EMI 78
    Installationsaufwand 78
    Kapazität 78
    Kosten 78
    Plenum 78
MEF-Forum 100
Messprotokoll 558
Midrange-System 32
Migration 269
Mirror 143
MLC 114
Monitoring 461
Motherboard 47, 174
MSDS 167
MTO 538
Multi Core 61
MULTICS 264
Multi-Level-Security 441
Multimode 88
Multiplikator 338

## N
Namenssystem 402
NAS 131, 232, 440, 501
Nbtstat 577
NDS 342
Negative Rules 451
NetWare 256
Network Access Server 440
Network Attached Storage 131
Network File System 217
Network Time Protocol 232
Netzwerkanalyse
    Sniffer 448
Netzwerkdokumentation
    Messdokumente 558
Netzwerkkarte 92
    virtuelle 99
NIDS 454
NIPS 454
Northbridge 48
Notfallplan 539
Notstromaggregate 154
Novell Client 344
nslookup 575
NTFS 321

## O
OLA 559
Online-Backup 504
Open Source 552
OSI-Modell 185, 186
OUI 93

## P

PaaS 415
Paketfilter 451
Parity 65
Partitionierung 283, 284
Patch 466
PCI 54, 76
PCI Express 50, 76
PCI-X 50, 76
Personal Firewall 450
PGA 59
PGP 237
Physische Sicherheit 423
Ping 305, 571
Playbook 542
Plug-and-play 75
PoE 97
POP3 238
Port 208
Portabilität 268
Positive Rules 451
POST 102, 106
POST-Code 106
PowerShell 313
Printserver 219
Private Cloud 416
Proxy 220, 453
Prozessor 174
Public Cloud 416

## Q

QoS 198
QSFP 98

## R

Rack 37
Rack-Server 37, 426
RADIUS 438, 440
RAID 118, 142, 179
RAID 0 142
RAID 1 143
RAID 10 145
RAID 5 144
RAID 50/51 146
RAID 60 146
RAID-Levels 142
RAM
    DDR-RAM 66
    FB-DIMM 69
RBAC
    Zugriffssteuerung 443
RDX 498

Redundanz 540
Registered 65, 178
Reinigung 460
ReiserFS 320, 336
Remote Desktop 366
Remote Desktop Client 366
Remote Desktop Protocol 364
Remotehilfe 366
RFC 188
RG-58 86
RG-59 86
RG-6 86
RG-8 86
RISC 60
RJ45 83
RJ48 83
RMON 390
Rollenbasierte Zugriffskontrolle 443
Rollup 467
Router
    virtuell 100
RPM 470
RPO 537
RRDtool 388

## S

S/FTP 85
S/STP 85
S/UTP 85
SaaS 415
S-AIT 491
Samba 353
SAN 133
SAS 180
SATA 122, 180
Schadensausmaß 535
Schleuse 435
Schließsystem 431, 432
Schlüssel 431
Schrägspurverfahren 488
Schraubendreher 580
SCSI 117, 118
SCSI Ultra 119
SCSI-2 119
SCSI-3 119
SDLT 493
SDN 98
SD-WAN 99
SD-WAN Edge 100
SD-WAN Orchestrator 100
Second Level Cache 62
Secure Boot 105
Serial Attached SCSI 124

Server 165
Server Message Block 218
Server+-Zertifizierung 20
Serverhardware 34
Serverraum 425, 431
Serverrollen 213
Serverschrank 426
Serversoftware 30
Serverumgebung 401, 403
Service Pack 467
SF/FTP 85
SF/STP 85
SF/UTP 85
SFF-8482 126
SFF-8484 127
SFP+ 98
SFTP 225
Shielded Twisted Pair 84
Sicherheit 35
    Schutzmaßnahmen 447
Sicherheitskritischer Fehler 465
Singlemode 88
SINIX 265
Skalierung 30
SLA 559
    Fehlerraten 559
    Leistung 559
    Reaktionsbereitschaft 559
    Sanktionen 559
    Verfügbarkeit 559
SLAAC 200
SLC 114
SMART 379
SMON 390
SMTP 238
Sniffer 448
Sniffing 448
SNMP 390
Socket 209
Software
    Acronis 528
    Arcserve 526
    BackupExec 527
    Veeam 528
Solaris 281, 320
Solid State 113
Something you ... 437
Southbridge 48
Speicheraufrüstung 178
SRAM 63
SSD 113
SSH 452
Stabilität 30, 31

Stateful Inspection Firewall 451
Stateless 200
Statische Aufladung 166
Stecker
    GG45 84
    RJ45 84
    RJ48 83
    TERA 84
STP 78
Stripes 144
Stromverbrauch 430
Stromzufuhr 427
Subnettierung 202
Subnetzmaske 202
SunOS 265
Switch
    SFP 98
    Virtuell 99
Systemdokumentation 169
Systemlog 558
Systemmonitor 384

# T

TACACS 439
TACACS+ 440
Tar 521
TCG 463
TCP 188, 206
TCP/IP 187
Telefonkabel 78
Telnet 356
Temperatur 430
Third Level Cache 62
Tower-Server 36, 425
TPM 463
Traceroute 573
Transportprotokoll 185
Treiberkonfiguration 171
Triple-A 439
Trusted Platform Module 463
Twisted Pair 78

# U

U/FTP 85
U/STP 85
U/UTP 85
UDP 207
UEFI 104, 105
Ultrium 496
UNICS 264
Unit 40
Unix 255, 264, 266, 281, 358, 520
UnixWare 256

Unterhalt 459
Update 467, 476
UPS 152
USV 152, 153, 428
　　Leistung 153
UTP 78

## V

Verfahren
　　differenziell 512
　　inkrementell 512
　　Vollsicherung 511
Verzeichnisdienst 345
VF-45 90
Videoüberwachung 436
Virtual PBX 100
Virtualisierung 404
VMFS 338
VMWare 407
vSwitch 98
VXA 492

## W

Wachpersonal 432
Wake on LAN 93
Warm Site 541
Wärmeleitfähigkeit 73
Wärmeleitpaste 73
Wasserkühlung 74
Web-Frontend 247, 248

Webmail 241
Webserver 220
Windows
　　Domänen-Controller 243
Windows Internet Name Service 226
Windows-Architektur 257, 259
Windows-Server-Backup 520
Windows-Serverversion 258
Wine 267
Wireless Access Point 232
WOL 94
WSUS 479

## X

X.509 Zertifikat 244, 324
XaaS 416
XENIX 265
Xeon 58, 175, 176
XFS 336
XTACACS 440

## Z

Zeitserver 232
Zertifikatsinfrastruktur 245
ZFS 320, 337
Zonendatei 228
Zugriffskontrolle
　　rollenbasierte 443
Zugriffsrecht 218
Zugriffssteuerung 440

Mathias Gut
Markus Kammermann

# CompTIA Security+

## IT-Sicherheit verständlich erklärt

### Die umfassende Prüfungsvorbereitung zur CompTIA-Prüfung SY0-601

**4. Auflage**

**Fundierter und umfassender Überblick zum Thema IT-Sicherheit**

**Inklusive aller Neuerungen zur Rechtslage bezüglich Datenschutz und Datensicherheit**

**Mit Vorbereitungsfragen zu jedem Fachgebiet**

Bedrohungen von Unternehmen durch Angriffe und Sicherheitslücken in den Systemen nehmen laufend zu. Informationssicherheit ist daher ein zentrales Thema in jeder IT-Umgebung. Unternehmen müssen sich gründlich mit der Thematik auseinandersetzen und sich kontinuierlich weiterbilden. Die Zertifizierung CompTIA Security+ ist ein wertvoller Nachweis für praxisnahe und umfassende Kenntnisse zu Themen der Unternehmenssicherheit und die Prüfung deckt die wichtigen Fragestellungen ab.

In der aktuellen Fassung der Prüfung (SY0-601) sind das:

- Bedrohungen, Attacken und Schwachstellen
- Architektur und Design aus dem Blickwinkel der Informationssicherheit
- Implementation von Sicherheitskonzepten und -maßnahmen
- Sicherer ICT-Betrieb und Incident Response
- Governance, Risikomanagement und Compliance

Die Autoren behandeln die genannten Themenbereiche umfassend und vermitteln Ihnen mit diesem Buch das für die Zertifizierung notwendige Fachwissen. Im Zentrum steht dabei der Aufbau eines eigenen Verständnisses für die IT-Sicherheit. So erhalten Sie die notwendigen Grundlagen, um die Prüfung CompTIA Security+ erfolgreich zu bestehen.

ISBN 978-3-7475-0254-9

Probekapitel und Infos erhalten Sie unter:
www.mitp.de/0254